개정판

사회조사연구방법

사회연구의 논리와 기법

김경동 이온죽 김여진

博 英 社

李萬甲 선생님께

삼가 이 책을 드립니다

개정판을 내면서

지난 1986년에 처음으로 이 책을 펴낼 때만 해도 우리 나라 사회과학 분야에서 사회조사연구 관련 서적들이 그다지 많은 편은 아니었다. 이제 20여 년이 훌쩍 지난 현시점에서는 각 분야에서 새로운 교재들이 상당수 늘어나 있음을 쉽게 알 수 있다. 그럼에도 불구하고 이 책은 그 동안 한 해도 거르지 않고 재판을 발간할 정도로 독자들이 꾸준히 찾아 주었던 것은 참으로 고마운 일이라 여기면서도 한편으로는 송구한 마음이었다. 이제 비로소 개정판을 세상에 내어 놓으면서 그러한 마음을 조금이나마 달랠 수 있게 되어 다행스럽다 하지 않을 수 없다.

사실 개정판을 내면서 한 가지 느낀 점은 물론 그 사이 사회과학계의 연구방법이나 분석기법이 과거에 비해 정교해진 것만은 분명하지만, 근본적으로 다른 새로운 기법을 개발한 실적은 생각보다 그리 흔치 않다는 것이었다. 그래서 정작 개정작업은 의외로 큰 부담은 아니었기에 용기를 내어 작업에 착수할 수 있었다. 그렇다 해도 20년이란 시간은 그냥 흘러가는 것이 아닌지라 조심스럽게 보완과 수정을 시도하였음은 이 자리에서 분명히 밝힐 수 있다.

먼저 책의 구성부터 상당히 손질을 하였다. 차례를 중심으로 변경한 사항을 잠시 일별한다. 제 I 부에서는 사회과학과 사회연구의 기초라는 큰 제목 아래 제 1 장 사회과학과 사회연구, 제 2 장 사회연구의 논리적 체계, 제 3 장 사회조사연구의 설계, 그리고 제 4 장 사회연구의 자료를 담았는데, 이는 초판과는 내용상으로는 같지만 제 3 장(설계)과 제 4 장(자료)의 순서를 바꾸었다. 사회과학의 철학 · 논리 · 연구설계라는 기본적인 문제를 정리한 다음에 구체적인 자료의 성격을 논하는 것이 논리상 적절하다고 보았다. 동시에 사회과학의 철학적 패러다임에 대한 논의도 크게 보완하였다.

그 다음부터는 대폭 수정하기로 작정하였다. 초판에서는 단순히 제 II 부에서 양적 접근법을, 제 III 부는 질적 접근법을 다루는 것으로 크게 나누고, 각각의 접근법에 의한 자료수집과 처리 및 분석법을 정리하는 식으로 구성하였었는데, 이번에는 구성을 근본적으로 고쳤다. 앞의 제 I 부에서 사회연구의 기초를 세우면서 자료의 성격에 대한 검토를 하였으나, 이제부터는 자료의 수집과 처리 · 분석 · 결과보고의 순서로 가는 것이 옳다는 생각을 한 것이다. 따라서 제Ⅱ부에는 자료수집법을 총망라하였고, 이어 제Ⅲ부는 그 후속과정을 모두 다루도록 순서를 잡았다. 제Ⅱ부에서는 우선 양적 자료의 수집방법들을 하나씩 검토한 다음 질적 접근의 자료수집방법도 함께 담았다. 특히 질적 연구법에서는 기존의 여러 특수방법에 추가하여 역사적 접근과 비교연구법을 따로 한 장에서 소개한 것이 다른 점이라 하겠다. 제Ⅲ부에서는 논리적으로 보아 수집한 자료의 타당성과 신뢰도문제를 기본으로 먼저 점검하는 것이 마땅하다고 여겼고, 그 기초 위에 역시 양적 분석과 질적 분석을 별도로 취급하였다. 특히 질적 자료의 처리와 분석에 있어서는 최근에 개발한 기법들을 다수 가미할 수 있게 되어서 다행으로 여긴다.

다음 부록도 크게 축소하였다. 초판에서는 당시 주요 연구의 사례를 소상히 소개한다는 욕심으로 질문서 한 벌을 송두리째 담아 내었었는데, 이것으로 너무 많은 지면을 소진했다는 점을 알게 되었다. 따라서 질문서는 완전히 없애고, 질문서법을 다루는 부분에서 자세히 예시하는 것으로 대체하였다. 표집법과 면접조사원 훈련지침은 그대로 살리되 좀더 간결하게 정리하였다. 대신에 근자에 많이 이용하는 통계처리법을 익히는 데 도움을 주고자 SPSS 이용법의 요령을 간략하게 소개하였고, 참고문헌의 작성요령을 예시하기 위하여 한국사회학회와 미국사회학회의 논문작성요강을 원문 그대로 제시하였다.

지엽적이기는 하지만 또 한 가지 달라진 것은 문장과 표현 및 한글전용이다. 과거의 문장이나 표현 중에 일부는 세련시키려 했고, 이제는 한자를 거의 쓰지 않는 세대가 주 독자층이므로 한자를 모두 한글로 표기하였다. 물론 극소수의 단어는 의미전달을 원활히 하기 위해 한자를 괄호에 표기하였다. 활자도 예전보다는 키웠고, 모양도 더 깔끔한 것으로 바꾸었으므로 읽기가 훨씬 좋아졌다. 그리고 공저자 한 사람이 더 늘었다. 새로운 기법이나 SPSS 용법 등에 대해서는 아무래도 최신교육을 받은 젊은이의 기여가 중요하다는 생각에서 최근에 시카고대학에서 사회복지 분야의 박사학위를 취득한 김여진(金呂珍) 박사가 공저자로 참여하여 여러 모로 도움을 주었다.

이런 몇 가지 면에서 금번의 개정판이 이 분야에서 공부하는 이들을 위해 초판보다는 한층 더 유익해지도록 업그레이드되었기를 바랄 따름이다.

개정판을 위해서도 박영사가 기꺼이 출판을 맡아 주었으므로, 안종만 회장께 각별한 감사의 뜻을 전한다. 안회장과는 이제 만 30년의 인연을 누리게 된 셈이다. 특히 편집과 교정을 빈틈없이 하느라 애쓴 이일성 위원께도 고마운 마음 그지없다.

그 동안 이 책을 아껴 주신 독자분들에게 심심한 사의를 표하면서 모쪼록 앞으로도 계속 도움이 되었으면 하는 마음 간절하다.

2009년 봄

김경동 · 이온죽 · 김여진(金璟東 · 李溫竹 · 金呂珍)

머 리 말

우리 나라 사회과학 분야에서 이른바 사회조사방법이라는 연구활동을 주제로 한 강좌를 대학에서 개설하고, 그에 관한 전문서적이 책방에 나타나기 시작한 것은 아마 1950년대 중반부터가 아닌가 한다. 당시의 풍조를 대변하기라도 하는 듯 George A. Lundberg는 그의 저서 「*Social Research*」(New York : Macmillan, 1942)에서 과학다운 사회학의 가능성에 대한 확고한 믿음을 피력하였고, William J. Goode와 Paul K. Hatt는 그들의 저서 「*Methods in Social Research*」(New York : McGraw-Hill, 1952)의 첫장을 "새로운 사회학"(the New Sociology)이라 이름하는 자신을 보여 주었다. 이 두 책은 지금부터 30년 전 서울대학교 문리과대학에서 이만갑 선생님의 사회조사방법 강의를 처음 들었던 지은이들 중의 한 사람이 탐독하다시피 한 이 방면의 고전이라 할 만하다.

물론 일제시대에도 일인학자들에 의한 갖가지 현지조사작업들이 있었으나, 본격적인 사회조사연구방법을 강의와 실제 연구과정에서 체계적으로 취급 · 활용하기 시작한 것은 역시 1950년대 이후부터임에 틀림없다. 그 때 마치 경전처럼 들고 다니며 참고하던 책이 Goode와 Hatte의 저서였다. 그러다가 경험적 조사연구가 점차 보급되어 가던 1960년대 초에야 비로소 우리 말로 된 조사방법 교재의 출판을 보게 되었다. 초기에는 사회학과 행정학 분야에서 앞장서 이 새로운 방법을 도입 · 전파하였으나, 그 뒤 정치학 · 경영학 등 다른 사회과학분과에서도 활용하기에 이르렀다. 교육 · 심리학에서도 1950년대부터 통계적 방법과 심리측정기법들을 소개하고 이용하는 데 크게 기여하였음은 물론이다.

그 뒤로는 기본교재들이 꾸준히 나왔으며, 각종의 경험적 실증조사연구도 활발히 진행해 왔다. 다만, 1970년대부터는 세계적인 추세에 따라 실증주의적 · 행태론적 사회과학에 대한 비판이 일어 무절제한 조사활동을 반성하는 계기가 되기도 하였다. 그리고 양적인 조사방법과 더불어 질적인 연구방법을 강조하는 조류에도 주목하기 시작하였다.

이러한 배경을 뒤로 하고 이에 사회조사연구방법에 관한 또 한 권의 책을 내어 놓게 된 데에는 다음과 같은 뜻이 깃들여 있다. 먼저 그 사이 조사방법에 관한 훌륭한 저서가 가끔 나왔으나, 최근에 이르러 그 동안의 성찰과 새로운 기법들의 개발을 충분히 반영하는 데까지는 미처 손을 대지 못한 점을 보완할 수 있었으면 하는 생각을 하였다. 또한 지금까지는 양적 접근의 기법들을 집중적으로 다루었으며, 질적인 방법에 대해서는 철학적인 논의에 그치고 구체적인 연구방법과 절차를 소개하는 일에 좀 소홀해 오지 않았나 하는 인상을 받았다. 나아가서 조사방법의 원리를 논의하는 일은 많이 해왔으나, 실제적인 기법과 그에 따르는 유의사항들을 자세히 소개하는 작업도 좀더 필요하다는 느낌을 갖게 되었다.

그와 같은 점들을 감안하여 집필을 시작하였으나, 역시 시간과 지면의 제약이 있는 데다 지은이들의 역부족으로 결국 처음에 의도했던 것에 비겨 용두사미가 된 작품을 내어 놓게 되고 말았다. 새로운 기법들을 자세히 다루지 못하였고, 질적 방법들은 소개를 하고자 애썼으나 충분한 지면을 할애하는 데 미흡하였고, 비판적 사회과학의 '방법론'에 대해서는 거의 손을 못대고 말았다. 연구기법들에 관해서도 구체적인 실례를 많이 보여 줄 수 있어야 하는데, 원고의 분량이 너무 많아서 생략할 수밖에 없었다.

무엇보다도 아쉬운 것은 그 동안 우리 학계에서 행한 여러 가지 실제적 연구의 성과를 그때그때 소개하든가 체계적으로 정리하여 따로 제시하고자 했으나 끝내 시간에 대지 못하였다는 사실이다. 자료는 상당히 모아두었으므로 다음 기회에 보충하기로 하고, 미비하나마 우선 출판을 서두르게 되어 아쉬움을 금할 길 없다. 아울러 언젠가 멀잖은 장래에는 우리 사회에서 개발한 독창적인 연구방법을 소개할 수 있기를 기대해 본다. 이런 점들 말고도 여러 모로 부족함이 많을 줄 알고, 학계의 선배 · 동학 여러 분께서 아낌없는 지도와 편달을 베풀어 주시리라 믿어 마지 않는다.

그런대로 사회조사연구방법의 원리와 기법 · 절차 등에 관심 있는 학생들과 각 부문의 실무자들에게 조금이라도 실질적인 보탬이 될 수 있다면, 크나큰 보람이 되겠다. 잠시 이용자들을 위하여 이 책의 구성과 성격을 소개하고자 한다.

첫째, 사회조사방법이라고 해도 여러 가지 접근이 있을 수 있고, 그에 따른 인식론적 기초가 있기 때문에 그러한 측면의 논의가 들어 있다. 실무적인 기법에만 관심 있는 이들이라면, 이런 내용은 취미삼아 참고하는 정도로 족할 줄 안다.

둘째, 구체적 기법은 양적 접근에서 크게 개발 · 활용해 온 터인지라 내용도 그 쪽에 치우쳐 있다는 점에 유의했으면 한다. 그러니까 질적 접근법이 덜 중요해서가 아니라는 것도 함께 염두에 두기 바란다.

셋째, 조사연구란 아무리 책을 읽어도 실지로 경험하는 데 미칠 바가 아니라는 사실을 특히 강조하면서 실제 경험을 쌓기를 권고한다. 그래서 주요 부분에서는 지은이들의 오랜 경험에서 얻은 지혜랄까 통찰 같은 것을 반영하려고 했다.

이번에도 박영사에서 출판을 맡아 주었거니와 안종만 사장을 비롯하여 이명재 상무의 협조에 감사하며, 편집과 교정을 착실히 해 준 송일근 선생께 각별한 고마움을 전하고 싶다. 두 사람이 정신 없이 매달려 있었던 지난 몇 해, 특히 마지막 몇 달 동안은 엄마 · 아빠와 조용히 앉아 애기조차 나눌 시간마저 빼앗겨야 했던 여진과 진이에게 미안한 마음을 가릴 길이 없다. 이런 저술을 통해 그들이 살아갈 앞날이 조금이라도 밝아지기만 간절히 바랄 따름이다.

끝으로 이 책은 특별히 올해로 서울대학교에서 정년퇴임하신 이만갑 선생께 삼가 바치고자 한다. 우리 나라 사회조사 분야의 개척자의 한 분이신 선생님께 제자로서, 후학으로서 각별한 은혜와 고임을 받은 바 있는 지은이들로서는 이 보잘 것 없는 작품으로나마 감사한 마음을 조금이라도 대신하고자 하는 것이다.

1986년 봄

지은이들 사룀

차 례

제Ⅰ부 사회과학과 사회연구의 기초

제1장 사회과학과 사회연구

제6장 표본추출법

제9장 측정과 척도(Ⅰ)—개관과 지표

제10장 측정과 척도(Ⅱ)—척도구성의 원리와 기법

제12장 실험적 방법

제13장 문헌연구법 — 내용분석

제16장 민속방법론, 불개입 · 무반응법, 다원적 방법론

제Ⅲ부 자료의 처리 · 분석 및 결과보고

제17장 자료의 타당성과 신뢰도

제20장 질적 자료의 처리와 분석

제 I 부

사회과학과 사회연구의 기초

"세상이 어떻게 돌아가는지 도무지 종잡을 수가 없다." 이와 같은 망연한 당혹감을 삶의 어느 한 순간에서 느껴 보지 않은 이가 없을 것이다. 하지만 그런 경험의 빈도라든지 그것이 주는 충격의 크기나 깊이로 말하면 인간의 버성김(소외)이 질적으로 달라진 오늘날에 비길 시대가 일찍이 없었을 줄 안다. 그럴수록 사람들은 인간실존의 참뜻을 이해하고자 하는 안간힘을 더 하게 된다. 사회과학은 이처럼 인간이 사회적인 삶의 뜻을 알고자 하는 탐구의 한 모습에 지나지 않는다.

그러한 사회과학의 특색은 바로 그것이 경험과학이라는 데 있다. 사회과학의 역사를 돌아 볼 때, '경험과학으로서 사회과학'이 과연 무엇을 뜻하는가에 대한 만족스러운 합의에 이른 적이 없다는 문제에 부딪치게 된다. 우리가 다루려는 '사회연구의 방법' 혹은 짧게 '사회연구법'이란 다름 아니라 그와 같은 경험적인 사회과학에서 연구를 위하여 적용하는 방법과 기법을 가리킨다. 그러므로 사회연구의 방법과 기법의 구체적이고 실제적인 측면들이 이 책의 주종을 이루는 내용이 될 것이다. 물론 그런 방법 · 절차 등의 원리에 관해서도 기본적인 생각은 정리할 것이다. 사회과학 연구방법의 철학적 기초 내지 방법론에 관하여 다양한 관점들이 있는 것이 오늘날 이 분야의 현실이므로, 적어도 그 중 두드러진 접근들에 대한 소개는 필요하다고 본다.

따라서 이 책의 첫부분에서는 사회과학 연구방법의 주요 접근들을 간추려 대비하고, 사회연구의 기본이 되는 몇 가지 요소들을 체계적으로 정리하려고 한다. 다만, 방법론의 철학적 검토는 피상적이나마 최소한 줄일 것이다.

제 1 장 사회과학과 사회연구

제 1 절 과학적 지식과 대안적 지식

우리가 사회연구(social research)의 방법에 관심을 갖는 이유는 기본적으로 사회에 관하여 '믿을 만하고, 제대로 맞는 지식'(reliable and valid knowledge)을 얻고자 하는 데 있다. 신뢰성(reliability)과 타당성(validity)이 과학적 지식의 핵심적인 기준임을 이 책에서는 되풀이 강조할 것이다. 그러자면 보통 사람들이 하는 것보다는 좀더 논리적으로, 적절한 규칙에 따라, 알맞은 방법 혹은 기법을 이용하여 체계적으로 지식을 습득 또는 생산하는 노력이 필요하다. 그처럼 짜임새 있고(structured), 조직적이며(organized), 체계적인(systematic) 과정을 거쳐 얻은 지식이라야 한층 더 정확하고, 비교적 오류가 적으며, 진실에 가까울 수 있으므로 안심하고 실생활에 무리 없이 적용하여 이로운 결과를 자아낼 수 있다고 믿기 때문이다. 이런 것이 과학적 지식의 특징이다. 사회과학도 과학으로서 이러한 지식을 창출하려는 학문적 노력이다.

Ⅰ. 대안적 지식의 근거

그러나 일상적으로 우리는 엄격한 과학적 절차를 밟지 않고도 여러 가지 방법으로 지식을 쌓고 활용하며 살아간다. 이와 같은 과학 이외의 대안적(alternative) 지식의 근거로는 권위 · 전통 · 상식 · 대중매체 및 개인의 경험 같은 것들이 있다(Neuman, 2003 : 2-6; Rubin and Babbie, 2008 : 12-19).

1. 권 위

그 방면의 권위자 혹은 어떤 권위(Authority) 있는 위치에 있는 사람의 말을 우리는 쉽게 받아들여서 우리의 지식으로 삼는다. 저들은 적어도 보통 사람들보다는 더 많이 공부하고 연구하고 경험한다고 믿기 때문이다. 이미 잘 안다고 생각하는 사람의 말을 수용하면 힘 안 들이고 편하게 지식을 습득하는 길이기는 하지만, 여기에는 한계도 있다. 우선 누가 진짜 권위자인지를 가려 내기가 쉽지 않다. 학위가 있고 현재의 지위가 높으니까 권위자로 보일 수도 있지만, 언제나 이들이 모든 것을 잘 안다고 할 수는 없다. 게다가 권위자라는 사람들끼리도 견해가 다를 때가 있다. 결국 권위만 믿고 그 사람의 말을 그대로 받아들이는 데는 주의가 필요하다. 저들이 엄격한 연구를 거쳐 권위 있는 지식을 얻었는지를 알 수 없을 때는 그것이 꼭 믿을 만한 타당한 지식이 아닐 수 있기 때문이다.

2. 전 통

전통(Tradition)도 일종의 권위다. "이전부터 늘 그랬으니까," "조상 때부터 그렇게 해서 잘못된 게 없으니까" 믿어도 좋다는 것이 지식의 근거가 되는 사례다. 과거에 사실이었던 일도 시간이 지나면 달라지는 상황에서 편견이 되고 왜곡이 일어날 수도 있고, 조상들의 이해 자체가 처음부터 잘못된 것이었을 수도 있는 것이다.

3. 상 식

이런 저런 원천에서 습득한 일상적인 지식이 상식이다. 보통 우리는 이런 상식을 원용하여 일상의 삶을 영위하는 데 불편 없이 지낸다. 다만, 상식은 근거가 불분명해서 맞을 수도 있고, 틀릴 수도 있다. 하지만 자칫하면 오류, 잘못된 정보, 모순, 편견 같은 것의 영향을 많이 받는 게 상식이다.

4. 대중매체의 신화

요즘은 가히 '매체의 시대'라 해도 과언이 아닐 만큼 갖가지 대중통신매체가 발달하여 일상생활 속에서 널리 통용하는 많은 지식을 거기에서 얻는다. 특히 뉴스나 다큐멘터리 같은 프로그램은 상식뿐 아니라 어떤 특정분야에 대한 지식마저 제공하는 게 사실이다. 그러나 매체가 제공하는 정보에서 얻는 지식은 왜곡 · 오류 · 선입관 · 특정집단이해 · 광고효과 · 일방적 주창 등의 영향으로 모두 반드시 진실이라는 보장은 없다.

5. 개인의 경험

"백문이 불여일견"이라는 말처럼 어디서 보고 들은 것보다 자신이 직접 경험에서 얻는 지식은 틀림없다는 생각을 하기 쉽다. 그보다 더 확실한 지식의 원천이 없을 것이다. 하지만 거기에도 한계는 있다. 특히 개인적 경험의 네 가지 오류에 주의해야 한다.

*첫째, 과잉일반화(overgeneralization)*가 문제다. 개인의 경험은 시공간적 맥락의 한계 안에서 정확성을 띤다. 상황이 다른 데서도 반드시 옳다는 보장이 없다.

*둘째, 선택적 관찰 내지 인지(selective observation / perception)*가 일어난다. 사람의 인지과정은 항상 모든 것을 총체적으로 받아들이지는 못한다. 언제나 어느 정도의 선택이 일어난다. 특히 자신의 선입견이나 선호 또는 감정상태 등이 작용하는 수가 허다하다.

*셋째, 조급한 종결(premature closure)*로 사실확인에 미달하는 수가 있다. 어느 정도 정보나 증거를 확보하고 나면 더 이상 알 필요가 없다는 생각으로 조기에 결론을 내어 버릴 때는 그것이 실은 시기상조의 결론이어서 오류를 자아내게 된다.

*넷째, 후광효과(halo effect)*에 눈이 가려 진실에 도달하지 못하는 수도 있다. 평판이 좋은 기관이나 유명한 권위자가 말한 것은 그 후광에 눈이 어두워 무조건 믿어 버리는 태도 역시 오류 내지 왜곡의 원천이 될 수 있다.

Ⅱ. 과학적 지식의 특징

위에서 예시한 대안적 지식도 인간의 일상생활에는 크게 도움이 된다는 것을 부인할 수 없다. 다만, 개인의 삶이나 조직생활 및 사회 전체의 관점에서 매우 중대한 결정을 내려야 하는데, 그런 종류의 지식에만 의존한다면 문제가 있다. 그보다는 훨씬 더 믿을 만하고, 타당성 있는 지식을 활용하는 것이 바람직할 것이다. 적어도 인류문명사에서 지금까지 신뢰도와 타당도에서 다른 어떤 지식보다도 우수한 종류의 지식을 제공한다고 믿을 만한 것은 역시 과학적 지식이다. 과학적 방법은 그만큼 정확한 지식을 얻기 위한 절차를 중시하기 때문이다. 누가 보아도 의심의 여지가 없도록 주의해서 지식을 습득 · 생산하고자 노력하는 것이 과학이다.

(1) 무엇보다도 과학은 *비판적* 자세(critical mind)에서 출발한다. 무슨 말이나 언명에 대해서 우선 "그게 정말인가?," "믿을 만한 근거가 있는가?," "증거를 보여 다오" 하는 태도로 임한다.

(2) 그리고 어떤 결론에 대해서든지 누구나 동일한 절차를 밟아 검토하여 상이한 결과가 나올 때는 언제든지 다시 조사해서 처음 결론을 받아들일지, 거부할지를 결정하는 *개방적인 태도*(open mind)를 견지한다. 과학적 결론은 다른 사람의 검토를 받을 수 있도록 항상 열려 있다는 말이다.

(3) 그러기 위해서 과학은 종래의 마술 · 신학 · 형이상학적 사유의 철학에 비해서 *경험적인 증거*(empirical evidence)를 중시하는 지적(知的) 작업이다.

(4) 어떤 현상에 대해서든 직접 혹은 간접으로 실제 보고, 듣고, 만지고, 냄새맡고, 맛보는 등의 *오관(五官)*으로 관찰(observation)하여 경험적으로 인식하는 *사실적 자료*(factual data)를 우선 지식의 *증거*(evidence)로 삼는다.

(5) 물론 인간의 경험적 인지과정에는 항상 *의식*(consciousness)이 동시에 작용한다. 의식하지 않고서는 경험적 관찰이 의미가 없다.

(6) 그런데 과학적 방법에서는 일상적 관찰보다 훨씬 더 엄격한 *규칙*(rules)에 따른 *절차*(procedures)와 *기법*(techniques)을 이용하여 체계적이고 포괄적으로 이루어져야 한다는 것이 다르다.

(7) 따라서 한번 관찰하여 얻은 결론의 진위는 다른 사람도 똑같은 방법으로 관찰함으로써 판가름할 수 있도록 *반복가능한*(replication) 관찰의 절차를 명확히 밝혀야 한다. 여기서 과학적 관찰과 거기서 얻는 사실적 자료의 *객관성*(objectivity)을 확보하는 것이 중요하다. 즉 나 혼자만의 주장이 아니라, "다른 사람도 같은 방식으로 해보니까 똑같은 결과가 나오더라"고 할 수 있기를 기대한다.

(8) 그리고 과학이 만들어 내는 진술 또는 언명(statements)은 *논리적 규칙*에 따라 의미가 있도록 구성해야 한다. 논리에 맞지 않고 말도 되지 않는 언명

은 과학적 지식이 될 수 없다.

(9) 과학적 언명은 *이론*(theory)의 형식으로 정리한다. 어떤 대상에 대한 설명을 담고 있는 이론도 반드시 경험적 증거에 기초한 *검증*(verification) 절차를 밟아서 증명(proof)해야 비로소 과학적 이론으로 성립한다고 인정한다. 증명하기 전의 이론은 원칙적으로 하나의 *가설*(hypothesis)에 불과하다.

(10) 과학적 이론의 중요한 목표는 *예측*(prediction)이다. 어떤 현상에 대한 설명을 하면, 그 설명에 따라 동일한 조건 아래서 같은 현상이 앞으로도 일어날 것을 예측할 수 있어야 우수한 이론이다.

(11) 예측에 기초하여 대상이 되는 현상에 대한 *통제*(control) 내지 *변화*를 추구하는 것이 과학의 궁극적 목표다. 여기서 말하는 통제 혹은 제어란 어떤 과학적 활동이든지 궁극적으로는 인간의 삶의 질을 향상하기 위한 조건들에 대한 지식을 얻고자 하는 것이므로, 주어진 현상에 대해서 설명과 예측이 이루어지면 이를 기초로 그 현상에 대한 변화를 가져오도록 할 수 있다는 신념으로 추구하는 것이다.

(12) 현상에 대한 설명을 하자면 여러 *변수들*(variables) 간의 *인과관계*(causality, cause-effect relationship)를 파악해야 하고, 이를 증명하기 위한 경험적 관찰로서 실험(experiment)과 같은 기법을 활용한다.

(13) 인과관계를 상정하는 원리는 *결정론*(determinism)이다. 모든 현상은 원인이 있어야 일어나고, 어떤 원인이 있으면 반드시 결과가 나타난다는 원리다.

(14) 그러나 실험과 같은 방법으로 그 인과관계를 확인하는 것은 어디까지나 *확률*(probability)의 원리에 기초한다. 우리가 가정한 인과관계가 일어날지 여부는 확률로써 파악한다는 말이다.

과학은 이와 같은 학문활동을 하는 사람들이 모여서 절차와 규칙에 대한 합의를 하고, 이를 준수할 것을 약속하는 *과학자공동체*(scientific community)의 제도적 틀 속에서 행해진다. 과학자공동체가 인정하는 일정한 전문적 훈련을 쌓은 과학자들은 그 공동체가 요구하는 규범에 따라 행동하고, 과학자다운 태도로 학문활동에 임할 것을 상호 기대한다. 여기서 어긋나면 그 공동체로부터 배척당하고, 과학자로 인정을 받지 못하게 된다. 이처럼 과학적 지식은 일정한 제도적 틀 안에서 주어진 규칙에 따라 엄격한 방법으로 습득 · 생산하기 때문에 사람들은 대체로 제대로 된(타당성) 지식이라 믿고(신뢰성) 안심하고 받아

들여서 활용하는 것이다.

제 2 절 사회과학의 세 가지 패러다임

보통 '과학'이라 하면 사람들은 자연과학을 떠올린다. 여기서도 대개 그런 점을 염두에 두고 과학적 지식의 특징을 간추려 보았다. 그러나 현대에는 사회과학도 과학으로 간주해야 한다는 견해가 일반화되어 있다. 그렇다면 사회과학도 자연과학과 꼭같은 방식으로 지식을 만들고 얻을 수 있는지를 묻는 사람들이 있다. 말하자면 인간의 사회현상을 자연현상과 같은 성질의 것으로 보아도 좋은가 하는 질문이다. 이 질문은 어차피 철학적인 성격을 띠고, 그러한 철학적 견해는 한 가지만 있는 게 아니므로, 여기서는 잠시 사회과학의 철학적 근거에 대한 논의를 하고자 한다.

사회과학은 과학인가? 과학이면 어떤 특수성을 지니는가? 이런 질문을 둘러싼 철학적 논의는 대개 ① 존재론적(ontological), ② 인식론적(epistemological), 및 ③ 가치론적(axiological) 등의 세 가지 쟁점을 중심으로 전개한다.

1) *존재론적 쟁점*은 주로 "사회란 무엇인가?," "인간의 본성은 어떤 것인가?" 하는 등 사회과학의 대상이 되는 사회현상의 성격에 관한 질문을 다룬다.

2) *인식론적 쟁점*은 사회에 대한 "지식은 어떻게 얻는가?," "지식생산의 절차는 어떤 것이 타당한가?," "사회과학의 이론은 어떻게 구성하는가?" 하는 등 사회과학연구의 방법론적 질문에 관심을 가진다.

3) 그리고 *가치론적 쟁점*은 "왜 사회과학은 중요한가?," "사회적 가치를 사회과학에서는 어떻게 다루어야 하는가?," "사회과학은 가치판단을 배제해야 하는가?" 하는 등 가치가 논의의 주제다.

현재 사회과학에 대한 철학적 분석에 의하면 위의 세 가지 쟁점에 대한 대답에서 서로 차이가 나는 세 가지 조류의 사회과학관 혹은 사회과학 패러다임(paradigm)을 가려 낼 수 있다. 패러다임이란 학문적 연구의 지침을 제공하는 이론구성과 연구방법의 일반적 규준의 틀을 가리킨다. 연구의 기본가정(assumptions), 주요 연구문제, 문제에 대한 해답을 얻기 위한 연구실천의 방법 등의 모형을 일컫는다. 이러한 학문의 주요 패러다임이 서로 다른 사회과학의 조류가 현재 크게 세 부류가 있다는 말이다. 그것은 다음과 같다.

① 표준과학관(the standard view of science) 또는 실증주의과학관(positivism)
② 해석적 사회과학관(interpretive social science), 그리고
③ 비판적 사회과학관(critical social science)이라 분류하는 패러다임들이 있다(김경동, 1989; 김태길 외, 1981; 차인석, 1980; Bernard, 2000 : 4-20; Neuman, 2003 : 69-87; Rubin and Babbie, 2008 : 41-46; Bernstein, 1976; Benton, 1977).

이제 이 세 패러다임의 특성을 간략하게 비교하기로 한다. 이를 위해서는 다음과 같은 질문을 중심으로 검토하는 것이 도움이 될 것이다(Neuman, 2003 : 70).

1) 사회과학적 연구의 목적과 이유는 무엇인가?(가치론적 쟁점)
2) 사회적 실재의 근본적 성격은 무엇인가?(존재론적 쟁점)
3) 인간의 본성(basic human nature)은 무엇인가?(존재론적 쟁점)
4) 과학과 상식의 관계는 어떤 것인가?(인식론적 쟁점)
5) 사회적 실재에 대한 이론의 목표와 성격은 어떤 것인가?(인식론적 쟁점)
6) 설명의 진위 여부는 어떻게 가려 내는가?(인식론적 쟁점)
7) 양질의 증거 또는 사실적 정보란 어떤 것인가?(인식론적 쟁점)
8) 사회정치적 가치가 과학에는 어떻게 개입하는가?(가치론적 쟁점)

Ⅰ. 실증주의적 표준과학관

실증주의철학(positivism)의 핵심적인 관심은 "네가 안다고 하는 것이 과연 확실한 근거가 있는 지식인지에 대해서 정말 자신 있느냐?"("Are you positive about it?")라는 질문에서 출발한다. 인식론적 관심이 먼저다. 그래서 "모든 과학은 하나다"(Unity of Science)라는 신념을 가지고 사회과학을 규정한다. 그리고 그런 관점에서 말하는 과학은 곧 자연과학을 가리키고, 자연과학이 모든 과학의 표준이라고 주장한다. 그래서 표준과학관이라고도 한다. 따라서 사회현상도 일종의 자연현상으로 바라보고 연구해야 한다. 연구방법도 엄격한 절차로 관찰하고, 그 결과 또한 수량적인 자료로 표현하고, 수량적 · 통계적 분석으로 이론적인 의미를 탐구한다.

이런 철학에 근거한 사회과학의 학파는 실증주의(혹은 20세기의 신실증주의) 사회학 · 행동주의 심리학(Behaviorism) · 정치학의 행태론(Behavioralism) 등이 대표적이고, 그 외에도 자연과학주의나 물리학주의의 과학철학이 여기에 속한다.

Ⅱ. 해석적 사회과학관

해석적(interpretive) 사회과학 내지 주관주의적(subjectivism) 사회과학이라고 부르는 학파의 패러다임은 해석학(Hermeneutics) · 이해(Verstehen, understanding)의 사회학 · 현상학적(Phenomenological) 사회학, 민속방법론(Ethnomethodology) · 상징적 상호작용론(Symbolic Interactionism) · 인간주의 사회학(Humanistic Sociology) 등의 관점들을 포괄한다. 이 접근에서는 무엇보다도 존재론적 관점의 차이를 중시한다. 그러므로 연구방법도 연구대상의 성질에 걸맞아야 한다. 이들은 인간의 사회가 자연현상과는 달리 주관적 의식, 상호주관적 의미해석과 상황규정, 의미의 상호이해를 바탕으로 일어나는 상징적 상호작용 등 역동적인 과정에서 생성하는 현상으로 규정한다. 이와 같이 역동적인 과정 속에 생성하는 사회적 실재(reality)는 자연의 실재처럼 그렇게 일정한 법칙성을 띤 것이 아니므로 자연과학에서 하듯이 이미 존재하는 자연의 법칙을 발견하여 설명만 하면 되는 것이 아니다. 끊임없이 움직이는 사회적 실재는 지속적으로 관찰하고, 기록하고, 의미를 해석하는 일이 더 중요하다.

Ⅲ. 비판적 사회과학관

주로 맑스의 변증법적 유물론에서 연원하여 후일 프랑크푸르트학파(Frankfurt School)로 이어지는 비판적 전통과 실재론(Realism) 및 구조주의(Structuralism) 등을 아우르는 사회과학의 패러다임이다. 이들은 실증주의 및 해석적 사회과학 모두에 대해서 비판적이다. 우선 이들이 가장 불만스럽게 여기는 점은 위의 두 패러다임이 주장하는 가치판단중립의 문제다. 이들은 좀더 나은 세상을 만들기 위해서는 사람들이 현재의 여건들을 개선할 수 있도록 변화를 시도하는 게 필요한데, 사회과학은 여기에 기여해야 한다는 가치론적 관점이 출발점이다. 따라서 인식론적으로나 존재론적으로는 실증주의가 추구하는 객관적 사회현상의 법칙성발견이나 해석적 사회과학이 탐구하는 주관적 의미해석의 차원을 넘어 그러한 표면적 현상의 세계를 초월하여 그 밑바탕에 있는 사회를 구성하는 물질적 기초의 구조가 실재하는 사회의 참 모습이므로, 이를 탐구하는 것이 중요하다고 본다.

Ⅳ. 세 가지 패러다임의 비교

이제는 이 세 가지 패러다임의 차이를 더 자세하게 보기 위하여 앞에서 제시한 여덟 가지 철학적 질문에 대한 각각의 대답을 서로 비교하기로 한다.

1. 사회과학적 연구의 목적과 이유는 무엇인가?

(1) 표준과학관

자연현상으로 간주하는 사회현상의 자연법칙(natural laws)을 발견함으로써 인간이 사회현상에 대한 예측(predict)을 하고, 그에 기초하여 통제(control)를 하고자 연구를 한다.

(2) 해석적 사회과학관

상호주관적 의미해석으로 구성되는 상징적 상호작용으로 이루어지는 의미 있는 사회적 행위(social action)에 대한 이해와 서술이 주목적이다.

(3) 비판적 사회과학관

사회에 대한 허위의식을 타파하고, 사람들로 하여금 사회의 구조를 급진적으로 변혁할 수 있는 힘을 실어 주는 것이 비판사회과학의 주목적이다. 처음부터 매우 정치적 성격을 띠는 게 특징이다.

2. 사회적 실재의 근본적 성격은 어떤 것인가?

(1) 표준과학관

사회라는 현상도 자연현상처럼 일정한 모습(patterns)으로 질서 있게(order) 일어나는 규칙성(regularity) 혹은 일률성(uniformity)을 띠는 것이므로, 사회과학은 그런 것을 관찰하여 법칙을 발견하면 되는 것이다.

(2) 해석적 사회과학관

사회적 상호작용과정에서 사람들이 만들어 가는 유동적인 상황의 규정(definitions of situation)이 사회적 실재의 성격이다.

(3) 비판적 사회과학관

표면적 현상의 이면에 감춰진 하부구조가 사회현상을 좌우하고 결정하는 사회적 실재로서 사회에는 항상 갈등이 편재한다.

3. 인간의 본성은 어떤 것인가?

(1) 표준과학관

인간은 본래 자기중심적이고(self-interested) 합리적인(rational) 존재이며, 생물학적 · 심리적 · 사회적 · 문화적 요인들의 영향을 받아 행동한다.

(2) 해석적 사회과학관

사회적인 세계에 대한 의미를 창출하고, 자신들이 살아가는 생활세계(Lebenswelt, life-world)의 의미를 끊임없이 해석하는 사회적 존재다.

(3) 비판적 사회과학관

인간은 왜곡된 사회구조 탓에 착취당하고 허위의식에 갇혀 있지만, 본래는 창조적이고 적응력이 있는 존재다.

4. 과학과 상식의 관계는 어떤 것인가?

(1) 표준과학관

상식은 과학적 지식보다 정확도나 타당도가 떨어지는 지식이다. 상식의 진위 여부는 과학적 방법으로 검증하는 것이 바람직하다.

(2) 해석적 사회과학관

일상적인 생활세계 속에서 사람들이 사회생활을 영위하는 데 적용하는 저들의 이론이 곧 상식인데, 이 패러다임에서는 바로 그런 종류의 생활세계의 상식적 이론이 사회과학적 이론의 근거로서 유용하다.

(3) 비판적 사회과학관

상식이란 현실세계의 권력과 객관적 조건에 대해서 사람들의 인식을 어둡게 하는 허위의식에 해당한다. 그러므로 비판적 사회과학은 이런 허위의식을 폭로하여 잘못된 상식에서 탈피하도록 도와 주어야 한다.

5. 사회적 실재에 대한 이론의 목표와 성격은 어떤 것인가?

(1) 표준과학관

사회과학의 이론은 사회현상에 대한 설명을 주목적으로 하며, 이론의 형식은 개념정의(definitions), 공리(公理, axioms) 및 법칙(laws) 등을 상호관련짓는 논리적 · 연역적(deductive) 체계(system)다.

(2) 해석적 사회과학관

사회과학적 이론의 주 기능은 한 집단의 의미체계를 생성시키고 유지하는 과정(process)에 대한 면밀한 서술(descriptions)이다.

(3) 비판적 사회과학관

현상의 이면에 감춰진 사회적 실재의 진면목을 폭로하는 비판적 분석을 시도함으로써 사람들의 허위의식을 불식시키고, 좀더 나은 세상을 만드는 길을 알게 해주는 일이 주목적인 담론적(discursive) 형식을 띠는 것이 이론이다.

6. 설명의 진위 여부는 어떻게 가려 내는가?

(1) 표준과학관

과학적 설명은 자연법칙과 관련이 있어야 하고, 관찰에서 얻은 사실적 자료에 기초해야 한다.

(2) 해석적 사회과학관

이 패러다임에서는 사회과학적 연구의 대상인 사람들이 보고 느끼기에 사회과학적 이론에서 제공하는 설명이 정말 자기네들의 생활세계에 대한 타당한 설명이라고 인정하면, 그 이론이 곧 제대로 된 타당한 이론이 된다.

(3) 비판적 사회과학관

사람들에게 변혁에 필요한 수단을 제공하여 저들의 변화노력의 결과를 보고 알 수 있다. 이론의 실천적 함의가 중요한 척도다.

7. 양질의 증거 또는 사실적 정보란 어떤 것인가?

(1) 표준과학관

사실적 증거란 정확한 절차를 밟아 이루어진 관찰에 바탕을 둔 것이어야 하고, 다른 사람들이 같은 방식으로 반복관찰할 수 있도록 절차를 명백히 밝힌 것이어야 한다.

(2) 해석적 사회과학관

이 관점에서 볼 때 증거 자체는 이미 유동적인 사회적 상호작용의 과정 속에 묻혀 있으므로, 이를 제대로 관찰하고 의미를 이해하면 족하다.

(3) 비판적 사회과학관

훌륭한 증거란 타당한 비판적 이론의 지침에 따라 허위의식을 폭로하고 타파하는 데 유용한 것이어야 한다.

8. 사회정치적 가치가 과학에는 어떻게 개입하는가?

(1) 표준과학관

사회과학이건 자연과학이건 과학은 가치중립적이어야 하고, 과학적 절차과정에는 가치판단이 개입하지 말아야 한다. 다만, 연구주제를 선정할 때는 가치가 개입할 수 있다.

(2) 해석적 사회과학관

가치관은 이미 사회생활에서 떼어 놓을 수 없는 일부로 존재한다. 따라서 어떤 특정집단의 가치관이 틀린다고 할 수도 없다. 그저 서로 다를 뿐이다. 이런 태도에서도 일종의 가치중립이 결과한다.

(3) 비판적 사회과학관

모든 과학은 일정한 가치판단에서 출발해야 한다. 특히 비판적 사회과학은 잘못된 구조를 폭로하여 허위의식을 타파하는 데 주목적이 있으므로, 이를 위한 가치기준은 사회과학의 연구를 지도해야 한다.

Ⅴ. 세 가지 패러다임의 공통점

위에서 간추린 내용은 사회과학의 세 가지 조류가 서로 어떻게 다른지를 비교하는 것이다. 그러나 그 세 가지 패러다임 또는 철학적 관점이라 해도 과학적 연구라는 점에서 공통의 특성을 공유하는 면도 없지 않다(Neuman, 2003 : 92).

첫째, 모든 과학은 경험적(empirical) 과학이다. 과학적 연구는 어디까지나 관찰가능한 현상에 대한 연구를 한다는 점에서는 공통이다.

둘째, 모든 과학은 체계적(systematic)이다. 과학적 연구는 아무렇게나 제멋대로 하는 게 아니고, 엄격한 규칙에 따라 신중하게 진행한다.

셋째, 모든 과학은 이론적(theoretical)이다. 비록 저들이 추구하는 이론의 성격에는 차이가 있지만, 사회현상의 질서에 대한 논리적 설명과 이해는 가능하다고 본다.

넷째, 모든 과학은 공개적(public)이다. 연구자는 누구든지 연구의 절차와 결과를 공개하고 공유해야 한다.

다섯째, 모든 과학은 자가성찰적(self-reflective)이다. 연구자는 언제나 자신의 하는 일에 대해서 자의식을 가지고 깊이 성찰하며 진행한다.

여섯째, 모든 과학은 끝이 없는 개방적(open-ended) 과정이다. 과학적 연구는 불변하고 고착화한 것이 아니라 항상 검토의 대상으로 열려 있고, 변하기도 하고, 진화하기도 하는 과정이다.

Ⅵ. 기타 사회과학적 패러다임

최근에는 위의 세 가지 주요 패러다임 외에도 포스트모더니즘(postmodernism)과 페미니즘(feminism)이라는 새로운 조류가 부상하면서 이들의 독특한 철학적 관점에 대해서도 논의가 있다. 계몽주의에 뿌리를 둔 근대성의 극복을 주창하는 것이 포스트모더니즘운동이라면, 여성에 대한 새로운 관점을 강조하는 운동을 통틀어 페미니즘이라 한다. 여기서는 자세한 해설 대신에 이들의 관점을 뒤의 〈참고자료 1-1〉에 대비하여 보여 주는 것으로 만족하려 한다. 위에서 되풀이한 여덟 가지 철학적 질문에 대한 각각의 대답만을 요약한 것이다.

〈참고자료 1－1〉 포스트모더니즘과 페미니즘의 비교

철학적 질문	포스트모더니즘	페미니즘
1. 연구의목적	자아의 주관성 강조, 사람들을 즐겁게 하려 자극하기	기존의 신화타파, 사람들에게 힘을 실어주어 배려·양육·평등 가치증진
2. 사회적 실재의 성격	실질적인 유형, 종합설계 없는 유동적, 무질서	권력관계구조로 사람들을 억압하는 갈등편재
3. 인간본성	창조적, 역동적, 잠재력 풍부	창조적이나 보이지 않는 힘으로 억제당해 잠재력미발휘상태의 성별(gender) 존재
4. 상식의기능	과학적, 관료적 사유형식보다 우수한 사회실재의 본질파악	권력과 객관적 조건 감춘 허위의식
5. 이론의 성격	사람들을 즐겁게, 자극하여 충격을주는 행위예술적 표현	현실의 실재상황 폭로, 사람들이 세상을 개선하는 비판
6. 설명의진위	누구나 수용하면 진리, 유일한 진실이란 없음	억압적 관계에서 사람들을 해방시키도록 도와 주는 사상·수단 제공
7. 양질의증거	심미적 속성보유, 사람들의 느낌·정서에 공감을 일으킴	허위의식을 일깨우는 이론으로 판단
8. 가치판단의 기능	가치판단은 연구의 일부분, 다만 모든 가치관점의 동일한 중요성인정	가치판단은 연구에 필수, 특히 여성주의(페미니즘) 가치중시

자료 : Neuman(2003 : 91).

제 3 절 사회연구의 목적과 유형

사회과학의 연구방법론(methodology)에 관한 철학적 패러다임은 위에서 살펴보았다. 이제는 좀더 구체적으로 사회과학적 연구는 무엇을 위해서, 어떻게 진행하는지를 간략하게 검토하겠다. 여기서는 사회과학의 연구를 social research의 번역어인 ‘사회연구’라는 말로 쓴다. ‘사회조사’는 보통 social survey를 가리키고, ‘조사연구’는 survey research를 옮긴 말이다. 조사연구에는 ‘표본조사’(sample survey), 현지조사(field work, field study) 혹은 현지연구(field research) 같은 유형도 있다. 이들 용어를 적용한 방법에 대해서는 추후 다시 논의할 기회가 있을 것이다.

지금부터는 일반개념인 사회연구의 용도 · 목적 및 접근법 등에 따른 주요 유형을 살펴본다(Neuman, 2003 : 21-29; 139-146; Bernard, 2000 : 20-21).

Ⅰ. 연구의 용도에 따른 분류 : 기초연구와 응용연구

먼저 사회연구의 목적 또는 용도를 생각해서 분류할 때는 ① 비교적 순수한 학문적 성취를 추구하는 기초연구(basic research)와 ② 실용적인 목적의 응용연구(applied research)로 구분하는 것이 보통이다. 다만, 이 분류는 어디까지나 상대적인 것이고, 이 두 가지 연구가 서로 경계선을 넘어 기초연구가 실용적 목적에 쓰일 수도 있고, 응용연구가 학문적 기초연구의 성격을 띨 수도 있다는 점만 염두에 두는 것이 좋을 것이다.

1. 기초연구

기초연구는 사회현상에 대한 추상적인 이론을 정립하는 게 주목적이다. 기초연구는 대개 사회이론과 연관지어 이론구성이나 검증을 시도하든지, 또는 사회현상에 대한 장기적이고 일반적인 이해를 추구하므로 시간도 많이 걸리는 작업이다. 연구방법에서도 엄격한 과학적 표준을 중시하고, 가능하면 완벽한 연구를 추구한다. 그리고 기초연구의 주된 소비자는 과학자공동체와 고등교육에 종사하는 대학교수 및 그들이 교육하는 학생들이다. 다른 영역에 있는 사람들은 특별한 호기심을 가지지 않은 이상 실용성이 적은 기초연구의 결과에 관심을 둘 까닭이 없다.

기초연구는 실용적 응용이 주목적이 아니므로 일반 사람들이 볼 때는 쓸모 없는 학자들의 한가한 작업인 것처럼 보인다. 그러나 실상 자연과학의 역사를 보면 아무리 유용한 발명을 한다 해도 그 원리에 대한 이론적 뒷받침을 결여할 때는 더 이상의 기술혁신이 일어나지 못한다는 것을 알 수 있다. 이론적 지식의 중요성이 이런 데 있는 것이다. 마찬가지로 사회현상에 대해서도 당장에 정책이나 실행과제에 적용할 성질의 것이 아니라 해도 길게 보면 기초연구에서 개발한 이론적 아이디어가 나중에 실용적인 연구에서 빛을 발할 때가 있다.

기초연구에는 크게 두 가지가 있다. 하나는 순전히 이론적인 담론만을 목표로 하는 연구가 있다. 이 때는 기존의 이론을 검토해서 비판 · 수정 · 개발하든지, 아니면 연구자가 독자적으로 새로운 이론을 정립하는 형태로 연구를 하게 된다. 우리가 말하는 사회연구는 주로 연구의 방법 내지 기법을 다루는 것이므로 이런 종류의 순전히 사변적인 담론으로 수행하는(즉 말로만 하는) 이론연구는 일단 검토의 대상이 되지 않는다.

우리가 관심을 두는 두 번째 기초연구는 바로 이론과 경험적 연구를 관련시키는 작업을 가리킨다. 기존의 이론을 경험적으로 검증한다든지, 새로운 아이디어를 이론적 가설로 표현한 다음 그 가설이 맞는지를 경험적 증거에 의하여 증명하는 일을 한다. 때로는 아직 뚜렷한 이론체계는 서 있지 않지만, 어떤 경험적 관찰에서 얻은 생각을 이론화하기 위해서 실제적 관찰의 결과를 가지고 일정수준의 경험적 일반화(empirical generalization)를 시도하기도 한다. 이런 경험적 일반화를 더 발전시키면 마침내 정식이론으로 정립할 수도 있는 것이다. 이런 접근은 주로 실증주의적 사회과학의 패러다임에서 추구한다.

한편 해석적 · 현상학적 패러다임에 뿌리를 둔 민속방법론에서는 일상적으로 일어나고 있는 사회적 과정을 경험적으로 관찰하여 그 상호작용에 참여하는 사람들이 생활세계에서 구성해 가는 사회적 규칙과 상호설득방법 등을 자세히 충실하게 서술적으로 기록하면, 그것이 곧 사회이론으로 성립한다는 견해도 있다. 여기서는 이론발견의 과정을 중시한다.

2. 응용연구

처음부터 실용성 내지 실천성을 강조하는 사회연구는 특정사회, 집단 또는 기관의 주요 관심사나 특정한 문제점을 다루어 실질적인 해답을 얻고, 의사결정에 참고하거나 직접 이용하고자 하는 것이 주목적이다. 정부 · 기업 · 사회봉사기관 · 의료기관 · 교육기관 · 시민단체 · 정치단체 등에서 주로 이런 연구를 실시한다. 그 결과는 연구자 자신보다는 연구자를 고용하거나 용역을 주는 주체가 활용하게 된다. 다만, 연구자는 그 결과를 자신의 이론적 혹은 기초연구에 적용할 수 있는 내용일 때는 이용할 수도 있다. 이 때는 고용 내지 용역주체의 허가를 얻는 것이 원칙이다.

기본적으로 응용연구에는 크게 두 가지 지향점이 있다(김경동, 1978; Washay, 1975). 하나는 사회의 근본적인 쟁점을 파헤쳐서 사회적 변혁을 염두에 두고 실시하는 '쟁점지향적'(issue-oriented) 응용연구이고, 다른 하나는 특정한 문제점을 적시하고 이에 대한 기술적인 해답을 즉각 얻고자 하는 '문제지향적'(problem-oriented) 응용연구다. 전자는 주로 사회운동을 위한 연구에 해당하고, 후자는 대개 문제의 진단과 처방을 추구하는 '임상적'(clinical) 접근이라고 할 수 있다. 물론 당초에는 응용연구가 주목적이 아닌 기초연구지만, 결과적으로 거기서 얻은 결론을 실질적인 문제해결에 적용하는 사례도 있을 수 있다. 좀더 구체적으로 응용연구의 종류를 분류하면, 다음 세 가지로 나눌 수 있다 (Neuman, 2003 : 23-29).

(1) 평가연구

가장 보편적인 응용연구의 유형은 *평가연구*(evaluation research)다. 주로 공공기관 · 기업체 · 사회단체 등에서 활용하는 방법으로 시행중인 정책, 프로그램, 과제, 새로운 운영방식, 캠페인 같은 활동이 기대한 바 효과를 자아내는지를 판단하여 개선하고자 하는 목적으로 시행한다. 평가연구는 대개 처음에 제시한 목표나 목적에 비추어 실적을 측정한다. 이를 위해서 한 가지 프로그램의 여러 구성요소들을 구분하여 각각에 대하여 비용 대비 실적을 비교분석한다. 참고로 위에서 살펴본 사회과학의 주요 패러다임 중에서는 실증주의 표준과학관의 방법론이 평가연구의 철학적 배경이라 할 수 있다. 평가연구에는 두 가지 유형이 있다.

하나는 *과정평가연구*(formative evaluation)다. 프로그램관리 차원에서 어떤 과제나 정책을 시행하는 과정에 지속적으로 모니터하고 평가결과를 또다시 정책수행에 환류(피드백, feed-back)시켜서 개선과 변경을 도모하는 방법이다.

다른 하나는 *결과평가연구*(summative evaluation)다. 이는 한 가지 프로그램, 정책, 과제의 시행결과를 두고 평가하여 그 효용성을 판단하고 추후에도 계속 실시할지 아니면 새로운 프로그램을 시행할지를 결정하는 평가연구형태다.

(2) 실천연구

정치적 실천을 주안으로 하는 *실천연구*(action research)는 비판적 사회과학과 페미니스트의 패러다임에 해당하는 접근법을 채택한다. 실천연구자는 공중의 공공의식을 제고하고, 사람들에게 힘을 실어 줌으로써 공중이 직접 참여하여 일정한 사회적 대의(大義, cause)를 증진하거나 삶의 여건을 개선하려는 실천적 목적을 추구한다. 이는 특정한 구체적 문제에 관심이 있는 행동과학자가 보통 사람들의 집합적 실천행동을 독려하기 위해서 저들을 동원하는 작업을 포함하는 연구활동이다.

(3) 사회적 영향평가연구

어떤 계획변동(planned change)의 개연적 결과를 분석하려는 평가연구가 *사회적 영향평가연구*(social impact assessment research)다. 여러 가지 대안적 정책들 중에서 선별하여 변화를 기획할 때 쓰는 방법이다. 이런 연구를 위해서는 여러 학문분과들의 학제적(學際的, interdisciplinary) 접근이 유용하다. 영향평가연구에서 다룰 수 있는 사회적 영역으로는 지역사회 서비스 · 사회적 여건 · 경제적 영향 · 인구학적 결과 · 생태환경 · 보건의료 · 심리적 웰빙 등이 있다.

(4) 평가연구의 기법

평가연구에서 주로 사용하는 연구기법은 크게 두 가지가 있다. *욕구조사*(need assessment)와 *비용-성과 분석*(cost-benefit analysis)이다. 욕구조사는 어떤 정책을 결정하기 전에 과연 사회 · 지역사회 · 집단의 구성원들이 필요로 하고 요구하는 것이 무엇인지를 미리 파악하기 위한 시도다. 비용-성과 분석에서는 여러 가지 정책적 대안들을 놓고 이들을 시행하는 데 필요한 비용을 주로 경제적 가치로 예측하고, 그 결과로 얻어질 성과도 가능하면 경제적 가치로 측정하여 이 둘을 비교하는 방법이다.

이상의 논의에서 자세히 다루지 못한 기초연구와 응용연구의 특징을 일목요연하게 비교하기 위하여 〈참고자료 1-2〉를 따로 제시한다.

Ⅱ. 연구의 목적에 따른 분류 : 탐색 · 기술 및 설명

연구가 추구하는 목적이나 목표에 따라서는 ① 탐색적(exploratory) 연구, ② 기술적 혹은 서술적(descriptive) 연구, 및 ③ 설명적(explanatory) 연구로 구분하기도 한다. 물론 많은 연구는 이 세 가지 기능을 복합적으로 수행하는 수도 있다.

이 세 가지 연구형태의 특성을 비교하는 〈참고자료 1-3〉을 아래에 제시한다.

〈참고자료 1-2〉 기초연구와 응용연구의 특성비교

기초연구	응용연구
① 연구 자체가 중요하고, 다른 사회과학자의 평가가 중요	① 직업의 일부거나 용역에 의한 연구이고, 고용주·후원자가 결과를 판단
② 연구문제나 주제는 연구자가 자유재량으로 선택	② 고용주·후원자가 정한 한정적 연구문제
③ 엄격한 과학적 규범에 따라 연구를 수행, 고도의 학자적 표준중시	③ 연구의 엄격성과 표준은 결과의 용도에 따라 다름
④ 일차적인 관심은 내적 논리와 연구설계의 엄밀성	④ 일차적 관심은 후원자의 이해관심영역에 부합하는 일반화가능성
⑤ 주된 동기는 기초이론적 지식의 창출에 기여	⑤ 주된 동기는 결과의 용도에서 실용성
⑥ 연구의 성공 여부는 학계의 정기간행물 또는 저서 출판으로 다른 과학자공동체에 영향을 미치는 정도	⑥ 연구의 성공은 후원자가 의사결정에 유용하게 활용할 때 드러남

자료 : Neuman(2003 : 23).

1. 탐색적 연구

말 그대로 아직 별로 개발하지 않은 이론, 지식을 많이 쌓지 않은 쟁점, 혹은 누구도 여태 발표하지 않은 아이디어 등에 대해서 새로이 연구를 하고자 할 때는 일단 그 내용과 방법론을 탐색하는 연구를 시도해야 할 것이다. 이 때 연구자의 주된 목표는 연구주제 또는 연구문제를 좀더 명확하게 형성하는 것이고, 따라서 일반적으로 연구과정 전체의 관점에서 보면 초기단계에 해당하는 연구형태다. 한층 더 체계적이고 포괄적인 연구를 수행하기 위한 설계단계에서 일단 탐색적인 연구를 해보는 것이다. 한 가지 특징은 이 같은 탐색적 연구를 하는 연구자에게는 상당한 정도의 독창성이 필요하다. 지금까지 아무도 생각해 내지 못한 이론적 사유를 할 수 있어야 하고, 또 후속연구에서 기대하지 않던 우연적인 결과를 발견할 개연성에 대한 예견의 안목도 있으면 도움이 된다. '의외의 발견'(serendipity) 원리를 말한다.

2. 기술적 연구

기술적(記述的) 연구란 말 그대로 있는 현상을 사실 그대로 기술하는 작업

〈참고자료 1-3〉 세 가지 연구의 기능비교

탐색적 연구	기술적 연구	설명적 연구
·기본적 사실·상황·관심사 익히기	·자세하고 정확한 현상의 모습 제공	·이론의 예측·원리 검토
·객관적 조건의 영상을 머리 속에 형성	·과거의 자료와 모순되는 새로운 자료확인	·이론의 설명풍부화 및 정교화
·미래연구를 위한 문제제기	·현상에 대한 일정한 분류법개발	·새로운 이슈와 주제로 이론의 범위확장
·새로운 아이디어·가설 산출	·단계별 계기명기	·설명이나 예측 지지·거부
·연구수행용이도 판단	·작용하는 기제나 인과적 과정기록	·이슈나 토픽을 일반원리와 접목
·미래자료 발견·측정을 위한 기법개발	·상황의 배경·맥락 보고	·여러 설명 중 가장 우량한 설명 선별

자료 : Neuman(2003 : 29).

을 주로 하는 연구다. 사회연구의 상당수는 이처럼 현상을 서술하는 일을 한다. 기술적 연구에서 연구자는 자신이 연구하려는 주제와 대상에 대하여 적어도 어느 정도는 알고 있어야 한다. 거기에 대해서 여러 가지 기법을 동원하여 관찰한 것을 자세하게 묘사한 것이 연구의 결과물이다. 기술적 연구는 새로운 쟁점의 탐색이라든지, 어떤 현상에 대하여 '왜'(why)를 알기 위한 설명보다는 '무엇'(what)이 '누구'(who)에 의해서 '어떻게'(how) '얼마나 자주'(frequency), '어떤 관계'(relationships)로 일어나는지를 세밀하게 서술하고자 한다. 이를 위해서는 실험적 방법에 의존하는 사례는 극히 드물고, 각종의 조사연구 · 현지조사 · 내용분석 · 역사비교연구법 같은 기법들을 원용한다. 특히 해석적 · 현상학적 사회과학에서는 사회과학연구의 주목적이 바로 일상적인 삶의 세계에서 사람들이 상호작용하면서 일어나는 과정과 거기서 일어나는 일들을 자세하게 묘사하는 것이 주된 목표다. 따라서 '왜'를 설명하는 일도 그 서술 속에 이미 내포된 것을 이해하면 된다는 주장이다(Bogdan and Taylor, 1975).

3. 설명적 연구

기술적 연구에서 현상이 일어나는 모습에 대한 지식을 얻는다 해도 '왜' 그런 일이 일어나는지에 대한 설명은 빠질 수 있다. 그처럼 원인과 이유를 캐

묻는 연구가 설명적 연구다. 설명이 따로 필요 없고, 서술 속에 이미 설명이 있다는 해석적 사회과학의 관점과는 달리 현상을 관찰했으면 그에 대하여 인과관계의 틀로써 적절하게 설명하기를 원하는 것이 대체로 실증주의적 관점이다. 이를 위해서는 실험을 하든지, 최소한의 실험과 닮은 논리적 절차를 밟기를 기대한다. 그러한 설명이 무엇이며, 어떤 논리적 구조를 띠는지는 추후 자세히 소개할 것이다.

Ⅲ. 접근법에 따른 분류 : 양적 접근과 질적 접근

사회연구에 임하는 연구자가 어떤 철학적 패러다임의 관점에서 현지연구나 자료분석에 임하느냐 하는 방법론적 접근의 성격에 따라 수량적 혹은 양적 접근(quantitative approach)과 질적(qualitative) 접근으로 나눌 수도 있다.

쉽게 말해서 사회연구의 전략과 자료의 성격상 전자는 모든 자료를 숫자처럼 계산과 공식에 의한 처리가 가능한 경성(硬性) 자료(hard data)의 형식으로 다룰 수 있도록 연구에 임해야 한다는 접근이고, 후자는 언어 · 문장 · 사진과 같은 영상, 주관적 인상, 상징물이나 기호 같은 연성(軟性) 자료(soft data)에 의존하여 사회연구를 하는 접근에 해당한다. 기본적으로 이들은 “사회란 무엇인가?”라는 질문에 대한 대답, 즉 사회에 대한 존재론적 가정(ontological assumptions)과 연구의 목적에서 차이가 난다. 앞에서 제시한 세 가지 과학철학의 패러다임 중에서 실증주의에 속한 연구자라면 주로 양적 접근에 의존하는 반면, 해석적 사회과학의 관점에서는 주로 질적 연구의 방법을 중시한다. 이에 비해 비판적 패러다임을 강조하는 연구자는 질적 연구를 선호하지만, 필요에 따라서는 양적 접근도 배척하지는 않는다.

여기서 주의할 것은 양적 접근과 질적 접근은 연구의 목적과 용도에 따라 반드시 서로 배타적이지는 않다는 점이다. 어느 방법이든 필요하면 적용하는 것이 연구자의 올바른 태도라 할 것이다. 그럼에도 역시 철학적 관점과 연구목적에 의해서 접근법을 달리하는 것은 사실이다. 앞으로 연구의 절차를 하나 하나 검토하는 과정에서 양적 접근과 질적 접근의 구분이 필요한 부분에서 더 자세한 해설을 하게 될 것이다. 여기서는 이 두 가지 접근의 차이를 〈참고자료 1-4〉에 요약하는 것으로 그친다.

〈참고자료 1-4〉 양적 접근과 질적 접근

특 성	양적 접근	질적 접근
① 목 적	가설검증이 주된 관심사	자료의 의미파악 · 발견이 주관심사
② 기 능	객관적 사실의 측정	사회적 실재 및 문화적 의미구성
③ 초 점	측정가능한 변수	상호작용의 과정 및 사건
④ 개 념	특정한 변수로 개념정의	주제·테마·일반화·분류형식 개념이해
⑤ 측 정	자료수집 전, 측정도구의 체계적 조성 및 표준화	측정도구는 필요와 상황에 따라 창출
⑥ 대 상	다수의 사례대상	소수의 사례대상
⑦ 자 료	정확한 측정가능한 양적 자료	문서 · 직접 관찰 · 기록 등에서 얻는 언어 및 영상 자료
⑧ 이 론	대개 연역적, 인과관계이론	대개 귀납적 이론으로 인과관계는 다룰 수도 있고 아닐 수도
⑨ 절 차	타 연구자가 반복가능하도록 표준화된 절차	특수절차로 연구, 반복은 하기 어려움
⑩ 분 석	주로 통계·수표·도표 등으로 자료분석·가설검증과 연계 중요	일관성 있는 사회생활의 '그림'(모습)을 제공하기 위한 주제 · 테마 · 일반화를 겨냥한 자료의 분석 및 조직
⑪ 가 치	가치중립	가치서술
⑫ 태 도	연구자중립	연구자개입

자료 : Neuman(2003 : 145).

제 4 절 사회연구의 진행과정

이제 구체적으로 사회연구를 실시할 때, 어떤 순서로 진행하는지에 대하여 개관함으로써 제 1 장을 마무리한다(Bernard, 2000 : 66-70; Frankfort-Nachmias and Nachmias, 2000 : 18-19; Neuman, 2003 : 12-16; Rubin and Babbie, 2008 : 125-129).

(1) 제 1 단계 : 주제선정 · 연구문제규정

무슨 연구든 우선 연구자가 알고 싶은 혹은 연구해야 한다고 생각하는 주제를 선정하고, 자신이 탐구하려는 연구문제가 무엇인지를 규정하는 일이 첫째 과제다.

이 시작단계에서는 자신의 관심사가 어떤 주제에 대한 탐색인지(탐색적 연구), 현상에 대한 기술인지(기술적 연구), 아니면 처음부터 이론적인 문제의 검증인지(설명적 연구)를 결정해야 하고, 그에 필요한 *문헌자료 검토*(literature review)의 절차가 필요하다. 이 단계에서 한 가지 주의할 것은 너무 광범위하고 거창한 주제나 문제를 가지고 시작하지 말아야 한다는 것이다.

(2) 제2단계 : 연구문제의 특정화 및 가설형성

따라서 두 번째 단계에서는 먼저 연구주제와 문제의 범위를 특정화해서 초점을 좁히는 것이 중요하다. 실지로 연구실시과정에서 현실적으로 다룰 수 있도록 범위를 좁히고, 문제 자체를 특정화해야 한다는 말이다. 특히 이론의 문제를 다루는 설명적 연구라면 구체화하는 방편으로 연구가설(hypothesis)을 형성하는 것도 한 가지 방법이다. 가설에 대해서는 추후 자세히 해설할 것이다.

(3) 제3단계 : 연구설계

주제나 문제를 선정하고 연구의 초점을 분명히 한 다음에는 그에 필요한 절차에 대한 기본적인 *연구설계*(research design)를 마련해야 한다. 이 단계에서는 주로 다음과 같은 사항들에 대한 방침을 정한다.

① 자신이 사용하는 주요 용어들에 대한 개념규정(conceptualization)
② 개념들을 실제 관찰할 수 있는 변수로 재규정하는 *조작적 정의*(operational definition, operationalization)
③ 이들 현상을 관찰하는 대상집단의 성격을 규정하고, 이들을 만날 방법을 강구하는 *표본추출*(표집, 標集, sampling) 설계
④ 이들을 관찰하기 위한 *접근방법*(approach)의 선택 : 실험 · 조사연구 · 질적연구 · 내용분석 · 이차자료분석 · 역사적 연구 · 비교연구 등의 접근법 중에서 선택

(4) 제4단계 : 자료 수집 · 관찰

연구설계에 따라 이제는 실제 현장에서 필요한 *관찰*(observation)을 하고, *자료수집*(data collection)을 한다. 이 단계에서는 실험실관찰, 질문서(설문지)법, 면접법, 현지조사, 문헌 및 이차자료수집 등의 방법을 선택한다. 연구의 성격에 따라서는 자료수집단계에서 자료를 수량적으로 처리할 수 있는 변수로 규

정하고, 이를 다루기 위한 *측정도구*(measurement)도 마련한다.

(5) 제 5 단계 : 자료 처리 및 분석

수집한 자료를 처리하는 과정에서 어떻게 분석할지에 대한 방침을 정한다. *자료분석*(data analysis)은 연구의 성격과 그에 걸맞은 자료의 성질에 따라 다양한 *기법*(technique) 중에서 골라 임해야 한다. 처음부터 양적 자료를 다루는 연구는 각종 통계처리를 주로 할 것이고, 질적인 자료는 그 나름의 분석기법이 다르다. 또한 자료분석은 연구의 목적이 탐색 · 기술 · 설명인지의 여부와 이론적 검증을 중점적으로 하는지의 여부에 따라 달라진다.

(6) 제 6 단계 : 경험적 일반화와 자료의 해석

일단 자료분석이 끝나면 이제부터는 논리적 작업이다. 그 자료가 시사하는 내용이 어떤 의미가 있는지에 대한 *해석*(interpretation)을 내려야 한다. 해석의 방법 역시 연구의 성격과 자료의 성질에 따라 다를 수 있다. 대개 양적 자료일 때는 우선 주어진 자료에 기초하여 *경험적 일반화*(empirical generalization)부터 시도하는 게 보통이다. 애당초 이론검증이 목적일 때는 가설에 대한 논리적 결론을 내리면 된다.

(7) 제 7 단계 : 결과의 발표

연구의 마지막 단계는 얻은 결과를 공표하여 학문공동체의 다른 학자들과 일반공중에게 알리는 일이다. 이 때 연구의 성격에 따라 학계의 학술지나 저서에 발표하든지, 연구보고서형식으로 공개하는 형식이 될 것이다.

여기서 주목할 것은 이상의 7단계는 거의 모든 사회연구에서 한번씩은 거치게 되어 있지만, 연구를 계속하는 연구자에게는 이들이 하나의 순환적 환류(cyclical feed-back) 과정으로 볼 수 있다. 연구를 진행하다 보면 다시 전 단계로 되돌아가서 수정할 필요가 생길 수도 있고, 어떤 때는 한번의 주기로 충분치 않아서 처음부터 다시 시작하는 수도 있다. 이런 특성을 예시하기 위해 〈그림 1-1〉을 따로 제시한다.

〈그림 1-1〉 사회연구의 진행과정

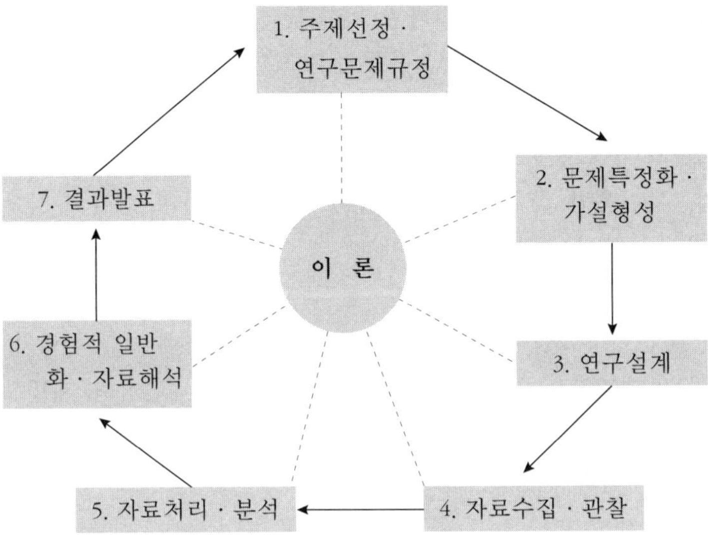

자료 : Bailey(1978 : 5); Lin(1976 : 6); Frankfort-Nachmias & Nachmias(2000 : 18); Neuman(2003 : 13) 등 참조. 저자들 재구성.

제 5 절　본서의 구성

이 책에서는 먼저 제 I 부에서 제 1 장에 이어 제 2 장에는 사회연구의 논리적 체계를 다룬다. 사회연구의 논리적 구조 · 개념 · 이론구성 등을 포함한다. 제 3 장은 사회조사연구의 설계에 관한 논의를 할 것이고, 제 4 장에서는 사회연구에서 취급하는 자료의 성격과 종류를 정리한다.

다음 제 II 부는 자료수집의 여러 가지 접근법과 기법을 소상하게 해설한다. 제 5 장은 현재 사회조사연구에서 가장 보편적으로 활용하는 표본조사법을 집중적으로 소개하고, 제 6 장은 표본조사를 위한 표본의 추출법 혹은 표집법을 따로 검토한다. 제 7 장은 질문서를 작성하고 이용하는 방법을 다루며, 제 8 장은 주로 표준화면접을 중심으로 면접법의 특성과 기법을 살펴본다. 제 9 장에서는 질문서와 면접표에서 많이 사용하는 측정기법의 원리를 개관하고, 연달아 제10장은 구체적으로 측정도구로서 척도의 구성법을 소개한다. 제

11장은 직접관찰법이 주제이고, 제12장은 실험적 방법을 소개한다. 제13장에서는 문헌과 이차자료의 수집과 아울러 분석법도 해설한다. 제14장에서는 참여관찰 · 심층면접 및 생활사연구 등 현지조사법에 대한 논의를 하고 나서, 제15장에서 역사적 접근과 비교연구를 간략하게나마 소개하고, 제16장에서는 특별한 접근법을 활용하는 몇 가지 사례들을 집중적으로 살펴본다. 민속방법론, 불개입 · 무반응법, 다원적 접근법 등이 여기에 속하며, 그들의 철학적 근거는 각기 해당 부분에서 해설하기로 한다.

이어서 제Ⅲ부는 자료의 처리 · 분석 및 보고를 주제로 삼아 이 책을 마무리하는 부분이다. 제17장은 자료의 타당성과 신뢰도에 대한 논리적 검토가 있을 것이고, 제18장은 수집한 양적 자료의 처리법을 개관하며, 제19장에서는 자료의 양적 분석법을 주로 통계적 방법으로 요약하지만, 제20장에서는 주로 질적 자료의 처리와 분석을 따로 다룬다. 그리고 마지막 제21장에서 보고서작성법을 소개한다.

다만, 이 책에서 강조하려는 것은 앞에서 정리한 사회과학의 세 가지 패러다임을 항상 염두에 두면서 그에 적합한 자료와 그런 자료를 수집 · 처리 · 분석하는 기법의 차이나 공통점들을 체계적으로 밝히는 일을 소홀히하지 않는다는 점이다.

주요 개념들

과 학	사회과학	사회연구
과학적 지식	대안적 지식	권 위
전 통	상 식	대중매체
개인의 경험	비판적 자세	개방적 태도
경험적 증거	관 찰	의 식
사실적 자료	증 거	규칙 · 절차 · 기법
반복가능성	객관성	이 론
가설검증	예측 · 통제	인과관계
실 험	결정론	확 률

과학자공동체	사회과학의 패러다임	존재론적 쟁점
인식론적 쟁점	가치론적 쟁점	표준과학관
실증주의 과학관	해석적 사회과학관	비판적 사회과학관
포스트모더니즘	페미니즘	기초연구
응용연구	평가연구	탐색적 연구
기술적 · 서술적 연구	설명적 연구	양적 접근
질적 접근	사회연구의 진행과정	

생각해 볼 문제들

1. 과학적 지식에 대한 대안적 지식은 주로 어떤 근거에서 얻는가?
2. 과학적 지식의 특징은 무엇인가?
3. 사회과학의 세 가지 철학적 패러다임은 서로 어떻게 다른가?
4. 기타의 패러다임은 어떤 것이 있는가?
5. 사회연구의 용도에 따른 구분은 어떻게 하는가?
6. 사회연구의 목적에는 어떤 것이 있는가?
7. 사회연구의 방법론적 접근에서 서로 다른 두 가지는 어떤 차이가 있는가?
8. 사회연구는 어떤 과정으로 진행하는가?

제 2 장 사회연구의 논리적 체계

연구목적이나 성격에 관계 없이 사회연구는 하나의 지적 활동이다. 그러므로 그것은 논리적인 구조와 과정을 담고 있다. 여기에서는 그와 같은 사회연구의 논리적 구조와 과정의 특성 및 구성요소들을 살펴보면서 이론과 경험적 실제연구의 관계를 살펴보기로 한다.

제 1 절 사회연구의 논리적 구조와 과정

Ⅰ. 인지과정의 일반적인 모습

사람은 일상적인 삶을 누리면서 경험하는 현상이나 사상(事象)들을 인지하여 자신의 지식으로 삼고, 그러한 앎에 바탕하여 주어진 상황에 알맞은 행위를 하는 데 필요한 판단을 내리고 진로를 결정한다. 과학적 인지과정도 기본적으로는 이와 같다. 다만, 그 절차와 방법이 일상적 과정에 비해 한층 더 체계적이고 그 규준들이 훨씬 더 엄격하다고 할 수 있다. 우선 여기에서는 사회연구를 하나의 인지적 과정으로 이해하고, 그 일반적 성격을 개관한다. 이를 위해서 〈그림 2-1〉을 참고로 제시하고 간략한 해설을 덧붙인다(Zito, 1975).

무릇 학문적인 인식과정은 어떤 내용이든 하나의 관점에서 출발한다. 아무런 생각 없는 물리적 지각이란 뜻의 관찰만은 이루어지지 않는다. 관찰한 현상의 파악은 머리 속의 상징작용에 의하여 뜻을 갖게 된다. 그 뜻은 이미 그 사회의 문화에서 규정하고 있는 것이며, 사회의 성원들이 공유하는 것이다. 그 뜻은 언어라는 상징 또는 기호(symbol)를 수단으로 삼아 규정하고 파악한다. 이

〈그림 2-1〉 인지과정의 모습

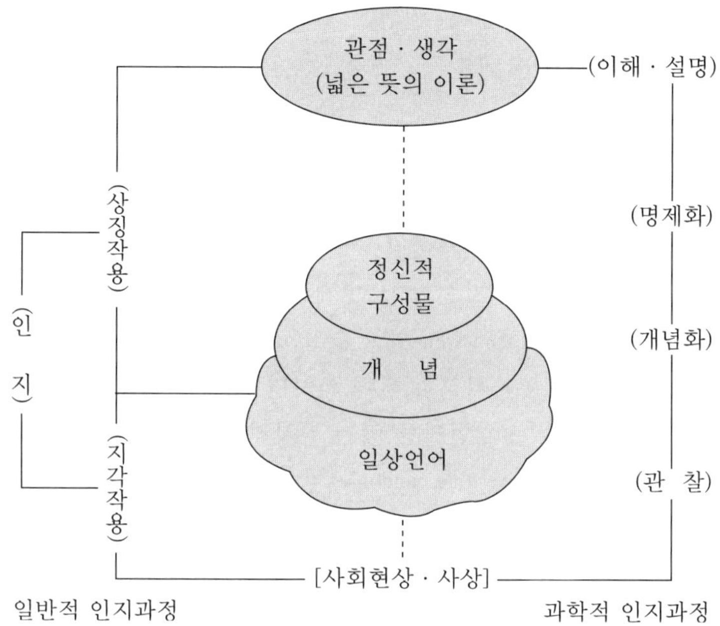

는 일상적인 인지과정에서도 마찬가지다(〈그림 2-1〉의 왼쪽에 표시되어 있다).

어떤 현상이나 사상에 대한 정신적 지각 또는 상념(image)을 말로 나타낸 것을 개념(concept)이라 한다. 그러나 과학에서는 그 개념을 한층 더 명백하고 엄밀한 정신적 구성물(construct)로 규정하는 것이 특색이다. 그리고 이런 개념들을 얽어서 뜻이 통하는 이치에 맞는 진술들(statements)로 나타낸다. 이런 진술들을 명제(propositions)라 하기도 하며, 그러한 명제들을 서로 논리적으로 빈틈 없이 배열하여 이론을 만든다. 이런 과정이 과학적 인지과정의 기본특징이다(〈그림 2-1〉의 오른편 참조).

처음에는 생각(idea)을 가지고 관찰을 하지만, 그것은 과학적 작업에서는 이론에 해당한다. 관찰에 의하여 인지함으로써 관찰대상인 현상이나 사상에 대한 이해를 얻게 되고, 필요할 때는 그에 대한 설명을 얻기도 한다. 요컨대 과학적 인식은 처음의 '생각'과 현상에 대한 '관찰'이 개념의 매개를 받아 서로 주고 받는 상호작용과정에서 얻어진다는 점을 강조하고자 한다. 이론과 관찰을 떼어 놓을 수 없다는 말이다. 이는 인식론적 전망에 따라 이론의 뜻을 다르게 해석한다고 해도 마찬가지다(김경동, 1989; Mulkay, 1979).

Ⅱ. 이론이란 무엇인가?

1. 이론과 이론 아닌 것

이론이 무엇인가에 대해서는 사람마다 관점과 철학에 따라 정의가 다르다. 가장 일반적인 뜻으로 이론이란 '어떤 현상을 설명하고, 그 의미를 이해하기 위한 상호연관성 있는 진술 또는 명제의 체계'(a systematic set of interrelated statements intended to explain something or to understand its meaning)를 가리킨다(Rubin and Babbie, 2008 : 47). 다른 표현에 의하면, 이론은 '어떤 현상에 대한 지식을 축약하고 조직하는 상호연결성 있는 추상적 생각의 체계'(a system of interconnected abstractions or ideas that condenses and organizes knowledge)라고도 정의한다(Neuman, 2003 : 42).

그런데 우리가 일상적으로 이론이라는 말을 쓸 때는 정확한 의미로 과학적 이론을 일컫지 않고 사용하는 수가 있다. 여기서는 이런 예를 몇 가지 상고하려 한다(Frankfort-Nachmias and Nachmias, 2000 : 32-33; Neuman, 2003 : 42-43).

가령 일상용어로 말할 때 "이론은 그럴싸한데, 그게 사실일까?"라고 반문하든지, 아니면 "이론상으로는 괜찮은 생각이지만, 실제 현실세계에서 그게 통할까?"라는 의문을 표시하는 수가 있다. 여기서 '이론'은 '사실'(fact) 또는 '현실성'이나 '실천 가능성'(pratice) 등과 대비하는 뜻으로 쓰이고 있다는 것을 알 수 있다. 과학에서는 이론과 사실, 이론과 실천 사이의 관계가 명백하다.

첫째, 과학적 이론은 사실과 잘 부합할 때 의미가 있다고 본다. 이론을 경험적인 방법으로 관찰한 사실적 자료에 기초한 검증으로 확증할 수 있기를 기대하는 것이다.

둘째, 과학에서도 이론을 실천적인 목적에 응용할 수 있다는 점을 중시한다. 과학적 지식이 사실적 증거에 근거한 믿을 만하고 타당한 지식이라면, 그 지식을 현실세계의 해당 분야에서 실생활에 적용할 수 있도록 현명한 판단을 내리는 데 도움이 된다고 본다.

그리고 특히 사회과학에서는 이론적인 담론을 '철학적 담론'으로 혼동할 때도 있다. 철학 중에서도 형이상학과 윤리학이 문제가 된다. 형이상학은 주로 논리적 사유로써 어떤 현상에 대한 이론을 추구한다. 이러한 존재론적 이론이 사회과학적 이론과 근본적으로 다른 것은 과학적 이론은 어디까지나 사실에 대한 경험적 증거에 근거하는 데 비해, 철학적 담론은 주로 사변적 논증에 의존한다는 점이다. 한편 윤리학의 이론은 도덕적 가치판단을 내포하는 평가적·규범적 담론인 반면, 과학적 이론은 가치중립적이고 사실적이라는 것이 주된 차이이다. 물론 여기서도 비판사회과학의 관점을 다를 수 있다. 반드시 가치중립성을 고집하지 않기 때문이다. 그러나 비판사회과학이라 해도 과학적 이론인 이상 특정가치를 적극적으로 옹호하는 도덕적 언명을 하려는 것은 아니다. 다만, 이론의 실천적 유관적합성을 중시한다는 뜻이다.

이 문제와 관련하여 특별히 주목할 것은 사회과학의 사회이론을 '이념'(ideology)과 혼동할 때다. 따라서 이 두 개념의 유사성과 차이를 잠시 정리하는 것이 좋을 듯하다. 그것을 보기 쉽게 〈참고자료 2-1〉로 요약제시한다.

〈참고자료 2-1〉 사회이론과 이념의 비교

1. 유 사 성	
(1) 일정한 가정(assumptions)이나 전제를 담는다	
(2) 사회적 세계에 대하여 '왜', '어떻게' 변하는지를 설명하려 든다	
(3) 여러 가지 개념과 관념의 체계를 제공한다	
(4) 개념들 사이의 관계를 명백히 한다. 즉 무엇이 무엇의 원인인지를 밝히려 한다	
(5) 상호연관성 있는 생각의 체계를 제공한다	
2. 차 이 점	
이 념	사회과학적 이론
(1) 절대적 확실성을 보이려 한다	조건부, 협상가능한 이해를 보이려 한다
(2) 모든 대답을 가졌다고 주장한다	불완전성 · 불확실성을 인정한다
(3) 관념의 고착화 · 폐쇄성 · 완결성	성장 · 개방 · 변천 · 확장의 가능성
(4) 검증의 회피, 모순된 증거 허다	검증환영, 긍정적 및 부정적 증거 허용
(5) 반박하는 증거에 눈감고 어둡다	증거에 의거 변경한다
(6) 특정도덕적 신념 고집	도덕적 입장에서 초연 · 무관
(7) 고도의 편파성 · 편향성 · 파당성	중립성, 모든 편에 대한 고려인정
(8) 모순과 불일치 만연	논리적 일관성 · 적합성 강하게 추구
(9) 특정지위에 근거	사회적 지위를 초월 · 횡단

자료 : Neuman(2003 : 43).

2. 이론의 기능

이론의 뜻을 좀더 정확하게 이해하기 위해서는 이론이 하는 일, 또는 이론의 목적이 무엇인지를 알아보면 도움이 될 수 있다(Neuman, 2003 : 54).

과학적 이론이 추구하는 목적은 우리가 관심을 가지고 연구대상으로 삼는 현상에 대한 '설명'(explanation)과 '이해'(understanding)다. 어떤 일이 '왜' 일어나는지 원인을 알아 내는 것이 우선 설명이고, 왜 그렇게 일어났는지를 파악하는 것이 이해라고 생각하면 족할 것이다. 일단 설명과 이해를 얻게 되면 다음에는 그 현상에 대한 '예측'(prediction)이 가능해진다. 어떤 조건 아래 어떤 원인으로 어떤 결과가 왔는지를 알면, 다음에 그와 같은 조건 아래 그와 같은 원인이 발생하면 그 결과도 같을 것을 짐작할 수 있기 때문이다. 그래서 훌륭한 이론의 척도를 흔히 '예측능력'(predictive power)으로 간주하는 견해도 있다. 일단 예측이 가능하면 그 현상에 대해서 어떤 행동을 취할 필요가 있을 때는 그 현상을 '통제'(control)할 수도 있게 된다. 아마도 이것이 과학적 이론의 궁극적 목표일지도 모른다. 그러고 보니 앞 장에서 과학의 목표에 대해서 논의한 것을 그대로 반복한 셈이 되었다.

실증주의적 표준과학관의 관점에서, 아주 엄격하게 말하면 '설명'이란 "한 층 더 근본적인(추상성이 높은) 원리로부터 연역한 원리를 제시할 때를 말한다" (We explain a principle when we show that it can be deduced from a more fundamental principle.)는 주장을 하기도 한다(Neuman, 2003 : 54).

다만, 이론의 기능을 생각하면서 우리가 다시 떠올릴 것은 사회과학의 철학적 패러다임의 차이다. 위에 요약한 견해는 기본적으로 표준과학관의 생각이라고 할 수 있고, 다른 패러다임에서는 '설명'이나 '이해'라는 개념들의 의미에 대한 해석이 다를 수 있다는 점이다. 아울러 과학적 이론의 목표도 반드시 예측이나 통제가 주된 것이 아니고, 그냥 설명만 잘 하고 이해만 도와 주면 그것으로 만족할 수도 있다는 견해 또한 있을 수 있다. 해석적 사회과학관이 주로 이런 주장에 가깝다. 반대로 비판적 사회과학관에서는 통제(실천적 가치)가 가장 중요한 목적이 될 수 있다.

Ⅲ. 이론구성의 일반모형

사회연구가 이론적인 작업을 주안으로 삼을 때는 이론구성(theory construction 또는 theory building)이라는 지적 과정이 핵심을 이룬다. 이 책에서는 그 중에서 주로 이론과 경험적 연구의 관계를 중심으로 기본적인 내용만을 간추려 해설하겠다.[1)]

여기서 말하는 이론구성의 일반모형이란 주로 논리실증주의의 과학관에 입각하여 이론과 조사연구를 보는 '표준' 사회과학의 방법론에서 대체로 수용하고 있는 모형임을 미리 밝혀 둔다. 그렇다고 해서 그것이 다른 인식론적 관점에서 연구하는 데에도 적용할 수 없다는 말은 아니다. 따라서 현상학적 이론구성의 전략도 이어서 간단히 소개할 것이다.

이론구성을 실제 연구와 관계시킬 때 크게 두 가지 접근이 있고, 그것은 또 두 가지의 논리적 과정과도 상응한다. 이들은 Francis Bacon이 이미 17세기에 정립한 것들이다. 여기서 잠시 Bacon의 말을 그대로 옮겨 보자(Reynolds, 1979 ; 139에서 재인용).

> "진리를 추구하고 발견하는 데는 오직 두 길만이 있고, 또 있을 수 있다. 그 한 가지는 감각과 특수한 것들에서 멀리 날아가(도피하여 : 저자주) 가장 일반적인 공리들(법칙들)에서 시작한다. 이들 일반원리들은 일단 정착하여 부동의 것으로 간주하고, 거기서부터 중간정도의 공리들(덜 추상적인 진술들)의 판단과 발견으로 진행하는 길이다. 이런 방법은 오늘날 유행하는 것이다. 다른 길은 감각과 특수한 것들에서 출발하여 점진적으로 끊임없는 상승작용을 거쳐 마침내 가장 일반적인 공리들(법칙들)에 이르는 방법이다. 이 후자의 길이야말로 참된 접근이건만, 이것을 아직도 시도해 보지 않고 있다."

앞의 것은 흔히 연역(deduction)이라 하고, 뒤의 것은 귀납(induction)이라 한다.[2)] 그리고 이론과 경험연구의 관계로 말하면, 앞의 것은 어떤 이론을 가지고 구체적인 관찰에 의하여 그것을 검토해 보는 이론검증(혹은 검정, theory

1) 이론구성 자체에 관한 참고서만 몇 가지 소개하면, 강신택(1981); Blalock(1969); Cohen(1980); Dubin(1978); Gibbs(1972); Hage(1972); Reynolds(1979); Stinchcombe(1968) 등이 있다.

2) 물론 경험론의 대표격인 Bacon은 그 전의 합리론의 연역적 전략을 비판하고, 진정한 과학적 방법은 귀납적 방법이라는 주장이 위의 인용에서 밝혀지고 있다.

verification, testing)에 해당하고, 뒤의 것은 관찰에서 얻은 자료를 가지고 단계적으로 추상화하여 이론을 형성해 가는 과정이라 하겠다. 이 두 가지 과학적 지식의 개발전략을 간추려 본다(Reynolds, 1979 : 140-151).

1. 이 론 → 경험연구전략(연역법)

(1) 공리의 형식을 띠든, 인과적 과정을 진술하는 모양이든 먼저 명백한 이론(의 체계)을 정립한다.

(2) 그 이론으로부터 경험적 연구에 비추어 볼 수 있는 종류의 진술들을 도출한다.

(3) 그렇게 선정한 진술들이 경험적 연구결과와 상응하는지를 '검증'(test the correspondence)하기 위한 경험연구과제를 설계한다.

(4) 만일 그 이론에서 도출한 진술들이 실제 연구결과와 맞지 않으면 이론을 적절한 방향으로 바꾸든지, 아니면 연구설계를 고쳐서 다시 연구를 계속한다. 위의 절차 (2)로 되돌아 간다.

(5) 이론적 진술이 조사연구결과와 상응하면 그 이론에서 또 다른 진술들을 더 도출하여 검증을 계속하든지, 또는 이론 자체의 한계가 무엇인지를 살펴보는 일을 시도한다.

2. 경험연구 → 이론전략(귀납법)

(1) 어떤 특수한 현상을 선정하여 그것의 모든 특성들(속성들)을 열거한다.

(2) 되도록 많은 다양한 상황에서 그 현상의 특성들을 관찰 · 측정한다.

(3) 그 결과로 얻은 자료들을 세심하게 분석하여 그 속에서 더 계속 주목할 만한 가치가 있는 어떤 체계적인 유형(또는 규칙성 · 제일성)을 발견할 수 있는지를 결정한다.

(4) 일단 그처럼 유의한 유형들을 자료 속에서 발견하면 그것들을 공식화하여 이론적 진술로 만들고, 그것들이 곧 '자연의 법칙' 혹은 Bacon의 공리들을 이루게 된다.

3. 두 가지 전략의 비교

그러면 이제 이 두 가지 이론구성전략의 장단점을 비교해 보고, 그 관계를 따져 보자.

첫째, '이론 → 경험연구'의 전략에서 가장 근본적인 문제점은 최초의 이론 자체를 '만들어 내는'(발명) 일의 어려움에 있다. 이론의 씨가 되는 '생각'(idea)이 과연 어디에서 연원하는지를 보면, 상당부분은 역시 이론가의 일상적 경험과 관심의 대상인 현상의 관찰에 바탕하고 있거나, 또는 해당 학문분야에서 이미 전개해 온 다른 이론들일 개연성이 크다. 아니면 학자 자신의 직관적 통찰이나 심지어 영감, 막연한 추측 같은 것들일 수도 있다. 대개는 이런 것들이 복합적으로 작용한다. 어쨌든 이론을 처음부터 완벽한 체계로 형성한다는 일은 그리 쉽지 않다. 게다가 그 이론이 지나치게 일반적이고 추상적이면, 그것을 실제 경험적 연구로써 검증하는 일이 또한 벅찰 수도 있다. 예컨대 사회학에서 Talcott Parsons의 행위 또는 사회체계의 일반적 개념도식 같은 것이 그런 문제점을 안고 있다. 그래서 연구자들은 실제 과정에서는 대충 윤곽만 잡은 이론적 틀을 가지고 경험연구에 임하게 되는 것이다.

하지만 이론적 체계 속에 여러 가지 공리와 인과적 진술들이 일관성 있게 배열되어 있으면, 그 중 어떤 부분이건 경험적 검증을 거침으로써 나머지의 상당부분은 실제연구를 필요로 하지 않고서도 논리적으로 검증할 수 있다. 이런 점에서는 '이론→경험연구'의 접근이 훨씬 더 경제적이고 효율적이라 할 것이다.

둘째, '경험연구 → 이론' 전략에서 기본적인 문제점은 어떤 현상의 속성들을 측정하기 위한 변수들이나, 그들 사이의 관계(인과적 관계를 포함)들이 실제로는 무한정 있을 수가 있는데, 그 중 어떤 것들을 의미 있다고 규정하고 선택할 것이냐 하는 어려움이다. 물론 실지로 연구를 하는 과정에서는 그 전부가 아니라 자신의 관심에 따라 중요한 것만을 선별적으로 다루게 된다. 그러자면 어렴풋이나마 어떤 '이론적인' 생각들을 완전히 배제할 수 없게 된다.

다만, 사회과학의 이론적 작업에서는 그럴싸한 일반화 또는 법칙정도의 소득만 있어도 족하다면, '경험연구 → 이론'의 접근이 효율성면에서 유리하다고 볼 수 있다. 한 묶음의 자료만 가지고도 상당한 수의 일반화나 법칙을 도출해 낼 소지가 크기 때문이다.

적어도 지금까지의 과학적 성과와 발전사를 보면, 그것이 자연과학이건 사회과학이건 간에 '경험연구 → 이론'의 전략보다는 '이론 → 경험연구'의 접근이 더 크게 작용해 왔다는 것을 알 수 있다. Kuhn(1962)이 과학의 '혁명'을 분석한 결과에서도 보면, 결국 그것은 새로운 패러다임의 개발에서 연유하지 구체적인 실제연구의 축적에 의존하지 않는다는 것이다. 하지만 경험연구 자체는 이론을 뒷받침해 주든지, 또는 그것을 뒤엎는 과정으로서 불가결의 것임을 부인할 수도 없다.

〈그림 2-2〉 과학적 탐구과정의 순환적 구조모형

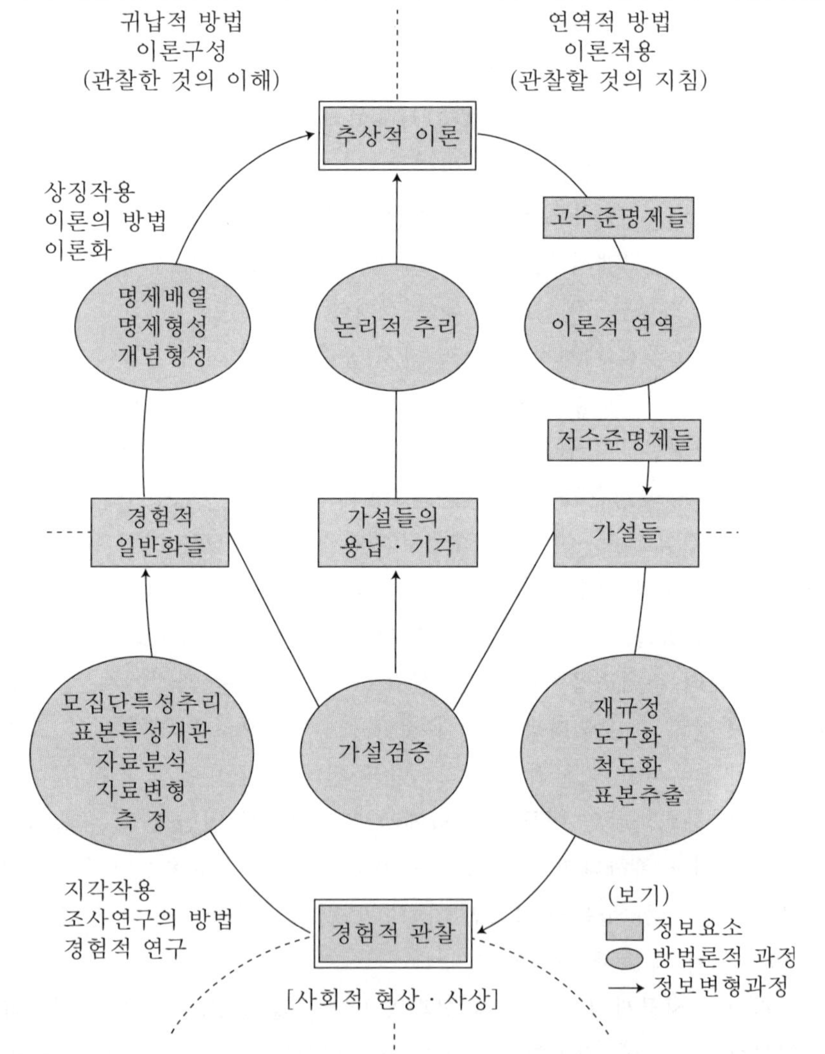

자료 : Wallace(1971 : 18, 23); Lin(1976 : 59) 조합. 지은이들 재구성.

요컨대 위의 두 가지 연구 '전략' 또는 논리적 과정들은 배타적으로 동떨어진 것들이 아니라는 점에 주목할 필요가 있다. 이들은 서로가 서로를 물고 이어져 있는 순환적인 고리의 모습을 띤다. 다만, 연구자의 출발점이 다를 따름이다. 이것을 간추려 〈그림 2-2〉를 소개한다. 이 〈그림 2-2〉의 오른쪽 과정이 연역과정을, 왼쪽이 귀납과정을 표상한다. 그리고 가운데서 윗부분은 상징적 · 이론적 작용을, 아랫부분은 지각적 · 경험적 작용을 가리킨다. 이 자리에서는 이 〈그림 2-2〉 자체의 요소와 과정을 자세히 해설하지 않기로 하고, 앞으로 필요한 맥락에서 저절로 언급하도록 할 방침이다. 앞으로의 이해를 돕기 위한 틀로 염두에 두는 게 좋을 것이다. 참고로 이 그림은 제 1 장의 〈그림 1-1〉에 제시한 연구의 진행과정과도 유사하다는 점을 밝혀 둔다.

제 2 절 이론의 구성요소

Ⅰ. 개 념

이제는 지금까지 특별히 규정하지 않은 채 쓰고 있는 몇 가지 기본개념들을 좀 차근히 살펴보기로 한다. 물론 그것들은 과학적 이론을 구성하는 요소들(components)이다. 동시에 이론의 모양(형식) 자체에 관해서도 간략히나마 개관하겠다.

1. 개념의 뜻과 기능

위에서도 잠깐 언급한 바 있지만, 개념이란 단어 또는 용어를 사용해서 어떤 현상이나 사상의 뜻을 머리 속에 그려 보는 관념적 구성물이다. 따라서 개념은 그것이 가리키는 현상 자체는 아니고, 순전히 지적인 또는 상징적인 용어다. 그처럼 머리 속에 구성한 뜻을 말로 표현할 때 용어(term)가 필요하기 때문에 흔히 개념은 그것을 나타내는 말(용어)과 같은 뜻으로 쓰고 있다.

개념의 일반적 기능에는 네 가지가 있다(Mayntz *et al.*, 1976 : 8-9).

(1) 인지적(cognitive) 기능 : 관찰을 질서짓고 조직한다.

(2) 평가적 기능 : 이는 우리가 지각하는 것이 어떤 중요성 · 의의를 갖는지를 판가름해 준다.

(3) 실용적(pragmatic, operational) 기능 : 개념이 규정하는 바 뜻을 바탕삼아 우리의 행위를 좌우한다.

(4) 통신적·의사소통(communicative) 기능 : 개념이 있음으로 해서 우리는 서로 뜻을 전달하고 의사소통이 가능하다.

과학적 연구과정에서는 (3)의 실용적 기능은 크게 문제시할 필요가 없고, (2)의 평가적 기능은 연구목적의 설정, 주제선정과 문제형성, 결과의 해석 같은 데에서 작용할 뿐더러 관찰의 선별성에도 은연중 작용한다는 점을 지적하는 것으로 충분하다. 그러니까 주된 관심사는 1)의 인지적 기능과 4)의 의사전달 기능이다. 경험적 과학의 실제 연구과정에서 현상을 인식하고 그것에 뜻을 담아 과학자공동체의 다른 성원들과 공유해야 한다는 것이 핵심을 이룬다.

이상은 개념의 일반적 기능에 해당하는데, 과학적 개념의 기능은 다시 네 가지로 정리할 수도 있다(Frankfort-Nachmias and Nachmias, 2000 : 25-26).

첫째, 개념은 과학자들 상호간에 의사소통을 가능케 한다.

둘째, 개념은 과학자로 하여금 어떤 현상을 바라보는 관점(전망 · 시각, perspective)을 제공한다.

셋째, 개념은 과학자로 하여금 경험적으로 관찰한 것을 분류하고 일반화할 수 있게 해준다.

넷째, 개념은 이론의 구성요소로서 이론이 담는 내용과 속성들을 규정해 준다.

그 같은 이론구성의 요건은 다음과 같다.

첫째, 개념들은 표상하는 말 · 용어에 정확하고 적절한 뜻을 부여하는 일반적인 합의와 일관성이 있어야 한다. 예컨대 '집단'이라는 말을 두고 어떤 이는 공원에 옹기종기 모여 있는 사람들을 떠올리는데, 다른 이는 기업체나 정부기관 같은 공식적 조직체를 생각한다면 문제가 있다.

둘째, 이와 연관된 요건으로서 개념이 뜻하는 바 영역 또는 대상의 범위를 명확히 규정할 필요가 있다. 이는 개념이 추상적일수록 더 어려운데, 가령 '집단'이라는 말 속에 '우리-느낌' 또는 '협동관계' 같은 요소가 담길 것이냐 아니냐 하는 데 대해서 의견이 다를 수 있다.

셋째, 경험적 탐구에서 개념은 경험할 수 있는, 또는 관찰할 수 있는 그 무엇을 가리켜야만 한다.

위의 네 가지 기능과 세 가지 요건들을 한데 묶어 한 마디로 나타내면 "경험적 탐구에서 쓰는 개념이 질서짓고 의사소통하는 기능을 제대로 수행하자면, 그것은 일반적인 합의와 정확한 정의에 기초한 경험적 준거를 가져야 한다"는 말이다(Mayntz *et al.*, 1979 : 9).

2. 개념의 종류

개념을 형성하는 데에는 기본적으로 두 가지 종류의 용어들을 쓰는 게 보통이다. 하나는 원시어(혹은 원어, primitive terms)이고, 다른 하나는 정의도출한 명목적 용어(derived, nominal terms)다. 원시어란 그 말뜻에 대하여 일반적으로 공유하는 상호주관적 합의가 있는 것으로 인정하고, 다른 말로 그 뜻을 따로 정의할 수 없거나 그럴 필요가 없다고 보는 그런 용어(또는 기호)다. 예를 들어 색깔 · 소리 · 냄새 · 맛 등을 가리키는 말이다. 원시어는 뜻이 분명하고 구체적인 보기로 직접 가리켜 알 수 있는 단어다.

이에 반해서 명목적 용어란 원시어들을 써서 새로 그 뜻을 규정하여 만드는 용어(또는 기호)다. 간단한 보기를 들자(Reynolds, 1979 : 46-47).

〈원시어의 보기〉

X	개 인	목표지향	
Y	상호작용		사회체계
+(수학적 기호)	2인 이상	공식화	
	규칙적	규칙과 절차	

이런 원시어들을 써서 새로 만들어 내는 명목적 용어들의 보기

$Z = X + Y$	〈집 단〉(2인 이상의) 규칙적으로 상호작용하는 개인들	〈공식적 조직체〉 공식적인 규칙과 절차를 가진 목표지향적 사회체계

물론 위의 보기에서 원시어로 예시한 말들도 따지고 보면 다른 원시어들로 다시 규정할 수 있는 성질의 것들임을 알게 되지만, 이 두 종류의 관계를

나타내기 위해 보여 준 것에 불과하다는 것을 밝혀 둔다. 다만, 원시어보다 정의로 도출한 용어가 더 유리한 것은 적은 낱말들을 써서 효율적으로 뜻을 묶어 전달할 수 있다는 점이다. 따라서 과학적 개념이라면 특히 사회과학에서는 혼란이 일어날 소지가 더 큰 일상생활의 원시어들보다는 되도록 추상성이 높은 명목적 용어들을 써서 뜻을 나타내도록 권장한다. 인식론의 전망에 따라 해석적 사회과학에는 오히려 일상언어 자체가 사회현상을 구성 · 표상한다고 보고, 이를 바탕으로 사회현상을 이해할 것을 주장하기도 한다. 하지만 일단 그런 이해를 과학자공동체에서 공유하고, 상호주관적인 이해를 돕기 위해서는 역시 일정한 추상화의 과정을 요한다.

그래서 이번에는 추상적 개념과 구체적 개념의 뜻을 비교하여 본다(Reynolds, 1979 : 49-51). 추상적 개념이란 어떤 특정한 시간적(역사적) 또는 공간적(지역적)인 상황과 관계 없이 현상을 가리키는 개념인 데 비해서, 구체적 개념은 특수한 시간과 공간적 맥락과 관련 있는 것이라 할 수 있다. 다시 말해서 추상적 개념의 뜻은 그와 관련 있는 구체적 개념의 뜻을 내포하고 있으며, 구체적 사상은 추상적 개념의 보기에 해당한다. 보기를 들면 김아무개 · 박아무개 · 이아무개라든지, 최씨의 집이라는 것들은 구체적인 사례들로서 구체적 개념을 이루는 한편, 이런 것들을 포괄하는 추상적 개념으로 '친족집단' 또는 '면접적 집단'이라는 말을 쓸 수 있다.

이러한 추상적 개념을 이론의 일부로 간주하여 이론에 포함시킬 수 있을 때, 이를 이론적 개념이라고 한다. 달리 말해서 이론적 개념은 구체적이어서는 안 된다. 하지만 그렇다고 해서 그것이 지나치게 추상적이어서 그 속에 포함하는 구체적 개념들이나 사상들이 서로 모순되는 수준에까지 이르든지, 아니면 그런 식으로 개념규정이 되어서는 곤란할 것이다. 여기서 개념규정 또는 개념정의의 문제가 대두한다.

3. 개념의 정의

위에서 원시어는 정의가 필요 없거나 정의할 수 없다고 했다. 하지만 그 말이 뜻하는 바가 무엇인지는 어떤 식으로든 '규정'(define)해야 할 것이다. 여러 사람들이 같은 말을 쓰면서 같은 뜻을 지닌 개념이 되게 하려면, 원시어라도 그것이 표상하는 사례를 가리키든지, 그것의 사례가 아닌 것과 구별해 가리키

듣지(소극적 규정) 해서 다른 사람도 같은 경험을 하게 도와 주는 길밖에 없다. 이런 개념규정법을 일컬어 '실재적 정의'(real definition) 또는 서술적(descriptive) 정의라고도 한다.[3)]

이에 반해서 대부분의 과학적 개념들 혹은 이론적 개념들은 명목적(nominal) 정의 혹은 개념적 정의(conceptual definition)라는 절차를 요한다. 쉽게 말해서 직접 경험해서 파악하기 어려운 어떤 현상의 속성이나 범주·관계 등을 머리 속에 그리는 개념으로 형성하고 그것을 말로 정의하는데, 어떤 이름(명목)을 붙이겠다는 약속을 하는 과정이다. 이 때 쓰는 이름은 새로 만들어 내는 수도 있고, 이미 있는 낱말을 과학의 전문용어로 채택하기도 한다. 그리고 그 개념을 규정하는 데에 쓰는 말들 혹은 부호들은 대개 원시어일 때가 많다(강신택, 1981 : 29; Hempel, 1952).

이러한 개념적 정의는 다음과 같은 특성을 지닌다(Frankfort-Nachmias and Nachmias, 2000 : 27-28).

첫째, 정의하려는 대상이 무엇이든 그것만의 특유한 요소나 성질을 적시해야 한다. 정의를 하면 그에 해당하는 모든 사례는 반드시 포함해야 하고, 해당 없는 것은 모두 배제해야 한다.

둘째, 순환적인 정의는 피해야 한다. 가령 '권력'이라는 개념을 정의하면서 '권세가 있는 사람들이 공유하는 특징'이라는 식으로 개념규정을 하면, 뜻을 제대로 전달할 수 없는 동어반복의 오류를 범한다.

셋째, 적극적 혹은 긍정적인 표현을 써야 한다. 예로 '지능'을 정의하는 데에 '색깔·무게 등의 성질을 지니지 않는 특성'이라는 식으로 무엇이 아니라는 부정적·소극적 정의는 말뜻을 제대로 전할 수 없다. 그 개념에만 특유한 특질을 적극적으로 밝혀야 한다.

넷째, 뜻이 분명해서 누구나 알아들을 수 있는 의미를 공유하는 용어를 써야 한다. '성희롱' 같은 용어는 사람마다 다르게 인식하기도 하고, 실제 당한 당사자에 따라서는 아무 일도 아닌 것을 성희롱으로 느낀다고 하면 이런 용어를 써서 개념정의를 하는 것은 문제가 있다.

한편 좁은 뜻의 경험주의를 엄격하게 고수하려는 학자들은 이른바 조작

3) 여기서 실재적 정의가 곧 사물·현상의 실재하는 바(본질)를 그대로 가리킨다는 생각을 하는 학파도 있으나, 관점에 따라서는 그것을 가정하지 않고 단순히 대상을 가리키는 절차로 이해하는 수도 있다.

적 정의(operational definition)를 강조한다. 이는 주로 구체적 개념이 아닌 이론적 개념을 그것이 가리키는(refer to) 경험적 준거(empirical referents)와 연결짓는 절차를 말한다. 이론적 개념은 성질상 추상적이어서 구체적 상황에서 직접 측정할 수 없으므로, 이를 '가설적 구성물'(hypothetical construct)이라 일컫기도 하는데, 이처럼 가설적으로 존재한다고 보는 이론적 개념의 경험적 확인절차를 자세하게 구체적으로 밝히는 개념규정법이 조작적 정의라는 것이다. 한 마디로 요약하면, 조작적 정의란 '어떤 이론적 개념을 경험적으로 확인하기 위하여(좀 더 엄격히는 오관으로 지각할 수 있도록 돕기 위하여) 관찰자가 따라야만 하는 활동 또는 절차를 세밀하게 묘사해 주는 과정이다(Reynolds, 1979 : 52).

한 가지 보기를 들어 본다(Frankfort-Nachmias and Nachmias, 2000 : 31). 가령 '소외'(alienation)라는 개념을 이론적으로 정의하고, 이를 다시 경험적 연구에 적용한다고 하자. 이는 추상적이고 이론적인 개념으로서 마치 물리학의 원자와 같이 직접 눈으로 보고 확인할 수 있는 것이 아니다. 이를 구체적으로 관찰·측정하기 위해서는 조작적 정의를 요한다. 이 때 다음의 〈그림 2-3〉에서 요약

〈그림 2-3〉 개념수준에서 관찰수준으로 변환과정 예시

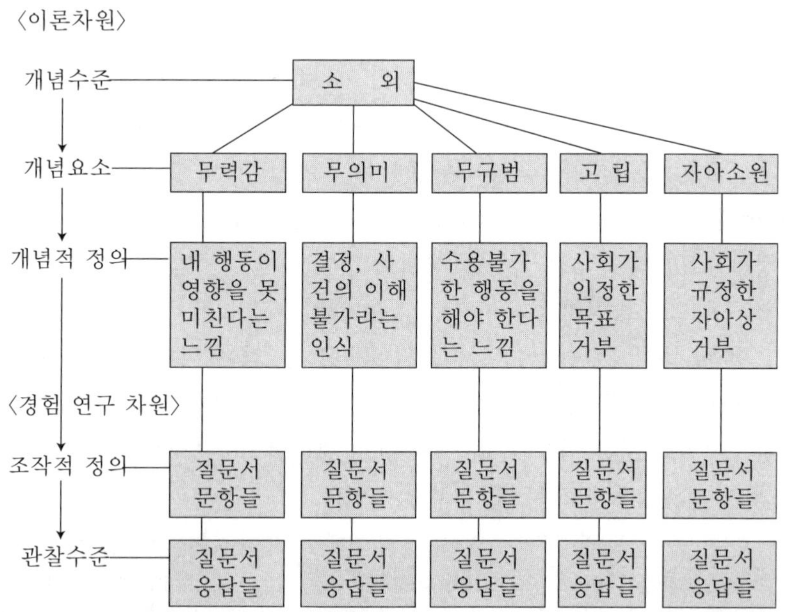

자료 : Frankfort-Nachmias and Nachmias(2000 : 31).

한 것과 같은 절차를 밟아 가게 된다.

첫째, 먼저 이론의 차원에서 우선 개념적 수준의 '소외'라는 단어를 제시한다. ① 일단 그 말을 이해하는 데 필요한 개념적 구성요소로 쪼개어 세부개념으로 변형시킨 다음, ② 그 각각의 구성요소에 대한 *개념적 정의*를 내린다.

둘째, 이제는 그런 정의에서 밝힌 내용을 경험적 연구차원에서 구체적인 자료를 얻기 위한 작업을 한다. ① 개념적 정의에서 명기한 여러 구성요소에 대한 개념적 정의를 *조작적 정의*로 변환한다. ② 그래서 구체적인 연구의 현장에서 관찰에 적용하는데, 가령 조사연구를 실행하여 응답을 수집하든지 직접 관찰로 측정하는 방법을 써서 소외현상에 대한 경험적 자료를 획득한다. 〈그림 2-3〉의 이 단계에 해당하는 활동이 질문서법에 의한 자료수집의 과정이다.

대개 이와 같은 조작적 정의는 개념의 수량적 측정을 위하여 취하는 절차라고 할 수 있다. 측정의 수단으로 지시자 또는 지표(indicator) · 지수(index) · 척도(scale) 등을 만들고, 그런 도구들은 측정의 수준에 걸맞게 활용한다. 이런 수단과 측정수준에 관해서는 뒤에 따로 자세히 살펴볼 것이다. 다만, 여기서는 개념을 계량화하여 이와 거의 같은 뜻으로 쓰이는 변수(variable)에 관하여 잠시 언급하겠다.

어떤 개념이 양적으로나 질적으로 한 가지 범주(category) 또는 값(value)을 가질 수도 있지만, 대개는 둘 이상의 범주 · 값 혹은 부분개념들을 담고 있다. 이런 개념을 바꾸어서 변수로 나타내기도 한다(Bailey, 1978 : 33-34). 예컨대 사람의 성(sex)에는 남자와 여자라는 두 범주가 있으므로, 이 때 성이라는 개념은 변수가 될 수 있다. 이 때 성은 두 개의 질적으로 다른 범주들이 구성하는 질적인 변수다. 한편 나이와 같은 것은 하나의 연속선상에서 0(영)으로부터 100 이상에 이르는 여러 수량적 값을 가지는 양적 변수다. 사회학의 추상개념들 가운데 많은 것이, 가령 계층이나 조직위계상의 사회적 '지위서열'처럼 분류를 하여 단순히 서열로 구분함으로써 질적 변수로 쓸 수도 있고, 점수를 주어서 양적 변수로 쓸 수도 있다. 요컨대 변수란 개념을 조작(operationlization)하여 측정에서 다루는 경험적 용도의 개념이라 하겠다.

Ⅱ. 진 술

개념을 형성하고 그 뜻을 규정하면, 이 개념들을 모아 엮음으로써 뜻이 통하는 진술(또는 언명, statement)이 이루어진다. 과학적 진술은 그 기본적인 형식이나 담고 있는 내용, 그것이 경험적 관찰과 이론적 체계에 대하여 갖는 관계 등에 따라 다양하게 분류해서 생각할 수 있다. 이들을 하나씩 간추려 본다(Reynolds, 1979 : 67-82).

1. 실재적 언명

이는 말 그대로 "무엇이 있다," "무엇은 어떤 것이다"라는 형식으로 그 진술 속에 담긴 개념(들)의 실재를 주장하는 언명(existence statement)이다. 이런 언명은 가령 "이 소규모의 면접적 집단에는 지위서열이 있다"라는 단순한 한 문장으로 표현할 수도 있지만, 이런 기본형식을 갖춘 여러 문장들로 이루어진 복합적인 모습을 띨 수도 있다. 예컨대 만일

> "(1) 집단 X에는 둘 이상의 개인들이 있다. (2) 집단 X에서는 각 개인이 다른 모든 개인들과 친숙한 인간적인 대화를 나눌 수 있다. (3) 집단 X에서는 각 개인이 다른 모든 개인들에 대하여 독특한 인간적인 인상을 지닐 수 있다고 하면, 이 집단은 작은 면접적 집단이다."

이 때 '작은 면접적 집단'이라는 개념은 몇 개의 실재적 언명을 바탕으로 그 실재성의 주장이 이루어지고 있는 셈이다. 다만, 이런 실재적 언명이 마치 개념의 정의와 비슷하므로 혼동하기 쉽다. 그러나 개념의 정의는 그 개념의 특성을 묘사하는 데 비해, 실재적 언명은 그런 개념(들)의 존재 여부를 주장하는 차이가 있다.

2. 관계적 진술

어떤 개념의 보기가 실재한다는 것을 앎으로써 다른 개념의 보기가 있다는 정보를 전달해 주는 진술 또는 언명이 관계적 진술이다. 관계적 진술은 둘 이상의 개념 사이의 관계를 말해 주거니와 그 관계의 성격에 따라 단순한 상호관련성을 가리키는 것과 인과적 관계를 보여 주는 것으로 나눌 수 있다.

(1) 상호관계진술은 둘 이상의 개념들이 공존 또는 공변하는 것을 말해 주며, 통계학에서는 '상관관계'(correlation)라는 말을 쓰기도 한다. 따라서 그 관계는 정(+) · 부(−) 또는 긍정 · 부정적 관계를 명확히 하든가 그 관계 자체를 부정하는 식으로 나타낼 수 있을 뿐 아니라, 그 상호관계의 강도를 나타내기도 한다. 보기를 한 가지만 들자.

"작업집단의 높은 안정성(성원들의 변동이 없음)은 높은 생산성과 관계있다" — 정의 관계

"작업집단의 낮은 이직률(성원들의 변동이 있음)은 높은 생산성과 관계있다" — 부의 관계

"작업집단성원의 변동은 생산성과 무관하다" — 무관계

이런 관계를 통계적인 상관관계의 크기(−1에서 +1까지)로 나타내면, 그 상관도의 정도를 보여 주는 셈이다.

(2) 한편 인과적 진술은 원인이 되는 독립변수(independent variable)와 결과라고 보는 종속변수(dependent variable)의 선후연관성을 말해 준다.

상호관계진술이

"사기가 높은 소규모 작업집단에서는 생산성이 높다"

라는 모양을 띤다면, 인과관계진술은

"만일 소규모 작업집단의 사기가 올라가면, 그 집단의 생산성이 올라갈 것이다,"

또는

"소규모 작업집단의 높은 사기는 그 집단의 생산성을 높일 것이다"

라는 형식이 된다.

가끔 상호관계진술과 인과관계진술을 명확히 구별하기가 어려울 때가 있는데, 이 때 X(독립변수) → Y(종속변수)의 방향이 분명하면 인과관계이고, $X \rightarrow Y$도 성립하고 $Y \rightarrow X$도 성립하면 상호관계에 해당된다고 볼 것이다. 어쨌든 이론적 진술의 형식을 기호로 요약하면 "조건 C_1, C_2, $\cdots C_n$에서 X가 일어나면 Y가 일어날 것이다"라는 모습을 띠는데, 이 때는 종속변수 Y를 독립변수 X가

'결정'해 준다고 해서 결정론적 언명이라 한다. 이에 반해서 "조건 $C_1, C_2, \cdots C_n$에서 X가 Y가 될 확률은 P다"라는 확률적 언명이 있다.

3. 이론적 진술

앞에서도 언급했듯이 이론적 진술(언명)의 일반형식은 다음과 같다.

"조건 $C_1, C_2, \cdots C_n$ 아래 만일 X면 Y다."

일반적으로 표준과학관에서 요구하는 이론적 진술의 특성은 이처럼 조건을 제시하고, 그 조건 아래 둘 이상의 개념(변수)들의 관계를 진술하는 추상적 언명이다. 이 때 추상성의 정도는 각양이겠지만, 가능하면 조작적 개념들보다는 더 추상적인 이론적 개념들을 쓰는 것이 추상성이 높은 이론적 진술이라 할 수 있다.

이러한 이론적 진술에도 여러 종류가 있지만, 여기에서는 법칙 · 공리 · 명제 · 가설 및 경험적 일반화의 다섯 가지를 대표적인 것으로 보고 간략히 살펴보고자 한다. 이들은 서로 연관 있는 개념들인데, 특히 이론과 경험적 자료(관찰)의 관계에서 일종의 위계서열을 이루고 있음을 알 수 있다. 위에서 제시한 〈그림 2-2〉를 돌이켜 보면, 오른쪽 연역과정에서는 이론에서 비롯하여 법칙→공리→명제→가설로 이어지면서 추상성의 정도가 높은 데서 낮은 데로 흐른다. 한편 〈그림 2-2〉의 왼쪽에는 귀납과정이 있고, 자료(관찰)에서 이론으로 거슬러 올라 가는 길목에 경험적 일반화가 자리잡고 있음을 알게 된다. 그러니까 '이론→경험연구'의 전략에서 주로 법칙 · 공리 등으로부터 연역적으로 도출하는 명제와 가설을 경험적 관찰로 검증하는 절차를 밟아 그 가설의 기각 여부에 따라 이론을 확립한다. 한편 '경험연구→이론'의 전략에서는 관찰한 자료에서 추출하는 경험적 일반화를 정교화 · 체계화하여 이론을 형성한다. 그러면 이들 이론적 진술들의 뜻을 잠깐 살펴보자.

(1) 법칙(law)이란 대체로 과학자들이 참이라고 받아들이는 이론적 진술이다. 물론 절대적 진리가 되기는 어렵지만, 과학자공동체에서 경험적 검증을 거쳐 확인 · 정립한 관계적 진술로서 추상성이 높은 언명을 일컫는다. 법칙이 담고 있는 개념들은 조작적 정의만 적절히 하면, 구체적 상황에서 측정 · 검토할 수 있는 것들이어야 한다.

(2) 공리(axioms)란 일반적으로 그 자체는 경험적인 검증을 필요로 하지 않거나 하기 어려운 이론적 진술을 이른다. 공리적 이론의 체계에서 전제가 되는 언명이다. 이에 관해서는 다시 자세히 소개할 것이다. 이러한 기본적 진술 또는 전제언명에서부터 논리적으로 도출한 진술을 보통 명제(propositions)라 한다. 다시 말해서 공리로부터 명제들을 도출(연역)해 내는 관계라는 말이다.

(3) 한편 가설(hypothesis)은 좀더 구체적인 상황에서 행한 경험적 연구의 관찰로부터 얻은 자료와 비교하기 위하여 선정하는 이론적 진술이다. 이는 경험적 검증을 위한 것이므로, 가설에 담긴 개념들은 경험적으로 측정·관찰할 수 있게끔 조작적으로 규정해야 한다. 가설의 원천은 기존의 법칙을 변형시키거나 공리와 명제들로 구성된 공리적 이론의 틀에서 도출한 것일 수도 있고, 아예 연구자가 직관적으로 추측한 것일 수도 있다. 이론과의 관계에서 보면 이론으로부터 연역적으로 도출한 가설도 있고, 검증을 받은 가설은 다시 이론으로 병합할 수 있다.

(4) 위의 이론적 진술들이 주로 연역적 과정에서 이론과 깊은 관련을 가진 것들이라면, 경험적 일반화(empirical generalizations)는 실제 관찰과정에서 얻은 결과 또는 자료에서 어떤 사상의 일정한 유형 내지 규칙성을 발견했을 때, 그것을 요약한 형식의 이론적 진술이다. 이것은 경험적 조사연구에서 얻은 결과의 요약이므로, 거기 담긴 개념들은 물론 직접 측정할 수 있도록 규정해야 한다. 그리고 경험적 일반화의 상태에서는 아직도 어떤 이론의 틀(체계)에 담긴 특정개념들과 체계적인 관계가 처음부터 확실한 것이 아니므로 그 자체를 하나의 법칙으로 보기는 어렵지만, 잠재적으로 법칙이 될 소지를 지닌다. 바꾸어 말하면 경험적 일반화가 요약하는 어떤 사상의 관계를 설명하는 이론의 체계를 개발할 수 있다는 말이다. 이를 위해서 개념을 더 추상화하고, 명제를 재형성하여 명제들을 재배치하는 작업이 필요할 것이다. 〈그림 2-2〉의 왼쪽을 참고하면, 그런 관계가 좀더 분명해질 수 있다.

제 3 절 이론의 종류와 형식

이제는 이론, 특히 사회이론의 종류와 형식 몇 가지를 살펴보기로 한다.

Ⅰ. 이론의 종류

이론의 종류를 생각할 때 여러 가지 기준을 적용할 수 있다. 여기서는 이론의 수준과 설명의 형식에 따라서 구분한 것을 소개한다(Frankfort-Nachmias and Nachmias, 2000 : 34-36; Neuman, 2003 : 52-61; Rubin and Babbie, 2008 : 59-61).

1. 이론의 수준

사회이론은 그것이 다루는 사회적 실재의 수준(level of social reality)에 따라 ① 미시적 수준(micro-level), ② 중간수준(meso-level), 및 ③ 거시수준(macro-level) 이론 등 세 가지로 구분한다.

(1) 미시수준이론

미시수준이론은 주로 개인, 소수의 사람들의 상호작용, 소규모 집단처럼 공간과 시간이 비교적 한정적이고, 다루는 대상의 수도 적은 현상에 대한 이론으로서 추상화의 수준도 낮은 것을 가리킨다.

(2) 중간수준이론

중간수준이론은 주로 미시수준과 거시수준의 중간범위정도의 대상을 다루며, 그 두 수준을 연계해 주는 기능을 하기도 한다. 공식적 조직체 · 사회운동 · 지역공동체 같은 현상을 연구하는 수준의 이론이다.

여기서 비슷한 개념 한 가지를 더 소개하겠다. 이른바 중간범위(middle-range) 이론이다. 중간수준이론이 대상의 규모나 범위를 중심으로 거시이론과 미시이론의 중간에 위치하는 것이라면, 중간범위이론은 주로 추상화의 정도에 따라 가장 추상적인 것과 가장 추상화의 정도가 낮은 것 사이의 중간정도의 추상화를 겨냥한 이론이라 할 수 있다. 추상화의 정도란 경험적 관찰에서 이론정립으로 이동하는 귀납적 과정에서 단순한 가설보다는 경험적 일반화가, 그보다는 다시 중간범위이론이 더 추상적이며, 나아가 고도로 추상적인 형식적 이론에 이르는 것이다. 이러한 중간범위이론은 대개 사회과학적 이론구성에서 처음부터 고도로 추상적인 이론을 경험적으로 검증하기가 어려운 점을 감안하여 좀더 쉽게 경험적 조사연구를 실시할 수 있을 정도의 추상성을 지닌 형식으로 이론을 만들고자 하는 전략의 일환으로 볼 수 있다.

(3) 거시수준이론

거시수준이론은 주로 사회제도 · 전반적 문화체계 · 전체사회 · 세계사회와 같이 규모가 큰 단위의 사회현상을 연구하는 이론이다. 따라서 이런 이론에서 포함하는 개념도 다양하며, 이론적 담론의 추상화수준도 높은 것이 특징이다.

2. 설명의 형식에 따른 이론의 종류

일반적으로 이론의 주된 목적 중 하나가 설명이라고 했다. 그러므로 이론의 종류를 구분할 때, 어떤 형식의 설명을 하느냐에 따라 분류하는 방법이 있다.

(1) 인과적 설명이론

가장 흔히 쓰는 설명방법은 인과관계에 의존하여 이론을 구성하는 것이다. 인과관계란 쉽게 말해서 어떤 원인이 있어서 어떤 결과가 온다는 형식의 논리구도다. 이처럼 원인과 결과의 관계를 정립하려면, 다음과 같은 세 가지 조건을 구비할 필요가 있다.

(가) **시간적 순서**(temporal order) 인과관계에서 원인은 반드시 결과보다 시간적으로 먼저 일어나야 한다는 조건이다.

(나) **상호관련성**(association) 어떤 현상이 다른 현상보다 시간적으로 앞서 일어났다고 해서 그 둘의 관계가 반드시 인과적이라고 할 수는 없다. 단지 인과관계의 필요조건일 따름이다. 그 두 가지 현상이 인과관계를 가지려면 그 둘이 일정한 형식으로 함께 일어나든지, 함께 움직이든지, 혹은 함께 변화가 일어나는 듯이 보여야 한다. 그러니까 상관관계가 성립해야 한다는 말이다. 물론 현실적으로 이와 같은 상관도는 항상 100% 완벽하게 성립하지는 않는다. 그렇더라도 인과관계가 되려면 상호관련성은 필요조건이다.

(다) **대안적 원인의 제거**(elimination of alternatives) 비록 앞뒤로 일어난 두 가지 현상의 상호관련성을 입증할 수 있다 해도 먼저 일어난 것이 후에 발생한 현상의 원인이라고 확실하게 말하지 못하는 수도 있다. 다른 어떤 일이 먼저 일어났기 때문에 결과가 나타났는데, 마침 처음 본 두 가지 현상이 서로 관련성이 있다고 해서 그것이 반드시 원인이라고 단정하지 못할 때가 있는 것이다. 따라서 인과관계를 분명히 하려면 처음에 확인했던 두 가지 현상에

서 먼저 일어난 것이 원인이고, 다른 어떤 현상이 있었다 해도 그것은 아무런 상관이 없다는 것을 확인할 수 있어야 한다. 그럴싸한(plausible) 대안적 원인이 없다는 것을 밝혀 내어야 한다. 현실적으로는 대안적 원인일 개연성이 있는 것을 모두 제거하기는 어렵다. 그래서 사회연구자들은 실험과 같은 연구설계에 의해서 대안적 원인의 작용을 통제하든지, 아니면 표본조사연구와 같은 데서는 통계적 절차에 의해서 대안적 원인의 작용을 통제하는 접근을 시도한다.

(2) 인과적 설명의 두 가지 전략

특히 사회과학에서는 인과관계의 설명을 할 때, 가능한 모든 원인을 찾으려는 전략과 개연성이 비교적 높은 몇 가지 주요 원인으로 설명하려는 전략을 쓸 수 있다. 전자의 접근으로 구성하는 것을 개별적(idiographic) 설명에 의한 이론이라 하고, 후자는 법칙적(nomothetic) 설명에 의한 이론이라 한다.

(가) 개별적 설명은 특정개체, 개인의 특정행동에 대한 설명을 위해서 모든 개연성 있는 원인들을 망라하여 확인하고, 충분히 설명을 하려고 하는 전략이다. 그리하여 그 개인의 특정행동에 대한 가능한 이해를 충분히 추구하려는 이론이다. 예를 들어 소년비행에 관한 연구에서 한 비행소년에 대하여 가정배경을 비롯하여 이웃환경 · 학교환경 · 친구들 등등 원인이 될 만한 모든 사항들을 되도록 많이 관찰하여 충분한 설명과 이해를 시도하는 것이 여기에 해당한다.

(나) 이에 비해 법칙적 이론은 비록 부분적인 설명에 의한 불충분한 이해라 해도 가능하면 많은 사례에 대한 일반적인 설명을 추구하는 전략에서 얻는다. 소년비행에 대한 설명을 위해 가장 중요한 원인이 무엇인지를 묻고, 되도록 많은 비행소년에 대하여 어떤 특정요인의 영향에 대한 표본조사를 실시하여 그 요인이 과연 어느 정도의 확률로 비행에 영향을 주는지를 통계적으로 확인하는 접근을 가리킨다.

(3) 구조적 설명에 의한 이론구성

인과적 설명처럼 시간적 계기를 가정하지 않고 주어진 가정 · 개념 · 관계 등의 상호연관성을 주로 다루는 이론으로, 어떤 전제적인 구조 속의 주요 부분들간의 관계에 초점을 맞춘다. 여기에는 두 가지 접근이 있다.

(가) **연결망(network) 이론** 어떤 사건이나 현상을 설명할 때, 그 일에 관여하는 사람들의 관계를 연결망이라는 시각에서 포착하여 이론을 정립하는

방법이다. 가령 1871년 파리 코뮨사태에서 사람들을 동원한 현상을 설명하기 위해서 그들이 이전에 형성하고 있었던 관계의 연결망을 추적하는 이론구성의 전략을 써서 설명한 예가 있다(Gould, 1991).

(나) **기능적(functional) 이론** 기능적 이론의 전략은 "어떤 현상(A)은 그것이 한 부분으로 속해 있는 전체체계(B)에 도움이 되기 때문에 일어난다"는 식의 논리로써 설명하려는 것이다. 예컨대 사회변동과정에서 어떤 특정행동유형(배우자선택)에 변화가 일어난다고 하자. 이 때 사회가 변함으로써 과거 전통적으로 사회체계가 필요로 하든 기능을 수행하든 배우자선택방식은 이미 시대에 맞지 않게 되었으므로, 변해 버린 사회체제가 요구하는 기능을 수행하는데 도움이 되는 새로운 방식으로 배우자선택에 임하게 된다는 설명을 하면, 이것이 기능적 설명에 의한 이론구성의 보기가 된다.

(4) 해석적 설명에 의한 이론구성

앞에서도 언급한 것이지만, 주로 해석적 사회과학의 패러다임에서 설명을 추구할 때는 행위자들의 주관적인 의미해석에 대한 이해에 의하여 이론을 구성한다. 저들의 일상세계 속에서 주고받는 의미해석의 내용과 상호작용과정 자체의 의미를 연구자가 저들의 관점에서 이해하고 해석함으로써 설명을 얻게 되는 이론구성의 전략이다.

3. 증거에 기초한 이론

근자에 질적 연구를 추구하는 학자들은 '증거에 기초한' 혹은 '근거 있는' 이론(grounded theory)이라는 용어를 쓰기 시작하였다(Neuman, 2003 : 52; 146). 일정한 체계적인 절차를 밟는 방법에 의하여 귀납적으로 도출한 이론을 개발할 때 쓰는 말이다. 한 마디로 증거, 즉 자료에 충실하고자 하는 이론구성법이다. 그런데 절차상으로는 경험적 증거에 대한 관찰을 계속하는 연역적 방법을 쓰므로 새로운 이론을 발견하는 전략이기도 하다. 더구나 개념화라든지 조작화와 같은 개념규정의 과정도 자료수집 및 예비적 자료분석과 동시에 할 수 있으므로, 증거가 되는 자료와 이론 사이의 상호작용이 가능한 유연성이 장점이다.

질적 연구에서는 항상 새로운 가능성에 대한 개방적 태도로 임하고자 하므로 이처럼 증거에 기초한 이론구성전략을 채택함으로써 예기치 않았던 새로운 발견을 기초로 연구문제 자체를 수시로 수정할 수 있고, 연구의 방향도 바꿀 수 있으며, 연구의 초점도 재조정할 수 있는 것이다. 대개 미시수준의 현상에 대한 관찰을 근거로 거시수준의 설명을 시도하며, 서로 다른 상황에 대한 비교관찰에 의해서 일반화를 추구한다. 이 때 그 절차는 정확하고 엄격해야 하고, 다른 연구자가 반복시행할 수 있어야 한다는 점에서 표준과학관의 경험적 일반화전략과 유사하다.

Ⅱ. 이론의 형식

지금까지는 이론을 구성하는 요소로서 개념과 이론적 진술 및 이론의 종류를 살펴보았다. 그런데 흔히 이론적 진술 그 자체를 이론으로 생각하기 쉬우나, 이론은 어디까지나 그러한 진술들의 묶음이라는 점에 유의할 필요가 있다. 여기서는 두 가지 대표적인 이론의 정의를 소개하기로 하고, 주로 이론의 형식을 다루겠다.[4)]

먼저 간단한 개념정의의 보기로 Gibbs(1972 : 5)의 것을 들어 보자.

> "이론(a theory)이란 어떤 사상 또는 사물의 무한대의 범주들이 지닌 속성들에 관한 경험적 주장 또는 단언들의 형식을 띠고, 논리적으로 상호연관성 있는 진술들의 한 묶음이다."

Gibbs의 정의는 주로 이론의 내용을 강조하면서 그 형식에 있어서는 논리적 연관성만을 지적하고 있는 데 비해서, Cohen(1980 : 171)은 형식을 중심으로 이론을 규정한다.

> "이론(a theory)이란 서로 연관성 있는 보편적 진술들의 한 묶음인데, 그 중 어떤 것은 단순한 개념규정 또는 정의들이고, 또 어떤 것은 진이라 가정하는 관계적 진술들이다. 그리고 이론은 거기 담긴 진술들을 조작하여 새로운 진술들을 도출하기 위한 한 묶음의 규칙들, 즉 구문법을 지니고 있다."

이에 덧붙여 경험과학의 이론이라면 형이상학적 또는 순수분석적 이론과는 달리 경험적 검증절차의 규칙이 담겨 있어야 한다는 것이다. 이와 같은 이

---

4) 이론의 구성요소와 형식적 측면에 관한 것으로 김경동(1989) 참조.

론의 뜻을 염두에 두고, 이제 이론이 취하는 형식의 대표적인 것을 간추려 보기로 한다(Reynolds, 1979 : 83-114).

1. 법칙들의 묶음

첫번째 이론의 형식은 앞에서 정의한 법칙들의 묶음(set-of-laws)이다. 법칙들은 물론 관계적 진술이면 더 바람직하나, 때로는 실재적인 진술의 모습을 띤 법칙들을 모아 이론으로 구성할 수도 있다. 다만, 실재적 진술의 형식을 띤 법칙은 현상을 설명해 주지 못하는 약점이 있다.

간단히 보기를 들겠다. Robert Michels(1959)는 유명한 '과두제의 철칙'(the Iron Law of Oligarchy)이라는 것을 제시했다. 그것을 그대로 옮기면 이러하다.

> "대다수의 사람들은 … 소수의 지배에 복종해야 하는 비극적 필연성으로 운명지어져 있어서 과두제의 받침돌 노릇으로 만족해야만 한다."

이것을 좀더 전문적인 말로 바꾸어 이론화하면, 이 법칙적 이론은 다음과 같은 개념의 정의와 법칙적 진술을 포함할 것이다.

(1) 사회체계 : 집합적 이해관심 또는 목표를 가진 개인들의 조직된 모임

(2) 민주적 리더십 : 사회체계나 그 성원들에게 영향을 미치는 모든 일들에 대한 결정을 직접투표 또는 지도자들에 대한 간접통제 등에 의하여 그 사회체계의 모든 성원들이 똑같이 공유하는 통제방식

(3) 과두제적 리더십 : 사회체계나 그 성원들에 영향을 미치는 모든 일에 대한 결정을 성원들 가운데서 나온 소수의 특권집단이 완전히 장악하는 통제방식

이런 개념들을 연결하여 재구성하는 '과두제의 철칙'은 이렇게 바뀐다.

> "처음에는 민주적인 리더십을 활용한 사회체계라 할지라도 리더십이 안정적인 유일한 형태는 과두제적 리더십밖에 없다. 그리고 어느 사회체계에서든 종국에는 과두제가 자리잡을 것이다."

물론 이 법칙적 이론은 하나의 실재적 진술의 모양으로 정리한 것으로 인과성의 설명은 들어가 있지 않고, 논리적 도출과정도 포함하지 않는다. 그러

나 법칙적 이론도 관계적 진술을 담은 것이 될 수 있다. 현재로서는 사회과학 이론을 이와 같은 법칙들의 묶음으로 정립한 보기는 드문 편이다. 그리고 여기서 규정하는 법칙들이란 경험적 검증이 가능한 개념들을 포함해야 한다는 요건 때문에 측정불가능한 가설적 · 이론적 개념들을 제외해야 한다는 한계를 지닌다.

2. 공리적 이론

공리적 이론(axiomatic theory, 혹은 axiomatic form of theory)은 대체로 형식적 이론(formal theory)이라고도 한다(Frankfort-Nachmias and Nachmias, 2000 : 37-39). 공리는 주어진 현상에 대하여 경험적 검증이 불가하거나 불필요한 진술 또는 가정을 일컫는다. 선험적(先驗的)으로 참인 진술인 셈이다. 어떤 개념들간의 인과관계를 직접적으로 기술하는 공리적 이론이 제시하는 관계는 너무도 기본적인 관계인지라 경험적 검증이 불필요하다고 간주하는 것이다. 기하학의 공리들이 이에 해당한다. 이러한 공리적 이론은 다음과 같은 요소를 담고 있다.

1) 일군(한 묶음)의 개념들과 이들에 대한 개념적 및 조작적 정의들
2) 이들을 적용할 수 있는 상황을 서술·묘사하는 일군의 진술들
3) 일군의 관계적 진술들 : 이런 진술은 두 가지가 있다.
   ① 공 리 : 참이라 가정하는 검증불가한 진술 또는 가정
   ② 정 리(theorem) : 공리로부터 연역하여 경험적 검증이 가능한 명제
4) 논리적 체계를 활용하여 다음의 기능을 한다.
   ① 진술에 담긴 모든 개념들을 상호연관짓는다.
   ② 공리, 공리의 조합 및 기타 정리들로부터 정리를 연역한다.

이해를 돕기 위해 Durkheim의 자살론을 재해석한 Zetterberg(1965)의 보기를 소개한다. 그는 자살론을 다음과 같은 열 개의 명제로 재진술하였다.

1) 분업이 증대할수록 합의(기본가치와 쟁점에 대한 동의)가 증대한다.

2) 연대(소속감)가 강해질수록 구성원 각자의 동료(집단구성원들이 접촉하는 사람들의 수)도 늘어난다.

3) 구성원 각자의 동료가 늘어날수록 합의도 증대한다.

4) 합의가 증대할수록 일탈자(기본가치를 거부하거나 사회적으로 용납하

지 못하는 행동을 하는 개인)에 대한 거부가 줄어든다.

5) 분업이 증대할수록 일탈자에 대한 거부가 줄어든다.
6) 구성원 각자의 동료가 늘어날수록 일탈자에 대한 거부가 줄어든다.
7) 분업이 증대할수록 연대가 강해진다.
8) 연대가 강해질수록 합의가 증대한다.
9) 구성원 각자의 동료가 늘어날수록 분업이 증대한다.
10) 연대가 강해질수록 일탈자에 대한 거부가 줄어든다.

이 열 개의 명제 중에서 그는 마지막 네 개(7)·8)·9)·10))를 선별하여 이들이 일종의 공리의 기능을 하게 하면, 나머지 명제들은 이 네 개의 공리로부터 연역할 수 있다고 주장한다.

이러한 공리적 이론에서 문제가 되는 것은 어떤 명제나 진술을 공리로 선택하는 기준의 문제다. 지금까지 사회과학적 연구에서 의존한 기준은 ① 논리적 일관성(consistency), ② 간결성(parsimony), 및 ③ 법칙성(law)이다. 우선 공리에서 연역적으로 도출하는 정리들이 서로 논리적으로 모순되어서는 곤란하다. 다음 가능하면 최소한의 공리에서 여타의 모든 명제를 연역적으로 도출할 수 있어야 한다. 그리고 가장 어려운 주문이지만, 공리가 가능하면 법칙의 지위를 획득할 정도의 명제를 골라야 한다. 그런데 법칙이 되기 위해서는 먼저 경험적으로 지지를 받아야 한다는 조건을 충족할 필요가 있다. 바로 이 점에서 현재까지 사회과학의 이론이 법칙으로서 지위를 성취한 예는 극히 드물다.

이러한 상황에서 최소한 공리적 성격을 띠는 이론을 정립하기 위하여 인과관계를 밝히는 형식으로 명제를 재정립하려는 시도가 있다. Blalock(1969)의 예를 들어 보자. 그는 위의 자살론의 명제들 중 Zetterberg가 선택한 네 가지 공리들을 인과관계의 형식으로 재정립하였다.

1) 개개 구성원의 동료의 수의 증가는 분업의 증가를 산출할 것이다[9)번 명제].
2) 분업의 증가는 연대의 강화를 산출할 것이다[7)번 명제].
3) 연대의 강화는 합의의 증대를 산출할 것이다[8)번 명제].
4) 연대의 강화는 일탈자의 거부의 감소를 산출할 것이다[10)번 명제].

이렇게 공리를 인과적으로 재정립함으로써 경험적으로 검증가능한 정리 또는 명제를 생성시킬 수 있다는 장점을 보여 주려 한 것이다.

이러한 공리적 이론이 비교적 완벽하게 하려면 다음과 같은 요건들을 갖추는 게 좋을 것이다.

(1) 개념정의 : 원시어와 명목적 용어를 포함하는 이론적 개념들과 조작적 정의들

(2) 범위조건(scope conditions) : 이론을 적용할 수 있는 상황을 묘사해 주는 실재적 진술들의 모음

(3) 관계적 진술들의 묶음 : 여기에는 다른 모든 진술들을 도출할 수 있는 공리적 진술들과 공리로부터 연역해 내는 명제들이 있다. 명제들은 공리·공리들의 조합 또는 다른 명제들로부터 도출할 수 있다.

(4) 이론적 체계 : 각 진술에 담긴 개념들의 연결, 그리고 공리나 공리들의 조합 또는 다른 명제들로부터 명제를 도출·연역하는 절차의 명시

아주 단적인 보기를 도식적으로 들어 보면, 공리적 이론의 형식은 이러하다.

만일 X 면, Y (공리 1)
만일 Y 면, Z (공리 2)
그러므로 만일 X 면, Z (명 제)

이것을 좀더 구체적인 보기로 대치해 보자. 우선 개념정의들로서

위 신 : 사람들이 다른 사람에게서 받는 존경의 정도

집 단 : 서로 공동의 가치목표와 규범을 공유하면서 지속적 상호작용을 하는 조직된 개인들의 모임

등이 있고, 이들을 다른 원시어들과 어울러 연결하여 공리들과 명제로 구성하되 이 이론의 범위조건은 소규모의 집단에만 적용한다는 것이다. 공리들과 명제는 이러하다.

"한 집단 안에서 어떤 개인이 누리는 위신이 높을수록 그 집단활동에 대한 그의 지식이 더 많을 개연성이 크다." (공리 1)

"어떤 개인이 그가 속한 집단의 활동에 대한 지식을 더 많이 가질수록 그가 다른 집단과의 교섭에 자기 집단을 대표하도록 위임받을 개연성은 더 크다." (공리 2)

"한 집단 안에서 어떤 개인이 누리는 위신이 높을수록 그가 다른 집단과

의 교섭에 자기 집단을 대표하도록 위임받을 개연성은 더 크다." (명 제)

3. 인과적 과정의 형식을 띤 이론

사회과학에서 공리적 이론이 희소할 수밖에 없는 까닭은 그 형식이 까다롭고, 증명하지 않아도 되는 기본적 가정들(공리들)을 전제하기가 어렵기 때문이다. 오히려 조심스럽게 구성하기만 하면 대부분의 사회과학적 이론은 인과적 과정(causal process)의 형식을 띤 것으로 형성할 수 있는 성질의 것이다. 인과적 이론은 앞의 공리적 이론에서처럼 정의들과 범위조건들을 내포한다. 이때의 범위조건이란 인과적 과정이 일어날 것으로 기대할 수 있는 상황에 대한 실재적 진술에 해당한다. 그런 다음 인과적 진술들을 제시하는 형식을 띤다. 흔히 이런 인과적 이론을 도식적인 모형의 모습으로 나타내고, 실제 조사연구 결과를 통계적으로 분석하는 지침으로 자주 쓴다.

보기를 들겠다. Kasl과 Cobb(1967)의 지위불일치와 정신건강에 관한 이론에서 기본개념으로 '지위긴장'(status stress)이라는 것이 있다. 이것을 정의하면, 어떤 개인이 둘 이상의 지위서열에서 서로 다른 위계서열에 속한 상황(보기 : 학력은 높으나 소득이 낮다)을 일컫는다. 이것의 효과를 그림으로 나타내면 〈그림 2-4〉와 같다. 그리고 이 〈그림 2-4〉의 인과적 과정에서 다음과 같은 진술들을 도출할 수 있다.

〈진술 1〉 "개인의 지위긴장은 그 사람의 정신 및 육체적 건강에 장애증후를 자아낸다."

〈진술 2〉 "부모의 지위긴장은 그 자녀의 정신 및 육체적 건강에 장애증후를 자아낸다."

4. 세 가지 이론의 비교

학자에 따라 이론의 형식을 평가하는 기준이 다르겠지만, 표준과학관의 관점에서 볼 때, 과학적 지식을 요약하는 이론의 기능은 우선 현상의 간단한 분류, 논리적인 설명과 예측, 통제의 잠재적 가능성, 그리고 이해 등이라고 한다. 이런 기준에서 보면 되도록 공리적 형식을 띠면서 내용적으로 인과적 과정을 밝혀 주는 그런 이론이 위의 모든 기능을 충족시켜 준다고 할 수 있다. 그

〈그림 2-4〉 부모의 지위불일치가 자녀의 정신·육체적 건강에 미치는 영향의 인과적 연계모형

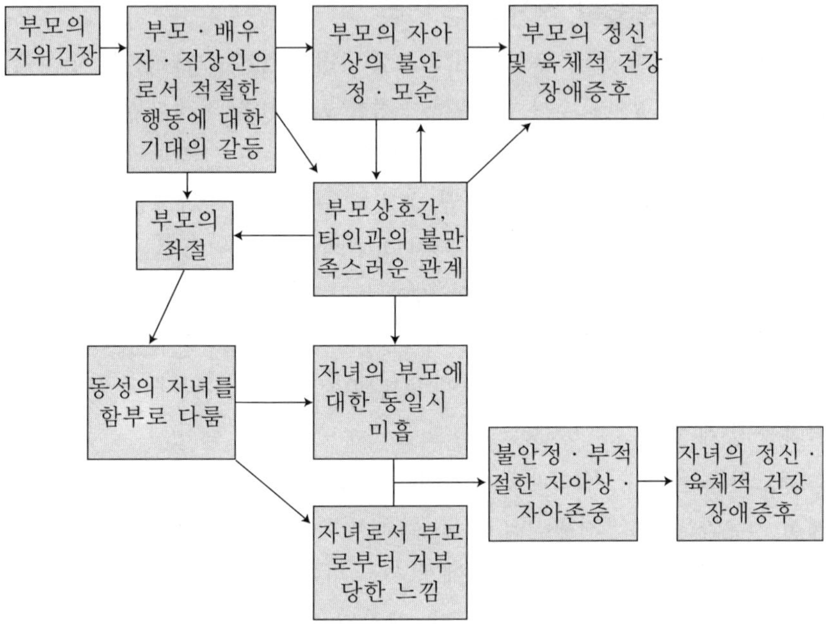

자료 : Kasl and Cobb(1967); Reynolds(1979 : 104).

뿐 아니라 새로운 패러다임의 개발, 실지 경험연구의 효율성 또는 과학적 지식의 조직 등의 기준으로 보아서도 이런 형식의 것이 가장 유용하다고 볼 수 있다. 다만, 앞서 보여 준 〈그림 2-2〉에서 오른쪽의 과정, 즉 연역(또는 이론→경험연구)의 전략을 쓸 때에 공리적·인과적 이론의 모형이 더 효과적이고, 귀납(또는 경험연구→이론)의 전략을 따르면 법칙적 이론 혹은 경험적 일반화의 절차가 더 유용할 수 있다고 보겠다.

이론의 구성요소·형식 또 그 평가기준과 같은 내용에 관해서는 여기서 소개한 것보다 더 다양하고 복잡한 것들이 있으나, 당장의 목적을 위해서는 이 정도에서 족하다고 본다. 이제는 이론구성전략을 몇 가지만 더 언급하기로 한다.

제 4 절 이념형과 그 밖의 이론구성

지금까지 정리한 것은 주로 표준과학관의 이론관을 중심으로 중요한 요소들을 살펴본 것이다. 그런데 사회과학의 이론구성전략 중에서 표준과학관과는 인식론적 근거를 달리하는 현상학 또는 이해의 사회학에서 제시하는 것도 있다. 그것은 주로 이념형(ideal type)의 접근이라 할 만하다. 이념형이라면 두말할 나위도 없이 Max Weber를 생각하게 된다. 그런데 그의 방법을 현상학적 사회학의 방법으로 재정립하려는 시도를 Alfred Schutz가 하고 있다. 여기서는 먼저 Weber의 이념형을 간략히 살펴보고, Schutz의 접근법을 소개하기로 한다.

Ⅰ. Weber의 이념형

Weber에 의하면(Weber, 1949 : 89-99), 이념형이란 하나의 개념적 또는 관념적 구성물이다. 그것은 구체적인 역사적 삶의 어떤 관계나 사상들을, 내적으로 일관성 있는 체계인 하나의 복합체(complex)에 한데 뭉뚱그려 정리해 주는 것이다. 이러한 개념적 복합체에 담은 내용은 실재 또는 현실세계의 특정요소들을 분석적으로 특히 강조 내지는 부각해서 만들어 내는 일종의 유토피아(이상적 상태)와 비슷하다. 이념형과 경험적 자료의 관계는, 그처럼 추상적인 구성물에서 가리키는 형태의 관계가 실재 세계에 존재한다고 상정하거나, 또는 그것을 실재생활에서 발견하게 된다는 뜻에서 파악할 수 있다. 바꿔 말하면 그것은 그와 같은 관계의 특정적인 성격을 그것(이념형)에 비추어 이해하고 실용적으로 명시하기 위한 수단이라는 것이다.

이런 뜻에서 이념형은 역사적으로 특이한 통합체들(configurations)이나, 그것을 구성하는 개별요소들을 일반적 개념들로 분석하고자 하는 하나의 시도다. 또한 이념형은 어떤 한 가지 또는 그 이상의 관점을 일방적으로 부각시켜 놓고 현실적으로는 대체로 발견할 수 있으나, 때로는 없을 수도 있는 수많은 분산되고 독립된 개별현상들을 종합하여 하나의 통일된 분석적 사유의 구성물(Gedankenbild)로 배열하되, 위에서 부각시킨 일방적인 관점(들)에 입각하여 이를 합성하는 방법이다. 따라서 이러한 정신적 구성물 자체는 개념적인 순수성을 띠는 유토피아로서 경험적으로는 그런 순수성을 발견할 수 없다. 그렇다고 이념형이 곧 가설인 것은 아니나, 경험적 실제연구에서 가설을 형성하는 데 도움이 될 뿐더러 탐색적 · 발견적인 목적으로는 불가결한 절차가 될 수 있다고 한다. 만일 역사연구자가 그런 이념형적 구성물이 아무런 쓸모 없는 '이론적 구성물'이라고 배척한다 해도 말로써 논리적으로 세련화하지는 않음에도 불구하고, 실지로는 의식 · 무의식간에 비슷한 개념의 틀을 사용하게 되기 때문에 어차피 이런 절차는 불가결하게 된다.

Weber가 특히 강조하는 점을 한 가지 덧붙이면, 이념형이 "ideal"이라는 말을 담고 있다고 해서 마치 그것이 자동적으로 어떤 윤리적으로 이상적인 모형으로서 '있어야만 하는 바'를 뜻하지 않는다는 점이다. 그것은 어디까지나 하나의 분석적 구성물이며, '이상적'이란 순전히 논리적인 뜻에서 쓰는 것으로서, 결코 어떤 가치판단과도 관련이 없을 뿐 아니라 논리적인 완벽 또는 순수성이라는 뜻 이외의 어떤 도덕적 완전함과도 무관하다는 것이다. Weber가 이념형으로 개발 · 연구에 활용한 대표적인 보기를 들면 근대적 관료제 · 자본주의정신 · 교회와 종파 · 도시 · 합리성 등이다.

Ⅱ. Schutz의 이념형적 방법

Schutz의 방법을 자세히 이해하기 위해서는 그의 사회실재에 대한 존재론적 관점과 그것을 연구하는 방법론의 인식론적 기초로서 현상학과 이해의 방법론을 살펴보아야 한다. 그러나 여기서는 그것이 본래의 목적이 아니므로, 조금은 문맥에서 벗어나는 모험을 무릅쓰고 그의 이념형적 연구방법을 간추리는 데 그치고자 한다.

Schutz(1971 : 497-500)는 일상적인 경험세계 혹은 삶의 세계는 그 자체가 하나의 상호주관적인 세계임을 전제하고, 그 속에 사는 사람들은 이른바 '이해'라는 절차로 그 나름의 정신적 구성물을 만들어서 서로의 행위의 의미를 해석하며 살아간다고 한다. 이를 상식적인 구성물 또는 일차적 수준의 구성물이라 한다. 사회과학자는 이 첫째 수준의 것을 바탕으로 하여 두 번째 이차적 수준의 구성물을 구축해야 한다. 그러므로 사회과학의 목적이 사회적 실재를 설명하는 일이라면, 이차적 수준의 과학적 구성물은 어떤 행위가 행위자 자신에게 갖는 주관적 의미에 대한 언급을 담고 있어야 한다. 이것이 Weber가 주관적 해석이라 말한 과정이다. 다시 말해서 사회적 세계에 대한 모든 과학적 설명은 사회적 실재가 연원하는 그 사람들의 행위의 주관적 의미를 가리킬 수 있고, 또 그래야만 한다는 것이 바로 주관적 해석이 뜻하는 바다. 그런데 사회과학은 모든 경험적 과학과 마찬가지로 객관적이어야 한다. 여기서 객관적이란 말은 과학적 명제들은 과학자의 사적인 통제받지 않은 경험을 가리켜서는 안 되고, 통제 하의 검증이 가능한 것이어야 한다는 뜻이다.

이 때 제기되는 문제는 이처럼 보기에는 서로 모순되는 ― 주관적 의미해석과 객관적 검증 ― 원칙들을 어떻게 조화시킬 수 있는가 하는 것이다. Schutz가 볼 때 사회과학방법론에서 해답을 제공해야 하는 가장 심각한 질문은 "주관적 의미구조의 객관적 개념과 그에 관한 객관적으로 검증가능한 이론의 형성이 어떻게 가능한가?"라는 것이다. 이에 대한 Schutz의 해결책은 바로 위에서 지적한 대로 사회과학자들이 형성하는 개념들은 사회생활을 영위하는 행위자들이 일상적으로 하는 상식적 사유에서 형성되는 정신적 구성물의 이차적 구성물이라는 기본통찰에서 얻어진다는 것이다. 이 때 모든 경험과학에서 타당한 절차의 규준에 따라 이차적 수준에서 형성하는 과학적 구성물은 객관적 · 이념형적 구성물이다.

그러면 이와 같은 이념형적 구성물은 어떤 절차로 만드는가? 먼저 사회과학자는 사회적 실재 속에서 인간행위와 관련 있는 사실들과 사상들을 관찰하여 그 관찰한 바로부터 전형적 행동 또는 '행위경과(course-of-action)의 유형을 구성한다. 이에 기초하여 그는 의식이 있다고 상정하는 어떤 이념적 행위자의 모형을 만든다. 이러한 가상적 의식에 전형적인 생각 · 목적 · 목표 등을 부여한다. 이렇게 구성한 인형(humun-culus) 또는 꼭두각시는 같은 식으로 구성한 다른 인형들과 상호작용하는 가상의(이념형의) 사람들임을 가정함으로써 일상적 삶의 세계의 모형을 갖게 된다. 이러한 모형들로 이루어진 이념형적 삶의 세계에 사는 가상적 인물들은 연구자의 과학적 관심사인 동기 · 목표 · 역할들을 지니면서 살아가고 있는 것으로 상정한다. 그런데 여기서 주의할 것은 이런 이념형적 구성물이 결코 임의로 만든 것이 아니고, 논리적 일관성과 적합성(adequacy)의 기준에 걸맞아야 비로소 과학적인 가치가 있다는 점이다.

논리적 일관성은 사회과학자가 구성하는 사유대상의 객관적 타당성을 보장하는 기준이고, 적합성이란 그러한 구성물이 실재의 일상생활에서 구체적으로 행위, 상호작용하는 상식적인 사람들의 구성물(일차적)과 양립할 수 있는가를 판가름하는 기준이다. 바꾸어 말하면 과학자의 이념형적 구성물이 일상적인 행위자들 스스로가 보기에도 그럴싸하게 이해할 만한 것이어야 한다는 말이다.

이것이 과연 과학적 이론으로 구성되는 경위는 어떠한가? Schutz는 일단 표준과학관에서 제시하는 이론의 뜻을 받아들인다. 그것은 한 묶음의 변수들 사이의 결정적 관계를 진술하고, 이를 가지고 경험적으로 확인할 수 있는 규칙성을 설명하며, 그에 입각하여 인간행동을 예측하는 것이다. 따라서 Schutz의 이론구성의 기본전략은 이처럼 이념형적으로 구성한 꼭두각시 모형인간들이 작용하는 상황이 변한다는 것을 상정하고, 그처럼 달라진 상황에서 이들이 어떻게 행위할지를 비교함으로써 그러한 설명과 예측이 가능하다는 것이다. 다만, 이것이 표준과학관의 이론관과 다른 것은 우리가 관찰하는 대상이 감각적 인지에만 국한되지 않고, 일상적 삶의 세계 속의 상식적인 생각으로, 그 동기와 목표에 입각하여 인간행위를 이해하는 식의 '실험적' 절차까지도 포함해야 한다는 데 있음을 강조한다.

지금까지 인간의 주관적 이해능력을 동원하여 인간 스스로의 행위를 이해할 수 있는 과학적 연구의 가능성과 그 방법론적 기초로서 이념형적 이론구성의 전략을 간추린 모습으로나마 정리해 보았다.

Ⅲ. 상징적 상호작용론의 이론구성

G. H. Mead를 이어 받은 H. Blumer는 '사회'를 능동적인 행위자들의 공동행위(joint action)로 이루어지는 상호작용의 과정으로 구성되는 현상임을 강조한다. 이 과정은 행위자들이 서로의 행위가 지니는 의미를 해석하고, 상황정의에 걸맞은 행위경과를 스스로 조정하면서 상대방에게는 자신의 행위의 의미를 제시하는 역동적 과정이다. 이러한 행위자들의 상호해석 · 평가 · 규정 등의 결과로 성립하는 사회조직에 관한 이론은 그것이 대상 또는 주제로 삼는 사회조직의 역동성을 그대로 반영할 수 있어야 한다.

그러자면 이론구성의 방법은 두 가지 원칙에 따를 것이 긴요하다. 첫째는 상호작용을 형성하는 상징적 과정을 제대로 이해하기 위하여 '탐색 - 탐사과정'(the exploration-inspection process)을 자주 활용한다. 둘째는 개념들은 경험적인 세계의 유동적인 상호작용과정들과 언제나 유관적합성을 지닐 수 있는 성질의 것이어야 한다. 이러한 개념들은 민감성을 높여 주는(senstizing) 개념들이어야 하고, 그 같은 개념들로 구성하는 귀납적 이론이 사회학적 이론의 참 모습이다.

사회란 행위자들의 상징적 과정으로 구성(constructed)되는 것이므로 이를 지칭하는 개념들도 이를 반영하는 감수성 높은 것이어야 하며, 이런 개념들을 정교화하는 과정이 이론구성의 요체다. 연구자는 이런 개념들을 가지고 구체적인 상호작용을 관찰하여 그 개념들이 조작화과정에서 감수성이 저하하지나 않는지를 살피면서 좀더 일반적인 명제들로 귀납시키는 이론구성작업을 하게 된다. 그러므로 이렇게 구성한 이론은 성격상 서술적이고 해석적임을 면키 어려울 것이다(Blumer, 1969; Turner, 1978).

Ⅳ. 민속방법론의 이론구성

민속방법론은 위에서 언급한 현상학과 상징적 상호작용론의 두 가지 조류에서 영향을 받아 사회적인 삶의 세계 또는 사회적 질서를 사람들이 공유한다는 의식(sense) 그 자체를 어떻게 만들어 가며, 사회가 실재한다는 일상적인 가정(presumptions)에 어떻게 도달하는가 하는 질문에 관심을 쏟는다. 다시 말해서 사회를 형성한다고 서로 믿으며, 상호작용하는 행위자들 스스로가 공통의 삶의 세계를 만들고, 그것을 사회질서로 유지해 나가기 위하여 활용하고 있는 여러 가지 관행들(practices)을 추적하는 일이 민속방법론의 주된 관심사다.

따라서 이들의 이론이 추구하는 궁극적 목표는 여러 모양의 대인관계의 맥락에서 행위자들이 상호적 실재를 구성하고 유지하며, 때로는 변경하기도 하는 과정에서 사용하는 공통의 기법들을 관찰하고, 그러한 방법들을 실지로 이용하는 조건이 어떤 것인지를 결정하고자 하는 데 있다. 이렇게 해서 그 이름이 시사하듯이 민속방법론은 방법의 이론인 동시에 그들의 이론은 곧 내용이 중요하다기보다는 하나의 방법론으로서 의미가 더 크다고 할 수 있다(Garfinkel, 1967; Turner, 1978).

V. Habermas의 이론관

현대 비판사회과학을 주도하고 있는 Jürgen Habermas는 사회과학의 이론이 실천적 관심을 되살리는 게 중요하다는 점을 강조한다. 이러한 관점에서 그는 인간의 지식구성적 관심을 세 가지로 보고, 그에 걸맞은 사회과학의 유형을 제시한다.

그러면 실천이란 무엇을 뜻하는가? 이에 대한 이해를 위하여 Habermas가 제시하는 인간의 인지적 관심의 종류와 이를 충족시키는 지식 또는 과학의 분류는 다음 세 가지가 있다. 첫째 일과 관련된 기술적인 인지적 관심을 구체화시키는 것이 경험적-분석적 과학의 접근이고, 둘째 사회적 상호작용에 대한 실천적 · 인지적 관심은 역사적-해석학적 과학에서 구현하며, 셋째 권력에 바탕을 둔 인간의 해방적 관심을 다루는 것이 바로 비판적으로 지향하는 과학의 과제다. 이 때의 실천이란 자아성찰과 자아이해의 비판적 과정을 시작케 하는 계몽과정이며, 결코 정치적 실행을 정당화하는 것을 뜻하지 않는다. 이러한 과정에서 활용하는 구체적 방법이 곧 담론적(discursive) 방법이다. 따라서 비판사회과학에서는 담론적 분석과 담론적 실천을 동시에 추구한다고 말할 수 있다. 그와 같은 인지적 관심의 견지에서 이론과 실천의 연계를 살펴봄으로써 비판이론의 이론구성전략의 단면만을 일별하기로 한다.

무엇보다도 이론적 담론의 목표는 최선의 논증(argument)을 전개함으로써 참 진술(true statements)을 하고자 함이다. 그것을 위해서는 실증주의자나 해석적 사회과학자와 마찬가지로 연구자공동체의 규범에 따라 검증 · 평가를 거치는 게 마땅하다고 본다. 그러나 이론의 기능은 훌륭한 논증만으로 끝나지 않는다.

이론은 계몽과정을 조직하는 기능도 한다. 논증에 의하여 형성한 비판적인 정리들(theorems)을 적용하고 검증하다 보면, 그것이 사회적 삶에 대한 인간의 자아성찰과 자아이해의 과정을 시작케 해 준다. 이론적 담론의 계몽적 실천 기능이다.

끝으로, 이론은 그처럼 비판적 자아성찰로써 계몽받은 바에 따라 인간의 해방을 가능케 하는 전략의 선택, 책략적인 문제해결과 정치적 투쟁의 실행을 시사하는 실천적 기능을 한다. 다만, 주목할 것은 이론이란 정치적 행동을 시사할 수 있지만, 그것을 정당화 · 합리화해 주는 것은 아니라는 점이다. 이론은 계몽과정을 정당화해 주며, 의사소통에 실패하면 스스로 폐기 · 수정가능할 여지를 두지만, 결코 전략적 행동의 결정을 정당화시킬 성질의 것은 아니다 (Habermas, 1979; Bernstein, 1976).

이상의 요약이 지나치게 단순화한 것임을 인정하지만, 이 책의 성격으로 보아 그 정도에서 더 나아갈 수는 없다.

주요 개념들

이 념	이론의 기능	예 측
설 명	인지과정	논리적 구조
탐구과정의 순환적 모형	개 념	정신적 구성물
진 술	명 제	이 론
이론구성	연역법	귀납법
이론검증	원시어	명목적 용어
추상적 개념	구체적 개념	이론적 개념
개념의 정의	개념적 정의	실재적(서술적) 정의
명목적 정의	조작적 정의	가설적 구성물
변 수	상관관계	독립변수
종속변수	인과관계진술	상호관계진술
이론적 진술	법 칙	공 리
가 설	경험적 일반화	미시수준이론
중간수준이론	거시수준이론	중간범위이론
인과적 설명이론	개별적 설명	법칙적 설명
구조적 설명	연결망이론	기능적 · 해석적 설명이론
이론의 형식	법칙들의 묶음	공리적 이론
이론적 체계	이념형	주관적 의미구조
현상학	삶의 세계(경험세계)	인 형
논리적 일관성	적합성	상징적 상호작용
민감성 높이는 개념	탐색-탐사 과정	민속방법론

관행과 기법	비판사회과학	이론적 담론의 목표
논 증	계몽적 실천	정치적 투쟁의 전략

생각해 볼 문제들

1. 사회연구의 논리적 과정이 순환적이라는 뜻을 토의해 보자.
2. 이론구성의 전략으로서 이론→경험연구와 경험연구→이론의 접근을 비교해 보자.
3. 개념의 뜻 · 종류 · 기능 등을 살펴보자.
4. 이론이라는 말의 뜻과 그와 유사한 용어들과의 차이를 비교 · 검토해 보자.
5. 이론적 진술의 종류와 이론의 형식에는 어떤 것이 있는가?
6. 실증주의적인 표준과학관의 이론관, 그 외의 주요 사회과학 패러다임의 이론관들을 비교해 보자.

제 3 장 사회조사연구의 설계

흔히 연구설계(research design, study design)라 일컫는 것은 건축설계와 마찬가지로 그 연구의 기본 '아이디어'에서 비롯하여 그것을 구체적인 연구과정에 적용 · 실시하는 절차에 이르는 연구의 전반적인 윤곽을 체계 있게 보여 주는 하나의 지침이다. 그러므로 한 마디로 말해서 연구설계가 어떤 방식으로 얼마만큼 잘 짜였느냐가 그 연구과제의 성패를 좌우한다고 할 수 있을 정도로 중요한 요소다.

위에서 우리는 연구의 목적 및 과정과 자료의 성격, 자료수집의 상황 등을 살펴보면서 자료수집과 분석의 기법들에 관해서도 약간 언급하였다. 여기에서는 그러한 연구과정의 요소들을 한데 모아서 하나의 체계 속에 담고, 그 상호간의 연관성을 한 눈에 볼 수 있도록 정리하는 일을 다루고자 한다. 물론 이런 항목들은 개별적인 연구방법에서도 한번씩은 살펴보게 되겠지만, 여기에서는 일반적으로 고려해야 할 사항들을 중점적으로 취급할 것이다.

제 1 절 연구설계의 일반적인 요소

앞서 제 2 장에서 연구의 논리적 과정과 실제적 과정을 다루면서 이미 밝힌 대로 경험적 사회연구에는 일정한 계기적 순서 또는 단계가 있다.

참고로 이 자리에 제 1 장 말미에서 해설한 연구과정의 일곱 단계를 다시 한번 제시한다.

① 주제선정 · 연구문제규정

② 문제특정화 · 가설형성
③ 연구설계
④ 자료수집 · 관찰
⑤ 자료처리 · 분석
⑥ 경험적 일반화 · 자료해석
⑦ 결과발표

여기서 주목할 사항은 사회연구를 시행할 때 거치는 과정은 '연구설계'를 세 번째 단계로 포함하고 있으면서 동시에 연구설계는 다시 연구의 과정 일곱 가지 단계를 모두 다루어야 한다는 점이다. 연구설계가 중요한 또 한 가지 이유는 어떤 연구를 위해 지원을 요청할 때 작성하는 '연구계획서'(연구제안서, research proposal)에도 연구설계가 담고 있는 내용을 포함하는 것이 필수기 때문이다.

연구설계란 이와 같은 단계들의 각각을 하나의 체계로 연결시켜 어떤 종류의 연구활동을 기대할지를 구상하는 작업이라 할 수 있다. 따라서 반드시 다음과 같은 요소들을 다루어야만 하게 되어 있다.

① 연구문제의 설정
② 연구의 대상선정
③ 연구의 방법, 즉 관찰·자료수집·자료생산 등의 방법결정
④ 연구의 실시와 관련한 기획·지침 마련
⑤ 결과의 분석·해석의 기법과 틀
⑥ 결과의 보고작성과 발표형식
⑦ 위의 여러 단계에 필요한 경영·관리상의 준비

이러한 내용을 담은 연구설계는 연구자의 철학적 패러다임이나 접근방법의 차이와는 상관없이 긴요한 것이다. 다만, 〈참고자료 3-1〉에서 예시하는 것처럼 접근에 따라 고려해야 할 자세한 사항들의 내용과 성격이 달라질 수 있다.

제 2 절 연구문제의 설정

연구설계에 있어서 무엇보다도 가장 중요한 것은 그 연구에서 탐구하고자 하는 연구문제(research problem)다. 앞에서도 언급했지만 어떤 구체적인 목적을 추구하든지 연구과제는 반드시 넓은 뜻의 '이론'을 바탕으로 깔고 있다. 그것을 실제의 경험적 연구에서는 문제형성(problem formulation)이라는 작업으로 표현할 따름이다. 어떤 이가 죽음을 앞두고 "내가 과연 대답을 얻고 가는가?" 하고 반문하고 나서 잠시 생각에 잠긴 끝에 다시 내뱉는 말이 "내가 과연 무슨 질문에 대한 대답을 찾아 헤매였던가?" 하는 말이었다고 한다. 훌륭하고 합당한 대답이란 질문이 제대로 제기되었을 때에만 얻을 수 있다는 말을 시사하는 일화다. 어떤 연구의 결과는 바로 처음에 제기한 질문, 즉 연구문제의 성격이 좌우한다고 할 수 있다.

〈참고자료 3-1〉 사회연구의 설계에서 포함하고 고려할 사항들

Ⅰ. 연구문제

1. 연구문제를 명확히 간결하게 진술한다. 필요하면 개념규정도 곁들인다
2. 연구문제가 실제 경험연구에서 검증 또는 취급할 수 있는 범위에 한정된다는 것을 보여 주어야 한다
3. 다음 몇 가지 기준에 비추어 문제의 중요성(의의)을 명시한다.

실질적 유관성
- ① 시의적절성
- ② 구체적 실천·정책을 다루는가?
- ③ 광범위한 인구를 다루는가?
- ④ 영향력 있거나 핵심적 중요성이 있는 사람들을 다루는가?

이론적·방법론적 유관성
- ⑤ 현존 조사연구의 맹점
- ⑥ 일반이론과의 연관성 내지 일반화가능성
- ⑦ 어떤 중요 개념 또는 관계의 규정을 더욱 예리하게 해 주는가?
- ⑧ 자료수집 및 분석기법, 도구의 창안 또는 개선
- ⑨ 기존의 기법으로 유용한 탐색가능성

Ⅱ. 이론적인 연구

1. 연구문제와 이론적인 틀의 관계를 명시한다
2. 연구문제와 과거의 기존 연구의 관계를 밝힌다
3. 주어진 이론 틀 속에서 연구가능하다고 보여지는 대안적 가설을 제시한다

Ⅲ. 가설검증이 목적인 연구

1. 검증용 가설(흔히 통계적 방법에서는 영가설과 대안가설)들을 명확하게 제시한다
2. 가설이 연구조사와 이론에 대하여 지니는 의의를 밝힌다
3. 개념 또는 변수들을 되도록 조작적으로 정의한다
   ① 독립·종속변수의 구분
   ② 측정수준 또는 척도의 명시

Ⅳ. 실험적 접근

1. 실험에 방해가 되는 간섭변수들의 통제에 주목하고, 이상형 실험설계를 제시한다
2. 실제로 이용할 실험설계를 선정·명시한다
   ① 실험대상자·환경적 조건·실험적 자극과 반응 등의 명세
   ② 간섭하는 변수들의 통제방법명시
3. 실험결과의 분석을 위해 쓸 통계적 가설검증법과 신뢰구간을 명시한다

Ⅴ. 표본조사

1. 표본의 성격을 서술한다
   ① 가설이나 이론을 적용할 모집단의 규정
   ② 표본의 크기와 종류 결정
2. 표집(표본추출)법을 명시한다
   ① 제 1 형 오류와 제 2 형 오류의 상대적 중요성의 명세(통계적 방법에서 다시 설명할 것이다)
   ② 표본의 다양한 크기와 종류의 상대적 장단점의 비교

Ⅵ. 자료수집법

1. 어떤 종류의 자료—양적·질적—를 원하며, 그것을 얻는 방법과 측정치, 그 신뢰도와 타당도를 명시할 수 있으면 한다.
2. 질문서법 또는 면접법
   ① 물어 볼 질문의 수 결정
   ② 면접에 소요하는 시간책정
   ③ 면접방법(직접·전화 등)과 우편법 등의 자료수집법 명시
   ④ 면접원의 속성에 따라 훈련여부결정
3. 예비조사·사전검사 등의 실시 여부와 현지조사에서 생길 비협조·부재·반응의 오차 등을 극복할 방법선택

Ⅶ. 조사연구의 실시지침 마련

1. 시간과 예산에 맞추어 다음을 규정
   ① 기 획
   ② 예비조사와 사전검사
   ③ 표본추출

④ 관찰용 도구(질문서 등) 준비
⑤ 조사원 선발·훈련
⑥ 계획의 수정
⑦ 자료수집
⑧ 자료처리·분석
⑨ 보고서작성
2. 전반적인 인원·시간·비용 추산
Ⅷ. 결과의 분석과 해석
1. 분석방법의 명세
① 각종 기계이용 여부
② 도표법이용 여부
③ 표의 종류
2. 분석기법에 걸맞은 자료처리방법 결정
3. 자료분석에서 얻은 결론을 어떻게 이론으로 환류(feed-back)시킬지를 토론
Ⅸ. 보고서 작성과 발표(출판)
(학술지에 발표하기 위한 규정이 있으므로, 이에 준하여 보고서를 작성하는 게 보통이다)

자료 : Miller(1977 : 3-5) 참조; 원자료는 Ackoff(1953)임.

Ⅰ. 연구의 목적 · 동기 및 쟁점

앞에서 사회연구의 의의를 논의할 때 살펴보았지만, 사회연구의 성격은 기본적으로 그 연구의 목적 · 동기 또는 제기되는 쟁점이 좌우한다. 여기서 목적이란 '무엇을 위해서', 동기란 '무엇이 계기가 되어, 무엇에 떠밀려서', 그리고 쟁점이란 '무엇이 문제가 되므로' 연구를 하려는지를 묻는 것이다. 물론 이 구획은 실지로 그처럼 명쾌한 것은 아니다.

1. 목 적

사회연구가 이론적 · 학문적인 성격의 것이든, 실천적인 것이든 그 추구하는 목적은 세 가지 관심으로 집약할 수 있다. 탐색 · 기(서)술 및 설명이 그것이다(Lin, 1976; Neuman, 2003 : 29-31; Rubin and Babbie, 2008 : 136-139; Selltiz *et al.*, 1976).

(1) 탐 색

말 그대로 주제나 대상과 친숙해 보고자 하는 노력이다. 사회에 어떤 문

제가 생기면 우선 그것이 어느 정도 광범위하며, 왜 일어났으며, 어떤 결과를 가져왔는가 하는 것들에 호기심을 갖게 된다. 이것을 속히 대강이라도 파악코자 사람들도 만나 보고, 문헌도 들여다 보는 절차를 밟는 것이 말하자면 탐색적 연구다. 좀더 세분하면 탐색적 연구는 세 가지 목적에서 행한다. ① 연구자의 호기심을 채우고, 사물을 더 잘 이해하려는 욕구를 충족시키는 일, ② 한층 더 세심하게 조직적인 실제연구의 용이도를 알아보는 일, 그리고 ③ 좀더 세밀한 경험적 연구에서 쓸 방법들의 개발 같은 것이다.

새로 연구를 시작하는 단계, 문제형성단계에서 매우 유용한 통찰을 주기 때문에 탐색적 연구는 중요하다. 그러나 이것은 주어진 연구문제에 대한 만족스런 대답을 제공할 수는 없고, 특히 연구대상의 대표성이라는 문제에 당장 부딪히며, 조사연구의 절차도 제한적이다.

(2) 기 술

상황이나 사실의 속성을 범주화하여 서술·묘사하는 일인데, 상당수의 사회과학적 실제연구는 그 성격이 기술적이다. 인구센서스나 갤럽여론조사 등 실질적 조사연구도 그런 종류의 것들이다. 기술적인 목적의 연구를 구체적으로 어떻게 진행하는지는 후에 여러 부분에서 자세히 언급할 것이다. 다만, 서술의 질, 즉 서술에 이용하는 측정의 질과 서술의 일반화가능성, 즉 표본의 질이라는 두 가지 기준이 중요한 것임을 밝혀 둔다.

(3) 설 명

과학적 연구에서는 무엇이든 관찰하는 사실의 설명을 추구하려는 목적을 가질 수 있다. 설명이란 기본적으로 '왜'를 풀이해 주기 위한 노력이다.

2. 동 기

사회과학자가 경험적 연구에 착수하게 되는 데에는 여러 가지 동기가 작용할 수 있다. 단순한 개인적 호기심에서 비롯하여 거의 강제적인 압력에 의하여 그 일을 시작하는 등의 유형들 사이에는 갖가지 다른 동인들이 작용할 것이다(Rubin and Babbie, 2008 : 129-130). 극단적으로 연구자의 관심이나 의사와는 관계 없이 다른 사람의 힘과 위협 때문에 특정한 주제를 다루는 연구에 착수할 때처럼 강제적인 사례는 거의 볼 수 없다고 해야 할 것이다. 그러나 교수가 연구실적을 올리기 위해, 학생이 성적을 따기 위해 연구를 "해야만 한다"는 뜻의 강제성은 얼마든지 생각할 수 있다. 또 근자에는 정부나 재단 등에서 재정적인 연구보조를 제공하게 됨으로써 상당한 제약을 가지고 해야 할 때가 있다.

이와는 약간 차원을 달리하면서 연구자의 관심이 비교적 학술적인 것일 때도 그 동기가 갖가지일 것이다. 가령 처음부터 어떤 공리적인 이론을 실증적으로 검증해 봐야겠다든지, 혹은 제한된 이론적 위치에 있는 가설만이라도 검증해 보겠다는 등의 이론적 지향이 동기가 될 수 있다. 그런가 하면 애당초 그런 것도 없이 짜임새 없는 관심사를 탐색하는 사례도 있다.

3. 쟁 점

연구의 성격을 규정해 주는 핵심적 과정이면서 실상 가장 어려운 부분이 바로 문제선정과 형성이다. 연구를 시작하려면 우선 다루고자 하는 쟁점(issue)을 뚜렷이 부각시켜야 한다. 일반적으로 어떤 체계적 연구든 연구문제의 형성에서 시작하는데, 그러한 연구의 문제가 될 만한 쟁점은 학문적 · 이론적인 고려에서 나올 수도 있고, 실천적 · 정책적인 관심에서 연유할 수도 있음을 이미 제 1 장에서 밝혔다.

쟁점이 유래하는 원천들은 개인의 경험 · 독서 · 대화 · 대중매체 · 이론 · 신념 · 가치의식과 같이 다양할 것이다. 이론이라 해도 이론의 학문적 일관성의 문제, 이론들 사이의 모순 또는 이론과 경험적 관찰 사이의 불일치 같은 것들로 말미암아 문제의식을 가질 수도 있다(McGaw and Watson, 1976 : 86). 그런데 이러한 데서 생겨난 관심사들 가운데 어떤 특정쟁점을 연구과제로 삼게 되는 데에는 앞서 지적한 동기의 요인도 작용할 것이다. 그런 것을 포함해서 우리가 쟁점을 선택할 때 영향을 미치는 요인들을 살펴보기 위해서는 다음과 같은 질문이 유용할 수도 있다(Bailey, 1978 : 13-25; Lin, 1976 : 133-134; Selltiz *et al*., 1976 : 55-57).

이 문제가 정말 중요한가? 이 쟁점을 연구함으로써 기존의 것들과 달리 의미 있는 새로운 결과를 과연 기대할 수 있는가? 새로운 것이라면 어떤 사람들에게(동료 · 일반대중 · 정부 · 기업) 어떤 의미 있는 차이가 있는 것인가? 연구의 결과는 과연 흥미 있는 관심거리가 될 만한가? 광범위한 합의를 지닌 어떤 이론이나 '아이디어'와 유관적합한가? 일상적인 진리에 도전하고, 일반이 용납하는 관점의 부적절함을 폭로할 것인가? 실제 연구가 어떤 즉각적 용도가 있는 기여를 할 것인가? 정책이나 실천뿐 아니라 중요한 사회적 쟁점에 대하여 필요한 정보나 새로운 통찰을 제공할 것인가?

이런 질문들을 모든 연구에서 전부 제기한 다음 문제를 선택하는 것은 물론 아니다. 그러나 이런 복합적인 목적 · 동기 · 쟁점들이 작용하여 문제를 선정한다는 것을 이해하는 일은 중요하다. 그런데 이처럼 문제의식을 가지게 되었다고 해서 그것이 곧바로 연구문제를 형성하게 되는 것은 아니다.

Ⅱ. 연구문제의 형성

여기에서는 연구를 위한 문제형성에 관련 있는 작업과 절차를 중심으로 생각해 보겠다(Lin, 1976 : 134; Selltiz *et al.*, 1976 : 57-70). 위에서 살펴본 것은 연구의 주제(topic)를 선정하는 과정에서 고려할 수 있는 것들인데, 쟁점이 머리에 떠올랐다고 해서 그것을 곧 연구문제로 특정화할 수 있는 것은 아니다. 또 그것이 반드시 학문적인 체계와 관련하여 의미를 갖는 문제인지 아닌지도 검토해 볼 필요가 있다.

우선 연구문제로 성립 · 형성하려면, 관심사인 쟁점을 일정한 논리적 성격을 띤 질문으로 환원시켜 보아야 한다(그래서 연구문제라고 하면 research problem이라고 하지만, research question이라고도 하는 것이다). 이처럼 질문의 형식을 다시 진술적 명제로 바꿀 수 있고, 이런 절차를 좀더 체계적으로 정교하게 밟는 것이 앞의 제 2 장에서 생각해 본 이론구성이라고 할 수 있다.

연구문제의 형성과정에서 한 가지 빼놓을 수 없는 중요한 절차가 있다. 기존의 문헌에 대한 개관 또는 검토(literature review)다. 특히 학문적인 연구에서는 이 문헌검토절차가 필수적이지만, 다른 실천적 목적을 위한 연구에서도 필요하다. 자신이 다루는 연구주제와 같은 내용을 다루는 다른 연구자들의 이론적 및 경험적 연구의 성과를 개관하고 검토하는 일이다. 대개 저서 · 연구보고서 · 연구논문 등의 형태로 발표한 것을 가능하면 망라하여 살펴보는 것이 도움이 된다. 학문적인 연구는 누적적인 측면도 있으므로 과거의 연구에 더하여 새로운 결과를 계속 부가하는 과정이라 여기고, 자신의 연구도 그 누적적 과정의 일환으로 간주할 수 있는 것이다. 혹시 지난 날의 연구를 비판하고 그 결과를 반박하는 연구라 할지라도 일단 그에 대한 소개와 검토는 불가피하다.

이 같은 문헌검토는 연구문제형성을 위해서 다음과 같은 점에서 유용한 자료를 제공한다(Bernard, 2000 : 87-92; McGraw and Watson, 1976 : 87-99; Neuman, 2003 : 95-116; Rubin and Babbie, 2008 : 134-136).

1) 과거의 연구결과를 검증하기 위해 같은 연구를 반복·재시도하거나 약간의 필요한 수정을 가미하여 반복할 수 있다. 이 때 기존 이론에 담긴 명제 또는 거기서 도출할 수 있는 명제를 검증하는 것이 연구문제가 될 수 있다.

2) 이전의 연구에서 발견한 예기치 않은 결과를 탐색할 수 있다.

3) 이전의 연구결과보고의 마지막 부분에는 대개 자신의 연구에서 다루고 싶은 중요한 쟁점이지만, 사정상 숙제로 남겨 둔 채 장래의 연구를 위한 시사점으로 이를 제안하는 수가 많다. 여기서 새로운 연구문제에 대한 아이디어를 얻을 수 있다.

4) 기존의 설명이나 이론을 확대하여 새로운 주제로 나아가거나, 새로운 상황에서 새로운 이론을 정립하는 데 도움을 준다.

5) 기존의 결과에 도전하거나, 일정한 관계에 대한 이론을 거부하려는 시도를 할 수 있다.

6) 어떤 관계에 대한 기존의 진술에서 그 관계에 작용하는 간섭·개입변수 등을 특정화할 여지가 있다.

7) 때로는 연구문제 자체가 방법론적인 것일 수도 있다. 연구방법의 쟁점을 중심으로 새로운 연구를 시도하고자 할 때는 기존의 연구들에서 사용한 방법과 기법 또는 연구방법론의 철학적 쟁점 등에 관한 문제점들을 검색하고, 이에 대한 검토를 위해 연구문제를 설정할 수도 있을 것이다.

문헌검토의 형식과 원천에 대해서는 연구계획서작성에서도 논의가 있을 것이고, 연구보고서작성에 관한 논의에서도 언급할 것이다.

Ⅲ. 연구문제의 종류

그러면 구체적으로 연구문제의 종류가 어떤 것인지 간단히 살펴보자.

1. 규범적 문제

먼저 규범적 문제(normative problems)의 명제는 "민주주의는 독재보다 낫다"는 평가적 형식과 "모든 정부는 민주주의적이어야 한다"는 처방적 형식을 띤 말들이다. 이런 명제들은 가치판단에 근거하고 있으므로, 말의 구조와 의미 용법을 따지는 분석적 방법이나 경험적 관찰을 바탕삼는 실증적 방법으로는 그 진위를 판가름할 수 없는 것이 특징이다.

2. 분석적 문제

분석적(analytic) 문제란 문장의 맥락 속에서 쓰이고 있는 말의 뜻에 따라서 어떤 질문에 대한 해답을 제공하는 진술의 형식을 띤다. 이런 문제는 개념규정 또는 정의의 문제지 경험적·사실적 문제는 아니다. 가령 "모든 민주주의 나라는 민주적 정부인가?"(Are all democracies democratic governments?)라는 질문에서 문제되는 것은 여기 쓰인 말들의 정의를 따지는 분석의 문제이지 경험의 문제가 아니다. 따라서 이 말이 경험적 사실과 부합하는지를 확인해 보는 일은 쓸모 없다.

3. 경험적 문제

"모든 민주주의 나라는 공업화된 사회들인가?"라는 질문에 대해서는 역사적·경험적 사실들에 입각해서 대답을 할 수 있고, 이 말이 의문형이 아니고 단순한 진술이라면 그 명제의 진위를 경험적(empirical)으로 가려 낼 수 있다.

4. 규범적 문제의 경험적 재형성

그런데 사회과학의 연구문제들은 그 연원에 있어서 규범적 쟁점으로부터 유래하는 수가 많다. 따라서 이런 문제들이 중요하다는 것은 알지만, 그대로 경험과학의 문제로 삼을 수는 없다. 그래서 규범적 문제들을 경험적 문제들로 전환하기 위한 재형성작업이 필요할 때가 많다. 그렇게 함으로써 단순히 경험적 정보를 얻도록 하자는 데 그치지 않고, 가치판단에도 유관적합한 경험적 정보를 창출할 소지가 생긴다는 이점이 있다.

예컨대 "민주주의가 독재보다 나은가?"라는 규범적 질문에 대한 규범적 대답은 "그렇다," "아니다"로 끝난다. 하지만 이 문제에는 경험적 차원도 있어서 다음과 같은 질문들로 확대시킬 수 있다. "이 두 가지 정치체제의 경험적 결과는 어떤 것인가?," "언론검열은 그 둘 중 어느 쪽이 더 심한가?," "정당간 경쟁은 그 둘 중 어느 쪽이 더 활발한가?," "민주주의보다 독재 아래에서는 정치범이 더 많은가?" 이런 질문들에 대해서는 우선 경험적으로 근거 있는 대답을 할 수 있고, 나아가서는 가치판단의 경험적 기초를 더 폭넓게 제공해 줄 수도 있게 한다.

이와 같은 규범적 문제의 경험적 재형성은 크게 두 가지 절차로 이루어진다.

첫째는 준거틀을 약간 바꾸는 방법이다. 가령 "전체주의독재는 나쁘다"라는 평가적 진술을 "대부분의 사람들 — 혹은 루소 같은 위대한 철인 — 은 전체주의독재가 나쁘다고 생각한다"로 바꾼다.

둘째는 "만일 *X*라면 *Y*다"(if, then)의 형식으로 번역하는 법이다. 보기를 들자. "국민의료보호제도를 채택하라"는 처방적 진술을 "만일 나라에서 국민의료보호제도를 채택하면, 그 나라 시민의 건강상태는 개선될 것이다"로 바꾸는 것이다.

물론 이런 과정에서 자칫하면 원래 의도한 규범적 문제에서 벗어나는 결과를 가져올 수도 있다. 극단적으로 가면 모든 윤리적 문장들(…해야 한다. 옳다. … 등의 말이 든 문장)은 의미를 상실함이 없이 무윤리적인 문장들로 옮길 수 있다는 이른바 '윤리적 자연주의'(ethical naturalism)에 빠지기 쉽다.

Ⅳ. 연구문제 구비조건

문제의 내용도 중요하지만, 연구문제를 형성함에 있어서 어떤 것이 적절한지를 판단하는 기준도 생각해 보아야 한다. 여기에는 학문적 기준, 실천적 기준, 그리고 형식적 기준 등이 있다(McGaw and Watson, 1976 : 99-107).

1. 학문적 기준

연구문제가 학문적으로 뜻 있는 것이라고 할 때는 크게 세 가지 기준에서 판단한다.

첫째는 연구문제가 그 학문분야에서 축적한 지식체계에 비추어 어느 정도의 '독창성'(originality)을 띠는가 하는 기준이다. 고전적인 문제를 되풀이 검토하는 것도 중요하지만 새로운 쟁점, 새로운 관점, 새로운 접근 등의 제시는 매우 값진 것이다.

둘째는 연구문제가 성격상 이론적인 의의를 지녀야 한다. 연구문제가 지식체계와 관련하여 기왕의 이론적인 쟁점을 새로이 다루는지를 가려 내는 기준이 된다.

셋째는 방법론적인 차원에서 경험적 검증가능성(testability)을 들 수 있다. 물론 인식론의 차이에 따라 어떤 명제도 검증할 수는 없고 반증(falsify)만 할 따름이라는 견해도 있으며, 이론적 개념의 경험적 준거(empirical referents)를 궁극적으로 찾는 일이 불가능함을 지적하기도 한다. 그러나 여기서 말하는 검증가능성이란 소박한 뜻에서 어떤 연구문제가 경험적 조사연구에서 다루어질 만한 것인가 하는 기준이다.

2. 실천적 유관적합성

앞에서도 언급했듯이 사회과학에 있어서 연구문제의 상당수는 실제적인 쟁점에서 유래한다. 일상적인 사회생활 속에서 당면하는 여러 쟁점들을 이해 · 설명 · 예측하려는 과학의 활동도 결국은 실천적으로 이들을 대처 · 해결해 보고자 하는 노력의 한 부분이다. 물론 모든 학문적 연구의 문제가 이와 같은 유관적합성을 띠어야 한다고 말할 근거는 없지만, 적어도 연구문제 자체뿐 아니라 그 지침을 따라 행한 연구결과가 어떤 실제적 · 사회적 효과를 가져올지를 따져 볼 필요가 있다.

요컨대 연구문제란 질문을 제대로 던져야만 올바른 대답도 얻을 수 있다는 뜻에서 그 중요성을 다시 강조한다. 연구문제가 처음부터 명확하게 떠올라야 하고, 그것을 표면적으로 확실하게 형성하되 가능한 대로 모호한 언어로 표현하지 말고 뜻을 분명히 알 수 있도록 명제화해야 한다는 말이다. 연구자 자신은 물론이지만, 남이 보고서를 읽을 때 이 연구에서는 무슨 주제를, 어떤 쟁점을, 어떤 연구문제를 왜 다루고 있는지를 최소한 알 수 있도록 해야 한다.

제3절 연구설계의 실질적 고려사항들

연구문제를 확정하고 나면, 그것을 구체적으로 탐구하는 절차상의 여러 고려사항들을 생각해야 한다. 말하자면 연구설계란 일련의 선택 내지 결정을 수반하는 과정인 것이다. 여기에서는 이와 같은 결정의 대상이 되는 내용과 그 대안적인 보기를 몇 가지로 나누어 살펴본다.

Ⅰ. 연구주제 · 단위 및 범위

1. 연구주제

사회과학의 연구주제가 사회현상이라는 말은 당연하지만 너무 막연하다. 좀더 명확한 주제설정을 하려면, 당장에 사회과학을 보는 눈, 즉 과학관에 따라 상이한 대답이 나오게 되어 있다(김경동, 1989). 그러므로 여기에서는 그런 관점들을 망라할 수 있는 접근법에서 주된 연구주제들을 예시한다.

첫째는 인간의 '사회적 행위'(social action)다. 행위냐 행동이냐 하는 인식론의 문제도 있지만, 기본적으로 사회과학의 관심사는 사람들이 사회적 맥락에서 행하는 사회적으로 의미 있는 행위, 그리고 상호작용(interaction)이라 하겠다. 구체적으로 투표행위 · 투자 · 파업 · 학교중퇴 · 부흥회참석 등의 행위유형들과 부부, 고객과 상인, 재판관과 피고 등의 상호작용의 유형들을 다룬다.

둘째는 개인이건 집합체단위건 사람들이 지니는 행위성향들(orien-tations, dispositions)을 주제로 삼는다. 이것도 패러다임에 따라서는 문제시하지 않는 수가 있으나, 그 내용은 태도 · 신념 · 인성적 특질 · 편견 · 가치의식 · 종교성 · 이데올로기 · 지적 성향 · 감성적 특성 등이다.

셋째는 이처럼 인간의 행위 또는 내적 성향 외에도 그러한 사회적 행위나 성향에 영향을 미치기도 하고, 또 그 결과이기도 한 외적 조건들(conditions) · 상황들이 연구주제가 된다. 개인의 성 · 나이 · 학력 · 직업 또는 조직체의 크기 · 구조 · 위치 등이나, 어떤 사회적 발명품들인 물리적 문화항목들(예 : 도자기 · 주택 · 기계 등)이 여기에 해당한다.

물론 이와는 다른 차원에서 사회과학의 연구주제를 추상화하여 관계 · 구

〈표 3-1〉 연구주제의 예시

	내적 상태	외형특징	보고행동	관찰행동	물리가공	환경요소
내적 상태	①	②	③	④	⑤	⑥
외형특징		⑦	⑧	⑨	⑩	⑪
보고행동			⑫	⑬	⑭	⑮
관찰행동				⑯	⑰	⑱
물리가공					⑲	⑳
환경요소						㉑

조 · 과정 · 변동 등을 취급할 수도 있다. 관계도 가령 권력관계 · 표출적 관계 등 여러 유형이 있을 것이고, 구조적 특성도 기층구조 · 상부구조 · 경제구조 · 계층구조 등의 측면들이 있을 것이며, 과정과 변동 또한 균형과정 · 사회화과정 · 순환적 변동 · 진화적 변동 · 급진적 변동 등이 있을 것이다.

이 문제를 조금 더 면밀하게 검토하기 위하여 다음의 보기를 든다(Bernard, 2000 : 83-87). 먼저 여섯 가지의 연구대상을 상정하고, 이들 각각의 항목이 다른 항목과 어떤 연관이 있는지를 검토하는 관계성을 주제로 삼을 때를 〈표 3-1〉에 요약해 놓고, 이 〈표 3-1〉에서 번호를 매긴 해당란에 대한 해설을 따로 붙인다.

우선 연구주제로 삼을 대상 여섯 가지는 다음과 같다.

(1) 인간의 내적·심리적 상태 : 태도·신념·가치관·지각 등 인지적 요소

(2) 외형적 특징 : 나이·성·경제적 부·건강상태·키·몸무게 등

(3) 관찰대상자가 구두로 보고한 행동 : 사람들이 먹고, 일하고, 놀고, 의사소통하는 등의 행위에 대하여 행위자가 보고한 내용

(4) 연구자가 실제 관찰한 행동 : 위의 (3)과 같은 종류의 행동

(5) 인간행위가 자아 낸 물리적 가공물 : 신발·컴퓨터·약품·고층건물·음식물·의류·핵폐기물 등

(6) 물리적·사회문화적 환경요소 : 강우량·오염물질·해변·산간지대·정치체제·산업·성희롱·노사관계·예술공연 등

위의 〈표 3-1〉에 표시한 해당란의 번호에 따라 항목들의 관계를 해설하면 다음과 같다.

① 내적·심리적 상태의 요소들 사이의 관계

② 내적·심리적 상태와 외형적 특징의 관계
③ 내적·심리적 상태와 보고한 행동의 관계
④ 내적·심리적 상태와 관찰한 행동의 관계
⑤ 내적·심리적 상태와 물리적 가공물의 관계
⑥ 내적·심리적 상태와 환경적 요소의 관계
⑦ 외형적 특징과 외형적 특징들 사이의 관계
⑧ 외형적 특징과 보고한 행동의 관계
⑨ 외형적 특징과 관찰한 행동의 관계
⑩ 외형적 특징과 물리적 가공물의 관계
⑪ 외형적 특징과 환경적 요소의 관계
⑫ 보고한 행동과 보고한 행동들 사이의 관계
⑬ 보고한 행동과 관찰한 행동의 관계
⑭ 보고한 행동과 물리적 가공물의 관계
⑮ 보고한 행동과 환경적 요소의 관계
⑯ 관찰한 행동과 관찰한 행동들 사이의 관계
⑰ 관찰한 행동과 물리적 가공물의 관계
⑱ 관찰한 행동과 환경적 요소의 관계
⑲ 물리적 가공물과 물리적 가공물들 사이의 관계
⑳ 물리적 가공물과 환경적 요소의 관계
㉑ 환경적 요소와 환경적 요소들 사이의 관계

2. 연구단위

연구주제의 선택은 연구단위의 결정과 밀접한 관련이 있다. 개인 · 집단이나 조직체 · 사회적 범주(social calegories) · 사회제도 · 공동체 · 국가사회 · 세계 등의 조직수준이 그 기본적 구분이 될 것이다. 이들은 모두 연구대상인 사람들의 수 또는 단위(표본)의 크기를 중심으로 생각하는 것이다. 그러나 대상이 사람이 아니라 앞서 지적한 사회적 가공품(social artifacts)인 문화항목들이나 물리적 가공물의 단위일 수도 있다. 이처럼 연구의 단위가 수적으로나 규모로 보아 크고 작은 것을 때로는 거시-미시(macro-microscope)로 구별하기도 한다.

그런데 연구단위를 결정하는 일은 단순히 누구(어떤 대상)를 몇 명(얼마나 많이) 조사 · 연구할까를 정하는 일에 그치지 않고, 자칫하면 범하기 쉬운 메타

방법론적(논리적) 오류를 고려해야 하는 까다로운 과정을 내포하기도 한다.

그 대표적 보기가 생태적 오류와 환원주의 또는 개인주의 오류의 문제다(Frankfort-Nachmias and Nachmias, 2000 : 47-49; Neuman, 2003 : 158-160; Rubin and Babbie, 2008 : 145-148).

(1) 생태적 오류

연구단위의 중요성을 소홀히 취급한 결과로 일어날 수 있는 오류에는 연구자가 경험적 증거를 실지로 획득한 단위와 그러한 증거에 대한 연구자의 진술이나 결론에서 언급하는 단위가 서로 적합하지 못할 때 생기는 생태적 오류(ecological fallacy)가 있다. 보통 사회연구에서 발생하는 생태적 오류는 집단 · 사회적 범주 · 공동체 같은 어떤 집합적 단위의 높은 수준에서 얻은 자료를 가지고 개인 또는 집합적 수준이 낮은 단위의 특성이라는 결론을 도출할 때 나타난다. 원칙적으로는 그 반대도 해당한다.

예를 들자. 유명한 Durkheim의 자살론연구는 19세기 유럽에서 개신교지역(국가)과 가톨릭지역(국가)의 자살률이라는 집합적 자료에서 발견한 차이를 보고, 사람들의 신앙과 종교적 관행의 차이로써 자살률의 차이를 설명하려 한 것이다. 그는 개신교도들은 천주교신자들보다 더 개인주의적이고 사회통합이 저조하기 때문에 자살을 더 한다고 설명한 것이다. 이 때 그가 비교한 자료는 어디까지나 개신교도들과 천주교도들이 상대적으로 많은 지역 혹은 국가의 집합적 자료(자살률)인데, 그것을 가지고 개인신도들의 행동을 설명하려 했으므로 일종의 생태적 오류를 범한 것이 된다. 그의 자살에 대한 이론적 논리는 타당할지도 모르지만, 그러한 이론을 뒷받침하기 위해 사용한 자료는 분석단위에 있어서 적합성의 오류를 면치 못했던 것이다.

(2) 환원주의

환원주의(reductionism)는 기본적으로 모든 현상의 원인을 어떤 특정개념이나 독립변수만으로 설명하려는 데서 생긴다. 심리학자는 모든 사회적 현상의 원인이 어떤 심리적 특성 때문이라 하고, 경제학자는 경제적 요인으로 설명하려 하는 등의 보기다. 사회현상은 본래 매우 복합적인 원인들의 작용으로 일어나는 것이므로, 그처럼 단순화한 특정변수나 원인에다 환원시키려는 단원적(單元的) 인과론은 이 같은 오류에 빠지기 쉽다. 특히 사회연구에서 연구단위의 부적합성과 관련 있는 환원주의는 앞에서 지적한 생태적 오류와 대비하여 개인주의적 오류(individualistic fallacy)라고도 하는데, 그 이유는 개인에 대한 자료를 가지고 집단 · 조직체 · 사회 · 국가 등의 거시적 현상에 대한 추론을 하거나 설명을 시도하려 하기 때문이다. 표본조사에 의존하는 사회조사에서 흔히 이런 성격의 오류를 범할 소지가 있다.

3. 연구범위

연구의 범위는 두 가지 뜻으로 이해하는 게 좋다. 하나는 연구에서 다루는 기본개념들 또는 변수들의 수를 두고 말하는 scope란 뜻이고, 또 하나는 연구에서 대상으로 삼는 관찰단위의 수 또는 종류에 따라 나누는 range란 뜻이다. 가령 두 연구(이론) 중에 하나는 도시화와 자살률을, 다른 하나는 사회이동과 자살률을 주제로 삼았다고 하면, 두 연구는 모두 두 개의 변수(속성)를 다루므로 그 scope는 같다. 그러나 그 중 첫번째 것이 다루는 관계(도시화→자살률)는 나라(국가사회)라는 단위에만 한정되지만, 두 번째 것은 나라 · 연령집단 · 혼인상태 등의 여러 단위에 적용할 수 있으므로 뒤의 것이 그 range가 넓다고 할 수 있다(Gibbs, 1972 : 67-68).

Ⅱ. 시간과 공간의 요소

지금까지 연구설계에 있어서 '무엇을 위하여'(for what), '무슨 주제를'(what), '누구에 대하여'(whom) 연구할까에 관한 기본적 고려사항들을 살펴보았다. 이제는 '언제', '어디'(when, where)에 대한 연구를 하는지를 생각해 보기로 한다. 특히 경험적 연구의 시간적 차원은 역사적 접근을 내포하며, 공간적 차원은 비교접근으로 이어진다. 물론 여기서 말하는 시간이란 연구가 소요하는 시간을 뜻하는 것이 아니라 연구주제 혹은 대상과 관련 있는 개념으로 쓴다. 이처럼 시공간을 기준으로 해서 연구에 임할 때는 크게 다음 몇 가지 유형의 접근을 할 수 있다(Miller, 1977 : 8; Rubin and Babbie, 2008 : 139-143).

1. 한 사회 · 한 사례의 한번 연구

한 사회 안에서 한 사례를 대상단위(개인 또는 집합체)로 삼아 그 속성들에 관하여 한번 연구하는 접근(one-shot case study)이다. 예를 들면 한국의 어촌 1개 부락 연구를 한번에 그친다면, 이 유형에 속한다. 한번이라 해도 몇 달 혹은 1년 이상의 기간에 걸쳐 연구할 수도 있다. 이것은 엄격히 시간적으로나 공간적으로 비교하는 접근은 아니다.

2. 한 사회 · 두 사례 이상의 한번 연구 — 횡단적 비교연구

이른바 부문간 횡단적(cross-sectional) 비교연구라는 이 접근은 대부분의 사회조사연구에서 볼 수 있는 것이다. 이 때의 비교는 한 사회 안에 있는 여러 종류의 사회적 범주들(social categories) — 계층집단, 연령별 · 성별 범주, 지역공동체 등 — 끼리 주어진 특성에 대하여 한번만 비교한다.

3. 한 사회 · 두 사례 이상의 두 번 이상 연구 — 종단적 비교연구

종단적(longitudinal) 비교연구란 시간적으로 두 번 또는 그 이상의 시점에서 같은 속성을 연구하는 것이다. 여기에는 적어도 다음의 세 가지 변형이 있다.

첫째는 시계열(time series) 연구로서 인구센서스 · 물가동향조사 등과 같이 어떤 광범위한 인구집단의 특정속성을 여러 시기를 두고 관찰 · 비교하는 것 이다.

둘째는 동기자 또는 동시경험집단(cohort) 연구라 할 수 있는 것으로 1950년 출생자 · 학교동기생 등 특정경험을 같이하는 사람들에 대하여 어떤 특성을 두 번 이상 다른 시기에 걸쳐 비교연구하는 접근이다.

셋째는 동일인반복연구(panel studies)인데, 이는 시계열이나 동일경험자집단 연구와 같지만, 반드시 그 중에서도 한번 조사한 사람들을 다시 조사하는 특수반복연구임이 다르다.

4. 두 사회 이상의 사례들에 대한 한번의 연구

이른바 문화간(cross-cultural), 국가간(cross-national) 또는 국제(international) 비교연구라는 것으로, 시간적으로는 한번 관찰하는 접근이다. 여러 사회를 비교할 때 그 사례수는 각기 하나 또는 그 이상일 수도 있다. 각기 여러 사례에 대한 국내의 횡단연구도 곁들인다면, 문화간 횡단적 비교연구가 될 수 있다.

5. 두 사회 이상의 사례들에 대한 두 번 이상의 비교연구

종단적 문화간 비교연구(diachronic cross-cultural comparison)라 할 만한 이 접근에도 단순한 사회간 비교뿐 아니라 각기 사회 내의 횡단비교까지 포함하는 복합성을 띨 수 있을 것이다. 물론 실제로 연구를 할 때는 현재의 시점에서 과거를 거슬러 올라가는 역사적 접근과 지금부터 앞으로 계속하려는 미래지향적 연구설계가 있을 수 있다.

Ⅲ. 기타 실제적인 고려사항

그 밖에도 구체적인 연구를 실시하는 데 고려하지 않을 수 없는 매우 실제적인 사항들이 또한 있다. 이런 것들도 연구설계를 할 때 미리 생각해 두고 검토하도록 지침을 마련하는 것이 바람직하다. 흔히 조사연구의 실시가능성 · 용이성(feasibility) 또는 관리가능성(manageability)의 평가라 일컫는 이 과정에서는 최소한 다음 몇 가지를 고려대상으로 삼아 따져 보아야 할 것이다(Miller, 1977 : 7-9).

1. 근접가능성

여기서 말하는 근접가능성(access, accessibility)이란 연구의 대상인 개인이나 집단, 지역공동체, 심지어 국가를 직접 방문하여 자료를 얻어 낼 수 있는지 여부를 말한다. 자료에는 직접 연구자가 관찰해서 얻는 것도 있지만 연구대상자(개인이나 집단 등)가 보유하고 있는 기존의 자료가 있을 터인데, 이것들을 얼마나 쉽사리 입수할 수 있고 활용할 수 있는지도 문제가 된다.

개인은 사사로운 삶에 관한 접근을 싫어 할 수 있고, 어떤 조직체는 비밀스러운 사항들에 관해서는 전혀 근접을 허용하지 않을 때도 있다. 사회연구의 기본적인 약점 중에는 이처럼 근접불가능한 대상 또는 자료에 대하여 아무런 정보도 얻어 낼 수 없다는 점이라 할 정도로 이 문제는 중요하다.

2. 소요시간의 조건

사회연구란 목적에 따라 다르기는 해도 세월 없이 무한정 끌면서 실시할 수는 없는 것이다. 시기적으로 일정한 기간을 두고 시행하는 반복조사 같은 종단적 접근도 있지만, 여기서는 한번의 조사연구를 얼마나 오래 진행시킬 것이냐 하는 문제를 말한다. 그리고 이 때 시간의 길이는 연구의 계획·설계 단계에서 마지막 연구보고서출간까지의 사이를 망라하는 것임은 물론이다.

대개 시간표(time schedule)를 짤 때에 이런 절차상의 여러 단계들을 고려하는데, 연구기간은 보통 1년을 단위로 삼고 그 몇 배 또는 몇 분의 1을 생각한다. 그 이유는 예산편성단위, 학교의 학사력단위가 1년이라는 실질적 고려 때문이다. 현지에서 자료수집을 직접 실시하는 접근일 때는 비교적 현지에서 많은 시간을 보내야 하는 것이 현지사례연구법이고, 표본조사 같은 것은 현지작업에 많은 시간을 할애하지 않는다.

3. 경비의 문제

시간의 조건은 경비와도 직결되는 제약조건의 하나다. 완전히 돈 한 푼 들이지 않고 조사연구를 실시하는 사례란 거의 없다. 다만, 경비가 개인의 사재인가, 다른 사람 또는 조직체의 보조로 생긴 것인가의 차이가 있다. 요즘에는 공식기관, 특히 정부·재단·기업체 등의 경비보조가 제도화되어 있어서 개인의 사사로운 자금을 덜 쓰는 경향이 있지만, 이런 때에는 자금의 출처가 연구의 목적이나 성격을 좌우하거나 영향을 미치는 것을 조심해야 한다. 연구자가 그런 간섭이나 압력을 자발적으로 수용하여 자신의 학문적 관심과 거리를 좁힐 수 있으면 문제삼을 까닭이 없다. 문제는 학자 또는 연구자의 학문적 성실성(integrity)과 자율성을 침해해서는 안 된다는 것이다.

실질적으로 비용을 요하는 것이 사회연구이므로, 예산의 규모와 용도를 명백히 하는 것이 좋다. 그 항목은 대개 인건비·여비 및 현지조사비·인쇄비(조사표와 보고서 등)·자료처리비(전산처리 포함), 그 밖에 조사원훈련·연구원회의비용과 통신비·사무비 같은 행정비용 등을 포함할 것이다. 필요한 비용의 추산을 한 다음에는 이를 확보하는 길을 찾아야 한다. 개인적으로 자금조달을 할 수 있으면 문제가 없지만, 대개는 사회연구의 비용이 개인적으로 부담하기에는 벅찬 규모이므로, 이를 충당하기 위하여 각 해당 기관에 이른바 '연구계획서'(research proposal)라는 보조신청서를 제출하게 된다.

4. 윤리적인 쟁점

경험적 사회연구를 시행하는 데에는 여러 가지 측면에서 윤리적인 쟁점을 고려해야 할 때가 생긴다. 이는 사회과학과 가치 또는 이념의 문제와도 관련이 있는 쟁점이지만, 여기서는 주로 실질적인 수준에서 직면하는 윤리적인 문제들을 다루는 자세와 접근을 생각하기로 한다. 다시 말해서 연구자가 윤리적 감수성을 가지고 연구대상자의 인권을 보호하며, 동시에 연구자 자신을 쓸데 없는 사회적 · 법적 간섭에서부터 보호하는 몇 가지 지침이 되는 일반적 규범을 살펴보려는 것이다(Smith, 1975 : 12-17).

사실 이 연구윤리문제는 2000년대 초 우리 나라에서 크게 세계적인 쟁점으로 떠오른 것이다. 그러나 아직은 이 문제에 대처하는 방법에 대한 학계의 인지도나 태도는 미흡하다. 우리가 다루는 사회조사연구의 교재를 보면, 외국에서는 책마다 별도의 장을 할애하여 면밀하게 이 문제를 언급하고 있다는 것을 알 수 있다. 본서에서는 그것을 자세히 소개하지 않고, 주요 쟁점들만 간추리기로 한다(Frankfort-Nachmias and Nachmias, 2000 : 67-86; Neuman, 2003 : 116-134; Rubin and Babbie, 2008 : 69-86).

(1) 사전동의(informed consensus)의 획득

연구자는 우선 연구대상자(개인 또는 조직체 단위)가 그 연구에 참여함으로써 어떤 결과가 오리라는 것, 또는 연구참여 자체가 무엇을 뜻하는지에 대하여 당사자가 알아 듣고 이해하도록 도와 줄 의무가 있다. 그에 필요한 정보를 정직하게 제공한 다음, 그에 입각하여 조사대상자 스스로가 아무런 강제도 받지 않고 조사연구에 참여하기로 동의해야 한다는 원칙이다. 그 절차는 설득, 협력의 요청 같은 것이지만, 실험이나 참여관찰과 같은 특수한 목적의 조사에서는 때로 조사대상자를 '속이지' 않을 수 없을 때가 있다. 이런 때라도 연구가 끝난 뒤에는 반드시 그 사실을 밝히고, 조사결과의 이용에 대한 양해를 구해야 한다.

(2) 비밀보장(confidentiality)

연구의 결과로 얻은 자료는 개인사생활의 권리와 자유를 침해하지 않도록 비밀을 보장해야 한다는 규범이다. 해당 개인이나 조직체가 양해하는 경우를 제외하고는 자료의 비밀보장을 반드시 해야 한다.

(3) 조사대상자의 권리와 복지(subject rights and welfare)

대체로 같은 범주이기는 하지만, 연구과정에서 알게 모르게 대상자에게 불필요하고, 용납할 수 없는 위험이나 폐해를 가져올 수가 있다. 바꾸어 말해서 적절한 대상자보호, 안전보장의 조처를 하지 못하는 수가 있다는 것이다.

(4) 대상자에게 돌아가는 혜택과 위험부담비(subject risk/potential benefits ratio)

조사대상자가 연구과제에 참여함으로써 얻을 수 있는 혜택보다 혹시 그로 말미암아 생길 불이익이 더 커서는 안 된다. 특히 실험과 같은 상황에서 조작하고 통제하는 행위가 개입될 때, 이 점은 중요한 고려사항으로 부각시켜야 한다. 사람을 대상으로 실험을 해야 하는 상황에는 언제나 윤리적 판단이 문제될 수 있다.

두 말할 나위 없이 윤리의 문제는 여기서 간단히 취급할 수 있는 것보다는 훨씬 더 복합적이고 해결하기 어려운 것이다. 사회연구자는 언제나 '인간'을 대상으로 삼는다는 점에 대한 성찰을 끊임없이 해야 한다는 점이 중요하다.

그리고 선진국에서는 인문 · 사회계는 물론 자연 · 기술계도 연구계획서를 제출할 때 이 윤리문제가 일어나지 않도록 '윤리강령' 같은 문서를 작성하고 회원들에게 숙지시키는 관행이 보편적이다. 그리고 연구실시 전에 반드시 학

〈참고자료 3-2〉 사회연구의 윤리적인 기본원리

(1) 연구의 윤리적 책임은 연구자 각자에게 귀속한다
(2) 연구자 개인의 이득을 겨냥하여 연구대상자(학생 포함)를 착취하지 말아야 한다
(3) 어떤 형식으로나 사전에 합의를 얻는 것이 필수적이므로 강력히 권고한다
(4) 사생활보호, 익명성 및 비밀보장 등에 대한 약속은 반드시 지킨다
(5) 연구대상자를 강제하거나 모독하지 말아야 한다
(6) 연구대상자 몰래 속이고 연구를 수행하는 것은 연구의 성격상 도저히 불가피할 때만 시행하되, 연구종료 후에는 반드시 그 사실을 공개해야 한다
(7) 비밀연구는 원칙적으로 금지한다
(8) 주제에 걸맞은 연구방법을 적용해야 한다
(9) 방법론적 표준은 높게 잡고, 정확성을 기하고자 최선을 다해야 한다
(10) 연구대상자에게 바람직하지 못한 결과는 찾아 내어 제거해야 한다
(11) 연구 자체나 결과물의 출판에 의한 공개가 가져올지도 모르는 영향을 예기하도록 한다
(12) 연구를 재정적으로 지원한 주체가 누구인지를 밝혀야 한다
(13) 비교연구를 할 때는 해당 국가와 협조하는 자세로 임해야 한다
(14) 연구결과를 발표할 때는 연구설계도 자세히 보고해야 한다
(15) 자료에 적합한 해석만을 내리도록 노력해야 한다

교나 당국에 '인권보호각서' 같은 문서에 서명하는 것이 원칙이다.

여기에 사회연구의 윤리문제에 대한 기본적 원리를 요약한 내용을 참고로 옮긴다(Neuman, 2003 : 130).

주요 개념들

연구설계	문제형성	목 적
동 기	쟁 점	규범적 문제
분석적 문제	경험적 문제	윤리적 자연주의
독창성	검증(반증) 가능성	경험적 준거
실천적 유관적합성	연구주제	단 위
범 위	생태적 오류	환원주의
scope와 range	한 사회—한 사례—한번 연구	
횡단적 비교연구	종단적 비교연구	시계열
동시경험(동기)집단	반복연구	문화간(국가간 · 국제)비교연구
종단적 문화간 비교연구	관리가능성	근접가능성 시간표
경 비	윤리적 쟁점	윤리강령
인권보호	각 서	

생각해 볼 문제들

1. 연구설계란 무엇이며 왜 중요한가?
2. 연구문제는 왜 중요한가?
3. 연구의 목적 · 동기 · 쟁점은 구분해서 생각할 만한 의미가 있는가?
4. 연구문제는 어떤 기능을 하는가?
5. 연구문제를 형성정립하는 과정과 그 종류를 살펴보자.
6. 연구문제를 판단하는 기준들은 무엇인가?
7. 연구설계의 구체적 · 실질적 고려사항들을 하나씩 따져 보자.
8. 시간과 공간의 차원에서 설계의 기본모형들을 비교해 보자.
9. 경험적 사회연구의 윤리적 쟁점들은 어떤 것이 있는가?

제 4 장 사회연구의 자료

가장 넓은 뜻으로 사회연구는 경험적인 자료(empirical data)를 전혀 다루지 않는, 이른바 순수이론적인 작업도 포함한다. 다만, 인간의 사회적인 삶의 실존은 어떤 형식이든 경험과 완전히 차단된 이론적 작용을 가능케 하지 않는다. 그러나 우리는 흔히 사변적인 학문활동의 범주 속에 형이상학적 철학활동을 분류함으로써 경험적 과학의 작업과 구별한다. 이 책에서 우리가 다루고자 하는 관심은 이런 뜻에서 사변적이 아닌 과학적 연구이므로 경험적 자료를 다루는 활동에 국한시키는 것이다. 그렇다고 이론적 과정마저 배제하려는 것이 아님은 이미 위에서 살펴본 대로다(제 2 장 〈그림 2-2〉 참조).

물론 이론구성이라는 작업도 사회연구의 주요 부분이 되고, 이를 위해서는 다른 이론가들의 생각을 참작하고 비판적으로 수용하는 일도 필요하다. 이런 뜻에서 이론적 연구의 자료는 곧 다른 사람들의 이론이 담긴 문서다. 그러나 우리는 그러한 이론적 자료는 경험적인 자료의 범주에서 우선 제외한다. 오히려 누구의 이론이든 그것을 뒷받침해 주든지 뒤집어 줄 만한 증거로서 자료를 강조한다. 이를 위해서도 다른 사람이 만들거나 남겨 놓은 문서 · 기록과 같은 것을 자료로 삼을 수 있지만, 그것은 어디까지나 사변적 이론만을 담은 문서가 아니라 누군가의 경험이 담겨 있는 것이어야 한다.

경험적 자료란 지적 능력을 갖춘 사람이 지각 · 인식(perceive/know)하여 얻는 자료를 일컫는다. 물론 오늘날에는 논리실증주의에서 한때 고집하던 엄격한 뜻의 감각적 지각으로만 포착한 자료(sense data)에 국한하지 않고, 인간의 의식과정을 포함하는 인식의 대상으로 앎의 내용을 이루는 자료도 이에 해당한다.

사회연구란 사회현상에 대한 경험적 자료를 다루는 하나의 방법이다. 그러므로 이제부터는 주로 사회과학적 연구에서 우리가 수집 · 생산 · 분석 · 해석하는 자료의 성격과 그에 걸맞은 절차와 기법에 관한 것을 다루기로 한다. 그러자면 먼저 그러한 자료의 원천과 성격에 관해서도 생각해 보아야 하고, 사회과학적 지식의 바탕이 되는 사회연구의 자료가 지니는 한계에 대한 이해를 가질 필요가 있다. 사회연구의 중심되는 과제는 그저 사회현상에 대한 경험적 자료만 얻으면 되는 것이 아니라, 그것을 제대로 이해하는 데 가장 적절하도록 과학적으로 적합한 방법에 의하여 얻으려는 일이기 때문이다. 따라서 먼저 자료의 질이 관심사가 된다. 우리가 경험적 연구법을 따로 공부하는 것도, 또 전문가들의 연구방법에 관하여 특별히 연구 · 검토를 게을리하지 않는 것도 따지고 보면 자료의 질을 높이고자 하는 관심 때문이다.

이런 관심의 이면에는 어떤 자료가 질적으로 한층 더 나은가를 규정하는 원칙이나 기준 같은 것이 있는 반면, 질적으로 나은 자료를 얻어 내는 데 장애가 되는 요소들이 있다는 현실적인 깨달음이 또한 깔려 있다. 사회에 관한 앎이 오류 또는 오차(error)를 자아낼 수 있는 원천과 요인들은 우리가 접근해야 하는 사회현상의 복합성이나 특이성으로 말미암아 인간의 인식활동 자체에서 연유할 수 있다는 점을 주목하게 된다.

그러면 사회과학적 지식의 바탕이 되는 자료는 어떤 것이어야 하는가? 그 이상적 기준은 과연 있으며, 있다면 어떤 것인가? 그러한 지식은 어디에서 얻어지는가? 자료의 원천과 수집방법은 무엇인가? 그와 같은 방법으로 얻은 자료가 지니는 한계는 무엇이며, 왜 문제가 있는가? 조금이라도 질적으로 나은 자료를 얻고자 할 때는 어떤 조처를 할 것인가? 이런 질문들부터 살펴보기로 한다.

제 1 절 바람직한 자료란?

어떤 철학적 관점을 취하든 과학적 지식을 얻고자 할 때 누구나 바라는 공통된 원칙은 '믿을 만하고 마땅한 자료'를 갖자는 것이다. 이를 흔히 자료의 신뢰성(또는 신뢰도, reliabilty) 및 타당성(혹은 타당도, validity)이라 한다(Smith, 1975 : 57). 그러나 이 두 원칙은 그리 간단한 것이 아니다. 비교적 쉽게 이 기준들을 취급하는 길은 표준과학관을 따르는 이들이 하는 식으로 신뢰도와 타당도의 기술적(주로 통계적) 측면에 국한시키는 것이다. 객관적으로 일반화된 통계적 절차로 그것들을 측정하여 그 측정값에 의하여 신뢰도와 타당도를 규정하는 방법이다. 그러나 관점이 다를 때는 그것만으로 족하지 않은 측면들을 중시하게 된다. 여기서는 그러한 복합적인 요소들에 대한 자세한 해설은 생략하고, 중요한 쟁점들을 중심으로 이 문제를 다루기로 한다.

경험과학을 지향하는 사회과학자는 자신이 내린 경험적 결론이 옳지 못하다는 상황을 되도록이면 피하려고 무진 애를 쓴다(Schwartz and Jacobs, 1979 : 313). 지금까지 개발해 놓은 방법이나 기법들이 갖는 한계성 또는 갖가지 현실적 제약 때문에 '절대로', '완벽하게' 옳은(신뢰성과 타당성이 있는) 경험적 결론을 사회과학자가 내릴 수 있다고 보기는 어렵다. 따라서 신뢰성과 타당성의 정도를 어떻게 높일지가 문제다.

경험적 결론이 옳다는 말은 기본적으로는 그 결론을 내리기 위해서 제시한 증거(evidence)가 믿을 만하고 마땅하다는 뜻을 품는다. 증거의 신뢰성과 타당성을 따지자면 몇 가지 절차의 측면이 문제된다. 이것을 예시하기 위해서 법정의 상황을 비유로 상정해 보자.

법정에서는 어떤 형사범죄의 사실 여부를 판단하기 위해 우선 수사관들이 모은 물리적인 증거를 필요로 하고, 목격자나 관련자들의 증언을 기초로 삼는다. 검사나 변호사는 자기들 나름의 범행 여부에 대한 이론(가설)을 가지고 이를 입증하기 위한 믿을 만하고 타당한 증거를 제시하고자 한다. 그리고 판사는 진실을 추구한다. 이 때 신뢰성의 문제는 피고인이나 증인들의 진술이 믿을 만한가 하는 데로 귀착하고, 타당성의 문제는 인적 또는 물적 증거가 범행 여부에 관한 관계자의 이론(가설)을 입증하는 데 적합하고 마땅한가를 따지는 것이 된다. 법의 절차에서는 물론 증거의 합법성 또는 적법성을 따지는 형식적인 측면의 타당도문제가 있다.

신뢰성은 피고인이나 증인의 진술이 참인지, 사실 그대로인지를 묻는 기준이다. 이 때 우리는 진술자가 의도적으로 속이는 가능성, 상황을 잘 기억 못하든지 어떤 압력이나 고문에 대한 두려움으로 정보를 감춘다든지 하는 등의 가능성을 생각하게 된다. 이런 편의(偏倚, bias)가 작용하는지의 여부를 알아 내기 위해서는 같은 질문을 다른 질문자들이 다른 상황에서 물어 보든지, 같은 질문자가 시간을 두고 반복해 물어 보든지, 혹은 전혀 직설적이 아닌 접근으로 간접심증을 캐내든지 하는 등의 방법을 쓴다. 이런 절차를 밟아 일관성 있는 대답이 계속 나오면, 그 진술은 신뢰성이 있는 것으로 간주해야 한다.

한편 타당성은 그것이 사람의 증언이든, 물증이든 그런 증거가 범행사실 여부를 누구도 어떤 판단기준으로도 의심할 여지가 없다고 할 때 성립한다. 검찰관 · 수사관 · 변호인 등이 제시한 이론(가설)을 가장 직접적으로 입증해 줄 만한 증거가 있는가 하면, 다른 여러 상황적 조건이나 요인들과 관련하여 그 기능을 하는 것도 있을 것이다. 이 때 그런 증거를 수집하는 사람 · 목격자 · 정보제공자들이 쓴 방법, 관찰에 이용한 수단 등이 '법'에 어긋나거나 조작된 것이어서는 안 된다. 여기서 우리는 타당한 증거는 신빙성 있는 것이라는 원리에 이른다. 그러나 일관성 있는 증거가 반드시 타당하다고는 할 수 없다(Selltiz *et al.*, 1976 : 197).

이 신뢰성과 타당성의 쟁점은 경험적 사회연구에서는 자료의 수집 · 관찰, 자료를 얻는 데 쓰는 측정도구, 자료의 정리 및 분석의 여러 과정에서 다양하게 제기할 수 있는 것이므로, 좀더 자세하고 기술적인 검토는 각기 해당 부문에서 다시 하게 될 것이다.

자료의 질을 확보하기 위해서는 신뢰성과 타당성의 기준이 가장 핵심임은 두 말할 나위가 없다. 그러나 이에 곁들여 고려해야 하는 다른 기준들이 있다. 이들은 궁극에 가면 신뢰성과 타당성을 높여 주는 절차와 관련 있지만, 따로 언급할 필요가 있다. 첫째는 자료의 대표성(representativeness) 또는 전형성(typicality)의 기준이고, 둘째는 통제 하의 탐구(controlled inquiry)를 확보함으로써 결론의 타당성과 관찰의 정확성을 높이고자 하는 것과 관련이 있으며, 셋째는 관찰도구(instruments)의 질을 따지는 기준이다(Smith, 1975 : 80-165).

대표성 · 전형성의 문제는 관찰하고자 하는 대상을 전수관찰하게 되는 상황에서는 쟁점이 될 수 없다. 하지만 인구 또는 모집단(population, universe)의 일부분만을 대상으로 해야 할 때는 반드시 이 문제를 신중히 다루어야 한다. 표집의 대상이 사람의 집합체, 문서, 태도나 의식내용과 같은 심리적 요소, 또는 행위의 종류, 그 무엇이든 간에 표본(sample)을 다룰 때는 언제나 이 대표성과 전형성의 기준을 고려하는 것이 마땅하다.

과학적 탐구에서 강조하는 한 가지 기본적인 요구사항은 누구나 같은 절차를 밟아 관찰을 하게 되면 같은 결과를 얻어 낼 수 있도록 상황이나 환경 · 조건 등을 적절하게 통제하는 것이다. 이는 비단 표준과학관에서만 고집하는 기준이 아니고, 어떤 인식론의 관점에 서든지 공통으로 요청하는 조건이다. 다만, 구체적 절차에 있어서 전자는 실험적 방법을 전형으로 생각하는 데 반해서, 다른 패러다임에서는 거기에 매이지 않을 뿐이다. 이 때 비록 실험적인 기법을 자연과학에서처럼 엄격하게 적용하지는 않는다 할지라도 통제 하의 탐구의 필요성을 인정하는 한에 있어서, 실험의 논리는 모든 경험적 증명의 절차가 궁극적으로 의존해야만 하는 것임에 틀림없다.[1)]

관찰의 도구를 질적으로 통제함으로써 자료의 타당성을 높이고, 정확성을 기하려는 절차는 자연과학에서 고도로 개발시켜 온 것이다. 사회과학에서도 이에 대해 예리한 관심을 갖는 실증주의적 접근이 있는가 하면, 반대로 그런 것은 자질구레한 것이라 하여 아예 문제시하지 않는 관점도 있다. 그럼에도 불구하고 연구자가 관찰의 정확성을 기하여 자료의 타당성을 얻고자 한다면, 그가 사용하는 관찰용 도구는 되도록이면 타당하고 정확해야 할 것임은 물론이다. 흔히 말하는 측정의 정확성과 측정도구인 자(척도) 또는 지표의 타당성 · 면밀성 같은 것이 이 때의 주요 기준이 된다.

그러면 실제로 위와 같은 기준에 따라 평가할 때 좋은 자료를 얻어 낼 수 있는 것인가? 이 문제를 검토하기 위하여 우선 자료를 획득하는 상황과 목적에 따라 자료의 성격이 달라진다는 점에 주목하면서 자료의 질을 높이는 데 장애가 되는 요소들도 함께 살펴보기로 한다.

제 2 절 상황과 목적에 따른 자료의 성격

사회과학적 지식의 바탕이 되는 자료는 우선 그 양상이 말로 표현한 것이든, 글로 쓴 것이든 간에 언어적인(verbal) 반응과 비언어적인 소행(non-verbal acts)으로 구분할 수 있다. 다시 말해서 우리가 관찰하는 것은 사람들의 말(글) 또는 행위다. 물론 실제에 있어서 사회연구자는 사람들이 말을 주고 받거나 행동을 같이하는 상황을 직접 관찰하기도 하지만, 그것이 불가능할 때가 있다.

1) "All empirical proof is ultimately tied to the logic of the experiment," (Friedrichs, 1970 : 169).

그런 때에는 사람들이 글로써 남겨 놓았거나 다른 물리적인 흔적(physical traces)으로 남겨 놓은 것을 자료로 삼을 수밖에 없다. 또는 주어진 상황을 직접 관찰했거나 경험한 사람의 기억을 말로 듣는 방법도 있다. 어떤 종류의 자료이든 그 자료를 얻는 상황은 형식적(formal) 상황과 비형식적(informal) 상황 둘 중의 하나다(Galtung, 1967 : 110).

자료수집상황의 형식성이란 그 상황을 연구자 또는 관찰자가 어느 정도 의식적으로, 인위적으로 조작 또는 통제하는가를 일컫는 말이다. 자료를 얻는 과정에서 연구자가 관찰하려는 대상집단이나 개인들의 삶의 현장을 조금도 자기 나름대로 흐트리지 않고 있는 그대로의 상태로 둔 채 자연스럽게 일어나는 사건 · 사상들을 관찰한다면, 이를 비형식적인 상황이라 한다. 그러나 실험실에 사람들을 모아 놓고 통제된 관찰을 한다거나, 일부러 사람을 골라 앉혀 놓고 짜여진 질문서를 가지고 면접을 하는 등의 상황은 형식성이 높은 것이 된다.

이러한 언어적 반응 여부와 형식성 여부를 두 축으로 하는 2×2표를 그려서 생기는 빈칸, 즉 속성공간(property space)에다 구체적인 자료수집의 방법들을 보기로 분류해 보면 〈그림 4-1〉과 같다. 물론 이런 식의 분류는 어디까지나 이념형적인 성질의 것이므로, 구체적인 방법의 특성은 때에 따라 다양한 색깔을 띨 수도 있다는 점에 주목해야 한다.

〈그림 4-1〉 자료를 얻는 상황과 그 원천에 따른 연구법의 보기

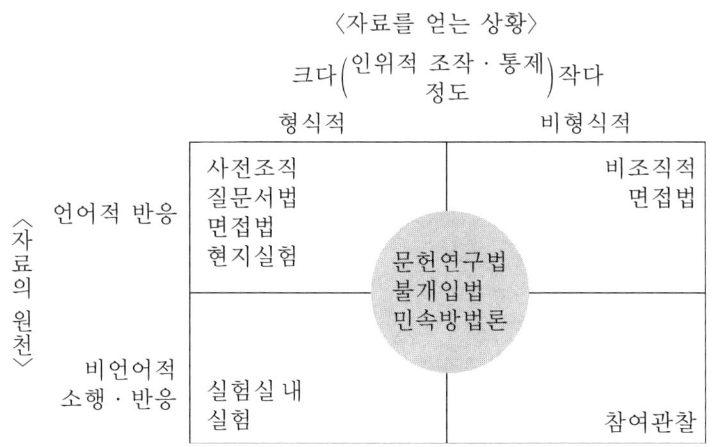

그런데 자료를 얻는 상황이나 그 원천이 아니라, 사회연구자가 취하는 인식론적인 패러다임에 따라 그것이 추구하는 학문적 목표와 실지로 다루는 자료의 성격을 교차시켜 보면, 〈그림 4-2〉와 같은 모양으로 나누어진다. 여기에서 표준과학관에 비교적 충실한 실증과학을 목표로 할 때는 다루는 주된 자료를 수량적으로 표상하기 때문에 명백하고 엄격하며 신뢰성 있는 자료의 수집이 가능하고, 논리적 일관성을 가지고 경험적 가설을 검증하는 일이 더 쉬울 수 있다. 이에 반해서 관찰대상인 행위자의 관점의 이해, 즉 주관성을 강조하는 패러다임에서는 '자연스러운 언어'(natural language)[2]를 자료로 삼아 개인과 집단의 동기 · 의미 · 감정 기타의 주관적 삶의 측면을 내포하는 관찰대상자들의 삶의 세계에 접근할 수 있는 장점을 지닌다(Schwartz and Jacobs, 1979 : 5).

이 두 가지 그림에서 구체적 접근법들을 분류한 것은 어디까지나 하나의 이념형적인 작업이지 실제로는 한 가지 기법에서 얻는 자료의 성격 · 상황 · 목표 등은 다양할 수가 있음을 잊지 말아야 할 것이다.

어쨌든 현실적으로 볼 때 주류사회학을 중심으로 생각하면, 사회연구라는 이름으로 지금껏 행하여 온 활동에서 가장 빈번히 활용한 기법은 개인들로부터 가깝고 먼 과거의 행동에 대한 기억을 바탕으로 자신의 행동을 보고하는 것을 그대로 받아 적어서 사회과학적 자료로 생각하는 방식이었다. 말하자면

〈그림 4-2〉 사회과학의 목표와 자료의 성격에 따른 연구법의 보기

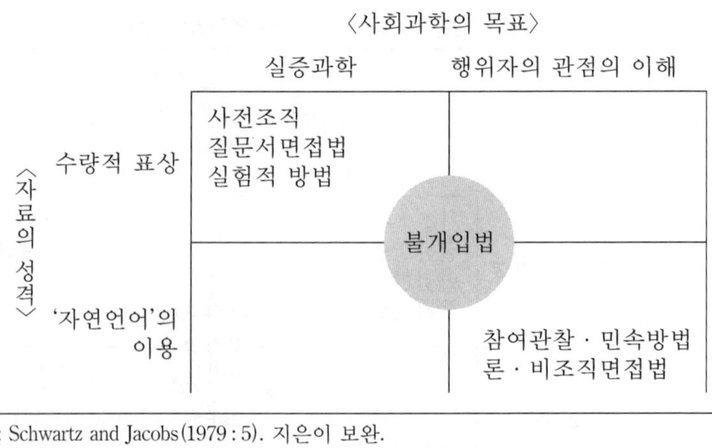

자료 : Schwartz and Jacobs(1979 : 5). 지은이 보완.

2) 이 때 언어란 verbal과 non-verbal을 포괄하는 뜻으로 쓰인다고 보는 것이 옳다.

미리 짜여진 질문서의 자기기입식이든지 아니면 미리 조직한 조사표를 가지고 개별적으로 면접하는 자료수집법이 주종을 이루어 왔다는 말이며, 이런 현상은 특히 사회학이 주도해 왔다(Phillips, 1971 : 1-11; Webb *et al.*, 1981).[3)]

제 3 절 표준사회과학적 접근에서 얻는 자료

이와 같이 사람들의 응답 내지 보고의 성격을 띤 사회조사연구 자료는 과연 어떤 가치를 지니며, 어떤 한계를 안고 있는가?

사람들의 언어적 응답이 사회과학에 아무런 관심사가 될 수 없는 자료는 물론 아니다. 적어도 우리가 사람들의 '말'을 그대로 받아들인다 할 때, 그런 보고의 내용과 그들의 실제 행위를 비교할 수도 있고, 또 장차 어떤 말을 할지를 추리하는 근거로서 그 말을 활용할 수 있다(Galtung, 1967 : 112). 그런데 대부분의 사회조사연구가들은 자신들의 조사목적에서나 결과보고에서 그들의 주된 연구관심사가 인간의 '사회적' 상호작용 · 행위 · 행동 · 관계 · 과정 등임을 밝히고 있다. 그러면서도 실지로 수집 · 분석하는 자료는 질문서와 면접법으로 얻은 것들이며, 그들의 결론 · 일반화, 심지어 이론의 검증까지도 결국은 응답자들이 어떤 주어진 쟁점이나 생각 · 행동 혹은 연구자의 관심영역의 문제에 대하여 갖는 스스로의 느낌 · 믿음 · 태도 · 가치의식 등을 말로 보고한 데에 바탕을 둔 것이다. 그러므로 실제 다루는 자료는 행위자료가 아니라 행위에 대한 보고자료이고, 따라서 행위에 대한 결론은 그런 보고자료에 입각하여 추리한 결론이 되는 셈이다.

가령 정신질환자라든가 노인에 대한 사람들의 태도 자체에 관한 자료를 얻고자 할 때 흔히 지니는 가정은 응답자들이 정신질환자나 노인을 실제 생활에서 대면하게 되면, 자료수집상황에서 면접자에게나 질문서에 자신의 태도라고 밝힌 것과 같은 식으로 행동하리라는 것이다. 또는 연구자가 조작적으로 권위주의적 퍼스낼리티를 개념화하여 제시한 문항들에 대하여 찬성의 응답을

3) 미국 사회학계의 주요 학술지, 특히 「*The American Sociological Review*」나 「*The American Journal of Sociology*」에 1960년대에 게재된 논문 · 연구노트 등을 분석한 결과 90% 이상이 면접법 또는 질문서법에 의하여 자료를 수집한 것이었다는 보고를 자주 볼 수 있다(Phillips, 1971 : 3). 우리나라의 사회과학계, 특히 사회학계에서도 '조사연구'라고 하면 비슷한 경향이 있다.

한 응답자는 권위주의적인 퍼스낼리티를 지닌 사람이라는 추리를 하고, 나아가서는 그가 권위주의적 퍼스낼리티를 지닌 사람들에게서 특징적으로 볼 수 있는 식으로 행동할 것이라는 가정을 한다. 이처럼 추리하는 과정에서 거쳐야 할 단계가 많을수록 오차 또는 오류의 가능성은 더 크다(Sechrest, 1968 : 530; Phillips, 1971 : 4-5).

특히 사회학에서 주로 이런 접근법에 의존하고 있지만, 그러면 사회과학 일반에서 통용하는 방법인 짜여진 질문서 및 면접법의 기본적인 제약은 어떤 것인가?

첫째, 조사연구의 상황 또는 자료수집의 과정 자체에서 생기는 문제점을 들 수 있다. 사회과학의 연구대상이 사회적 행위 내지 상호작용과 그것이 일어나는 사회적 과정, 그리고 거기서 생성 · 변질하는 사회적 관계의 그물 같은 것이라는 전제를 받아들인다면, 그에 관한 자료는 구체적인 사회의 성원들이 구체적인 사회적 상황 속에서 상호작용하는 모습을 있는 그대로 기록 · 보고하는 형식을 띠어야 마땅할 것이다. 그런데 미리 짜여진 질문서나 면접법은 우선 조사연구의 대상인 개인들의 행위를 행위가 일어나는 그 순간에 또는 일정기간에 걸쳐 직접 관찰하는 접근이 아니기 때문에 그 자료가 연구에서 추구하는 바를 제대로 알려 주는 것이냐 하는 타당성의 쟁점을 제기할 수 있다.

대체로 이런 방법에서는 일정한 절차를 따라 추출한 표본을 상대하게 되는데, 이들 표본은 구체적인 사회적 상황 속에서 실지로 행위하고 상호작용하는 과정에 현재 참여하고 있는 사람들이 아니라, 어디까지나 그런 맥락에서부터 추상해 낸 개체단위로서 질문에 응답하는 사람들의 묶음을 뜻하기 때문이다. 뿐만 아니라 조사연구의 상황 자체도 자연스러운 사회적 과정을 표상하는 것이 아니라 질문서라든지 면접자가 하나의 자극으로서 적극적으로 응답자에게 작용하는, 말하자면 이미 어떤 의미에서는 조작적 · 인위적인 상황이라는 근본적인 문제점이 있다. 특히 면접에서는 그 자체가 하나의 상호작용의 형태를 띠고 있다는 점에 주목해야 한다. 이런 조건 때문에 일어날 수 있는 편의의 구체적인 보기를 들자면 끝이 없겠으나, 중요한 것은 지금까지 조사연구를 실시하는 사람들이나 그들의 보고에서는 이 쟁점을 거의 문제시하지 않은 채 당연한 것으로 받아들여 왔다는 사실이다. 따라서 이 문제제기는 앞으로 조사연구를 위한 하나의 경고로 생각하는 것이 되어야 한다(김경동, 1978 : Phillips, 1971;

Sjoberg and Nett, 1968).

둘째, 이와 관련하여 이미 지적한 대로 사회과학자가 추구하는 자료의 성격이 사회적 행위 등을 직접 관찰한 것의 보고이어야 하는가, 아니면 대상자 본인 또는 다른 사람이 그들의 행위 등에 관하여 보고한 것이어도 좋은가 하는 쟁점이다. 물론 무엇에 관한 보고가 자료로서 가치가 있음은 부인할 까닭이 없다. 다만, 요구하는 것이 실재행동이나 상호작용 · 관계 · 과정이라면 문제는 달라진다. 여기에는 자료의 타당성뿐 아니라 신뢰성의 문제도 개입하기 때문이다. 남의 일에 관한 것은 물론이요, 자신의 일일지라도 그 보고가 과연 목표하는 행위 등 특성을 제대로 알게 해 주는 자료가 되는지는 타당성의 문제이고, 스스로의 일은 물론 하물며 남의 일에 대한 보고라면 그 말은 어떤 근거로 믿을 것이냐 하는 신뢰성에 대한 쟁점도 문제가 된다.

셋째, 자료를 얻기 위하여 쓰는 도구가 지닐 수 있는 편의와 오차의 문제에 관한 것이다. 질문서와 면접을 위한 조사표를 미리 짜서 그대로 질문한 데 대한 응답을 자료로 쓰려고 할 때, 그런 도구가 하나의 자극이 되어 응답에 영향을 미칠 수 있는 측면들은 가지각색이며, 또 질문의 내용 · 형식 · 언어 등이 일으킬 수 있는 편의도 다양하다. 더욱이 많은 질문들이 이른바 조작적 정의의 원리에 따라 매우 인위적인 것일 소지가 크다. 여기에도 타당성과 신뢰성의 두 쟁점이 문제된다.

넷째, 자료를 수집하여 분석하는 과정에서 분석의 기법이 양적이든 질적이든 간에 그 분석방법 자체는 자료를 있는 그대로 보여 주기보다 오히려 어떤 '틀'에 맞추어 제시하기 위한 수단이 될 수 있다. 이미 일정한 편의작용이 내포되어 있는 것이다. 그뿐 아니라 양적 분석에서는 이용하는 자(척도)의 성격, 특히 측정수준 같은 것도 철저히 고려해야 하는데, 이것을 무시할 때가 자주 있다.

다섯째, 분석작업은 그 자료를 어떤 의미 있는 틀로 엮어 보려는 과정으로서, 그 틀에 의하여 자료를 해석하고 결론을 내리게 된다. 이 해석과정은 일정한 이론적 가정이나 가설을 근거로 하여 이루어지는데, 이 때 자료와 이론 사이의 유관적합성(fit, relevance)이 가장 근본적인 쟁점으로 대두한다. 타당성의 가장 핵심적인 측면이 바로 여기에 있다 해도 지나치지 않을 것이다. 그리고 자료가 정말 믿을 만한 것이어야 한다는 것 또한 간과할 수 없는 점이다.

이와 관련하여 양적인 자료를 통계적인 기법으로 분석하여 해석할 때, 흔히 생기는 약점 한 가지를 지적하기로 한다. 이미 앞에서도 지적했지만 대개 과학적 활동의 주요 기능으로 예측을 꼽는데, 예측은 설명을 바탕으로 하는 것이 보통이고, 또 인과성을 다루는 일로 생각한다. 그런데 통계적 절차를 밟아 설명하고 예측한다는 말은 사실상 독립변수라고 가정한 것들이 종속변수로 가정하는 것에서 발견하는 값의 변이를 통계적으로 얼마만큼 '설명'해 주는가를 밝히고, 그 설명력(대개 어떤 상관계수에 기초하는)의 크기가 통계적으로 의미 있는 수준의 것이면 독립변수의 변화가 종속변수에 변화를 일으킬 것이라는 예측을 한다는 뜻이다. 이 때 X_1, X_2, $\cdots X_n$이라는 독립변수들이 Y라는 종속변수를 '설명'한다는 계수의 크기가 대체로 작아서 통계적으로 엄격히 말하면 당혹스러울 정도라는 것이 지금까지 많은 연구에서 밝혀지고 있다(Philips, 1971 : 9).

이러한 문제의 연원이 무엇인지를 따져 보면 독립변수를 잘못 골랐거나, 종속변수에 대하여 동시에 작용하는 독립변수의 수가 너무 많거나, 측정의 도구가 부적절하기 때문이라고 한다(Blalock, 1968 : 157). 그러나 더 근본적인 문제는 독립변수라고 지정한 것과 종속변수로 가정한 것 사이의 관계를 참으로 인과적 관계라 할 수 있는가 하는 데 있다. 예를 들면 흔히 나이 · 성별 · 학력 · 직업 · 소득 · 거주지 같은 것들을 독립변수로 잡고 상관계수로써 종속변수와 인과관계를 나타내는데, 만일 권위주의적 태도를 종속변수로 했을 때, 이런 요인들이 실제로 그 사람의 권위주의적 태도를 좌우해 주거나 아니면 적어도 그에 영향을 미치는 것인지를 어떻게 확인할 수 있는지는 별로 따지지 않는다. 그뿐 아니라 인과성이라든지 설명이라는 말들이 지니는 인식론적 근거는 다양하다는 것도 앞에서 이미 살펴보았다. 따지고 들자면 사회현상에서는 인과성의 구체적인 기제를 파악하는 일이 거의 불가능하다는 견해마저 있어서 극히 조심스럽게 다루어야 한다(Gibbs, 1972; 김경동, 1989).

여섯째, 한 가지 덧붙일 것은 표본의 문제다. 어떤 연구든 조사의 일정한 대상을 선택해야 한다. 이 때 중심이 되는 쟁점은 그처럼 뽑힌 대상이 그 연구의 목표와 얼마나 걸맞은가 하는 것이고, 이는 곧 자료의 타당성과 직결되는 문제다. 그 다음으로 따져야 할 점은 그 표본에서 얻은 결론을 어떤 집단에다 일반화할 수 있는가 하는 것이다. 여기서 다시 표본의 대표성이 문제가 된다. 따라서 표본을 뽑는 과정에서 생길 수 있는 오차나 편의는 되도록 피해야 하는 것이 대원칙이다.

그 밖에 좀더 구체적인 문제들은 조사연구의 방법을 하나씩 생각할 때 더 자세히 논의할 것이다. 다만, 위에서 지적한 문제점들이 대체로 질문서와 조직적인 면접, 그리고 일부 실험적 방법에서 계속 발생하는 것들임을 상기시키고자 한다. 그런데 이와 같은 접근법이 그처럼 약점투성이인 것처럼 보인다면, 이를 극복할 수 있는 다른 대안적인 방법들은 과연 있는가? 그리고 그 대안적인 다른 접근법에서는 자료의 타당성과 신뢰성을 완벽하게 보장하는가?

제 4 절 대안적 접근법에서 얻는 자료

대안으로 제시하는 방법들은 일반적으로 질적 접근법이라 부르는 것들이고, 그 대표적인 방법들은 이른바 비형식적 심층면접법, 참여관찰법 및 불개입 · 무반응법 등이다(Phillips, 1971; Webb *et al.*, 1981). 앞에서(제 1 장) 양적 연구와 질적 연구에 관하여 한번 언급하였지만, 이들을 질적 접근법이라 함은 우선 자료 자체가 양적인 것을 주안으로 삼지 않는다는 뜻이고, 따라서 자료획득의 과정은 인간의 상호주관적인 이해에 바탕한 것이다. 즉 인간의 행위를 그 행위자가 부여하는 의미의 파악으로써 이해하고자 하는 방법들이다.

비형식적 심층면접법이란 미리 조직적으로 짜여진 조사표나 질문서 대신에 연구의 목적에 따라 구하고자 하는 자료를 얻는 데 최소한 필요한 면접지침만으로 매우 자유롭고 자연스러운 상호작용 속에서 면접자가 피면접자의 언어적 반응을 받아 내는 방법이다. 그러나 이 때에도 면접 자체가 하나의 상호작용유형임을 면할 길은 없다. 따라서 일종의 개입 · 조작 · 통제의 위험성을 내포하며, 자료는 언어적 반응이지 행위 자체가 아니라는 제약이 있다. 이를 극복하는 한 가지 길로서 참여관찰법을 활용한다. 자연스러운 사회적 상호작용의 과정이 진행중인 가운데 연구조사자는 관심의 대상이 되는 행위 · 과정 등을 보고 들으며, 기록하여 자료로 삼는다. 이 때에도 관찰자가 그 과정 속에 참여하고 있다는 사실 자체를 일종의 개입으로 간주할 수 있다. 그러므로 이런 종류의 개입조차 문제시하는 접근에서는 연구자가 완전히 구체적 사회상황에서 떠날 것을 요구하여 오로지 살아 움직이며 상호작용하는 사람들이 그 과정에서 남겨 놓은 갖가지 물리적 흔적 · 기록 같은 것을 자료로 삼게 된다. 이것이 불개입 · 무반응법에 해당한다.

그러면 이런 접근법에서 얻는 자료는 과연 타당하며 믿을 만한가? 여기에도 문제는 있다. 사회과학의 연구대상이 사회적 행위 · 상호작용과정 등이라면 심층면접에 의한 이해라 해도 그것은 어디까지나 응답자의 의식에서부터 언어로 표현한 내용이지, 행위 등 그 자체가 아니라는 면접법에 공통적인 종류의 약점이 있다. 물론 질문을 미리 연구자의 가정으로 꾸민 인위적인 것이 아니라는 한 가지 타당성의 장벽은 가셨다고 할 수 있다. 그러나 피면접자가 정직한 응답을 하는지, 면접이라는 상호작용과정은 아무런 변화를 일으키지 않는지 등의 신뢰성과 타당성의 의문은 남는다.

참여관찰법은 행위 · 상호작용 과정 같은 것을 곧 대상으로 삼기 때문에 이 점에 있어서는 타당성의 중요 부분을 만족시키는 셈이다. 그러나 앞에서도 언급했듯이 관찰자가 그 과정 속에 참여하는 한 개입의 요소는 담겨 있다. 요는 그런 자신의 개입까지도 관찰의 대상으로 삼느냐 않느냐의 쟁점을 처리하는 것이 중요하다. 그런데 참여관찰법에서 더 심각한 것은 어느 관찰자의 보고를 믿어야 하는가 하는 신뢰성의 문제다. 여기서는 주로 한 관찰자와 다른 관찰자 사이의 관찰내용과 거기서 도출한 결론의 일치도가 열쇠다.

불개입 · 무반응법은 사회적 과정에 연구자가 전혀 개입하지 않는다는 큰 이점을 지니지만, 이는 어디까지나 사람들이 상호작용하는 과정에서 남겨 놓은 흔적이나 기록에 의존하여 그들 행위의 뜻을 추리 · 재구성해야 하는 절차를 밟기 때문에 추리과정이 내포하는 타당성의 퇴색을 면할 길이 없다. 그뿐 아니라 관찰자들 사이의 관찰내용과 그들의 해석에 차이가 있을 개연성이 높다는 점에서 역시 누구의 것을 믿을 것인가 하는 신뢰성의 쟁점은 남는다.

이와 관련하여 이미 쓰여진 기록 · 문헌 등을 자료로 삼을 때의 타당성과 신뢰성도 생각해 볼 수 있다. 이 때 그 자료가 정부나 기업체의 통계와 같은 양적 자료이든, 개인의 일기 · 수기와 같은 질적 자료이든 그것이 만들어지는 과정에서 어떤 합당한 절차를 밟았는지, 또 진실을 보고하는지 하는 타당성 · 신뢰성의 문제는 따져야 한다.

위에서 보기를 든 갖가지 접근법들의 구체적인 기법 및 절차와 그에 따르는 타당성과 신뢰성의 쟁점에 관해서는 앞으로 별도로 살펴볼 것이다. 여지껏

지적한 여러 고려점들을 염두에 두고 자료수집의 상황과 구체적인 연구법 또는 자료수집법들을 연결지어 보도록 하겠다.

제 5 절 자료수집의 상황과 연구방법

자료수집의 상황은 두 말할 나위도 없이 조사연구의 목적과 연구문제의 성격에 바탕을 두고 결정 · 선택하게 되고, 그러한 상황에 따라서 연구방법의 유형도 분류할 수 있다. 이 주제에 관해서는 앞서 Galtung(1967)의 분류에 따라 단순히 그 형식성으로만 나누어 보았다. 그것을 좀더 구체적으로 달리 생각해 본다면, 연구자가 관심 있는 사회현상에 관한 자료를 얻는 활동을 그 사회현상이 진행중인 자연스러운 상황에서 행하는가, 아니면 비교적 인위적으로 만든 상황에서 행하는가라는 차원에서 검토할 수 있다.

가령 자연과학에서도 분과에 따라 그 연구상황이 다른 것을 볼 수 있다. 물리학이나 화학에서는 주로 실험실이라는 아주 제한적이고 인위적으로 조작 · 통제된 상황에 의존하는 반면에, 생물학 · 지질학 · 천문기상학 같은 분과에서는 자연의 상태 그대로를 관찰 · 분석하는 접근법에 더 의존하게 될 것이다. 물론 후자의 분과들도 실험실 안에서 실험을 할 때가 있고, 전자에서도 자연적인 환경을 관찰할 수도 있을 것이다. 이 때 그 연구의 목적과 효율성의 기준이 중요한 것은 사실이다.

사회과학의 연구도 원칙적으로는 이와 같은 상황들 속에서 자료를 얻는다. 하지만 그 상황의 결정 · 선택에 고려해야 하는 요인들이 자연과학에 비해서 훨씬 더 복합적일 뿐 아니라, 자료수집의 과정 자체가 하나의 사회적 과정이라는 미묘한 측면을 담고 있다는 차이를 지닌다.

예컨대 사회과학의 연구주제가 우선 인간의 사회적 행위, 상호작용의 과정, 사회의 구조적 성격, 사회조직의 체계성 같은 것이라고 한다면, 그것들에 관한 자료를 자연스러운 일상적 삶의 상황에서 얻을 수만 있다면 그보다 더 바랄 것이 없다. 그리고 그런 상황이란 멀리 갈 것도 없이 우리의 주변에 숱하게 존재하는 것이다. 하지만 연구의 목적에 따라서 그런 상황을 선정해야 하는데, 당장에 근접할 수 없는 상황들도 허다하게 있는 것이다. 가령 정치적 결정과정에 관한 자료를 얻고 싶다면, 아무나 어디서든지 그런 상황에 근접해 있지도 않을 뿐더러 가까이 갈 수 있다고 해도 그것을 일상적으로 관찰한다는 일은 실질적으로 거의 불가능하다고 해야 할 정도다. 그러니까 쉽게 근접할 수 있는 상황에만 연구를 국한시키는 결과가 생긴다. 게다가 자연스러운 사회적 상황에서 자료를 얻는 기법과 관련 있는 인식론적 · 방법론적 · 기술적 문제 또한 간단하지가 않다.

한편 좀더 엄격하게 인과적 분석을 해야 할 성질의 연구일 때는 극히 통제된 상황에서라야 좋은 자료를 얻어 낼 수 있을 것이다. 실험실연구가 그 전형이다. 한데 무엇보다도 실험실의 상황을 만든다는 일 자체가 사회과학의 연구에서는 실질적으로 어려울 뿐 아니라, 그런 상황을 만날 수 있다고 해도 거기에는 갖가지의 기술적인 제약과 윤리적인 쟁점이 따르게 마련이다.

바로 이런 까닭에 위에서도 밝힌 것처럼 거의 대다수의 사회조사연구는 사람들을 만나 면접적 질문을 하거나 그들의 언어적 반응을 질문서에 받아 내는 매우 간접적인 방법에 의존해 온 것이다(Phillips, 1971). 그리고 그와 같은 기법으로 얻은 자료의 타당성과 신빙성은 계속 쟁점의 대상으로 남아 있다. 그럼에도 불구하고 자연스러운 상황이나 실험실과 같은 두 가지 비교적 극단적인 사례가 지니는 근본적인 한계는 규모가 큰 집합체를 그 관찰대상으로 삼을 수가 없다는 점이다. 그리고 그것은 곧 자료의 대표성의 쟁점을 안고 있다. 그러므로 많은 사람들을 상대로 집계하는 접근이 필요하게 되고, 그러자니 표본을 추출하여 질문하는 방식을 취하는 길밖에 없다.

결국 사회연구는 이와 같은 딜레머를 처음부터 안고 있다는 사실에 주목하면서, 상황의 선택과 그에 대한 인위적 개입 · 조작 또는 통제라는 요인을 감안하여 지금까지 시행해 온 자료수집의 유형 또는 경험적 연구의 유형을 정리해 보기로 한다.

제 6 절 자료의 종류와 접근법

경험과학인 사회과학은 결국 자료(data)에 기초하여 사회현상을 이해 또는 설명하려는 노력이다. 그 자료는 물론 기본적으로 사람의 행위에 대하여 사람이 관찰하여 얻는 것이다. 이런 뜻에서 그것은 경험적 자료다. 이 때 관찰과 경험의 뜻에 관한 견해가 학파에 따라 다르다는 것도 주지하는 대로다. 그리하여 자료의 성격을 생각할 때, 또 그 자료에 접근하는 길을 강구할 때 이러한 관점의 차이를 고려하지 않을 수 없다. 여기서는 주로 자료가 양적인 것인가, 아니면 질적인 것인가 하는 문제와 자료수집의 대상이 관찰행위 자체에 대하여 어떤 반응을 나타내는가 않는가, 관찰자의 인위적 조작 · 통제 등 개입이나 간섭이 작용하는가 등을 기준으로 생각해 본다. 자료의 수집기법과 분석방법도 그 성격에 따라 다르겠지만, 1 대 1의 관계가 아니다.

1. 기존의 양적 자료

이미 자료의 모습으로 존재하는 것들 가운데 정부통계라든지, 각 기관의 통계같이 숫자로 보고하는 것들이 있다. 이것은 기본적으로 수량적 분석을 하게 되겠지만, 그 의미해석은 관점과 필요에 따라서 질적일 수도 있다.

2. 기존의 질적 자료

기왕 자료로 존재하는 것을 찾아 내어 이용하려고 하는 대상 자체가 애당초 개인의 사신이라든가, 질적인 관찰기록과 같은 것일 수도 있다. 그 용도 또한 질적인 것이 주가 되겠으나, 때로는 그런 것들이 많으면 수량화할 수도 있을 것이다.

3. 양적 자료의 수집

처음부터 수량화(quantification)할 수 있는 것을 되도록 수량적 변수로 조작적 정의를 거쳐 수집 · 분석하려는 조사연구가 있다. 대개의 대규모 표본조사가 이런 자료를 수집한다. 이 때 자료의 성격이 개인적인 사실인가 집합적(aggregate)인 것인가, 변수의 측정수준은 명목적인가, 서열적인가, 동간적인가, 비례적인가, 변수의 분포가 정상적인가 아닌가 등을 고려하게 된다.

4. 질적 자료의 수집

연구의 목적과 방법론적 관점이 수량화를 원치 않으면서 기존의 자료가 아니라 새로운 자료의 수집이 필요할 때에는 관찰의 기록, 사례의 서술적 개관

등 질적인 자료를 수집하고, 분석과 해석도 주관성을 띠게 되는 수도 있다.

5. 불개입 · 무반응법

조사연구자의 관찰행위 자체가 이미 실재의 사회적 과정과 상황을 바꾸어 놓으며, 피관찰자의 일정한 반응을 유도하는 것이 된다는 점을 강조하는 일종의 상징적 · 상호작용론적 관점에서 출발하여 불개입(unobtrusive) · 무반응(nonreactive) 방법을 강구하기 시작한 사람들이 있다(Denzin, 1970; Sjoberg and Nett, 1968; Webb *et al*., 1981).

이에 대한 자세한 해설은 다시 하겠지만 이들은 얻을 수 있고, 이용할 수 있는 모든 자료 — 양적이건 아니건 — 를 가지고 분석을 하되, 근본적으로 그 접근이 질적이라는 것은 사실이다.

6. 통제 · 조작 · 개입의 유형

통제와 조작이라면 주로 실험을 생각하지만, 개인의 상황으로부터 추상화하는 사례는 표본조사가 가장 심하고, 사회적 과정에 대한 개입정도가 제일 큰 것은 참여관찰일 것이다. 물론 실험이나 표본조사에서는 양적 자료를, 참여관찰에서는 질적 자료를 찾는 게 서로 다르다. 이들의 구체적 조작과 개입 모습은 뒤에 상술할 것이다.

7. 자료수집의 기법

이것도 후에 자세히 해설하겠지만, 기존의 자료가 아닌 1차 자료를 직접 수집하는 데에는 면접법 · 질문서법 · 관찰법 등이 역시 주종을 이루고, 각각에는 그 나름의 여러 가지 변형들이 있어서 연구의 목적 · 접근법 · 조사연구상황 등에 따라 다양한 기법을 활용한다.

〈참고자료 4-1〉 여러 가지 사회연구의 방법비교

특 성	방 법	표 본 조사법	실험 · 모의 실험	현 지 연구법	민 속 방법론	불개입 · 무반응법	문 헌 연구법	담론적 방 법
철학적 패러다임	표준과학관	○	○				○	
	해석적 사회과학			○	○	○	○	
	비판사회과학						○	○
연구 목적	이론적	○	○	○	○	○	○	○
	실제(실천)적	○	○	○		○	○	○
	이론구성		○		○		○	○
	이론검증	○	○	(○)	(○)	(○)	○	○
	경험적 일반화	○					○	
	기술(서술)	○		○	○	○	○	
	탐색	○	○	○	○	○	○	○
자료의 성 격	수량적	○	○			(○)	○	
	질적			○	○	○	○	○
	언어적 보고	○	○	○	○		○	○
	비언어적 소행		○	○	○	○		
	직접생산 · 일차 자료	○	○	○	○			(○)
	간접수집 · 문서 · 기록 · 흔적			○		○	○	○
자료수집의 상황	통제하의, 인위적(형식적)	○	○		(○)			
	자연스러운(비형식적)			○	○	○	○	○
	실험실		○					
	현지	○	○	○	○	○	○	○
자료수집의 대상	다수의 개인	○				○	○	○
	소수의 개인		○	○	○	○	○	○
	대구모 집합	○				○	○	○
	소규모 집합		○	○	○	○	○	○
자료수집의 기법	표준화된 질문서	○	○					
	조직적 면접	○	○					
	비조직적 심층면접			○	○			○
	조직적 관찰		○		○			
	비조직적 관찰			○	○	(○)		○
	참여관찰			○	○			○
	자료발굴			○		○	○	
자료분석의 기법	공식적 · 수리적 분석		○					
	통계적 분석	○	○	(○)	(○)	(○)	○	
	질적 분석			○	○	○	○	○

(주) : (   ) 속의 ○표시는 이차적인 성격의 것을 가리킴.

8. 자료의 처리 · 분석 및 해석

수집한 자료는 그 성격에 따라 양적인 분석과 질적 분석을 하게 된다. 양적 분석이란 주로 통계적 방법에 의한 분석이지만, 질적 분석기법은 다양한 편이다. 분석을 위해서는 먼저 자료를 조직 · 편집하고, 양적 분석에는 부호화를 하는 등 자료처리가 필요하다. 요즘은 컴퓨터의 도움을 받아 대량의 자료도 빨리 효과적으로 분석해 낼 수 있다. 그러므로 중요한 것은 자료처리 · 분석의 물리적인 측면이 아니라, 오히려 그 자료를 무슨 목적으로 어떤 틀에 의해 분석할 것인가 하는 것이다. 이는 곧 분석한 자료의 해석과도 직결되는 것이므로 더욱 그러하다. 결과의 해석은 이론의 틀에 맞추어 자료의 의미를 파악하는 과정이다.

위의 여러 고려사항들을 좀 다른 각도에서 다시 묶어 보면, 결국은 경험적 사회연구의 유형을 분류하는 데 유용한 정보가 되기도 한다. 이러한 연구방법의 유형은 참고자료에 따로 소개하였다. 앞으로 이 책에서는 이와 같은 연구의 분류법을 대체로 따를 것이고, 그에 따른 구체적인 연구방법들은 〈참고자료 4-1〉과 〈참고자료 4-2〉에서 다시 제시하였다. 그 순서는 먼저 표준과학관에서 주로 다루는 표본조사법에서부터 설계 · 자료수집과 분석기법들을 차례로 다루고자 한다. 이런 실증적 · 양적 접근방법들을 모두 다루고 나면, 이어 해석적 사회과학의 접근에서 적용하는 현지연구법을 필두로 하는 질적 연구방법들을 몇 가지 소개할 것이다. 그러나 비판사회과학의 담론적 방법은 구체적으로 자료를 다루는 기법이라기보다는 일종의 철학적 언어분석법이기 때문에 자세한 취급을 하지 않는다.

사회연구의 자료에 관한 논의를 마무리하면서 지금부터 이 책에서 차례로 각종 자료수집 및 분석방법에 관한 논의를 시작하기에 앞서 사회조사연구의 구체적인 방법의 주요 유형들을 〈참고자료 4-2〉에다 요약소개하였다. 자료수집기법에 들어가기 전에 각각의 방법들이 어떤 특징을 갖는지를 일목요연하게 정리한 것을 일별하고 시작하면 사회연구방법에 대한 하나의 전체적인 그림이 그려질 수 있다고 보기 때문이다. 물론 이 참고자료에 간추리는 연구방법의 유형을 제시하는 순서는 직전에 제시한 〈참고자료 4-1〉과는 다름을 알 수 있다. 앞으로 본서에서 따르는 순서와 일치하지 않는다. 이 참고자료에서는

〈참고자료 4-2〉 사회조사연구법의 유형

주요 유형	자료수집의 상황	상황에 대한 개입·조작·통제의 정도와 형태	대상규모	자료의 성격과 내용	자료수집기법	자료 분석법	철학적 배경과 연구의 목적 및 용도
1. 실험연구법 ① 실험 실내 실험	인위적·형식적	고도의 상황통제, 실험적 개입, 변수조작, 표본의 난선화, 배합	소규모의 작업, 유회집단	양적 자료, 실험적 독립변수와 종속변수의 명시(상호작용·집단구조·행동 및 태도변화 등) (SES, 인구학적 변수의 난선화, 배합, 통제)	객관적, 직접 비참여관찰 (면접·질문서에 의한 보완적 방법 병행)	통계적 분석 (주로 인과분석·관계분석·비교분석)	실증주의·행동주의·표준과학관·이론적 목적 (주로 가설검증, 이론의 확인과 구성에도 도움)
② 현지 실험 (평가연구 포함)	인위적·비형식적(자연적 상황 속의 인위적 개입)	느슨한 상황통제, 실험적 개입	소규모(소집단·학급), 중규모(조직체·지역공동체), 대규모(전체 사회)	주로 양적 자료·질적 자료로 보완, 변수의 명시(행태자료·태도·의식·가치관·의견·정보인지도 자료) (SES, 인구학적 특성 일부 통제)	객관적, 직접 비참여관찰, 일부 간접관찰, 면접·질문서·전문가면담 등 병용	통계적 분석 (질적 분석 병용)	표준과학관 또는 임상적 사회과학관(인간주의), 이론적 또는 정책적 목적(정책평가, 정책수립, 조정의 기초자료)

2. 모의실험법						
① 모의실험 (simulation)	인위적·형식적 모형 (컴퓨터조작)	완전인위적 상황형성, 완전통제·조작(실제 인물대상의 존재 완전배제란 뜻의 무반응법)	소규모·중규모·대규모 (국가간 전쟁모형 포함)	주로 수량적 조작 가능한 가설적 자료	기초자료로서 기존의 자료활용, 이론적 가정 정립	통계적 분석 (모형분석)	표준과학관, 이론적 또는 정책적 목적
② 인간 모의실험 (game)	인위적·형식적(실험실상황)	고도의 상황통제, 놀이 규칙에 의한 조작	소규모·중규모	주로 양적 자료	기존 자료 활용, 참여자의 구두보고, 행동측정(관찰)(결정행사행위)	통계적 분석	표준과학관 학습용, 이론의 발견적 용도, 정책적 목적
② 인간·기계조합법 (man-machine simulation)	인위적·반형식적	모형에 의한 놀이규칙 제시, 상황의 흐름 방관	소규모·중규모	주로 양적 자료	기존 자료 활용, 참여자의 보고, 행동측정(관찰) (주로 결정행사 행위)	통계적 분석	표준과학관 학습용, 이론적 및 정책적 목적
3. 표본조사법	인위적·형식적	느슨한 자료수집의 상황통제(연구주제의 상황 자체는 통제불가능), 자연적 과정으로부터 조사대상자의 추상이라	대규모(전체사회 또는 특정모집단의 표본)	양적 자료(실태의 기술적 자료, 행태의 보고, 태도, 의식, 가치관, 의견, 정보인지도자료, SES, 인구학적 특	미리 짜여진 조사표에 의한 조직적 개별면접·집단면접·전화면접, 미리 짜여진 질문서법·우	통계적 분석	표준과학관 또는 기타 이론적 목적(경험적 일반화, 일부 가설검증), 정책적 목적(실태 조사)

		는 조작·개입 자료수집과정 자체의 사회과정에 개입		성자료)	편질문서법, 제한된 범위의 객관적 직접 비참여관찰		
4. 현지연구법 ① 현지 연구법	자연적·비형식적	관찰자의 참여에 의한 비의도적 개입가능	소규모·중규모(?)	질적 자료(상황·과정의 기술자료, 공동체나 조직체. 집단의 구조적 성격, 생활사, 사회적 관계, 상호작용, 태도자료, 인지자료, 정서표출, 문화의 특성, SES, 인구학적 자료 등), 일부 수량적 자료의 병용(1차 자료 또는 기존 자료)	관찰(완전 참여관찰·적극적 참여관찰·보통 참여관찰·소극적 비참여관찰·객관적 비참여관찰), 심층면접, 자유로운 대화, 기존 자료의 수집	질적 분석(서술적 기록보고·의미해석)	주로 비표준과학의 관점(현상학·인류학 등), 이론적 목적(서술적 의미해석·설명·이해, 가설과 이론형성의 기초작업), 정책적 목적(실태 조사)
② 민속 방법론 (ethno-metho-dology)	자연적·반형식적	관찰자의 참여에 의한 비의도적 개입가능, 반실험적 상황의 조작	소규모	지시적 표현자료(일상적 언어, 사회적 규칙생성과정, 구실수행, 사회적 행위와 상호작용의 관행·기	관찰(직접관찰), 기존 자료(문헌·문서) 활용, 분석 반실험적 절차 병용가능	질적 분석·양적 분석 가능	비표준과학관(현상학)·이론적 목적

				능·가정 등, 사회적 '방법'연구), 일상회화·비언어적 거동(의미파악)			
5. 불개입·무반응법							
① 물리적 흔적 추적법	자연적·비형식적	완전불개입	소규모(대규모 적용 가능)	질적 자료(물리적 흔적), 수량화 가능한 자료	간접관찰(이미 일어난 일, 행위의 추리) 탐정법	질적 분석 또는 양적 분석(소모분석·축적분석) 의미추리·해석	비표준과학관(상징적 상호작용론), 이론적 목적
② 단순 관찰법	자연적·비형식적	완전불개입	소규모	질적 자료(신체적 기호·몸짓·얼굴표정·언어 행태·공간행동)	관찰(직접단순관찰, 간접관찰, 숨겨 둔 카메라, 일방경관찰)	질적 분석	비표준과학관(상징적 상호작용론), 이론적 목적
③ 문헌 연구법	자연적·비형식적	완전불개입	소규모·대규모	질적 자료(개인문서·일기·공공문서·기록·대중매체), 수량적 자료(각종 통계·각종 문서·대중매체), 역사적 자료	기존 자료수집	질적 분석·양적 분석 (내용분석)	비표준과학관(상징적 상호작용론·역사적 접근) 또는 표준과학관(내용분석)
6. 다원적 접근법(triangulation)	혼 용	혼 용	소·중·대규모	혼 용	혼 용	혼 용	절충주의(eclectic)

한 가지 원칙에 따라 순서를 정했기 때문이다. 연구진행과정에서 연구자가 처한 연구상황과 자료수집 및 분석기법들이 어느 정도로 인위적인 통제·조직·개입을 하는지를 염두에 두고 가장 조직적이고 통제가 심한 실험방법으로부터 소개하고, 이어서 점차 조직과 통제의 정도가 낮아지는 순으로 표본조사·현지조사, 그리고 마지막으로 비교적 자유롭게 연구에 임할 수 있는 각종의 특수방법의 순으로 정리하였다.

주요 개념들

자 료	경험적 자료	신빙성
타당성	대표성(전형성)	통제 하의 탐구의 논리
측정과 척도	언어적 자료	비언어적 자료
자료수집상황의 형식성	비형식성	양적 자료
질적 자료	자연스러운 언어	수량화
면접법	질문서법	표본추출(표집)
편의(bias)	오차(오류)	독립변수
종속변수	인과성	상호주관적 이해
비형식적 심층면접	참여관찰	불개입·무반응법

생각해 볼 문제들

1. 사회과학에서 말하는 경험적 자료란 무엇을 뜻하는가?
2. 질적으로 좋은 바람직한 자료인지의 여부를 판단하는 기준들은 어떤 것인가?
3. 자료의 성격을 파악하는 데에는 어떤 요인들을 고려하는가?
4. 표준과학관과 대안적 관점에서 요구하는 자료는 어떤 것인가를 비교해 보자.
5. 철학적 패러다임과 자료수집의 상황 등에 따른 구체적 방법의 유형은 제대로 분류한 것인지를 검토해 보자.
6. 자료의 종류를 그 철학적 유관적합성과 연구방법에 관련시켜 생각해 보자.

제 II 부

자료수집법

지금까지 우리는 사회연구의 철학적인 배경의 윤곽부터 살펴보기 시작하여 사회과학적 연구의 논리적 측면 및 연구설계의 기본구상, 그리고 사회연구의 자료 등에 관련 있는 고려사항 · 쟁점 · 절차들을 개관하였다. 이제부터는 실지로 자료를 생산 · 처리 · 활용하는 구체적인 상황과 기법들을 하나씩 차례로 다루어 보려고 한다.

우선 제Ⅱ부에서는 자료수집법에 집중하되, 철학적인 관점에서 볼 때, 아직은 경험적 사회연구에서 우세를 지탱하고 있는 표준과학관의 견지에서 양적 자료를 취급하려는 방법부터 소개할 것이다. 이는 비판을 받기는 해도 아직은 가장 널리 활용하는 유용한 접근이기 때문이다. 그 중에서도 제일 많이 쓰는 표본조사를 기점으로 이어 관찰법, 실험적 연구법과 그 변형 및 내용분석법 등을 다룰 것이다.

이어서 주로 질적 접근에 해당하는 현지연구법의 참여관찰, 심층면접 및 생활사연구 등 기법을 개관하고, 역사적 접근과 비교연구, 그리고 민속방법론, 불개입 · 무반응법과 기타 다원적 방법론을 두루 살펴보고자 한다.

제 5 장 표본조사법 개관

이미 밝힌 대로 흔히 사회조사(social survey) · 조사연구(survey research) 혹은 조사(survey) 등으로 불리우는 표본조사법(sample survey)은 1960년대까지만 해도 사회연구의 방법 그 자체로 동일시할 만큼 널리 실시해 온 방법이다.

한 마디로 표본조사란 비교적 많은 수의 대상자들을 상대로, 거기서 추려낸 표본(sample)에 대하여 일정하게 표준화된 도구를 써서 직접 질문하여 자료를 얻어 내는 방법을 일컫는다. 같은 표준화된 도구로 직접 질문을 하더라도 대상이 표본이 아닌 인구 전체 또는 모집단 전체(이상적으로는 전부가 되겠지만, 실지로는 누락이 있을 수 있다)로서 그들을 모두 조사하는 예는 센서스(census) 혹은 전수조사(enumeration)에 해당한다.

이 장에서는 우선 표본조사의 목적과 용도, 절차, 설계모형, 자료수집법의 개관, 그리고 그 성격의 장단점 등을 간추려 보겠다(이만갑 외, 1982 : 64-79; Kerlinger, 1973 : 410-423; Smith, 1975 : 169-199; Warwick and Lininger, 1975 : 1-68; 220-233; Lin, 1976 : 220-244; McGaw and Watson, 1976 : 343-378; Frankfort-Nachmias and Nachmias, 2000 : 205-228; Neuman, 2003; 263-307; Orenstein and Phillips, 1978 : 170-215; Rubin and Babbie, 2008 : 365-389).

제 1 절 목적과 용도

표본조사의 목적은 우선 이론적 · 학문적인 것과 실제적 · 정책적인 것으로 나누어 생각해 볼 수 있다. 먼저 정책적인 것부터 간추려 보자. 정부에서 인구 · 산업 · 주택 등에 관한 정책기초자료를 얻기 위하여 실시하는 인구전수조사인 센서스가 가장 중요하고 기본적인 것은 틀림없지만, 방대한 비용과 인원을 요하고 상당한 시간이 걸리기 때문에 자주 시행할 수 없는 것이 흠이다. 따라서 정책적인 목적으로도 표본조사를 하게 된다. 정기적인 물가조사 · 조세관계조사 · 노동시장조사 · 임금조사 기타 사회지표조사 같은 것이 그 보기다. 그런가 하면 국민여론의 향방을 청취하기 위하여 역시 정기적으로 실시하는 여론조사(public opinion polls 또는 polling)가 있다. 대개 정부가 직접 주관하는 예는 드물고 민간 전문기관에서 시행하는 수가 더 많지만, 이 역시 중요한 정책기초자료다. 그 밖에 기업체에서도 내부의 종업원사기조사라든지, 대외적인 판매실적 · 상품기호 · TV시청률조사 등의 시장조사(market research)를 실시할 때 전형적으로 표본조사법에 의존한다.

한편 학문적인 목적은 어떤 관심의 표적이 되는 모집단(population, universe)의 사회적 · 사회심리적 속성을 양적으로 기술할 수 있는 상대적 빈도나 크기 및 분포와 변수들간의 관계를 발견하는 것을 원초적인 목적으로 삼는다(Kerlinger, 1973 : 410). 이것은 좀더 구체적인 목적 또는 기능으로 나누어 설명하면 다음과 같다(Warwick and Lininger, 1975 : 46-56).

(1) 탐 색

탐색의 기능에 더 적합한 다른 기법들(현지연구법)이 있지만, 표본조사도 때로는 연구자가 관심은 있으나 잘 알지 못하는 분야의 주제를 다루고자 할 때, 주제나 상황에 대한 친근성을 높이기 위하여 제한된 범위의 표본조사를 실시하기도 한다. 또 연구문제의 정교화를 위한 문제형성조사(formulative study)도 일종의 탐색조사다.

(2) 기 술

흔히 기술적(서술적) 조사연구는 '사실 파악'(fact-grabbing) 작업으로 간주하고, 이와 대비하여 '이론전개' 용의 설명적 조사연구를 부각시키면서 전자는 하찮은 일인 양 치부하는 성향이 있다. 그러나 따지고 보면 이 둘은 처음부터 목적이나 의도가 다를 뿐 중요성의 차이를 논란하는 것은 잘못이다. 그리고 실제로는 같은 절차를 밟아서 두 가지 다른 목적을 추구하는 수가 허다하다. 어쨌든 기술적 조사는 앞에서도(제 1 장 · 제 3 장) 언급한 바와 같이 어떤 현상의 정확한 측정(빈도 · 크기 등)을 주 목표로 한다. 이를 바탕으로 한층 더 정교한 목적의 다른 연구를 할 수 있게끔 하는 기능을 수행한다. 실태조사(status survey)도 이런 기능을 하는 기술적 조사의 한 모습이다.

(3) 설 명

설명·인과성 등 개념의 뜻과 철학적 의의에 관해서는 제 2 장에서 자세히 다루었으나, 표본조사에서도 변수들의 관계를 다루는 설명의 절차를 밟을 수 있다. 인과적 설명이란 주로 실험적 방법에서 추구하는 것이 원칙이지만, 표본조사에서도 가설검증법, 유사실험설계 또는 실험적인 성격의 통제된 분석 등으로 시도할 수 있다.

(4) 가설검증(hypothesis testing)

이 절차는 통계적인 분석의 한 기법이라는 측면에서 뒤에 다시 살펴보겠지만, 표본조사도 처음부터 일정한 가설(들)을 설정하고, 이를 검증할 목적으로 실시하는 수가 있다. 이 때는 주로 작업가설(working hypothesis)을 제시하고, 좀더 정교한 조작적 정의와 통계적 통제에 의하여 검증하게 된다.

(5) 평 가(evaluation)

표본조사법은 근래에 와서 정책평가의 목적으로 자주 활용하는 기법으로 떠오르기 시작하였다. 평가연구법 자체에 관해서는 뒤에 일종의 실험연구법으로 따로 다루겠지만, 그 일환으로 표본조사법을 이용할 수 있다. 의식적 계획변동의 과정 또는 결과에 관한 평가를 하고자 할 때, 이런 기법을 쓴다.

(6) 예 측(prediction)

선거추세를 점치듯 여론의 향방을 알아 내어 미래의 상황이나 사상을 예측키 위한 자료수집에도 표본조사는 널리 쓸 수 있다. 응답자의 태도와 생각을 바탕으로 직접 예측하기도 하고, 일종의 외삽법(extrapolation)으로 현재의 기술적 자료를 이용하여 미래예측을 할 수도 있다.

(7) 사회지표의 개발

제 9 장에서 자세히 살펴볼 사회지표를 개발하는 데에도 표본조사법을 이용한다. 건강·교육·직업만족도·여가활동·범죄·정부서비스 만족도 등에 관한 다양한 자료를 시민으로부터 직접 얻어 내는 방법으로 표본조사가 매우

유용할 수 있다.

간추려 말하면 표본조사의 이론적 기능 중 두드러진 것은 어떤 변수를 가지고 모집단의 속성을 기술적으로 파악하고, 경험적 일반화를 내리며, 변수들 간의 관계를 이용해 설명을 시도하는 일 등이다. 한 가지 덧붙인다면, 국가간 · 문화간 국제비교에 의한 설명의 노력도 표본조사를 도구로 삼는 예가 많다.

제 2 절 자료수집

표본조사에서 얻는 자료는 전형적으로 사람들이 어떤 질문에 대하여 주는 응답의 모습을 띤다. 그 응답에서 얻은 자료의 내용은 앞에서 밝힌 대로 자신의 신상에 관한 일종의 객관적 사실에 해당하는 자료와 그들이 마음 속에 품고 있는 생각 · 믿음 · 가치의식 · 의견 · 태도 · 감정 같은 것들이다. 자료의 원천은 개인의 언어적 보고이고, 사회적 과정이나 집단의 성격과 같은 것에 대한 직접적인 관찰이 아니다.

Ⅰ. 자료수집법의 유형

표본조사에서 자료를 얻는 구체적인 기법은 크게 다섯 가지로 나눈다. ① 질문서자기기입법, ② 직접면접법, ③ 전화면접법, ④ 컴퓨터활용자료수집법, 그리고 ⑤ 온라인조사법이다. 여기서는 이들 유형에 관해서 개괄적인 특성만 기술하고, 자세한 기법과 절차는 따로 소개하기로 한다(Frankfort-Nachmias and Nachmias, 2000 : 205-228; Neuman, 2003 : 263-307; Rubin and Babbie, 2008 : 363-389).

1. 질문서자기기입법

질문서자기기입법(self-administered questionnaires)이란 말 그대로 인쇄한 질문서(questionnaire, 설문지 · 질문지라는 용어를 쓰기도 한다)를 배포하고, 표본으로 선발한 응답자(respondents)로 하여금 자신이 직접 대답을 기록하도록 하는 방법이다. 여기에도 크게 네 가지 형태가 있다.

(1) 집단조사법

응답자들을 한 자리에 모아 놓고 각자 질문서에 기입하도록 하는 방법으로 학교의 교실에서 학생들을, 회사의 강당이나 회의실에서 직원들을 대상으로 조사할 때 이용한다. 이를 집단면접법(group interview)이라고도 한다.

(2) 우편질문서법

우편질문서법(mail questionnaire)은 우편으로 질문서를 배포하고, 응답자가 각기 대답한 것을 다시 우편으로 회송하는 방법이다.

(3) 개별 자기기입법

이 방법은 직접 개인을 만나 면접을 실시해야 하는 접근법에서 예외적으로 실시하는 기법이다. 본래는 면접을 해야 하지만 현실적으로 도저히 본인을 만나 면접을 실시할 상황이 아닐 때, 질문서를 응답자의 집이나 사무실에 맡겨 놓고 자신이 직접 대답을 기입하게 한 다음 다시 찾아가서 질문서를 회수하는 절차를 가리킨다.

(4) Fax 자기기입법

Fax 기계를 소유한 대상자일 때는 질문서를 fax로 보내고, 응답자는 완성한 질문서를 다시 보내는 방법이다.

2. 직접면접법

표본으로 선택한 응답자들을 개별적으로 만나 직접 질문을 해서 응답을 받아 내는 기법을 직접면접법(face-to-face interviews 혹은 interviewing)이라 한다.

3. 전화면접법

직접면접법이 시간과 비용 등의 고려사항으로 어려울 때는 전화면접법(telephone interviewing)을 이용한다. 특히 여론조사기관이나 학술적 연구자들이 간단한 조사를 하고자 할 때는 이 방법이 편리하고, 비용을 절약할 수 있어서 자주 활용한다.

4. 컴퓨터활용자료수집법

근자에는 컴퓨터의 통신기능을 활용하여 쉽게 자료를 수집하는 기법에 많이 의존하고 있다. 여기에도 여러 형태의 접근이 있다.

(1) 컴퓨터활용전화면접법

컴퓨터활용전화면접법(Computer-Assisted Telephone Interviewing : CATI)은 연구자의 중앙터미널의 컴퓨터가 우선 전화번호부에서 무작위로(randomly) 응답자를 표집선발하면 전화가 걸려 온다. 면접조사원이 이어폰이나 헤드폰을 끼고 컴퓨터 앞에 앉아 걸려 온 전화를 받아 면접을 시작하면 질문은 컴퓨터 모니터에 계속 뜨고, 응답한 내용은 조사원이 컴퓨터에 입력하면 자동으로 중앙터미널의 컴퓨터에 저장되는 식으로 자료수집을 하고, 자료분석까지도 자동으로 진행할 수 있다. 최근에는 아예 전화 목소리를 바로 컴퓨터가 인식하여 입력 · 저장하는 기술을 선보이고 있다.

(2) 컴퓨터활용직접면접법

컴퓨터활용직접면접법(Computer-Assisted Personal Interviewing : CAPI)은 위의 방법과 같은 원리로, 다만 전화 대신에 직접 사람과 사람이 컴퓨터로 면접을 실시하는 방법이다.

(3) 컴퓨터활용자기면접법

컴퓨터활용자기면접법(Computer-Assisted Self-Interviewing : CASI)은 조사원이 응답자의 집에 컴퓨터를 가져가면 응답자가 스스로 컴퓨터상의 질문을 읽고 자신의 응답을 직접 입력하는 방법이다.

(4) 컴퓨터활용자기기입법

컴퓨터활용자기기입법(Computerized Self-Administered Questionnaire : CSAQ)은 응답자가 플로피 디스크나 USB, 게시판 또는 기타 소프트웨어로 질문서를 받아서 다운로드한 다음 질문에 대한 대답을 입력하여 자료를 되돌려 주는 방식을 말한다.

(5) 터치 톤 자료입력법

터치 톤 자료입력법(Touch-tone Data Entry : TDE)은 우리 나라에서는 보통 ARS라고 하는 자동응답시스템을 가리킨다. 전화를 걸면 자동으로 질문이 나오고, 응답자는 응답을 전화번호자판에 입력함으로써 자료를 자동저장하는 방법이다.

(6) 음성인식법

음성인식법(Voice Recognition : VR)은 위의 터치톤처럼 전화번호자판을 이용하는 대신 직접 음성으로 대답하면 바로 음성을 인식하여 자료를 입력하는 방법을 말한다.

5. 온라인조사법

새로운 IT 기술개발에 힘입어 오늘날에는 온라인조사(online surveys)에 광범위하게 의존하게 되었다. 비용과 시간면에서 절약할 수는 있으나, 대표성에 문제가 있는 이 방법은 인터넷이나 월드 와이드 웹(World Wide Web: www)을 이용한다. 인터넷을 활용할 때는 아예 이메일에 질문서를 올리거나 따로 첨부하는 방법을 쓰고, 웹사이트를 사용할 때는 웹 디자인 소프트웨어를 이용하여 질문서를 직접 작성하고, 응답자가 이 사이트로 바로 가서 대답할 수 있게 한다.

이런 자료는 주로 통계적 분석을 하게 되는데, 분석단위는 개인이 된다. 비록 집단에 관한 내용일지라도 개인의 응답에 바탕한 자료이기 때문이고, 또 집계치(aggregates)라 하더라도 그 기본단위는 어디까지나 개인이다.

물론 표본조사를 위한 현지작업과정에서 짜여지고, 표준화된 질문서나 면접 이외에 직접관찰 또는 심층면접 등으로 사례조사를 병행시키고, 사례자료들을 모을 수 있다. 이런 것들은 수량화를 위한 것이라기보다 질적 자료를 얻어 양적 자료를 보완하거나 문제의 심층적 이해를 얻기 위한 것이고, 때로는 다음 조사연구를 위한 탐색적 목적으로 수집하는 자료들이다.

Ⅱ. 자료수집의 과정

사회조사연구의 절차 또는 과정과 설계의 일반적인 모형은 제3장에서 이미 소개한 바 있다. 여기에서는 그 중 표본조사의 구체적 절차를 열거하고 간략히 살펴본다.

1. 절 차

표본조사의절차는 대개 몇 단계로 나누어 진행하는 것으로 생각할 수 있는데, 이것을 도식으로 요약하면 〈그림 5-1〉과 같다.

(1) *기획 · 준비단계 (planning and preparation)*

① 조사목적, 연구문제의 설정과 명시

② 예비조사(preliminary study)의 실시 : 문제설정단계에서 기존의 문헌자료 검토(literature review)와 사례연구 등을 바탕으로 가설을 세운다든지, 연구문제를 특정화 · 이론화한다. 이 단계에서는 특히 과거 그 방면 · 분야의 연구실적이나 이론들을 자세히 살펴보고, 필요하면 이를 요약 · 재구성하는 것이 유용하다.

③ 조사설계의 확정

④ 기획과 재원확보 : 필요한 인력 · 재원 등의 확보와 절차의 점검

(2) *현지작업을 위한 기초작업단계*

① 탐색조사(pilot study, pilot survey)의 실시 : 조사실시 전에 조사 자체의 현실성, 자료의 습득가능성 또는 대상의 근접가능성(accessibility), 표본추출의 실질성, 조사의 관리가능성 등에 관한 탐색조사를 한번 이상 할 수 있다.

② 표본설계와 표본틀(sampling frame)의 확보

③ 표본추출

④ 질문서(조사표)의 초안작성

⑤ 자료수집의 도구(질문서 · 조사표 기타)의 사전검사(pretesting, pretests)

⑥ 질문서나 조사표의 검토 · 수정 · 인쇄

⑦ 면접지침작성

⑧ 면접자 · 조사자의 모집과 훈련 및 예행연습(briefing, rehearsal)

(3) *현지작업 (field work, field operation, 또는 full-scale field opearation)*

① 질문서 배포 · 회수

② 면접실시

③ 감독과 통제

④ 자료의 확인 · 검토

〈그림 5-1〉 표본조사의 단계와 연계

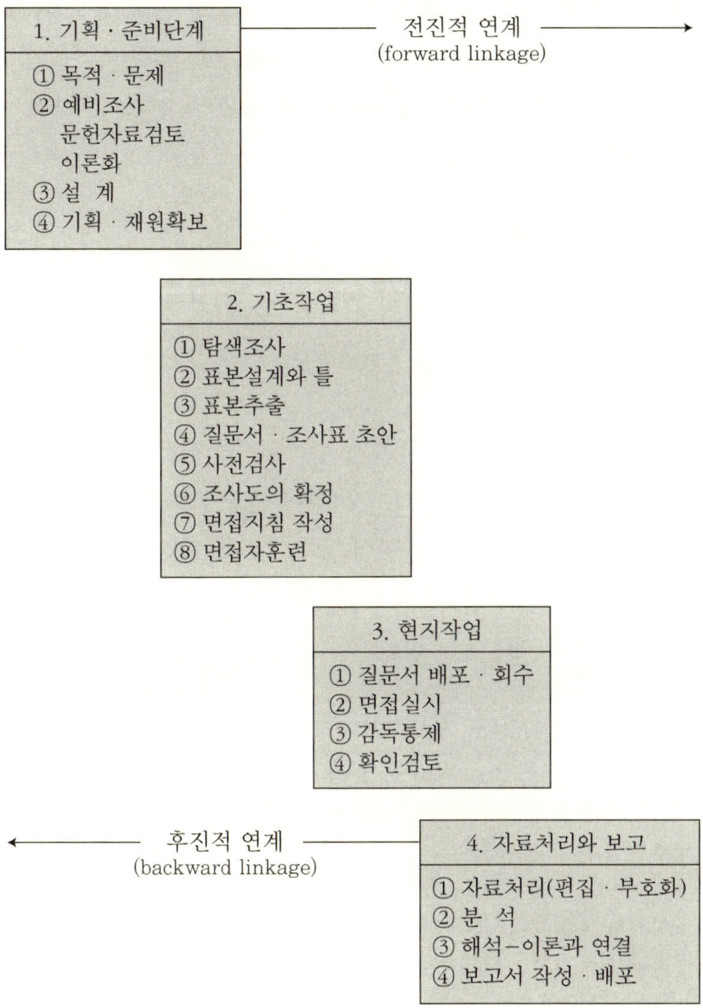

자료 : Warwick and Lininger(1975 : 21) 참조 재작성.

(4) 자료처리 · 분석 및 보고(data processing, analysis and reporting)

① 자료의 처리 : 편집 · 부호화(coding) 기타 자료의 조직

② 자료의 분석 : 주로 컴퓨터활용 · 통계적 분석

③ 결과의 해석 : 조사목적, 연구문제, 가설, 이론과의 관련 아래 자료의 해석

④ 보고서 작성 · 인쇄 · 배포

이런 절차들에 대한 자세한 해설이 필요한 부분은 이미 언급한 것도 있고(제 3 장의 연구설계 일반), 또 앞으로 자세히 해설할 부분(표본설계와 추출법)과 기법들(질문서법 · 면접법) 및 분석법들도 있다. 이 장에서는 먼저 조사연구의 기획 · 준비단계에서 고려할 점을 살펴보고, 표본조사의 기본적인 설계유형들을 정리할 것이다.

2. 계획상의 고려사항

표본조사를 계획할 단계에서 생각해야 할 일들은 자세한 해설 대신 주요 항목들만 소개하겠다.

(1) 조사연구의 목표(objectives)

이 조사에서 얻고자 하는 바가 무엇인가? 무엇을 우리에게 제공해 주기를 기대하는가? 이는 주로 연구목적에 비추어 연구문제를 설정하는 단계에서 고려하는 것들이다. 구체적인 질문형식으로 표현하는 연구문제들을 일일이 보기를 들기 어려우므로, 〈참고자료 5-1〉에 가상적인 도시주민실태조사의 연구문제들을 소개한다.

〈참고자료 5-1〉 가상적인 도시주민실태조사의 연구문제들 보기

(1) 도시지역주민들은 자기네의 사회 · 경제적 상황이 좋아지고 있다고 보는가, 아니면 오히려 나빠진다고 느끼는가?
(2) 주요 도시의 전반적인 주택유형은 어떠하며, 도시마다 다른가? 특히 가구주의 주택소유율은 어느 정도이며, 소유하지 않으면 어떤 형식으로 주거생활을 영위하고 있는가? 식구가 너무 많거나 주거공간이 좁지는 않은가?
(3) 평균해서 전세 · 월세 등의 규모는 어느 정도인가?
(4) 도시지역가구주들의 실직률은 어떠하며, 나이 · 학력 등에 따른 차이는 있는가?
(5) 취업유형은 어떠하며, 도시주민은 어떤 직업에 종사하는가? 도시마다 취업유형의 차이는 있는가?
(6) 도시주민의 나이 · 학력 · 성별 · 가족구성 등의 주요 사회적 특성은 어떠한가?
(7) 도시주민들은 지금 사는 주택에서 얼마나 오래 살았는가? 그 중 얼마나 1년 안에 이사할 것인가?
(8) 도시주민의 실제 가족 크기는 어떠하며, 이상적 가족수는 얼마인가?
(9) 가구주들이 가족계획에 대해서는 얼마나 잘 아는가?

자료 : Warwick and Lininger(1975 : 23).

(2) 이 조사연구는 필요한가?

우리가 필요한 정보를 얻을 수 있겠는가? 그런 정보를 얻는 데에는 표본조사가 최선의 방법인가? 이미 기획했거나 진행중인 다른 조사와 병합해서 필요한 자료를 얻을 수는 없는가? 등의 질문들을 검토할 것이다.

(3) 연구주제에 관해서는 이미 얼마나 알고 있는가?

이를 위해서 기본적으로 기존의 문헌 · 연구보고 등을 살펴보고 정리해야 한다.

(4) 무엇을 측정할 것인가?

지도를 그리듯이 개념규정을 하고, 필요한 부분의 조작적 정의를 내리는 절차를 밟아 주제의 범위와 자료수집의 기법을 확정한다.

(5) 표적이 되는 모집단은 누구인가?

국가사회 · 지역공동체 등의 공간적 구획이나 특정한 사회범주들(social categories), 예를 들면 대학생 · 주부 · 기업체 등등을 확실히 해야 한다.

(6) 누가 실지로 면접(조사)의 대상이 될 것인가?

물론 표본을 말한다.

(7) 전반적인 조사연구의 설계는 어떻게 할 것인가?

이 주제는 주로 제 3 장에서 다룬 것을 기준으로 처리한다.

(8) 필요한 인원과 비용은 어느 정도인가?

여기에서 예산항목들을 소개해야 하는데, 〈참고자료 5-2〉에 따로 제시한다.

(9) 조사에 필요한 시간은 얼마나 걸릴 것인가?

기획단계에서 보고서작성에 이르는 모든 과정이 몇 달 또는 몇 해를 소요할지를 잘 판단해야 한다. 이것은 비용과도 관계가 있지만, 조사연구는 너무 서두르는 것이 좋지 않고 실시도중에도 늘 재고해야 할 일들이 많으므로 여유를 가지고 진행하는 게 유리하다.

(10) 끝으로 이 조사는 완성할 수 있는가?

위의 여러 가지 현실적 여건을 감안할 때, 확실히 끝마칠 수 있는지를 미

〈참고자료 5-2〉 표본조사를 위한 예산항목 보기

1. 인건비(Salaries and other personel costs)
   ① 조사연구관리 인원(research staff) : 연구책임자 · 공동연구자 · 연구조교
   ② 현지조사인원(field staff) — 현지감독자 · 면접자 · 기타 현지인원 : 여기에는 면접자훈련 및 실습비용 포함
   ③ 행정사무인원(administrative, clerical staff) : 비서 · 타이피스트 · 표본추출자 · 서무 · 회계 등
   ④ 자문위원(consultants) : 해당 분야 전문가, 표집전문가, 통계처리 또는 컴퓨터 프로그램전문가 등
2. 여비 및 현지숙식비(travel costs and living expenses in the field) : 예비조사 · 탐색조사 · 사전검사 등 포함 현지조사활동 비용
3. 자료처리비(data processing costs)
   ① 편집 · 부호화 등 기계적인 작업비용
   ② 전산처리비용 : 프로그램 · 컴퓨터사용시간 등 포함
4. 인쇄비(printing costs) 또는 수용비
   ① 질문서 · 조사표 인쇄비(사전검사 포함)
   ② 보고서 인쇄 · 출판비
5. 회의비(외국에서는 현지비용에 포함)
   자문회의 · 조사단회의 · 현지회의 등
6. 통신비(communications) 및 사무용품비(supplies, equipments), 전화 · 전신료 · 문방구 기타 물품비
7. 기 타
   ① 예비비
   ② 행정비(overhead) : 연구기관운영비를 일정비율 지출
   ③ 사무실임대료·광고료 등 필요에 따라 첨가

자료 : Warwick and Lininger(1975 : 33-44) 참조 재조정.

리 점검할 필요가 있다.

제 3 절 표본조사의 설계

표본조사나 조사연구는 대개 한번의 현지작업으로 자료를 얻어 내는 이른바 단일집단일회연구(one-shot study, one-shot case design)의 설계가 그 원형이

다. 그러나 한번 이상 조사를 되풀이할 수도 있고, 또 한번의 조사라도 표본 속에 들어 있는 여러 가지의 부분범주들에 대한 비교분석이 가능하다. 그래서 크게는 횡단조사설계(cross-sectional survey designs)와 종단조사설계(longitudinal survey designs)로 나눈다.

Ⅰ. 횡단설계의 유형

위에서 지적한 것처럼 표본조사는 기본적으로 1회 연구의 횡단설계형식을 취한다. 그러나 여기에도 몇 가지 변형을 생각할 수 있다.

(1) 비례적 횡단설계(unweighted cross-sectional design)

일단 표집방법이 무작위적이거나 처음부터 비례적이어서 모집단의 어떤 부분범주든지 표본 속에 같은 비율로 비례하여 표집되었을 때, 횡단조사는 그 범주들끼리 비교한다. 이 모형을 그림으로 나타내면 아래의 모양이다.

(설계모형)	(보 기)
R_u O_1	전국 대표표본에 대한 의식조사

여기서 'O'란 관찰(observation), 즉 조사실시의 횟수를 말하고, 'R'은 이상적으로 무작위표집(random sampling)을 했다는 뜻이며, R_u는 가중치를 임의로 주지 않은(unweighted) 표본을 뜻한다.

(2) 가중횡단설계(weighted cross-sectional design)

어떤 특정범주의 비중을 일정한 수준까지 과다표집하도록 표본설계를 한 다음 범주들간에 비교하는 절차를 택한다.

(설계모형)	(보 기)
R_w O_1	도시와 농촌 표본의 비중을 50 : 50으로 맞추기 위하여 농촌인구를 과다표집

(3) 대조적 표준설계(contrasting sample design)

연구의 특수목적에 따라서 일정한 범주의 사람들을 서로 대비시킬 필요가 있으면, 처음부터 그런 특성을 가진 부분집단들로부터 표집하는 설계다.

(설계모형)

R_1	O_1
R_2	O_1
⋮	⋮
R_n	O_1

(보 기)

정당지도자(R_1)
일반유권자(R_2)
⋮

또는 기독교신자(R_1)
불교신자(R_2)
무종교(R_3)

Ⅱ. 종단설계의 유형

종단설계는 관찰 또는 조사를 한번에 끝내지 않고, 시간적인 간격을 두고 적어도 두 번 이상 실시하는 조사설계법을 이른다. 주로 변화를 추적하는 것이 주 목적이다. 여기에도 몇 가지 변형들이 있다.

(1) 동기자조사(cohort survey)

같은 해에 출생했다거나 같은 때에 입학 · 입사 · 입대 · 혼인 등의 동일경험을 가진 사람들을 동기자 또는 동일경험자라 하고, 이들을 두 번 이상 관찰 · 조사하는 설계다. 나이가 들고, 경험이 쌓이면서 어떤 생활양식 · 태도 · 의식의 변화가 있는지를 보는 등의 유용성이 있다. R_c는 동기자표본을 가리킨다.

(설계모형)

T_1	T_2	T_3	⋯	T_n
R_c	O_1			
R_c		O_2		
R_c			O_3	
⋮			⋱	
R_c				O_n

T = 시간

(보 기)

1982년 신입생($R_c - O_1$)
1986년 졸업자($R_c - O_2$)
1990년 졸업 후 4년($R_c - O_3$)
⋮
2006년 졸업 후 20년($R_c - O_n$)

(2) 동일표본반복조사(panel surveys)

흔히 패널조사(panel study)라고 하는 이 설계에서도 같은 표본을 일정한 기간에 걸쳐 반복조사한다. 다만, 동기자조사와 다른 것은 그 표본을 구성하는 사람들이 반드시 동기자들은 아니고, 누구나 포함시킬 수 있다는 점이다.

(설계모형)

$T_1 \quad T_2 \quad T_3 \cdots T_n$

$R \quad O_1 \quad O_2 \quad O_3 \cdots O_n$

(보 기)
같은 표본(무작위, R)에 대한 투표 전후 수차에 걸친 선거에 대한 조사

Ⅲ. 기타 설계법

1. 조합설계(combined designs)

조합설계에는 동일표본반복조사를 하되, 그 패널말고 일종의 통제집단(control group)을 가미하여 같은 표본에서 일어나는 변화가 다른 성질의 표본에서도 일어나는지를 비교하는 것을 포함한다. 통제집단은 하나 또는 그 이상 둘 수 있고, 기본설계모형은 통제집단비교법이다.

(설계모형)

	T_1	T_2
R_p	O_1	O_2
R_c		O_2

(보 기)
투표조사에서 패널(R_p)을 반복조사하면서 두 번째에는 전혀 관계 없는 일반투표자(R_c)를 통제집단으로 삼아 조사 · 비교한다.

(설계모형)

	T_1	T_2
R_p	O_1	O_2
R_{c1}		O_2
R_{c2}		O_2
⋮		⋮
R_{cn}		O_2

(보 기)
위의 보기에서 통제집단이 $R_{c1}, R_{c2}, \cdots R_{cn}$으로 늘어나는 보기다.

2. 의사종단설계(quasi-longitudinal designs)

원칙적으로는 종단적 설계를 취하면서 시간적 간격을 두고 일어나는 변화를 추적하려는 시도지만, 엄격하게 말해서 실질적으로는 종단적 성격을 띠는 것으로 정당화할 수 없는 몇 가지 설계법들도 있다. 사실 종단적 조사는 말이 쉽지 그리 간단히 실시할 수 없는 갖가지 현실적 어려움을 지니기 때문에 이런 편법을 이용하기도 한다.

(1) 회상조사(recall surveys)

이미 지나간 일에 대하여 현재의 시점에서 회상하여 응답한 것을 바탕삼아 전후를 비교하는 방법이다. 물론 기억의 요소가 지니는 문제점 때문에 이는 매우 불안전한 방법이지만, 실지로는 자주 쓰인다.

(설계모형)	(보 기)
T_{-1} T_1	
R O_r X O	과외철폐(X) 뒤에 과외에 대한 현재의 태도(O)와 철폐 전에 지녔던 태도(O_r)

(2) 횡단조사의 동기자분석(cohort analysis of cross-sectional surveys)

1회 조사를 실시한 다음 그 표본 가운데 동기자들만 골라서 이들의 갖가지 특성을 횡단적으로 범주화하여 비교하는 방법이다.

(설계모형)	(보 기)
R O_{ca}	흔히 나이층으로 10대, 20대, 30대 … 등을 구분, 횡단분석
ca=cohort analysis	또는 1960년대, 1970년대, 1980년대 입사한 종업원들의 직장만족도 · 직위 등 비교

(3) 추세조사(trend surveys)

같은 모집단을 대상으로 두 번 이상 조사하여 변화를 추적하되, 매번 추출하는 표본은 반드시 같은 사람들이 아닌 때는 추세조사라 한다. 이것을 계기표본조사(successive sample survey)라고도 한다.

(설계모형)

$$
\begin{array}{lllll}
 & T_1 & T_2 & T_3 & T_n \\
R_1 & O_1 & & & \\
R_2 & & O_2 & & \\
R_3 & & & O_3 & \\
\vdots & & & \ddots & \\
R_n & & & & O_n
\end{array}
$$

(보 기)

갤럽연구소가 일정한 쟁점에 대한 여론조사를 정기적으로 실시하는 사례 · 표본은 매번 바뀐다.

제 4 절 표본조사의 장·단점

표본조사는 그 유용성 때문에 널리 활용해 온 반면에, 근자에는 그 제약에 대한 지적이 나타나기 시작했음을 이미 밝혔다. 그 장·단점들을 정리하면 다음과 같다.

Ⅰ. 단 점

(1) 가장 근본적인 문제점은 사회조사연구가 다루고자 하는 주제내용이 살아 움직이는 사람들의 실제적인 사회적 과정의 역학이나 사회관계의 구조적 성격이라면, 표본조사는 부적절한 기법이다. 그것은 우선 역동성이 결여하고, 사회현상의 겉핥기식 이해에 그치므로 깊이를 파악하는 데 도움이 안 된다. 다시 말해서 일종의 '얼어 붙은' 실재의 한 토막(a frozen slice of reality)을 가지고 사회를 알고자 하는 것에 비유할 수 있다. 그 까닭은 표본조사가 개인응답자를 대상으로 삼아 응답을 받아 내는 과정 자체는 생생한 사회적 맥락과 과정에서부터 추상하여 그의 행위 자체가 아닌 추측·기억·생각 등을 자료로 삼아야 하기 때문이다.

(2) 다음으로 지적할 수 있는 이론적·방법론적인 문제점은 이른바 반작용효과가 크다는 점이다. 위의 기본적 약점과 상통하는 것이지만, 주로 조사자(면접자), 조사에 쓰는 도구(질문서와 질문), 면접과정 그 모두가 응답자와 상호작용하는 복합적인 과정을 내포하기 때문에 진실한 응답, 타당한 자료수집을 보장하기가 어렵다.

(3) 개인에게 질문하여 응답을 얻어야 하는 작업에는 응답자가 조사에 참여할 용의·동기가 우선 있어야 하고, 또 웬만큼 주제에 관한 지식도 있어야 한다. 스스로의 의견도 불분명한데, 하물며 남의 사정까지 평가하라면 더욱 어려워진다. 결국 관심이 없거나 대답을 잘 못하는 사람들을 잠재적인 응답자의 표본에서 제외하지 않으면 안 된다. 따라서 응답자의 편의(bias)와 아울러 응답률이 낮아지는 문제가 생기기도 한다.

(4) 이와 관련해서 상당한 정도로 표본조사는 개인의 기억에 의존해야 하

〈참고자료 5-3〉 표본조사연구계획서의 줄거리(예시)

(1) 주 제 : 연구의 제목
(2) 개 요 : (한 페이지 정도의 요약)
(3) 연구의 취지 · 중요성 · 배경 등을 해설하는 서론
(4) 연구의 구체적 목적, 성취하고자 하는 목표 : 이론적 연구일 때는 연구문제와 가설 포함
(5) 연구의 범위 · 내용 : 주로 이론적 의의와 내용, 그 동안의 해당 분야 연구의 업적 · 문제점 등의 문헌검토
(6) 연구의 방법 : 자료의 성격규정, 자료수집법, 표본설계, 실험설계, 이론이나 가설에서 다루는 내용을 구체적으로 자료에서는 어떤 변수들로 취급할지를 밝히는 작업, 자료분석의 기법
(7) 연구의 주관 · 집행 · 관리 등의 내용
(8) 연구의 기대효과, 결과의 활용 등에 관한 정보
(9) 참고문헌
(10) 예산안

는 성격의 자료를 요구하고, 또 각자의 견해나 관점이 쉽사리 편의를 일으킬 소지를 안고 있는 방법이다.

(5) 응답자의 지식정도뿐 아니라 조사연구자 스스로가 상당한 지식과 기법에 대한 이해를 필요로 하는 복합적이고 정교한 방법이다. 대충 아는 것으로 함부로 조사연구에 착수하는 일은 삼가야 한다. 어느 기법이나 마찬가지겠으나 표본조사는 더욱 그러하다.

(6) 실질적인 문제로 표본조사는 인적 자원 · 시간, 그리고 경비를 상당히 요하는 작업이다. 이런 제약 때문에 하고 싶은 연구를 못하고, 재원의 요구에 따라 조사를 해야 하는 문제가 따른다.

Ⅱ. 장 점

(1) 무엇보다도 규모가 큰 인구집단을 대상으로 유용한 자료를 얻으려면 표본조사에 의지하지 않을 방도가 없다. 비록 표본에 바탕을 두기는 해도 그 대표성만 확보할 수 있다면, 많은 사람들에 대한 많은 분량의 정보 · 자료를 얻는 길로서 가장 적합하다.

(2) 그리고 어떤 종류의 모집단에 대해서든 널리 일반화할 수 있는 가능성

은 이 표본조사 외에 다른 방법에서는 희박하다. 또 모집단에 대한 추리 · 추계를 하자면, 그것을 깡그리 다 조사하는 게 비현실적이므로 표본조사에 의지할 수밖에 없다.

(3) 다수의 표본도 얻지만 많은 변수를 취급할 수 있으므로 다변수분석이 가능하다.

(4) 자료의 종류와 성격에 대한 비판은 있지만, 태도 · 의견 · 믿음 · 동기 · 가치의식과 같은 자료를 얻는 데에는 주로 이 방법이 유용한 것은 틀림없다. 그리고 응답자 자신의 과거 · 생활사 · 배경 같은 것은 완벽하지는 않지만 물어 보는 도리밖에 없다.

(5) 자료수집의 도구와 기법을 표준화 · 구조화하기 때문에 적어도 양적 자료를 가지고 측정을 하는 한에 있어서 정확성을 높이는 데에는 이 방법이 앞선다고 할 수 있다.

(6) 끝으로 돈이 많이 들기는 해도 일정한 경비를 가지고 주어진 시간 안에 그만큼 많은 여러 종류의 자료를 얻는 점에 있어서는 다른 어떤 접근보다 효율성이 높다.

Ⅲ. 표집결과응답률의 문제

표본조사의 장·단점을 고려하면서 표본추출결과로 얻은 조사응답률에 관한 생각을 빼놓을 수 없다. 표본조사가 여러 모로 유용하고 편리하지만, 우리가 추출한 표본의 대표성이 문제가 되기 때문에 얼마나 많은 사람들이 과연 조사에 응해 주느냐 하는 것도 중요한 고려사항이 되는 것이다. 이것이 응답률(response rate)이라는 것이다. 이 문제는 제 7 장에서 우편질문서법을 논의할 때도 자세히 언급하지만, 여기서는 우선 원칙적으로 표본조사가 지니는 응답률의 문제점을 개관하겠다.

사실 요즘은 대학이나 연구기관 외에도 정치권 · 기업체 기타 사회단체 등 여러 기관에서 각종의 여론조사나 표본조사를 실시하기 때문에 일반국민들도 이런 조사에 어느 정도 익숙해 있다. 그런 만큼 협조도 더 잘 할 수 있게 된 반면, 오히려 너무 잘 알아서 협조율이 저하하는 경향도 포착할 수 있다. 이 같은 조사에 대한 응답률은 다음과 같은 차원에서 측정할 수 있다.

(1) 조사대상자를 찾아 내는(location 혹은 nonlocation) 문제 : 표집틀에 뽑힌 대상자 중에서 소재를 확인한 사례의 비율

(2) 실제 접촉(contact 또는 noncontact)의 문제 : 소재는 확인했으나 실제로 그 대상자와 접촉을 시도해도 만나지 못한 사례의 비율

(3) 자격(eligibility) 부적격자의 문제 : 사람은 만났으나 조사연구에서 중요시하는 어떤 특성, 예로 나이 · 성별 · 시민권 등의 기준에서 부적격자인 비율

(4) 거부(refusal) 내지 협조(cooperation)의 문제 : 만나서 협조를 얻거나 거부당하는 사례의 비율

(5) 조사를 시작했다가 완성(completion)하든지, 중도에 중단(incomplete participation)해 버리는 사례의 비율

결과적으로 응답률은 위의 다섯 가지를 모두 충족시키는 조사대상자의 비율로 귀착한다. 소재를 파악해서 접촉하여 자격 여부를 검토한 뒤 협조를 구해서 조사를 완성한 사례의 비율이 곧 응답률이 된다(Neuman, 2003 : 285-288).

주요 개념들

사회조사	조사연구	조 사
표본조사	센서스	전수조사
모집단	여론조사	시장조사
탐 색	기 술	설 명
가설검증	평 가	예 측
사회지표	예비조사	현지작업
탐색조사	표본틀	응답률
사전검사	자료처리	단일집단 일회연구
횡단조사설계	종단조사설계	동기자(동일경험자)
의사종단설계	질문서자기기입법	집단조사법
우편질문서법	개별 자기기입법	Fax 자기기입법
직접면접법	전체면접법	컴퓨터활용법
온라인조사법		

생각해 볼 문제들

1. 표본조사는 무엇인가?
2. 표본조사의 목적과 용도는 어떤 것인가? 정책적 · 학문적 목적이나 기능으로 나누어 생각해 보자.
3. 표본조사가 다루는 자료의 성격과 그 수집방법은 무엇인가?
4. 표본조사의 절차를 익히고, 설계기획상 유의할 점들을 살펴보자.
5. 표본조사의 설계들을 하나씩 검토하면서 구체적인 실례들을 생각해 보자.
6. 실지로 표본조사의 설계를 하나씩 구상해서 적어 보자.
7. 표본조사법의 장·단점을 조목 조목 따져 보자.

제 6 장 표본추출법

화학이나 물리학에서는 어떤 현상에 관한 명제를 정립하기 위하여 그것의 순수사례(the pure case)를 얻는 것이 원칙적으로 가능하다. 예컨대 유황에 관한 명제의 검증을 위해 실험을 한다면, 대체로 순수유황이라는 물질을 얻을 수 있다. 그러나 사회과학에서, 가령 '한국의 근로자'를 완벽하게 대표해 주는 한국근로자의 순수한 사례 한 사람을 찾아 그에게서 필요한 정보를 얻어 내기란 불가능한 일이다. 다시 말해서 개체의 특이성이 사회과학에서는 중요하고, 이것은 어떤 집단이나 사회적 범주에 대해서도 마찬가지로 중요하면서도 어려운 문제다(Galtung, 1967 : 16).

그럼에도 불구하고 사회연구자는 현실적으로 연구대상으로 삼는 사람들이나 집단의 전수를 깡그리 조사하고 분석하게 되지 않는다. 대규모 사회단위나 결합체들을 연구할 때는 무엇보다도 시간과 비용이 너무 들기 때문이다. 따라서 연구대상자의 범주에 속하는 사람이나 집단을 골라서 비교적 관리가 쉬운 범위 안에서 이들만을 상대로 연구를 하게 된다. 이것이 표본(sample)인데, 표본을 추출하는 일은 비단 표본조사에서만 필요한 게 아니고 실험법 · 현지연구법 · 문헌연구법 등에서도 수행한다. 다시 말해서 양적 연구와 질적 연구 모두 표본을 대상으로 연구에 임할 수밖에 없는 것이 현실이다. 이제부터는 표본추출법의 기본개념 · 원리 · 기법 및 절차를 차례로 살펴보기로 한다(Frankfort-Nachmias and Nachmias, 2000 : 161-185; Neuman, 2003 : 210-236; Rubin and Babbie, 2008 : 336-364).

제1절 표본추출의 기초

Ⅰ. 표본추출의 뜻과 이점

1. 표본추출의 뜻

표본이란 어떤 대상의 전체를 대표하도록 그로부터 선택해 낸 부분을 일컬으며, 그 과정을 표본추출(또는 표집, sampling)이라 한다(Warwick and Lininger, 1975 : 69). 가령 일상생활에서도 주부들이 시장에 가서 사려는 물건 중에 극히 적은 일부를 집어서 맛을 보기도 하는데, 이것을 서양 사람들은 sampling이라는 말로 표현한다. 생산자가 자기 상품을 팔기 위해 구매자에게 본보기 몇 개를 보여 주는 것을 sample이라 한다.

좀더 기술적인 말로 나타내면 표본추출이란 연구대상의 범주가 지닌 어떤 성격에 대한 관찰을 하려고 할 때, 거기에 속한 모든 구성요소의 일부만을 관찰한 자료로써 그 특성을 추정하는 절차를 뜻한다. 이 때 모든 대상에 대한 경험 내지 관찰을 하지 못하기 때문에 연구자는 그가 선출한 표본에 뽑힌 대상의 수와 종류가 전체대상을 충분히 대표할 만한지에 관심을 가져야 한다. 대개 그 표본에 대한 관찰자료를 가지고 전체대상에 대한 일반화를 하려 하기 때문이다. 다른 말로 표본의 대표성(representativeness)이 쟁점의 핵심이며, 자료의 타당성을 논의할 때, 이것이 외적 타당성의 문제가 된다(Smith, 1975 : 105-106). 다만, 질적인 연구에서는 대표성을 문제삼지 않을 수도 있다.

2. 표본추출의 이점

대상 전체를 연구하지 않고 그 일부분만을 골라 관찰하는 까닭은 주로 실질적인 면에서 시간과 비용이 덜 들기 때문이라고 했다. 그러나 자세히 따져보면, 그런 현실적 이점 말고도 몇 가지 중요한 이유로 말미암아 표본조사가 전수조사보다 오히려 더 정확할 수가 있다(Babbie, 1973 : 73-74; Bailey, 1978 : 71-72).

첫째, 전체대상의 조사는 시간이 걸릴 것인데, 한 마디로 조사에만 5-10년이 걸렸다면, 그 결과가 나올 때쯤에는 처음과 나중에 조사받은 사례의 의미가 전혀 다를 수 있다. 결과가 나와도 그것을 시간적으로 어떤 특정시기에 준거를 삼아 논의를 할지가 문제가 된다.

둘째, 전수조사를 하자면 상당수의 조사자 또는 면접자가 필요한데, 그렇게 되면 면접자간의 신뢰도의 문제뿐 아니라 인력부족으로 질이 떨어지는 면접조사자를 기용하지 않을 수 없어서 자료의 질(타당성)을 낮추게 된다.

셋째, 전체에 대한 조사에서보다 표본조사에서는 응답자의 협조를 얻는 응답률(response rate)이 더 높을 수 있다. 특히 민감한 질문 같은 것을 아무에게나 물었다가 대답을 못받아버리면 곤란하지만, 그런 질문을 일부 표본에 대해서만 물어 봄으로써 응답률을 높일 수도 있다.

끝으로, 전체조사는 그 관리가 간단치 않다. 감독 · 일지의 작성 · 보관 · 조사원훈련 등이 여간 어려운 것이 아니다. 그리고 자료처리와 분석도 아무리 컴퓨터가 편리하다지만 복잡하고 일이 번거로울 수 있다.

따라서 소규모의 표본을 조사하는 게 오히려 더 정확한 자료를 얻는 길이 될 수 있다. 하지만 그렇게 되기 위해서는 표본추출을 매우 조심스럽게 해야 하며, 효율적인 표집의 설계와 실시는 그 자체 상당한 시간 · 정성 및 비용을 요한다는 점에 특히 주목할 필요가 있다.

Ⅱ. 몇 가지 기초개념들

그러면 훌륭한 표본추출을 위해 알아 두어야 할 기초개념들로부터 간략히 살펴보자(Babbie, 1973 : 79-82; Kish, 1965; Smith, 1975 : 106-114; Warwick and Lininger, 1975 : 71-76; Frankfort-Nachmias and Nachmias, 2000 : 163-167; Neuman, 2003 : 215-217).

(1) 전대상(universe)

연구대상이 사물(things)을 위시해 사건(events) · 현상이나 또는 생물 등 무엇이든지 연구를 위해 설정하는 대상 전부를 일컫는다. '한국 사람'이 연구대상일 때, 이 말은 사실상 시간과 공간에 구애됨이 없이 역사상 한국에 살았거나 세계 어디서든 한국국적을 가진 사람 전부를 포함하는 집합을 가리키는 것이므로 현실적으로는 유용성이 없는 개념이다. 따라서 이를 이론적이고 가설적인 일반전대상(general universe)이라고도 한다.

(2) 모집단(population)

실제 연구를 위해 표본을 추출해 내는 대상의 전수로 규정하는 집단을 뜻한다. 앞의 전대상이 가설적으로만 상정할 수 있는 것이라면, 모집단은 현실적으로 한정시켜서 조작적 의미를 부여할 수 있는 대상의 총체다. 그래서 이를 작업전대상(working universe)이라 하여 일반전대상과 구별하기도 한다. '한국 사람'을 실질적으로 연구하자면, 어떤 특정시기의 국적 · 영주권 등 조건들을 명기하고, 그 전수범위를 한정한 다음 이로부터 표집하게 된다.

(3) 요 소(element)

혹은 구성요소라고도 할 수 있는 이 말은 모집단을 이루고 있는 개별 요소를 이르며, 그 개개의 요소에 관한 정보를 얻어서 분석의 기초로 삼는 연구대상 또는 분석의 단위를 말한다. 그러니까 모집단은 이론적으로 명시한 요소들의 총집합 내지 전수가 되는 셈이다. 그리고 조사모집단(survey population)이란 바로 표본조사를 위해 표집해 내는 요소들의 집합을 지칭한다.

(4) 표집단위(sampling unit)

표집의 어느 단계에서 표본으로 추출할 요소들을 담고 있는 요소들의 집합(set)이다. 다른 말로 한번에 단순표집을 할 때는 표집단위가 곧 요소가 되지만, 여러 단계를 거쳐 표본추출을 할 때는 단계마다 표집단위를 설정하고, 마지막 단위가 곧 표집요소가 된다. 예컨대 도시주민을 표집할 때 먼저 행정구역(구나 동) 또는 센서스용 구획(census blocks)을 단위로 잡아 그 중 몇 개를 뽑고, 다음 단계에는 그 안의 가구를 표집단위로 추출한 뒤에, 끝으로 가구 안에서 어른 한 사람씩을 뽑는다. 이 때 구역 · 가구 · 성인은 표집단위고, 표집요소는 성인 개개인이다.

(5) 표집의 틀(sampling frame)

표본추출을 위해서는 모집단의 요소나 표집단위들을 한데 모아 정리해 놓은 일종의 목록(list)이 필요하다. 만일 개별 요소(예 : 전화번호부)의 목록이면 이를 요소목록(element list)이라 하고, 목록의 내용이 집단, 구역, 학교의 학급 수, 아파트단지의 아파트번호 같은 것들이면 이를 집락목록(cluster list)이라 한다. 이런 목록을 실제 표집에 활용할 때, 이를 표집의 틀이라 한다. 그리하여 단순히 한번만 표집할 때는 모집단을 구성하는 요소목록이 곧 표집틀이고, 다단계복합표집에서는 일차 표집단위가 센서스구역이면 이들의 목록이 책자로 되어 있든, 컴퓨터용 저장장치(USB, floppy disc 등)에 보관한 것이 표집의 틀이 된다.

(6) 관찰단위(observation unit)와 분석단위(unit of analysis)

관찰단위는 자료수집단위로서 연구에 필요한 정보를 얻어 내는 개별 요소 또는 요소들의 집합을 뜻한다. 분석단위는 자료를 분석하는 단위다. 대체로 관찰단위와 분석단위가 같도록 하는 게 원칙이지만, 때에 따라서는 개인을 관찰단위로 수집한 자료를 가지고 가족 또는 자연공동체 · 조직체 · 계층 · 사회 전체의 특성을 분석하는 데 쓸 수도 있다. 이 때의 인식론적인 문제는 여기서 언급하지 않겠으나, 가능하면 분석단위가 곧 관찰단위인 것이 사회과학적 연구에서는 더 적합하다.

(7) 모수치(parameter)

모집단의 어떤 특성을 지칭하는 개념을 변수로 환원하여 측정할 때, 그 변수의 값을 모집단의 전체구성요소들에게서 얻어 요약묘사한 값이다. 예컨대 국민의 평균소득이나 연령분포를 다룰 때 국민전수의 소득 · 나이를 알아서 그 평균치나 분포값을 측정 · 요약한 것이다. 이를 모집단의 값(population value)이라고 한다. 그런데 이렇게 얻은 모수치가 반드시 모집단의 진짜 값(true value)과 같다고 볼 수는 없다. 측정과정에서 속인다거나, 감춘다거나, 잘못 기록하는 등의 오차가 있을 수 있기 때문이다. 진모수치는 이런 오차 없이 정말 모집단의 요소들이 지니는 값 그대로를 말한다. 어쨌든 실지로는 모수치 또는 진짜 값은 모를 때가 많다.

(8) 통계치(statistic)

그러나 현실적으로는 인구센서스와 같이 전수조사(enumeration)를 하지 않는 한 표본조사를 하게 되는데, 표본에서 얻은 변수의 값의 요약을 통계치 또는 표본치(sample value)라 한다. 이 표본의 통계치를 가지고, 실제 알지 못하는 모집단의 모수치를 추정(estimate)하는 일이 표본조사와 통계적 방법의 주된 작업 중 하나가 된다.

(9) 편 의(bias)

표본을 가지고 추리하는 모집단추정치가 모수치의 진가와 차이가 나도록 계통적으로 작용하는 오차를 편의라 한다. 이런 편의는 표본추출과정은 물론 측정이나 추정과정에서도 생길 수 있다.

(10) 표집오차(sampling error)

측정의 오차나 기타 편의가 없더라도 표본에서 얻는 모수치의 측정값은 전수조사만큼 정확하지는 않다. 표집에 의한 모수치의 추정값이 모수치와 다른 정도를 일컬어 표집(표본) 오차라 하고, 이는 곧 이어 살펴보려는 확률표집 이론에서 볼 때는 표집분포의 표준편차, 즉 표준오차(standard error)와 같다.

(11) 신뢰수준 내지 구간(confidence levels 또는 intervals)

이것도 후에 통계분석에서 설명하겠지만, 표집오차를 나타낼 때 표본의 통계치가 모수치로부터 어느 정도의 차이가 나는지 그 간격을 가지고 정확성에 대한 신뢰수준을 보여 주게 된다. 가령 연구자가 자기의 표본통계치가 95% 수준에서 믿을 만하다는 자신이 있다(95% confident)고 할 때, 그 말은 모수치로부터 ±2.5% 간격의 오차를 갖는다는 뜻이다.

Ⅲ. 확률적 표집분포의 의의

이제 구체적인 표본추출의 설계와 절차를 다루기 전에 주로 양적인 연구에서 활용하는 확률표집법을 중심으로 확률이론에서 도출한 표집분포(sampling distribution)의 뜻과 기능을 간단히 살펴보는 것이 좋겠다. 그래야만 앞에서 제시한 통계적 추정 · 오차 · 신뢰구간과 같은 개념들의 뜻이 분명해질 것이다 (Babbie, 1973 : 83-88; Frankfort-Nachmias and Nachmias, 2000 : 177-183; Rubin and Babbie, 2008 : 350-352).

표본추출에 근거한 연구의 궁극적 목적은 모집단으로부터 표집한 요소의 통계치를 가지고 원래 모집단의 값(모수치)을 정확하게 추정 · 묘사하려는 데 있다. 이 목표달성의 개연성을 높여 주는 방법을 확률표집의 원리에서 제공해 준다.

무작위추출(혹은 난선표집, random selection)이 바로 이 과정의 열쇠인 셈이다. 가령 어느 한 면으로도 편의가 없이 완벽한 동전을 던져 양면 중 어느 한 쪽이 나올 확률은 $\frac{1}{2}$이다. 여러 번 던지는 과정에서 앞면 또는 뒷면이 보이는 현상이 그 전까지 전면 또는 이면이 출현했던 것과는 아무런 상관없이 매번 독립적으로 일어나도록 한다는 조건을 전제할 때, 이를 무작위추출이라고 한다. 다시 말해서 각각의 요소는 추출과정의 어떤 다른 사건과는 관계 없이 뽑힐 확률이 동등한 절차로 뽑는 방법을 말한다. 이렇게 함으로써 어떤 계통적인 편의도 일어나지 않도록 막을 수 있을 뿐더러, 더욱 중요한 것은 무작위추출을 하면 확률이론의 도움을 받아 모수치의 추정과 오차의 측정을 가능케 해 주므로 유리하다.

이 후자의 이점을 이해하기 위해서 표집분포를 살펴본다. 대개 표본조사는 표본을 한번 뽑아서 그것으로 모수치를 추정하고 만다. 그렇게 하는 데는 확률이론의 근거가 있기 때문이다. 확률이론은 같은 모집단으로부터 꼭 같은 무작위추출의 절차를 밟아 같은 크기의 표본을 무수히 여러 번 뽑는다는 가정에서 출발한다. 그리고 매번 뽑은 표본은 그 나름대로 우리의 관심대상인 속성을 나타내는 변수의 분포를 가지고 있을 터이므로 그에 대한 통계치를 얻어낸다. 그 결과를 보면 표본마다 평균치가 꼭 같지는 않다는 것이 드러날 것이다. 동시에 이 점이 매우 중요한데, 그 많은 표본들의 통계치들은 그 나름의 분포를 나타내며, 이들 표본들의 통계치들은 모집단의 평균치를 중심으로 고르게 분포되어 있고, 그들의 평균치는 모집단의 평균치와 같다는 결과를 얻는다고 한다.

보기를 들어 보자. 100,000명의 학생들을 모집단으로 하여 100명 단위의 표본을 반복해서 뽑는다고 하자. 매번 무작위로 뽑아서 영어실력을 측정한 다음 다시 모집단으로 되돌려 보내고, 또 100명을 무작위로 뽑는 식으로 하면 수없이 표본을 추출할 수 있을 것이다. 가령 모집단의 평균영어점수가 50점이라고 할 때, 처음 100명의 점수는 평균 51점, 두 번째 100명의 평균이 48점, 세 번째는 53점 등등으로 n개의 표본에 대한 점수평균은 n개가 나올 것이다. 이 n개의 평균을 다시 평균하면, 그 값이 50점이 될 것이라는 이론이다. 이들 표본들에 대한 통계치(평균치)들의 분포를 표집분포라고 하는데, 이것은 어디까지나

〈그림 6-1〉 정상분포곡선의 보기

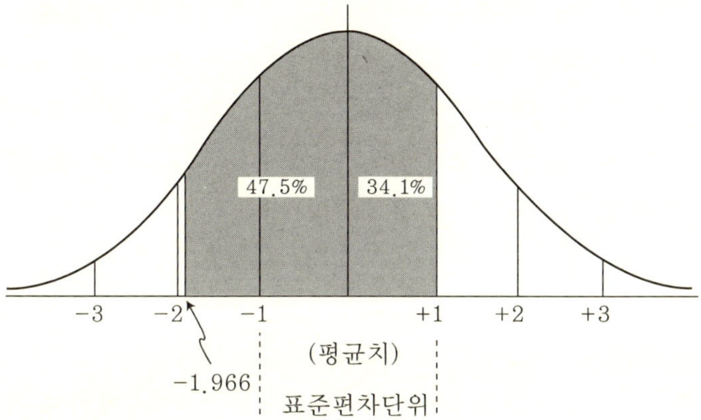

이론적인 확률분포이고, 현실적으로는 존재하지 않는다. 대표적인 표집분포의 모양(〈그림 6-1〉 참조)을 보통 정상분포곡선(normal distribution curve)이라 한다. 요는 이 확률분포인 표집분포를 기준으로 삼아 우리는 실제조사에서 얻은 표본의 통계치와 모수치의 차이, 즉 표준오차를 계산할 수 있다.

표준오차의 개념을 이해하기 위해서는 표준편차(standard deviation)를 아는 것이 도움이 된다. 통계적 분석을 다룰 때 자세히 설명하겠지만, 한 마디로 표준편차란 어떤 집단의 요소들이 지니는 특정속성이 꼭 같지 않고 널리 분포되어 있을 때, 개개 요소의 값이 전체의 평균치로부터 떨어진 거리를 편차라 하고, 이들 개개 값의 편차들의 제곱을 평균하여 다시 제곱을 풀어 준 값을 말한다.[1)] 그런데 표준오차란 표집분포의 표준편차라 했는데, 그 값은 이론상 표본의 크기와 반비례한다. 다른 말로 표본의 크기가 커질수록 표준오차는 줄어든다. 그리고 대체로 표본의 크기가 클 때에 이 정리가 적합하다.

표준오차의 기능은 표본의 추정치가 어느 정도 모집단의 모수치 근처에 분포될지 그 정도를 우리에게 알려 주는 일이다. 다시 말해서 표본추정치가 모수치로부터 몇 단위의 표본오차범위 안에 들어갈지를 보여 주는 것이 확률이론의 기능이다. 앞의 표집분포 〈그림 6-1〉을 보자. 평균치를 모수치로 가정하

---

1) 표준편차의 일반공식은 $S.D._x = \sqrt{\frac{\Sigma(X_i - \bar{X})^2}{N}} = \sigma$ (모집단)

$S.D._x = \sqrt{\frac{\Sigma(x_i - \bar{x})^2}{N}} = S$ (표본).

고, 그것을 표준편차(표집분포에서는 표준오차) 단위로는 0으로 간주한다. 그리고 표본추정치의 34.1% 정도가 아래 위로 각각 ±1단위의 표준오차범위 안에 떨어질 것이라는 점을 보여 준다. 앞의 보기에서 영어점수의 표집오차를 5점이라고 하면, 모수치 50점에서 표준오차 1단위 ±5점, 즉 45점에서 55점의 범위 안에 드는 사람들은 전체의 68.2%(아래 위 각각 34.1%)가 될 것임을 알려 준다. 같은 원리로 표준오차단위 약 2(정확하게는 1.966)의 범위는 95%(47.5×2)일 것이고, 3단위의 범위에는 전체의 99.9%를 포함한다.

우리가 95% 신뢰수준에서 표본의 통계치가 모수치의 추정치로서 믿을 만한 것이라고 할 때에는 바로 그 표본통계치의 표준오차가 모수치로부터 2단위의 거리를 두고, 그 범위 안에서 믿을 만하다는 말이다. 앞의 보기에서는 50점(모수치)에서 2단위 표준오차(±5점×2)의 범위이므로 표본에서 점수 40-60점 사이에 포함될 사람들은 전체의 95%라는 말이 되고, 이 때 40-60이라는 범위를 일컬어 신뢰구간이라 한다.

이 모두가 확률이론에서 얻은 확률분포 혹은 이론적 분포인 표집분포를 기준으로 해서 우리가 실제 관찰한 표본의 통계치가 얼마만큼 모수치와 가까운지를 판가름한다는 점을 예시한다. 이 자리에서는 더 긴 설명이 불필요하고, 통계적 추리에서 더 생각할 것이다. 요는 표분추출이란 대표성을 강조하는 과정이라는 점과 그러기 때문에 표본과 모집단의 유사성이 중요하고, 그러자면 확률표집의 원리를 이해하는 게 유용하다는 점을 명심할 필요가 있다.

제 2 절 표본추출의 설계

이론적으로 가장 이상적인 표집방법은 무작위추출법이라 한다. 그러나 실제에 있어서는 여러 모양의 표집법을 활용하면서 표본의 대표성과 그로부터 얻은 자료의 전형성(typicality)을 확보하려고 한다. 표본추출의 설계(sampling design) 또는 표집계획(sampling plan)의 유형은 크게 두 범주로 나눌 수 있는데, 하나는 확률표집법(probability sampling)이고, 다른 하나는 비확률표집법(nonprobability sampling)이다. 전자는 주로 양적 접근을 하는 연구에서 활용하고, 후자는 대체로 질적 접근에서 이용한다. 지금부터 이 두 범주의 표집설계유형에 속하는 표본추출법들을 구체적으로 개관한다(Lin, 1976 : 147-166; Selltiz *et al.*, 1976 : 517-540; Smith, 1975 : 114-130; Warwick and Lininger, 1975 : 76-110; Frankfort-Nachmias and Nachmas, 2000 : 167-177; Neuman, 2003 : 211-234; Rubin and Babbie, 2008 : 340-361; 이만갑 외, 1982).

Ⅰ. 확률표집법

순전히 확률적인 절차로 뽑을 때, 모집단의 요소들을 표본으로 추출할 개연성(chance)은 모두 동등하며, 각각의 요소를 추출할 확률을 정확히 알고 표집하면, 이를 확률표집이라고 한다. 이 방법에도 기본형과 몇 가지 변형들이 있다.

1. 단순무작위표집법(Simple Random Sampling 또는 Simple Random Selection : SRS)

확률표집법 가운데서 가장 기본적인 유형이 단순무작위표집법이다. 이 방법에서는 각 요소가 표본으로 뽑힐 확률이 동등하다는 원칙이 중요하다. 그리고 각 요소는 직접 개별적으로 추출하는 절차를 밟는다. 가령 18,000명이 있는 모집단에서 200명만 표집한다고 할 때, 표집률(표집될 확률) f는 표본크기 n 나누기 모집단크기 N, 즉 $f = \frac{n}{N}$ 이므로, 이 보기 $f = \frac{200}{18,000} = \frac{1}{90}$ 이다.

확률표집에도 환원표집(sampling with replacement)과 비환원표집(sampling without replacement)의 두 가지 접근이 있다. 환원표집이란 한번 표본으로 뽑힌 요소를 다시 모집단으로 되돌려 보내서 원상으로 환원시켜 놓고 다시 표집하는 방식으로서 이 때는 한번 뽑았던 것을 다시 추출할 수도 있고, 비환원법은 한번 뽑으면 다시 모집단으로 돌려 주지 않는 방법이다. 어쨌든 이론적으로는 역시 환원법이 더 원칙에 충실한 셈이다.

구체적으로는 표집의 틀이 정해지면 그것이 포함하는 모든 요소에다 개별적인 번호를 매긴다. 그런 다음 〈부록 Ⅲ〉에 보기를 든 것과 같은 난수표(table of random numbers)라는 것을 쓰든지, 아니면 눈감고 제비뽑는 식으로 하나씩 골라 낸다. 요즘은 컴퓨터로 이 작업을 쉽게 할 수 있다.

그런데 이 방법이 고전적 표집설계이기는 하지만, 사회과학에서는 실지로 별로 쓰지 않는다. 거기에는 한두 가지 현실적인 이유와 또 이론적인 근거가 있다. 우선 표집틀의 성격과 관계가 있다. 처음부터 표집틀 자체가 아주 간단하든지, 목록에 담긴 요소들이 일정한 번호를 이미 갖고 있든지, 일정한 순서가 있든지 하지 않으면 단순무작위표집은 아주 어렵다. 다음으로 정확성(precision)이라는 면에서는 이 방법이 가장 좋다고만 할 수 없다. 결과적으로 매우 편의가 심한 표본을 추출할 확률은 다른 방법보다 높기 때문이다. 또한 대규모 인구집단을 대상으로 하는 연구에서는 개인요소들을 전부 목록에 담아서 이들을 개별적으로 무작위추출하기가 쉽지 않다. 그래서 1930년대부터는 지역표집법(area sampling)이라는 것을 개발하여 활용해 왔다. 가령 도시나 전국의 지도를 가지고 지역을 표집단위로 무작위추출한 다음, 구역 · 거주단위 · 개인의 수준으로 무작위표집하는 방법을 쓴다.

2. 계통적 표집법(systematic sampling)

이 접근에서는 표집급간(sampling interval)과 표집비(sampling ratio)라는 개념을 쓴다. 가령 모집단 5,400명(N) 중 표본크기 270명(n)을 뽑겠다면, 표집급간 $I=\frac{N}{n}$, 즉 $I=\frac{5,400}{270}=20$ 이다. 그러니까 매 20번째 요소를 추출한다는 뜻이다. 이 때 표집비는 $f=\frac{n}{N}$, 즉 $\frac{1}{20}$, 로서 모집단요소들 중 표본에 뽑힌 요소의 비를 말한다. 이들의 관계는 $I=\frac{N}{n}=\frac{1}{f}$ 과 같다. K째가 20번째라는 기준이 정해졌으면, 1에서 20 사이의 숫자 아무거나 하나를 난선법으로 골라서 그 숫자에서 세어 20(K)번째 요소를 차례로 뽑는다. 이런 뜻에서 이 방법을 계통적 표본추출법이라고 한다.

이 방법에서는 일단 첫번째 표본요소가 추출당한 뒤부터는 다른 모든 요소가 그것에 통계적으로 종속되기 때문에, 무작위추출의 확률원칙에서 중요한 각 요소 간의 독립성을 보장할 수 없다는 이유로 의사무작위추출법(pseudorandom selection)이라는 평을 받는다. 그러나 모집단의 요소들을 목록에 담을 때 이미 난선화가 되어 있다면, 그런 문제는 해소되고 계통적 추출법이 곧 단순무작위표집과 같은 효과를 가지게 된다.

다만, 계통표집에서 유의해야 할 위험성은 목록 자체가 일정한 주기성(periodicity)을 갖는 것이면 편의를 일으킨다는 점이다. 가령 군대연구에서 전부대원의 명부를 가지고 매 10번째 장병을 추출했더니 모두가 하사라는 결과가 생길 수 있다. 명부 자체를 10명 단위의 분대순으로 작성했다면, 분대장인

하사만 뽑힐 수 있다. 따라서 목록의 성격을 잘 검토하여 필요한 조처를 취해야 한다.

3. 층화표집법(stratified sampling)

위의 두 가지 무작위표집법은 확률원칙에서 좀더 정통적이고, 표본의 대표성도 어느 정도 보장하면서 오차의 추정을 가능케 한다는 장점을 지닌다. 그러나 현실적으로 불편이 있다는 점을 들었다. 이에 비하여 층화표집법은 되도록 표집오차를 줄여 주면서 대표성을 강화시켜 주는 방법이 될 수 있다.

잠시 확률표집이론으로 되돌아 가면, 우선 표본의 크기와 표집오차는 반비례한다고 했다. 그리고 역시 확률분포이론에 따르면, 이질적인 표본보다는 동질성이 큰 표본에서 표집오차가 줄어든다는 명제가 있다. 층화표집법은 바로 이 이론에 기초하고 있다. 무턱대고 모집단전체요소로부터 난선하기보다는 처음부터 모집단의 어떤 하위(부분) 범주(subsets)들에 속한 요소들을 일정수 반드시 확보함으로써 표본과 모집단의 동질성, 따라서 표본의 대표성을 높이려는 접근이다. 동시에 부분범주의 동질성을 보장함으로써 표본의 크기도 줄이는 이점이 있다.

간단히 말해서 이 접근에서는 먼저 모집단에 대한 지식을 전제하고, 모집단을 의미 있는 계층 또는 유층(strata)과 같은 부분범주들로 나눈 다음, 각 계층에서부터 무작위표집을 하는 절차를 밟는다. 대학생같으면 학년별 유층이 있을 것이고, 일반인구라면 사회계급 또는 도시지역과 농촌지역 같은 범주들이 있다. 이 때 어떤 변수(들)를 가지고 모집단을 층화할지를 조심스럽게 결정해야 한다. 실질적으로는 어떤 변수들로 모집단을 구분할 수 있을까 하는 표본기초자료의 입수 여부가 이를 좌우하기도 한다. 그렇더라도 변수의 선정은 연구의 중심틀인 이론과 의미 있게 유관적합한 기준에 입각해서 해야 한다. 때에 따라서는 분석을 위한 변수와 표본의 층화에 이용할 변수를 확연히 구별하는 것이 중요하다. 가령 계급은 분석적 변수로서 매우 중요하겠지만, 이를 층화의 변수로 삼아 표본추출을 하려면 여러 가지 현실적인 어려움이 따를 수 있다.

끝으로, 한 가지 덧붙일 것은 층화표집에서 각 유층의 표본크기를 모집단의 각 부분범주층의 크기에 비례해서 뽑거나(proportionate) 혹은 표본크기를 층마다 고르게 얻기 위해서 모집단의 부분범주의 크기와는 상관없이 비비례적

(disproportionate) 표본을 추출할 수도 있다는 것이다. 특히 이 후자에 대해서는 다시 자세한 설명을 하겠다.

그리고 앞서 계통표집을 생각할 때, 만일 표집틀 혹은 목록이 처음부터 일정한 유층으로 체계적으로 나누어진 것이면, 결국 그것은 일종의 층화표집이 된다. 이 때 무작위계통표집은 곧 비례층화표집을 결과할 것이다. 요컨대 특정변수상으로는 층화표집이 대표성을 증대시켜 주는 접근임에 틀림없다.

4. 집락표집법(cluster sampling)

지금까지 살펴본 표집법들은 그 어느 접근이든 표집단위가 개별 요소라는 데서 공통하다. 층화표집도 모집단을 몇 개의 묶음(층)으로 나누기는 하지만, 추출대상은 그 층이 아니라 개인(요소)이다. 그러기 위해서는 그 개별 요소들을 전부 포함하는 목록이 있어야 가능한데, 실제 상황에서는 그런 목록이나 명부를 입수하기가 쉽지 않다. 따라서 비교적 개별 요소의 목록을 얻기 쉬우리라고 보는 몇 개의 부분단위로 모집단을 나누되, 그 부분단위부터 표집하는 절차를 우선 밟는 접근이 있다. 이를 집락표집이라 한다.

집락은 주로 지리적 구획과 같이 자연스럽게 나뉘어졌거나 행정적으로 혹은 조직체제상 구분한 단위들을 일컫는다. 가령 전국을 호남 · 영동 지방 등으로 나눈 것이나, 시 · 도 · 구 · 군 등 행정구역, 혹은 학교군 · 병원 · 도시 안의 자연지역(natural area)이나 센서스구역 같은 것들이 집락의 보기들이다.

집락표집을 할 때 집락 사이에는 되도록 이질성이 크고, 각 집락 안에서는 요소들간의 동질성이 커야 그 대표성이 높아진다. 다시 말해서 모집단의 이질성을 대표하기 위해서는 서로 다른 성격의 집락들을 뽑는 게 유리하지만, 각기의 집락 안에서는 요소들간에 서로 비슷해야 층화표집처럼 작은 표본으로 모집단을 대표하기가 쉬워진다는 뜻이다. 그러니까 이론상으로는 집락의 수가 많고, 각 집락에서 추출하는 표본의 크기(요소의 수)가 크면, 그만큼 대표성과 추정치의 정확성을 높일 수 있다. 그러나 집락표집의 주요 존재이유는 바로 능률이라는 점을 참작해야 한다.

집락표집을 하는 주된 까닭은 몇 군데 대표적인 집락에 집중표집함으로써 비용 · 시간, 그리고 작업의 질면에서 능률을 올리고자 하는 데 있다. 우선 모집단의 총목록을 구하기 어렵고, 만일 단순무작위표집과 같은 원칙에만 매여 표집한다면 표본에 뽑힌 요소들이 지리적으로 무한히 분산될 우려가 있기 때문이다. 그런데 집락의 수 자체가 너무 많아지고 각 집락에서 뽑는 표본의 크기가 너무 커지면 능률이 떨어져서 집락표집할 이유가 사라진다. 이 점이 하나의 딜레머지만, 현실적으로는 대표성과 정확도를 약간 희생하더라도 편리함과 능률을 따라 이 방법을 많이 쓴다. 다만, 앞서 누누히 말했듯이 집락간의 이질성과 집락 내의 동질성만 잘 확보하면, 확률이론에서 말하는 작은 표본으로도 동질성 때문에 표집오차를 줄일 수 있다.

5. 다단계표집법(multistage sampling)

그런데 실제 표본조사에서는 대개 다단계집락표집법(multistage cluster sampling)을 자주 쓴다. 집락의 표집을 한번만 하고 곧 개별 요소를 추출하는 대신, 몇 단계로 집락을 무작위추출하는 방식이다. 〈그림 6-2〉에서 추상적으로 예시한다.

그뿐 아니라 집락과정에서 한두 번 층화표집을 가미하는 다단계층화집락표집법(multistage stratified cluster sampling)을 쓰기도 한다. 물론 되도록 단계마다 무작위추출을 원칙으로 한다. 이것을 예시하기 위해서 〈부록 I〉에 서울대학

〈그림 6-2〉 다단계집락표집의 보기(3단계의 예시)

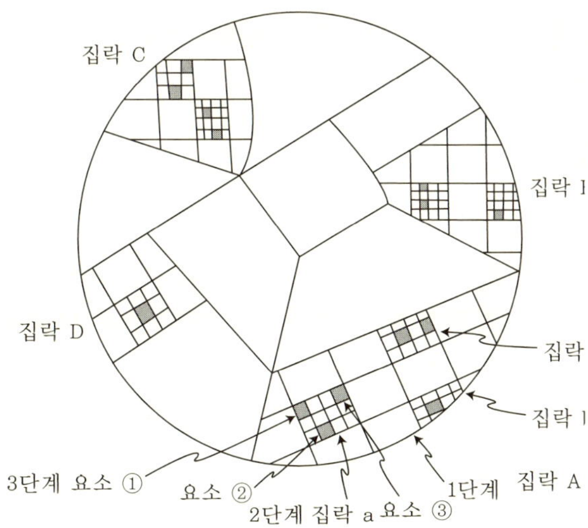

자료 : McGaw and Watson(1976 : 36) 참조 재구성.

교 사회과학연구원에서 적용한 보기를 제시한다.

요컨대 집락표집은 절차상 목록작성과 표집을 두 번 이상 반복하는 표집법이다. 먼저 집락의 목록에서 표집하고, 다음 또 한번 이상 소집락을 표집하게 되면 그 목록에서 다시 표집하고, 마지막에는 최소단위집락 내의 요소목록에서 요소를 표집하는 식의 반복인 것이다.

6. 비례표집과 비비례표집의 검토

확률표집의 기본원리는 모집단의 개별 요소들이 표본으로 뽑힐 확률이 같아야 한다는 것이다. 그런데 층화표집이나 집락표집에서는 그 부분단위들과 그 속에 담긴 요소들의 피선택확률을 꼭 같이 확보하는 게 일단 쟁점이 될 수 있다. 물론 그러기 위해서 층화표집에서는 각층의 모집단크기에 비례하는 무작위표집을 하면 되고, 집락표집에 있어서도 모든 집락이 뽑힐 확률을 같이 주고, 각 집락의 요소들도 마찬가지 확률원칙에 따라 추출하면 된다.

예컨대 100,000의 요소를 지닌 모집단에 서로 크기가 다른 1,000개의 자연스러운 집락이 있다. 여기서 1,000의 크기를 가진 표본을 추출한다면 우선 집락을 $\frac{1}{10}$ 인 100개를 무작위로 뽑고, 100개 집락 각각에서 또 $\frac{1}{10}$ 의 요소들을 뽑으면 목표 1,000개를 추출하고, 이 때 각 요소의 표집확률은 $\frac{1}{10} \times \frac{1}{10} = \frac{1}{100}$ 이 된다. 그런데 실지로는 집락들의 규모(요소의 수)가 아주 다양하고 소규모의 집락들이 다수인 게 보통이다. 결과적으로 표본은 많은 소규모 집락과 극소수의 대규모 집락을 포함하게 될 터인데, 실제 대규모 집락에 속한 요소가 전체 모집단의 대다수임에도 불구하고 이들이 대표할 기회는 사실상 그만큼 줄어들게 된다. 그러니까 무조건 일정한 비율을 꼭 같이 적용하면서 확률을 같이한다는 데에는 문제가 있다.

이에 대한 하나의 대안으로서 규모비례확률표집법(Probability Proportionate to Size-PPS-sampling)을 생각할 수 있다. 집락의 규모를 감안해서 표집집락의 수도 늘이고, 대규모 집락의 요소가 뽑힐 대표성도 확보하면서 동시에 요소의 표집확률을 동일하도록 하려는 조치다. 제 1 단계에서는 규모에 따라 표집확률이 다르게끔 비례적으로 집락을 뽑지만, 제 2 단계에서는 집락마다 추출할 요소의 수를 같게 함으로써 실제로는 각 요소가 동일한 확률을 갖게 하는 방법이다. 가령 100가구를 지닌 마을(집락)은 10가구의 마을보다 집락으로 뽑힐 확률은

10배 크지만, 각 마을에서는 5가구만 뽑는다면 100가구 마을에서는 $\frac{5}{100}$, 즉 $\frac{1}{20}$ 의 확률로, 10가구 마을에서는 $\frac{1}{2}$ 확률로 가구를 표집함으로써 결국 확률을 동등화시키려는 것이다. 공식으로 나타내면,

$$\left(\begin{matrix}\text{요소}\\ \text{확률}\end{matrix}\right)=\left(\frac{\text{추출}}{\text{집락의 수}}\right)\times\left(\frac{\text{집락크기}}{\text{모집단크기}}\right)\times\left(\frac{\text{집락당 추출요소}}{\text{집락크기}}\right)$$

가 된다.

다른 말로 모집단의 요소가 뽑힐 확률 $f=\frac{n}{N}$, 즉 표본크기 나누기 모집단크기인데, 위의 공식을 풀어 보면 집락의 수를 E_c, 집락의 규모를 C, 모집단 규모를 N, 각 집락당 요소를 e_c로 표시하고, $E_c\times e_c=n$(표본크기)이 될 터이므로, 각 요소의 표집확률 $f=E_c\times\frac{C}{N}\times\frac{e_c}{C}$가 된다. 여기서 분자 C와 분모의 C가 상쇄되어 $f=E_c\times\frac{e_c}{N}$, $E_c\times e_c=n$이므로 $f=\frac{n}{N}$ 이 된다는 풀이다.

물론 실지조사에서는 두 가지 수정을 할 수도 있다. 첫째는 아주 규모가 큰 집락은 반드시 표집할 필요가 있다면, 이들을 일단 층화시켜서 미리 뽑아 놓고 나머지는 비례적으로 추출한다. 둘째로 집락의 규모가 너무 작아서 각 집락에서 얻어 내야 할 최소요소의 수보다 작으면, 이런 소규모 집락들은 한데 묶은 조합을 표집단위로 간주한다.

이러한 비례표집법(PPS)이 아니라, 비비례표집 혹은 불균등확률추출법(Unequal Probabilities of Selection : UPS)을 쓰면서 확률표집의 원리를 지키는 수가 있다. 물론 이 때는 표집확률이 모든 요소에 같이 적용되지는 않지만, 그 확률을 알고는 있다는 뜻이다. 이와 같이 확률이 서로 다른 비비례표집이 필요하게 될 때란 다음과 같은 것들이다.

첫째, 층화표집설계에서도 마찬가지지만, 집락표집설계에서도 처음부터 어떤 부분범주는 전체적으로 모집단에서 차지하는 비율이 아주 보잘것 없이 작지만, 이론이나 분석의 안목에서 보면 연구에 따라서는 매우 중요한 것이 있다. 상류계급 같은 것이 그 보기다. 이런 부분범주는 인구비례로 뽑으면 표본크기가 너무 작아서 결과적으로 통계분석도 불가능할 뿐더러, 추정치의 표준오차가 너무 커질 것이다. 그러므로 모집단크기와는 관계 없이 비비례적으로 충분한 수의 요소를 확보해야 한다.

둘째, 표본추출과 현지조사(면접 등)의 비용을 줄이기 위해 이런 접근을 쓸

때가 있다. 사회에 따라서는 특정지역이나 집단 · 계층 같은 부분범주들의 표집이나 현지조사가 까다롭든지 어려운 때가 있는데, 이런 지역은 접근이 쉬운 지역에 비해 되도록 최소한으로 표본 크기를 줄일 필요가 생기기도 한다.

셋째, 이른바 적정화(optimization)라는 통계원리에 따라 비비례표집이 필요할 때가 있다. 어떤 특정변수의 변산치(분산치, Variance)가 서로 다른 부분범주들로부터 표집하면, 표본의 변산치도 달라질 수밖에 없다. 그러므로 표본의 변산치를 적정화하기 위해서는 변산치의 크기에 따라 표집을 달리하는 방법을 요구할 때가 있다. 다시 말해서 표본의 변산치를 골고루 대표하기 위하여 원래의 변산치를 그대로 반영하지 않고, 몇 가지 변산치를 가진 부분범주들만 골라서 표집에 포함시킨다는 말이다.

이런 이유에도 불구하고 비비례표집의 한 가지 가장 중요한 약점은 표집요소들에 대하여 일정한 가중치를 부여하는(weighting) 작업이 필요하며, 이 가중치는 분석할 때마다 따라 다녀야 한다는 것이다. 그렇지 않으면 비비례표집은 원칙적으로 모집단의 모습을 왜곡시켜 표상하기 때문이다.

끝으로, 실지 절차상 비비례 · 불균등 확률표집설계는 두 가지 접근으로 시행할 수 있다. ① 모집단을 계층 내지 집락으로 나누고, 각 범주에 상이한 표집률을 적용하는 방법, ② 특별히 층이나 집락 같은 범주는 정하지 않더라도 목록에 올라 있는 요소들 가운데 특수한 형태나 종류의 것에 표집확률을 높게 또는 낮게 적용하는 방법이 그것이다.

어쨌든 확률표집법은 그 어느 설계로 접근하든지 연구자의 의식 · 무의식적 편의가 표집절차에 개입하지 못하고, 표집오차를 추정할 여지를 허용한다는 이유만으로도 매우 중요한 것임을 명심할 필요가 있다.

Ⅱ. 비확률표집법

확률표집이 이론적인 원칙에서 보면, 대표성의 확보와 오차의 추정가능성 등의 기준에서 이상적인 것만은 틀림없다. 그러나 실제 연구조사의 상황에서는 확률표집이 불가능하거나 비현실적인 때가 자주 있다. 우선 모집단 자체의 범위를 한정시키지 못할 수 있다. 전국의 대학생이라면 비교적 쉽사리 한계가 뚜렷하지만, 전국의 실업자라든지 약물중독자 같은 보기는 그렇지 않다. 다음,

모집단은 한계가 분명하더라도 목록이나 명부를 구하지 못하든지 작성할 수 없는 수가 많다. 표집틀을 갖지 못하면 확률적인 표집은 공론에 불과하다. 게다가 위에서도 지적했지만, 확률원칙에 충실하면 할수록 비용과 시간, 인력을 더 많이 소요한다.

이런 여러 가지 이유를 현실적으로 감안할 때 반드시 확률표집이 불필요하든가, 아니면 불가능할 수가 있다. 이에 대처하기 위한 대안들로서 비확률표집의 설계들을 구상하게 된다. 특히 질적 접근을 하는 연구에서는 거의 다 비확률표집법에 의존한다. 이들의 주요 보기를 간단히 소개하기로 한다. 다만, 분류나 명칭이 학자에 따라 조금씩 다르기 때문에 이를 종합해서 재분류하였다.

1. 임의표집법

편의적 · 우발적 표집법(conveniemce, accidental, haphazard sampling)이라고 흔히 부르는 임의추출법은 가장 확률성에 자신이 없는 방법이다. 일단 쉽게 만나서 조사할 수 있는 사람들을 대상으로 표집하는 방법이다. 대표적인 보기가 TV 방송국에서 100명의 성인남자를 면접할 때 아무나 지나가는 사람을 잡고 질문하는 것처럼 이른바 '길거리에 지나가는 사람들의 면접'이 좋은 보기다. 자원피조사자(volunteer subjects)라든지, 과거에 이미 일어난 사상들의 항목을 표집하는 것도 이에 해당한다.

2. 동질적 유의표집법

목적적(purposive) 표집이라고도 하는 이 방법은 그 종류가 여러 가지 있는데, 그 중 동질적 유의표집법(homogeneous purposive sampling)은 이론적으로 중요한 변수에 대하여 한정된 범위의 표본만을 추출하는 접근이다. 여기에도 ① 어떤 변수상으로 극단적인 값을 갖는 사례들만을 대표하든지 과잉표집하는 극단적 사례표본(extreme case sample)과, ② 비교적 빈도가 낮은 사례들만 특별히 고르는 희귀요소표본(rare element sample)이라는 두 가지 형태가 있다. 예컨대 집단응집력연구를 위해 에베레스트등반대만을 골라 연구한다면 극단적 사례표본이 되고, 인구조절연구에서 정관수수을 받은 남자만 대상으로 삼을 때, 또는 성인남자 중 독신자를 대상으로 할 때 등이 희귀요소표집법의 예가 될 수 있다. 이런 희귀요소표본을 때로는 '일탈적 사례표본'(deviant case sample)이라고도

하는데, 물론 여기서 일탈이라는 말은 가치중립적인 통계적 의미만을 갖는다.

3. 이질적 유의표집법

같은 목적적 유의표집이지만 동질적 유의표집에서는 비슷한 사람들만을 표집하는데, 실제 사회과학의 연구에서는 여러 가지 성질의 대상을 표본으로 추출할 필요가 있을 때가 더 많다. 여러 종류를 대상으로 뽑는 데에도 대표성을 고려하는 일반적인 대표적 유의표집(representative purposive sampling)이 있고, 그 대표성은 문제의 변수와 관련 있는 여러 가지 행동특성이나 상황조건을 대표한다는 뜻이다. 이런 식의 대표성은 물론 확률적 대표성을 뜻하는 게 아님을 주의할 필요가 있다.

4. 할당표집법

대표성을 강조하는 이질적 유의표집으로서 사회과학에서 자주 활용하는 또 하나의 특수한 방법은 할당표집법(quota sampling)이다. 이는 말 그대로 모집단을 구성하는 갖가지 다양한 요소들을 되도록 골고루 표집할 수 있도록 하자는 데 주안을 둔다. 특정변수들을 중심으로 모집단을 몇 개의 부분범주들로 나눈 다음, 각 범주에서 모집단의 인구수에 비례하는 비율로 표본을 추출하는 절차를 밟는다.

가령 전국표본을 뽑을 때 도시와 농촌, 남녀, 나이 25세 미만의 집단, 근로자계급, 기독교인 같은 범주들을 차례로 행렬(matrix)에다 배열하고, 각 범주의 상대적 비율에 따라 비례적으로 표집하되 무작위표집은 아니고, 그런 특성을 지닌 대상을 각 범주에서 일정한 숫자만 확보하는 것이 목적이다. 따라서 여기에는 현지조사원(면접원)의 주관적 판단이나 현지의 상황적 조건이 개입할 소지가 있다. 이런 면에서 할당표집은 편리성과 대표성의 장점에도 불구하고 편의의 여지가 크고, 또 할당을 위한 분류의 변수가 너무 많으면 행렬이 복잡해져서 불편하다는 약점이 있다.

5. 구조적 표본

구조적 표본(structural sample)이란 지배의 위계서열, 사회측정법(소시오메트리)의 그물 또는 의사소통 그물과 같은 구조적인 관계상의 위치 때문에 표집당한 표본을 일컫는다. 이것은 어디까지나 이론적인 의미로 보아 중요성을 띠는 특정관계 속의 단위를 표집단위로 삼는 특수한 방법이다. 예로 비교적 자생적으로 우연히 형성하는 집단에 관한 연구를 위해서 의사당 · 광장이나 공원 같은 공공시설, 터미널 · 대학교정 같은 데서 저절로 자유롭게 형성하는 집단의 표본들을 얻는 것이 그 보기가 된다.

6. 전략적 제보자표집법

그런데 인류학에서 주로 많이 활용하지만, 사회학에서도 차츰 도입하고 있는 특수한 표집법으로서 동질적인 동시에 구조적인 표본추출법을 일컬어 전략적 제보자표집법(strategic informant sampling)이라 한다. 이는 특히 사회조직체 · 지역공동체 · 총체적 사회(감옥 · 정신병동 등)를 연구하는 데 유용한 것으로서, 지식과 정보의 불균등배분을 전제로 가정하는 접근이다. 따라서 특정집단의 성격에 관하여 가장 정확하고 일차적인 정보를 가장 많이 지녔다고 볼 수 있는 사람들을 표본으로 뽑는 방법이다.

이 접근에도 두 가지 변형이 있다.

(1) 누적적 표집법(snowball sampling)

눈덩이 굴리듯 전략적 제보자의 목록을 만들어 가면서 그들로부터 또 다른 후보제보자들의 명단을 얻어 내는 식으로 누적해 가는 방법이다.

(2) 전문가선발표집법(expert choice sampling)

그 방면의 전문가라고 인정할 수 있는 사람들로부터 연구대상의 표본으로 가장 적합한 제보자의 명단을 얻어 내는 접근을 말한다.

7. 판단표집법과 기타 용어

판단표집법(judgment sampling)은 넓은 뜻으로 쓰면 유의표집을 통틀어 일컫는 것이라는 학자가 있는가 하면, 이것은 하나의 특수한 표집법으로 간주할 때가 있다. 어떤 방법으로든 표집기준만을 명시한 지침서를 만든 다음, 현지조사원 또는 면접자에게 마지막 표집단위의 추출은 전적으로 그의 판단에 의거해서 실시하도록 할 때를 판단표집법이라 하기도 한다.

사실 우발적 임의표집을 제외하면 나머지 비확률표집방법은 모두 유의적 · 목적적 판단표집이라고 해석할 수 있다. 그런가 하면 모든 유의적 표집은 또 이론적 표집(theoretical sampling)이라고 하는 관점도 있다. 그 이유는 어떤 유의성이 개입하든 그것은 반드시 이론적으로 의미 있는 판단에 근거하여 이론적으로 관련 있는 변수를 중심으로 표본을 추출하는 게 원칙이기 때문이다.

8. 공간표집법

모집단 자체가 동적이고 한 곳에서만 형성되어 머물러 있지 않는 수가 있다. 가장 좋은 보기가 시위 같은 군집행동이다. 일정한 한정된 모집단이 없고, 참가자들은 계속 장소를 바꾸며 움직일 것이다. 그 속에서 부분집단이 생겼다가는 해체하고, 자리를 뜨는 이가 있는 반면 새로 가담하는 사람도 있다. 이런 상황에서는 굳이 집단 자체를 규정하고 표집하려 하기보다 어떤 주요 사건이 일어나는 공간을 표집대상으로 삼고, 그 공간 안에서 동시에 몇 명의 조사원이 사람들을 표집하는 방법을 취할 수 있다. 이것은 공간표집(spatial sampling)이라 하며, 사회운동 · 군집행동의 연구에 적절하다. 여기서 유의할 것은 공간 자체가 모집단을 규정하므로, 시간적 변동을 허용하지 않고 재빨리 동시에 표집을 마쳐야 한다는 점이다.

9. 시간(연속) 표집법

위에서 고찰한 것은 모두 하나의 시점에서 공간적으로 모집단을 대표한다고 보는 표본을 얻고자 하는 표집설계들이다. 그러나 이런 정태적 표집은 몇 가지 한계를 내포한다.

첫째, 표집할 당시의 시점이 모든 시기의 전형적인 때라는 가정이 담겨 있는데, 반드시 그렇지 않다는 것은 더 말할 나위도 없다. 물론 연구의 목적과 성격상 시간차원을 덜 중요시하거나 무시해도 좋을 때는 예외다.

둘째, 오랜 시간에 걸친 장기적 · 계절적(순화적) 추세나 변동을 추적하는 데 난점이 있다.

셋째, 유의표집밖에 할 수 없는 상황에서 한번의 표집은 확률성에 문제가 있지만, 시간적으로 표집함으로써 결과적으로 확률표집을 얻을 가능성이 있다.

따라서 위의 확률 · 비확률표집법 중 어느 하나 또는 그 조합으로든지, 한 번의 표집에 그치지 않고 두 번 이상 반복 · 시간적 · 연속표집(repetitive, 혹은

〈참고자료 6-1〉 표집설계의 비교요약

표집법	해설	장점	단점
1. 단순무작위표집	모집단의 요소마다 특정번호를 주어 난수표로 표집한다	① 모집단에 대한 사전지식이 거의 불필요하다 ② 분류오차의 여지가 거의 없다 ③ 자료분석과 오차계산이 쉽다	① 모집단에 관한 기존의 입수가능한 지식을 이용 못한다 ② 같은 크기의 표본에서는 층화표집에 비해 오차가 더 크다
2. 계통표집	모집단의 자연스런 서열을 이용하여 표집비(N/n)에 가장 가까운 정수까지의 숫자 중 무작위로 뽑은 수에서 매 $K(N/n)$에 가까운 정수 번째 사례를 표집한다	① 모집단이 중요변수에 따라 이미 서열적으로 배열되어 있으면 층화표집 효과를 얻고, 단순 표집에 비해 분산이 줄어든다 ② 표집이 쉽고 검토하기도 용이	① 모집단에 내재하는 주기적 서열과 표집급간이 맞먹어 떨어지면, 오히려 편의가 일어난다 ② 층화효과가 있으면 오차값이 커진다
3. 층화표집			
(가) 비례층화표집	최종표집단계 이전의 표집단위를 정하고, 매 단위로부터 크기에 비례하여 표집한다	① 표본단위구분의 기준이 되는 속성으로 보아 대표성을 확보하고 분산을 줄일 수 있다 ② 분류과정에서 놓치기 쉬운 요소를 놓칠 확률을 줄일 수 있다 ③ 각층의특성에 대한 추정과 비교 가능	① 각 층의 상대적 크기에 대한 정확한 정보가 필요하고, 아니면 오차가 늘어난다 ② 기존 층화목록이 없으면 목록준비에 비용이 든다 ③ 분류가 잘못되어 분산이 증대할 수 있다
(나) 적정배분층화표집	비례층화법과 같으나, 표본이 각 층의 크기와 층 내 분산도에 비례하도록 표집한다	① 비례층화표집과 같은 표본 크기에서 분산이 작다	① 각 층 내의 관련속성의 분산에 관한 지식을 요한다
(다) 비비례	비례층화법과 같으나,	① 비례층화표집보다	① 모집단의 특성을 결

층화표집	표본크기가 표본단위의 크기와 비례하지 않고 분석적 목적·편리성 위주로 표집한다	층간 비교에 더 효율적이다	정하는 데 있어서 비례층화법보다 효율성이 낮다. 같은 표본 크기에서 분산이 더 크다
4. 집락표집	표집단위들을 무작위표집, 소규모 집단이 최종표집단위가 되고, 이 단위에서 전수 또는 무작위표집을 한다	① 지리적 집락일 때 현지조사비용을 절감한다 ② 선발된 집락에서만 개별목록이 필요하다 ③ 모집단과 집락의 특성추정이 가능하다 ④ 두 번 이상 같은 집락을 이용할 수 있다	① 같은 크기일 때, 다른 확률표집보다 오차가 증대한다 ② 모집단의 각 요소를 일정집락에 소속시킬 수 있어야 한다. 그렇지 않으면 개별 요소를 중복누락하기 쉽다
5. 층화집락표집	층으로 분류된 모든 표집단위로부터 집락을 다시 표집한다	① 단순한 집락표집보다 분산을 줄인다	① 집락표집의 약점에다 층화표집의 약점이 가중된다 ② 집락의 속성이 가변적일 때 층화효과는 감소하고, 추후 다시 이용 못한다
6. 반복·중다·연속표집	위의 어느 것이든 둘 이상의 표본을 시간상 계기적으로 추출, 먼저 뽑은 표본을 이용, 다시 표집하거나 후속표집의 필요성 여부를 결정한다	① 연속표본의 기획을 용이케 해 주는 모집단특성의 추정이 가능하다; 최종추정의 오차를 줄인다 ② 장기적으로 필요한 관찰사례의 수를 줄일 수 있다	① 현지조사활동이 복잡하다 ② 반복표집이 아닌 설계에 비해 계산과 분석을 더 해야 한다 ③ 비교적 소규모의 표본으로 대표성을 얻거나, 관찰사례의 수를 연구의 어느 단계에서든 편리하게 증가시킬 수 있을 때만 유용하다
7. 유의표집	현존정보에 입각, 모집단을 대표한다고 보는 부분집단을 선정하고,	① 최종표집요소들을 가까운 데서 표집할 수 있으므로, 표본	① 추정의 분산도나 편의의 추정·통제가 불가능하다

	그 집단을 전수조사하든가, 표본추출 한다	의 준비와 현지 조사활동의 비용을 줄일 수 있다	② 모집단과 선정된 부분집단에 관한 상당한 지식이나 강력한 가정이 필요하다
8. 할당표집	적정한 속성으로 모집단을 분류, 각 부분범주의 상대적 크기를 정하고, 각 연구조사자에게 할당할 표본 크기를 결정한다	① 위와 같다 ② 약간의 층화효과를 도입하게 된다	① 분류과정에서 연구조사원의 편의가 생길 수 있고, 범주 내의 임의추출가능성이 있다

자료 : Ackoff(1953 : 124)와 Miller(1977 : 54-55) 참조.

〈그림 6-3〉 표집설계의 나무

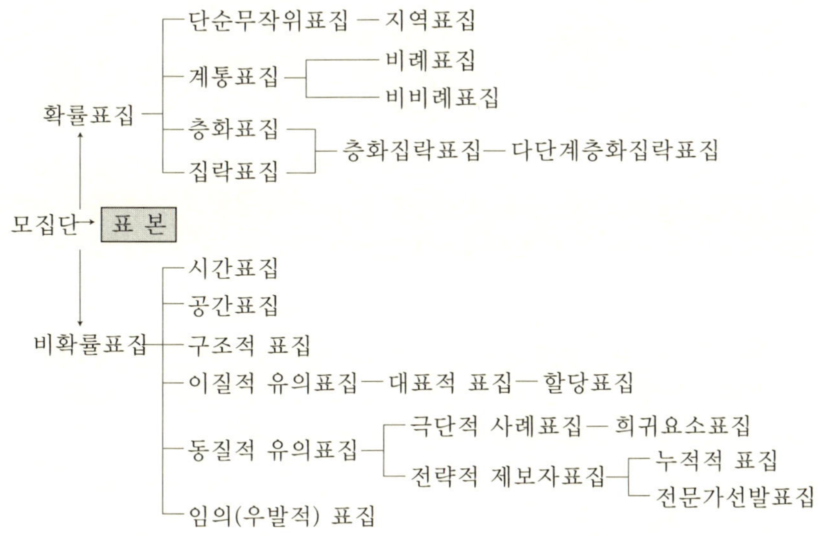

자료 : Galtung(1967 : 56); Smith(1975 : 129) 참조 재구성.

time 또는 sequential sampling)을 함으로써 그런 한계를 극복할 수 있다. 다만, 이런 시간적 표집은 표본크기가 비교적 제한되어도 대표성에 가까워질 수 있을 때 해야지, 비용과 관리가 너무 벅차고 번거로운 게 흠이다.

이제까지 개관한 여러 가지 표집설계들의 상대적 비교와 요약을 위해 〈그림 6-3〉과 〈참고자료 6-1〉을 덧붙인다. 지금부터는 실지로 표본추출을 시행하는 과정에서 유의할 점 몇 가지를 간략하나마 살펴보고 끝맺도록 한다.

제 3 절 표본추출의 실제적 유의사항

표본을 추출하는 구체적인 절차를 이 자리에서 자세하게 해설하려는 게 아니고, 표집을 하려 할 때 반드시 알아 두거나 고려해야 한층 더 나은 표본을 얻을 수 있을 것이라는 관점에서 몇 가지만을 지적하고자 한다(Babbie, 1973 : 88-91; Bailey, 1978 : 73-75; 84-91; Lin, 1976 : 159-162; Smith, 1975 : 108-114; 125-128; Warwick and Lininger, 1975 : 92-94).

Ⅰ. 모집단과 표집틀

사회과학에서는 의식 · 무의식간에 많은 일반적 언명들을 한다. 특히 어떤 사회적 단위나 인구단위에 대한 일반화를 내포한 진술을 할 때, 그 일반화의 대상이 과연 무엇인지를 확실히 규정하지 않고 막연하게 표현하는 수가 허다하다. 사회연구과정에서 우리가 일반화의 문제를 가장 예리하게 의식하면서 자료를 수집할 때는 바로 표본조사이고, 여기서 표본의 대표성이 가장 중심되는 쟁점으로 떠오른다.

그런데 표집과정에서 표본을 추출해 낼 모집단과 전대상의 성격을 분명히 하는 일은 두 가지 수준에서 생각해 볼 수 있다.

1. 전대상의 규정

전대상은 앞에서도 언급한 대로 이론적이고 가설적인 연구대상의 집합이다. 그러므로 그것의 이론적인 의의를 처음부터 명확히 규정하고, 그에 대하여 일반화한다는 생각이 뚜렷해야 한다. 그러나 실지로는 그렇지 못한 게 태반이고, 따라서 결과적으로는 막연히 모집단을 설정하여 표본부터 뽑아 놓고 그것에 입각하여 그 대표성을 인정 · 일반화할 전대상을 제시하는 결과를 초래한다.

여기에 개재하는 어려움은 사회과학의 전대상이라는 것이 사실은 매우 추상적인 것이어서 그 명확한 규정이 그리 용이하지 않다는 데 있다. 지식인 · 관료조직체 · 공업화 · 집단응집력 같은 것들이 그렇다. 게다가 이런 일반적 대상은 성격상 관계적 · 상호작용적인 것들이다. 2인구조 · 사회집단 · 조직체 · 지역공동체 · 전체사회 같은 것들이 그러하다. 그런데다 이런 사회조직의 수준들간의 관계, 그 내부의 사회적 과정, 과정과 조직수준의 상호연관성 같은 추상적이고 이론적인 내용을 담는 것이 사회연구에서 취급하는 전대상의 일반적 성격이다. 이런 어려움에도 불구하고 그것을 미리 규정해 놓고 표집을 하려는 자세는 매우 중요하다.

2. 표집의 틀의 성격

두 번째 문제는 모집단의 표집을 위한 틀의 입수 · 작성과 관련이 있다. 표본이란 결국 그것을 추출해 내는 데 쓴 표집의 틀보다 더 정확할 수가 없다고 할 정도로 틀은 중요하다. 그리고 표집틀이 현실적으로 모집단의 성격을 규정하는 셈이고, 따라서 궁극에 가서는 전대상을 조작적으로 규정하는 것이 된다.

실지로 위에서 열거한 여러 가지 사회조직의 수준에서 학교 · 동사무소(주민자치센터) · 구청 · 중앙정부 · 교회 등등 기관들이 모종의 목록들을 마련해 가지고 있다. 대개의 상황에서 조사자들은 이미 있는 목록들을 표집틀로 활용하게 된다. 목록의 작성 자체가 때로는 표집이나 혹은 자료수집작업보다 더 어렵거나 번거로울 수도 있다. 그러나 기존의 목록은 그 나름의 한계를 안고 있다는 데 주목해야 한다.

첫째, 목록이 있어도 대외비로 보여 주지 않으려 할 수 있다.

둘째, 목록 자체가 불완전하므로 이미 일정한 편의가 존재할 수 있다. 가령 전화번호부는 아주 빈한한 계층과 아주 부유한 계층이 빠질 수 있고, 또 한 집에 번호가 둘 이상 있거나, 남자의 이름이 주로 기재될 수 있다.

셋째, 이동상황이 불완전하게 기록됨으로써 목록이나 목록의 기호가 되는 문서 자체가 미흡할 수가 있다. 주민등록부의 전입 · 전출을 수시로 기록해야 하는데, 실제 주거인물과 서로 맞지 않을 때가 있다.

넷째, 실제 표집과정에서 목록에는 있으나 직접 만날 수 없는 사례들도 꽤 있다.

요컨대 표본조사의 결과는 결국 표집틀을 구성하는 요소들의 집합에 대해서만 일반화할 수밖에 없다는 점을 명심하여 표집틀의 입수와 작성에 임해야 한다. 그러므로 기존의 것이든, 새로 만든 것이든 불완전하거나 편의가 존재하지 않는지를 잘 검토하여 필요한 수정을 가한 뒤에 표본추출을 실시하도록 유의해야 한다.

Ⅱ. 표본크기의 결정

표본추출을 할 때, 당장에 가장 중요한 결정사항은 표집의 규모다. 표본의 대표성을 기준으로 말하자면, 많을수록 안정감이 있다고 하겠다. 그러나 표본크기가 늘면 그만큼 비용이 더 든다는 현실적인 고려가 따르기 때문에, 경제적으로 하면서 대표성을 높일 길은 없는가 하는 효율성의 관점에서 적정크기를 찾고자 하는 것이다.

물론 표본의 크기는 무엇보다도 모집단의 규모와 연구목적에 따라 다르다. 그러나 실제적으로 가령 통계분석의 안목에서 최저수준이 30사례의 표본이라고 하는데, 이는 백분비(%) 계산의 최저선과 맞먹는다(어떤 이는 25로 낮추기도 한다). 역시 백분비의 안정성을 믿으려면 최소한 100사례는 있어야 한다는 견해도 있다. 그렇지만 이것만으로는 실질적 기준이 되지 않는다. 가령 적어도 2개의 변수를 가지고 2×2표를 작성하되, 카이자승(x^2)의 계산을 요한다면 네 개의 칸(cell)이 생길 터인데, 각 칸에 최소한 5사례는 들어가야 x^2의 의미가 있다는 규준이 있다. 아래 〈그림 6-4〉에서 보면 최저 30사례가 필요한 셈이다.

그러므로 표본크기는 분석할 변수의 종류와 수, 그리고 각 변수를 분석할 때 몇 개의 범주로 나누어 분석할지에 따라서도 달라질 수 있다. 예컨대 2개의

〈그림 6-4〉

		성별		
		남	여	
나이	40−	5	10	15
	40+	10	5	15
		15	15	30

변수(종교 · 계급)를 쓰되 각 변수에는 4개의 범주를 두고(기독교 · 불교 · 유교 기타 종교, 상류 · 중상 · 중하 · 하층 계급) 표를 만들 때, 16개 칸이 생긴다. 각 칸마다 5사례라 해도 표본크기는 80이 되고, 10사례면 160으로 늘어난다.

이와 같은 실질적 고려사항말고도 통계이론상 표본크기를 결정하는 데에는 ① 모집단의 크기, ② 모집단의 변산도 혹은 이질성-동질성의 정도, 그리고 ③ 표본의 통계치에 의한 모집단의 모수치추정시에 바라는 신뢰도의 범위 내지는 정도 등이 좌우한다. 이 셋은 서로 깊은 연관성을 가지고 표본크기에 영향을 미치는데, 여기에서는 통계이론의 기술적인 해석은 하지 않겠다. 그 원리만 간단히 살펴본다.

첫째, 모집단이 크면 표본의 크기도 상대적으로 크기를 기대하는 게 보통이다. 이 기대는 원칙적으로 틀림이 없지만, 다른 고려사항도 있다. 앞서 확률(표집) 분포에 관한 해석에서 언급했듯이 표본이 크면 표본평균이 모집단평균에 근접한다. 그렇다고 해서 표본의 크기가 반드시 모집단의 크기에 비례해서 커져야 하는 것은 아니고, 오히려 표본크기의 절대치가 커지는게 더 중요하다. 이는 표집오차(표준오차)의 계산에서 표본과 모집단의 비($f=n/N$)는 실지로 큰 비중을 차지하지 않는다는 이유 때문이다.[2)] 가령 미국처럼 유권자가 8천만이나 되는 사회에서 선거조사를 할 때 표본크기 2천명 내외로 족하다는 것은 바로 이 원리에 따른 것이다.

둘째, 그러나 모집단이 너무 이질적이면 그만큼 표본의 크기를 늘여야 할 필요가 커진다. 완전히 동질적인 모집단에서는 1개의 표본으로도 족하다는 원칙과 같다. 이질적인 모집단이라도 만일 특정속성(변수)에 의하여 층화 또는 집락표집을 할 수 있으면, 표본의 크기를 최소한으로 줄이면서 대표성을 확보하는 데 기여하게 된다. 층화표집에서는 표집오차는 각 층의 표본크기에 따라 달라지지 전체표본의 크기에 따라 차이가 나는 게 아니다. 다만, 각 층 간의 모집단의 크기가 너무 달라서 비비례표집의 필요성이 있을 때는 가중치를 부여해야 하는 부담이 따른다. 한편 집락표집에서는 집락의 수가 만아지면 각 집락안에서 추출할 단위요소의 수가 한정될 소지가 크다는 점에 유의해야 한다. 이때 고려사항은 집락간의 이질성의 정도와 집락 내의 동질성의 정도다.

---

2) 공식으로 보면 표준오차 $S.E.=\left(\sigma/\sqrt{n}\right)\left(\sqrt{\frac{(1-f)}{1}}\right)$ 인데, f의 변화가 $\sqrt{(1-f)/1}$ 를 크게 좌우하지 않음을 짐작할 수 있다.

셋째, 신뢰도는 원칙적으로 확률표집에서만 적용가능한 개념인데, 앞에서 약간 설명했듯이 표준오차단위를 모집단(표집분포상의) 평균치로부터 몇 단위의 범위로 잡을지는 연구성격에 따라 연구자가 결정할 문제다. 대개 사회과학 연구에서는 95% 신뢰수준 내외를 기준으로 하므로 표준오차단위로는 ±2 내외의 범위가 될 것이다.

요는 시간과 비용을 고려하여 연구목적에 부합하는 범위 안에서 적정크기의 표본을 추출하는 길을 강구해야 한다.

Ⅲ. 표집의 용도

표본추출은 반드시 표본조사를 위해서만 필요한 절차가 아니다. 여기서는 이 점을 간단히 검토하고 끝맺기로 한다.

첫째로는 실험적 방법을 위해서도 일정한 연구대상을 선정해야 한다. 이 때 대개는 자원하는 사람들을 많이 쓰게 되는데, 여기에 표집상의 편의가 일어남을 주목해야 한다. 그리고 실험에서는 때로 실험집단과 통제집단으로 대상자를 구분할 필요가 생긴다. 이를 위해서도 난선화라든지 배합의 절차를 밟는데, 이것도 일종의 표집원리를 따른다. 그러나 실험과 표집의 문제에서 가장 심각한 것은 대체로 제한된 피험자를 대상으로 실시한 실험의 결과를 어느 정도 일반화할 수 있는가 하는 외적 타당성의 한계이다.

둘째로는 내용분석법에서도 표집을 한다. 주어진 문헌자료를 모집단으로 규정하더라도 그것을 전부 분석대상으로 삼을 까닭이 없거나 현실적으로 그럴 수가 없을 때 표집이 필요하다. 이 때의 표집단위는 낱말 · 문장 · 단원 · 글 한 편 · 책 · TV 드라마 등이 될 것이다. 표집의 원리는 마찬가지로 적용한다.

셋째로는 질적 연구의 주된 방법인 현지연구 내지 사례연구와 참여관찰법에서도 선택성이 작용한다. 이런 연구는 한 단위의 현상을 총체적으로 관찰하려는 데 주안이 있지만, 실제는 관찰을 선택적으로밖에 할 수가 없고, 따라서 그러자면 표집의 원리를 최대한 활용함으로써 연구목적에 더욱 충실할 수 있다는 점을 강조하고자 한다. 다만, 여기서도 실험과 같이 사례의 관찰을 가지고 일반화하는 대표성과 외적 타당성의 쟁점이 따른다.

주요 개념들

표 본	표본추출(표집)	대표성
외적 타당성	전수조사	전대상
일반전대상	모집단	작업전대상
요 소	조사모집단	표집단위
센서스구역	표집의 틀	요소목록
집단목록	관찰단위	분석단위
모수치	모집단의 값	진짜 값
통계치	표본치	추 정
표본편의	표집오차	신뢰수준
신뢰구간	표집분포	확률표집
무작위추출(난선표집)	확률이론	정상분포곡선
표준편차	표준오차	표집설계(계획)
전형성	확률표집법	비확률표집법
단순무작위표집법	환원표집	비환원표집
난수표	지역표집법	계통적 무작위표집법
표집급간	표집비	의사무작위추출법
층화표집법	비례적 표집	비비례표집
집락표집법	다단계집락표집법	다단계층화집락표집법
규모비례확률표집법	불균등확률추출법	임의표집법
우발적 표집법	동질적 유의표집법	목적적 표집법
극단적 사례표본	희귀요소표본	이질적 유의표집법
대표적 유의표집법	할당표집법	구조적 표본
전략적 제보자표본	누적적 표집법	전문가선발표집법
판단표집법	이론적 표집	공간표집법
시간(연속)표집법	표본크기	표집의 용도
내용분석	실 험	현지연구
사례연구	참여관찰법	

생각해 볼 문제들

1. 표본추출은 왜 하는가?
2. 표본추출법의 기본적인 개념들을 익혀 두자.
3. 확률이론과 표본추출은 어떤 관계가 있는가?
4. 표집설계의 유형을 비교검토하자.
5. 표본의 크기는 어떻게 결정하는가?
6. 표본추출의 절차적인 쟁점을 살펴보자.

제 7 장 질문서법

표본조사의 주요 자료수집법은 질문서법과 면접법임을 앞에서 지적하였다. 표준사회과학이 주류를 이루던 때의 미국은 물론 우리 나라의 사회과학분야에서 가장 빈번히 활용해 온 자료수집방법이다. 표본조사든 실험이든 한 마디로 양적인 자료를 얻으려면 이 두 기법이 주종을 이루지만, 특수한 형태의 관찰법도 이용하는 수가 있다.

질문서법과 면접법은 언어적 교신(communication)에 의해 직접 연구대상자로부터 질문에 대한 응답의 형식으로 자료를 수집하는 기법인 데 비해, 관찰법은 눈으로 관찰하면서 언어적 · 비언어적 사회행위를 자료로서 채취하는 점이 다르다. 지금부터 이 세 가지 자료수집법을 다루기로 하되 주로 양적 접근에서 활용하는 맥락에만 한정시켜 살펴보고, 질적인 접근에서 쓰는 면접이나 관찰법은 뒤에 따로 취급하겠다. 다만, 이 자리에서 용어에 관하여 한 가지 언급해 두려고 한다. 우리 나라에서는 질문서라는 말 외에 설문지, 질문지 또는 앙케트(enquete)라 부르기도 하지만, 질문서가 가장 적합하다고 생각해서 그대로 쓴다.

제 1 절 질문서법의 개관

질문서(questionnaire)란 일련의 질문들을 체계적으로 담은 작은 책자 또는 서류형식(form)을 말한다. 응답자가 직접 질문에 대답을 기입하기 위한 서류는 보통 질문서 혹은 설문지라 부르고, 면접자가 피면접자 혹은 응답자에게 읽어주고 응답을 받아 내는 데 쓰는 질문서는 면접조사표(interview schedule)라 구분하기도 한다. 그래서 학자에 따라서는 이 두 가지 도구를 쓰는 방법을 모두 면접법이라 정의하고, 질문서자기기입식은 필기면접(written interview)으로, 대면적인 면접은 구두면접(oral interview)이라 구분하는 수도 있다(Mayntz *et al.*, 1976 : 101-102).

지금부터 질문서법에 관한 논의를 할 터인데, 우선 질문서를 이용한 자료수집법의 종류를 비교개관하고, 질문서작성의 여러 가지 유의사항을 검토할 것이다. 다만, 여기서 말하는 질문서는 면접조사에서도 사용하는 도구에 해당하므로 면접법에 관한 논의에서는 면접에 의한 자료수집방법에 집중하고, 면접용 조사표 내지 질문서의 작성원리는 다시 되풀이하지 않음을 미리 밝혀 둔다(Bailey, 1978 : 134-156; Forcese and Richer, 1973 : 167-168; Lin, 1976 : 221-228; Miller, 1977 : 73-74; Warwick and Lininger, 1975 : 128-132; Frankfort-Nachmias and Nachmias, 2000 : 206-227; 230-253; Neuman, 2003 : 268-292; Rubin and Babbie, 2008 : 200-226; 366-388).

앞서 제5장에서는 주로 표본조사를 중심으로 자료를 획득 · 수집하는 구체적인 기법으로 크게 다섯 가지를 소개하였다. ① 질문서자기기입법, ② 직접면접법, ③ 전화면접법, ④ 컴퓨터활용자료수집법, 그리고 ⑤ 온라인조사법이다. 다시 이 중에서 ① 질문서자기기입법의 구체적인 유형으로 집단면접법 혹은 집단조사법 · 우편질문서법 · 개별 자기기입법을 소개했고, 컴퓨터활용자료수집법은 컴퓨터활용전화면접법 · 컴퓨터활용직접면접법 · 컴퓨터활용자기면접법 · 컴퓨터활용자기기입법 · 터치 톤자료입력법 · 음성인식법 등이 있음을 간략하게 언급하였다.

이러한 기본형태말고도 연구의 목적 · 비용 · 인력 · 실제 접근가능성(accessibility 또는 access) · 협조의 정도 같은 여러 요인들을 감안하여 위의 방법들을 조합 · 수정하는 길이 있을 수 있다. 가령 배포와 전달의 방법과 회수의 방법을 조합할 때, ① 개인전달 · 우편회수, ② 우편배포 · 개별회수, ③ 집단전달 · 집단회수, ④ 집단전달 · 개인배포 · 개인우편회송, ⑤ 개인전달 · 집단회수, ⑥ 개별우송 · 집단회수 같은 여러 가지 조합이 있을 수 있다.

실례로 서울대학교 인구 및 발전문제연구소의 근로자연구(김경동 · 이해영 외, 1970)에서는 면접을 시행하기 위해 탐색조사를 한 결과 근로자들을 도저히 만날 수가 없음을 알았다. 그리하여 일단 집단조사법을 시도하려고 기업체와 협의하였으나, 이 방법도 역시 기업체의 협력을 구하기가 어렵고, 당사자들도 꺼리기 때문에 새로운 방법을 고안하였다. 일단 표집원칙을 정하고 인사관리 책임자의 도움을 얻어 표본대상자에게 질문서 한 부와 회신용 봉투를 배포하도록 하고, 후에 우편으로 응답을 받아 내게 되었다. 이 방법은 그 후에도 가끔 근로자연구에 활용하였다(김경동 외, 1978).

이런 것이 모두 질문서라는 도구를 사용하여 자료를 수집하는 방법이기 때문에 우선 이들의 구체적인 절차와 장·단점을 비교 · 검토한 다음 질문서작성의 기법을 논의하기로 한다.

Ⅰ. 집단조사법

개인적으로 만날 수도 없고, 개인의 주소를 얻어 내지 못하는 상황에서는 집단적으로 조사를 해야 할 때가 있다. 이런 때는 주로 기존의 조직체를 대상으로 구성원들로부터 자료를 얻어야 하므로 그 조직체의 적절한 협력을 구하는 것이 급선무다. 그리고 공장 같은 곳에서는 근무시간을 할애하기가 어려우므로 점심시간이나 휴식시간 또는 퇴근 후에 조사를 실시해야 하는 한계가 있다.

응답자들이 모이면 먼저 연구의 취지를 설명하고, 협조와 양해를 구한 다음 질문서에 자세한 응답요령이 있음을 알려 주고, 각자 지시대로 응답을 기입하도록 당부하는 것이 원칙이다. 그리고 간간이 의문나는 점들에 대해서 조사시행자에게 질문하도록 한다. 그러나 실제로는 어린 학생들이나 학력이 낮은 근로자들이 대상일 때는 조사시행자가 질문을 처음부터 하나씩 읽어 주고, 극히 예외에 한해 간단한 해설을 하는 방식으로 일종의 집단대상면접과 자기기입의 조합으로 실시하기도 한다.

이 방법을 취할 때의 이점은 시간과 경비를 줄인다는 것이지만, 우선 조직체와 개인 응답자의 협조를 구하는 일이 어렵고, 때로는 표본추출절차를 조사연구자 쪽이 주도하지 못하고 조직체담당자가 맡아 하게 되는 까닭에 표집상의 편의를 배제하기 어려운 약점이 있다. 다만, 자기기입식이 원칙인 질문서조사에서 한 가지 근본적인 한계는 문맹이나 질문의 이해력이 낮은 응답자들의 문제인데, 집단조사에서는 이 약점을 어느 정도 극복할 수 있는 이점이 있다.

Ⅱ. 우편질문서법

1. 우편질문서법의 실시

우편질문서법에서는 우선 절차상 질문서 이외에 조사의 목적 · 중요성 · 성격 · 조사주관자의 성격 같은 것을 해명하고 협조를 당부하는 소개편지(cover 또는 cover letter)를 동봉해야 하고, 반드시 회신용 봉투와 우표를 함께 보낸다. 물론 이 방법은 주소와 이름을 아는 표본을 대상으로 하므로, 이들의 질문서나 회신용 봉투에 비밀번호를 미리 매겨 두었다가 회신이 들어 오기 시작하면 회송 여부를 점검하는 데 쓰도록 한다.

특히 우편질문서법은 회수율 또는 응답률(response rate)이 비교적 낮으므로 응답률을 높이기 위해서 독촉편지 또는 후속절차(follow-ups)를 필요로 한다. 비밀번호로 회신 여부를 점검하는 한편, 적어도 첫번째 독촉편지는 왕복우송기간에다 3-4일 더한 정도의 시기에 모든 표본에게 우송한다. 이 때는 단순히 편지 한 장 또는 엽서 한 장에다 질문서수신 여부를 확인하면서 받지 않았거나 분실했으면 연락 즉시 다시 보낸다고 적고, 또 이미 회신을 보낸 뒤라면 이 편지는 무시하라는 내용을 담으면 족하다. 두 번째 후속절차는 응답자목록에서 미회송사례에만 취하되, 이번에는 처음 발송 후 2-3주의 기간이 흐른 다음 재독촉편지를 보낸다. 이 편지에는 협력의 독려와 함께 질문서를 다시 동봉하도록 한다. 두 번째 후속조처에도 전혀 응답이 없으면 또다시 독촉하는 것은 무의미하다는 게 상식이다. 물론 후속절차는 반드시 독촉편지에 국한되지 않고 전화를 쓸 수도 있다.

짐작할 수 있듯이 우편질문서법은 그 나름의 장점과 단점이 있으므로 이를 잠시 살펴보도록 한다.

2. 우편질문서법의 장·단점

(1) 장　점

첫째, 비용을 절약할 수 있다. 주로 직접면접보다 훨씬 경제적이지만, 집단조사를 위해서도 멀리 여행해야 할 때는 우편법이 더 경제적이다. 다만, 전화면접이 가능할 때는 전화면접법이 오히려 경비절약면에서는 유리하다.

둘째, 넓은 범위의 지리적인 영역을 종횡으로 다 조사할 수 있다.

셋째, 근무중 시간내기가 어려워 찾아가서 면접하기가 힘든 사람들에게도 적용할 수 있다.

넷째, 많은 사람을 표본으로 삼을 수 있기 때문에 일단 대표성과 외적 타당성 면에서 유리하다고 볼 수 있다. 다만, 응답(회송)률이 낮을 때는 재고할 문제다.

다섯째, 응답자의 관점에서 면접이나 집단조사에 비해, 자신이 적당한 시간을 택해 답할 수 있으므로 시간에 쫓기지 않고 여유 있게 신중히 검토해서 대답할 수 있다.

여섯째, 응답자가 대답을 적기 전에 문서를 찾아 본다든가 해서 알아보아야 할 사항이 있을 때 유리하다.

일곱째, 집단적으로 여러 사람들과 의논해서 대답해야 할 때에도 유리하다.

여덟째, 응답자가 혼자서 아무 방해도 받지 않고, 당혹스런 질문에도 거리낌없도록 사생활과 익명성을 보장한다.

아홉째, 면접과는 달리 질문을 하는 형식에 일률성을 기할 수 있다.

열째, 동시에 개개 면접자의 개성으로 말미암아 응답에 미칠 수 있는 영향에 의한 편의를 줄일 수 있다.

열한째, 장기간에 걸쳐 계속 응답을 해야 할 때 융통성과 시간적 여유가 있다.

(2) 단　　점

첫째, 대체로 회송(응답)률이 너무 낮은 것이 큰 흠이다. 면접법에서는 95%까지도 마지막에 건질 수 있지만, 우편질문서법에서는 기껏해야 20-40%의 회답률에 그치고, 대개는 10-25%가 고작이다.

둘째, 응답회신을 하는 사람들과 비협조적인 사람들은 성격상 차이가 있을 수 있고, 따라서 편의를 일으키게 된다. 수집한 자료를 분석함에 있어서 비응답의 효과(non-response effect)를 추정하는 문제가 심각하다.

셋째, 응답자의 응답 제공능력과 용의도가 자료의 타당성을 좌우한다.

넷째, 응답자가 질문을 잘못 이해할 수 있고, 회피적인 대답을 할 수 있지만 그것을 캐어 묻기(probing)할 여지가 없다. 응답은 거의 최종적인 것으로 받아들일 도리밖에 없다.

다섯째, 연구자는 정말 표본으로 뽑인 사람이 응답을 했는지를 확인할 수 없는데, 아내 · 부하 · 비서 · 친구 · 자녀 등 대신 응답자가 상당히 있을 수 있기 때문이다.

여섯째, 응답자는 대답하기 전에 질문서에 담긴 모든 질문들을 살펴볼 기회가 있으므로, 앞뒤 질문의 독립성을 보장하기 어렵다. 많은 조사에서 쓰는 질문들은 응답의 일관성을 점검하기 위하여 포함할 때가 있고, 또 질문의 순서가 다 의도하는 바가 있을 터인데, 그 효과를 절감시킨다.

일곱째, 인쇄된 응답요령과 지시만 보고도 쉽사리 대답할 수 있도록 질문들이 간단하고 직설적이어야 하는데, 사회연구에서는 때로 복잡한 내용과 형식의 질문을 요하는 수가 있다.

여덟째, 언어적인 응답 외에 다른 종류의 정보나 자료를 수집할 길이 없다. 따라서 면접자나 관찰자가 눈으로 확인할 수 없는 성질의 질문에 대해 사실과 다른 응답을 해도 그만이다.

아홉째, 주위환경을 통제할 길이 없다. 면접자는 주위에서 응답자의 대답에 영향을 미칠 만한 사람들을 물리칠 수 있지만, 우편질문서법에서는 방해받는 것을 통제하지 못한다.

열째, 응답하지 않고 지나가는 질문들을 대답하도록 독려할 수가 없다.

열한째, 질문에 대해 별로 깊이 생각지 않고 자연스럽게 즉각적으로 나오는 대답(spontaneous answers)을 받아 적을 기회가 없다.

열두째, 무응답자인지, 주소가 옳지 않은지를 주소불명회신이 아닌 다음에는 가려 낼 길이 없다.

열셋째, 응답시기를 통제할 수 없기 때문에 무작정 기다리지도 못하고, 상당기간 지난 뒤에 회송하는 사례는 처리가 곤란하다.

3. 응답률을 좌우하는 요인들

여기서는 간단히 응답률 또는 회수율에 영향을 끼친다고 보이는 요인들에 관한 연구결과를 요약소개한다.

첫째, 연구의 주관자 · 주관기관이 누구인가에 따라 응답률이 다를 수 있다. 불신의 표적이 되는 단체나 개인에 대해서는 협력정도가 떨어질 수 있다. 대개 공공기관 · 대학 · 대기업 · 언론사 등이 유리하다.

둘째, 질문서의 모양 · 짜임새 · 색깔 · 종이의 질 같은 외양이 매력이 있고 호기심을 끌 수 있어야 한다.

셋째, 질문서 자체가 짧고 간단할수록 회수율은 높다.

넷째, 안내편지는 되도록 사무적이고 공식적이기보다는 비공식적이고 개인적이며, 문장이 간결 · 유연한 것이 유용하다는 게 일반적인 결론이다.

다섯째, 응답요령이 간단하고 쉬우며, 회송이 간편한 게 도움이 된다.

여섯째, 사회에 대한 이타적인 공헌 · 봉사 · 기여 같은 정신적 호소라든지, 동전이나 그 밖의 물건을 동봉하는 식의 물질적 유인이 유리하게 작용하기도 한다.

일곱째, 어떤 사람들에게 질문서를 우송하는가, 즉 표본의 성격에 따라서 응답률이 다르다. 학력 · 나이 · 성별 같은 요인들이 작용할 수 있다.

여덟째, 그 밖에도 우편의 종류, 봉투의 종류, 우송한 시기(월 · 주 · 요일), 후속절차의 성격 등도 회수율에 영향을 미친다고 하는 연구결과들이 있다. 사무용 봉투보다는 일반봉투가 유리하고, 휴일이 끼었을 때보다도 평상시가 유리하다는 등의 내용이다.

어쨌든 질문서회수율이 50%이면 분석의 목적상 수용할 만하다고 보아야 할 것이고, 60%면 좋은 편이고, 70%가 넘으면 아주 훌륭하다고 볼 수 있다는 의견도 있다(Rubin and Babbie, 2008 : 371).

이러한 장 · 단점들이 있지만, 질문서법의 근본적인 쟁점은 그 질문서에 담긴 질문들의 성격 자체에 있다고 보아야 할 것이다. 따라서 이제 곧 질문서의 작성에 관하여 자세히 살펴보기로 한다.

4. 총체적 디자인법

근자에는 연구자들이 우편질문서법과 전화면접법의 응답률을 높이기 위하여 총체적 디자인법(Total Design Method : TDM)이라는 표준절차를 개발하였다(Frankfort-Nachmias and Nachmias, 2000 : 210-211; Neuman, 2003 : 288-289). 이 방법에는 두 단계를 포함하는데, 한 단계는 주로 질문서작성절차를 다루고, 두 번째 단계는 조사실시과정에 적용하는 절차를 보여 준다.

질문서작성에 대한 자세한 설명이 곧 이어지지만, TDM과 관련해서는 가령 질문서를 봉한 봉투 겉표지를 보통 상업용 선전우편과 차별성을 보이도록

〈표 7-1〉 네 번의 질문서우송결과 집계

우송한 회수	대기기간	평균회수율	누적회수율
① 최초 우송	1주일	23.8%	23.8%
② 우편엽서 발송	2주일	18.2	42.0
③ 일차 대체질문서 우송	4주일	17.0	59.0
④ 이차 대체질문서 등기우송	7주일	13.4	72.4

자료 : Dillman *et al.*, 1974 : 755; Frankfort-Nachmias and Nachmias, 2000 : 211에서 재인용.

디자인하라는 충고라든지, 질문서의 표지 자체의 디자인, 질문을 배열하는 순서에 대한 주의사항 같은 것을 자세히 밝힌다. 한편 조사실시단계에서는 주로 처음 우편발송에서 마지막 회수종결에 이르는 후속절차가 주 관심사다. 위의 〈표 7-1〉에는 이 TDM을 개발한 Dillman 등이 탐구한 후속절차에 따른 응답률을 비교한 자료를 참고로 보여 준다(Dillman *et al.*, 1974).

Ⅲ. 개별 자기기입법

이 방법은 사실상 우편으로 전달하고 회수한다는 점을 빼면 나머지 상황은 우편질문서법과 같다고 볼 수 있다. 오히려 사람이 직접 가정이나 직장을 방문해야 하는 번거로움과 비용이 우편법보다는 더 부담스러우므로 비효율적이다. 다만, 이 방법은 면접을 위한 현지활동중에 도저히 만나서 조용히 면접할 수가 없지만, 표집원칙에 충실하기 위하여 반드시 응답을 받아야 할 사례가 있을 때, 하나의 차선책으로서는 유용할 수 있다. 물론 이 때 면접에서 얻는 자료와 자기기입에서 얻는 정보가 성격상 같다고 보기 어려우므로, 이 점을 분석과정에서 고려해야 한다.

Ⅳ. Fax 활용 자기기입법

일부 연구자들의 실험에 따르면 fax 기계를 이용한 질문서배포결과 응답률이 직접 면접보다는 낮았지만, 우편질문서법이나 전화면접법에 비해서는 높았다고 한다. 특히 우편질문서법에서 일차에 회송하지 않았던 조사대상자 중 83%는 fax로 독촉서신을 받은 뒤 fax로 회신했다는 보고도 있었다. 다만, 이 방법은 fax 기기를 소유한 사람들에게만 해당한다는 약점을 염두에 두어야 한다.

V. 컴퓨터활용 자기기입법 및 온라인조사

컴퓨터활용인구가 급속도로 증가하면서 질문서법사회조사도 이 기기를 이용하는 빈도가 늘고 있다. 그 중 질문서를 담은 컴퓨터 소프트웨어(플로피 디스크 · USB · 게시판 등)를 조사대상자에게 보내면 응답자가 대답을 입력해서 다시 돌려 보내 주는 방식과 아예 인터넷 · 이메일 · www 등 웹상으로 질문서를 보내면 응답자가 질문서를 완성하여 회신하는 온라인조사를 하는 방법 등 두 가지가 있다. 소프트웨어를 발송하는 방식은 기본적으로 우편질문서법과 동일한 장 · 단점을 갖는다고 보아야 할 것이다.

온라인조사는 ① 많은 대상자들(대규모)을 상대로, ② 저들의 거주지와는 상관없이 어디서나, ③ 빠른 시간에, ④ 저렴하게 조사를 실시할 수 있다는 장점이 있다. 그러나 역시 온라인조사나 컴퓨터활용조사는 컴퓨터를 소유하고 이용하는 인구, 특히 인터넷이나 이메일에 익숙한 사람들에게만 적용할 수 있다는 제한이 있다. 대체로 이런 사람들의 특성은 젊은 연령층이고, 학력과 사회경제적 지위가 상대적으로 높은 편이기 때문이다. 그러므로 여기에는 대표성의 문제가 도사린다.

최근 이 문제를 두고 논의가 활발하거니와 과거 전화면접법을 도입하던 시기에도 비슷한 문제제기가 있었다. 그러나 이제는 전화이용이 보편화하면서 사실상 이 문제는 거의 무의미해졌다. 마찬가지로 온라인 또는 컴퓨터활용 조사도 그런 날이 올지도 모른다. 그럼에도 불구하고 온라인조사를 할 때는 다음과 같은 주의가 필요하다.

1) 쉽고 단순한 언어와 문장을 쓴다.

2) 조사결과를 선별적으로 활용할 수 있다는 유인을 제공한다.

3) 조사연구주제와 대상자의 특성에 맞추어 조사실시 시간과 날짜를 조절한다.

4) 웹사이트의 성격에 따라 나타날 수 있는 기술적인 제한점 등에 유의한다.

5) 최선의 응답률을 얻기 위해 유인 · 보상 등을 결정한다. 특히 시간이 오래 걸리는 조사일 때는 유인의 가치가 더 커야 한다.

6) 응답에 소요하는 시간은 15분 내외로 제한한다.

아울러 여기에 참고로 요즘 국제적으로 많이 활용하는 조사관련 웹사이트의 보기를 몇 가지만 예시한다.

Gallup Organization : www.gallup.com/

Harris Poll Online : www.harrisinteractive.com/

SMS Research : www.smsahawaii.com/

The Survey/Marketing Research e-Store :

www.streamlinesurveys.com/Streamline/estore/index.htm

Zogby International : www.zogby.com/

제 2 절 질문서의 설계

다시 한번 말해 두지만 지금부터 질문서라는 말은 면접용 조사표도 포함한다. 그러면 먼저 질문서를 설계하는 데 고려할 사항과 절차상의 지침들을 생각해 보기로 한다(Backstrom and Hursh, 1963; Lin, 1976; Miller, 1977 : 74-78; Selltiz *et al.*, 1976; Smith, 1975 : 171-182; Warwick and Lininger, 1973 : 126-171; Frankfort-Nachmias and Nachmias, 2000 : 206-227; 230-253; Neuman, 2003 : 268-292; Rubin and Babbie, 2008 : 200-226; 366-388).

먼저 질문서를 작성하는 데에는 적어도 다음과 같은 절차를 반드시 밟도록 한다.

1) 연구문제 · 이론 · 가설 · 목적 등과 자료수집법(질문의 내용 및 형식)의 관계를 다시 한번 점검한다.

2) 얻고자 하는 정보의 성격(질문의 내용)을 정한다.

3) 질문의 형식과 질문방법을 정한다.

4) 질문을 만들고, 질문서를 초안한다.

5) 질문을 재검토 · 수정한다.

6) 질문들을 배열, 질문서를 완성한다.

7) 사전검사를 거쳐 재수정한다.

8) 질문서를 편집하고, 질문서응답요령을(또는 면접일 때는 면접자지침을 별도로) 준비한다.

9) 부호화를 위한 지침이나 사전부호화의 틀을 마련한다.

10) 질문서의 외양을 결정하여 인쇄한다.

이제부터 위의 절차들을 단계적으로 살펴보되 몇 가지 관련사항들은 묶어서 다루기로 한다.

Ⅰ. 질문의 유관적합성

무엇보다도 질문서란 우리가 필요로 하는 자료를 수집하는 데 쓸 도구다. 그러므로 어떤 자료를 얻으려는지에 관한 생각이 뚜렷해야 하고, 또 그 자료를 가장 믿을 만한 절차에 의하여 옳게 얻어 낼 수 있는 기법을 활용해야 한다. '무엇'을 알고자 하는가는 바로 그 질문서의 유관적합성(relevance)의 문제이고 '어떻게' 그것을 얻어 내는가는 그 도구의 신뢰성과 타당성을 확보하는 정확성(accuracy)의 문제다. 후자의 문제는 곧 이어 질문서의 작성과정에서 고려할 기술적인 측면에서 다룰터이므로, 여기에서는 유관적합성문제를 주로 생각해 본다.

질문서와 그 안에 담긴 질문들의 유관적합성의 문제는 일차적으로 연구목적과 관련이 있다. 왜 이 질문을 하는가라는 의문을 제기했을 때 우선 그 질문에서 얻고자 하는 정보가 연구목적에 부합하는 것이기 때문이라는 대답을 제시할 수 있어야 한다. 이는 또 연구문제(research questions)와도 관련이 있다.

앞의(제3장) 연구설계 부분에서도 가장 중심되는 것으로 강조한 연구문제와 아무 관계 없는 질문이나 조사도구는 무의미하다. 연구문제는 연구의 목적에 따라 이론적인 것과 실천적인 것이 있을 것이므로, 조사도구의 유관적합성은 이론적 적합성과 실천적 적합성으로 귀착한다. 이론적인 것도 인과적 설명을 위한 가설검증 또는 탐색적(발견적)·서술적 정보의 획득을 주안으로 삼을 수도 있다. 실천적인 유관적합성은 정책수립·사회개혁운동 같은 것과 관계가 있을 것이다.

연구목적에 대한 조사도구(질문서)의 유관적합성 외에도 응답자에게 실질적 혹은 이념적 관련성이 또한 있어야 한다. 이 말은 응답자에게도 관심이 있는 연구여야 하고, 그들의 실생활과도 얼마간 유관적합성이 있다는 느낌을 줄 수 있어야 한다는 뜻이다. 그뿐 아니라 연구자가 밝힌 연구목적에도 부응하는 질문임을 응답자가 납득해야 하고, 응답장의 지적 수준 · 관심성향 · 배경 등을 감안할 때 알아 들을 수 있는 내용과 언어를 사용한 질문서라야 한다는 측면도 포함한다. 이 마지막 문제는 좀더 기술적인 쟁점이 있으므로 곧 다시 언급하겠다.

그리고 유관적합성은 특정질문서에서 얻은 자료의 활용과 분석틀 내지 분석설계와도 관련해서 고려해야 한다. 수집한 정보를 구체적으로 어떻게 이용할 것이며, 그것을 분석할 때는 어떤 틀 속에서, 어떤 변수들과 관련하여 분석함으로써 연구목적 · 연구문제 · 이론 · 가설 등과 어떻게 연결할 것인지를 미리 구상해 두는 것이 중요하다.

Ⅱ. 질문의 내용

질문서(면접조사표)에서 얻어 낼 수 있는 정보의 종류는 다른 어떤 자료수집법보다도 다양하다고 할 수 있다. 물론 그것이 반드시 직접관찰에서 얻는 자료와 같은 질적인 내용을 담느냐에 관해서는 논의할 여지가 있다. 이제는 질문서를 가지고 수집할 수 있는 정보의 종류를 간략히 정리해 본다(Backstrom and Hursh, 1963 : 70-72; Selltiz *et al.*, 1976 : 299-309; Frankfort-Nachmias and Nachmias, 200 : 230-232).

(1) 자신에 관한 사실정보

사람들의 개인적 · 인구학적 · 사회경제적 특성과 같은 객관적 사실들을 알아보기 위해서는 직접 그들에게 물어 보는 방법이 가장 간편하고 경제적일 때가 많다.

이런 종류의 사실이란 응답자의 나이 · 성별 · 혼인 여부 · 자녀수 · 가구구성 같은 인구학적 특성, 자신의 학력 · 직업 · 소득 · 주택소유 · 종교 · 정당가입 · 노조가입 같은 사회경제적 특성이나, 부모의 학력 · 직업 · 소득 같은 사회경제적 배경 등을 말한다.

대체로 이와 같은 사실자료는 기초자료 혹은 배경자료로서 그 자체가 사회적 특성을 표상해 주는 정보의 가치가 있다. 그러나 대체로 이런 자료는 표본의 대표성을 점검하기 위하여 모집단과 대비시켜 볼 때, 부분집단 혹은 사회적 범주들간의 횡단적 비교를 할 때, 또는 다른 종류의 자료가 말해 주는 특성(태도 · 가치의식 · 행동유형 등)과 어떤 관계가 있는지를 확인할 때 쓴다.

그런데 이런 사실자료는 응답자들의 보고에 기초한 것이어서 오류의 여지가 있기 때문에 그 신빙성을 점검 · 평가해 보아야 한다. 예컨대 자신의 특성에 관해서 반드시 정직하게 보고하지 않을 수도 있다. 나이를 속이든지, 소득을 낮추든지, 직업을 바꿔 응답하는 등으로 인한 오류가 생기게 마련이다. 이런 때는 각종 공식문서나 다른 가족성원들에게서 점검해 보는 길이 없지는 않다. 또 부모의 직업 · 소득 같은 것을 기억하지 못하는 이들도 있다.

(2) 타인이나 주위에 관한 지식 · 정보

또 한 가지 사실자료는 응답자 자신이 아니라 친척 · 친구 · 동료 · 친지 · 이웃 · 사회의 주요 인물 등 주위 다른 사람들에 관한 것이다. 인구학적 · 사회경제적 특성과 그들의 믿음 · 느낌 · 태도 · 가치의식 · 행동 · 의도 · 욕구 등, 그리고 자기가 사는 지역공동체나 나라에서 일어나는 혹은 일어났던 사건, 사회적 풍토 · 상황 · 여건 같은 것들에 관해서 응답자가 알고 있는 정보다. 이런 사실정보는 그에 관한 응답자의 태도와도 관계가 있으므로 유용하고, 사회의 성격에 관한 사람들의 인식을 알아 내는 기초자료가 된다. 또한 이는 주위환경과 사회에 관한 응답자의 정보의 수준(level of information)을 점검하는 자료가 되기도 하며, 사회적 능력을 알기 위한 자료가 될 수도 있다. 가령 정치적 효능(political efficacy)이라는 개념은 정치적 정보의 수준과 밀접한 상관성을 갖는데, 다만 이와 같은 정보는 그 원천이 문제될 수 있다. 직접 관찰에서 얻은 것인지, 추리 · 짐작인지, 아니면 소문에 기초한 것인지 등은 따져 봐야 한다. 그리고 정확성을 점검하기 위해서는 공식문서 · 신문 같은 객관적 자료와 다른 응답자들이 같은 질문에 대하여 대답한 내용과 비교하는 길도 있다.

(3) 사실이나 현상 · 인물에 관한 믿음 · 태도 등을 알아보는 질문

어떤 사실이나 현상 · 인물들에 관한 객관적 정보가 아니라 그에 대하여 사람들이 갖는 인지적 믿음(사실 여부) · 느낌(공포 · 불신 · 혐오 · 멸시 · 증오 · 선망 · 동경 · 숭앙 등) · 태도(좋고 나쁨, 찬성 · 반대) 같은 것을 알아 내는 첩경은 질문서법과 면접법이다. 바꾸어 말해서 질문서와 면접을 이용한 표본조사에서 얻어 내는 자료의 주종을 이루는 것이 이런 종류의 것이라고도 할 수 있다. 이런 질문을 바탕삼아 우리는 사람들의 이상이나 세계관뿐 아니라 그들이 어떤 대상에 대하여 지니는 오해 · 편견 · 선입관 같은 것도 알아 낼 수 있다.

그런데 이런 정보는 어떤 특정시간의 틀 속에서 특정대상에 대하여 갖는 심리적 성향을 다루는 것이므로, 그 상황적 여건을 명백히 할 필요가 있다. 가령 일반적으로 사람들은 "궁합을 보는 데 대하여 어떻게 생각하느냐"라는 질문에 대해서는 반대를 표명하다가도 자기 자녀의 혼사문제가 걸린 상황에서는 다른 응답이 나오기도 한다. 이런 때는 그런 성향이 저변에 깊이 깔린 심리적 구조의 반영이라고 보는 견해도 있다. 특정쟁점에 대한 태도를 의견(opinion)이라 하고, 기저의 성향을 태도라 하는 구별도 이런 데서 나온다.

(4) 행위의 표준에 관한 질문

주어진 상황에서 적절한 행위가 무엇인지에 대한 사람들의 규정과 판단은 당시의 사회적 여론과 풍조를 반영하는 자료로서도 의미가 있지만, 또 그런 상황에서 각자의 행위를 예측하는 바탕을 제공해 주는 것이기도 하다. 그런데 이와 같은 적절한 행위의 규정은 대개 두 가지 모습을 띤다. 하나는 당위적이고 윤리적인 기준(ought-to, should)이고, 또 하나는 실제로 얼마나 용이한 행동인지를 규정해 주는 실질적 기준(feasibility)이다. 당위적 진술이나 규범적인 질문은 응답자의 이상적 표준이나 가치목표를 다루지만 실생활에서는 언제나 그런 기준만이 작용하는 것은 아니고, 주어진 여건 아래 어떤 것이 용이하고 실질적인지를 따지게 되기 때문이다.

실지로 질문을 해 보면 사람들은 이상적 · 당위적 · 규범적인 대답과 실질적 개연성이 높은 행동을 시사하는 대답이 반드시 서로 일치하지 않음을 알 수 있다. 인간행위나 성향을 이해하기 위해서는 질문의 종류를 이처럼 구분해서 접근해 보는 것도 유용하다.

(5) 현재나 과거의 행동을 묻는 질문

인간행동을 예측하는 근거의 하나로서 지금 하고 있는 행동이나 과거에 했던 행동을 알아보는 것이 중요하다. 이것도 일종의 사실적인 정보지만, 특히 보통 객관적인 사실에 해당하는 인구학적 특성과는 달리 사람들의 구체적인 일상적 행동이나 행위의 유형은 사회과학연구의 핵심되는 요소이기도 하다. 이런 식의 정보를 알아 내는 데에는 일반적인 질문보다는 구체적인 행동(행위)을 특정적인 상황, 시간의 맥락 속에서 물어 보는 게 유리하다. 그런데 과거의 행동은 기억의 요인이 개입하므로 그 정확성에서 한계가 있을 수 있다.

(6) 자기의 믿음 · 감정 · 행동 · 태도 등에 대한 자신의 의식적 이유

이런 정보를 얻는 질문은 앞의 예들이 모두 '무엇'(what?) — 물론 언제, 어디서, 어떻게라는 조건이 따르겠지만 — 을 묻는 데 비해, '왜'(why?)를 묻는 형식을 띤다. 과학적 작업에서 우리는 인과적 설명이든, 동기적 설명이든 '왜'를 자주 묻게 된다. 자료의 면에서 보면, 소위 객관적인 자료만 가지고도 논리적으로 잘만 정리하면 '왜'의 대답이 나올 수도 있다. 그러나 인간행위에서는 사람이 의식하는 수준의 자기행동의 이유가 있다. 이것을 직접 물어 보려는 질문이다.

그러나 질문의 형식에 있어서 단도직입적으로 "왜 그렇게 생각하느냐?" 혹은 "왜 그런 행동을 했느냐?"는 식으로 묻는 방법에는 한계가 있다. 사람들이 그 이유를 대지 못하거나, 대답하기 싫어하거나, 당혹하게 느끼거나 하는 등 여러 가지 제약이 있기 때문이다. 그래서 질문을 간접적으로 물어서 이유를 확인하는 방법과 단도직입적으로 물어 놓고서도 보완적인 다른 관련질문들을 던져서 자료를 좀더 풍부하게 만드는 절차를 권장한다.

(7) 자아인식 또는 자아평가의 질문

자신의 객관적 특성 · 믿음 등의 심리적이고 주관적 성향 외에도 응답자 스스로의 어떤 특성에 관하여 자신이 지니는 이미지는 무엇인지를 알아보는 질문이 있다. 자신의 사회경제적 특성, 인성적인 특징, 세계관의 특색, 행동유형의 특이성 등등 가지각색의 특성에 관해서 스스로 인지하고 평가하는 질문이다. 이런 질문에서 얻는 정보는 객관적 사실에서 얻는 그의 위치와 대비시켜 봄으로써 여러 모양의 유용한 사회과학적 이해에 도움이 될 수 있다.

가령 학력 · 직업 · 소득 · 가옥 등의 객관적 지표로써 구성한 사회계층 내지 개인과 가족이 실제로 속해 있는 계급의 범주와 자신이 스스로 어떤 계급 또는 계층에 속한다고 보고하는 것과는 때로 상당한 괴리를 보인다. 이른바 지위불일치(status inconsistency)라든지, 인지적 불일치(cognitive dissonance) 같은 것들이 이 점에 착안한 개념들이다.

Ⅲ. 질문의 성격

질문서의 설계단계에서 직접 개개의 질문을 만들기 전에 우선 연구문제로부터 도출한 기본적인 내용을 담은 질문형식의 진술들을 나열해 보는 것도 유용하다. 이 과정은 흔히 조작화(operationalization) 과정이라고 하는데, 이처럼 질문항목들의 원형을 놓고 그 질문의 성격을 하나씩 점검해 본 다음 합당하다는 판단이 나오면 비로소 구체적인 질문서용 문항을 구성하는 게 좋다. 이 단계에서 고려해 볼 조목들을 간추려 본다(Selltiz *et al.*, 1976 : 547-553).

(1) 이 질문은 꼭 물어야 하는가? 그 용도는 무엇인가?

한 가지 질문을 놓고 이것을 별개의 문항(item)으로 작성하기 전에 그 질문이 다루고자 하는 주제를 위해서는 반드시 독립된 한 문항을 두는 것이 좋을지, 아니면 다른 문항으로도 충분히 그 내용을 포괄하는지, 혹은 다른 문항에 통합해 버려도 괜찮은지, 또는 연구목적에 비추어 지나치게 특정적 · 구체적인지 하는 기준들을 고려한다.

(2) 이 질문이 목표하는 주제를 다루자면 둘 이상의 문항을 요하는가?

질문 자체를 둘 이상으로 나눌 것인가, 의도하던 바 내용을 한 문항으로써 적절히 포괄할 수 있는가, 응답이 나온 뒤 해석과정에서 더 필요한 자료는 없는가, 혹시 응답자의 믿음과 느낌의 강도를 알기 위한 추가의 문항은 필요 없는가, 또는 응답자가 문항에서 다루는 쟁점을 얼마나 중요하게 여기는지에 관한 추가의 정보는 요하지 않는가 등을 점검해 본다.

(3) 응답자들은 이 질문에 대답하는 데 필요한 정보를 과연 가지고 있는가?

응답자들이 적절히 보고할 수 있는 성질의 것인지, 전혀 응답 못하거나 믿을 만한 응답을 할 능력이 없는 질문은 아닌지, 응답자의 경험의 범위 안에 포함되는 내용인지, 너무 오래된 일이라 기억이 희미하고 회상하기 어렵지는 않을지, 혹은 관찰이나 기억상 오류는 없을지를 생각해 보는 게 좋다. 또 의견을 형성할 수 없을 만큼 응답자에게 익숙치 못한 것은 아닌지, 정보가 전혀 없는 사람에게 아예 묻지 말아야 할지, 아니면 그 문제에 대한 배경설명을 추가할 것인지 하는 것도 따져 보아야 한다.

(4) 질문을 응답자의 경험과 밀접히 관련 있도록 하기 위해서 어느 정도 특정적이고 구체적일 것을 요구하는가?

형식이 너무 일반적인가, 아니면 응답자 자신의 행동을 직접 지칭하는 방식으로 물어야 더 쉽사리 정보를 얻어 낼 수 있는가, 또는 과거에서 현재로 내려 오든, 현재에서 과거로 거슬러 올라 가든 자연스러운 심리적 과정을 어떻게 이용할 것인지 등을 짐작해 본다.

(5) 질문은 충분히 일반적이면서도 쓸데없이 너무 구체적이거나 의미도 없이 너무 특정적이지는 않은가?

일반성이 너무 큰 문항도 모호한 대답을 얻어 내게 되지만, 반면에 너무 자세하고 구체적이 되면 오히려 부정확하고 무의미하게 사소한 내용의 정보만 얻게 된다.

(6) 태도나 의견조사에서 응답이 일반적인 태도를 나타내면서도 표면상으로는 특정적인 것처럼 보이는 것은 아닌가?

이런 때는 일반적인 태도를 묻는 문항 하나에 특정적이고 구체적인 상황에 연결되는 문항을 첨가하는 길을 취할 수 있다.

(7) 질문의 내용이 어느 한쪽으로 기울거나 일방적 부하현상을 나타내지 않도록 강조점에 균형을 줄 만한 부수질문도 있는가?

애당초부터 질문이 불공정한지, 혹은 반대의견을 가진 전문가들이 보았을 때 공정성을 인정하게끔 되어 있는지, 주제에 대하여 근거 없는 가정 같은 것을 도입하지나 않는지, 대답이 언제나 일방적으로만 기울어 나올 개연성은 없는지 하는 쟁점들이 여기에 해당한다.

(8) 응답자는 우리가 요구하는 대답을 할 것인가?

내용이 지나치게 사사로운 문제를 다루거나 대답하기 거북하고 창피스러워서 저항감을 느끼면 회피하든지, 거짓 대답하는 일이 있을 수 있다. 응답자의 관점에서 어떤 반론이 있을 수 있는지, 응답자의 처지를 곤란하게 만드는 질문은 아닌지, 상대방을 불쾌하고 당혹하게 하지 않고는 필요한 정보를 얻을 길은 없는지, 질문이 감정적 영향이나 욕망을 자극시켜서 허위응답을 유도하지나 않는지를 고려해야 한다.

(9) 응답자가 도대체 질문에 응할 용의(willingness)가 있는가?

이 질문은 주로 문화적 차이라든지, 정치적 상황에 대한 연구자의 감수성을 다루는 쟁점이다. 가령 동아시아지방의 문화는 자신의 의견을 함부로 표명하지 않는 게 점잖다는 것이라든지, 정치적으로 매우 혼란한 시기라든지, 아니라도 정치적으로 민감한 문제에 대해서는 일반시민이 의견을 잘 표명하지 않으려 할 소지가 크다. 따라서 이런 상황에 대한 판단도 조사연구에서 중요한 몫을 한다.

제 3 절 질문의 언어와 문항형식

질문서에 담을 질문항목 또는 문항들(items)을 실지로 하나 하나 문장화하고, 전체질문서의 체제를 갖추는 과정을 일컬어 질문서작성(questionnaire construction)이라 한다. 이 부분에서는 우선 질문항목의 언어구사와 질문의 형식 내지 응답형식을 중심으로 고찰해 보겠다. 물론 여기에 간추린 고려사항들은 철칙이 아니라 참고하면 도움이 될 규준들로 보면 좋을 것이다(Babbie, 1973 : 140-155; Backstrom and Hursh, 1963 : 67-128; Bailey, 1978 : 97-124; Miller, 1977 : 74-76; Orenstein and Phillips, 1978 : 216-223; Selltiz *et al.*, 1976 : 309-317; 553-563; Smith, 1975 : 172-182; Warwick and Lininger, 1975 : 132-160; Frankfort-Nachmias and Nachmias, 2000 : 233-238; Neuman, 2003 : 274-285; Rubin and Babbie, 2008 : 200-214).

Ⅰ. 문항의 언어구성

질문서를 위한 문항들은 주로 질문의 형식을 띠지만, 때로는 단순한 진술(statements)의 모양으로 나타 낼 수도 있다. 하여간에 말로 문장을 만들어야 하기 때문에 언어구사(wording)를 중요한 고려사항으로 부각시키게 된다. 언어구사라고 해도 순전히 낱말은 어떤 것을 쓰고, 문장은 어떻게 꾸미는가 하는 형식의 문제에 그치지 않고, 질문의 내용과 성격의 일부도 관련성을 갖는다. 이제 질문서의 문항 또는 질문 자체와 거기서 쓰는 말(용어 · 낱말)에 관계 있는 주의사항을 되도록 보기를 들면서 살펴보겠다.

1. 용어상의 유의사항

(1) 물론 질문 자체도 그렇지만 쉽게 알아들을 수 있는 말을 써야 한다. 가장 일반적인 원칙은 응답할 연구대상자들의 이해수준에 맞는 용어로 질문을 구성하라는 것이다. 특별히 교육을 많이 받고 전문직에 종사하는 대상자만을 상대로 할 때에는 그들의 전문용어나 특수한 표현을 써도 무방하지만, 대다수의 조사대상은 일반시민이다. 이들의 사회경제적 특성은 각계 각층일 개연성이 크므로 이런 때는 학력이 가장 낮은 층을 표적으로 삼고, 그들에게 맞는 그들이 능히 알아 들을 수 있는 말을 쓰도록 유의해야 한다.

(2) 낱말은 같은데 지방이나 계층 등에 따라 혹 의미가 다른 용어는 삼가하도록 한다. 한 마디로 모든 응답자에게 같은 의미를 전달하는 용어를 선택하도록 하라는 것이다.

(3) 특히 오해 · 오인(misperception)을 일으킬 소지가 큰 용어들이 있다. 우선 지나치게 추상적이고 어려운 용어는 상당수의 응답자들에게 경험의 영역밖일 것이므로 피하도록 한다. 그러나 반면에 너무 일상적으로 지나치게 친숙한 말도 응답자의 선입관을 발동시켜서 전혀 맥락과 걸맞지 않은 대답을 유도하는 수가 없지 않다. 그러므로 말의 맥락이나 질문의 조건을 미리 제시함으로써 그런 선입관의 침투를 예방할 수 있다. 언어구사를 일상적으로 무리 없이 쓰는 방식에 따라 하지 않을 때도 선입관의 문제가 생긴다. 어색한 표현이 나오면 우선 알아듣기도 어렵지만, 잘 모를 때는 자기가 평소 기대하던 식으로 해석하여 응답하게 되는 수가 많다.

(4) 용어의 모호성(ambiguity)도 역시 언어구사에서는 피하는 것이 좋은데, 그 원천의 보기를 들면 이런 것들이다.

첫째, 불완전성(incompleteness)이다. 가령 "지난 번 선거 때는 투표를 하셨습니까?" 하는 식의 질문은 지난 번 어느 선거(대통령 · 국회의원 등등)를 지칭하는지 불완전하다. 혹은 너무 일반적이라 할 수 있다. 그러므로 좀더 특정화할 필요가 있다.

둘째, 부정확성(impreciseness)이다. 예컨대 "이 지방의 실업률이 10%라는데 대해서 귀하는 얼마나 염려하고 계십니까?"라는 질문은 '이 지방'이 어떤 지역의 한계를 뜻하는지, '실업률'은 성인 · 노동력 · 여자 · 청소년 중 어떤 인구집단의 실업률인지, 10%가 좋다는 건지, 나쁘다는 건지 등에 관하여 매우 부정확 · 불명확하므로 좀더 분명한 언어구사가 필요하다.

셋째, 시간의 차원에서 불명확성 · 불특정성(indefinite in time)이 문제가 될 수 있다. "얼마나 자주 친척을 방문하십니까?"라는 질문은 '친척'의 범위를 불특정화한 것이므로 여러 가지 다양한 준거를 쓰게 되기도 하지만, '자주'의 시간적 의미가 매우 주관적일 수 있다. 응답의 형식상 '1주일에 한번', '한 달에 두 번' 등의 빈도를 밝히는 방식으로 이를 보완한다.

넷째, 불특정적인 비교(indefinite comparisons)도 모호성의 원천이 된다. "우리 나라의 세금제도는 비교적 공정하다고 봅니까?" 하는 식의 질문은 물론 그렇다, 아니다라는 대답을 얻어 낼 수는 있지만, 그 비교의 준거를 더 분명히 하는 것이 좋다. 공정하다고 할 때 그 공정성의 뜻이 무엇인지를 밝히는 것도 도움이 될 것이다.

다섯째, 평범하고 단순한 용어가 쉽게 이해하는 데 도움이 되는 대신 상황에 따라서는 오히려 모호성의 원천이 될 수 있다. "이 동네에는 학교 다니는 애들이 좀 있습니까?" 아주 평범한 용어로 된 쉬운 질문이지만, 하나씩 따져보면 대답하기 아주 모호하기도 하다.

여섯째, 반대로 너무 복잡한 단어도 모호성을 유발시킬 수 있다. "정부에 대한 불신의 근본적인 원천은 어떤 요인에서 찾을 수 있다고 보십니까?"와 같은 질문이 과연 어떤 명쾌한 대답을 얻을 수 있을지 생각해 봄직하다.

일곱째, 이와 관련하여 지나친 일반화를 삼가는 것도 모호성을 피하는 길이 된다. "귀하의 생각에 대다수 하층민은 야당지지자라고 보십니까?" 이 질문은 내용 자체가 일정한 일반화를 내리고 있을 뿐더러, 거기 쓰는 용어도 '대다수' · '하층민' · '야당' 등의 일반화된 말들이다.

다만, 후에 다시 언급하겠지만 질문의 순서배열에서 사람들의 생각을 일깨우는 방편으로 처음 시작할 때의 질문은 좀 모호하더라도 일반적인 내용을 다루는 게 유리하다는 것이 원칙이다. 이런 질문은 분석할 때에도 일반적 성향의 확인용도에 그치지 세밀한 분석에서는 유용성이 적음은 두 말할 나위도 없다.

어쨌든 이런 것은 원칙적인 주의사항이므로 되도록 유의하여 준수하도록 애써야 할 것은 당연하지만, 질문서의 문항이란 언제든지 응답자에 따라 조금씩은 다르게 이해하기 마련이고, 또 연구자에게는 주요 관심사지만 일반적으로는 잘 알지 못하는 것일 수 있다. 이런 때는 특히 면접을 하는 상황을 고려하여 재차 캐어 물어서 응답자가 바로 이해하는지, 무슨 뜻으로 해석하는지를 알아보는 질문을 추가하는 방법도 있다. 예컨대 "이제 그 말씀은 무슨 뜻으로 하신 거지요? 조금만 더 설명해 주실 수 있습니까? 가령 보기를 들어 주신다든지요" 하는 식의 '캐어 묻기'를 시사하는 것이다.

2. 질문문항의 성격에 관한 사항

질문의 문항도 결국은 낱말들로 구성하는 것이므로, 위의 주의사항은 문장의 형성에서도 유용한 시사점들이다. 그러나 문장 전체가 주는 인상과 성격 또한 그에 대한 응답의 성격에도 영향을 미칠 수 있다.

(1) 질문서의 문항이라고 해서 모두가 질문(questions)의 형식을 띠는 의문구만은 아니다. 진술(statements) 문장의 모습을 띨 때가 상당히 많다. 특히 사람들의 의견 · 태도 · 가치지향 같은 심리적 성향을 알아보기 위해서는 직접 질문의 형식보다는 주제와 관련 있는 여러 가지 진술들을 주고 그에 대한 응답자의 반응을 유도함으로써 파악하는 접근을 취하는 것이 보통이다. 가령 앞으로 제10장에서 다룰 각종의 태도척도 같은 것은 이런 진술의 제시를 주된 방법으로 쓴다.

(2) 위에서 용어의 성격에 관하여 언급할 때 지적한 대로 질문 자체가 응답자의 이해능력 · 학력 등의 수준에 걸맞아야 하고, 그의 경험과 유관적합성을 가진 내용이어야 하며, 누구나 같은 뜻의 질문으로 이해하고 대답하도록 문장을 만들도록 애써야 한다. 이렇게 하기 위해서는 연구자 스스로가 응답자의 경험과 삶에 대한 이해를 어느 정도 지니고 있어야 한다.

(3) 기술적으로 질문의 내용이 아무리 대강 알아 들을 수는 있는 쉬운 내용이라도 그것을 응답하는 데 도움이 되도록 문항을 작성하기 위해서는 순전히 말로만 하는 게 아니라, 〈그림 7-1〉과 같이 그림을 이용하는 수도 있다. 보기를 들어 보자.

〈보　　기〉

이제는 당신(귀하)의 살아가는 형편에 관해서 여쭈어 보겠습니다. 이 그림(보기로 그림 ×를 제시한다)에서 보시는 바와 같이 11개 칸이 있는 사닥다리를 생각해 보십시오. 맨 꼭대기를 사는 형편이 가장 좋은 상태라 하고 10점을 주

〈그림 7-1〉 사닥다리형 응답지

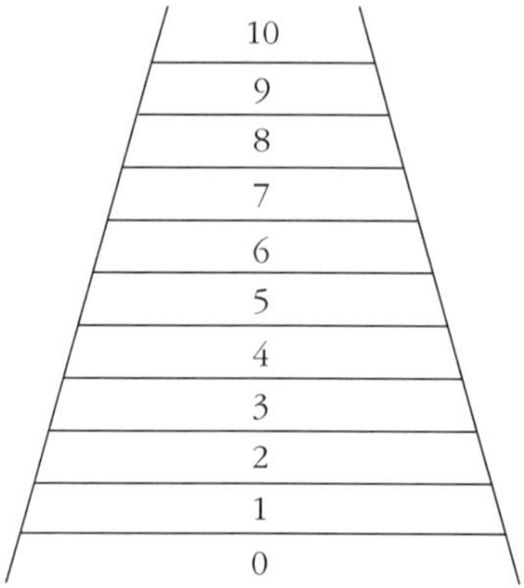

(가장 나쁜 상태)

(1) 당신(귀하)의 지금 사시는 형편은 사닥다리의 어디쯤 있다고 생각하십니까? 점수로 말한다면 몇 점에 해당한다고 보시는지요

________ 점

고, 맨 아래를 가장 나쁜 상태라 하고 0점을 주기로 합시다(〈그림 7-1〉 참조).

(4) 용어사용과 문장구성에 있어서 직접적으로 표현은 하지 않았지만, 어떤 가정을 담고 있거나 보이지 않는 함의(implications)를 품고 있으면 질문에 대한 오해를 유도할 수 있다. 다시 말해서 질문에서 연구자가 가정하는 '준거틀'(frame of reference)이 모든 응답자에게도 같은 것인지를 한번 따져 볼 필요가 있다는 것이다. 가령 문항 가운데는 다른 어떤 사실들에 대한 가정이 성립할 때에만 대답을 제대로 할 수 있는 그런 성질의 것이 있다. 아래의 보기에서처럼 이런 때는 보충질문을 함께 물어 보는 것이 좋다.

〈보 기〉

"귀하는 다음 어떤 계급에 속한다고 생각하십니까?"

__________ 전문직계급

__________ 사무직계급

__________ 노동계급

__________ 기 타

이런 문항에서는 응답자가 직업에 기초한 어떤 '계급'에 속한다고 생각한다는 가정을 이미 하고 있는 셈이다. 제대로 하자면 우선 응답자가 계급적 의식을 가지고 있고, 직업에 따른 계급을 나누는 데 대한 지식을 갖고 있는지를 알아본 뒤 계급 자체에 대한 자신의 태도나 소속감을 갖는지를 확인하는 게 좋을 것이다.

(5) 그뿐 아니라 응답자가 어떤 사실적 정보를 충분히 가지고 있다는 전제 위에 질문을 던지는 일은 삼가는 게 좋다. 주제에 대하여 알고 있거나 들어 본 일이 있는지를 확인한 다음, 그에 대한 태도를 물어야 한다.

〈보 기〉

"아주머니는 가족계획에 대하여 어떻게 생각하십니까?"라는 질문은 '가족계획'이 무엇인지도 모르는 사람에게는 당혹감을 준다. 그러므로 우선 "아주머니는 가족계획에 대하여 들어 보신 적이 있습니까?"를 묻고, 없다는 대답이 나오면 그 질문은 거기서 끝내고, 들어 봤다고 대답한 사람에게만 계속해서 태도를 물어 본다.

(6) 비슷한 문제점으로 어떤 질문에 대해서는 문항을 다 읽기도 전에 처음 몇 마디만 보고 지레짐작으로 대답을 하는 수가 있기 때문에, 이런 것을 막기 위해서는 적절한 조건 또는 맥락을 미리 제시한 다음 본 질문을 하는 편이 더 믿을 만한 응답을 유도하는 데 유리하다.

〈보 기〉

"정관수술을 의무화하는 것을 어떻게 보십니까? 물론 정신박약자나 불치의 유전병을 앓는 사람들에 한해서 말입니다"보다는 "정신박약자나 불치의 유전병을 앓는 이들에게 정관수술을 의무화하는 데 대하여 어떻게 생각하십니까?"라고 묻는다.

(7) 앞서 용어상의 유의사항에서도 지적했지만, 일반적인 질문과 특정적인 질문 중 어떤 접근이 더 유용한지를 결정해야 한다.

〈보 기〉

"귀하는 그 책이 얼마나 좋았습니까?"보다는 "귀하는 그 책을 다른 분에게 읽도록 권유하셨(시겠)습니까?"라는 질문이 어떨까?

(8) 단도직입적 직접(direct) 질문과 간접(indirect) 질문 사이에서 선택을 요한다. 대체로 사실적인 내용을 알아보는 가장 가까운 지름길은 직접질문이다.

"교회에 나가십니까?" 라는 식의 질문이면 오히려 단도직입적으로 묻는 게 편리할 때가 있다. 그러나 그런 직접질문이 상대방을 당혹시키거나 곤란하게 만들 가능성이 있을 때 또는 기억이 불분명한 때에는 간접질문이 더 유리하다. 위의 보기에서 "지난 1년 동안 교회에는 몇 번 나가셨습니까?"와 같은 것도 일종의 간접질문이다.

간접질문은 특히 태도, 가치의식, 과거의 경험에 대한 회상 같은 것 등 밝히기 꺼리는 사항들을 다룰 때 유용하다. 예컨대 전쟁경험을 입 밖에 내고 싶어하지 않는 사람들에게는 직접 물어 보기보다는 다른 사람들을 둘러대고, 군대의 장비는 어떠했는가, 사병들은 충분한 훈련을 받은 뒤에 전투에 투입되었는가, 장병의 사기는 어떠했는가? 등을 물어서 그에 대한 태도나 의견을 간접적으로 알아본다. 또 예를 들어 다른 사람들은 일반적으로 너무 보수적이라고 보느냐라는 질문에 긍정적인 반응을 보인 사람은 자신은 오히려 그 반대(진보 · 급진)일 가능성이 많다.

그런데 직접 · 간접 질문의 상대적 유용성은 그리 간단히 결정할 수 없을 때가 있다. 가령 개인의 사적인 경험이나 느낌을 그대로 물어 보는 방법과 객관화시켜서 비인격적인 질문을 던지는 접근은 맥락에 따라 서로 다르게 쓰일 수 있다. 예컨대 "귀하의 직장에서는 작업조건이 만족스럽습니까, 아니면 불만스럽습니까?"는 비개인적 질문이고, "귀하는 직장의 작업조건에 대해서 만족하십니까, 불만입니까?"는 개인적인 질문이다. 이 중간에는 "귀하의 직장은 작업조건이 만족스럽다고 생각하십니까, 아니면 불만스럽게 보십니까?"라는 객관적 조건에 대한 개인의 의견 · 느낌을 묻는 질문이 있다. 이처럼 개인적인 질문일수록 개인의 느낌을 직접 알려 주는 이점이 있는 한편, 상대방을 당황케 할 수 있다.

어쨌든 간접질문이 필요할 때는 그것이 과연 뜻하는 바 응답을 얻어 내는데 효율적인지, 간접적 추리에 무리가 없는지, 심지어는 윤리적인 문제는 없는지 잘 가늠해 보고 이용하는 게 좋다.

(9) 처음부터 부정적인 의미가 담긴 표현이나 아예 부정하는 표현은 피하는 게 바람직하다. 가령 "다음에 열거한 사람들에게는 교원자격을 금지해야 한다"라든지, "교원자격을 부여하지 않아야 한다"는 식보다는 "다음에 열거한 사람들에게 교원자격을 부여하는 데 대해서는 어떻게 생각하십니까?"라고 묻고, 응답란에 ① "허용한다," ② "허용하지 않는다"는 형식의 선택지를 주는 것

이 바람직하다.

(10) 응답자를 기분나쁘게 또는 난처하게 만드는 질문은 피하도록 한다. 보기를 들자. 첫째, 응답자의 자긍심(ego)을 건드리지 않고 보호 · 존중하는 방향으로 질문을 구성한다. "우리 나라 대법원장이 누군지 이름을 댈 수 있습니까?"보다는 "혹시 우리 나라 대법원장의 성함이 기억나시는지요?"라는 식이 더 부드럽다. 둘째, 역시 직접질문과도 관계가 있지만, 상대방이 기분나쁘거나 대답을 꺼리는 질문은 피한다. 가령 월수입이 얼마냐와 같은 단도직입적 질문은 상대방이 거북하게 느낄 수 있으므로 "다음에 월수입정도를 나타내는 항목들이 있습니다만, 이 중 댁의 월수입은 어디에 해당하는지 하나만 ∨표(지적)해 주십시요" 라고 묻고, ① 100만 원 미만, ② 100-200만 원, ③ 200-500만 원, ④ 500-1,000만 원, ⑤ 1,000만 원 이상 등이 적힌 응답지를 보여 주는 방법이 더 유리하다.

(11) 내용상 부득이 응답자의 기분을 상하게 할 가능성이 있거나 좀 거리낄 만한 질문을 꼭 물어야 할 때는 응답자가 긍정적인 대답을 할 기회(질문)를 먼저 줌으로써 다음에 부정적인 응답을 해도 과히 창피하지 않도록 한다. "○○에 대해서 좋아하시는 점이 어떤 것입니까"를 묻고 나서 "○○에 대해서 싫어하시는 점은 어떤 것입니까?"를 묻는 식이다.

(12) '겹치기 질문'(double-barrelled questions)은 피하고 단일내용(single idea)을 담도록 한다. 연구자의 머리 속에 어떤 쟁점에 대한 의견이 복합적이기 때문에 무의식중에 또는 질문수를 줄여서 되도록 많은 정보를 적은 수의 문항으로 얻기 위해서 한 질문에 둘 이상의 내용을 담아서 한 가지 대답을 구할 때가 간혹 있다. 보기로 "김××씨가 이 지역 국회의원으로 다시 출마해야 한다고 보시는지, 혹은 ○○당에서는 김씨보다 더 훌륭한 새 후보자를 낼 수 있다고 보시는지요?"라는 질문에 동의한다는 대답을 주었다고 하자. 이 대답은 김씨의 재출마를 지지한다는 뜻인지, 아니면 김씨가 ○○당후보로서는 최선의 후보가 아니라는 말인지를 알 도리가 없다.

한 가지 예를 더 들면 "정부가 A에 대한 투자는 중단하고, B에 더 투자를 해야 한다"는 진술에 대한 찬반응답을 요구할 때, 무조건 찬성하는 사람은 A에 대한 투자중단, B에 대한 투자증대를 다 지지하는 사례에 해당한다. 그러나 B투자증대는 필요해도 A투자는 계속하기를 바라는 사람도 있을 수 있는데, 이런 사람은 찬반을 분명히 하지 못하게끔 질문이 구성되어 있다. 이런 이중질문은 피하고, 두 가지 내용을 갈라서 따로 물어야 한다는 것이 거의 철칙이나 마찬가지다.

(13) 이와 관련하여 질문이 너무 길고 복합적이지 않도록 해야 한다. 짧고 간단하게 한 가지씩 물어 보는 방식이 최선이다. 길고 복잡하면 응답자를 지루하게 하고, 심지어는 불쾌하게 만들며, 대답하기가 어렵게 만들 수 있기 때문이다.

(14) 문화적 배경의 차이로 생길 수 있는 편의는 되도록 피해야 한다. 문화가 다른 사회 또는 계층, 지역 등의 차이를 배려하여 질문을 구성할 필요가 있다.

(15) 질문서의 문항은 읽어 내려가기가 쉬워야 한다(readability).

(16) 유도(leading) · 부하(loaded) 질문에 관한 유의사항을 몇 가지로 나누어 생각해 본다. 유도질문 · 부하질문이란 어느 한쪽으로 대답을 기울게 함으로써 편의를 일으키게 하는 질문이다. 앞에서도 몇 가지 그와 같은 가능성이 있는 요인들을 지적하였지만, 특별히 유도질문이나 감정적으로 부하된 질문에서 언어구사에 조심해야 할 사례들을 여기서 살펴보기로 한다.

대체로 유도질문이란 어떤 특정방향으로 응답을 유인하는 듯한 인상을 주거나, 처음부터 의도적으로 유리한 응답을 얻으려는 식으로 질문을 구성하는 것을 일컫는다. 예를 들어 "귀하는 국민의 신성한 권리를 이행하고자 지난 번 국회의원선거에서 투표를 하셨습니까?"보다는 "귀하는 지난 번 국회의원 선거 때 투표를 하셨습니까?"라고 중립적으로 물어야 한다. 이 때 첫번째 질문은 투표행위를 신성한 것으로 규정해 줌으로써 투표를 하지 않은 것이 부끄럽게 느껴 투표했다는 거짓 대답을 유도할 가능성이 있다.

그런데 특별한 종류의 응답이 꼭 필요할 때는 이러한 유도질문을 의도적으로 이용하는 수가 있다. 보기를 들면 "당신은 부인을 얼마나 자주 때립니까?"라는 질문은 어쩔 수 없이 부인학대행위를 인정하도록 유도할 수 있다. 이보다 약간 부드러운 접근이지만, "…라고 생각지 않으십니까?"라는 식의 유도질문도 하게 된다. 유명한 Kinsey 연구에서 그는 어떤 비정상적인 성행위를 '하느냐, 하지 않느냐?'라고 묻는다면 대답은 거의 아니라는 것이므로, 이런 때는 처음부터 '언제, 어디서, 어떻게, 얼마나 자주' 그런 행위를 했느냐고 물음으로써 사실에 가까운 응답을 얻게 된다고 한다. 이런 이유로 대답이 사회적 기대로 인정해서 나올 가능성이 있는 종류의 질문일 때는 오히려 유도질문을 역이용해서 진실한 의견을 받아 내는 것도 무방하다는 견해가 있다. 그러나 원칙적으로 유도질문은 피하는 것이 마땅하고, 정신과의사나 심리학자의 고객으로서 응답자가 조사자를 찾아와 면접을 하는 상황이면 임상적 이유에서 예외로 할 수 있다는 것이 통설이다.

위에서 보기로 제시한 투표행위에 관한 질문은 일종의 유도질문이기도 하지만, 실은 부하질문이라고 하는 것이 더 정확할지도 모른다. 부하질문도 응답이 한쪽으로 기울어 편의를 자아 내게 하는 기능은 마찬가지지만, 주로 언어구사, 용어의 선택과 관련 있는 것으로 그 유형은 몇 가지로 나누어 볼 수 있다.

첫째, 문항 속에 여러 가지 대안들을 제시해야 할 때는 그 선택가능한 대안들을 모두 제대로 보여 주면서 질문을 해야 하는데, 그것을 일부만 제시하거나 한쪽으로 기울게 해서는 곤란하다. “자유시간이 있으면 TV를 본다든가, 그 밖에 어떤 일로 여가를 보내십니까?”라든지, “남편이 집에 있으면 아기 젖먹이기, 옷갈아 입히기 같은 것을 도와 주어야 한다고 생각하십니까?”는 확실히 대안들이 부분적이고 일방적이다. 앞의 질문은 “여가를 보내실 때는 어떤 일을 하십니까?” 하고 응답자에게 가능한 대답들을 적게 하는 것이 좋을 것이다. 두 번째 질문은 “남편이 집에 있으면 아기 젖먹이기, 옷갈아 입히기 등을 도와 주어야 한다고 보십니까, 아니면 그 일은 전적으로 주부의 책임이라고 생각하십니까?”라고 묻든지, 또는 “남편이 집에 있을 때 아기 젖먹이기와 옷갈아 입히기는 누가 주로 맡아 해야 한다고 생각하십니까?”라는 질문에다 “남편 · 주부 · 조부 · 조모…” 등의 선택지를 주는 방법이 무난하다.

둘째, 감정적인 의미가 담긴(emotionally charged) 용어들을 질문문항에 포함시킴으로써 질문을 쓸데없이 부하시킬 수가 있다. 이런 성격의 말들도 여러 종류가 있다. 가령 부정적인 고정관념형(stereotype) 단어들이 그 한 예다. ‘빨갱이’ · ‘제국주의’ · ‘착취’ · ‘깡패’ 같은 용어들이 그 보기일 것이다. 고정관념을 나타내는 말에도 긍정적인 요소를 담은 것도 있다. 예컨대 ‘모성’ · ‘애국자’ · ‘민주주의’ · ‘조국’ · ‘사랑’ · ‘자비’ 같은 말에는 도덕적 · 정신적 · 이념적 가치가 부하되어 있으므로 사용에 주의가 필요하다. 이런 것들은 흔히 남의 주의를 끌기 위한 미사여구(catch phrase)를 이용하여 고정관념을 전달코자 하는 효과를 가져올 수 있다.

셋째, 현상유지(status quo)와 관련 있는 방식의 용어나 문장구성이 담기면, 그 대답에 동의하는 경향이 있어서 부하현상을 야기할 수 있다. 같은 말이라도

〈참고자료 7-1〉 질문서작성시 피할 사항과 개선방안 예시

피해야 할 사항	좋지 않은 문항	개선한 문항예시
① 은어 · 비속어 · 생략어	"간밤에 술독에 빠질 만큼 마셨습니까?"	"어젯밤 맥주는 얼마나 마셨습니까?"
② 모호성	"외식은 자주 하십니까?"	"음식점 같은 데서 일주일에 몇 번 외식을 하십니까?"
③ 감성적 · 신분적 위신을 가미한 언어	"존경하는 위원회의 보고서에서 우리 정부가 엄청난 적자에도 그 사업에 예산을 쓴다고 하는데, 귀하는 그 사업이 중요하다고 보십니까?"	"국회가 예산낭비를 막는 일이 중요하다고 보십니까? 매우 중요하다, 중요한 편이다, 중요하지 않다"
④ 겹치기 질문	"귀하는 복지 및 군대 예산의 증액에 찬성입니까?, 반대입니까?"	"복지예산증액에 찬성하십니까?" "군대예산증액에 찬성하십니까?"
⑤ 유도질문	"귀하는 애국심을 발휘하여 지난 번 시장선거에 투표하셨습니까?"	"귀하는 지난 번 시장선거에 투표하셨습니까?"
⑥ 응답자의 능력범위 초과질문	"2년 전에 매 달 몇 시간씩 TV 시청을 하셨습니까?"	"지난 2주 동안 하루 몇 시간 가량 TV시청을 하셨습니까?"
⑦ 잘못된 전제	"귀하는 여자(남자) 친구에 대한 구타를 언제 그만 두셨습니까?"	"귀하는 여자(남자) 친구에게 손찌검하신 적이 있습니까?"
⑧ 너무 먼 장래	"대학졸업 후 취업 및 정착을 한 뒤 주식투자를 예정하십니까?"	"앞으로 두 달 후쯤에 주식에 투자할 계획이 있습니까?"
⑨ 이중부정법	"우리 도시의 새로운 체육관 건립에 반대하는 분들의 의견에 반대하십니까?"	"우리 도시에 새로운 체육관 건립계획이 있는데, 이에 대해 어떻게 생각하십니까?" 찬성 또는 반대
⑩ 불균형적 응답	"귀하는 저희 호텔의 서비스가 뛰어나다, 멋지다, 우수하다, 양호하다 중 어느 것이라고 보십니까?"	"저희 호텔의 서비스에 대해 뛰어나다, 훌륭하다, 적당하다, 아니면 빈약하다 중 어느 것이라고 보십니까?"

자료 : Neuman(2003 : 273).

'법에 따르면', '현재 많은 사람들이 그렇듯이' 같은 일반적으로 널리 용납받고 있는 관행이나 믿음으로 인정하는 표현은 삼가는 것이 좋다.

넷째, 위신(prestige)이 높은 사람이나 집단의 이름을 빙자하면, 그 쪽으로

대답이 기울 개연성이 크다. '정부에서 추진한 근대화과업…' 하는 것보다도 '○○○대통령이 주도한 근대화과업…'에 더 쏠릴 것이다.

다섯째, 처음부터 부정적이거나 소극적인 표현을 쓰는 질문은 되도록 삼가는 게 유리하다. 이런 질문에는 대답할 때 혼돈하기 쉬울 뿐더러 후에 응답을 부호화할 때 그 방향을 바꾸든가 하는 절차가 필요해지고, 이 과정에서 역시 혼란이 생겨 한쪽으로 기울어질 소지가 있다. 다만, 태도를 측정하는 척도를 구성할 때, 일관성을 점검하기 위하여 같은 내용을 다시 물으면서 반대방향의 질문을 던지는 절차를 밟을 수는 간혹 있다.

이 밖에도 편의를 일으킬 수 있는 부하적인 질문이나 용어구사의 보기들은 다른 맥락에서 이미 언급한 내용들과 겹치기도 한다. 가령 개인적인 의견을 캐어 묻는 질문, 자긍심을 손상시키는 질문, 기분을 상하게 하는 질문, 또는 여러 관점들을 균형 있게 제시하지 않는 질문 등이다.

Ⅱ. 질문과 응답의 형식

위에서 문항의 언어구성요령으로 이미 언급한 내용도 있지만, 질문을 어떤 형식으로 제시하고 어떤 형식으로 응답을 요구하는지에 따라 응답의 질과 내용이 달라질 수 있다는 점을 이제부터 집중적으로 다루겠다. 가장 간편한 응답의 형식은 ∨표 · ○표 · ×표 등으로 부호만 표시하는 방법이 있고, 말로 나타낼 때는 짧은 응답, 간단한 문장, 긴 서술적 대답 같은 것이 있다. 원칙적으로 연구자가 얻고자 하는 대답을 제대로 받아 내려면 그에 따라 질문과 응답의 형식을 결정해야 함은 물론이다. 여기서는 먼저 기본적인 쟁점을 잠시 살펴본 다음, 구체적인 보기들을 제시하기로 한다.

1. 열린 질문과 닫힌 질문

흔히 개방형(open-ended 또는 open) 질문과 폐쇄형(closed-ended 혹은 closed) 질문이라는 두 가지가 질문서문항의 기본형태다. 열린 질문이란 한 마디로 응답자가 거의 아무런 제약 없이 자유롭게 대답할 수 있도록 질문만 던지는 형식의 것이고, 닫힌 질문이란 대답할 내용을 미리 범주화한 선택지(alternatives) 혹은 응답지(response categories)를 줌으로써 그에 따라서만 대답하도록 만든 것이다.

문항을 개방할 것인지, 범주화할 것인지를 결정하는 데에는 몇 가지 고려사항이 있다(Cannell and Kahn, 1968 : 565; Smith, 1975 : 172-173; Frankfort-Nachmias and Nachmias, 2000 : 233-234; Neuman, 2003 : 277-279; Rubin and Babbie, 2008 : 201-202).

첫째, 연구조사의 목표와 관련이 있다. 가령 연구대상자들의 정보수준 혹은 지식정도(level of information)를 알고 싶을 때, 어떤 질문에 대한 응답의 생각의 준거틀(frame of reference)을 파악하려 할 때, 또는 의견이나 태도의 구조를 포괄적으로 포착하고자 할 때는 열린 질문이 가장 적절하다. 하지만 만일 연구목적이 처음부터 명백히 알고 있는 차원에 따라 행위나 태도를 분류하는 데 있다면 닫힌 질문이 효율적이다. 알지도 못하는 질문에 답하는 고충뿐 아니라, 생각을 정리해서 조직하는 데에도 상당한 노력이 필요한 때에는 미리 대답을 조직해서 응답자를 도와 줄 수 있기 때문이다.

둘째, 자유응답을 요구하는 열린 질문은 좀더 강한 동기부여를 필요로 한다. 응답지가 이미 주어진 것은 그 중 하나 이상 마음에 드는 대로 선택만 하면 그만이지만, 자유형 질문에 대한 대답은 생각해 보고 정리하고 적절한 표현을 찾는 등 노력이 필요하다는 말이다.

셋째, 응답자의 사고의 준거틀에 관한 예비지식이 있든지, 적어도 그것을 가정할 만한 근거가 있을 때는 범주화한 응답지를 주는 게 유리하다. 그 준거틀 속에서 가능한 응답의 범위를 확인하고, 가능한 응답의 대안들을 미리 제시할 수 있다.

물론 실제 연구과정에서 순전히 열린 질문만 사용하는 사례는 심층면접(in-depth interview)처럼 비조직적이고 질적인 연구에 국한되고, 대부분의 양적 접근에서는 열린 질문과 닫힌 질문을 섞어 쓰는 게 보통이다. 그러면 이 두 종류의 문항형식이 서로 어떤 장 · 단점을 갖는지 살펴보자.

(1) 열린 질문의 장 · 단점

열린 질문의 이점은 우선 자유롭고 자발적인 응답을 얻을 수 있다는 것이다. 응답자는 스스로의 자유로운 연상작용과 자기논리에 따라 생각을 표현할 수 있을 뿐더러 자신을 표출하고 심리적인 긴장해소를 할 기회를 갖게 된다. 원칙적으로 연구목적에 직접 중요하지 않은 내용이라도 응답자가 꼭 하고 싶다고 여기는 내용이 있으면 그런 말을 할 기회를 준다는 것은 최소한의 예의 일 뿐 아니라 조사를 성공적으로 마치는 데 도움이 된다. 어쨌든 이런 식의 자유방담에서 얻은 정보는 연구를 위한 가설의 원천으로서 또는 연구의 현실감을 높여 주는 데 활용할 수 있는 '인용할 만한 명언' 같은 것이 될 수 있다.

이 밖에도 기술적인 면에서 열린 질문은 다음과 같은 때 유리하다. ① 문제의 질적인 측면에 대한 탐색용으로, ② 질문의 문항을 완성시키기 전 예비검사격으로, 즉 자유응답으로부터 앞으로 완성할 질문서에서 제시할 수 있는 응답지의 범위와 종류에 대한 자료로, ③ 그리고 질문서나 면접에 대답하기 시작할 무렵 우선 친숙해지기 위한 일종의 심리적 준비용(warm-up)으로 쓰일 때다.

그러나 열린 질문에서 얻는 응답은 부호화와 분석, 특히 양적 분석을 위해서는 취급하기 어려운 자료다. 게다가 응답자에게 지나친 부담을 안겨 주게 되는 폐단이 있다. 그리고 응답의 선택성(selectivity)이 또한 작용할 여지가 크다. 다시 말해서 응답자의 선입관 같은 것으로 말미암아 자기의 준거틀에 의해서 중요하다고 여기는 내용만 대답해 버리는 성향이 문제다.

열린 질문을 꼭 써야겠다든지, 이런 접근이 아무래도 유리 · 유용하다는 판단이 설 때는 다음과 같은 주의사항을 고려해야 한다.

첫째, 되도록이면 연구자관심의 준거틀을 좀더 분명히 해 주게끔 직접적이고 방향이 뚜렷한 방식으로 질문을 제시해야 한다. "인공유산에 대해서 귀하는 어떻게 생각하십니까?"라는 질문에 건강 · 윤리 · 인구조절 등의 여러 가지 차원의 응답이 나올 수 있다. 물론 연구목적이 이런 다양한 응답을 요한다면 별 문제 없으나, 인구문제에 관련해서만 알고 싶다면 그런 내용을 밝히도록 미리 문항을 작성하는 게 좋다는 뜻이다.

둘째, 때로는 어떤 사항과 관련하여 숫자를 밝히는 것이 좋다. 가령 "귀하의 직업선택에 영향을 미친 사람들은 누구입니까? 가족 외에 가장 중요한 세 사람만 들어 그 분과의 관계를 말씀해 주십시요" 같은 보기다.

셋째, 개방형 질문에서 언제나 중요한 것은 '캐어 묻기 질문'이다. 응답자가 갑자기 생각이 나지 않든가, 너무 단순한 대답으로 끝나 버릴 때는 "지금 하신 말씀은 무슨 뜻으로 이해하면 좋겠습니까?," "혹 그 밖에 생각나시는 일은 없으신지요?" 등과 같은 추궁을 하도록 한다.

넷째, 특히 숫자로 나타 낼 수 있는 것일 때, 일종의 응답지를 제시하면서 반개방형 질문(문항)을 쓰는 것도 도움이 된다. 이런 때는 응답지를 뒤에 수정

〈참고자료 7-2〉 열린 질문과 닫힌 질문의 장 · 단점 비교

장 점	단 점
〈닫힌 질문〉	
·응답자가 쉽게 빨리 대답 가능	·응답자는 생각지도 않은 대답시사 가능
·상이한 응답자의 대답비교 가능	·의견 · 지식 없이도 무조건 응답가능
·응답의 부호화 · 통계분석 용이	·자신이 원하는 대답이 선택지에 없어 불만
·선택지가 있어서 질문의 의도 분명	·과다한 응답선택지는 혼란초래
·민감한 사안이라도 대답용이	·질문에 대한 잘못된 해석포착 불가
·부적합하거나 혼동되는 응답감소	·응답자들간의 차이판별 곤란
·문맹·저학력자도 응답가능	·기입과정에 실수로 잘못 표시 가능
·반복조사 용이	·복잡한 쟁점에 대한 단순한 대답 강요
	·실생활에서 하지 않을 선택강요
〈열린 질문〉	
·무한정 가능한 대답 허용	·응답자마다 대답의 정밀도에 차이
·자세한 대답, 조건부대답 해명가능	·쓸데없는 대답, 자세한 설명 속에 응답묻힘
·예기치 않은 사실발견 가능	·비교 및 통계분석 어려움
·복잡한 쟁점에 대한 적절한 응답 가능	·응답의 부호화 어려움
·독창성, 자기표현, 내용의 풍부함 허용	·고학력자, 표현력 좋은 사람 유리
·응답자의 논리, 사고과정, 생각의 준거틀 확인가능	·질문이 너무 일반적이라 응답자 방향 상실가능
	·응답자의 말 그대로를 전부 기록해야 하므로 면접자가 진행하기 어려움
	·응답자의 시간 · 생각 · 노력과도의 부담
	·질문이 응답자에게 거부감 줄 수도
	·질문서에서 응답기록에 너무 많은 공간소요

자료 : Neuman(2003 : 278).

하거나 더 정교화할 근거가 생기기 때문이다. 예컨대 "귀하가 지난 일년 동안 직접 만나 본 친척은 몇 분이나 되십니까? 0인, 1-2인, 3-5인, 6-10인, 10인 이상 어느 정도입니까?" 식으로 접근하는 사례다. 요컨대 열린 질문은 처음부터 질적인 자료를 요구하는 연구에서는 그대로 쓰겠지만, 양적인 분석을 목표로 하는 연구에서는 사전검사를 거쳐 범주화하여 닫힌 질문으로 완성시키는 것이 부호화와 분석을 위해서는 편리하다.

(2) 닫힌 질문의 장·단점

닫힌 질문은 앞에서 이미 암시한 대로 대답하기 쉽고 부호화해서 분석하기 편리하며, 응답자에게나 면접자에게 부담이 덜하고, 난처하거나 민감한 질문에 대한 응답에 무리를 절감시켜 주는 이점들이 있다. 사람들은 대놓고 직설적으로 말하기를 꺼리기는 하나 체크(V)표 같은 표시만 한다면 심리적 부담이 적을 수 있다. 그뿐 아니라 분석의 비교준거를 마련해 주기도 한다. 중구난방으로 떠들어 댄 내용을 어떤 준거틀에 묶으려면 그만큼 까다롭다. 하지만 닫힌 질문도 문제가 있다.

첫째, 미리 선택지를 제공함으로써 응답자의 입(손)에 대답을 먹여(쥐어) 주는 결과를 가져오는 폐단은 사실 가장 심각한 약점이 될 수 있다. 특히 체면손상을 하지 않도록 응답지를 부드럽게 표현할 때는 만일 열린 질문으로 자유로운 대답을 하게 내버려 두었더라면, 전혀 생각지 못했을 대답을 미리 제시하게 되는 것이 문제다.

둘째, 자기의 무식을 감추려고 아무 대답이나 있는 것 중에서 적당히 고르려 함으로써 거짓 응답을 할 수 있다.

셋째, 그뿐 아니라 "모르겠다"는 대답 같이 생각하지 않고 쉽게 대답할 수 있는 것을 선택하거나, 모든 질문에 대해 긍정적인 응답지(예 : 그렇다, 찬성 등)만을 고르는 수가 있다.

넷째, 자유롭고 자발적인 응답 · 자기표현의 기회를 제약함으로써 공연히 연구자가 인위적인 현실관을 유도한다는 인상을 주는 것도 약점이다.

2. 응답지구성의 원칙

닫힌 질문을 작성할 때는 응답지를 미리 제시해야 하는데, 그 기본적인 형식은 양자선택(two-way) 또는 양분법(dichotomy), 선다형(multiple choice), 오차원설계(quintamensional design), 그리고 행렬형 질문(matrix questions)이라고 할 수 있다. 이들의 원칙과 유의사항들을 살펴보고, 구체적인 형식의 보기는 다시 자세히 소개하기로 한다.

(1) 양자선택형

양자선택의 문항에서 유의할 사항은 다음과 같다.

첫째, 선택가능한 대안들을 함축만 할 게 아니라, '*X*아니면 *Y*'식으로 분명히 밝히는 것이 대체로 정확하고 편의되지 않은 대답을 얻어 내는 데 유리하다.

둘째, 마찬가지로 어떤 상반된 관점 · 견해 같은 것을 지적하는 문항의 진술에서는 반드시 찬반(pros and cons) 양편을 충분히 해설하도록 한다.

셋째, '성별' 같이 비교적 확실한 것을 제외하고, 특히 의견 · 태도를 묻는 질문에서 양자택일의 응답지(보기 : 그렇다, 아니다 혹은 찬성, 반대)를 줄 때는 "모르겠다," "찬반미정," "의견 없다," "기타 의견" 등의 응답지를 같이 제공하는 것이 좋다. 질문에서 주어진 쟁점에 대해 의견이 전혀 없거나 찬반이 아닌 수가 있기 때문이다.

넷째, 단순히 '*X* 아니면 *Y*'가 아니고, '중간정도'의 선택가능성이 있을 때에는 그것을 밝히도록 한다. 예컨대 "지난 5년 동안 사시는 형편이 나아졌다고 보십니까, 더 못해졌다고 생각하십니까?"보다는 "지난 5년 동안 사시는 형편이 나아졌는지, 그저 그만한지, 혹은 더 못해졌는지, 그 어느 쪽이라고 생각하십니까?"가 좋을 것이다.

다섯째, 대안을 나타내는 선택지들은 되도록 상호배타적(mutually exclusive)이어야 한다. 이것은 기본적인 요건이지만, 가령 TV 상업광고에 대한 태도에서 "이롭다," "해롭다"는 상호배타적 양극말고도 "이로울 수도 있고, 해로울 수도 있다"는 식의 특수한 사례는 그것도 하나의 배타적 응답지일 수 있다.

여섯째, 그러나 응답자가 택일하기를 원한다면, 때로는 지나치게 양극화된 선택지를 주지 않는 게 나을 수가 있다. 너무 극단적인 응답지를 줌으로써 응답자가 당황하거나 마음에 거슬리게 하는 것은 특수목적이 있을 때를 제외하면 피해야 한다. 예를 들어 "한반도의 냉전을 빨리 종식시키기 위해서는 북한을 하루 아침에 핵무기로 기습공격하여 점령을 하든지, 아예 아시아에서 미군을 완전 철수시켜 버려야 한다"는 식의 진술은 곤란하다.

일곱째, 양자택일법을 쓴다고 무의식중에 이중질문(겹치기 질문)을 하지 않도록 한다.

여덟째, 명백하게 양자택일은 아니고 약간 수정해서 부드럽게 대답할 사람도 있을 때는 그런 응답란을 따로 두어도 무방하다. 가령 "TV 광고가 때에 따라서는 해로울지 모른다"는 식이다. 다만, 이런 응답은 대체로 많은 사람들이 선택할 소지가 큰, 소위 '중도적' 응답이 될 가능성이 있으므로 꼭 써야 할 때만 첨가하도록 유의할 것이다.

(2) 선 다 형

선다형 문항에서도 첫째 원칙은 응답지가 상호배탁적이고 균형잡혀야 한다는 것임은 물론이다.

둘째, 모든 선택지를 제시해야지, 하나라도 빠뜨리면 곤란하다. 다만, 응답은 하나 이상 선택을 해도 무방할 때는 반드시 그 점을 밝히도록 한다.

셋째, 처음부터 어떤 조건을 제시하는 형식의 질문을 쓸 때가 있는데, 이런 때는 분석시에 그 조건으로 제시한 것 자체가 하나의 대안임을 감안해야 한다. 예컨대 "임신중절이 불법이라는 이유 말고, 다른 이유 중에는 어떤 것이 가장 중요하다고 보십니까?"라는 질문에서 '불법성'의 조건은 이미 일종의 선택지에 해당한다.

넷째, 특히 면접시에 적용할 수 있는 주의사항으로서 셋 이상의 선택지가 있고, 각 응답이 상당히 긴 문장일 때는 별도로 '응답지카드'를 작성하여 응답자가 보면서 대답할 수 있도록 하는 것이 크게 도움이 된다.

다섯째, "모르겠다," "의견 없다"는 응답지도 포함시키되 위의 응답지카드를 쓸 때는 카드에까지 적을 필요는 없다.

여섯째, 비슷한 내용의 응답지가 담긴 질문문항들이 겹칠 때는 응답지의 순서를 조금씩 바꾸는 방법도 생각해 볼 만하다. 왜냐하면 어떤 사람들은 첫번째 한두 대답을 선택하는 버릇이 있기 때문이다.

(3) 오차원설계

5차원설계는 George Gallup이 의견과 태도조사를 위해 개발한 특수형 질문군(question set)을 말하는데, 그 원리는 차례 차례로 다음의 다섯 가지를 확인해 나간다는 것이다.

첫째, 열린 질문을 이용해 우선 지식 · 정보보유 · 의식 여부(awareness)를 확인한다.

둘째, 또 한번 자유형 질문으로 전혀 다른 요인의 영향을 받지 않은 순수한 태도(uninfluenced attitudes)를 파악한다.

셋째, 닫힌 질문을 이용하여 그 태도의 특정차원(specific attitudes)을 측정한다.

넷째, 개방형 질문으로 그런 태도를 지니게 된 이유(reasons)를 캔다.

다섯째, 폐쇄형 질문으로 그 태도를 지니는 강도(intensity)를 측정한다. 여기서 한 가지 간단한 보기만 들겠다.

(1) 일반적 지식(열린 질문) : "개헌이 무슨 뜻입니까?" 혹은 "가족계획에 대해서 들어 보신 적이 있습니까?"

(2) 일반적 태도(자유응답형) : "우리 나라 헌법개정에 대해서는 어떻게 생각하십니까?" 또는 "가족계획에 대해서는 어떻게 생각하십니까?"

(3) 특정태도(닫힌 질문 · 양자선택 또는 선다형) : "어떤 이들은 대통령직선제로 헌법을 개정하라고 주장하는 반면, 다른 이들은 내각책임제, 그 밖에 여러 가지 정체를 주장합니다. 귀하의 생각에 우리 나라는 헌법을 어떻게 고쳤으면 좋겠습니까? －내각책임제, －집정제, －기타 제도, －헌법개정반대 등등" 혹은 "가족계획은 법적 강제성을 띠는 것이 바람직하다고 생각하십니까, 아니면 개인의사에 맡겨 두는 것이 바람직스럽다고 보십니까? －법적 강제, －개인자유 …."

(4) 이　유(열린 질문) : "그렇다면 그렇게 생각하시는 이유가 무엇입니까?" 또는 "왜 그렇다고 보십니까?"

(5) 강　도(선다형 폐쇄문항) : "귀하는 얼마나 강하게 헌법개정을 찬성(또는 반대)하시겠습니까? －적극 반대, －상당히 반대, －상당히 찬성, －적극 찬성 …" 또는 "가족계획의 법적 강제에 대하여 귀하는 어느 정도 찬성(반대)하십니까? －강한 찬성, －찬성하는 편, －찬반중간, －반대하는 편, －강한 반대…."

(4) 행렬형 질문

동일한 응답지를 사용해서 여러 가지 질문을 동시에 하고자 할 때, 행렬형 질문을 던지는 것이 효율적이다(Frankfort-Nachmias and Nachmias, 2000 : 237; Rubin and Babbie, 2008 : 209). 이 형식은 질문서공간과 응답시간을 절약하고, 응답의 요령이 동일하다는 이점이 있다. 반면, 질문을 별도로 하는 것이 논리적으로나 목적상 적절한 데도 편의상 한데 묶을 우려가 있고, 또 응답자의 대답도 일정한 유형을 형성하여 비슷한 대답을 하게 될 소지가 있다는 약점도 생각해야 한다. 아래에 보기를 〈표 7-2〉에 제시한다.

〈표 7-2〉

다음에 제시하는 진술들에 대해서 오른쪽에 예시한 응답지에 따라 귀하의 의견을 해당 ___란에 ∨표시해 주시기 바랍니다.

	매우 찬성	찬성	찬반 중립	반대	매우 반대
나의 투표로 나는 정부에 대한 권리행사를 하는 셈이다	—	—	—	—	—
내가 시당국에 고충을 전달하면 즉각 해결해 준다	—	—	—	—	—
나는 정부공직자들이 나의 소망에 대해 주의를 기울여 주기를 바란다	—	—	—	—	—

자료 : Frankfort-Nachmias and Nachmias(2000 : 237).

(5) 기타 유의사항

끝으로 요약을 겸해서 응답의 형식에 관한 결심을 할 때의 유의사항을 간추리고, 구체적인 질문과 응답형식의 보기는 〈참고자료 7-6〉에 따로 제시하는 질문서를 참고하는 것이 좋겠다.

첫째, 우선 체크나 ○×표 같은 부호로 표시하는 방법, 짧은 단어 한두 마디 정도의 대답, 한 문장, 긴 서술문 중 어떤 방법의 응답이 가장 적절한지를 결정한다. 물론 실지로는 이 모두의 조합이 제일 편리하고 유용하다.

둘째, 부호로 대답한다면 양분법, 선다형, 아니면 일정한 척도의 형식을 취하는 것 중 어떤 접근이 가장 적합한가? 척도형 질문의 원리와 형식은 제10장에서 자세히 해설할 것이다.

셋째, 폐쇄형일 때의 선택지는 상호배타적이어서 중복이 없고, 바람직한 순서로 배열되어 있으며, 길이는 적당하고, 문항 전체가 편향됨이 없이 균형잡혀 있는가?

넷째, 응답형식은 답하기 간편하고 쉽게 이루어졌으며, 일률적으로 일관성을 갖추었고, 목적에 알맞도록 꾸며졌는가?

이상의 고려사항들을 염두에 두면서 구체적인 문항의 설계는 어떤 철칙이 있는 것이 아니므로 창의성을 가지고 시도해 보는 것이 좋다.

이런 문제에 대해서는 〈참고자료 7-3〉에 응답범주의 보기들을 예시하였다.

〈참고자료 7-3〉 응답범주의 몇 가지 보기

매우 좋다, 좋다, 괜찮다, 별로 좋지 않다, 나쁘다
찬성, 반대
동의한다, 동의하지 않는다
선호, 비선호
아주 찬성, 찬성, 찬성하는 편, 반대하는 편, 반대, 아주 반대
너무 많(크)다, 적당하다, 너무 적(작)다
더 낫다, 똑 같다, 더 나쁘다
정규적으로 한다, 가끔 한다, 거의 안 한다, 전혀 안 한다
항상 한다(그렇다), 자주 하는(그런) 편이다, 가끔 한다(그렇다), 별로 안 한다(안 그렇다), 전혀 안 한다(안 그렇다)
그럴 것 같다, 별로 다를 것 없다, 그럴 것 같지 않다
매우 관심 있다, 관심 있는 편이다, 관심 없다

자료 : Neuman(2003 : 286).

제 4 절 질문서의 작성

질문서를 구성하는 문항의 언어구사와 형식이 정해지면, 이제 그들을 조직적으로 배열하고 질문서의 외형을 갖추어 사전검사를 거쳐 인쇄하는 절차가 남는다. 여기에서는 이런 기술적인 측면들을 검토해 본다(Backstrom and Hursh, 1963 : 72-128; Bailey, 1978 :118-133; Miller, 1977 : 76-77; Selltiz *et al.*, 1976 : 561-563; Warwick and Lininger, 1975 : 148-162; Frankfort-Nachmias and Nachmias, 2000 : 234-247; Neuman, 2003 : 282-289; Rubin and Babbie, 2008 : 205-216).

Ⅰ. 문항배열의 원칙적 고려사항

문항들을 어떤 순서로 배열하는가에 관해서는 일정한 철칙이 있다고 보기 어렵지만, 유의해서 도움될 만한 고려사항들은 제시할 수 있다. 일단 질문서문항들의 배치순서가 응답의 성격에 영향을 미칠 뿐더러 자료수집활동 자체를 좌우할 수 있다. 가령 문항들의 배치나 질문서의 외양이 잘못되어 있으면 응답자가 조사에 응하지 않을 수도 있을 만큼 중요하다는 뜻이다. 따라서 이에 관한 주의사항들을 정리해 보는 것도 유용한 일이다.

(1) 질문서의 문항들은 자연스러운 흐름을 타듯이 순서 있게 배열하는 것이 기본원칙이다. 사람의 심리적인 반응으로 보아 어색하지 않고 또 일상적인 사유과정에서 흔히 기대할 만한 순서로 배열하라는 말이다. 가령 시간적인 차원에서 과거로부터 현재 · 미래에 걸친 내용의 문항들이면, 그러한 계기적 연속(sequence)을 좇는 것도 좋을 것이다. 그리고 사람들은 처음부터 개인적인 심리적 반응이나 태도성향 · 가치관 같은 것을 캐어 묻기보다 객관적인 상황, 행동의 경험 같은 것을 가볍게 물어 보면 심리적으로 저항감을 덜 느낄 것이다.

(2) 질문서문항들을 적어도 논리적인 질서를 따라 배치하도록 한다. 비논리적인 순서는 저항감이나 의혹을 자극할 우려가 있기 때문이다. 다만, 생각의 연속성을 의도적으로 방해하거나 앞에서 이미 물어 본 질문을 잊게 하기 위하여 의도적으로 논리적 단절을 경험하도록 완전히 새로운 종류의 질문을 삽입하는 등 예외가 있다.

(3) 그러므로 우선 처음 질문이 매우 중요하다. 무엇보다도 관심을 끌 수 있는 흥미를 자극하는 질문부터 시작하는 것이 대답할 의욕을 갖게 하는 데 유리하다. 따라서, 쉽게 대답할 수 있는 가벼운 질문이면서도 응답자에게는 중요한 것이 가장 이상적일 것이다. 이 점에 대해서 한 가지 특히 유의해 둘 것은 자기기입식 질문서법과 면접법에 쓰일 질문서 내지 조사표는 서로 좀 다른 접근을 쓰는 게 유리하다는 점이다.

예컨대 질문서법에서는 가장 흥미 있는 한 묶음의 문항들을 일부러 던져서 한번 대답을 시작한 응답자라면 끝까지 질문서를 놓치지 않도록 유도하는 게 좋다. 그래서 개인신상에 관한 질문은 뒤로 미룬다. 이에 반하여 면접조사표에서는 무엇보다도 면접자와 피면접자 사이에 친근한 관계(rapport)를 형성하는 것이 급선무이고, 이를 돕는 한 방편으로서 간단히 대답할 수 있는 신상에 관한 질문부터 던지는 것이 유리하다고 한다.

(4) 문항들의 배열로 인해서 앞에 대답한 내용이 뒤의 응답에 영향을 미치는 수가 있다. 가령 어떤 질문을 함으로써 다음에 올 질문을 예기한다든지, 앞의 것을 기억하여 그에 맞추어 다음 것에 응답한다든지, 한번 물었으면 그만인데 불필요하게 재차 묻게 되는 식의 질문배열은 삼가라는 것이다.

(5) 특히 어떤 동질적인 내용의 질문을 계속 묻는다든지, 같은 형식의 문항을 한데 모아 둘 때에는 자칫하면 일정한 유형의 응답군(response set)을 조성

할 가능성이 있다. 태도척도를 위한 문항 같은 것이 불가피하게 그런 수가 있는데, 가능하면 그렇게 버릇처럼 일정한 응답을 하는 일이 없을지를 잘 생각해서 비슷한 것들은 서로 떼어 놓는 것도 유익할 때가 있다. 이런 방편의 하나로서 문항들의 길이 · 형식 등을 다양화하는 것도 도움이 되고, 그렇게 함으로써 지루하지 않게 할 수도 있다.

(6) 그러나 되풀이하지만 질문서가 전체적으로 너무 두껍고, 대답할 것이 많아서 길다는 느낌을 주는 것은 심리적 부담이 되므로, 척도를 구성하기 위하여 같은 유형의 응답지를 쓸 수 있는 것들은 한 군데 모아서 지면을 절약하는 것도 생각해 봐야 한다.

(7) 다만, 신뢰도를 점검하는 질문들을 삽입할 때는 서로가 동떨어져 있어야지 앞뒤로 나란히 물어 보면 쉽게 눈치채든가 대답이 일률적으로 나오기 쉽다. 특히 신뢰도점검용 질문 가운데 지나는 말로 갑자기 "참 이 동네에서는 투표를 어디서 했습니까?"라는 식으로 물어 보고, 모를 때는 투표했다는 앞의 응답이 거짓임을 알게 되는 그런 의외의 점검용 질문(sleeper question)이 있다.

(8) 내용이 민감한 것, 가령 응답자의 자긍심을 건드린다든지, 사사로운 내용을 파고 드는 것 같은 질문들은 되도록 미루는 게 좋다. 그렇다고 맨 마지막까지 보류해 두었다가 묻고는 일어서 버리는 것도(hit-and-run) 윤리적인 문제가 있을 뿐더러, 너무 지루하고 지친 때의 응답은 신뢰도가 낮을 수 있다. 다만, 처음부터 당혹스러운 질문은 삼가라는 것이고, 어느 정도 신뢰가 쌓이거나 또는 면접에서 친근성이 생길 때쯤으로 잡아 물어 보도록 배려해야 할 것이다. 하지만 질문이 엉뚱한 맥락에서 불쑥 던져지는 일은 없도록 해야 하고, 처음에 몇 가지 준비운동식(warm-up) 질문부터 시작하여 핵심으로 유도하는 방식을 취하라는 것이다. 직장만족도 같은 것을 알고자 할 때, 처음부터 보수(급여)에 만족하느냐는 식의 질문보다는 근무경력 같은 것부터 묻는 게 좋다는 말이다.

(9) 개방형 질문은 되도록 수를 줄이라고 했거니와 이것도 처음 하나의 준비용 질문정도나 던지고 나면, 한참 뒤에 삽입하는 게 유리하다고 본다.

(10) 질문의 배열에서 깔때기식 기법(funnel technique)을 쓸 필요가 있는지를 결정할 필요가 있다. 깔때기식 기법이란 일반적인 질문을 먼저 던지고 나서 차차 특징적이고 구체적인 것으로 좁혀 들어가는 접근을 말한다. 이렇게 해서 다음 질문에 응답할 마음의 준비를 하도록 도와 주는 방법이다. 이와 비슷한 것으

로 여과질문(filter question) 또는 부수(contingency) 질문이 있다. 어떤 질문을 하고 나면 다음 질문이 필요한지의 여부를 판별할 수 있도록 일련의 관련질문들을 배열하는 방식을 말한다. 가령 담배는 무슨 종류를 얼마나 자주 피우는가를 알아보기 전에 흡연 여부를 물어 봄으로써 담배피우지 않는 이에게는 다음 일련의 질문들을 묻지 않아도 된다. 〈참고자료 7-4〉에 여과질문의 보기를 제시한다.

(11) 캐어 묻기(probe) 질문은 앞에서도 가끔 언급했지만, 개방형 질문을 던져 놓고 미진한 점을 더 자세히 캐어 물을 때 쓰는 것이다. 강도(intensity)나 이유를 묻는 질문도 역시 배열상 유의할 성질의 것으로 일종의 캐어 묻기 질문이 될 수도 있고, 별도의 질문이 되기도 하며, 또 5차원질문의 부분이 되기도 한다.

(12) 대개 질문서의 조직을 보면 처음에 연구자(조사자) 자기(연구) 소개, 준비용 질문, 주제를 다루는 질문들, 마무리 질문의 순서로 배열하는 것이 상식이다. 이런 것은 되도록 흐름을 부드럽고 자연스럽게 논리적으로 무리가 없도록 하려는 것이고, 또 이를 돕기 위하여 간간이 응답요령에 대한 지침을 삽입하는 것이 응답의 추이(transition)에 좋다.

Ⅱ. 문항배열과 질문서형식의 실제

이제는 구체적으로 질문서의 조직, 물리적 배치, 그에 따르는 문항배열의 모양 같은 것들에 관하여 생각해 보자.

겉모양이나 인쇄 · 종이의 질 같은 것이 대수롭지 않은 것 같지만, 질문서(조사표)란 면접자나 응답자가 보기에 우선 산뜻하고 매력이 있으면 더 좋고, 쓰기 편리하고, 읽기 편해야 함은 물론, 알아보기 쉽고, 부호화하기 편리하며, 저장도 간편한 것일수록 좋다는 것이 기본원칙이다. 비용을 감안하여 절약하는 것도 좋지만, 물리적인 외양과 배열이 그만큼 중요하다.

1. 겉 장(표지)

겉장은 질문서의 얼굴이나 마찬가지다. 그러므로 자기기입법이든 면접법이든 간에 표지의 모양과 구성이 보기 좋아야 함은 물론이고, 거기에 담아야 할 내용도 중요하다. 상례에 따르자면, 겉장에는 적어도 다음과 같은 내용을 담아야 한다.

〈참고자료 7-4〉 여과질문(부수질문)의 보기

〈보기 1〉

문 11. 혼인하게 되면 직장을 그만 둘 생각입니까, 아니면 계속 직장에 다닐 생각입니까?

___(1) 그만 두겠다 ___(2) 계속 다니겠다 ___(3) 모르겠다 "12로 가시오"

11-가. 그만 둔다면 언제쯤 직장을 떠날 생각입니까?
___(1) 혼인 즉시
___(2) 한 달 후
___(3) 6개월 후
___(4) 1년 뒤
___(5) 기타(언제)

11-나. 계속한다면 얼마나 더 직장에 머물 생각입니까?
___(1) 첫아기 낳을 때까지
___(2) 첫아기가 학교 들어갈 때까지
___(3) 첫아기가 대학졸업할 때까지
___(4) 정년퇴직까지
___(5) 기타(언제)___

11-다. 계속하는 이유는 무엇입니까?
___(1) 경제적 필요 때문에
___(2) 경제적 여유를 위해
___(3) 심리적 만족을 위해
___(4) 자아실현을 위해
___(5) 사회에 기여하고자
___(6) 기타(무엇)___

11-라. 경제적 이유만 아니면 그만 두겠습니까?
___(1) 그렇다
___(2) 아니다

〈보기 2〉

문 14. 지역개발사업에 관하여 들어 보신 일이 있습니까?
___(1) 있다
___(2) 없다"문 15로 가시오"

(있다면)
가. 이 사업에 대하여 어떻게 생각하십니까? 찬성하십니까, 반대입니까?
___(1) 찬성이다 ___(2) 반대다 ___(3) 의견 없다

나. 지역개발사업회의에 참여해 보신 일이 있습니까?
___(1) 있다
___(2) 없다"문 15로 가시오"

14-나-1. 있다면 마지막으로 지역개발사업회의에 참여한 것이 언제입니까?

〈보기 3〉

문 **28.** 지난 주간에 일하신 경험이 있습니까?

(시간제로 일한 것은 포함해도 자기 집안 살림일은 제외)

___(1) 일했다 ___(2) 일하지 않았다

↓ ↓

28-가. 지난 주 통틀어 몇 시간 일하셨습니까? 한 시간 이상 일한 경력도 포함해서 계산하십시요.

___(1) 1-14시간

___(2) 15-29시간

___(3) 30-34시간

___(4) 35-39시간

___(5) 40시간

___(6) 41-48시간

___(7) 49-59시간

___(8) 60시간 이상

(이하 생략)

질문 몇 개의 계속

↓

"다음 장으로 넘어가십시오"

28-마. 지난 주간에 일자리를 찾고 있었습니까, 아니면 도중에 그만 두시게 됐습니까?

___(1) 일자리를 찾고 있었다

___(2) 도중에 그만 두었다

___(3) 그 어느 쪽도 아니다

↓

28-바. 그럼 지난 두 달 동안 직장을 구한 일이 있습니까?

← ___(1) 있다

___(2) 없다___

↓ ↓

28-사. 지난 주에는 주로 어떻게 지내셨습니까?

___(1) 집지키고 살림을 도왔다

___(2) 학교다녔다

___(3) 휴가로 보냈다

___(4) 은퇴했다

___(5) 일을 못하게 재해를 당했다

↓ ___(6) 기타(무엇)

28-아. 다만 며칠이라도 마지막으로 일하신 때가 언제입니까?

—— (언제) ___전혀 일하지 않았다→

↓

28-자. 마지막 일자리를 떠나신 이유는 무엇입니까?

(1) 임시해고당했다

(2) 사임했다

(3) 해직당했다

(4) 상해로 쉬게 되었다

(5) 계절적인 일 때문에

(6) 기타(무슨 이유)

↓ ↓

← ↓

자료 : Babbie(1973 : 148-149) 및 지은이들의 자료.

(1) 고유번호(identification numbers)

대개 각 질문서(조사표)의 고유번호에는 조사지역 혹은 표집집락의 번호와 개개 응답자의 일련번호를 반드시 포함한다. 보통 고유번호는 질문서의 꼭대기 오른쪽 또는 왼쪽에 자리를 남겨 두고 적어 넣도록 한다.

(2) 연구제목

겉장 위쪽 가운데에 큰 활자로 박아 둔다.

(3) 소개문(introductory statement, introduction) 혹은 인사말

조사의 성패를 가름하는 데 상당히 중요한 구실을 하는 말이므로 조심스럽게 작성해야 한다. 우편질문서에서는 별도로 소개편지를 쓸 수도 있다. 소개문이란 연구를 정당화하려는 목적으로 쓰는 인사말인데, 그 주된 구성내용은

1) 연구조사를 주관 · 실시하는 기관 또는 사람을 밝힌다.

2) 왜 이 연구가 중요하고, 반드시 조사를 완수해야 하는가를 알린다.

3) 왜 특정응답자가 뽑혔으며, 그 사람이 꼭 대답할 이유가 무엇인지를 설명한다.

4) 응답에 정답 · 오답이 없고, 대답한 내용은 비밀을 보장하며, 응답자의 이름을 공개하지 않는다는 점을 강조한다.

5) 면접이나 자기기입에 많은 시간을 요하지 않음을 강조하고, 협조해 줄 것을 당부하는 말을 담는다.

기술적으로는 인사말이 너무 길어서는 안 되고, 쉽게 알아들을 수 있는 말로 써야 하며, 공연히 상대방을 위협하거나 의구심 · 두려움을 갖지 않도록 부드럽게 작성하고, 그러나 진지하면서도 되도록 중립적인 표현이 좋고, 응답자가 듣기에 이 일은 협조하지 않을 수 없다는 인상을 줄 수 있도록 떳떳한 게 유리하다. 그리고 협조를 구하는 한 방편으로서 연구결과가 나오면 보내드릴 수 있다고 하고, 주소나 이름 및 원한다는 표시를 할 자리를 만들어 준다든가, 조사결과가 어떤 구체적인 목적에 이용될 것임을 알리는 것도 도움이 된다.

(4) 면접관련 정보

면접자의 이름과 면접날짜 · 시간 · 방문횟수 · 성공 여부 · 실패이유 등을 기재할 자리를 조사표 겉장에 마련한다. 그 형식의 보기를 〈참고자료 7-5〉에

예시한다. 이런 정보는 별로 활용하지 않는 경향이 있지만, 사실은 매우 유용하다. 가령 표본의 편의를 주목하게 한다든지, 조사활동상 주의해야 할 실질적 난관 같은 것을 알게 해 준다.

〈참고자료 7-5〉 면접활동보고 문항의 예시

〈보기 1〉

면접을 위한 방문기록

	1	2	3	4	5
가. 방문횟수 나. 시간(오전 · 오후) 다. 날짜(월 · 일) 라. 요 일 마. 결 과					

↓

빈 집, 방문시 응답자 부재, 거절, 사람 없음 기타 주소불명 등

↓

(면접불능이면 면접불가표 작성)

시간예약 · 면접완료 등은 해당란에 적음

〈보기 2〉

면접을 위한 방문기록

날 짜	요 일	시 간	결 과	면 접 시작시간	면 접 완료시간
1					
2					
3					
4					

면접불능이유

___(1) 빈 집

___(2) 주소지 비주거지역

___(3) 사람 없을 때 방문

___(4) 응답자부재

___(5) 언어장벽

___(6) 응답자 응답불능(이유______)

___(7) 최초 접촉실패(이유______)

___(8) 최초 거절(이유______)

___(9) 최종 거절(이유______)

___(10) 기타(무슨 이유______)

자료 : Bailey(1978 : 128); Warwick and Lininger(1975 :172).

(5) 응답자의 주소와 이름

기록할 자리를 남겨 둔다.

2. 응답지침

면접용 조사표에서는 면접자가 따라야 할 질문요령 내지 질문지침을 질문 자체와 함께 문항에 밝혀 주며, 자기기입식일 때는 질문서문항마다 응답자 스스로가 읽고서 대답하는 요령을 터득하도록 응답지침을 밝혀야 한다. 이와 같은 지침의 내용은 구체적인 문항과 상황에 따라 특정적이므로 일반적인 규준 같은 것을 제시하기는 어렵고, 다만 이런 지침이 꼭 있어야 한다는 것을 강조한다. 그러나 몇 가지 보기를 들어 볼 수는 있다.

첫째, 질문서 전체 또는 주요 부분(제1부 · 제2부 등)에 대하여 기본적으로 어떻게 응답할지를 알려 준다. 가령 전반적으로 해당란에 ∨표나 ○×표만 하면 된다든지, 대답을 말로 하라든지, 적어달라든지 하는 등의 일반지침이다.

둘째, 질문서의 구성상 내용이 서로 다른 부분들로 나누어져 있으면, 새로운 내용을 다룰 때마다 그 점을 상기시켜 주는 지침이 있어야 한다. 예컨대 처음 부분에서는 "지금부터 귀하가 사시는 지역사회에 관하여 몇 가지 여쭈어 보겠습니다"라는 식으로 나가다가 다음 제2부에서는 "이제는 이 지역사회의 문제점들에 관한 귀하의 의견을 좀 여쭈어 보도록 하겠습니다. 다음 사항들을 보시고(들어 보시고) 해당란에 ∨표 해 주십시오(해당란을 말씀해 주십시오)"와 같은 지침을 준다.

셋째, 문항의 성질에 따라서는 그 문항 특유의 응답방식이 있으므로, 이런 때는 분명히 할 필요가 있다. 가령 응답지 가운데서 꼭 한 가지만 골라 ∨표를 하라든지, 아니면 해당란은 모두 표시하라든지, 혹은 중요한 것부터 차례로 1 · 2 · 3 순서를 매기는 것과 같은 예다. 순서를 매길 때는(ranking) 순위를 한정시키든지, 모든 항목에 전부 차례를 주든지 할 수 있다.

넷째, 특히 면접자의 질문요령이나 응답자의 응답지침은 질문내용 그 자체와 구별될 수 있도록 글자체나 호수를 달리하거나, 괄호 속에 넣거나, 또 때에 따라 요약, 화살표 같은 기호 · 부호를 써서 눈에 뜨이게 하는 것이 좋다. 더욱이 면접용 조사표의 질문요령은 면접원이 그대로 읽어서 말이 되도록 문장화해야 한다. 여과질문 또는 부수질문이 복잡하게 얽힌 긴 문항군에서는 특히 혼란이 일어날 가능성이 있으므로, 따라가기 좋도록 지침을 나타내는 게 매우 중요하다. 예컨대 문항 3에서 (1)에 대답한 사람은 다음 부수질문은 지나치고 바로 문항 4로 가라는 지시를 화살표와 같은 기호로 하면서 괄호 안에 "문항 4를 대답해 주십시오"라고 한다. 면접용 조사표에서도 화살표 같은 기호를 쓰되, 면접지시는 괄호 속에다 '문항 3에서 (1)에 대답했으면 문항 4로 갈 것'하고, 다음 문항 3-가에서는 "그러시다면…" 하는 식으로 질문지침을 구체적으로 적어서 읽게 한다.

그러면 여기서 주로 질문(응답) 지침에 쓰는 용어나 기호 같은 것들의 보기를 들어 보자.

1) 화살표의 용도는 이미 예시하였다.
2) 밑금긋기(underlining, underscoring)는 특히 강조할 대목을 밝힐 때 쓴다.
3) 종횡선으로 문항의 구분 · 순서 같은 것을 나타낸다.
4) 상자(box) 속에 질문을 담아서 구별하기도 한다.
5) 열린 질문에서 더 깊이 물어 볼 필요가 있을 때는 '캐어 물을 것'하는 식의 지시를 분명히 한다.

3. 번호매기기와 사전부호화

질문서의 문항들은 반드시 차례로 번호를 주어야 함은 상식이다. 그러나 질문내용을 크게 몇 부분으로 나눈다거나, 특별히 한 묶음의 문항들을 따로 취급할 필요가 있을 때는 그 때마다 순서를 밝히는 것이 좋다.

그런데 대부분의 조직적 표준질문서양식에서는 문항이 거의 전부 닫히고 범주로 묶은 질문으로 구성했을 때에는 미리 질문서에 부호(code)를 주어서 뒤에 따로 부호화(coding) 작업을 하지 않아도 될 수 있게 한다. 부호화 자체에 관해서는 뒤에 제18장에서 자세히 살펴보려니와 그 요령대로 질문서에 사전에 부호화해 두는 것은 여러 모로 유용하고 편리하다는 점만 강조한다.

4. 기타 질문서의 물리적 속성

질문서의 크기, 종이의 질, 질문문항들의 배열공간과 여백, 인쇄체, 종이의 색깔(특히 표지) 같은 것에 관해서는 어떤 철칙이 없다. 다만, 대체로 너무 크거나 너무 작지 않아야 하고, 종이는 되도록 질기고 질이 좋은 것을 쓰되 너무 두꺼운 것은 피하고, 여백은 적당히 남기되 절대로 빽빽하게 들어찼다는 인상을 주지 말 것이다. 글씨체나 인쇄도 상식의 선에서 결정할 일이다. 가끔 같은 조사에서 성격상 상이한 응답자의 표본을 대상으로 내용은 비슷하지만 실지로는 다른 질문서를 써야 할 때가 있다. 이런 때에는 표지의 색깔로 구별하는 것이 좋고, 또 질문의 내용을 확연히 구별하고 응답자의 권태를 풀어 주기 위해서 질문서의 종이를 색깔 있는 것으로 섞어 만드는 방법도 있다.

Ⅲ. 질문서의 사전검사

사전검사(pretesting)란 말은 실험적 방법(제12장)에서도 쓰는 말이므로 여기서 잠깐 그 뜻을 밝혀 두는 게 좋을 것 같다. 실험에서 말하는 사전검사란 실험처치를 하기 전에 어떤 속성에 대한 측정 · 관찰 등을 하는 행위를 뜻한다. 질문서작성과정에서 사전검사하면, 그것은 조사도구인 질문서(조사표)를 완성하여 인쇄에 넘기기 전에 실지로 일정한 수의 사람들을 대상으로 그 질문서를 적용 · 시험해 보는 활동을 말한다.

이와 같은 사전검사의 주 기능은 질문서의 언어구사나 배열순서 · 형식 · 내용 같은 것들이 과연 적합 · 적절한지를 확인하는 일이다. 그리하여 불필요 · 부적합한 문항들은 빼고, 형식이나 말이 잘못된 것은 고치고, 부족하여 보완을 요하는 내용은 추가하는 등 수정작업을 하게 된다. 대개 사전검사를 가볍게 보는 경향이 있지만, 실은 이것이 전체연구의 질을 좌우하는 매우 중요한 요소임을 다시 강조할 필요도 없다.

보통 사전검사는 한번 이상은 꼭 하되 본 조사에서 연구할 표본으로 뽑힐 대상을 제외한 사람들을 표본으로 삼아 실시하는 것이 원칙이다. 그러나 되도록이면 본 조사의 표본과 비슷한 대상을 골라야 할 것이다. 이 말은 대개 조사도구의 사전검사를 할 단계가 되면 표본추출은 이미 원칙이 정해져 있어야 한다는 말도 된다. 그리고 사전검사는 본 조사에 포함할 사람들 중 각계 각층을 고르게 선정해서 실시해야 문항들의 유관적합성을 검토하는 범위를 넓히는 길이 된다. 때로 자기 가까이 근접하기 쉬운 사람들에게 질문서를 적당히 나누어 주고 사전검사를 한 것으로 생각하는 수가 있는데, 이는 특수한 연구목적에 부합할 때가 아니면 삼가야 한다.

역시 철칙이 있는 것은 아니지만, 사전검사를 위한 표본의 크기는 20-50명이면 적당하다. 이것은 응답의 분포를 확인하고자 할 때, 백분비(%)를 내는 데 필요한 최저 내지 적정최저선인 셈이다. 그 밖에 사전검사시에 유의할 사항들을 열거하면 다음과 같다.

(1) 응답자들은 조사목적과 내용을 이해하는가?

(2) 몇 가지 준비질문에 접한 뒤로는 안심하고 편한 마음으로 대답하는가?

(3) 문항의 언어구사는 명확한가?

(4) 응답자는 조사연구자가 기대하는 의미와 같은 뜻으로 질문을 해석하는가?

(5) 얻은 응답은 조사목적에 부합하는 적절한 대답인가?

(6) 충분히 자세한 대답인가?

(7) 열린 질문에서는 응답이 너무 다양하고 혼란해서 분석에 어려움이 따를 것인가?

(8) 질문의 해석에 있어서 지역적 변이가 있는가? 지방특색을 살릴 필요가 있는가?

(9) 질문서의 어떤 부분, 어떤 문항이 대답하기 가장 어려운가?

(10) 상대방을 당황케 하거나 짜증나게 하고, 혼동시키는 것들은 어떤 것인가?

(11) 질문서가 전반적으로 너무 긴가?

(12) 여과질문, 건너뛰는 질문 같은 복합형 질문은 제대로 꾸며져 있는가?

(13) 응답요령 · 질문지침은 분명한가?

(14) 한 부분에서 다른 부분으로, 한 질문에서 다른 문항으로 넘어가는 추이가 부드러운가?

사전검사는 되도록이면 직접 면접으로 실시하는 것을 권장한다. 본 조사에서 자기기입식으로 조사하는 질문서법이라 해도 사전검사에서는 면접을 함으로써 여러 가지 응답자의 자유롭고 자연스러운 의견 · 반응 등을 얻어 낼 수 있기 때문이다. 다만, 사전검사를 자기기입식으로 할 때는 반드시 응답자가 상당한 학력의 사람으로서 자기 나름대로 자신의 의견을 당당히 개진할 능력이 있어야 한다. 어쨌든 사전검사는 반드시 해야 하며, 가능하면 직접 면접으로 실시할 것임을 다시 강조한다.

끝으로, 조사연구에 활용하는 질문서의 한 실례를 〈참고자료 7-6〉에 소개한다.

〈참고자료 7-6〉 면접용 질문서의 보기 : 도시생활의 문제에 대한 연구

안녕하십니까?

금번 ○○대학교(△△연구소)에서는 ◇◇시에 사시는 주민 여러분께서 현재 거주하시는 도시의 생활에서 경험하고 느끼시는 문제점에 대한 연구를 실시하고 있습니다. 이런 연구를 하는 취지는 우리 시민의 삶의 질을 높이기 위해서 어떤 정책이 필요한지를 먼저 파악하는 것이 중요하다고 생각하기 때문입니다

이 연구는 어디까지나 과학적인 방법으로 실시하는 것이므로 귀하가 경험하고 느끼시는 대로 정확하게 응답해 주시는 것이 매우 중요합니다. 그러기 위해서 이 질문서에는 귀하의 성함이나 주민번호 같은 것을 요구하지 않으며, 일단 대답하신 내용은 모두 통계적으로 처리하므로 개인의 응답은 전혀 밝혀질 수가 없습니다

바쁘신 줄 아오나 번거로우시더라도 잠시 시간을 내셔서 한 항목도 빠짐없이 성실히 대답해 주시면 우리 시민의 삶을 좀더 향상시키는 데 크게 도움이 되는 의견을 들을 수 있게 될 것입니다. 협조해 주셔서 우선 감사의 말씀드리고, 이제 몇 가지 여쭈어 보도록 하겠습니다

○○대학교(△△연구소) 연구자 일동은 귀댁의 안녕과 번창하심을 기원합니다. 감사합니다

년 월 일

○○대학교(△△연구소) 소장

일련번호 :

도시	지역(구)	읍·면·동	통·반

조사면접자: ____________

조사일시: 년 월 일 오전(오후) 시 분부터 오전(오후) 시 분까지

조사장소: 시 구(군) 읍(면·동·리)

부호기입자: ____________

1. 우선 귀하가 사시는 동네에 대해서 시당국이 제공하기로 되어 있는 각종 서비스에 대한 만족도를 여쭈어 보겠습니다. 대체로 만족하시는지, 만족하시는 편인지, 매우 불만이신지요?

[면접자는 1-1의 응답을 기록한 다음 1-5까지 계속 묻는다]

	대체로 만족한다	만족하는 편이다	매우 불만이다	모르겠다
1-1. 공공교육의 질	1	2	3	8
1-2. 동네의 공원과 어린이 놀이 공간	1	2	3	8
1-3. 동네의 십대청소년을 위한 운동 · 여가시설	1	2	3	8
1-4. 동네의 경찰보호상태	1	2	3	8
1-5. 동네의 쓰레기 수거	1	2	3	8

2. 학교 · 공원 · 쓰레기 수거 등 서비스면에서 귀하의 동네는 다른 곳에 비해 서비스가 더 낫다고 보시는지, 비슷하다고 보시는지, 아니면 더 못하다고 보시는지요?
_____① 더 낫다(다음 질문 2-1을 이어 물을 것)
_____② 비슷하다
_____③ 더 못하다(다음 질문 2-2를 이어 물을 것)

2-1. [질문 2 에서 "더 낫다"라고 대답한 사람만] : 만일 더 낫다고 보시면, 왜 귀하의 동네가 그렇게 더 나은 서비스를 받는다고 생각하시는지요?

2-2. [질문 2 에서 "더 못하다"라고 대답한 사람만] : 만일 더 못하다고 보시면, 왜 귀하의 동네가 그렇게 더 못한 서비스를 받는다고 생각하시는지요?

3. 귀하는 시당국에서 제공하는 서비스에 대한 불만사항을 시청공무원에게 전화로 알린다든지, 시정하라고 요구를 해서 공무원들이 시정하도록 할 수 있다고 보십니까?
_____① 할 수 있다고 본다
_____⑤ 할 수 있다고 보지 않는다
_____⑧ 모르겠다

3-1. 열악한 서비스에 대해서 시청공무원에게 전화로 알린다든지, 통보를 하신 경험이 있습니까?
_____① 있다
_____⑤ 없다

■ **이제부터는 귀하가 거주하시는 이 시**(도시 이름)**의 문제점 전반에 관해 여쭈어 보겠습니다**

4. 귀하의 생각에 현재의 시장은 이 도시의 문제점들을 해결하기 위하여 전심전력으로 최선을 다 한다고 보시는지, 아니면 전력으로 최선을 다 하지는 않는다고 보시는지요?
_____① 전심전력 최선을 다한다
_____*X* 전력으로 최선을 다하지 않는다(다음 질문 4-1을 이어 물을 것)
_____⑧ 모르겠다

4-1. [질문 4에서 "전력으로 최선을 다하지 않는다"라는 대답을 한 사람만] : 만일 전력으로 최선을 다하지 않는다면, 현재 시장이 문제해결을 위해 대체로 열심히 하려는 것 같다고 보십니까, 아니면 별로 열심히 하지 않는다고 보십니까?
_____② 대체로 열심히 한다
_____③ 별로 열심히 하지 않는다

5. 그러면 중앙정부에서는 어떻게 한다고 보십니까? 중앙정부도 이 도시의 문제점들을 해결하기 위하여 전심전력으로 최선을 다 한다고 보시는지, 아니면 전력으로 최선을 다 하지는 않는다고 보시는지요?

_____① 전심전력 최선을 다한다
_____X 전력으로 최선을 다하지 않는다(다음 질문 5-1을 이어 물을 것)
_____⑧ 모르겠다

5-1. [질문 5에서 "전력으로 최선을 다하지 않는다"라는 대답을 한 사람만] : 만일 전력으로 최선을 다하지 않는다면, 현재 중앙정부가 문제해결을 위해 대체로 열심히 하려는 것 같다고 보십니까, 아니면 별로 열심히 하지 않는다고 보십니까?
_____② 대체로 열심히 한다
_____③ 별로 열심히 하지 않는다

■ **그러면 다음으로 이 도시**(도시 이름)**의 경찰에 대한 불평 · 불만에 관해서 여쭈어 보겠습니다**

6. 우선 사람들 얘기가 경찰은 도움이 필요할 때 불러도 재빨리 오지 않는다고 합니다. 귀하의 동네에서도 이런 문제가 있습니까?
_____① 그렇다(다음 질문 6-1을 이어 물을 것)
_____⑤ 아니다
_____⑧ 모르겠다(다음 질문 6-1을 이어 물을 것)

6-1. ["그렇다" 또는 "모르겠다" 라고 대답한 사람만] : 이런 일은 귀하도 겪어 보셨습니까?
_____① 그렇다(다음 질문 6-2 및 6-3을 이어 물을 것)
_____⑤ 아니다(다음 질문 6-3을 이어 물을 것)

6-2. [질문 6-1에서 '그렇다' 라고 대답한 사람만] : 그렇다면 마지막으로 겪은 것이 지난 몇 년 전의 일입니까? ____________________년 전

6-3. "질문 6-1에서 "그렇다" 또는 "아니다" 라고 대답한 사람만" : 귀하가 아는 분 중에도 이런 일을 겪어 보신 분이 있습니까?
_____① 있다
_____② 없다

■ **이번에는 동네의 상업에 관해서 여쭈어 보겠습니다**

7. 아래에는 상점이나 장사하는 사람들에 대한 불평의 보기를 몇 가지 적어 놓았습니다. 혹시 귀하께서도 동네나 인근지역의 상점이나 시장에서 그런 일을 겪으신 적이 있는지 말씀해 주시기 바랍니다.

	자주 있었다	가끔 있었다	별로 없었다	전혀 없었다	동네에서 물건 사지 않는다
① 물건 값을 너무 비싸게 받았다	1	2	3	4	5(질문 7-1로)
② 불량품을 팔았다	1	2	3	4	5(질문 7-1로)
③ 기분나쁜 대접을 받았다	1	2	3	4	5(질문 7-1로)

7-1. 만일 동네에서 물건을 사시지 않는다면, 무슨 이유로 거기서 물건을 사시지 않는지요? ______________________________

지금까지 장시간 면접에 응해 주셔서 대단히 감사합니다
안녕히 계십시오

[면접자는 면접이 끝난 후 응답자와 인사를 나누고 다음 사항을 즉시 기입한다]

1) 면접에 걸린 시간 : ______________분
2) 피면접자(응답자)의 협력정도 :
   _____① 매우 협조적이었다
   _____② 비교적 협조적이었다
   _____③ 협조적이 아니었다
3) 응답자의 질문에 대한 이해정도 :
   _____① 잘 이해했다
   _____② 비교적 이해하는 편이었다
   _____③ 잘 이해하지 못하였다
4) 면접하는 동안 14세 이상 되는 사람이 몇 명이나 있었나?(해당란에 모두 ○표)
   _____⓪ 아무도 없었다
   _____① 배우자
   _____② 부 모
   _____③ 14세 이상 자녀
   _____④ 기타 친척이나 친구
   _____⑤ 그 외의 사람(자세히 기록 : ______________________)
5) 집안 상태 :
   _____① 아주 깨끗하고 정돈 잘 되어 있었다
   _____② 비교적 깨끗하고 정돈 잘 되어 있었다
   _____③ 좀 지저분했다
   _____④ 아주 지저분했다
6) 조사면접자 서명______________________________
7) 응답자의 인상에 대하여 기록하고, 특히 면접에 영향을 미친 사항을 자세히 기록한다

자료 : Frankfort-Nachmias and Nachmias, 2000 : 248-252; 서울대학교 사회과학연구소(현재 사회과학연구원, 1980).

주요 개념들

질문서법	질문서	면접조사표
필기면접	구두면접	집단조사
집단면접법	우편질문서법	총체적 디자인법
개인적 자기기입법	Fax 자기기입법	컴퓨터활용자기기입법
온라인조사	응답(회수)률	후속절차
질문서설계	질문의 유관적합성	사실정보
지식정보	정보수준	문 항
질문서작성	진 술	언어구사
용어의 모호성	부정확성	불특정성
캐어 묻기	질문의 준거틀	직접질문
간접질문	겹치기 질문	유도질문
부하질문	감정이 담긴 말	고정관념형 단어
열린(개방형) 질문	닫힌(폐쇄형) 질문	선택지
응답지	부호화	양자선택(양분법)
선다형	5차원설계	행렬형 질문
문항배열	친근한 관계	응답군
준비운동형(용) 질문	깔때기식 기법	여과질문
겉 장	고유번호	소개문
응답지침(면접지침)	사전부호화	질문서의 사전검사

생각해 볼 문제들

1. 질문서법의 종류와 그 장 · 단점을 살펴보자.
2. 질문서를 설계할 때 어떤 점에 유의할까?
3. 질문의 언어구성에서 주의할 점은 어떤 것인가?
4. 질문과 응답의 형식, 문항의 배열 등 기술적인 고려사항을 염두에 두고 간단한 질문서를 작성해 보도록 하자.
5. 질문서의 사전검사의 중요성에 대하여 검토하자.

제 8 장 면접법 — 표준화면접

면접법(interview 혹은 interviewing)이란 말 그대로 사람과 사람이 얼굴을 맞대고 상호작용하면서 필요한 자료를 얻어 내는 방법이다. 면접법은 질문서법과 함께 표준사회과학관에 입각한 연구의 자료수집에서 주종을 이루는 것이다. 그러므로 먼저 앞의 제 7 장에서 살펴본 질문서법과 특성을 비교한 다음, 면접법의 종류와 기법에 관한 자세한 해설을 하도록 한다.

제 1 절 면접법의 장·단점

이미 앞 장에서 우편질문서법의 장·단점을 살펴보았으므로 여기서는 면접법의 이점과 약점을 고려해 보겠다(Eckhardt and Ermann, 1977 : 222-23; Kidder, 1981 : 148-155; Lin, 1976 : 221; McGaw and Watson, 1976 : 371; Miller, 1977 : 84-86; Orenstein and Phillips, 1978 : 227-230; Warwick and Lininger, 1975 : 128-130; Frankfort-Nachmias and Nachmias, 2000 : 213-222; Neuman, 2003 : 292-300; Rubin and Babbie, 2008 : 373-377).

Ⅰ. 면접법의 이점

1. 응답자(피면접자)의 성격

첫째, 응답의 회수율을 높일 수 있다. 면접법에서도 표집대상자가 면접에 응하지 않고 거절(refusal)하는 수가 간혹 있지만, 대체로 일단 표본에 뽑힌 응답자는 거의 다 만나게 되므로 우편질문서법처럼 회수율의 문제는 줄일 수 있다.

둘째, 표본의 편의를 줄일 수 있다. 질문서법은 회수율이 낮기 때문에 학력이나 사회경제적 지위가 낮아서 조사하든지, 또는 주제에 흥미가 없는 사람들만 표본에서 빠지게 되는 편의를 일으키게 된다. 또한 자기기입식 질문서법에 의한 집단조사에는 특정한 조직체나 집단에 국한시켜야 하기 때문에 역시 문제가 생긴다.

셋째, 표본의 폭을 넓힐 수 있다. 면접법에서는 질문서법과는 달리 문맹자, 지식이 한정된 사람, 어린이 등과 같이 직접 질문서에 대답을 기재할 능력이 없는 사람들에게서도 정보를 얻어 낼 수 있는 이점이 있다.

2. 자료수집과정

자료수집의 운영면에서 볼 때, 가장 정확하고 자세한 대답을 되도록이면 완벽하고 충실하게 얻어 내는 것이 더 없이 중요한데, 이 점에서 면접법은 다음과 같은 융통성 내지 신축성을 가짐으로써 다른 방법보다 유리하다.

첫째, 응답자에 대한 의존도(dependency on the respondent)를 줄일 수 있다. 응답자가 스스로 대답을 기입하는 질문서법은 전적으로 응답자에게 의존해야 하는데, 면접법에서는 면접자(interviewer)가 자료수집의 과정을 좌우하고 운용해 나갈 여지, 즉 신축성이 더 크다. 대답도 제대로 못할 응답자에게 내어 맡김으로써 자료나 정보를 제대로 얻어 내지 못하는 의존도를 줄일 수 있다.

둘째, 제 3 자의 개입을 방지할 수 있다. 자료는 정보제공자로 지목당한 사람에게서만 얻어 내야 의미가 있는데, 자기기입식 · 우편질문서법에서는 표본에 뽑히지도 않은 제 3 자(식구 · 친구 · 이웃 등)가 대신 대답을 적어 줄 가능성이 있다. 때로 면접법에서도 옆에 있던 사람이 끼어들고 대신 대답하는 수가 있지만, 면접자가 이를 제지할 수가 있다.

셋째, 면접에 응하도록 동기부여의 분위기조성이 가능하다. 곧 해설하겠지만, 면접자가 피면접자와 친근한 관계(rapport)를 이룩함으로써 우선 면접에 응하게끔 동기지을 수 있다. 무엇보다도 흥미를 가지고 안심하고 응답할 허심탄회한 분위기가 중요한데, 질문서법에서는 그러한 요소가 완전히 빠진다. 색깔 · 모양 · 인쇄 같은 외형으로 관심을 끌게 한다 해도 사람에 의한 유인과 같을 수 없다.

넷째, 면접자에 의한 상황조절의 여지가 커서 자료수집을 완료할 수 있다. 질문서법에서 회수율이 문제가 되는 이유 중 하나는 응답자가 질문서기입을 하다가 사정에 의하여 또는 질문내용이 마음에 들지 않아 중도에 포기해 버리기 때문일 수가 있다. 이에 반해 면접은 끝까지 완료하도록 면접자가 조절할 수 있다. 응답자사정 때문에 중단해야 한다든지 시간이 없다든지 하면 일단 중지했다가 다시 방문할 수 있고, 주위에 장애가 있으면 이를 방지할 수도 있으며, 응답자가 질문내용에 반발해서 응답을 거부함으로써 중단해야 할 때는 눈치껏 설명을 잘 해서 계속 협력을 유도할 수 있는 등 미묘한 상황에 대한 조절 가능성이 크다.

다섯째, 질문의 배열순서를 어기는 응답과 같은 피면접자의 응답행위를 면접자가 통제할 수 있다. 앞 장에서도 주의한 대로 질문서의 문항을 특정한 순서로 배열하는 데에는 그만한 까닭이 있다. 그런데 자기기입식 질문서법에서는 응답자가 그 순서를 마음대로 바꾸어 대답함으로써 응답상의 편의를 일으킬 수가 있지만, 면접법에서는 면접자가 질문을 순서대로 하기 때문에 이런 점을 조절할 수 있다.

여섯째, 응답자로 하여금 한층 더 정확하고 완벽한 대답을 하도록 도와줄 수 있다. 질문 자체를 이해하지 못한다거나, 그 뜻을 오해할 상황이 생겨도 자기기입식 질문서법에서는 해명이나 시정의 길이 없지만, 면접법에서는 그것이 가능하다. 그뿐 아니라 대답이 불완전하든지 미진할 때 면접자가 캐어 묻기(probing)를 해서 이를 보완하게 된다. 그 밖에도 일단 끝난 면접이지만 조사표의 검토과정에서 오해 · 오류가 드러나면 다시 재방문해서 잘못을 고칠 수도 있다. 또한 각종 시각자료를 이용해서 응답자의 이해를 도울 수도 있는 이점을 지닌다.

일곱째, 응답자의 이해도 · 응답능력을 탐지하여 이해를 도울 수 있다. 질문서법에서 스스로 기입한 응답이 과연 질문에 대한 올바른 이해에 바탕한 것인지를 알 길이 없는 데 비해, 면접법에서는 면접자가 이를 탐지하여 피면접자의 이해를 도와 주는 여러 가지 조처를 할 수 있다.

여덟째, 응답의 일관성 · 신빙성 · 정직성을 감지하여 좀더 믿을 만한 자료를 얻어 낼 수 있다. 면접적인 상호작용의 상황이기 때문에 응답자가 앞뒤 서로 맞지 않는 대답을 하든지 속이거나 믿지 못할 응답을 하는 일이 어려워지고, 만일 그런 행위나 태도가 엿보이더라도 면접자가 객관적인 조건들을 관찰하거나 응답자의 일반적 행위유형에 비추어 말로 표현한 응답의 뜻과 신빙성을 확인 · 검증하고 이를 시정할 수 있다.

3. 자료의 성격

다음으로 들 수 있는 면접법의 장점은 주로 얻어 내는 자료의 성격과 관련 한층 더 귀중한 심층의 자료수집이 가능하다는 점이다. 구체적인 보기들을 들면 아래와 같다.

첫째, 질문서법이 주로 질문의 단순성을 요구하는 데 비해, 면접법에서는 한층 더 복합적이고 논쟁거리가 될 만한 질문도 물을 수 있다는 게 장점이다. 면접자가 대면상황에서 질문을 이해하기 쉽도록 진행할 수 있다.

둘째, 개인의 사사로운 사항이나 감정을 유발시키기 쉬운 민감한 내용을 다루는 질문에도 응답을 얻어 내게 할 여지가 있다. 자기기입식 질문서법에서는 응답자가 자의로 응답을 거부 · 포기하면 그만이지만, 면접상황에서는 면접자의 태도 · 기술 여하에 따라 예민한 문항에 대해서도 대답을 얻어 낼 수 있다. 친근한 관계를 형성하는 이유도 여기에 있다.

셋째, 순간적으로 자연스럽게 나오는 반응 · 응답을 얻어 낼 수 있다. 질문서법에서는 문항을 읽어 보고 차근히 생각한 다음 '그럴 듯한' 대답을 하게 되기 때문에 신뢰도가 낮아질 우려가 있다. 그러나 면접을 하면 일부러 꾸며 대지 않고 즉각적인 반응으로 자연스레 표출하는 응답을 받아 낼 수가 있다.

넷째, 개방형 질문을 유효하게 활용할 수 있다. 기입식 질문서법에서 응답자들에게 체크(∨)를 하도록 하는 문항은 상관없지만, 글로 써서 대답을 하라면 기피하는 확률이 매우 높기 때문에 개방형 질문을 제한해야만 한다. 하지만 면접상황에서는 면접자가 질문하는 형식으로 응답을 구하고 기록을 면접자가 직접 하기 때문에 미리 구조화하기 어려운 내용의 질문으로 자료를 얻어 내는 이점이 있다.

다섯째, 누락자료(missing data)를 최소한으로 줄일 수 있다. 질문서법에서는 응답자가 적당히 대답하든가, 기재하기 싫어서 넘어가 버리는 등 누락자료가 많이 생기기 쉽다. 면접에서는 이와 같은 무응답(no response) · 무정보(no information) · 확인불가(not identifiable) 등의 누락자료를 줄일 수 있다. 특히 이런 누락이 생기면 표본의 대표성은 물론 자료분석단계에서 다루기 어려운 문제가 생긴다.

여섯째, 보충자료를 얻어 낼 수 있다. 면접을 하기 위해서 가정이나 직장을 방문하고 사람을 직접 만나 대화도 해 보면 응답자의 환경조건 · 개인적 성품 같은 것에 대한 간접자료 내지 보충자료를 얻을 수 있다. 혼자서 대답만 기입 · 우송 또는 회수하는 질문서법에서는 기대하기 어려운 이점이다. 더구나 이런 보충자료는 후에 자료의 분석과 해석 단계에서 매우 유용한 것이 될 수 있다.

Ⅱ. 면접법의 한계

그렇다고 면접법에는 아무런 약점도 없는가? 물론 아니다.

또 면접법의 강점이 곧 질문서법의 약점인 것은 아니다. 이제 면접법의 한계를 고찰해 보기로 한다.

1. 실제적 한계

첫째, 불편하다. 질문서법은 응답자로 뽑힌 개인들에게 어떤 방법으로든 질문서를 보내 놓고 얼마 후에 회수만 하면 되는 편리한 방법이다. 이에 비해 면접은 직접 표본대상자를 찾아가 만나야 하고, 그의 시간을 쓰겠다는 허락을 받아야 하고, 그의 편리한 시간과 형편에 맞추어 행동해야 하고, 협력을 얻도록 조처해야 하고, 좀더 질적으로 나은 응답을 얻도록 노력해야 하고, … 등등 여러 모로 불편하다.

둘째, 인력 · 시간 · 비용이 많이 든다. 사람을 만나는 일부터가 번거롭고 시간이 걸리지만, 그에 따르는 절차가 모두 상당한 인력이 상당한 시간을 소모해야만 면접조사가 가능하다. 그만큼 경제적인 부담도 크다.

2. 면접실시의 문제

첫째, 면접자편의의 문제가 있다. 면접이란 면접자와 피면접자가 상호작용을 해야 하는 과정이다. 이 과정에서 면접자 개개인은 결코 똑같은 행위유형으로 상호작용할 수가 없고, 응답자에 따라 또한 상이한 반응을 하는 개인차가 있다. 이런 것을 면접자편의(interviewer bias)라 하거니와 질문서법에서는 이런 문제점의 소지는 없다. 그러나 면접에서는 그로 말미암아 생기는 자료의 타당도와 신뢰도의 문제를 조절하기가 어렵다.

둘째, 면접자의 훈련 · 기술에 따라 성패가 좌우될 수 있다. 질문서법에서는 전혀 문제가 되지 않는 면접자의 훈련부족 또는 기술부족으로 인하여 일으킬 수 있는 편의현상이다. 훈련을 제대로 못받았든지, 경험부족 또는 능력부족으로 면접자가 응답을 쓸데없이 유도하거나 신빙성 있는 응답을 오히려 저해하는 등의 문제가 있다. 따라서 훈련과 경험의 중요성을 강조한다.

셋째, 표준화된 자료수집의 실시가 사실상 불가능하다. 대단히 숙달되고 기술 있는 면접자가 아무리 표준화된 조사표에 의거해서 아주 조심스럽고 기술 좋게 면접을 실시한다 해도 개인차, 상호작용의 변차, 상황조건의 상이성 같은 요인들을 완전히 표준화시킬 도리가 없다. 반면 질문서법은 상당한 정도 표준화를 전제할 수 있고, 그만큼 편의를 줄일 수 있는 이점이 있다.

3. 응답의 성격문제

첫째, 면접법에서는 익명성을 확보함으로써 얻는 이점을 확보하기 힘들다. 질문서를 자기 혼자 기입하게 되면 자신의 정체를 드러내지 않고도 응답할 수가 있지만, '익명성보장' · '통계적 처리'를 면접자가 강조한다 해도 낯선 사람과 대면적인 상호작용을 하는 상황에서는 그 익명성의 효과를 충분히 살리기가 어렵고, 따라서 응답의 신빙성에 한계가 생기기 쉽다.

둘째, 대답하기 어려운 민감한 질문에 대한 응답을 얻어 내기 어렵다. 익명성의 확보가 어려운 만큼 이와 관련해서 개인의 사사로운 일, 감정적으로 민감한 내용, 사회적으로 말썽거리가 될 소지가 큰 쟁점 같은 것을 다루는 질문에 대해서도 면접의 상황에서는 응답을 회피하거나 불쾌한 반응을 보이기 쉽다. 질문서를 혼자 기입할 때는 기분나쁘면 대답을 안 할 수도 있지만, 아무도 없다는 상황 때문에 감정을 갈아 앉히고 자기 의견대로 솔직하게 대답할 개연성도 훨씬 크다.

셋째, 즉각적인 응답을 해야 할 압력을 받게 된다. 위에서 면접상황에서는 순간적으로 자연스러운 대답을 유도할 수 있다는 것을 장점이라고 했지만 상황에 따라서는 그 같은 즉각적인 대답이 어렵고, 오히려 그러한 즉각적 응답을 하라는 압력을 받으면 대답을 왜곡시킬 우려가 있을 수도 있다. 그런 때에는 면접법은 편의를 일으키기가 더 쉽다는 약점이 있다. 사실 응답의 여유를 줌으

〈참고자료 8-1〉 면접법과 질문서법 비교

비교항목	면접법	질문서법
1. 표본의 성격		
회수율	높음(+)[1)]	낮음(−)[1)]
표본편의	적음(+)	많음(−)
표본의 폭	넓음(+)	좁음(−)
2. 실시상의 융통성		
응답자에 대한 의존도	낮음(+)	높음(−)
제3자 개입방지	가능(+)	불가능(−)
동기부여를 위한 분위기조성	가능(+)	불가능(−)
상황조절(임기응변)	가능(+)	불가능(−)
응답행위통제(질문배열순서)	가능(+)	불가능(−)
정확·완벽한 응답유도	가능(+)	어려움(−)
응답자이해도 탐지·시정	가능(+)	불가능(−)
응답의 일관성·신빙성 조성	가능(+)	불가능(−)
3. 자료의 질		
복합적·논쟁적 질문 포함	가능(+)	어려움(−)
사사로운 민감한 질문의 응답유도	가능(+)	어려움(−)
자연스러운 즉각적 응답유도	가능(+)	어려움(−)
개방형 질문활용	가능(+)	제한 있음(−)
누락자료감소	가능(+)	어려움(−)
보충자료획득	가능(+)	불가능(−)
4. 실질적 고려사항		
편리함	불편(−)	편리(+)
인원·시간·비용부담	큼(−)	적음(+)
5. 실시상의 편의		
면접자편의	있음(−)	없음(+)
면접자 훈련·기술부족	문제가 됨(−)	문제 없음(+)
표준화된 자료수집	어려움(−)	가능(+)
6. 응답의 질		
익명성확보	어려움(−)	가능(+)
민감한 질문에 대한 응답	어려움(−)	쉬움(+)
즉각적 응답의 압력	있음(−)	없음(+)
(응답의 충분한 시간)	(제한)(−)	(충분)(+)

1) : (+)는 유리한 요소, (−)는 불리한 요소.

로써 응답자가 충분히 생각도 해 보고, 기억도 되살려 앞뒤 여러 가지 대안들도 저울질해 보는 등 좀더 정확한 대답을 할 수도 있다. 질문서법은 이처럼 혼자서 뜸을 들일 여지가 있지만, 면접자는 무한정 기다릴 수가 없는 것이다.

이상 면접법의 장·단점을 질문서법가 대비하면서 살펴보았다(〈참고자료 8-1〉 참조). 그 과정에서 우리는 이미 면접법의 특성은 물론 면접상의 유의사항 같은 데 대한 언급에 접한 부분이 있다. 그리고 면접법이 질문서법에 비해 유리한 조건을 더 많이 갖추었음을 주목할 수 있다. 그 중 어떤 방법을 택할 것인지는 여러 가지 실제적인 고려사항에 따라 결정할 일이지만, 면접법의 이점은 무시할 수 없다. 그러므로 이제는 그와 같은 점들을 염두에 두고 면접법의 특성을 좀더 체계적으로 간단히 개관하겠다.

제 2 절 면접법의 특성과 종류

Ⅰ. 면접법의 특성

면접법이란 특정연구의 목적을 충족시킬 수 있는 정보를 얻고자 구상한 언어적인 상호작용의 한 형식으로 규정할 수 있다(Warwick and Lininger, 1975 : 182). 연구자 또는 그의 대행자(면접자)가 응답자로부터 연구목적에 걸맞은 자료를 얻어 내는 것이 주목적이라는 뜻에서 일방적인 성격을 띠기는 하나 면접과정은 면접자와 응답자 사이의 끊임없는 의사소통으로 이루어지는 하나의 사회적 상호작용이라 할 수 있다. 따라서 단순히 방법론적인 문제뿐 아니라, 여러 가지 곁들인 쟁점들을 고려해야 하는 자료수집법이다. 최근의 방법론 논쟁에서 특히 상징적 상호작용론과 같은 일종의 해석적 사회과학이론의 관점에서는 면접이 일종의 상호작용이라는 성격 때문에 응답자가 구두보고형식으로 제공하는 언어적 자료에는 이미 왜곡이 일어난 것으로 본다. 이른바 반작용현상(reactivity)이 개재한다는 것이다. 따라서 그 자료의 의미 자체에 대한 의문을 제기한다(Sjoberg and Nett, 1968). 그러한 반작용을 배제한 상황에서 상대방(잠재적 정보제공자)이 자연스럽게 행위하는 것을 관찰해야 마땅하다는 것이 이른바 불개입 · 무반응법 혹은 비관여법(unobtrusive, nonreactive measures)이다

(Webb *et al.*, 1966 : 1981). 이에 관한 자세한 논의는 후에 따로 할 것이다. 그런가 하면 질문서법도 마찬가지지만, 연구자 자신의 경험이나 관찰이 아닌 다른 사람들의 경험이나 관찰에 대한 구두보고가 과연 사회적 행위나 과정에 대한 사회과학적 연구의 자료로서 적합한지에 관한 근본적인 의문을 제기하기도 한다(Phillips, 1971).

이런 쟁점들은 이미 제 4 장에서 언급하였을 뿐더러 워낙 근본적인 인식론의 문제이므로 더 이상 논의하지 않겠으나, 면접법의 의의를 이해하는 배경으로서 그런 측면이 있음을 기억해 두는 것이 좋겠다. 좀더 실질적인 수준에서 보면, 면접이라는 사회적 상호작용도 그 연구하는 사회의 문화 · 사회적 관행 · 윤리적 규범 같은 것들의 맥락 속에서 이루어진다는 점을 인식할 필요가 있다. 그러나 여기서 우리에게 직접적인 관심사가 되는 것은 역시 그로부터 얻어 내는 자료의 성격을 좌우하는 요인들이다. 면접법의 성패는 바로 면접자와 피면접자가 교환하는 정보의 양과 질, 특히 그 질에 달려 있기 때문이다.

이 정보교환의 흐름은 적어도 네 가지 상호작용하는 요소들과 조건들로 이루어진다. 이들 네 요소들을 도식으로 요약하면 〈그림 8-1〉과 같다. 이들의 상호관계에 관해서는 이론적인 논의는 생략하고 자료수집기술이라는 측면에서 간략히 살펴보는 데 그치겠다(Warwick and Lininger, 1975 : 183-202; Smith, 1975 : 195-196; Orenstein and Phillips, 1976 : 230-245).

(1) 면접자의 역할과 편의의 원천

면접자는 면접대상자로 하여금 면접에 응하도록 동기를 부여하고, 질문을 전달해 주며, 모호하거나 불충분한 대답에 대해서는 캐어 묻기도 하고, 응답을 기록하는 등의 일을 주로 한다.

이 과정의 어느 지점에선가 면접자는 편의를 일으키거나 조사과정 자체를 왜곡시킬 수 있다. 그 원천으로는 면접자의 인구학적 · 사회경제적 특성, 사람됨, 면접기술이나 숙련도, 동기, 기대, 태도, 인지, 겉으로 나타난 행동과 같은 것들이 있다.

(2) 응답자의 역할과 편의

응답자는 정보제공자의 역할을 수락하고, 가능하면 완벽하고 정확하며 진실하고 유관적합한 대답을 제공할 구실을 한다. 응답자도 그 나름의 인구학

〈그림 8-1〉 면접의 의사소통과정에 영향을 주는 요인들

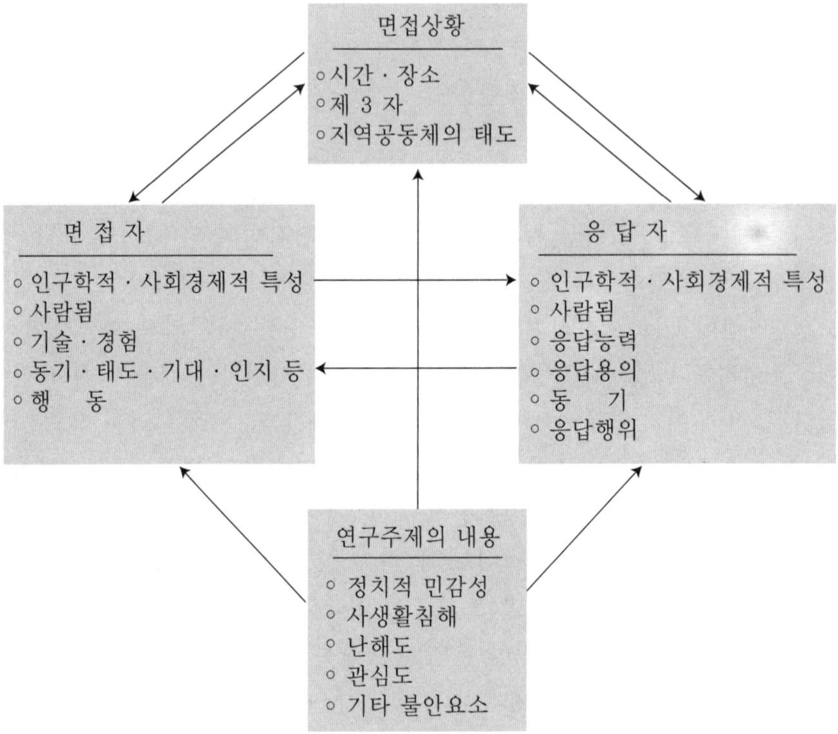

자료 : Warwick and Lininger(1975 : 184).

적 · 사회경제적 · 심리적 행동특성들을 지니고 있으면서 면접과정에 영향을 미칠 수 있고, 편의와 왜곡을 일으키기도 한다. 어떤 질문에 대해서는 응답능력이 없거나 대답할 의사가 없을 수도 있으며, 여러 가지 이유나 핑계로 질문에 응하지 않거나 응답을 성실히 하지 않을 수도 또는 의도적으로 왜곡시키는 수도 있다.

(3) 면접상황

면접이 일어나는 장소와 시간, 주위 사람들(제 3 자)의 유무와 그들의 간섭 여부, 그 지방이나 이웃사람들이 연구주제와 관련하여 일반적으로 어떤 태도를 지니는가 하는 등의 요인들을 면접상황이라 한다.

(4) 연구주제의 내용

연구주제의 내용 자체도 면접자나 응답자의 흥미를 자극하여 교신이 잘 되도록 도와 줄 수도 있지만, 반대로 정치적 민감성 · 사생활침해 · 난해도 같은 요인들로 말미암아 불안 · 적대감 · 공포, 그 밖의 가벼운 심리적 반응을 자극하여 면접이 어려워지도록 하기도 한다. 선거분위기가 한창 무르익을 때 지방자치제를 주제로 한 연구에서 관청의 협조를 얻는 데 어려움을 겪은 경험 같은 것이 참고가 될 것이다.

요컨대 면접법을 자료수집기법으로 채택할 때는 이와 같은 요인들을 잘 고려하여 이들이 일으키는 편의와 왜곡을 최소한으로 줄일 수 있도록 세심한 주의를 기울일 필요가 있다. 연구자가 이러한 문제들을 조절하려면 면접자들을 잘 선정 · 훈련하는 것이 역시 가장 용이한 길이 아닌가 한다.

Ⅱ. 면접법의 종류

면접법의 종류를 나누고 규정할 때에도 위에서 지적한 면접적 상호작용의 네 가지 요소와 관련하여 접근할 수 있다. 그러나 지금까지의 분류법은 대개 ① 질문의 성격, ② 언어구성, ③ 질문의 배열순서, ④ 질문하는 방법 등을 기준삼아 얼마만큼 면접이 짜임새가 있는가에 따라 구분하는 것이 보통이다(Gorden, 1975 : 58-66; Kidder, 1981 : 178-191; Mayntz *et al.*, 1976 : 101-102; Miller, 1977 : 66; Nachmias and Nachmias, 1976 : 100-102; Richardson *et al.*, 1965 : 32-55; Sjoberg and Nett, 1968 : 193-222; Smith, 1975 : 182-193; Warwick and Lininger, 1975 : 130-131).

여기에서는 이와 같은 종래의 분류법들을 참고하면서 약간 다른 접근으로 면접법의 종류를 개관하기로 한다(Frankfort-Nachmias and Nachmias, 2000 : 213-224; Neuman, 2003 : 289-292; Rubin and Babbie, 2008 : 373-378).

1. 면접상황에 따른 분류

(1) 개인적(personal) · 대면적(face-to-face) 면접법

이는 말 그대로 면접자가 피면접자를 개인적으로 만나 자료를 얻어 내는 방법이다. 대부분의 면접법은 이 방법을 쓰는데, 요즘에는 연구목적에 따라 비용 등을 절감하기 위하여 더 경제적인 면접법을 이용하는 사례가 늘어나고 있다.

(2) 전화면접법(telephone interview)

그 중 하나가 전화면접법이다. 이 접근은 간편하고 시간과 비용을 절약할 수 있다는 점과 대면적 면접에서 면접자의 언행이 응답자에게 즉각적인 반작용을 일으켜 편의의 원천이 될 수 있는 점이 배제된다는 것 외에는 권장할 것이 못된다는 견해가 있었다. 그러나 간단한 여론조사나 시장조사에서는 이 방법을 쓰는 빈도가 잦아지고 있는 것도 사실이다.

요즘은 전화가입자가 전가구의 90%를 상회하는 시대라 우선 표집오차를 염려할 필요는 일단 없어진 셈이다. 게다가 그 동안 많은 연구에서 시도한 결과 여러 모로 편리하다는 것이 밝혀졌다. 먼저 장점부터 간추리면 다음과 같은 것을 들 수 있다.

1) 시간과 비용을 줄일 수 있다. 주로 직접면접을 위해서는 사람을 찾아가야 하는 시간과 비용이 상당하다는 점과 비교할 때 유리하다.

2) 응답률도 직접면접법에 비해 더 높다는 것이 드러났다. 특히 직접 사람을 찾아가도 만나기가 어려운 것이 요즘 세태인 데 비해, 전화로는 일단 접촉이 쉽고 대다수 사람들은 면접에 응해 주는 편이다.

3) 모집단을 정할 때도 지리적인 한계가 없고, 이질적인 인구를 대상으로 할 수 있다는 이점이 있다.

4) 면접진행과정에서도 캐어 묻기(probe)가 가능하고, 질문의 순서대로 진행할 수 있으며, 부수적 질문이나 민감한 질문도 물을 수 있다. 직접 대면하는 면접에서는 사회적으로 바람직한 응답을 할 소지가 크지만, 전화상으로는 반드시 그러한 유혹을 받지 않을 수도 있다.

5) 면접을 위해 표집한 특정응답자를 지정할 수 있고, 실제 면접과정에서도 옆에 다른 사람의 방해를 받거나 대신 응답하는 일을 피할 수 있다.

6) 면접원들이 한 곳에 모여서 전화를 거는 상황이기 때문에 면접자에 대한 관리·감독이 용이하여 면접자편의를 줄이는 데 도움이 된다.

그러나 전화면접법의 단점에도 주목할 필요가 있다.

1) 직접면접보다는 질문서의 길이를 줄일 수밖에 없다는 한계가 있다. 전화상으로 너무 오랜 시간 면접을 하는 것은 곤란하다.

2) 면접과정에서 시각적인 관찰을 함으로써 응답의 신빙도라든지 면접과정의 어려움 같은 것에 대한 판단을 하게 되는데, 전화상으로는 이것이 불가능하다.

3) 마찬가지로 면접의 진행을 돕기 위한 시각적 보조물을 이용할 수가 없다.

4) 열린 질문, 복잡한 질문, 민감한 질문을 하지 못하는 것은 아니지만, 실제로는 어려움이 따를 수 있다.

5) 면접도중 일방적으로 중단할 수 있다. 직접면접에서는 중간에 그만 두겠다고 하기가 거북하지만, 전화로는 온갖 핑계를 대고 중단해 버리면 그만일 수가 있다.

6) 응답자와 그의 환경에 대해 비교적 자세한 정보를 획득하는 데는 제한적이다.

여기에는 표본조사에서 가장 많이 쓰는 세 가지 조사방법의 특성을 비교하는 〈참고자료 8-2〉를 제시한다.

(3) 컴퓨터활용 및 온라인 면접법

요즘은 기술이 발달하여 컴퓨터를 활용하거나 웹사이트 · 이메일 등 온라인면접을 실시할 수도 있는데, 이 방법은 전화면접법과 비슷한 장·단점을 지닌다고 볼 수 있다. 다만, 기술이 더 좋아지면 비용절감에는 크게 도움이 될 소지가 이미 보인다. 문제는 역시 응답자의 대표성이다.

(4) 집단면접법(group interview)

주로 정신요법(psychotheraphy)의 한 형식으로 활용해 왔는데, 집단토론과정에서 개인 각자가 자신의 문제를 깨닫고 때로는 치유도 하는 경험을 갖게 된다. 이것을 사회연구에 적용할 때는 여러 사람들이 모인 자리 또는 반의도적으로 조직한 집단에서 연구자가 질문을 던져 자극을 줌으로써 집단과정, 예컨대 집단형성, 집단적 의견형성, 집단이 개인에게 미치는 영향, 비공식지도자의 생성 등의 집단역학을 관찰할 수 있다.

집단면접법은 말하자면 처음부터 잘 짜여진 조사표 같은 것으로 빈틈없이 질문을 해 나가는 방법이 아니라 구조가 없이 자유로운 대화를 집단성원들이 할 수 있도록 면접자가 유도하는 기법이다. 그런 만큼 연구목적이 주로 집단에 관한 것일 때 적용하고, 때로는 좀더 짜임새 있는 개인면접에서 얻을 정

〈참고자료 8-2〉 우편질문서법 · 전화면접법 및 직접면접법의 비교

특 징	우편질문서법	전화면접법	직접면접법
행정적 측면			
비 용	가장 저비용	중간정도	가장 고비용
시 간	최장시간	최단시간	중간정도
질문서 길이(질문의 수)	중간정도	최 단	최 장
응답률	최 저	비교적 높음	중 간
지리적으로 분산된 모집단조사	최적절	중간정도	중간정도
이질적인 모집단조사	부적절	적 절	적 절
조사과정의 상황통제가능성			
캐어 묻기(probe)	불 가	가 능	가 능
특정응답자 지정	불 가	가 능	가 능
질문의 순서	불 가	가 능	가 능
한 사람의 응답자 참여	불 가	가 능	가 능
시각적 관찰	불 가	불 가	가 능
자세한 정보수집 가능성	중간정도	중간정도	최 고
상이한 유형의 질문으로 응답획득			
시각적 보조물 사용	제한적	불 가	가 능
열린 질문	제한적	제한적	가 능
부수적 질문	제한적	가 능	가 능
복잡한 질문	제한적	제한적	가 능
민감한 질문	어느 정도	어느 정도	어느 정도
편의(bias)의 원천			
사회적으로 바람직한 응답	무	어느 정도	심할 정도
면접자편의	무	어느 정도	심할 정도
응답자의 독해능력	문제됨	문제 없음	문제 없음

자료 : Frankfort-Nachmias(2000 : 225); Neuman(2003 : 290).

보의 예비적인 탐색에도 활용한다. 이 방법은 개인적으로는 불충분하거나 불분명한 정보밖에 제공할 수 없는 것을 집단상황에서 여러 사람들이 정정해 주는 이점이 있는 반면, 집단과정 자체에서 생기는 지위와 규범이 개인의 의견이나 태도를 좌우한다는 문제가 있다.

(5) 집단면접조사(group interview survey)

집단조사(group survey)의 한 형태로서 따로 분류하는 이도 있다(Lin, 1976 : 237). 이것은 사람들을 한 자리에 모아 놓고 질문서를 나누어 주어 직접 기입하게 하는 집단질문서조사(group questionnaire survey)와 함께 공장 · 학교와 같은 상황에서 대상자를 동시에 조사할 때 쓰는 기법을 일컫는다. 면접자가 한 자리에 모인 대상자들에게 질문을 일일이 읽어 주고, 대답하는 요령도 동시에 자세히 일러 주는 방식으로 진행한다. 개인면접에 비해 경제적이고, 면접자 편의를 줄일 수 있고, 학력이 낮은 응답자들에게는 직접 기입할 때보다 응답이 용이하게 도와 주는 이점이 있으나, 교육을 덜 받은 응답자에게는 질문과 응답지 등을 반복해서 자세히 말해 주어야 하는 번거로움이 있고, 아예 문맹인 사람들에게는 이용이 불가능하다. 실시현장에는 면접자 한 사람만이 아니라 두세 명의 보조자가 이 곳 저 곳을 다니며 응답을 도와 주는 것이 좋다.

2. 조직정도에 따른 분류

가장 흔한 분류는 질문의 형식, 언어구성의 성격, 문항의 배열순서, 질문방법 등의 측면에서 잘 짜여진 조사표를 이용하여 엄격하게 운용하는 정도에 따라 나누는 길이다.

(1) 가장 조직적이고 구조지워진(structured) 또는 표준화된(standardized) 면접

조사표에 의한 조직적(schedule-structured) 면접이라 부르기도 한다. 위의 기준에서 볼 때 모든 질문할 내용은 조사표에 담겨 있고, 면접자는 기본적으로 중립의 태도를 취하면서 아무 재량 없이 거의 기계적이라 할 정도로 있는 그대로 읽어서 자료수집을 진행하는 방법이다. 그러자면 조사표 자체에서도 개방형 질문을 되도록 줄이는 것이 유리하다. 그렇게 함으로써 응답의 비교가능성과 자료의 양적 표준화가 가능하고, 응답의 신뢰도를 높이려는 것이다. 문제는 그런 것은 일종의 이상적 목표이고, 편의의 개입은 언제나 가능하다는 데 있다. 이 방법은 양적 접근의 표본조사에서 가장 널리 활용하는 것이다.

(2) 비조사표-조직적(표준화) 면접(nonschedule-structured 또는 standardized interview)

이는 조직 · 표준화는 하되 그것을 조사표에 의하여 지정하지 않는 면접이다. 면접자에게 질문순서나 캐어 묻기의 재량을 주는 반면, 주제와 내용을 표준화하는 일에 주의를 기울이게 되어 있다. 이런 면접에는 두 가지 특수형을 들 수 있다.

하나는 초점(focused) 면접이라는 것으로 특정한 경험과 그 효과에 집중하여 비교적 융통성 있는 질문을 전개하는 면접이다. 주어진 상황에서 일정한 경험을 한 사람이 과연 어떻게 행동할 것인가에 대한 가설을 가지고, 그런 경험을 해 본 응답자들에게만 집중적으로 질문을 하여 응답자 스스로의 내면적 경험과 상황규정을 파악하고자 하는 목적에서 실시하는 방법이다.

또 하나는 임상(clinical) 면접이다. 초점면접의 한 변형이라고도 할 수 있는데, 특정경험 대신 개인의 생활사 전체를 통한 동기와 감정 같은 것을 다룬다. 물론 여기에서도 면접자는 어떤 종류의 정보를 응답자로부터 알아내고자 하는지를 미리 정해 놓고 있지만, 질문과 대답의 형식은 조사표에 구애받지 않는다.

(3) 비조직적 · 비표준화 또는 비유도(nondirective) 면접

이 면접법은 조사표도 없고, 질문의 형식이나 순서도 지정하지 않으며, 응답자는 면접자의 일정한 지시 없이 자유롭게 질문에 응수하고 자신의 경험과 상황규정, 의견과 태도 · 느낌 등을 표현하도록 권장하는 방법이다. 따라서 면접자는 필요할 때면 얼마든지 캐어 물을 수 있는 재량도 갖는다. 이런 현상에 대한 관심 때문에 때로는 이를 심층(in-depth) 면접이라고도 한다.

그런데 비조직적 면접이라 해도 주제가 정해져 있거나 무엇을 발견하고자 하는 목적의 면접이라면 그 목적을 달성할 수 있도록 인도해 주는 면접지침(interview guide) 정도는 가지고 있어야 할 것이다(Gorden, 1975 : 74-75). 이 면접지침은 조사표와는 다르지만, 현지연구법을 다룰 때 더 자세히 설명하기로 한다.

제 3 절 면접의 기법

면접의 기법을 생각할 때, 우리는 구체적으로 면접을 어떻게 진행하고 주의할 사항은 무엇인가 하는 등에 관해서 논의하게 된다. 그러나 그에 앞서 좀 더 성공적인 면접의 수행을 위해 갖추어야 할 고려사항들이 있다. 사실 면접을 어떻게 하는지를 제대로 습득하려면 실지로 몸소 경험해 보는 것이 첩경이므로, 책에 아무리 자세하게 적어도 미흡하기는 매한가지일 수 있다. 따라서 면접이라는 현상을 하나의 사회적 상호작용으로 보고, 그에 관련된 기본적 유의사항들로부터 살펴본 다음, 구체적 기법들을 하나씩 소개하도록 한다(Warwick and Lininger, 1975 : 183-202; Orenstein and Phillips, 1978 : 230-245; Gorden, 1975 : 85-137; Richardson *et al.*, 1965 : 59-87; Frankfort-Nachmias and Nachmias, 2000 : 220-222; Neuman, 2003 : 292-300; Rubin and Babbie, 2008 : 374-377).

Ⅰ. 사회적 상호작용으로서 면접

위에서 면접이 일종의 상호작용임을 지적하였다. 이제는 ① 그 상호작용을 제대로 성사시키기 위한 동기부여의 조건들, ② 상호작용의 촉발과 진행에 관련한 요소들, ③ 그리고 상호작용과정에서 발생하는 편의의 원천들을 살펴본다.

요컨대 면접이라는 언어적 의사소통과정을 촉진시키는 요인과 장애요인들을 상고하려는 것이다.

1. 동기부여의 조건들

면접이라는 목적적 상호작용의 당사자들인 면접원과 응답자들이 그 과정에 참여하지 않으면 그것은 아예 이루어질 수가 없다. 그들이 참여하도록 하자면 어떤 동기부여가 필요하고, 여기에는 긍정적으로 참여케 하는 조건과 부정적으로 피하게 하는 조건이 있다.

(1) 응답자에 대한 동기부여조건들

우선 동기부여는 개인의 심리적 요소에도 영향을 받지만 문화적인 것이 작용할 소지가 상당히 크다. 따라서 응답자가 면접에 응하게끔 동기짓는 데 작용하는 조건(서양의 연구결과)들을 〈표 8-1〉에 요약하고, 우리 나라의 상황도 함께 참고하도록 한다.

우리 나라의 경험을 첨부하면 다음과 같다. 무엇보다도 한국 사람들은 낯선 사람에 대한 태도가 시골 및 도시의 중산층 이하와 상류층은 서로 다른데, 전자가 오히려 호의적이고 후자는 경계를 한다거나 때로는 적대적이기도 하

〈표 8-1〉 응답자 동기부여요인들

1. 긍정적 요인들
   ① 자신의 의견이나 식견을 표현하고 싶은 욕망
   ② 사람들과 주고 받는 교섭을 즐기는 심리
   ③ 지적인 자극, 호기심의 충족
   ④ 사회문제에 대한 통찰을 얻을 수 있다는 이점
   ⑤ 면접자를 돕고 싶은 이타적 충동
   ⑥ 자신의 감정을 표출함으로써 정서적 긴장해소, 카타르시스의 경험
   ⑦ 자신이 응답자노릇을 훌륭하게 치렀다는 만족감
   ⑧ 물질적 보상 기타 눈에 뜨이는 혜택의 기대
2. 부정적 요인들
   ① 두려움(모르는 방문객에 대한 두려움, 의심, 연구결과의 오용 등에 관한 의구심)
   ② 면접자의 신분에 관한 의심과 적대감, 연구주관기관에 대한 감정
   ③ 사생활침해에 대한 오인과 자기방어욕구
   ④ 주제나 연구목적에 대한 위협감
   ⑤ 시간 · 정력 낭비라는 생각

자료 : Warwick and Lininger(1975 : 188).

다. 면접원이 대개 학생인데, 이들에 대한 태도도 전자는 부러워도 하고 잘 대해 주지만 후자는 물건을 팔러 온 고학생을 대하듯 냉대하거나 경원하는 일도 종종 있다. 그리고 대개 학교에서 연구를 목적으로 하는 일이라면 적극 협조하려 하고, 학생들이 고생한다고 어떤 때는 차비까지 주거나 점심대접을 하는 등 친절을 베풀기도 한다. 그러나 조사연구에 대한 인식부족으로 왜 협조해야 하는지를 몰라서 비협조적일 때도 있다.

(2) 면접자의 동기부여요인들

면접자의 태도와 상호작용의 행위유형이 면접의 성패를 좌우하는 수가 많다는 점을 감안할 때, 면접자가 자기 하는 일에 얼마만큼 관심과 열의를 가지고 임하는지가 대단히 중요하다. 그러자면 면접자도 그나름의 동기부여가 있어야 함은 두 말할 나위도 없다.

물론 면접자도 응답자와 비슷한 요인으로 동기가 생기게 되지만, 몇 가지 특이한 유인도 있다. 가장 중요한 것은 자신의 하는 일에 대해 갖는 전문적 정체의식이라 하겠다. 자신이 전문가로서 자질을 갖추고, 그런 사람들과 같은 집

단에 속한다는 자부심과 아울러 면접이라는 활동 자체를 훌륭하게 치를 기량을 갖추고 일을 잘 해 낸다는 사실 자체에서 얻는 만족감이 있다. 어떤 이들은 면접경험에 의해 직업적 성취의 기회가 있다든지, 학생일 때는 교수의 인정을 받는 기회가 생긴다는 유인도 있을 수 있다. 그리고 면접자들간의 인간적 유대가 생기든지 강해지는 좋은 경험도 하게 되고, 조사연구의 중요성과 이에 자신이 기여하고 있다는 자부심과 동일시도 큰 비중을 차지한다. 물질적 보상도 따른다.

한편 면접자의 동기부여에 부정적 요인들은 위에서 열거한 조건들의 결여도 있지만 일이 힘들고 지루하며, 찾아 다니기 어려운 지역에 여행한다거나 아침 일찍 식사 때, 밤늦게 등 불편한 시간에 면접을 해야 하는 조건, 사람을 도무지 만날 수 없다거나 거절을 여러 번 당한다는 것 등이 문제가 된다. 우리나라에서는 여학생들이 면접원으로 나갔다가 끝내 거절당하고는 울면서 돌아오는 사례도 종종 있다. 게다가 장소와 때에 따라서는 폭력배나 강도를 만날 우려도 있고, 면접감독자 · 동료면접원과 인간관계의 불화도 한 요인이 될 수 있다. 보수가 적든지, 근로조건이 나쁜 것도 부정적인 영향을 미칠 것이다.

2. 상호작용과정의 경과

연구활동의 일환으로 일어나는 상호작용인 면접은 대부분 낯선 사람들끼리 처음 만나 의사소통을 시작하고 진행하는 과정이다. 그러므로 이러한 대인관계에서는 상호간에 상대방의 감정적 반응 · 태도 · 사회적 지위 · 사회심리적 기대 등에 관한 유용한 단서들을 탐색하는 일이 중요해진다. 그래서 서로가 기대하는 바를 얼마나 잘 읽고, 그에 걸맞게 응수하는가 하는 미묘한 역학에 민감하게 된다.

이런 맥락에서 우선 중요한 것은 '첫인상'일 것이다. 첫인상의 형성에서는 상대방의 외모 · 의복 · 말씨(사투리 등) · 몸짓 · 사는 집 · 가구 등 외형적인 요소들이 작용한다. 다음으로는 남자 · 여자 · 연령의 노소 등 인구학적 요인들이 있고, 앞에서 보기를 든 사회경제적 지위의 차이도 중요하다.

물론 첫인상이 중요하기는 해도 그것은 상호작용을 시작하고 나서는 그 과정에서 형성하는 대인관계의 교환의 성격에 따라 바뀔 수 있으므로, 이어지는 상호작용의 성격이 더 중요하게 된다. 그러면 이 과정에서 긍정적 혹은 부정적 영향을 미칠 수 있는 것들은 무엇인가?

무엇보다도 면접자는 자신이 그 연구와 면접행위 자체, 그리고 한 인간으로서 응답자에 대하여 긍정적인 자세를 지니고 있다는 것을 응답자로 하여금 느낄 수 있도록 하는 것이 중요하다. 지나친 권장이나 일방적인 응답을 유도하는 식의 격려는 물론 삼가야겠지만, 자기가 하는 일에 대한 자신감을 가지고 응답자가 스스로 자신의 역할을 자신 있게 할 수 있게끔 격려해 주는 기술이 필요하다. 특히 응답자가 대답을 제대로 할 수 없도록 만드는 장애요인을 고려하면, 면접자의 자신감이 중요함을 알게 된다.

응답자는 자기가 무엇을 해야 하고 어떤 대답을 주어야 할지에 관하여 혼란을 느껴서는 안 되는데, 이런 일은 면접자가 자신 없는 태도로 어물거리고 불분명할 때 흔히 생긴다. 그리고 응답자가 무엇인가 이용당한다는 느낌을 주어서는 곤란하다. 존경하는 태도가 결여한다든지, 주의를 기울이지 않고 이미 말한 내용을 되풀이 묻는다든지, 말을 자주 가로막거나 지루한 느낌을 준다든지, 기록하는 일에 너무 열중해서 응답자의 이야기를 귀담아 듣지 않거나 흥미를 보여 주지 않는다든지 하는 사소한 것들이 상호작용을 방해할 수 있다.

그리고 우리 나라와 같은 권위주의적 · 의례주의적 성향이 강한 사회에서는 '말버릇'이 제대로 되어 있지 않으면 의사소통에 문제가 생기게 마련이다. 경어를 쓸 때와 안 쓸 때, 태도를 공손히 할 때와 그렇지 않을 때를 미묘하게 잘 가려서 조심성스럽게 해야 한다.

3. 편의의 원천

여기에서는 면접이라는 상호작용과정에서 제대로 참여를 하지 않든가 잘못된 의사전달을 하게 됨으로써 생기는 왜곡과 편의를 살펴본다.

먼저 면접자의 잘못으로 생길 수 있는 편의의 원천으로는 다음과 같은 것이 있다.

첫째, 질문하는 방식에서 생기는 오류 — 즉 상대방이 알아 들을 수 있는지의 여부에 대한 오판으로 언어구사에 잘못을 범할 수 있다.

둘째, '캐어 묻기' 과정의 오류 — 면접에서 대답이 불확실하든지 미비할 때는 캐어 묻기를 하게 되는데, 여기에서도 상호작용과정에서 형성한 응답자에 대한 고정관념이나 기대에 따라 제멋대로 질문하다가 오류를 자아내게 된다.

셋째, 응답의 기록과정에서 발생하는 오류 — 역시 고정관념이나 무성의로 대답을 놓치거나 잘못 알아 듣고 기록상의 오류가 나올 수 있다.

넷째, 응답자에게 동기부여하는 과정의 오류 — 면접원의 주요 역할 중 하나는 면접의 시작에서 끝까지 응답자가 참여하도록 계속 동기를 부여하는 일이다. 그러나 본인의 무성의, 상대방에 대한 선입견 등으로 동기부여의 수준이 낮을 수도 있고, 적절하지 못한 방식으로 동기부여를 시도할 수도 있으며, 응답자가 처한 상황에 대한 무감각 등으로 인하여 실패할 수도 있다.

한편 응답자 쪽에서도 편의가 생길 원천이 있게 마련이다.

첫째, 예의를 찾는 데서 오는 편의 — 응답자가 면접원의 기분을 상하게 하지 않으려고 거북한 대답, 당혹한 대답은 피하고 듣기 좋은, 상식적으로 통하는 응답을 주고자 하는 성향이 있다. 특히 우리 나라나 동남아와 같은 문화적 상황에서 흔히 나타나는 현상이다.

둘째, 비위맞추기 — 이것도 예절찾기와 비슷하지만, 특히 면접자가 어떤 방향이나 종류의 대답을 원할 것이라는 데 대하여 응답자는 자기 나름의 상상을 하고, 그에 맞추어 대답의 방향을 일정하게 몰아 가는 수가 있다.

셋째, 고의적 오도로 인한 편의 — 응답자가 일부러 면접원을 골탕먹이기 위해서 엉뚱한 대답, 거짓 대답을 하여 오류를 야기시키는 보기다.

넷째, 사회적으로 바람직한 대답을 하려는 데서 생기는 오류 — 응답자들은 그 사회의 가치와 규범체계에 동조하는 내용과 방향으로 대답하려는 성향이 있기 때문에 이런 현상이 일어난다.

지금까지 간추려 살펴본 것들은 주로 원리적인 것들이지만, 구체적 상황에서 면접을 실시하는 기법을 생각할 때 이런 원칙들을 고려에 넣으면 도움이 된다. 이제는 면접의 실시과정을 처음부터 끝까지 하나 하나 따져 보기로 한다.

Ⅱ. 면접실시를 위한 준비

면접법을 활용하는 연구방법에는 여러 가지가 있고, 또 그 성격에 따라 이용하는 면접의 종류도 다를 것이다. 이 장에서는 표본조사에서 주로 채택하는 표준화면접에 국한시키고, 실제 적용과정을 자세히 살펴보려는 것임을 다시 한번 상기하기 바란다.

표본조사에서는 우선 표집을 해 놓고 이미 뽑힌 지역에 면접조사원들을 파견하여 최종응답자를 표본추출하여 면접을 실시하는 그런 절차를 밟는다고 하는 것을 앞에서(제5장) 지적하였다. 그러나 실지 면접에 임하기 전에 갖추어야 할 예비적 요건들이 있다(Warwick and Lininger, 1975 : 203-204; Gorden, 1975 : 177-212; Lin, 1976 : 228-234).

1. 조사연구대상의 계몽

현지조사를 하다 보면, 대상으로 표집한 지역이나 집단 · 조직체 또는 개인들의 특성에 따라 협조가 잘 될 수도 있고 접근조차 어려운 때도 있다. 물론 끝까지 적대적이고 폐쇄적인 예가 없지 않으나, 이런 때는 별 도리가 없을 것이다. 대부분 협조를 얻을 수 있는데, 그래도 미리 협조를 구하고 양해를 구하며 연구의 성격을 해명하는 일종의 '계몽' 작업이 필요하다.

그 방법은 주로 적당한 길이의 편지 또는 공한을 미리 띠워 보내면서 협조를 부탁할 뿐만 아니라 마음의 준비도 할 수 있게 하는 길이다. 우리 나라에서는 특히 표본추출을 현지에서 할 때 연구대상지역의 시장 · 읍면장 또는 조직체의 책임자(총무 · 인사 · 노무관리부서 등)에게 공한을 보내고 협조를 구하는 게 좋다. 때로는 직접 전화로써 설명하고 부탁하는 방법도 있다. 그런데 우리 나라에서는 실지 경험을 해 보면, 대상지역이나 조직체, 심지어 개인에게까지도 가능하면 잘 아는 사람의 연줄을 이용해 부탁함으로써 일이 쉽게 풀리는 것을 알 수 있다. 외국이나 대규모 여론조사기관 또는 정부의 인구센서스와 같은 것은 대중매체를 이용해 사전홍보를 하기도 한다.

다만, 어떤 방법으로든 지나친 사전계몽은 가끔 협조를 얻는 데 오히려 장애가 될 수도 있다. 너무 자세히 조사내용을 미리 알게 되면 그것도 부정적인 효과를 가져올지 모른다는 데 유의할 필요가 있다.

2. 면접자(원)의 선정

앞에서 면접자의 여러 가지 특성과 행동으로 말미암아 면접과정에서 편의와 오류를 자아낼 수 있다는 점을 살펴보았다. 면접원의 선정과 훈련도 결국은 그런 문제점을 줄이고자 하는 안목에서 중요한 절차다. 그렇다고 해서 면접원의 선정기준이 확고부동하게 설정되어 있다거나, 또 그런 기준을 실제 상황에서 엄격히 적용할 수 있는 것은 아니다. 다만, 그 동안의 연구와 경험에서 참고할 사항들을 시사받을 수는 있다.

일반적으로 면접원의 선정기준으로 성별 · 나이 · 언어능력 · 생김새와 같은 외형적 요인들과 성격 · 사람됨 · 태도 · 지식정도 등의 내면적 요인들을 지적할 수 있다. 가령 남자응답자를 상대할 때는 이성인 여자면접원이 유리할 수가 있는가 하면, 조사연구의 내용에 따라서는 거북한 질문과 대답이 필요하게 되므로 동성이 유리할 때도 있다. 나이도 상대방의 나이와 비슷하기보다는 차이가 있는 게 대체로 유리하지만, 청소년집단이면 같은 또래가 의사소통을 더 잘 할 수도 있다.

내면적인 특질로 중요하다고 보는 것들의 보기를 들면, ① 정직성, ② 융통성과 적응력, ③ 명랑하지만 사무적인 태도, ④ 정확성과 정밀성, ⑤ 일과 주제에 대한 흥미와 헌신몰입, ⑥ 면접이나 조사활동 및 조사내용에 대한 기본지식, ⑦ 정서적 안정성, ⑧ 특정쟁점에 대한 편향된 태도나 의견을 갖지 않을 것 등이다.

면접원을 뽑을 때 반드시 이런 조건들을 구비한 사람들만이 뽑히리라고는 기대하기 어렵겠지만, 주목해서 부정적인 영향을 미칠 요소들을 피하도록 하는 것이 좋다. 그러기 위해서는 조사연구책임자가 한번 면담을 하거나 실험적으로 면접을 시켜 보고 선정하는 절차를 밟는 것도 권장할 만하다.

흔히 면접원을 몇 명 쓰는 게 좋은가를 결정해야 할 때가 많다. 이는 주로 재정능력과 조사표의 분량(길이), 그리고 표본의 크기(조사대상의 수) 등의 요인들이 좌우한다. 그러나 하나의 상식적인 기준을 제시한다면, 한 면접자가 한 조사에서 20-30개를 초과하는 면접을 하지 않는 게 좋다는 것이다. 이 숫자를 넘어서면 능률이 떨어지고 질의 통제가 어려워진다고 한다. 그리고 한 조사에 참여하는 면접원의 수도 20명을 초과하는 것이 바람직하지 않다. 면접자편의와 편차의 폭이 너무 커지기 때문이다.

끝으로, 연구기관들이 주로 대학과 관계가 깊으므로 대학생들을 면접원으로 자주 쓴다. 여기에 대해서는 대체로 교육적인 목적이 뚜렷하거나 부득이한 때를 제외하면, 되도록 전문적으로 훈련받은 면접원을 쓰는 게 좋다는 견해가 지배적이다. 성의와 능률, 그리고 응답자와의 관계, 경험 등에서 학생들이 미숙하고 뒤지기 때문이다.

3. 면접원의 훈련

면접원들을 선발했으면 그들이 면접조사를 제대로 수행하는 데 필요한 훈련을 반드시 거쳐야 한다. 무엇보다도 면접원훈련은 면접자가 수행해야 할 면접에서 최소한으로 요구하는 목표를 달성할 능력과 자세를 갖추도록 교육시키려는 것이다. 면접원이 면접에서 성취해야 할 목표는 대략 다음과 같다.

① 응답자를 만나서 면접에 응하겠다는 협조 · 동의를 얻는 일
② 응답자가 정직하게 충분한 대답을 주도록 동기부여하는 일
③ 되도록 조사표에 적힌 대로 유도질문을 하지 않으면서 명확하게 알아들을 수 있도록 질문을 하는 일
④ 면접자가 조사표에 따라 물어 보는 질문에 유관적합한 응답자의 대답을 확보하는 일
⑤ 대답이 불분명하고 쓸데없을 때는 자세히 캐어 물어서 적절한 응답을 받아 내는 일
⑥ 대답을 정확하게 기록하는 일

등으로 규정할 수 있다.

이러한 역할을 제대로 하기 위해서는 면접의 일반적 기법에 대한 소양도 갖추어야겠지만, 조사연구에 대한 특수한 몇 가지 정보와 훈련이 필요하다.

면접자훈련에서 성취하려는 목표를 정리하면 다음과 같다.

① 하고자 하는 연구의 목적 · 용도 · 주관자(기관) · 후원기관에 대한 사실정보의 전달
② 면접원으로 하여금 연구 자체에 관심을 갖게 하고, 최소한 헌신몰입할 용의의 개발
③ 연구과정에 있어서 면접자가 수행하는 역할에 대한 이해증진
④ 면접의 기본기술을 익히는 일 : 여기에는 면접의 시작에서 종료까지 도중에 발생하는 비상상황 등에 대처하는 문제와 같은 실질적인 시사들을 포함
⑤ 면접원이 조사표 전반에 대해서는 물론, 각 문항의 특정의도에 관해서까지도 친숙해지도록 하는 일
⑥ 현지에서 각자가 따라야 할 행정적인 절차, 단체행동의 규범 등에 관하여 익숙하도록 하는 일

⑦ 특히 어려운 비상상황에 대처하는 표준절차에 대한 합의와 이해
⑧ 면접자들 스스로는 물론 감독자 · 조교들 사이에 친근한 인간관계, 호의적 태도의 개발 및 작업상의 사기진작
⑨ 훈련도중 부적격자를 가려 내는 일

이런 점들을 염두에 두고 구체적인 훈련을 실시할 때는 다음과 같은 순서와 형식에 좇아 할 수도 있다.

첫째, 각종 배경자료에 익숙하도록 기회를 준다. 대개 큰 규모의 면접조사를 실시할 때는 '면접원지침'(interviewer manual 또는 instructions for the interview)을 마련한다. 여기에는 연구목적 등에 관한 정보, 표집설계와 표본추출 절차에 관한 지침, 현지작업상 필요한 갖가지 정보, 표집설계와 표본추출 절차에 관한 지침, 현지작업상 필요한 갖가지 정보, 면접수행과정과 유의사항, 부호화의 방침 등을 담는다. 이런 문서와 조사표 같은 인쇄물을 미리 나누어 주고 개별적으로 검토하여 익숙해지도록 한다.

둘째, 한두 번 내지 세 번의 집단훈련시간을 갖는다. 한번에 3시간을 초과하면 지루하고 능률이 떨어진다.

제 1 교시에는 대체로 배경자료를 나누어 주고, 조사연구책임자 · 연구진 · 조교 등과 인사소개를 나누고, 연구의 목적 · 취지 등에 관한 해설을 한다. 필요할 때는 연구에서 쓰는 기본개념들에 대한 해설도 곁들인다. 그 밖에 현지조사에 임하는 순서 · 태도 · 준비태세 · 면접의 실시와 완료, 뒷처리 등 일련의 현장과정에 관하여 설명한다. 그리고는 질의응답을 하고, 다음 시간에 할 숙제도 내어 준다.

제 2 교시에는 면접원 각자가 자신이 응답자의 위치에서 조사표에 응답을 하는 실습을 함으로써 조사표를 익히고 문제점들도 지적해 낸다. 여기서 문제가 되는 점들을 하나씩 토론하고 해결 · 대처방안에 대한 합의를 얻는다. 또 자신이나 옆의 면접원이 응답한 질문서를 부호화하는 실습도 곁들인다. 필요하면 면접원들에게 시험지를 주고 지금까지 공부한 것을 시험해 볼 수도 있다.

제 3 교시에는 면접의 이론과 실제에 관한 전반적인 검토를 하고, 실제로 자기네들끼리 짝을 지어 면접자역할을 실습(role playing)해 본다. 그리고 현지에서 처리해야 할 재정회계 · 행정적 문제 등에 관하여 토론하여 차질이 없도록 준비시킨다.

끝으로, 현지조사를 할 대상지역과 성격이 비슷한 곳에 파견하여 한두 번 현장실습을 하는 것도 좋다. 그런 다음 준비물들을 챙겨서 현지로 출발하도록 한다. 참고로 서울대학교 사회과학연구원에서 작성 · 활용한 면접원훈련교재 겸 면접원지침의 보기를 〈부록 Ⅱ〉에 소개한다.

4. 현지작업을 위한 준비

면접조사에서는 지역적 집락을 표집할 때는 지역별로 조사팀을 만들어서 같이 움직이든지, 아니면 전지역으로 분산표집한 때는 면접원이 각개 행동을 하게 된다. 또는 전문조사기관에서는 현지에 훈련받은 전문면접원을 두고 있을 수도 있다. 이런 사례를 제외하고, 되도록 면접원이 혼자 다니는 일은 삼가는 것이 좋다. 이는 여러 가지 신변보호의 뜻도 있지만, 문제가 생길 때 의논상대가 있다는 이점 때문이다.

현지에 출장하기에 앞서 조사책임자는 면접원 각자가 가지고 다녀야 할 품목을 점검하도록 주의하고 출발시킨다. 한 마디로 면접용 휴대품(interviewer kit)이라고 할 수 있는 것들로, 그 구체적 보기는 〈표 8-2〉와 〈부록 Ⅱ〉에 따로 예시하였다.

현지에 도착하면 우선 숙소를 정하는 즉시 우리 나라에서는 행정관서와 경찰관서에 신고를 하고, 동시에 협조를 요청하는 게 급선무다. 그리고 연구조사본부에 숙소의 주소와 전화번호 등을 알려 두어 비상시에 연락을 취할 수

〈표 8-2〉 면접원휴대품 예시

① 면접조사표(자신이 맡은 분량에다 10% 정도 추가하여 휴대한다)
② 표본추출지침 또 이미 표집한 표본명단 · 주소 · 전화번호 등
③ 입수가능하거나 필요할 때는 조사대상지역의 지도
④ 조사기관에서 발행한 신분증 · 공문 · 소개편지류
⑤ 조사표에 딸린 부수품(그림 있는 응답카드, 길고 복잡한 응답항목의 응답카드 등)
⑥ 필기기구(볼펜 · 연필 · 지우개 등)
⑦ 일지를 기록하고 회계기록을 하기 위한 공책 · 휴대용 컴퓨터 등
⑧ 응답자에게 건네 줄 선물
⑨ 기타 여행에 필요한 물품(세면도구 · 잠옷 등)

자료 : Backstrom and Hursh(1963 : 132), 〈부록 Ⅱ〉 등 참조 새로 작성.

있도록 조처한다.

우리 나라에서 농촌조사를 할 때에는 행정관서의 협조도 중요하지만, 특히 촌락의 장로를 확인하고 예방하여 취지를 잘 설명한 다음 협조를 구하는 것이 긴요하다. 요즘은 이장과 마을 어른 이외에도 마을지도자 등 다른 비공식 지도자의 도움도 얻으면 유용하다.

이러한 예비작업을 마친 후 현지에서 추출한 표본의 선정을 위해 이동사무소 등에서 필요한 명부(보기 : 주민등록부 · 유권자명부 등)를 가지고 표집에 들어간다. 표집할 때는 지정한 면접대상자의 수보다 10-20% 더 뽑아서 사고사례의 발생에 대체한다. 표집이 끝나면 지체없이 면접으로 들어간다.

Ⅲ. 면접의 진행

이제부터 면접을 실시하는 시발점에서 끝마침까지 진행방법과 유의사항들을 차례로 정리한다(Bailey, 1978 : 168-172; Backstrom and Hursh, 1963 : 134-152; Kidder, 1981 : 178-184; Orenstein and Phillips, 1978 : 223-230; Warwick and Lininger, 1975 : 205-219; Frankfort-Nachmias and Nachmias, 2000 : 220-222; Neuman, 2003 : 292-300; Rubin and Babbie, 2008 : 374-377).

1. 응답자의 확보

무엇보다도 우선 사람을 만나야 면접을 할 수 있다. 면접원지침 또는 표집지침에서 지시하는 데 따라 지정한 응답자를 만나는 것이 급선무다. 표본설계가 아무리 완벽하다 해도 최종단계에서 표본을 직접 만나야 하는 면접자가 실수를 하거나 자의로 변경을 하면, 표집편의를 면할 수가 없다. 특히 무작위표집이 아닌 할당표집을 쓰는 조사연구에서는 현지면접원의 재량이 커지는 만큼 오류의 여지도 더 커지게 마련이다.

대부분의 표본조사에서는 표집설계의 최종단위인 가구 또는 개인의 선정을 면접자에게 일임하되, 정확한 절차를 제시하는 문서나 지침을 주게 되어 있다. 면접원은 이 지시를 충실히 따르는 게 원칙이다. 지정한 집의 특정표본을 만날 수만 있으면, 어떻게 해서든 강제적 혹은 불쾌한 수단만 쓰지 않는 방법으로 그 사람과 면접을 완료하도록 모든 노력을 기울일 필요가 있다.

그러나 표집대상자가 그 주소지에 없거나 표집기준에 해당하는 인물을 찾을 수 없거나, 여러 번 가보아도 부재중이거나, 혹은 끝까지 막무가내로 거절을 할 때는 포기할 수밖에 없다. 이런 때를 위하여 '대체'의 원칙도 미리 세워 놓는 것이 유용하며, 실지로 표본을 선정할 때 아예 10% 내외의 초과표집을 해서 예비명단을 가지고 있는 게 좋다.

처음 방문해서 본인을 만나지 못할 때는 당일 다른 시간이나 다른 날로 예약을 받도록 하고, 병중이거나 장기여행중이라는 등 면접이 불가능한 사례는 포기할 길밖에 없다. 반복방문을 해야 할 때 몇 번까지 다시 찾아갈지에 대한 원칙도 세워 놓는 게 좋다. 일반적으로 현지조사가 끝나는 시기까지 매일 다시 찾으라고 전문가들은 권고하지만, 실제로는 3번 이상 부딪쳐 본다는 각오는 해야 할 것이다.

사람을 만나서 응답자를 확보하여 면접을 완료하자면 시간의 요인을 잘 고려해서 면접원 각자가 맡은 사례들을 효율적으로 면접하도록 계획을 세울 필요가 있다. 가령 남자가구주같으면 대개 낮 동안은 직장 또는 농토에 가 있을 터이므로 직장이나 들에서 쉬는 시간을 얻든지 아니면 저녁 시간을 이용하는 수밖에 없을 것이다. 주부라면 아침 시간보다는 이른 오후 아이들이 학교에서 돌아 오기 전이 좋을 것이다. 도시의 영세민들은 새벽 일찍 집을 나가서 밤 늦게야 귀가하는 수가 허다하므로, 이런 사례는 특별히 수당을 지불하고라도 시간을 따로 내도록 하는 방법이 있을 수 있다. 면접장소도 되도록 사람들이 많지 않고 조용하게 이야기를 나눌 수 있는 곳으로 택하는 것이 중요하다.

〈참고자료 8-3〉 조사대상자의 면접거부이유 예시

1. 무조건 "못하겠다," "관심없다," "귀찮다"
2. 정부 · 기업체 · 학교 · 단체 등에 대한 반감
3. 조사 자체가 "쓸모없다," "되지도 않는 일이다" 등 부정적 인식
4. 면접자의 일에 대한 갖가지 의심
5. 면접자 자신에 대한 적대감 · 혐오감 · 불쾌감 등
6. "너무 바쁘다," "다른 데 가보라"
7. "일 나가야 하므로," "일해야 하니까," "시간이 없다," "시간을 내 주기 싫다"
8. "다른 조사기관이 벌써 조사해 갔다"
9. "아는 게 없어 대답할 수 없다," "더 잘 아는 사람에게 가서 물어 보라"

자료 : Bailey(1978 : 170)에 의거 작성.

특히 응답자를 확보하는 데 있어서 가장 힘든 것은 면접거부다. 외국에서는 면접에 응하지 않고 거절하는 이유들을 정리해 놓고 그에 대처하는 책략들을 소개하기도 하는데, 그 이유의 보기만 〈참고자료 8-3〉에 소개한다. 거절을 하면 그 이유를 잘 판단해서 대처해야 하겠으나 자기소개, 연구의 중요성, 표집절차, 연구의 결과처리 등에 관한 친절하고 참을성 있는 해명으로 설득하고자 애쓰도록 해야 한다. 때로는 미리 준비해 간 선물을 주고 협조를 구하는 수도 있다. 선물은 대개 값비싸지 않고 실용적인 것으로 고르되, 연구기관의 이름을 박는다든지 해서 기념품이 되게 하는 것도 괜찮을 것이다.

2. 접근과 면접의 시작

상대를 확인하고 면접을 시작하려면 응답자의 협조 · 동의가 필요하다. 그러기 위해서 면접자는 먼저 자기소개를 잘 하고, 연구의 목적과 성격에 관한 간단한 해명을 하는 게 원칙이다. 대개 조사표의 표지에 '인사말씀'의 형식으로 그 내용이 적혀 있도록 되어 있으나, 때로는 조사표에는 그런 내용을 싣지 않고 다른 종이에 인사말씀을 인쇄하여 면접원에게 나누어 주는 수도 있다. 앞에서(제 7 장) 질문서의 겉장에도 담아야 한다고 말한 인사말의 내용에는 대략 다음의 사항들을 포함시킨다.

1) 면접원의 신분을 밝히는 내용

2) 연구의 주관자 · 기관 · 단체에 대한 소개

3) 연구목적과 주제의 간략한 소개를 곁들여 이 연구에 참여함으로써 기여하는 바와 그 중요성을 설명 · 설득하는 말을 한다.

4) 표집절차의 해명, 즉 제비뽑기식으로 응답자가 뽑혔으며, 반드시 본인이 응답해야 연구가 올바로 된다는 점을 강조한다.

5) 대답한 내용의 익명성보장 또는 사적인 문항의 비밀보장, 특히 자료의 통계처리과정에서 자동적으로 이루어질 수 있음을 주지시킨다.

6) 그리고 바쁜 줄 알지만 좋은 뜻의 일이니까 도와 주면 고맙겠다는 인사를 곁들인다.

위에서 첫인상의 중요성을 지적했지만, 면접의 성패를 상당히 좌우하는 옷차림새와 몸가짐에는 각별한 조심이 필요하다. 대체로 응답자와 비슷한 계층이나 류의 옷차림이 무난하지만, 조사대상자의 계층이 다양할 때는 그 어느 한쪽에 맞추기가 거북하다. 그럴 때는 되도록 깨끗하고 단정하게 입으면 족할 것이다. 그리고 시대에 유행하는 옷차림이나 특정부분문화, 특히 젊은이들의 반문화적 성향을 쉽사리 연상시키는 차림새는 피하고, 그저 대충 중립적인 것이 가장 안전한 복장이다. 아울러 품행도 상식선에서 단정한 것이 유리하다.

응답자는 기왕이면 편안한 마음으로 또 가능하면 즐겁게 면접이라는 상호작용을 치를 권리가 있다. 그러므로 상대방이 어떤 태도 · 행동을 가장 부담없이 느끼는지를 빨리 포착하는 사람이 일단 면접에서 성공할 개연성이 크다. 어쨌든 복장이나 행실에서 모가 나지 않도록 조심하는 것이 핵심적인 유의사항이 되겠다.

한 마디로 면접의 완수를 위해서는 '친근한 관계'(rapport)를 형성하는 것이 첩경이요 요체다. 그래야만 부담 없는 상호작용이 될 수 있다. 그러기 위해서는 면접시작 전에 한두 마디 가벼운 농담이나 날씨 · 운동경기 이야기, 주택이나 가구 또는 어린이가 있으면 자녀에 대한 칭찬 같은 것으로 분위기를 조성하는 것도 좋다.

처음 시작에서 끝날 때까지 면접자가 취할 태도의 일반적인 성향에 관해서 요약하면 다음과 같다.

(1) 중립성(neutral) : 의복에서부터 말씨 · 표정 · 태도 · 응답에 대한 반응 등 전반적으로 지나침이 없이 사무적일 것

(2) 공평성(impartial) : 어떤 종류의 피면접자(interviewee)든 그의 지위 · 성향 · 나이 · 성 등 어떤 특성에서 차이가 나더라도 일률적으로 그가 자신감을 갖고 응답할 수 있는 적응력을 가지고 공정하게 대할 것

(3) 자연스러움(casual) : 너무 장난끼가 있고 경박스러운 것도 곤란하지만, 그렇다고 지나치게 심각하고 경직된 자세로 임함으로써 상대방에게 위압감을 주고 질리게 해서는 안 된다.

(4) 일상회화의 분위기(conversational) : 질문서나 조사표의 내용에 익숙할 필요가 있다고 했거니와 그 이유 중 하나는 면접을 일상의 대화처럼 자연스럽게 끌고 나가기 위함이다. 책읽듯 하는 딱딱한 어법은 곤란하다.

(5) 친　절(friendly) : 어쨌든 응답자를 편안하게 해 주는 게 중요한 만큼 친근감을 주고 친절할 필요가 있다.

(6) 그러나 언제든지 진지함(conscientious)을 잃어서는 안 된다. 면접자가 진지한 태도를 보이지 않으면서 상대방의 진실한 응답을 기대할 수는 없을 것이다.

이상의 태도는 물론 질문을 진행하는 과정에서도 좀더 구체적으로 표출되어 나오도록 해야 하는데, 그 점은 이제 곧 살펴보기로 한다.

질문을 시작하기 전에 한 가지 더 주의할 것이 있다. 그것은 면접의 환경에 관한 것이다. 반드시 지목한 응답자와 단 둘이서 면접을 실시해야 한다는 요구사항과 관련해서 면접장소와 환경이 중요하다. 대개 집에서 면접조사를 하거나 사무실에서 피면접자를 만나면, 식구나 동료들이 몰려 앉아 호기심을 가지고 바라 보는 성향이 있으며, 어떤 이들은 자기가 나서서 대답을 가로채기도 한다. 이런 번거롭고 편의를 일으키기 쉬운 상황은 속히 탈피해야 한다.

우선 주위 사람들에게 그들이 편의를 일으킬 수 있음을 잘 설명해 주고 양해를 얻어서 그들이 자리를 비켜 주게 한다. 그렇지 않으면 실례를 하고 응답자와 합의하여 다른 장소로 옮겨 가는 게 좋다. 피면접자에게는 혼자서 면접에 응하는 것이 시간절약에 도움이 될 것이라고 설명할 필요가 있다. 때로는 자기 혼자서는 잘 대답을 못하겠으니 누가 함께 있어야 한다고 하면, 필요할 때 도움을 청하기로 약속하고 우선 단독면접을 시작해야 한다. 하다 보면 도움받을 필요가 사실상 없어지게 마련이다. 최악의 상황에서는 조사표의 처음 한두 가지 질문이 일반적인 것이면, 주위 사람들도 함께 있도록 해서 호기심을 채워준 다음, 이제 그만 실례한다는 식으로 양해를 구하는 것도 해롭지는 않다.

3. 질문의 일반적 원칙

우리가 여기서 검토하고 있는 표본조사의 면접법은 대개 지정된 조사표에 의거하여 진행하는 표준화면접방법이다. 그리고 그 조사표 자체도 되도록 개방형 질문을 피하고, 이미 짜임새가 뚜렷한 질문의 형식과 응답지를 가지는 문항들이 주종을 이룬다. 이처럼 조사표를 표준화할 때는 그 이면에는 면접자에 의한 편의를 최소화시키고자 하는 의도가 깃들어 있다. 다른 말로 면접과정의 표준화를 목표하는 것이다. 그러면서도 동시에 친근한 관계를 형성, 좋은 면접을 성취하려면 다음과 같은 몇 가지 원칙을 강조하게 된다.

첫째, 되풀이하는 말이지만, 조사표(질문서)에 익숙해서 면접을 비공식적인 분위기에서 편안한 자세로 할 수 있어야 한다.

둘째, 각각의 문항이 요구하는 특정목적을 충실히 이해하고 질문해야 한다.

셋째, 모든 문항은 조사표에 적혀 있는 그대로 물어야 한다. 다만, 조사표에 인쇄한 대로 묻는다고 해서 책읽듯이 하라는 것이 아니고, 평소에 말하는 것처럼 자연스럽게 비공식적으로 질문해야 한다.

넷째, 모든 문항은 조사표에 나타난 순서대로 물어야 한다. 질문서작성에 관한 논의(제 7 장)에서 밝힌 대로 좋은 조사표라면 모든 문항의 배열순서를 근거 있게 정해 놓았다고 간주할 수 있다. 따라서 면접자가 자의로 순서를 뒤바꿈으로써 질문의 편의를 발생시키지 않도록 한다.

다섯째, 문항은 하나도 빠짐없이 물어야 한다. 응답자가 끝까지 대답을 하지 않거나 할 능력이 없어서 정보가 누락되는 것은 부득이하다. 그러나 면접자의 실수로 한 질문이라도 빠뜨렸다면, 이는 분명히 편의의 한 원천이 된다.

여섯째, 응답을 유도(lead)하거나 시사하는 일이 없도록 한다. 질문서작성 과정에서도 유도질문과 부하질문에 주의를 해야 한다고 지적한 일이 있다(제 7 장). 면접에서도 역시 대답이 잘 안 나온다고 자칫 초조한 마음에 어떤 대답을 시사하거나, 더 나아가서는 한쪽으로 유도하는 식의 보충질문을 서둘러 하게 되는 수가 있다.

일곱째, 면접의 흐름을 순탄하게 하기 위하여 단계적 이행(transitions)을 잘 해 나가야 한다. 대개 좋은 조사표라면, 질문의 성격에 따라 단원을 만들어 놓고 적절한 이행을 하도록 조처해 놓는다. 그러나 면접할 때에도 그와 같이 중간에 잠깐의 휴식을 취하고 지나가든지, 주제가 바뀜을 일깨우면서 한 숨 돌리는 절차가 필요하다.

여덟째, 한 문항도 공백을 남기지 말아야 한다. 가끔 해당되지 않는 질문이 있거나, 응답자가 대답을 못하거나 거부하는 수가 있다. 그런 때는 '무응답'(N.R. 또는 N.I.)이라고 쓰든지, '비해당'이라고 쓰든지, 아니면 아예 ×표로 그어서 질문을 실수로 놓치지는 않았음을 표시해 두는 게 좋다.

4. 캐어 묻기(probing, probe)

위의 원칙대로 진행해서 만사가 순조로우면 그 위에 더 바랄 것이 없지만, 현실적으로는 중간에 문제상황이 생기게 마련이다. 그것은 주로 완전하고 명확하고 유관적합하고 적절한 응답을 얻고자 하는 면접의 목적에 잘 부합하지 않는 식의 대답이 나올 때이거나, 응답자가 질문할 능력 · 용의 등이 부족할 때다. 이러한 비상상황에 대처하는 기량에 따라 면접원의 능력과 면접의 성패가 달라지는 수가 허다하다. 그래서 이런 때에 응답을 제대로 받아 내기 위하여 활용하는 '캐어 묻기'의 기법을 고안해 낸 것이다.

우선 캐어 묻기를 올바로 하려면 각 문항의 목표를 제대로 이해하고 시작해야 함은 더 강조할 필요가 없다. 동시에 어떤 응답이 불완전 · 불분명 · 부적합한지를 식별할 줄 알아야 한다. 그래서 면접자는 머리 속으로 언제나 "저 대답은 이 질문에 대한 완전하고 적절한 대답인가?"를 물어 보는 습관을 기르는 게 좋다고도 한다. 캐어 묻기의 구체적 기법을 살펴보자.

첫째, 무언의 캐어 묻기다. 대답이 불완전하다거나 미진할 때, 아무 말 없이 응답자의 눈을 바라보면서 "뭔가 더 하실 말씀이 있을 법합니다"와 같은 암시를 은근히 주는 법이다. 간혹 고갯짓 · 눈짓 · 얼굴표정으로 이를 보충할 수 있다.

둘째, 드러내 놓고 권장하는 방법이다. 드러내 놓고 더 좀 얘기하도록 "네," "네 그렇습니까," "아, 그것 재미 있습니다" 등의 말로, 또는 고개를 끄덕이면서 장려하는 법이다.

셋째, 더 자세한 해명(elaboration)의 요구다. 유도 또는 부하질문은 피하고, 중립적인 질문이나 응수를 해서 이미 대답한 내용을 조금 더 자세히 해명하고 정교화하도록 종용하는 방법이다. 그 예로 이런 것들이 있다. 상황에 따라 적절히 활용하면 좋을 것이다.

"무슨 뜻인지요?"
"거기에 대해서 귀하의 생각을 좀더 말씀해 주실 수 있습니까?"
"생각하시는 게 어떤 건지 좀더 말씀해 주십시요."
"무슨 말씀이신지 제가 좀 잘 이해를 못하겠는데요."
"왜 그렇다고 생각하십니까?"
"왜 그렇게 생각하시는지 좀 말씀해 주실 수 있습니까?"
"그건 무엇 때문에 그리 된 것으로 보십니까?"
"그 밖에 어떤 이유라도 있다고 보시는지요?"
"그 밖에 뭐 하실 말씀은 없으세요?"

넷째, 명료화(clarifcation)다. 응답이 모순되거나 모호하거나 일관성이 없을 때 좀더 분명한 대답을 요구하는 캐어 묻기 방법이다. 보기를 들자.

> "죄송하지만 지금 말씀하신 것이 무슨 뜻인지 확실치 않은데, 좀더 자세히 설명해 주실 수 있습니까?"
>
> "잠깐만 실례하겠습니다만, 지금 (…)라고 말씀하신 겁니까? 아니면 다른 뜻이 있는 겁니까?"
>
> "그러니까 그게 정확하게 언제 있었던 일입니까?"

다섯째, 반복(repetition)의 방법이다. 때로는 응답자가 한 말을 그대로 반복함으로써 좀더 자세한 분명한 대답을 요구한다는 신호를 보낼 수도 있다. '메아리 캐어 묻기'(echo probes)라고도 하는 이 방법은 조심해야지 함부로 쓰다가는 "그렇죠. 그게 바로 내 대답이요!" 하고 퉁명스러운 메아리만 다시 유도하여 불쾌감만 조장하는 수도 있기 때문이다.

이와 같은 유형들은 어디까지나 보기에 불과하고 캐어 묻기란 면접자의 훈련과 경험에서 우러나온 자연스러운 기량이 아니면 성공하기 어렵다. 특히 캐어 묻기가 빠지기 쉬운 함정은 바로 유도(leading, directive) 질문의 도입이다. 응답을 시사하는 질문이나 유도질문은 피하라고 하는 원칙은 이미 지적하였다. 캐어 묻기에서도 중립성을 견지하는 것은 매우 중요하다.

다음으로 질문과정에서 특별히 캐어 묻기가 필요한 상황을 몇 가지 밝혀둔다.

첫번째는 '열린 질문' 혹은 개방형 질문을 할 때다. 대체로 열린 질문에 대해서는 응답자의 대답을 그대로 기록하는 게 원칙이지만, 우리 나라와 같이 자기표현에 익숙하지 않은 문화에서는 사람들이 "글쎄요. …," "내가 뭐 압니까?," "아, 적당히 쓰시오," "알아서 적어요" 등 아주 모호한 대답으로 얼버무리는 수가 많다. 그러므로 열린 질문에는 끝부분에 '자세히 기록할 것'이라는 식의 캐어 묻기를 지시하는 명령문이 따라 오곤 한다. 질문이 요구하는 목표와 의도를 잘 이해하여 캐어 물어야 할 것이다.

두 번째는 열린 질문이 아니더라도 우리 나라에서는 "글쎄요"와 "잘 모르겠는데요," "이럴 수도 있고, 저럴 수도 있지요"가 자주 나온다. 이런 응답은 의견이 아예 없거나, 표현하기가 두렵거나, 그 쟁점을 다루기를 꺼리거나, 자신의 생각을 정리할 시간적 여유를 벌기 위해서나 또는 질문을 잘 이해하지 못하는 등 여러 가지 이유에서 나올 수 있다. 이런 때는 우선 질문을 그대로 되풀이하고 눈으로 응답을 재촉하는 방법을 택해 본다. 그러고도 대답이 같으면, "사실 이 질문에는 옳고 그른 대답, 정답과 오답이 있을 수 없고, 귀하의 생각 그대로만 말씀해 주시면 되는 것입니다"라는 식의 캐어 묻기를 하도록 한다. 그래도 마찬가지 대답이라면, 그것은 "모른다"(Don't Know, DK라고 함)는 응답으로 간주하고 다음 질문으로 진행하는 수밖에 없다.

세 번째는 반드시 캐어 묻기는 아니지만, 질문을 순조롭게 진행하는 데 기여할 수 있는 보조재료의 이용에 관하여 언급하겠다. 질문서작성에 대한 부분에서도 지적을 했지만, 질문의 성질상 주어진 응답지를 그대로 읽는 것이 지루하고 번거로울 때가 있다. 그런 때는 별도로 응답지카드를 만들거나, 그림으로 응답지를 표시한 카드를 응답자에게 제시하고 그 중 하나를 고르도록 하는 길이 있다. 가령 가구의 월소득을 알아보려는 문항은 응답자가 직접 그 액수를 보고하기가 거북할 것이다. 그런 당혹감을 면해 주기 위해서 소득카드를 보여주고, 그 중 해당 번호만 말해 달라고 하면 심리적 부담을 덜어 줄 수 있다. 그리고 학력이 낮다든지, 응답지가 길고 복합적인 때도 카드를 이용함으로써 면접을 촉진시킬 수 있다.

5. 응답의 기록

응답을 기록하는 대원칙은 "연구목적에 유관적합한 자료이면 응답자가 말하는 것을 표현 그대로(verbatim) 완전하게 적는다"는 것이다. 이 말은 면접 도중 지루하니까 곁길로 들어서서 잡담도 곁들이게 되곤 하는데, 이런 것까지도 기록하라는 말이 아니다. 그러면 기록상의 유의사항을 살펴본다.

첫째, 응답의 형식은 미리 부호화해 놓은 닫힌 질문과 열린 질문이 있을 터인데, 닫힌 질문에서는 지정해 놓은 응답란에 정확히 제자리에 표시하도록 주의해야 한다. 보통 응답의 앞(또는 뒤)에 —— 줄로 응답란을 주는데, 거기에 ○표 · ×표 · ∨표 등을 확실하게 아래 위로 어중간하게 걸치지 않도록 표기해야 한다. 열린 질문의 응답은 그대로 적는 게 원칙이다.

둘째, 대개 질문하자마자 처음 나오는 대답이 제일 믿을 만하고 진실한 또는 중요한 반응이라고 보는 게 옳을 것이다. 따라서 그것이 유효한 응답이면 지체없이 기록한다.

셋째, "예," "아니오" 대답으로, 또는 선택지에서 고르는 것으로 족한 질문인데도 거기에 덧붙여 "그런데 …," "하지만 …" 등 응답자의 해명 · 해설이 따르면, 그런 종류의 의견표시를 자세히 적어 둔다.

넷째, 기록할 때 특히 조심할 것은 기록에 정신이 팔려 면접이 중단되거나, 면접진행의 주체가 면접자가 아니고 응답자가 되는 일이 있어서는 안 된다. 계속 기록하면서도 질문을 진행해야 한다.

다섯째, 특수한 지시가 없는 한 질문서법조사가 아닌 면접조사에서는 응답자가 직접 대답을 기록하는 일이 없도록 면접자 자신이 기록을 해야 한다.

여섯째, 모든 문항을 빠짐없이 물어서 빠짐없이 기록해야 한다. 여기에는 캐어 묻기에서 얻은 응답도 포함한다.

일곱째, "모르겠다"는 대답은 재빨리 기록하고 넘어가지 말아야 한다. 캐어 묻기로 유효응답을 얻어 내도록 최선을 다할 것이다.

여덟째, 요약, 풀어 쓰기, 문법적 오류의 정정, 험한 말의 세련화 같은 것을 하려 애쓰지 말고, 되도록이면 표현 그대로 받아 적는 게 좋다. 다만, 기록의 촉진에 필요한 일상적인 생략표기는 간단히 써도 좋다. 그래도 속기사의 전문적 생략이나 남이 알아보지 못하는 표기는 피해야 한다.

아홉째, 틀린 기록은 줄로 그어서 확실히 오기임을 알게 해야 한다.

면접을 손으로 기록하지 않고 녹음기에 직접 옮겨 두는 방법도 가끔 쓴다. 그러나 이것은 주로 비표준화면접에서 이용하는 게 좋고, 조직적 면접에서는 조사표에 응답을 기록해 두는 것이 안전하다.

6. 면접의 종료와 뒷처리

면접이 끝나면 우선 면접원은 응답자의 양해 아래 조사표를 처음부터 끝까지 점검하고, 빠뜨린 것, 잘못 기록한 것이 없나 확인한 다음 물러나야 한다. 현장을 떠날 때는 바쁘고 어려운 가운데 적극 협조해 준 것을 깊이 감사한다는 정중하고 친절한 인사를 남기도록 한다. 그리고 미리 선물이나 기념품을 준비했을 때는 면접완료 후 떠날 때 남기고 오도록 하는 것이 가장 적절하다. 협조가 어려워서 면접시작 전에 선물을 보여 주고 협조를 구하는 수도 없지는 않지만, 되도록이면 그런 접근을 피하는 것이 좋다.

면접이 끝나면 그 현장을 떠나 적당한 장소에서 면접시작에서 끝마침까지의 시간을 정확하게 기록한다. 그리고 면접자 스스로가 판단하기에 응답자의 태도, 협조정도, 그 밖에 응답의 진실됨 · 이해도 같은 것에 관한 의견을 지정란에 기록한다. 조사표의 표지나 말미에 그런 자리가 미리 주어져 있지 않을 때는 자신이 가지고 다니는 일지에 자세한 기록을 남겨서 그것을 조사책임자에게 넘겨 주는 것이 매우 중요하다. 그 날의 조사작업이 다 끝난 뒤에는 조사본부나 숙소로 돌아가서 감독자나 조교의 검사를 받도록 한다.

감독자나 조교는 각 면접원의 조사표를 세밀히 검토하고, 필요할 때는 면접자를 다시 특정응답자에게 돌려 보내어 보완 · 수정을 하게 한다. 때로는 정말 면접을 실시했는지를 확인하는 전화를 하는 수도 있다. 이런 확인은 반드시 면접원을 불신해서가 아니라, 지정된 표본을 직접 만나서 제대로 면접을 했는지를 알아보기 위한 것이다. 가끔 가다 불성실한 면접자가 있을 수 있고, 그런 사람은 해고시키는 것도 불가피할 것이다.

연구책임자나 현지감독 또는 조교가 면접원조사표를 점검할 때는 그 자리에서 부호화를 하기 좋도록 편집(editing) 작업도 하게 되고, 어떤 때는 시간과 비용을 절감하거나 학생들의 훈련목적에서 부호화까지 현지에서 하게 하는 길도 있다. 이런 때는 철저한 사전교육과 현장감독이 필요하다. 종일 면접하고 나서 또 그것을 기계적으로 부호화하는 일까지 하자면 오류가 생길 소지가 크기 때문이다.

면접의 구체적 기법과 자세한 유의점들을 지적하면 한이 없고, 비조직적 심층면접의 기술에 관해서는 따로 검토할 터이므로 여기서 끝맺는다. 요컨대 면접법은 하나의 사회적 상호작용과정에 의해서 자료를 수집하는 특수한 방법이라는 점에 주목할 것이다.

끝으로, 면접조사의 실제적인 집행과 거기서 야기되는 문제점들을 자세히 기록 · 정리한 보고서 하나를 참조하면 유익할 것이다. 대개의 조사연구는 결과만 보고하는 데 반하여, 이 보고서는(이상철, 1985) 주로 조사과정 자체를 분석한 것이다.

주요 개념들

회수율	응답자에 대한 의존	친근한 관계
캐어 묻기	개방형(열린) 질문	누락자료
사회적 상호작용으로서 면접		반작용현상
면접상황	개인적-대면적 면접법	우편질문서법
전화면접법	집단면접법	집단(면접) 조사
표준화면접	조사표-조직적 면접	비조사표-조직적 면접
초점면접	임상면접	비구조화
비표준화	비유도면접	심층면접
면접지침	동기부여의 조건	면접자편의
응답자편의	면접자의 특성	면접원의 태도
면접원지침	면접원휴대품	표집편의
초과표집	면접거부	익명성
유 도	부하질문	시사질문
명료화	반 복	메아리 캐어 묻기
부호화	편 집	

생각해 볼 문제들

1. 면접법이 질문서법과 비교해서 유리한 점과 불리한 점은 어떤 것인지 살펴보자.
2. 면접법의 종류는 어떻게 분류하는가?
3. 면접을 하나의 사회적 상호작용으로 간주할 때, 그에 따르는 면접법의 특성과 문제점을 토의해 보자.
4. 면접자편의와 응답자편의의 원천을 살펴보자.
5. 응답자의 동기부여조건은 어떤 것이 있는가? 면접거부의 이유에는 어떤 것이 있으며, 이를 어떻게 극복할 것인가?
6. 면접조사를 시작하기 전에 조사원 선정 · 훈련 기타 준비사항을 토론해 보자.
7. 면접을 시작할 때의 시간 · 환경 · 복장 · 말씨 등에 관하여 토의해 보자.

8. 면접의 진행, 질문과 응답의 기록 등에서 유의할 일들을 살펴보자.
9. 면접실시과정에서 일어나는 각종 문제상황들을 상정해 보고, 그에 대처하는 책략들을 토론해 보자.
10. 면접이 끝날 때와 그 뒷처리에 관한 주의사항들을 점검해 보자.
11. 가장 쉽사리 면접법을 습득하는 길은 직접 면접을 해 보는 것이다. 함께 조사표를 작성, 표본추출을 해서 면접실습을 해 보자.

제 9 장 측정과 척도(Ⅰ)—개관과 지표

자료의 질을 높이기 위해서는 타당성과 신뢰성을 최대한으로 확보하는 일이 중요하다는 점을 앞에서 지적하였다. 그 과정에서 자료수집의 상황과 측정의 두 측면이 기본적인 요소로 매우 중요하다는 것도 알 수 있었다. 자료수집의 상황적 조건은 자료수집의 구체적 방법과 직결되는 것이므로 이미 앞에서 언급하였고, 여기에서는 측정이라는 과정의 성격과 기법을 검토함으로써 적어도 양적 접근에서 자료의 질을 어떻게 확보하려는지를 알아보기로 한다.

제 1 절 측정의 뜻과 위치

Ⅰ. 측정의 의미

일반적인 용법으로 측정(measurement)은 일정한 규준에 따라 대상 혹은 사상에 수치를 부여하는 과정을 일컫는다(Kerlinger, 1973 : 426, n 1). 그런데 사회과학적 연구에서 모든 현상을 양적인 값으로 나타내는 이른바 수량화를 반드시 해야 하는가, 할 수 있는가 하는 쟁점은 인식론의 문제고 일부는 가치판단의 문제다. 그러나 이 점과 관련하여 우리는 극단적이고 경직한 태도를 취할 필요는 없다.

가령 지나가는 사람을 가리켜서 저 사람의 특징을 몇 가지 차원에서 지적해 보라고 한다면, 키가 크다, 사람이 좋아 보인다, 멋쟁이다, 똑똑한 것 같다 등등의 갖가지 '서술'을 시도할 것이다. 또는 어떤 집단이나 조직체의 단위에 대한 평가도 결속력이 강하다, 효율적이다, 조직이 느슨하다, 관료적이다 등등으로 나타낼 수 있다. 이런 서술은 대개 질적(qualitative)이라 한다. 일상적으로나 학문의 수준에서나 우리는 관심대상이나 사상의 속성(property, attribute)·특성(characteristics) 등을 이런 질적인 서술로 특징짓는 게 보통이다. 특히 사회과학에서는 그런 관행이 허다하다.

만일 측정을 양적인(quantitative) 서술로만 국한시킨다면, 사회과학에서는 그 적용에 한계가 있을 것이다. 그래서 넓은 뜻으로 측정을 정의할 때는 특정 분석단위의 어떤 속성에 대하여 질적인 또는 양적인 값(value)이나 수준(level)을 규정하는 과정으로 이해한다(Bailey, 1978 : 51). 예컨대 효율적인 집단, 관료적인 조직체라고 지목할 때라도 거기에 효율성이 '큰'·'높은' 집단 또는 관료적 성격이 '강한' 조직체라는 식의 서술을 할 수 있다는 말이다. 그러니까 질적인 속성에는 이름(label, name)을 붙이는 일에서 시작하지만, 그 속성의 정도나 수준 같은 것도 지적할 수는 있다.

다만, 사회과학의 연구라고 해도 측정의 정확성을 생각해서 누구나 상호주관적으로 그 정도와 크기를 이해하기 쉬운 수치를 쓰는 것이 유용하다는 관점이라면, 자료를 수량화하는 절차가 필요해진다. 기왕에 생산성이 높은 집단이라고 할 바에는 얼마나 높은지를 '잴'(측정할) 수 있는 '자'(척도, scale)를 요구한다. 그리고 되도록 그것을 수치로 나타내려고 한다. 그뿐 아니라 질적인 속성이라도 편의상 숫자로 이름을 대신하기도 한다. 여기에 측정의 수량적 특징이 있다.

다시 요약정리하면 측정이란 연구자가 일정한 규칙에 따라 어떤 현상의 경험적 속성(변수)에다 숫자나 기호를 부여하는 절차다. 대개 측정이라면 숫자를 기호로 사용하는데, 그 숫자가 그냥 대상을 지칭하기 위한 기호일 수도 있지만, 실수(實數)로서 계산과 통계처리가 가능한 의미를 지니도록 하는 것이 일반적 관행이다. 양적 접근에서는 주로 이런 숫자를 쓰는 게 대세이고, 질적인 접근에서는 숫자를 쓰더라도 반드시 양적 의미를 부여하지 않을 때도 있다(Frankfort-Nachmias and Nachmias, 2000 : 138-139).

Ⅱ. 측정의 위치

그러면 사회조사연구 과정의 맥락에서 측정이 차지하는 위치나 뜻은 무엇인가? 한 마디로 측정은 이론과 사실을 연결시켜 주는 고리에서 사실과 가장 가까운 위치에서 대상을 표상해 주는 절차에 해당한다. 그러면서 이론을 검증해 주는 경험적 수단의 역할을 한다(Kerlinger, 1973 : 426-433; Lin, 1976 : 167-168; Neuman, 2003 : 174-176). 이것을 약간만 더 자세히 살펴보자.

이론의 틀은 추상적인 개념들(concept, construct)과 그것들로 구성된 명제들을 담고 있다. 이러한 추상의 세계로부터 경험의 영역으로 옮아 가는 과정에서 그 개념을 일정한 속성으로 구분할 수 있는 변수(variables)로 바꾼다. 예컨대 개인의 사회계층적 위치라는 개념을 지위의 높낮이를 구분해 주는 분류가능한 속성으로 파악하기 위하여 사회경제적 지위(Socio-Economic Status : SES)라는 변수로 환원한다. 다음은 이 변수를 경험적으로 확인하기 위한 측정수단의 작성과정을 밟는다. 이 때에는 변수의 속성들을 가리키는 지표(indicator) 또는 지시자(indicant)라는 요소들을 가려 내어야 한다. SES는 그 사람의 학력 · 직업 · 소득 기타 주택 · 가정용품소유 등이 지표가 된다. 이런 지표들에 따로 또는 조합적으로 값을 매겨 SES의 측정치를 셈한다. 그래서 영어로 measure(s)라는 말을 쓸 때는 이런 지표(또는 그 묶음)를 일컫기도 하고, 또 측정에 쓰는 도구 · 관찰수단을 뜻할 때도 있다. 측정과정은 개인의 학력 · 직업 등의 지표상의 값을 조사대상자에 대하여 얻어 내고, 그 값(들)을 그 개인에게 부여함으로써 그의 SES값을 정하는 과정인 셈이다.

이와 같은 이론→사실, 추정→경험의 과정과 거기에서 측정이 차지하는 위치를 그림으로 요약하면 〈그림 9-1〉과 같다. 이 때 가설은 이론적 명제를 측정치를 가지고 경험적으로 검증할 수 있는 용어로 다시 표현한 것이며, 대개 두 변수 이상의 관계를 밝히는 진술의 형식을 띤다.

한 가지 주의할 것은 우리가 어떤 현상의 속성을 측정한다고 할 때, 사실은 그 속성 자체보다도 오히려 그 속성을 가리키는 지표들을 재고 있을지도 모른다는 점이다. 측정에 쓰는 수치나 그 절차의 규준(규칙)이 되도록이면 그것이 실재(reality)를 표상할 수 있어야 할 터인데, 이것이 완벽할 때 우리는 유질동상(isomorphism)의 경지에 이른다고 본다. 그러나 실제로는 이것을 달성하기가 쉽지 않다(Kerlinger, 1973 : 430-431; Frankfort-Nachmias and Nachmias, 2000 : 141-143).

〈그림 9-1〉 추상(이론)에서 경험(사실)으로 옮기는 과정과 측정의 위치

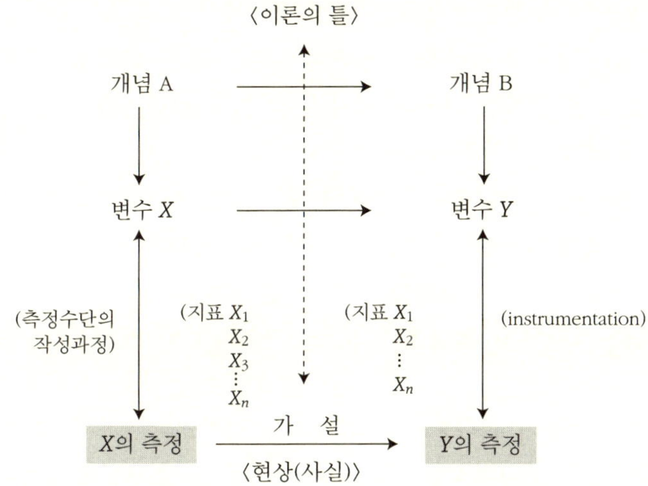

자료 : Lin(1976 : 168) 참조 보완.

제 2 절 측정의 수준과 척도

측정이란 어떤 현상이 지니는 특정속성에 질적 또는 양적인 값을 매기는 과정이라 했다. 이를 위해서는 우선 속성을 규정할 필요가 있다. 특히 수량화를 위해서는 개념규정의 절차를 명시하고 측정의 지표들을 자세히 규정, 거기에 값을 주는 조작적 정의(operational definition)를 하는 것이 보통이다. 측정에는 두 가지 작업이 따른다.

첫째로 주어진 대상이 어떤 속성이나 특성을 지니는지의 여부에 따라 분류(classification) 또는 범주화(categorization)해야 한다. 이 때 주의할 점은 범주와 범주의 관계에서는 상호배타적(mutually exclusive)이어야 하고, 같은 범주 안에서는 포괄적(exhaustive)이어야 한다는 조건이다. 다른 말로 상호배타성이란 한 가지 사례를 한 범주에만 분류해야지 둘 이상의 범주에 속하도록 범주를 정하지 말라는 기준이고, 포괄성이란 같은 성질의 사례는 하나도 빠짐없이 그 범주에 전부 담을 수 있어야 한다는 기준이다.

둘째로 이렇게 분류한 다음 그 특성의 존재 여부에 따라 분류한 범주 혹은 집합(set)에 속하는 성원들의 머릿수를 세어야(enumeration) 한다. 그래야 비로소 우리는 남자의 속성을 가진 사람들과 그것을 갖지 않고 여자라는 속성을 지닌 사람들을 갈라서 남자와 여자가 각각 몇 명인지를 계산할 수 있고, 이것이 측정의 초보단계다(Kerlinger, 1973 : 433).

그런데 이런 간단한 보기에서는 분류와 셈이 크게 문제되지 않지만(물론 중성이나 양성의 사람이라면 분류가 간단치 않다), 사회과학적 연구대상은 이처럼 단순하지 않은 예가 하다하다. 따라서 흔히 상식적으로 아는 것이지만, 세 가지 원칙을 제시하되 그것을 기호로 나타내면 더 알기 쉽다(Kerlinger, 1973 : 434-435).

첫째, $(a=b)$거나 $(a \neq b)$지, 둘 다는 아니다라는 원칙이다. 이는 분류의 상호배타성을 일컫는다.

둘째, 만일 $(a=b)$고 $(b=c)$면, $(a=c)$다. 이 원칙은 어떤 집합(범주)의 성원들 사이의 등격 또는 등가성을 확인하는 데 유용하다.

셋째, 이행성(transitive) 원리로서, 만일 $(a > b)$고 $(b > c)$면, $(a > c)$라는 말이다. 이로써 우리는 분류범주들 사이의 차이를 알 수 있다.

이제부터는 잠시 변수의 성질에 대하여 고찰하고 나서 측정의 수준과 그에 걸맞은 척도의 종류를 살펴보기로 한다. 변수의 성질을 구분하는 데에는 연속성과 불연속성을 기준으로 삼는다. 연속적 변수(continuous variable)는 기온 · 나이 · 소득 · 범죄율 · 학력(교육연한) 등과 같이 하나의 연속선상에서 무한정의 값을 매기거나 속성을 소량의 단위로 구분할 수 있고, 증감을 양적으로 계산할 수 있는 변수를 말한다. 이에 반해서 불연속적(discrete) 변수는 성(남녀) · 종교(불교 · 기독교 · 천주교 등) · 혼인상태(기혼 · 미혼 · 이혼 · 사별 등)와 같이 하나의 연속선 위에서 증감을 계산할 수는 없고, 단지 어떤 속성의 정해진 범주에 따라 분류만 가능한 변수다. 이런 식으로 변수의 종류를 구분하는 일은 이제부터 검토하려는 측정의 수준과 관계가 있으므로 중요하다. 그리고 통계적 처리에서도 변수의 성격이 연속적이냐, 비연속적이냐에 따라 차이가 나게 되어 있다(이만갑 외, 1982; Kerlinger, 1973 : 435-441; McGaw and Watson, 1976 : 206-209; Orenstein and Phillips, 1978 : 269-270; Bailey, 1978 : 52-56; Frankfort-Nachmias and Nachmias, 2000 : 143-148; Neuman, 2003 : 187-189).

Ⅰ. 명명적 측정과 명목척도

대상에 수치를 부과하는 규칙은 측정의 수준과 측정에 쓰는 척도의 성격을 규정해 준다. 측정의 수준이 가장 조잡하고 초보적인 것이 이른바 명명적(nominal) 측정이고, 이를 수행하는 자(scale)를 일컬어 명목척도(nominal scale)라 한다. 그리고 이런 명목척도가 측정하는 변수를 명목적 변수(nominal variables)라고 한다.

이런 측정은 기본적으로 분류작업을 가리키며, 모든 질적인 측정은 사실상 명목적 분류를 뜻한다. 구분한 범주에 이름을 붙일(명명) 수도 있고, 필요에 따라서는 숫자를 매길 수도 있다. 다만, 여기서 쓰는 숫자는 어떤 크기를 나타내거나 계산을 할 성질의 것이 아니고 단순한 지시의 기능을 할 따름이다. 예컨대 운동선수의 등에 붙은 번호 같은 숫자다. 물론 쉬운 일은 아니지만, 이런 분류도 상호배타성과 포괄성의 기준을 따라야 한다.

논리적으로는 재귀성(reflexivity) · 대칭성(symmetry) 및 이행성의 원리에 입각하여 등가치를 갖는 것이 이 수준의 측정에 특징적이다. 재귀성이란 어떤 범주에 속하든 그 범주 속의 사례 $a=a$, $b=b$, 즉 기독교인의 범주에서는 누구나 스스로 기독교인으로 분류하는 원리이고, 대칭성이란 $a=b$면 $b=a$라는 뜻이며, 이행성은 앞서도 지적한 대로 $a=b$, $b=c$면 $a=c$의 논리다.

사회과학에서 흔히 이런 분류에 따라 '측정'하는 변수들의 보기를 들면, 남녀성별, 인종, 종교, 국적, 정당소속, 도시 · 농촌 거주지, 제조업의 생산과정에 따른 분류(가내수공업 · 용광로사용 · 자동화과정 등), 외국여행경험유무, 교육도 받은 사람과 받지 않은 사람의 구분 같은 것들이 있을 것이다.

Ⅱ. 서열적 측정과 척도

사회과학에서 다루는 현상의 속성 중에는 분류도 할 수 있고, 또 더 크다, 더 어렵다, 더 바람직스럽다, 더 보수적이다, 덜 가난하다 등으로 비교를 하고 순위(rank-order)를 매길 수 있는 변수의 종류가 허다하다. 이런 관계는 흔히 〉 · 〈 등의 기호로 나타내거니와 그 특징은 비재귀적(irreflexive) · 비대칭적

(asymmetrical) · 이행적이다. 비재귀성이란 어떤 a에 대해서나 $a > a$가 성립할 수 없다는 논리이고, 비대칭성은 범주가 서로 다른 것끼리는 $a > b$면 $b < a$일 수는 없다는 원리이며, 이행성은 $a > b$, $b > c$이면 $a > c$라는 뜻이다. 특히 서열적(ordinal) 측정에서는 세 번째의 이행성원리가 중요하다.

대상을 서열적으로 순서매기는 절차는 단순히 n명의 대상을 한 가지 속성에서 $a > b > c \cdots > n$으로 순서를 매기는 법 외에도 두 가지 더 있다. 하나는 한 가지 속성만이 아니라 둘 이상 조합해서 순위를 정하는 방법이다. 대학생들의 학업성취도를 가지고 석차를 정할 때 순전히 성적에만 의존하지 않고 시험을 따로 치러서 이 두 가지 기준을 조합, 순위를 잡을 수도 있다. 그뿐 아니라 순위의 근거로서 단순히 크고 작은 정도뿐 아니라, "…보다 우세하다," "…에 앞선다" 등등의 질적 기준을 쓸 수도 있다.

척도에 점수 또는 수치를 부과할 때에도 큰 쪽, 우세한 쪽에 큰 숫자를 줄 수도 있고, 그 반대의 순서를 따를 수도 있는 것이 서열적 측정의 특징이다. 그 까닭은 수치 자체가 어떤 절대적인 수나 양, 크기 같은 것을 의미하지 않고 단순한 순서의 뜻밖에 없기 때문이다. 가령 A라는 사람의 순위가 r이고, B는 A보다 X라는 속성에서 우위에 있다면 B의 순위를 $r+1$로, 또 C가 B보다 한 자리 우위라면 그의 순위는 $r+2$로 나타내어도 무방하다. 하지만 $(r+1)-(r)$의 차이가 $(r+2)-(r+1)$의 차이와 반드시 같은 '거리'를 갖는다는 보장도 없고, 그 점을 밝혀 낼 길도 없다.

사회과학에서 다루는 척도나 변수에는 이런 서열적인 성질의 측정을 허용하는 변수들이 많다. 사회경제적 지위 · 계급 같은 것이 각각 개인의 위치와 사회구조적 위치를 순위로 나타내는 변수들이다. 태도의 측정에서도 서열적 척도를 자주 쓴다. 가령 "나 같은 평범한 사람도 정부의 결정과정에 영향을 미칠 수 있다"라는 말에 대해서 '전적으로 찬성', '찬성', '반대', '전적으로 반대' 등으로 태도의 방향과 정도를 나타내는 응답지를 주고, 거기에 각각 4 · 3 · 2 · 1의 수치(점수)를 줄 수 있다. 그 순서는 1 · 2 · 3 · 4로 해도 무방하다. 그리고 질문을 하나만 하는 게 아니라 비슷한 내용의 문항 5개를 묻는다면, 그 조합의 점수는 $5 \times 4 = 20$에서 $5 \times 1 = 5$의 범위를 갖게 될 것이다. 그런 종합점수로도 서열을 매길 수 있고, 그 순서 또한 어느 방향이든 상관없다. 20점을 1순위로 해도 좋고, 1점을 1순위로 할 수도 있다. 이처럼 대상에다 매기는 수치를 순위값 또는 순위점수(rank values)라 한다.

Ⅲ. 동간적 측정과 척도

어떤 대상의 속성을 〉·〈의 관계로 순위매길 수 있을 뿐 아니라 각 대상 사이의 정확한 거리를 알고, 또 그 거리가 일정하다는 가정이 성립하면 동간적(interval 또는 equal-interval) 측정을 한다고 본다. 이 때 하나가 다른 것보다 크다, 작다는 것뿐 아니라 그 둘 사이가 얼마만한 단위로 차이가 나는지를 알게 해준다. 동간적 수준의 측정은 측정대상에다 순서에 따라 실수를 부과하는 절차이며, 그 측정단위는 공통하고 변함 없는 것이 특징이다.

그리고 동간적 측정의 구조는 산술적 구조와 유질동상의 구조를 띠는 게 특색이다. 다시 말해서 대상의 위치에 따라 수치를 준다고 할 때 이들 수치상의 차이를 산술적으로 조작하는 것이 유의미하다는 뜻이다. 더하기와 빼기의 의미가 있다는 말이다. 이것을 형식논리로 표시하면 이러하다(Nachmias and Nachmias, 1976 : 57).

첫째는 특이성(uniqueness)으로 만일 a와 b가 실수를 표상한다면, $a+b$와 $a \times b$도 단 한 가지의 실수를 나타낸다는 것이다.

둘째는 $a=b$이면 $b=a$라는 대칭성이다.

셋째는 전환성(commutation)이다. 만일 a와 b가 실수를 나타낸다면, $a+b=b+a$와 $ab=ba$도 성립한다.

넷째는 대체성(substitution)인데, $a=b$요 $a+c=d$이면 $b+c=d$이고, 또 $a=b$이고 $ac=d$이면 $bc=d$도 성립한다는 것이다.

다섯째는 조합성(association)이다. 여기에서는 만일 $a \cdot b \cdot c$가 모두 실수라면, $(a+b)+c=a+(b+c)$이고, $(ab)c=a(bc)$라는 것이 성립한다.

사회과학에서는 이런 동간적인 변수를 찾기가 그리 쉽지 않다. 동간척도로 측정하는 값이라 해도 그 값이 뜻하는 바가 엄격하게 대상의 실재값을 나타내 주는 것이라고 장담하기 어렵고, 기껏해야 앞서 산술적 구조의 유질동상성을 말했듯이 산술적 조작의 요소는 양적으로 표시한 거리지 대상 자체가 지닌 속성의 참 크기가 아닐 수도 있다. 가령 IQ점수를 예로 들면 IQ가 120점인 사람은 60점인 사람보다 60점이 더 높다고 할 때, 그것은 어디까지나 IQ검사에서 얻은 점수를 두고 하는 말이지, 실제 지능에서 두 배의 차이가 난다는 것을 뜻하지는 않는다. IQ가 지칭한다고 조작적으로 정의한 사람들의 지능을 일컫는 산술적 의미는 아니라는 말이다.

Ⅳ. 비율적 측정과 척도

그런데 IQ의 보기에서 A의 점수가 120, B의 점수가 60이라도 A의 지능이 B의 지능보다 두 배가 된다는 말이 아니라고 하였다. 또는 IQ의 점수가 0이라고 해서 그의 지능이 "없다"라는 말이 성립하지는 않는다. 단지 IQ시험지에 정답이 하나도 없다는 말이다. 이에 반해 월소득이 1백만 원인 갑이라는 사람과 50만 원인 을이라는 사람의 소득차이가 50만 원일 때, 을의 소득이 갑의 소득의 절반이라는 의미가 실질적인 것일 뿐 아니라, 병이라는 사람은 실직중이므로 소득이 전혀 없다(0원)는 말도 성립한다.

동간척도의 성격을 다 지니면서 거기에다 실재적인 의미가 있는 절대영(absolute zero) 또는 자연적인 영(natural zero)을 갖추면 그런 척도는 비율(ratio) 척도라 하고, 이 척도로 측정하는 것을 비율적 측정이라 하며, 그런 측정이 가능한 변수를 비율적 변수라 한다. 이 비율적 측정에서는 더하기와 빼기뿐 아니라 곱셈과 나누기도 의미 있게 할 수 있다. 수량화와 그런 양적 측정의 정확성을 추구하는 모든 과학(자연 및 사회)이 이상적인 측정수준으로 생각하는 것은 이 비율적 측정이고, 될 수만 있으면 비율적 척도를 써서 잴 수 있는 비율적 변수를 다루기를 바란다. 사회과학에서는 경제학 같은 분야가 '돈'이라는 비율적 변수를 다루기 때문에 계량적 분석의 수준이 높고, 사회학의 인구학도 사람의 머리수 · 나이 같은 비율적 변수를 다루기 때문에 상당히 고도로 수량화되어 있다.

Ⅴ. 측정수준과 척도의 비교

위에서 살펴본 네 가지 측정의 수준과 척도의 성격을 요약삼아 비교해 보자. 〈표 9-1〉에서 간추린 것에 따르면 측정대상의 속성이 지니는 관계와 그것에 대한 측정작용의 성격으로 비교할 때, 이 네 가지 척도는 일종의 연속선상

〈표 9-1〉 측정수준과 척도의 비교

특징	측정수준·척도			
	명목	서열	동간	비율
1. 측정대상속성의 관계규정				
등가성(equivalence)	○	○	○	○
서열적 차이(greater than)		○	○	○
일정간격의 단위(fixed interval unit)			○	○
절대·자연적 영(absolute, natural zero)				○
2. 측정작용(operation)				
분류(classification)	○	○	○	○
서열비교(comparison by rank-order)		○	○	○
더하기·빼기			○	○
가감승제				○

자료 : Frankfort-Nachmias and Nachmias(2000 : 148); Neuman(2003 : 189) 참조 보완.

에서 누적적으로 고도화하는 것들임을 알 수 있다. 속성이 같은 것끼리 단순한 분류만 하는 명목척도의 기능은 다음의 서열척도에서는 이미 전제되고, 거기에다 어떤 성격의 크고 작음 같은 것을 비교한다. 동간적 측정에서는 분류한 속성의 서열적 차이뿐 아니라 그 차이의 크기를 나타내는 간격을 일정한 단위로 규정할 수 있어서 더하기와 빼기의 의미가 있어야 한다. 비율척도는 이런 동간척도의 성격을 다 내포하면서 절대영의 값을 인정할 것을 전제하고, 따라서 가감승제의 모든 산술적 조작이 성립할 것을 가정한다.

이런 척도를 가지고 자료를 수량화할 때나, 그처럼 수량적 자료의 통계적 분석에서 늘 염두에 둘 것은 주어진 자료의 성격을 척도에 따라 규정할 때 척도의 종류 또는 측정의 수준에 걸맞은 통계적 기법을 써서 분석해야만 한다는 점이다. 이 문제는 제19장 자료분석에서도 다시 언급하지만, 측정하는 변수가 연속적 변수냐 불연속변수냐에 따라서도 분석기법이 달라진다. 가령 위의 네 가지 척도로 측정할 때 명목척도와 서열척도가 다룰 수 있는 변수는 주로 불연속변수고, 연속적인 변수는 동간척도와 비율척도의 측정대상이 될 수 있다. 예컨대 명목척도로밖에 분류할 수 없는 '종교'와 같은 변수에 수치를 매겨서 '전통종교'에 1, '기독교'에 2, '무종교' 3이라고 할 때, 여기서 1·2·3은 마치 운동선수의 등에 붙인 '배번'(back number)과 같이 수량적 의미가 있는 게 아니다. 그런데 이것을 최소한도 동간척도로 나타낼 수 있는 IQ점수와 같이 크기를 비교하고 덧셈 · 뺄셈을 하겠다면 무모한 짓이 된다. 3(무종교)이 1(전통종교)보다 더 크고, 3－1＝2가 성립한다는 말은 언어도단이다.

마찬가지로 변수 자체가 이미 비율척도로 측정할 성질의 것인데, 그것을 단순한 분류로 처리해 버리려는 것도 필요에 따라 불가피한 때를 제외하면, 어리석은 일이다. 가령 월소득을 '원'이라는 화폐단위로 규정할 수 있고 무소득은 '0원'임을 아는데, 단순히 소득이 많은 사람, 적은 사람을 1과 2로 나누는 일로 그친다면, 이 때 1 · 2라는 수치는 기껏해야 서열척도값에 지나지 않는다. 물론 경제분석을 위주로 하지 않는 사회조사연구에서는 간단한 서열적 분류로 족할 때도 많지만, 기왕에 얻은 자료의 측정수준이 높은 것이면 그에 적합한 통계분석을 함으로써 한층 더 정밀한 분석이 가능하다.

비유컨대 두부를 자를 때 쓰는 칼과 풀을 붙이기 위해 사진의 이면을 갈라 낼 때 쓰는 칼의 '날'은 달라야 한다는 이치다. 이런 척도와 통계기법에 관해서는 뒤에 다시 통계적 분석에서 언급하겠다.

제 3 절 측정수단의 작성과정

그러면 이제부터는 구체적인 측정수단의 종류와 작성원리를 하나씩 살펴보기로 하겠지만, 그에 앞서 그 과정을 개관하는 게 좋겠다. 우선 〈그림 9-1〉에서 이미 예시한 대로 측정수단의 작성(instrumentation)이란 한 마디로 이론적인 개념들을 경험적인 변수로 재규정하고, 이들을 다시 경험적인 지표 또는 지시자들로 번역한 다음 이런 지시자들의 집합을 지수(index) 또는 척도로 묶는 과정을 담는다. 그 과정을 약간 더 자세하게 풀이해 보자(Lazarsfeld and Rosenberg, 1955 : 15-17; Lin, 1976 : 166-168).

첫번째는 무엇보다도 개념의 형성이다. 이론적인 문제에 관한 성찰에서 어떤 기본적인 속성(특성)들을 지니는 여러 현상에 대한 인지로 시작하여 그 대상에 관한 것을 표상하는 정신적 구성물(mental construct) 또는 이미지를 말이나 기호로 나타내는 개념을 구성한다.

두 번째는 이 개념이 표상하는 현상의 특징을 검토함에 있어서 그것이 지니는 '측면'(aspects) · '구성요소'(components) · '차원'(dimension) 혹은 그 비슷한 내용의 '특정화'(specifications)를 하게 된다. 이런 내용들은 논리적으로 도출할 수도 있고, 경험적 관찰에서 얻을 수도 있다.

세 번째는 개념은 현상의 복합적 조합을 표상하는 것이므로 단순한 직접 관찰로 파악할 수 있는 성질의 것이 아니다. 따라서 그것을 관찰할 수 있는 지시자 또는 지표들(indicators)을 선정해야 한다. 이 때 고려할 점은 ① 몇 개의 지표들을 어떻게 구상하느냐 하는 것과, ② 그렇게 구상한 것들 중에 어떤 것을 골라서 실제 조사연구에 활용할 것인가의 기준문제다. 물론 여기에는 그 지시자와 개념의 논리적 상응성을 근거로 액면의 타당성을 바탕으로 하든지, 실용적 기준에 따르든지, 이론적 적합성을 우선적으로 고려하는 등의 타당성결정의 기준을 생각하게 될 것이다.

네 번째는 이렇게 선정한 지료들을 가지고 관찰내용을 요약하기 위한 지수(index) 또는 척도를 만든다. 이 과정에서 유용한 절차를 한 가지만 간략히 소개하겠다.

그것은 속성공간(property space)이라는 개념이다. 종축과 횡축으로 나누는 좌표(coordinates)에다 어떤 특성을 자리매기는(locate) 과정을 뜻한다. 기본적으로 하나의 유형화(typology) 과정인데, 개념들의 차원과 상호관련성을 한꺼번에 고려하면서 어떤 개념의 지표를 얻어 내고 지수화하는 논리적 또는 경험적 절차다. 그림으로 예시해 보자(Barton : 1955).

정당가입과 정치적 관심도라는 두 개념(변수)을 교차시켜 보면 〈그림 9-2〉와 같이 정리할 수 있다. 여기서 각 변수의 범주가 충분하고 완벽(포괄적)하며, 또 상호배타적인지를 우선 따져 볼 수 있다. 다음은 이 두 변수의 교차로

〈그림 9-2〉 정치적 성향과 위치의 속성공간

정치적 관심도	정당가입: 자유당	공화당	무소속
높다			
중간			
낮다			

자료 : Barton(1955 : 41) 참조 · 수정.

〈그림 9-3〉 속성공간에 의한 차원의 축소

정치적 관심도	정당가입: 자유당	공화당	무소속
높다	(열성당원)		(독립 · 무소속자)
중간	(보통당원)		(무관심자)
낮다			

자료 : Barton(1955 : 41) 참조 · 수정.

드러나는 새로운 유형의 발견이 가능하다(〈그림 9-3〉). 이런 속성공간을 이용하면 우선 측정의 첫걸음인 대상자의 분류가 가능할 뿐 아니라, 분석하고자 하는 속성의 차원을 줄이거나 간소화할 수도 있다.

또한 이런 식의 유형적 접근에서는 한 가지 변수로만 생각하던 개념이 실지로는 둘 이상의 차원으로 나누어 지표를 작성하는 것이 유리함을 알 수 있게 된다(Babbie, 1975 : 357-358). 예컨대 신문의 정치적 성향을 측정하기 위해서 국내정책과 외교정책을 한 데 묶어서 하나의 지표로 생각하려고 했더니, 속성공간법으로 따져본 결과 그 둘은 서로 독립된 차원으로 다루어야 할 성질의 것임을 알게 되는 수가 있다. 〈그림 9-4〉에서 A와 D에만 해당하면, 국내 및 외교정책에 대한 태도는 그 신문의 정치적 성향을 반영해 주는 하나의 차원의 다른 지표로 간주할 수 있다. 그러나 C나 D도 성립하면, 그들은 서로 다른 차원의 지표로 따로 취급하는 게 마땅하다.

〈그림 9-4〉 신문의 정치적 성향 속성공간과 유형

국내정치에 대한 관점	외교정책에 대한 관점: 보수	자유
보수	A	B
자유	C	D

자료 : Babbie(1975 : 357).

제 4 절 지수와 지표

Ⅰ. 지수의 뜻

대부분의 사회과학적 개념은 복합적인 성질을 띠기 때문에, 하나의 단순지표로 표상하기는 어렵다. 더군다나 가능하면 정교한 척도를 씀으로써 한층 더 정밀한 측정을 할 수 있어야 하는데, 문항 한 개 또는 단일지표로는 서열이나 범주가 역시 불충분할 뿐 더러 부정확하기 쉽다. 그래서 되도록이면 복합측정치(composite measures)를 쓰는 것이 유리하다. 게다가 이런 복합지표나 측정치인 지수나 척도를 쓰면 좀더 효율적인 분석이 가능하다(Babbie, 1975 : 335-336).

지수가 바로 이러한 복합지표의 하나임을 이미 밝혔다. 같은 복합지표 또는 복합측정인 지수와 척도는 어떻게 다른가? 편의상 지수값은 개별적인 속성에 부여한 점수를 단순히 누가해서 얻는 측정치인 데 반해서, 척도값은 속성들의 유형들에다 점수를 주는 절차로 얻는 측정치라 구분한다(Babbie, 1975 : 336). 또한 어떤 문항 · 항목 또는 응답범주들이 직접적인 경험적 상응성(empirical correspondence)을 띠는 것이면 엄격한 뜻에서 지수라 하고, 그렇지 않은 것을 척도라고 구분하기도 한다(Lin, 1976 : 183). 이 두 가지를 좀더 명료하게 규정한 보기는 다음과 같다. 지수는 연구자가 어떤 개념적 구성물을 가리키는 여러 개의 지표들을 보태거나 조합하여 만드는 측정치다. 이런 복합측정치는 여러 개 지표의 값의 단순합일 때가 많다. 어쨌든 지수는 주로 동간척도나 비율척도에 해당하는 변수에만 적용한다. 한편 척도는 연구자가 어떤 변수의 강도(intensity) · 방향성(direction) · 수준(level) 또는 유효성(potency) 등을 파악하고자 할 때 구성하는 측정치다. 척도는 대개 일정한 연속선상에서 응답이나 관찰결과를 순서대로 배열하는 기능을 하며, 단일지표를 사용할 수도 있고 다양한 지표로 구성할 수도 있다. 통상 척도는 서열적 수준의 측정에서 많이 사용한다(Neuman, 2003 : 191).

여기에서는 Babbie의 규정에 따라 보기를 들어 보겠다.

전과자의 공민권에 대한 지지도라는 사람들의 태도를 재고자 한다. 그 하나의 지표로서 전과자가 다음과 같은 직업에 종사하도록 허용하는 데 대한 찬반의 의사를 묻는다고 하자. ① 청소부, ② 택시운전기사, ③ 초·중등학교 교사, ④ 국회의원의 네 가지 직업을 예시하고, 이에 대한 찬반의사를 묻기로 하고, 응답방식도 단순한 '찬성'·'반대'의 방식과 '매우 찬성'·'약간 찬성'·'찬반불명'·'약간 반대'·'매우 반대'의 서열을 주어 묻는 수도 있다.

여기서 네 가지 직업 중 ①·②·③ 또는 ④ 모두를 단순히 찬성(또는 반대)한다는 대답이 나오면, 거기에 직업의 순서대로 1·2·3·4의 점수를 주고, 4점이 3점에 비해 전과자의 공민권인정도가 더 높은 태도를 나타내는 점수라고 해석한다. 또 찬반의 정도를 '매우 찬성' 5점… 등으로 매겨서 4개 직업 모두에 5점이면 20점이므로, 모든 직업에 전부 1점씩 얻은 4점보다 훨씬 더 지지도가 높다고 할 것이다. 이 때 우리는 지지도의 지수값을 얻은 셈이다.

이에 비해서 네 가지 직업이 우연히 어떤 중요성·자격 등등으로 일정한 서열을 내포한다는 내적 구조를 가정할 수 있다. 다시 말해서 국회의원을 허용하는 사람이면 나머지 셋은 자동적으로 허용할 것이라는 전제를 할 수 있다. 반대로 청소부만 허용하겠다고 택하는 직업의 수는 사실상 그의 지지의 정도까지도 담는 대답이라는 추리가 가능하다. 네 가지 직업에는 내적인 서열이 있기 때문이다. 게다가 단순한 찬반의 대답 대신에 찬반정도까지 안다면, 그 지지도점수는 좀더 정밀해진다. 이런 때 우리는 단순한 지수가 아니라 척도의 값을 얻는다고 한다.

그런데 실제로 사회과학에서는 엄격한 뜻의 척도보다 좀더 단순한 지수가 더 자주 쓰이는 데도 불구하고 척도구성법에 대한 해설은 많이 하지만, 지수구성법에 관해서는 비교적 소홀한 게 사실이다. 물론 척도가 지수보다 더 정밀할 소지가 큰 측정수단임은 더 강조할 필요가 없다.

Ⅱ. 지수의 보기

지수라면 얼른 물가지수를 떠올릴 것이다. 그런가 하면 사회학에서는 사회경제적 지위(Socio-Economic Status : SES) 지수를 흔히 쓴다. 또 사회심리학적 조사연구에서는 집단성격이라든지, 사람들의 태도를 지수로 측정하기도 한다. 여기에서는 자세한 기법의 해설에 치중하기보다도 원칙적인 고려사항들을 중심으로 몇 가지 보기를 들어 지수작성법을 살펴보겠다.

1. 물가지수

물가지수(price index)란 어떤 품목(item)의 가격이 일정기간에 어떻게 변하는지를 요약해 주는 측정치의 하나다. 이 지수를 구성하는 데에는 몇 가지 기본개념들이 있고, 작성기법도 약간씩 다른 것들이 있다(Neter, Wasserman and Whitmore, 1978 : 659-678).

가격상대치(price relatives)란 한 품목의 기준연도(base period)의 단위가격에 대한 백분비(%)로 나타내는 것으로 그 항목의 일정시기의 단위가격이다. 보기로 1970년에 단위가격 배럴당 20달러의 원유가 1975년에 36달러로 올랐다 하면 1975년의 가격상대치는 100(36/20)＝180이다. 기준연도의 100에 대한 지수가 180이란 말이다. 거꾸로 기준연도가 1975년이면 1970년의 가격상대치는 100(20/36)＝55.6이 될 것이다.

연계상대치(link relatives)라는 개념도 있는데, 이는 당해 연도의 바로 전년도를 기준연도로 잡았을 때 품목의 단위가격을 그 전 해(기준연도)의 단위가격에 대한 백분비값으로 계산한다. 위의 보기에서 1971년에는 배럴당 25달러였다면, 이 때의 연계상대치는 1970년도에 대비 100(25/20)＝125일 것이다.

그런데 가령 아파트주인이 물가상승률에 비등하게 집값을 올리려고 할 때 기름값 하나만으로 따진다면 위의 방법으로 족하지만, 거기에 전기료 · 수도료 · 인건비 등등을 가산하자면, 그런 간단한 단일품목상대치로는 불충분하다. 그래서 여러 개의 품목에 나타나는 가격변동을 조합하는 요약측정치로서 물가지수가 필요한 것이다. 물가지수에도 도매물가지수 · 소비자물가지수가 있고, 그 밖에 물량지수(quantity index)로 산업생산지수(industrial production index)가 있어서 이들은 가계뿐 아니라 국가의 경제정책이나 기업체의 산업정책에 중요한 측정치로 활용한다. 여기에도 단순한 가중집계치법(the method of weighted aggregate)과 상대치의 가중평균법(the method of weighed average)이 기본이고, 일종의 시계열적 방법으로 연쇄지수(chained indexes)라는 것이 있다.

여기에서는 자세한 해설을 생략하고 〈참고자료 9-1〉에 그 공식들만 소개한다. 다만, 물가지수(또는 물량지수)를 위한 자료의 수집과 계산에 고려할 사항들만 간략히 살펴보기로 한다. 자료수집은 관찰 · 면접 또는 자아계산법 등을 주로 쓰고, 대개는 표집을 이용한다. 그런데 물가자료를 여러 해 두고 수집하

〈참고자료 9-1〉 물가지수 계산공식의 보기

1. 가중집계치법

$$I_t = 100\frac{\sum_i P_{it}Q_{ia}}{\sum_i P_{io}Q_{ia}}$$

I = t연도의 물가지수

P_{io} = 기준연도(0연도)의 i품목의 단위가격

P_{it} = 계산연도(t연도)의 i품목의 단위가격

Q_{ia} = i품목에 부여한 물량가중치

이의 변형으로 Q_{ia}를 기준연도의 소비물량으로 잡으면 Q_{io}가 되고, t연도의 소비물량으로 치면 Q_{it}가 되는 공식들을 각각 Laspeyres지수, Paasche지수라 한다

2. 상대치의 가중평균법

$$I_t = \frac{\sum_i \left(100\frac{P_{it}}{P_{ia}}\right)V_{ia}}{\sum_i V_{ia}}$$

I_t = t연도의 물가지수

P_{io} = 기준연도(0연도)의 i품목의 단위가격

P_{it} = 계산(t)연도의 i품목의 단위가격

V_{ia} = i품목에 부과한 가치가중치

그리고 보통 $V_{ia} = P_{io}Q_{ia}$이면, 이 때 두 방법의 결과는 같아진다. 즉

$$\frac{\sum_i \left(100\frac{P_{it}}{P_{io}}\right)V_{ia}}{\sum_i V_{ia}} = \frac{\sum_i \left(100-\frac{P_{it}}{P_{io}}\right)P_{io}Q_{ia}}{\sum_i P_{io}Q_{ia}} = \frac{100\sum_i P_{it}Q_{ia}}{\sum_i P_{io}Q_{ia}}$$

3. 연쇄지수

이 방법은 앞의 예처럼 기준연도를 하나로 고정시킨 것이 아니고, 매년 그 전년도로 바꾸어 지수계열을 알아보려는 것이다.

그래서 1975년의 물가지수

$I_{75} = \dfrac{1975\ \text{가격}}{1974\ \text{가격}}$ 이고, 다음은 $\dfrac{1976\ \text{가격}}{1975\ \text{가격}}$ 일터이므로

$$I_{76} = \frac{1975\ \text{가격}}{1974\ \text{가격}} \times \frac{1976\ \text{가격}}{1975\ \text{가격}}$$

이 된다. 이 때 만일 가중집계치에서 물량가중치 Q를 고정시키면 고정된 기준연도의 지수와 같아질 것이다. 즉

$$I_2 = \frac{\sum_i P_{i1}Q_{ia}}{\sum_i P_{i0}Q_{ia}} \times \frac{\sum_i P_{i2}Q_{ia}}{\sum_i P_{i1}Q_{ia}} = \frac{\sum_i P_{i2}Q_{ia}}{\sum_i P_{i0}Q_{ia}}$$

다 보면, 품질이라든가 기타 물가를 결정하는 요인들을 되도록 상수로 묶어 둘 필요가 생긴다. 그래서 될 수 있는 대로 품목의 특질을 명시하고 가격을 잡아야 한다. 때로는 품질의 변화가 매우 두드러지므로 이를 가격에 반영시킬 필요가 있을 수 있다. 그러나 이 일은 단순한 작업이 아니어서 전문가들의 연구가 계속되고 있다. 끝으로 가중치의 문제가 있다. 물론 그것은 각기 품목의 중요성에 따라 부과하지만, 때로는 품목단위가 아니라 품목도 표집을 해야 할 때가 있고, 그런 때의 가중치는 그 품목이 소속한 종류 전체의 중요성을 기준으로 부여하게 된다.

2. 사회경제적 지위지수

사회경제적 지위지수는 주로 개인 또는 가족단위의 사회계층적 위치를 결정하는 측정치다. 사회계층현상은 워낙 복합적인 것이므로 단순한 몇 가지 지표의 조합으로 잰다는 일이 어느 정도 무리인 것은 사실이지만(김경동, 1985), 현실적인 용도를 위해 개발한 몇 가지 보기만 들기로 한다(Miller, 1977 : 211-245).

(1) Duncan의 Socio-Economic Index

미국 시카고의 전국여론조사연구소(NORC)가 개발한 직업의 위신평급(prestige ratings) 점수(X_1)와 학력(X_2) 및 소득(X_3)에다 각기 가중치를 매기고 서로의 상관관계계수 · 중다상관관계계수 등을 써서 그 타당도를 확인한 사회경제지표다. 학력의 가중치는 특정직업에 종사하는 사람들 중 고등학교졸업자의 백분비에 기초하였고, 소득가중치는 각 직업에서 1949년 당시 연간소득 $3,500 이상인 사람의 백분비를 활용하였다. 직업위신과 학력 및 소득의 상관관계계수는 각각 $r=.84$, .85이었고, 세 변수(지표)의 중다상관계수 $R_{123}=.91$이었다. 그리고 1947년에서 1963년에 걸친 상관도는 $r=.99$로 안정성이 있는 것으로 나타났다(Reiss *et al.*, 1961).

(2) 미국 센서스직업에 대한 SES 점수

미국 인구국에서 개발한 사회경제적 지위점수도 직업 · 학력 · 가계소득 등의 지표(변수)들의 복합지수인데, 학력과 소득의 가중치로서 Duncan처럼 직업별 백분비를 쓰지 않고 중앙치(median)를 활용한 점이 다르다. Duncan의 지수와는 .97의 상관계수를 나타낼 만큼 비슷하다(USBOC, 1967).

(3) Hollingshead의 사회적 위치지수

Hollingshead와 Redlich(1958)는 직업의 척도와 학력척도의 두 요인 지수와 거기에다 거주지역척도를 합친 세 요인 지수를 제시했는데, 직업과 학력에다 각기 7과 4의 가중치를 주는 게 특색이다. 가령 고교를 졸업하고 전문대 경영학과 1년 수료 후 백화점지배인으로 일하는 사람이면 학력분류에서 3점, 직업분류에서 3점이므로, 그의 사회적 위치(social position) 점수는 33점이 된다.

요인	척도점수 × 요인가중치 = 부분점수
직업	3 × 7 = 21
학력	3 × 4 = 12
	사회적 위치지수의 점수 = 33

SES 지수는 이 정도로 하고, 〈참고자료 9-2〉에 보기를 요약한다.

3. 집단성격의 지수

여기에서는 집단의 구조와 역학을 측정하기 위한 지수들 가운데서 집단응집력지수(Group Cohesiveness Index)만을 소개하겠다. Seashore(1954)는 '집단에 끌림(atracation) 또는 집단으로부터 이탈에 대한 저항'이라는 개념규정 아래 집단응집력지수를 구성하였다. 주로 기업체에서 적용하도록 마련한 것이지만, 약간만 수정하면 다른 상황에도 응용가능하다. Seashore가 개발한 3개 질문으로 구성된 이 지수의 문항은 다음과 같다.

Q1. 귀하는 정말 귀하가 일하는 작업집단의 한 사람으로 소속한다는 느낌을 가지십니까?
- □ 진정 나의 소속집단의 한 사람으로 느껴진다.
- □ 대부분의 상황에서 집단에 낄 수 있다.
- □ 어떤 때는 끼는 것 같고, 다른 때는 그렇지 않다.
- □ 내가 정말 여기에 속한다는 느낌이 없다.
- □ 불분명(무응답)

Q2. 다른 집단에서 같은 보수를 받고 같은 일을 할 기회가 생긴다면, 그리로 옮기는 데 대해 어떻게 생각하십니까?
- □ 옮기고 싶은 생각이 아주 많다.

〈참고자료 9-2〉 사회경제적 지위지수 보기

1. Duncan과 미국 센서스의 Socio-Economic Index(SEI) 점수비교

Duncan SEI	센서스 SEI	직업범주 *
75	90	전문직 · 기술직 · 유사직종
57	81	경영관리자 · 간부 · 소유자(농장 제외)
47	71	사무직 · 판매직 · 유사직종
31	58	기능직 · 십장 · 유사직종
18	45	직공 · 유사직종
17	34	서비스종사자(가내서비스 포함)
7	20	노동직(농사와 광산 제외)

* 여기는 7개 범주들만 소개하지만, 원래는 446종의 직업에 대한 점수를 담고 있다

2. Hollingshead의 두 요인 사회지위지수

A. 직업척도

1. 대기업의 중역 · 소유자($100,000 이상) · 주요전문직
2. 경영관리자 · 중규모 기업소유자($35,000-$100,000) · 중간 전문직
3. 행정요원 · 소기업 소유자 기타 전문직 · 대농장 소유자
4. 사무직 · 판매직 · 기능직 · $6,000 미만의 소기업 소유자 · 중규모 농장소유자
5. 숙련근로자 종업원 · 소규모 농장소유자
6. 기계 다루는 직공 · 반숙련근로자 종업원 · 농기구소유 소작농
7. 비숙련근로자 종업원 · 농업노동자

B. 학력척도

1. 대학원 · 전문대학원 학위소지자
2. 4년제 대학(주립 · 사립 포함) 졸업 학위소지자
3. 대학 미졸업자이나 대학교육을 받은 사람
4. 고등학교 졸업자
5. 7년-9년의 교육을 받은 사람(중학)
7. 6년 이하(초등학교) 교육을 받은 사람

자료 : Miller(1977 : 217-238).

□ 머물기보다는 옮기고 싶다.

□ 별 차이가 없다.

□ 옮기기보다는 여기 있고 싶다.

□ 지금 있는 데 남고 싶은 생각이 아주 많다.

□ 불분명(무응답)

Q.3 다음 세 가지 면에서 귀하의 작업집단은 중서부의 다른 작업집단과 어떻게 비교할 수 있다고 보십니까?

	대부분의 다른 직장에 비겨			불분명
	더 낫다	거의 같다	못하다	(무응답)
인간관계	□	□	□	□
사람들의 단결	□	□	□	□
직무상 상호협조	□	□	□	□

4. 대학의 질 지수(Quality-of-College Index)

또 하나의 보기는 미국에서 대학평가를 하기 위해 작성한 대학의 질 지수다(Neuman, 2003 : 193). 우선 지수를 만드는 데 이용한 항목 내지 지표와 각각의 기호는 다음과 같다.

① 교수 1인당 학생 수(R)
② 박사학위 소지교수 비율 : % (F)
③ 학생 1인당 도서관장서 수(B)
④ 끝내 졸업하지 못하고 중도퇴학하는 신입생비율 : %(D)
⑤ 대학원학위과정으로 진입하는 졸업생비율 : %(A)
⑥ 교수 1인당 출판물(저서 및 논문) 수(P)

이들을 모두 합한 값을 Q(대학의 질)를 측정하는 공식은 다음과 같다.

가중치를 적용하지 않은 공식 : $(-1)R+(1)F+(1)B+(-1)D+(1)A+(1)P=Q$
가중치를 적용한 공식 : $(-2)R+(2)F+(1)B+(-3)D+(1)A+(3)P=Q$

다음은 학교의 범주에 따라 공식을 적용, 계산한 지수값의 보기다.

〈아이비 리그 대학〉

가중치비적용 지수값 : $(-1)13+(1)80+(1)334+(-1)14+(1)28+(1)4=419$
가중치적용 지수값 : $(-2)13+(2)80+(1)334+(-3)14+(1)28+(3)4=466$

〈지방대학〉

가중치비적용 지수값 : $(-1)20+(1)82+(1)365+(-1)25+(1)15+(1)2=419$
가중치적용 지수값 : $(-2)20+(2)82+(1)365+(-3)25+(1)15+(3)2=435$

〈대규모 주립대학〉

가중치비적용 지수값: (−1)38+(1)95+(1)380+(−1)48+(1)24+(1)6 = 419

가중치적용 지수값: (−2)38+(2)95+(1)380+(−3)48+(1)24+(3)6 = 392

5. 태도지수의 구성법

끝으로 태도를 측정하는 지수의 구성에서 거쳐야 할 단계와 고려사항들을 간략히 소개하고, 곧 척도구성법으로 넘어간다(Babbie, 1975 : 338-351).

(1) 문항선정

태도지수를 위한 문항의 선정에서 우선 고려할 기준은 그 액면타당성일 것이다. 보기로 정치적 보수성(또는 그 상대개념인 자유주의)을 재는 문항은 읽어 보아서 보수성을 가리킨다는 것이 분명한 문장이어야 할 것이다. 다음은 대부분의 지수나 척도구성에서 강조하는 단일차원성(unidimensionality)을 확보하는 일이다. 정치적 보수성측정에 신앙심 같은 요소가 끼어 들지 않도록 조심한다. 그리고 기술적으로는 그 문항으로 사람들의 보수성의 변차를 최소한도는 가려 낼 수 있어야 한다. 바꾸어 말해서 무작위로 뽑는 응답자들 중 아무도 그 문항을 찬성 또는 반대하지 않는다면, 그 문항은 문제가 있다고 보아야 한다.

(2) 문항간 상관도검토

논리적으로 한 가지 속성(보수성)을 재는 둘 이상의 문항들이라면, 서로의 상관도가 어느 정도 있는 것이 마땅하다. 그래서 여러 개의 문항들을 가지고 검토할 때, 우선은 둘씩의 쌍을 교차시켜서 응답자의 백분비 또는 상관관계계수를 계산해 볼 수 있다. 나아가서는 3개 이상의 문항들끼리 복수로 서로 교차시킴으로써 그 중 어떤 문항은 다른 제 3 의 문항이 개입됨으로써 처음 문항과 2문항 교차시에 나타났던 관계가 사라져 버릴 수도 있음을 판가름해 낸다.

(3) 지수점수화

점수를 매길 때 첫째로 고려할 일은 점수의 범위다. 되도록 정교하게 태도의 정도(강도, intensity)를 재고자 하면, 자세하게 여러 응답지 또는 선택지(response alternatives)를 주어야 하는 게 원칙이다. 단순한 "찬성," "반대," "그렇다," "아니다"는 너무 조잡하다고 볼 수 있다. 하지만 이 때 또 한 가지 유념할 사항은 너무 응답지가 많으면 결과적으로 어떤 극단의 응답에는 소수의 사람들만이 대답할 가능성이 생긴다는 점이다. 특히 이는 표본의 크기와 분석에 포함시킬 다른 관계변수들의 수에 따라 달라진다. 표본은 한정되어 있는데 많은 변수와 교차시켜 관계를 검토해야 할 상황이라면, 처음부터 문항의 응답지를 줄이는 길밖에 없을 것이다.[1)]

다음으로 점수부여과정을 밟는다. 주로 지수작성에 포함한 각 문항에 같은 크기의 점수를 줄 것인지, 아니면 어떤 가중치를 줄 것인지를 결정해야 하는데, 지수에서는 특별한 까닭이 없는 한 같은 점수를 주는 게 실용적이다.

(4) 지수의 타당성검사

지수를 만들었으면 그 지수 자체는 물론 거기에 담은 문항들이 얼마나 타당한지, 즉 재고자 하는 바를 제대로 재는지를 검토해 보아야 한다. 그 한 가지 기법은 이른바 문항분석(item analysis)이다. 문항분석의 논리는 각 문항이 그것을 내포하는 전체지수와 얼마나 상관도가 높은 응답을 얻어 내는지를 판가름하는 것이다. 물론 이를 위해서는 문항들끼리 2개 문항 상관 또는 여러 개 문항의 중다상관도를 계산하는 길도 있지만, 이는 번거로울 뿐더러 논리상 전체 지수값과의 상관도는 그것들을 내포하기 때문에 문항×지수의 상관도로 충분하다.

그러나 이것은 어디까지나 내적 일관성의 판단이고, 다른 외적 기준과 비교하여 타당성을 가리는 기법도 있다. 가령 정치적 보수성의 태도성향을 다루는 문항들로 구성한 지수라면, 보수정당 투표행위 · 정당가입 · 재정적 지원 · 보수적 정책지지도 등의 다른 지표들과도 상관관계를 알아볼 수 있다.

이 두 가지 기준에서 하나는 상관도가 높고 다른 하나에서는 그렇지 못하다면, 어느 기준을 더 중시할지의 문제가 생길 수 있다. 이 때는 전자가 주로 내적 일관성의 기준이라는 점을 감안하면, 역시 외적 타당성의 기준을 중시하는 것이 더 중요하리라는 것이 지금까지의 결론인 것 같다.

---

1) 이것도 분석에서 다시 다루겠지만, 처음에는 응답지를 많이 주더라도 분석단계에서 합쳐야 할 수도 있다.

Ⅲ. 사회적 지표

대략 1960년대부터는 사회의 전체적인 수준에서 삶의 상태가 어떤지를 양적으로 파악하려는 움직임이 활발해지기 시작하였다. 그 하나의 시도가 이른바 사회지표(Social Indicators)의 개발 · 활용이다. 흔히 삶의 질의 지표(Quality of Life Indicators) · 사회상태보고(Social Reporting) · 사회체계계측(Social Systems Accounting) · 사회정보(Social Intelligence) 등의 다양한 이름을 가진 이 사회지표란 한 마디로 통계 · 통계적 계열자료 기타 형식의 증거로서, 정책결정자들이 현실적인 사회의 여러 측면을 살펴보고 특정정책프로그램과 그 사회적 효과를 평가하기 위한 일종의 집약적 측정치들이라고 규정한다. 이와 같은 사회지표들은 전문가나 일반시민으로 하여금 가치 · 목표 · 사회변동의 성격 등과 관련하여 자기네가 사는 사회와 다른 사회들을 좀더 잘 이해하도록 도와 주는 기능을 한다(Miller, 1977 : 267).[2]

여기서 우리 나라의 사회지표에 관한 기본사항을 소개한다(통계청, 2008). 먼저 사회지표의 개념 및 작성목적을 보면, "사회지표란 변화하는 역사적 흐름 속에서 우리가 처해 있는 사회적 상태를 종합적이고 집약적으로 나타냄으로써 사회구성원들의 삶의 질을 전반적으로 파악하고, 사회변화를 포착할 수 있는 척도"로 규정하고, "국민의 삶의 질과 복지정도 및 사회구조의 변화를 파악하여 각종 사회개발정책의 계획수립, 정책결정과 효과측정에 유용한 기초자료를 제공"하는 것을 목적으로 한다.

통계법 제18조의 규정에서 승인한 일반가공통계로서, 본래 1978년에 사회지표체계를 수립하여 8개 부문 350개 지표를 체계화하였다가 이듬해인 1979년에 128개 지표에 의한 "한국의 사회지표"를 처음으로 작성 · 공표한 것이다. 2007년 현재로 13개 부문 총 488개 지표를 수록하고 있다. 기본적인 지표체계는 인구, 가구 · 가족, 소득 · 소비, 노동, 교육, 보건, 주거 · 교통, 정보 · 통신,

2) 미국 사회학자로서 사회지표개발의 초기에 공헌이 큰 Stuart Rice는 이렇게 정의하고 있다(Rice, 1967 : 173). "사회지표라는 도구는 사회의 복잡한 상호연관성의 미로 속에서 길을 찾는 데 긴요하다. 이들은 사회의 상태(states)를 가려 밝혀 주고, 사회의 문제를 규정해 주며, 사회의 추세(trends)를 추적해 준다. 이런 것들을 알게 됨으로써 사회공학(social engineering)을 수단으로 하여 사회적 계획에서 형성하는 사회적 목표를 향해 사회를 이끌어 나아갈 수 있기를 바라는 것이다."

〈그림 9-5〉 지표작성과정의 흐름

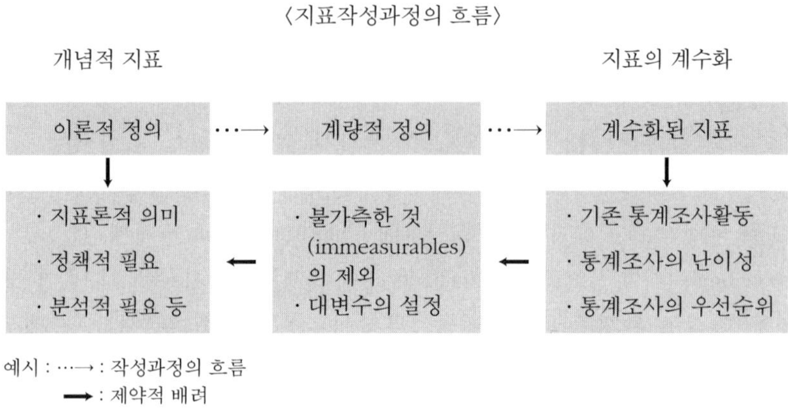

자료 : 주학중 · 김경동(1984 : 109).

환경, 복지, 문화 · 여가, 안전, 정부 · 사회참여의 13개 부문으로 구성하고 있으며, 작성방법은 두 가지다. 하나는 통계청과 각급 통계작성기관에서 작성한 기존 통계자료를 재분류 · 가공하여 지표를 작성하는 것이고, 주관적 의식이나 사회적 관심사에 관한 사항은 통계청이 직접 사회통계조사에 의해 자료를 수집하여 작성한다.

사회지표의 작성과정을 간추려 보면 〈그림 9-5〉와 같다.

그리고 사회지표의 보기로는 각국의 사회지표의 주 항목들을 비교나열한 〈표 9-2〉와 '삶의 질'을 재기 위한 지표들의 예를 모은 〈표 9-3〉을 소개한다. 아울러 근자에 특별한 관심을 모으고 있는 문화지표의 보기로 UNESCO의 시안을 〈표 9-4〉에 제시하고, 그것을 다시 기존의 다른 통계자료와 연계 아래 예시한 우리 나라의 문화지표안의 보기로는 주학중 · 김경동(1984)의 글을 참조하기 바란다.

여기서 한 가지 덧붙이고 싶은 것은 선진공업국에서는 이러한 사회지표를 국가단위에서만 측정하고 활용하는 데 그치지 않고, 주나 시 등 기타 지역단위에서도 개발 · 측정 · 활용하고 있다는 사실이다. 이 점은 우리도 앞으로 깊이 새겨서 본받을 만한 것이라 여겨진다.

〈표 9-2〉 세계 여러 나라의 사회지표 보기(주요 범주에 한함)

한 국	U N	OECD	E C	미 국	영 국	프랑스	독 일	캐나다	일 본
사회지표 2007	System of Social & Demogra-phic statistics	List of Social Concerns 1975	Social-Indicators for the European Community 1977	Social Indicators 1976	Social Trends 1975	Donnees Sociales 1978	Gesell-schaftliche Daten 1977	Perspective Canada Ⅱ 1977	사회지표 1974
1. 인구 2. 가구 · 가족 3. 소득 · 소비 4. 노동 5. 교육 6. 보건 7. 주거 · 교통 8. 정보 · 통신 9. 환경 10. 복지 11. 문화 · 여가 12. 안전 13. 정부 · 사회참여	1. 인구 2. 가족 3. 계층과 이동 4. 소득 · 소비 · 자산 5. 주택 6. 시간과 여가 7. 사회보장 8. 학습과 교육 서비스 9. 근로생활 10. 보험과 의료 11. 공공안전과 범죄	1. 건강 2. 학습을 통한 개인 능력개발 3. 고용과 근로생활의 질 4. 시간과 여가 5. 개인의 경제적 조건 6. 물적환경 7. 사회적 환경 8. 개인의 안전과 법의 집행 9. 사회적 기회에 참여	1. 인구 2. 고용 3. 근로생활 4. 생활수준 5. 사회보장 6. 건강 7. 교육 8. 주택	1. 인구 2. 가족 3. 주택 4. 사회 보장 5. 건강 · 영양 6. 공안 7. 교육 8. 고용 9. 소득 · 자산 · 소비 10. 문화 · 여가 11. 사회이동 · 참여	1. 인구 2. 가족 · 가계 3. 고용 4. 여가 5. 개인소득 · 자산 6. 개인 지출 7. 보건 8. 교육 9. 주택 10. 공안 11. 사법 · 법률 12. 공공 지출 13. 국제 비교	1. 인구 · 건강 · 교육훈련 2. 직업활동 · 근로조건 3. 개인적 부담에 의한충족 4. 사회적 부담에 의한충족 5. 사회적 적응 · 문화 활동 6. 기타(여성과 가족)	1. 인구 2. 건강 3. 교육 4. 과학 · 연구 개발 5. 고용 6. 노동시간 · 여가 7. 소득 · 소비 8. 자연 환경 9. 사회적 환경 10. 사회 참여 11. 사법 12. 재정	1. 인구 2. 가족 3. 노후 생활 4. 건강 5. 교육 6. 고용 7. 여가 8. 소비 9. 도시 문제 10. 환경 11. 주택 12. 언어 13. 토착민 14. 범죄와 공정	1. 건강 2. 교육 · 학습 · 문화 3. 고용과 근로생활의 질 4. 여가 5. 소득 · 소비 6. 물적 환경 7. 범죄와 법의집행 8. 가족 9. 커뮤니티생활의 질 10. 계층과 사회이동

자료 : 國民生活審議會生活の質委員會(1979 : 15); 경제기획원(1980 : 27); 통계청(2008).

〈표 9-3〉 삶의 질의 지표를 위한 요인들의 보기

미국환경청 EPA(1972)	Perloff (1969)	Moss (1968)	지역공동체 및 환경 평가위원회(1972)
(개인수준)			개 인 불만 · 과거경력 · 미래의 삶 · 인구학적 특성 · 노동력 · 지역공동체참여 · 지위기대 · 조직생활 가 족 지위불일치 사회경제적 지위 생애경로유형 사용가능소득 소비 · 부의 수준
(국가수준) 경제적 환경 일의 만족도 소 득 소득분배 경제적 안정	직 장 안전도 복지시설 일의 자극	복지혜택 공공부조 · 구조 실 업 노후 · 은퇴 신체장애 · 연금	경 제 경기지표 지역공동체평균소득 결근 · 이직률 · 소매 · 생계 · 실업 수요와 공급
정치적 환경 유권자의 정보수준 민 권 선거참여 기타 참여 정부의 여론민감도		정 부 행정일반 국제적 사건 재정조건	정치/정부 정부 일의 쟁점화 권력의 개방성 공중에 대한 민감성 정부재정
물리적 환경 주 택 교 통 상품의 질 공공서비스 심미성	주거·교통·통신 주거상태(주택조건 · 밀도, 쥐 · 벌레 등, 배관상태 · 시설) 교통 · 공공시설(상하수도 · 쓰레기 · 전기 · 가스 · 전화) 기 타 통 신	주택 · 물리적 환경 주거상태(재개발 · 공영주택) 물리적 환경(도로 · 수도 · 공공시설)	주 거 형태 · 주거안정도 밀 도 주택공급

사회적 환경	지역공동체근린	행정규제 · 안전도	사회/문화
지역공동체	집단	여가와 오락	사회적 무질서
사회적 안정	지역공동체특성	문 화	가치합의도
문 화	서비스환경	국 방	사회적 헌신몰입도
신체안전도		인간자원개발	(연좌감)
가 족		교 육	통신 · 의사소통
사회화		보 건	
여가 · 오락			인 구
			출생률
보건 · 건강			사망률
신체적 건강			인구이동
정신적 건강			
영양상태			
자연환경	자연환경	주거환경	자연환경
공기의 질	야외 레크리에이션	대 기	오염 · 공해
물의 질	공 기	자연보호	기상조건
핵물질	수 질	자원개발	자연자원
쓰레기	소음 없는 지대		
중 독	태양노출도		
소 음	냄 새		
	국부적 기상		
	공간적 환경		
	지하공간		
	미개척토지		
	개척토지		
	공중공간		

자료 : EPA(1973 : Ⅰ-46ff.).

〈표 9-4〉 UNESCO 문화지표의 체계(시안)

종 류	분 류
0. 문화적 유산	0.1 역사적 기념물유적
	0.2 기록보관소
	0.3 박물관
	0.4 고고학적 발굴
	0.5 공공의 보호를 받는 다른 형태의 문화적 유산

	0.6	문화적 유산의 보존과 목록작성에 필요한 부수적 활동
1. 인쇄물 및 문예	1.1	문예창작
	1.2	도서출판
	1.3	정기간행물 및 신문 · 출판
	1.4	도서 · 정기간행물 및 신문의 보급 및 마케팅
	1.5	도서관
	1.6	문예생산 및 인쇄에 필요한 부수적 활동
2. 음 악	2.1	음악창작
	2.2	음악공연
	2.3	오페라공연
	2.4	악보출판
	2.5	음반출판
	2.6	악보 및 음반의 생산 및 마케팅
	2.7	악기의 생산 및 마케팅
	2.8	음악재생 및 녹음기기의 생산 및 마케팅
	2.9	음악의 창작 및 생산에 부수되는 활동
3. 무대예술	3.1	무대예술의 창작
	3.2	연극공연
	3.3	무용공연
	3.4	기타의 무대공연(서커스 · 음악당 · 캬바레 · 쇼 등)
	3.5	무대공연에 필요한 부수활동
4. 조형예술(plastic arts)	4.1	시각예술의 창작
	4.2	시각예술품의 생산과 출판
	4.3	시각예술품의 전시
	4.4	시각예술품의 보급과 마케팅
	4.5	시각예술의 창작과 출판에 필요한 부수활동
5. 영화 및 사진	5.1	극화의 창작
	5.2	영화배급
	5.3	상 영
	5.4	사 진
	5.5	영화 및 사진예술에 필요한 부수활동
6. 방 송	6.1	라디오
	6.2	T V
	6.3	기타 방송에 필요한 활동

7. 사회문화적 활동	7.1	사회문화적 발의와 지역문화센터
	7.2	공공 및 전문협회
	7.3	기타의 사회문화적 활동(종교 및 신앙과 관련된 의식과 사회기능)
	7.4	기타 사회문화활동에 필요한 활동
8. 스포츠와 게임	8.1	스포츠기구의 생산, 경기장 및 다른 시설의 건설과 유지
	8.2	경기활동 및 스포츠협회
9. 자연과 환경	9.1	식물군 및 동물군의 보호와 관련된 활동
	9.2	자연과 환경에 관련된 여가선용활동

자료 : Harold Horowitz, "The UNESCO Framework for Cultural Statistics," UNESCO, 1983 (unpublished paper).

〈참 고〉 문화활동의 기능적 구분

① 창작과 생산
② 전달과 보급
③ 수용과 소비
④ 보호와 기록
⑤ 참 여

위의 사회지표도 그렇지만, 삶의 질의 지표는 더더구나 순전히 객관적인 통계치들이나 지수들로만 표상하기 어려운 주관적인 측면이 있다는 점을 강조하는 것이 특색이다. 그것은 단순히 '좋은 삶'(good life)이 "무엇을 갖는다"(having)에 그치지 않고 '존재양식'(being) 자체와 더불어 '사랑'(loving)이라는 주관적 요소까지 개입하며, 국가적 · 사회적 '복지'뿐 아니라 개인의 '행복'추구와도 관련 있기 때문이다(김경동, 1970; Shin, 1981; Lee, Kim, and Shin, 1982 : 301; Szalai and Andrews, 1980).

물론 삶의 질의 객관적 지표들은 대체로 다른 일반적 사회지표들과 비슷한 범주를 지니고 비슷한 통계치들을 이용한다. 그러나 주관적인 지표는 그 나름의 측정틀이 필요하다. 이를 위해서 개발한 개념틀을 보기로 들면 〈그림 9-6〉과 같은 것이 있다(Shin, 1981 : 13).

그것이 사회지표든, 삶의 질을 측정하는 지표 또는 객관적인 지표든, 주관적인 것이든 늘 염두에 두어야 할 것은 그것들이 과연 우리가 측정하려는 사

〈그림 9-6〉 삶의 질 측정전략

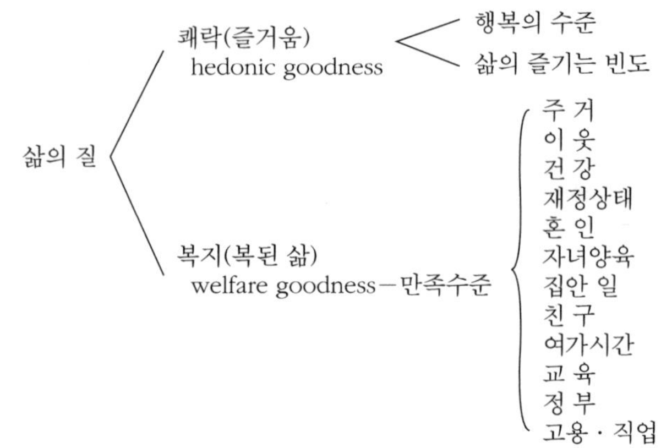

자료 : Shin(1981 : 13); Lee, Kim and Shin(1982).

상들을 제대로 재는 지시자노릇을 하는 타당성 있는 측정수단인지를 살펴보는 일이다. 또한 기존의 자료들에 의존할 때는 그것들이 과연 믿을 만한 절차를 밟아 수집한 것인지를 평가해서 쓸 필요가 있다.

주요 개념들

측 정	변 수	유질동상
조작적 정의	분 류	범주화
상호배타성	포괄성	이행성원리
연속적 변수	명명적 측정	명목척도
재귀성	불연속적 변수	대칭성
서열적 측정과 척도	순 위	비재귀성
비대칭성	순위값(점수)	동간적 측정과 척도
단 위	전환성	대치성
조합성	비율적 측정과 척도	절대영
자연적인 영	측정수준	측정수단의 작성
개념의 특정화	지 표	지시자

지 수	척 도	속성공간
복합측정치	경험적 상응성	물가지수
가격상대치	연계상대치	사회경제적 지위지수
집단응집력지수	액면타당성	단일차원성
문항분석	사회지표	삶의 질의 지표
문화지표		

생각해 볼 문제들

1. 측정이란 무엇을 하는 과정인가?
2. 측정의 수준에 따른 척도의 종류를 서로 비교해 보자.
3. 측정수단을 작성하는 절차와 유의사항을 살펴보자.
4. 지수의 뜻과 종류를 생각해 보고, 실지로 지수를 만들어 보자.
5. 사회지표의 뜻과 용도를 검토해 보자.

제10장 측정과 척도(Ⅱ)—척도구성의 원리와 기법

앞서 척도와 지수를 구별하여 지수값은 몇 개의 지표들을 단순히 묶어 그 점수를 얻는 것인 데 비해, 척도는 그 지표들이 이루는 어떤 유형 또는 내적 구조를 중시하고, 따라서 점수화의 방법도 단순한 덧셈이 아니라 일종의 누가적 점수를 얻는 절차를 밟는 것이라고 했다. 엄격하게 말해서 몇 개의 지표 또는 응답문항들이 척도를 형성하자면, 그것들 사이에 일정한 서열적 위계를 가정하는 게 옳다는 것이다(Babbie, 1975 : 336-338; McGaw and Watson, 1976 : 224). 그러나 현실적으로는 이런 구분이 모호한 가운데 지수와 척도를 가끔 혼용하고 있으며, 특히 지금까지 사회조사연구에서 개발한 많은 척도들이 실제로는 지수의 성격을 띠고 있음을 알 수 있다. 그러므로 여기에서는 일반적 관행을 좇아 넓은 뜻의 척도구성법들을 간추려 소개하기로 한다.

또 한 가지 새겨 둘 일은 흔히 지수는 주로 어떤 객관적 현상의 속성을 측정하는 도구로 쓰이는 데 비하여, 척도는 태도를 재기 위한 수단이라는 생각을 얼른 하기 쉽다. 이것도 사회조사연구나 사회과학적 기법의 전통 · 관행에서 생긴 인상에 지나지 않는다. 위에서 잠시 언급한 대로 지수도 태도의 측정에 활용할 수 있음은 물론이고, 이제 살펴볼 갖가지 척도도 태도 이외의 구체적 · 객관적 사회현상의 특성들을 재는 데 이용한다. 이를 예시하기 위하여 〈참고자료 10-1〉을 제시한다.

그런데 척도의 구체적인 보기들을 소개하려 할 때 당면하는 어려움이 있다. 그것은 지금까지 개발한 수많은 기법들 가운데 어떤 것을 골라 소개하느냐 하는 문제와 또 그것들을 어떤 원칙에 따라 구분하고 차례를 정하는가 하는 의문이다. 사람마다 그 기준이 다르기 때문이다. 따라서 여기에서는 주로 기법

〈참고자료 10-1〉 사회과학적 척도의 보기들

1. 미국사회학회지(ASR)에서 활용한 척도들의 종류(1965-1974)

〈척도의 측정내용〉	〈종 류〉 (1965-1968)	(1969-1974)
사회경제적 지위(또는 지수)	6	16
집단구조와 역학	4	23
지역공동체요인	2	12
사회참여와 소외	16	24
리더십	3	2
태도와 가치의식	17	33
가족과 혼인요인	5	8
퍼스낼리티요인	7	8
지능과 성취	2	10
동일시(indentification)	3	5
기 타	7	7
계	72	148

2. 미시간대학 사회조사연구소 직업 · 정치 및 사회심리척도의 종류

척도	수
A. 직업관계	
직무만족도척도(일반)	13
특정직업의 만족도	5
특정직무의 측면, 성격만족도	8
직무만족과 관련 있는 요인들(소외 · 일의 뜻)	8
직업가치의식	7
리더십 스타일	9
기타 일과 관련 있는 태도	10
직업관심도	4
직업지위	8
지위불일치	?
직업분류	5
B. 정치적 태도	
자유주의—보수성	17
민주적 원리	6
국내정책	5
인종 · 민족에 대한 태도	13
국제문제	12

적대감정과 관련 있는 국민태도	11
지역공동체 관련 정치적 태도	6
정치적 정보	4
정치참여	7
정치과정	14
C. 사회심리적 태도	
자아존중심(평가)과 관련 개념척도	31
내적-외적 통제의 척도	8
소외와 아노미아	14
권위주의 · 독단주의 기타 관련척도	27
기타 사회정치적 태도	7
가치의식	12
사람들에 대한 일반적 태도	7
종교적 태도	17

자료 : Miller(1977 : 418-454).

을 중심으로 구분 · 소개하려고 한다. 그에 앞서 잠시 척도에 관한 기본사항 몇 가지만 살펴보겠다.

제 1 절 척도의 필요성과 기능

지표도 대체로 마찬가지겠지만, 그보다 기술적으로 좀더 복합적이고 다양한 기법을 요하는 척도는 이용하는 이유, 추구하는 목표 또는 수행하는 기능이 있다(Selltiz *et al.*, 1976 : 400-403; Orenstein and Phillips, 1978 : 258-260).

첫째, 무엇보다도 복합적인 자료를 가지고 분석하기 쉬운 단순한 측정치로 요약하는 목적으로 척도구성을 한다. 가령 '정치적 효능'(political efficacy)이라는 개념을 변수화하여 그 정도를 측정하고, 다른 변수들과 상관성을 분석한다고 하자. 이 개념의 요체는 개인인 시민 각자가 정부나 정책수립과정에 얼마만한 영향을 미칠 힘이 있는지의 여부 또는 느낌과 관계가 있다. 이것을 재기 위하여 생각해 낼 수 있는 지표나 질문용 문항들은 무수할 터인데, 만일 그것들을 개별적으로 다 정치적 효능의 지표(측정치)로 인정하여 어떤 가설을 검증하려면, 분석이 번거롭기 그지없을 것이다. 자료의 요약(집약)이라는 뜻은 그 개별 문항(지표)들을 일정한 규준에 따라 한데 묶어서 간추린 하나의 값을 가지고 주어진 현상을 측정할 수 있게 해 준다는 말이다.

둘째, 이와 관련해서 척도의 단일차원성(unidimensionality)을 생각해 볼 수 있다. 연구자가 여러 개의 문항(변수 · 지표)들을 가지고 주어진 현상의 어떤 속성을 측정할 때, 사실은 그 다양한 문항들이 각각 서로 다른 차원을 측정하는 게 아니라 동일한 차원을 재고 있음을 확인하려 할 수 있다. 이처럼 여러 개의 지표들을 조합하면 결국 하나의 차원을 다루는 한 개의 척도를 형성하는지를 살펴보기 위해서도 척도법을 쓴다. 이것을 척도의 단일차원성확보라 한다.

셋째, 측정치 또는 측정수단의 오류(오차)를 줄이고, 그 타당성과 신뢰도를 높이는 하나의 기법이 곧 척도법이다. 여기서는 그러한 오류의 세 가지 측면을 생각해 볼 수 있다.

1) 단일문항(지표)의 불안정성문제가 그 첫째다. 특히 문항에 대한 응답의 불안정성을 말한다. 한 문항만을 가지고 어떤 변수의 지표로 삼았는데, 만일 그에 대한 응답이 여러 가지 이유로 잘못된 것이라면, 결국 그 하나만 믿고 그 대답을 참 대답인 양 자료를 삼아야 할 것이다. 그러므로 적어도 둘 이상의 질문문항을 준다면, 어느 한 쪽에 오류가 아닌 대답이 주어질 확률은 그만큼 높아진다. 더군다나 단일차원성을 요구하는 한 척도법을 이용하여 그 둘 이상의 문항에 대한 응답의 일관성 내지 안정성을 검출할 수 있다.

2) 또 만일 질문의 언어구사가 좋지 않다거나 편의된 질문을 던지게 된다면, 상당수의 응답자들을 엉뚱하게 분류할 소지가 크다. 그러므로 적어도 여러 개의 문항을 확보하고 있으면, 이런 부정적 효과를 줄일 수 있다.

3) 그리고 단일지표의 범위(scope)는 그것으로 재려는 개념의 범위와 서로 걸맞지 않을 수도 있다. 대부분의 사회과학적 개념이 복합적인 점을 감안하면, 하나의 지표 · 질문으로 그런 개념을 잰다는 일은 거의 불가능하다. 그렇다고 몇 개의 문항이나 지표가 있어야 최소한도 바람직스러우며, 최적한 것인지를 가늠하기란 쉬운 일이 아님은 물론이다.

그러면 이제 척도구성법의 대표적인 것들을 골라 정리한다(Goode and Hatt, 1952; Selltiz 외, 1976; Frankfort-Nachmias and Nachmias, 2000 : 422-430; Neuman, 2003 : 195-207). 다만, 어떤 특정척도의 측정수준에 관해서는 학자들마다 서로 견해가 다르므로, 이에 대한 주석은 따로 붙이겠다. 대체로 사회과학의 척도들이 기껏해야 동간척도 내지 유사동간척도에 그치고, 엄격한 기준에서 볼 때 대개 서열척도로 규정하는 것이 타당할지도 모른다는 점만 지적해 둔다.

제 2 절 평정법에 의한 척도구성

대체로 가장 흔히 이용하는 척도구성법은 평정척도법(rating scales)이라고 하는 것이다.[1] 이는 조사연구자 자신이든, 응답자든 어떤 평정자(rater)가 있어서 주어진 대상 · 인물 · 문장 같은 것들을 일정한 연속선(continuum)상의 한 점, 또는 몇 개의 의미 있게 배열한 범주들 가운데 하나에 위취시킴으로써 평정자의 의견 · 태도를 밝히든가, 대상의 속성을 평정하는 접근법이다. 이렇게 자리를 정한 다음 각각의 점 또는 범주에 일정한 규칙에 따른 점수(값)를 매기게 되고, 여러 개의 항목들이 있으면 각 항목의 값을 합쳐서 척도의 값으로 쓰기도 한다. 그 구체적 기법 중 몇 가지 기본적인 것만 소개한다(Selltiz *et al.*, 1976 : 403-412).

Ⅰ. 그림에 의한 평정

자주 쓰는 방식은 직선을 옆으로 긋고, 그 위에다 0에서 9라든가, 1에서 10 또 그 밖의 일정단위의 간격을 수치로 표시하고, 중간 중간에 약간의 해설을 붙이기도 해서 평정자(judge라고도 함)로 하여금 주어진 대상의 위치 또는 태도의 정도를 ○ · × 혹은 ∨표로 표시하도록 하는 방법이다. 이것들을 그 대상 · 평정자 · 내용, 그리고 그림척도의 종류에 따라 몇 가지 보기만 제시한다(〈그림 10-1〉 참조).

물론 가장 간단한 방법은 사닥다리 모양의 그림을 보여 주고 평정하게 하는 방법이다. 그 보기는 〈그림 10-2〉에 예시한다.

---

1) rating을 평급이라고도 한다(이만갑 외, 1982).

〈그림 10-1〉 그림평정척도의 보기

〈평정자〉	〈대 상〉	〈그 림〉
응답자	조직체의 리더십 (감독자의 부하신임도 평정)	부하를 전적으로 불신한다 / 신임하되 하인에게 처럼 하대한다 / 상당히 믿으나 결정권은 주지 않는다 / 완전히 믿는다
응답자	민주주의 정치체제에 대한 자신의 신념	1 2 3 4 5 6 강한 신념 (문제·위기에도 불구 끈질긴 믿음) / 유보적 신념 (지나친 대중의 권리남용주의·민주적 과정 중시) / 신념결여 (허약하고 비능률적이고 위험한 체제)
조사자	관찰대상의 공격성	0 1 2 3 4 5 6 7 8 9 10 공격성 없음 / 공격성 중간정도 / 공격성 매우 강함
교 수 (상사)	학생(부하)의 능력평정	0 50 100 무능 / 유능

〈그림 10-2〉 그림에 의한 평정법 보기

〈온도계평정법〉
(심리적 온화감정도)

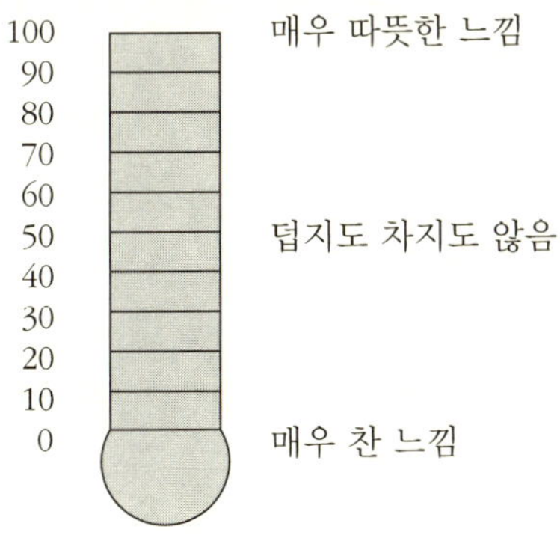

〈사닥다라 평정법〉
(주관적 사회계층소속감)

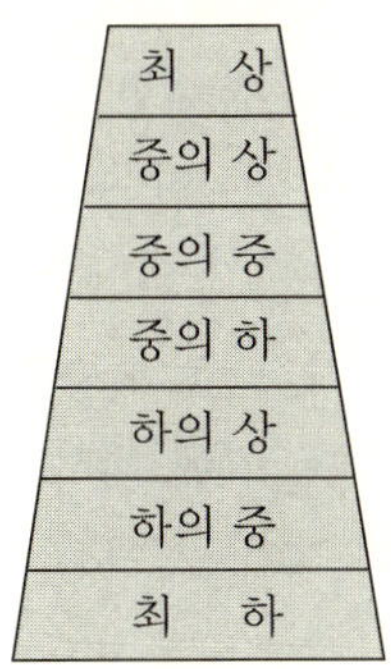

〈그림 10-3〉 문항평정법에 의한 척도

문 여성의 직장생활에 관한 다음의 진술들을 읽고, 그 중 귀하의 생각에 가장 가까운 문장이 위치한 번호에 ○표를 해 주십시오. 아니면 아래의 (1) · (2) 중에서 해당하는 것이 있으면 ○표해 주십시요

여성은 혼인에 관계 없이 직장을 가져서는 안 된다		미혼여성이면 직장에 나가도 괜찮다		자녀만 없으면 기혼여성이라도 직장에 나갈 수 있다		자녀가 장성한 여성이면 직장에 나가도 좋다		자녀의 나이에 관계 없이 기혼여성이라도 직장생활을 할 수 있다
1	2	3	4	5	6	7	8	9

(1) 여성의 직장생활에 대해 생각해 본 일이 없어 무관심이다
(2) 여성과 직장을 혼인과 자녀와 관련해서 생각해 본 일이 없다. 여성도 한 인간으로 간주하면 그만이다

Ⅱ. 문항(항목) 평정법

문항(항목) 평정법(itemized rating)이란 특정범주척도(specified category scales) 또는 수치척도(numerical scales)라고도 하는데, 그림을 쓰지 않고 어떤 태도를 나타내는 문장(문항) 또는 어떤 속성을 나타내는 항목들을 그 정도에 따라 범주별로 제시하고, 그 중에서 가장 응답자의 태도에 가까운 문항 또는 평점자가 보기에 대상의 속성에 가장 걸맞은 것을 고르게 하는 방법이다. 여기서도 각각의 문항(항목)에 대한 평점을 따로 하게 하는 방법을 병행할 수 있다.

예컨대 정치적 보수성에 관한 태도를 측정하기 위한 척도라고 하자. 우선 가장 보수성을 강하게 드러낸다고 할 수 있는 문장(행위나 제도, 의견 등을 담은)에서부터 가장 덜 보수적인(혹은 자유주의적인) 것에 이르는 여러(n) 개의 문항들을 만든다. 이에 대하여 각각 5 · 7 · 9 또는 11개의 응답지에 대답하게 하며, 나아가서는 그 n개의 문항들 가운데 자신의 생각과 가장 가까운 것 하나만(또는 m개)을 고르도록 하는 절차를 밟는다.

Ⅲ. 비교평정법

위에서는 어떤 내적인 정도의 기준에 따라 대상(태도)을 평정하게 하는 방법인 데 비해, 비교평정법(comparative rating)에서는 비교할 기준을 따로 제시하고, 그에 따른 평정을 한다. 이는 그림척도로 할 수도 있고, 문항척도로 할 수도 있다.

대표적인 보기는 대학에 추천서를 쓰는 양식이다. 외국의 추천서에 보면 추천하고자 하는 학생(졸업생)이 자기가 속한 학년이나 학과의 전학생 · 재학생 등과 비교했을 때, 최고 5% · 10% · 25% · 50% · 75% 등에 속하는지를 표시하도록 되어 있다. 물론 그 평정내용은 전반적인 학업성취능력을 비롯하여 연구능력, 학문에 대한 헌신몰입도, 인화관계 등등이다.

Ⅳ. 자아평정법

한 가지 변형은 응답자 혹은 평정자 스스로가 자신을 대상으로 삼아 평정하게 하는 자아평정법(self-rating)이다. 자아정박척도(self-anchoring scale)라고도 하는 이 절차는 자신의 태도도 평정하게 하지만 자신이 느끼는 삶의 질의 정도(보기 및 〈그림 10-2〉의 사닥다리)라든가, 자기가 소속한다고 믿는 사회경제적 지위의 위치 같은 것을 평정시키는 데 자주 쓰인다. 그 형식은 그림을 쓰기도 하고, 단순한 언어적 평정척도로 나타내기도 한다.

Ⅴ. 평정법에서 유의할 점

평정법이란 사람들의 주관적 판단에 의지해야 하는 것이므로 갖가지 편의가 계통적으로 또는 우연히 개입할 소지가 크다. 그 중 대표적인 것만 지적하면 다음과 같다.

첫째는 후광효과(the halo effect)다. 가령 어떤 사람의 특성에 대한 평가를 하라고 할 때, 평정해야 할 특징이 둘 이상이면 평정자가 가진 가장 강력한 인상 또는 첫인상을 중시해서 나머지 특성도 그와 일관되게 평가하려는 성향을 이른다. 다시 말하면 주어진 대상의 일반화된 평가 또는 평가의 일관성의 오류가 생길 수 있다는 말이다.

둘째는 관용오류(the generosity error)다. 추천서를 쓰는 사람의 보기에서처럼 대상의 좋은 점을 과장해서 평정하게 되는 성향이다.

셋째는 대조오류(the contrast error)라는 것은 평정자 자신의 특성과 반대 또는 대조되는 특질을 상대방에게서 찾아 내어 그것을 부각시키려는 경향을 말한다.

넷째는 같은 평정척도라도 평정하는 사람마다 거기에 쓰인 말들을 해석하는 준거틀(frame of reference)이 달라서 대답의 안정성 또는 신뢰성에 영향을 줄 수 있다. 가령 자기 일(직무)에 "매우 만족한다"는 말에서 '매우'·'만족'의 뜻을 사람에 따라 다르게 풀이할 수 있는 것이다.

이런 종류의 신뢰성의 문제를 어느 정도 극복하기 위해서는 ① 평정하는 특성을 분명히 규정하고, ② 누구를 준거집단으로 삼아 대상을 평정할지를 명시하며, ③ 척도의 범주에는 가능하면 응답의 보기를 구체적 행위·내용 등에 따라 보여 줌으로써 평정기준이 분명하도록 할 것이다. ④ 그리고 평정척도에서는 평정기준의 점 또는 범주의 수를 얼마로 할지가 늘 문제다. 이에 관해서는 일차적으로 연구자가 원하는 측정의 분화정도가 기준이 되겠지만, 그 밖에도 평정자의 판별력, 평정대상속성의 특징, 평정조건 등을 고려해야 한다. 무엇보다 가장 중요한 것은 평정자의 능력인데, 응답자 스스로 평정할 때는 조사연구자가 이를 통제할 길이 없지만, 조사자가 평정자가 되는 상황이면 평정훈련이 중요하다.

그러면 이제부터 척도구성의 구체적인 방법들을 소개하기로 한다. 실제로 대다수의 척도는 일종의 평정법을 활용한다는 점을 미리 밝혀 둔다. 그리고 척도란 응답자를 어떤 속성의 점수로써 구별 또는 판별하고자 하는 측정수단인데, 이를 성취하기 위한 구체적 기법에는 다음의 몇 가지 기본적 접근이 있다(Selltiz *et al.*, 1976 : 413).

첫째는 응답자가 여러 문항들 가운데서 자신의 속성·의견과 걸맞은(또는 정반대되는) 한두 개만을 고르면, 문항들 자체가 일종의 단일차원적 등급을 이루고 있어서 응답자의 위치도 저절로 알 수 있는 이른바 차별척도(differential scales)다.

둘째는 각개의 문항에 대한 찬반 등의 평정을 하게 하고, 각 문항의 점수를 단순히 합치는 총화척도(summated scales)다.

셋째는 문항들 자체가 일종의 서열을 이루게끔 작성해서 모든 문항에 호의적으로 응답한 사람은 몇 개의 문항에 호의적인 사람 또는 모든 문항에 비호의적인 사람에 비겨 척도점수가 높도록 하는 사례다. 이는 흔히 누적척도(cumulative scales)라 한다. 그 밖에도 몇 가지의 변형이 있으므로 이들도 소개할 것이다.

제 3 절 차별척도의 보기 — Thurstone 척도

엄격하게 따지면 사회조사연구에서 쓰는 척도들이 어떤 개인의 심리적 속성을 재든, 아니면 객관적 현상의 특징을 측정하든 성질상 서열척도의 수준을 넘지 못한다는 것이 일반적인 의견이다. 그런데 통계처리를 위해서는 실질적으로 동간적 특성을 요할 때가 있다. 따라서 그 속성의 특질과는 상관없이 척도구성의 기술적인 차원에서 동간척도를 만드는 절차를 밟아서라도 그 측정의 동간성을 확보하려는 노력을 하게 된다. 그 대표적인 보기가 Thurstone의 척도다. 그의 척도구성절차는 사실 세 가지 변형으로 나타나는데, 여기에는 한 가지만 살펴보기로 한다.[2)]

Thurstone 척도 중 가장 흔히 이용하는 것이 이른바 유사동간법(혹은 등현등간법 : the method of equal-appearing intervals)이다. 기본적으로 차별척도법은 평가자들(judges)이 순위를 매기든지, 또는 평정행위를 해서 만든 여러 개의 문항들로 척도를 구성하는 방법이다. 여기에는 요령만 소개하겠다(Selltiz *et al.*, 1976 : 414-417; Smith, 1975 : 141-147; Lin, 1976 : 189-192; Miller, 1977 : 88; 이만갑 외, 1982 : 241-246; Neuman, 2003 : 199-202).

---

2) Thurstone의 척도법에는 유사동간법 · 조합비교법 및 계기동간법(successive intervals) 등이 있다(Selltiz *et al.*, 1976 : 414). Thurstone의 원전은 번거로움을 피하기 위해 여기서는 하나만 소개하고, 위의 2차 자료를 참조바란다. Thurstone and Chave(1929).

Ⅰ. 절 차

Thurstone의 유사동간법에 의한 척도구성은 요컨대 다음의 절차를 밟는다.

1) 연구하려는 태도와 관련 있다고 생각하는 문장 또는 진술들을 수백 개 정도 우선 만든다.

2) 다수(50-300명)의 평가자들이 이들 문장들을 11개 점수 또는 범주로 나눈다. 이 11개 범주는 대체로 가장 호의적인 것에서 중립적인 것, 그리고 가장 비호의적인 것에 이르는 일종의 평정척도다.[3)]

3) 이들 평가자 개개인이 분류하여 위치한 점(범주)을 각 문장의 점수로 간주하고, 평가자들의 수로 평균한 중위수를 각 문장의 척도값(scale value)으로 삼는다.

4) 점수분포가 지나치게 분산된 문장들은 원칙적으로 태도가 불분명한 것으로 치부하여 이를 채택하지 않는다.

5) 남은 문항(문장)들 가운데서 태도의 한 극단에서 다른 극단에 고르게 분포되도록 문장들을 선정하여 이들로써 태도척도를 삼는다.

Ⅱ. 보기와 용도

Thurstone 척도의 보기로 사형제도에 관한 사람들의 의견(태도)을 측정하는 척도를 예시한다(Neuman, 2003 : 202).

제 1 단계 : 개인경험, 전문서적과 일반문헌 및 사람들의 대화 등을 참고하여 사형제도에 관한 진술(문장) 120개를 작성한다.

그런 진술에 해당하는 문장 몇 가지만 소개한다.

1) 사형은 잔인하고 불필요한 형벌이라고 생각한다.

2) 사형제도가 없으면 난폭한 범죄가 더 많이 발생할 것이다.

3) 사형은 아주 극단적으로 난폭한 소수의 범죄에만 적용해야 한다고 생각한다.

4) 어느 누구도 사형에 대한 두려움 때문에 살인죄를 범하지 않게 되었다

---

3) 그런데 이 11개의 범주로 분류하는 일이 일종의 순위를 매기는 작업이라고 해서 이것이 평정(평급)이 아니라 평위(ranking)라고 규정하기도 하고, 따라서 이를 평위척도라고도 일컫는다(이만갑 외, 1982 : 244).

고 생각하지 않는다.

5) 정신이상이 있는 사람이라도 살인을 저질렀으면 사형에서 면제받아서는 안 된다고 생각한다.

6) 나는 성경이 사형의 적용을 정당화한다고 믿는다.

7) 나는 사형 자체가 문제가 아니라 전기충격으로 사형을 집행하는 것이 잔인한 방법이라고 생각한다.

제 2 단계 : 이 120개 진술을 각각 나누어 하나씩 카드나 빈 종이에 인쇄한 것을 100장 준비한다.

제 3 단계 : 평정자가 되기로 동의하는 사람 100명을 물색한다. 이들에게 120개 진술을 인쇄한 카드를 나누어 주고, 이들을 11개의 무더기(응답군)에다 분류하도록 주문한다. 이 때 1번 무더기는 "매우 부정적이다"로부터 시작해서 점차 긍정적 태도로 이동하여 11번째 무더기가 "가장 호의적이다"임을 일러준다.

제 4 단계 : 평정자들은 각자 각각의 문장(진술)을 담은 카드를 11개의 무더기에다 분류한다(예 : 1번 평정자는 1번 진술을 2번째 무더기에다 분류하고, 2번 평정자는 같은 1번 진술을 1번 무더기에다 분류하며, 3번 평정자는 역시 같은 1번 문장을 2번 무더기에다 분류하고, 4번 평정자는 또 같은 1번 문장을 3번 무더기에 분류한다).

제 5 단계 : 평정자들이 각기 분류한 무더기의 진술들을 수거하여 그들의 응답을 요약하는 집계표를 작성한다(아래의 집계표예시 참조).

〈표 10-1〉 집계표 11개 응답군에 네 개의 진술을 분류한 평정자(100명)의 빈도수

	가장 부정적			중간정도				가장 긍정적				
진술	1	2	3	4	5	6	7	8	9	10	11	합계
1	23	60	12	5	0	0	0	0	0	0	0	100
2	0	0	0	0	2	12	18	41	19	8	0	100
3	2	8	7	13	31	19	12	6	2	0	0	100
4	9	11	62	10	4	4	4	0	0	0	0	100

제 6 단계 : 평정자들의 평정점수의 평균과 합의의 정도를 측정한다. 가령 위의 집계표에 선정한 1번 문장의 평균은 약 2점에 해당한다. 2점 무더기에 분류한 평점자의 수가 무려 60명이나 되고, 다른 응답군에 분산정도가 미미해서 합의정도 또한 높으니까 그런 것이다. 3번 진술의 평균은 약 5점인데, 이 문장

에 대해서는 응답군의 분산이 심해서 평정자들 사이의 합의는 낮은 편이다.

제 7 단계 : 최종적으로 사형제도에 대한 의견측정을 위한 척도에다 포함시킬 문장 20개를 선별한다. 이 때 주의할 것은 가장 합의도가 높은 진술들 중에서 고르되, 반드시 가장 비우호적인 진술에서 가장 긍정적인 문장에 이르는 11개 응답군에 대체로 골고루 분포하도록 선정해야 한다는 것이다.

제 8 단계 : 이제 골라 낸 20개 문항으로 만든 척도를 연구대상자들(또는 그들의 표본)에게 나누어 주고, 각각의 문장에 대한 그들의 찬반의견을 물어서 사형제도에 대한 의견을 측정한다.

지금까지 Thurstone 척도법은 전쟁 · 교회 · 사형제도 · 중국인 · 흑인 · 백인 기타 사회의 여러 제도 등에 대한 태도의 측정에 활용해 왔다.

Ⅲ. 문 제 점

이 척도법은 문항 사이의 간격이 같도록 하는 절차를 밟는다는 뜻에서 대체로 그 척도의 동간성을 인정받고는 있지만, 몇 가지 문제점은 있다.

첫째는 평가자의 문제다. 처음 문장들을 분류하는 평가자들의 성격에 따라 그 분포가 달라질 수 있기 때문이다. 따라서 조사연구자는 앞으로 연구할 대상들을 감안하여 이들을 대표할 만한 평가자들을 고를 수 있어야 할 것이다.

둘째는 척도용으로 선정한 문장들 가운데 중위수(또는 평균값)는 같지만 그 분산도가 다른 것들이 있을 수 있는데, 이 때 분산의 성격도 되도록 고려해야 할 것이다.

셋째는 이와 관련해서 응답자가 얻는 점수가 같더라도 그가 선택하는 문항의 종류와 수가 내용적으로는 서로 다른 수가 있는 것을 가려 내지 못하는 흠이 있다.

넷째는 실질적으로 이 방법은 절차가 복잡하고 문장이나 평가자의 수가 많아야 한다는 번거로움 때문에 불편하다.

Ⅳ. 조합비교법

Thurstone의 유사동간법이 자주 쓰이는 것이지만, 그의 조합비교법(the

method of paired comparison)도 원리는 같으나 좀더 번거로운 게 탈이다. 이 방법에서는 수백 개의 문장들을 한꺼번에 순위범주로 나누는 게 아니라, 두 가지씩 짝을 지어 서로의 선호정도 혹은 찬반을 가려서 문항들의 순서를 정하는 절차를 밟는다. 가령 국가간 또는 제도간의 비교 같은 것에 이런 방법을 이용할 수 있다. 자세한 기법에 대한 해설은 생략하기로 한다(Miller, 1977 : 94 참조).

제 4 절 총화척도의 보기 — Likert식 척도법

여러 가지 척도법 가운데서 가장 실용성이 높고 효과 있다고 평가받는 것은 역시 Likert(1932)가 개발한 총화평정(summated rating)에 의한 척도구성법이다. 이 방법은 실상 매우 널리 활용해 온 것이고, 우리 나라의 많은 사회조사 또는 심리조사연구에서 원칙적으로 이런 절차를 밟고 있으므로 자세한 해설은 필요 없을 정도다. 다만, 그 기본요령을 소개하고, 유의사항을 부각시키는 것이 도움이 될 줄 안다(이만갑 외, 1982 : 247-251; Smith, 1975 : 147-148; Lin, 1976 : 183-185; Selltiz *et al.*, 1976 : 417-421; Eckhardt and Ermann, 1977 : 91-105; Miller, 1977 : 89; Orenstein and Phillips, 1978 : 260-264; Frankfort-Nachmias and Nachmias, 2000 : 422-425; Neuman, 2003 : 197-199).

Ⅰ. 성격과 절차

차별척도로서 총화평정법은 응답자가 대답하는 여러 개의 문항들을 한데 묶어서 척도를 구성하는 방법이다. 응답자는 각 문항에 대한 일정한 방향의 의견 · 태도 등의 강도를 나타내는 대답을 주도록 미리 응답지를 보여 주고, 그것들을 점수화하여 전체문항들의 평점을 총화하면 그것이 척도값이 된다. 이 때 응답지에 주어진 대답범주들 사이에는 동간성이 있는 것으로 가정할 뿐 기술적으로나 경험적으로 그 동간성을 확인할 수는 없기 때문에 총화평정법으로 얻는 척도값은 원칙적으로 하나의 서열측정치에 지나지 않는다.

이 척도구성법의 절차를 간추리면 아래와 같다.

첫째, 어떤 쟁점 또는 대상에 대하여 긍정-부정, 호의적-비호의적(favorable-unfavorable), 찬반(agreement-disagreement)의 방향이 뚜렷한 문항(진술 · 문장 등)을 다수 만든다.

둘째, 각 문항에 대해서는 그 쟁점이나 평가대상의 성격에 따라서 찬반태도, 호오(好惡, like-dislike), 인정-불인정(approval-disapproval), 개연성 여부(likelihood-unlikelihood) 등의 정도를 나타내는 응답지를 제시한다. 이 때 가장 흔히 쓰는 응답지의 형식이 '매우(절대, 전적으로, 대단히) 찬성(한다)', '찬성(한다)', '찬반미정(찬반불확실)', '반대(한다)', '매우(절대, 전적으로, 대단히) 반대(한다)'의 다섯 범주로 된 것이다. 그러나 실제로는 연구목적에 따라서 단순한 "예-아니오," "그렇다-아니다," '찬성-반대'의 2개 응답선택지를 쓸 수도 있고, 그 가운데 "모르겠다," '찬반미정' 응답을 삽입하여 3개로도 하며, 또 그 정도를 아주 세분화해서 7개 혹은 그 이상의 응답지를 줄 수도 있다.

이런 응답지의 종류에 대해서는 제 7 장의 〈참고자료 7-5〉를 참조하면 도움이 될 것이다.

셋째, 주어진 문항들의 내용과 관련하여 대표성이 있다고 보는 응답자들의 표본으로부터 이들 문항들에 대한 응답을 받아 낸다.

넷째, 각 문항의 평점(rating scores)은 대개 가장 우호적인 것에서부터 가장 비우호적인 것에 이르는 순서로 높은 점수에서 낮은 점수의 순서로 매긴다. 물론 그 반대의 방향도 무방하다. 가령 5개 응답지가 있으면, 점수는 1-5점이 될 것이다.

다섯째, 각 응답자의 총점은 각 문항의 평점을 모두 합해서 얻는다. 1-5의 평점을 가진 20개 문항이면, 최저 20점, 최고 100점이 될 것이다.

여섯째, 문항분석법으로 문항끼리의 일관성 또는 각 문항과 총점 사이의 일관성을 판단한다.

일곱째, 문항분석결과 일관성이 낮은 문항들은 버리고 태도상으로 응답자들을 가장 잘 차별해 주는(differentiate) 문항들만을 고른다. 적어도 6개의 문항은 되어야 척도를 구성한다는 것이 일반적 기준이지만, 때에 따라서는 2개 이상의 문항이면 척도용으로 쓴다.

여덟째, 새로 선정한 문항들에 대한 총점을 다시 계산하여 분석에 활용한다.

Likert 척도의 구체적인 보기 몇 가지를 〈참고자료 10-2〉에다 싣는다.

〈참고자료 10-2〉 Likert 척도의 보기들

1. 척도의 보기

(A) Rosenberg의 자아존중척도

전반적으로 나는 자신이 인생에서 실패한 사람이라고 생각하는 편이다

___① 거의 항상 그렇다
___② 자주 그렇다
___③ 가끔 그렇다
___④ 별로 그렇지 않은 편이다
___⑤ 결코 그렇지 않다

(B) 작업집단의 감독자에 대한 의견척도

우리 감독자는 :

	전혀 아니다	별로 아니다	가끔 그렇다	자주 그렇다	항상 그렇다
종업원들에게 무엇을 기대하는지를 알게 해 준다	1	2	3	4	5
친절하고 가까이 다가가기가 쉽다	1	2	3	4	5
작업반구성원 모두를 똑같이 다룬다	1	2	3	4	5

(C) 구강청정제에 대한 시장조사척도

〈상품이름〉	완전히 싫다	상당히 싫다	약간 싫다	약간 좋다	상당히 좋다	완전히 좋다
X	___	___	___	___	___	___
Y	___	___	___	___	___	___

(D) 수업에 대한 학생들의 의견척도

전반적으로 이 강좌의 질적 수준에 대해서 나는 다음과 같이 평정한다

___① 우수하다 ___② 양호하다 ___③ 보통이다
___④ 그저 그렇다 ___⑤ 빈약하다

---

2. Likert 척도를 이용한 지수작성 보기

(A) 여성의 기회균등지수

〈질문 예〉

(1) 여성이 최고위직 직업을 위한 교육을 받을 기회는 남성에 비해 열악하다
___매우 찬성 ___약간 찬성 ___약간 반대 ___상당히 반대 ___모르겠다

(2) 자격을 갖춘 많은 여성이 좋은 직업에 취업할 수가 없다 : 같은 자격을 갖춘 남성은 여성에 비해 어려움이 덜하다
___매우 찬성 ___약간 찬성 ___약간 반대 ___상당히 반대 ___모르겠다

(3) 우리 사회는 여성을 차별한다
___매우 찬성 ___약간 찬성 ___약간 반대 ___상당히 반대 ___모르겠다

〈점수화〉 세 문항 모두에 대해서 ___매우 찬성+1, ___약간 찬성+2, ___약간 반대+4, ___상당히 반대+5, ___모르겠다+3으로 점수를 매긴다. 결과적으로 3개 문항의 최저지수점수=3이고, 이 말은 남녀간에 기회가 균등하지 못하다는 느낌을 갖는다는 뜻이다

(B) 자아존중의 지수

〈질문 예〉

(1) 전반적으로 나는 나 자신에 대해서 만족한다 ___찬성 ___반대 ___모르겠다

(2) 나는 가끔 내가 전혀 쓸모없는 인간이라는 생각이 든다 ___찬성 ___반대 ___모르겠다

(3) 남이 내 의견을 별로 심각하게 생각하지 않는다는 생각이 들 때가 가끔 있다 ___찬성 ___반대 ___모르겠다

〈점수화〉 문항 1과 3에 대해서는 : 1=반대, 2=모르겠다, 3=찬성;
그리고 문항 2에 대해서는 : 3=반대, 2=모르겠다, 1=찬성.
결과적으로 보면 최고가능 지수점수=9, 즉 자아존중도가 높음을 뜻하고, 최저가능 지수점수=3, 즉 자아존중도가 낮음을 의미한다

자료 : Neuman(2003 : 198-199).

Ⅱ. 문항분석법

Likert식 척도의 문항분석을 위해서는 몇 가지 절차를 밟을 수 있다. 다만, 그 기본원리는 일종의 내적 일관성(internal consistency) 검증이라는 점에서 대체로 같은 방법들이다. 내적 일관성이란 각 문항이 응답자들을 태도나 기타 속성에 따라 제대로 일관되게 구별해 주는지를 따지는 원리다.

먼저 일종의 신뢰도검사라고 할 수 있는 방법으로는 제17장에서 소개할 반분법에 의한 Spearman-Brown 공식(제17장의 공식 17.6 참조) 같은 것으로, 이는 문항분석법이라기보다 응답의 일관성을 검토하는 기법이라 하겠다. 다음은 뒤에 통계적 분석에서 소개하려니와 요인분석법(factor analysis)으로 문항들의 일관성을 검증하는 법이 있다.

그러나 초기에 Likert식 척도법을 개발할 때부터 널리 써 온 문항분석법은 이른바 판별력(discriminatory 혹은 discriminative power)의 검증법이다. 이것은 총화평정법이 기본적으로 차별척도라는 데서 그 근거를 찾는다. 보기를 들면 가상적인 문항 5개가 있다고 할 때 우선 모든 문항에서 얻은 총점순위로 응답자들을 배열한다. 총점이 전체응답자 가운데서 최고 25%인 사람들(R_u)과 최하 25%인 사람들(R_ℓ)을 골라 낸다. 이 두 극단적인 집단의 점수의 평균값을 낸 다음 그 차이를 가지고 판별력(DP)의 지수로 삼는다. 이 때 〈표 10-2〉의 자료와 같은 것이 나왔다고 하자. 5개 문항이고 각 문항의 점수도 1-5의 범위를 가지므로 평균치의 범위도 1-5이며, B와 C의 차이(D값)의 최고점수는 4.0이 된다. 따라서 그 반값인 2.0 이상이면 판별력이 있는 것으로 판단, 1 · 4 및 5번을 최종척도문항으로 선정한다.

이 때 D값을 그대로 판별력지수로 쓰는 대신에 공식으로 계산하는 방법이 있다. 그것은 Johnson의 ULI 지수공식으로 아래와 같다(Guilford, 1954 : 425).

$$ULI = \frac{R_u - R_\ell}{f} \qquad (10.1)$$

여기서 ULI=상하지수

R_u = 상위집단에서 정답을 한 사람의 빈도

R_ℓ = 하위집단에서 정답을 한 사람의 빈도

f = 각 집단에서 검사(시험)를 받은 사람의 수

〈표 10-2〉 5개 가상적 문항들의 문항분석

분항번호 (A)	총점 최고 25%의 응답자집단의 평균점수 (B)	총점 최하 25%의 응답자집단의 평균점수 (C)	(B)-(C)의 차이 판별력지수 (D)
1	4.6	1.5	3.1
2	3.5	3.1	.4
3	2.8	1.9	.9
4	3.8	1.2	2.6
5	4.8	2.8	2.0

자료 : Orenstein and Phillips(1978 : 261).

물론 이 공식(10.1)은 시험이나 검사문항들의 판별력을 알아 보기 위한 것이지만, Likert식 척도에서도 단순히 "찬반," "그렇다-아니다"의 응답이 주어졌을 때는 찬성한 사람의 비율(proportion)로 바꾸어 계산할 수 있다. Johnson은 각각의 집단 크기는 전체의 27%로 하라는 의견을 제시하고, 따라서 $f=.27N$값이 된다. 이 방법을 사용한 보기와 척도의 보기는 김경동(1969)을 참조하기 바란다.

Ⅲ. 장·단점과 유의할 점

흔히 모양만 비슷하다고 그냥 Likert식 척도라고 하지만, 제대로 하자면 문항분석을 거쳐서 척도구성절차를 제대로 밟는 게 정도다. 그런데 제대로만 구성하면 Likert식 척도가 Thurstone 척도보다 유리한 점이 있다.

첫째, 척도구성이 간단해서 편리하다. 번거로운 평가절차를 밟지 않아도 된다.

둘째, 이와 관련해서 문항들이 반드시 액면으로 어떤 쟁점에 대한 태도를 분명히 나타내지 않은 것이라도 내적 일관성을 얻는 것이면 사용가능하다.

셋째, 신뢰성이 높은 게 보통이다.

넷째, 한 문항에 대한 응답의 범위에 따라 측정의 정밀성을 확보할 수 있다.

이 점에서 앞서 Thurstone 척도법과 Likert식 응답지를 병용한 보기를 제시한 Brayfield와 Rothe(1951)의 직무만족도지수는 이 둘의 장점을 살린 것이라 할 만하다.

그러나 Likert식 척도의 약점도 있다.

첫째, 우선 그것이 엄격한 동간척도가 되기 어렵다는 점을 들 수 있다.

둘째, 총점의 의미가 개념적으로 분명치 못하다는 제약이 있다. 점수의 단순한 총화에는 각 문항에서 표현한 응답자태도의 강도가 묻혀 버리기 때문이다.

셋째, 늘 근본적인 문제가 따르지만, 척도용으로 최종선정한 문항들이 과연 재고자 하는 바를 제대로 측정해 주는가 하는 타당성의 문제다. 문항분석의 절차는 기술적인 수준의 내적 일관성을 다루는 것이지 곧 이론적 타당성을 다루지는 않는다. 그러니까 이용자는 이와 같은 기본가정들을 잘 인식하고, 이런 기법을 쓰는 것이 좋을 것이다.

제 5 절 누적척도의 보기 — Bogardus와 Guttman 척도

보기에 따라서는 Thurstone 척도도 일종의 누적척도(cumulative scales)에 해당한다고 볼 수 있다. 문항들은 어떤 태도나 속성의 강도가 다른 내용을 담고 있기 때문이다. 그러나 좀더 엄격히 말해서 누적척도법은 그 기본가정에서 한 걸음 더 나아간 것이다. 우선 일정한 기준에 의해서 일군의 문항(문장 · 항목 등)들을 논리적으로 거의 완벽한 서열로 배열할 수 있다는 가정을 하고, 이어서 문항들이 그처럼 서열을 이루는 것이면, 응답자들도 그들 문항에 대답한 유형에 따라 순위로 배열할 수 있다는 가정을 한다.

이 방법을 쓴 최초의 보기는 잘 알려진 Bogardus의 사회적 거리척도(Bogardus social distance scale)다. 그 다음은 또한 널리 알려져 사용하고 있는 Guttman 척도다. 여기에서는 Bogardus 척도의 보기만 들고, Guttman 척도는 절차 등을 살펴볼 것이며, 덧붙여 약간의 변형들도 소개하기로 한다(이만갑 외, 1982 : 225-230; 251-265; Smith, 1975 : 148-150; Lin, 1976 : 185-189; Selltiz *et al*., 1976 : 421-427; Eckhardt and Ermann, 1977 : 106-120; Orenstein and Phillips, 1978 : 264-269).

Ⅰ. Bogardus 사회적 거리척도

이것은 주로 인종 또는 민족에 대한 사회심리적 거리감을 재기 위해 개발 · 적용해 온 것으로, 그 전형적인 보기만 들면 〈표 10-3〉과 같다. 그런데 이 방법은 그 용도가 워낙 한정되어서 그리 자주 쓰이지는 않는다.

Ⅱ. Guttman 척도

Guttman 척도는 척도분석법(scale analysis) 또는 척도도식법(scalogram meethod, 스캘로그램법이라고도 함)이라 일컫는 것으로서 어떤 태도나 특성이—다시 말해서 '내용의 모집단'이나 '속성의 모집단'이 하나의 차원을 실지로 띠는지의 여부를 확인하려는 목적으로 개발한 기법이다. 그러니까 하나의 완벽한 또는 거의 완벽한 누적적 척도를 형성하기만 하면, 그 속성의 모집단 자체

〈표 10-3〉 Bogardus 사회적 거리척도의 보기

〈응답요령〉 아래에 열거한 인종 또는 민족·국민을 하나씩 보시고 그들 중 평균적인 사람을 생각해서(귀하가 아는 가장 훌륭한 사람 또는 가장 못된 사람이 아니고) 다음의 몇 가지 관계를 맺을 용의가 있는지를 해당 숫자에다 ○표로 밝혀 주십시오. 깊이 생각하신 대답이 아니고, 즉각적인 반응에 따라 대답해 주시기 바랍니다

관계를 맺을 용의도	인종·국민						
	영국인	흑인	프랑스인	중국인	소련인	한국인	…
혼인해서 인척관계	1	1	1	1	1	1	…
친구로서 같은 클럽에 소속	2	2	2	2	2	2	…
이웃으로 같은 동리에	3	3	3	3	3	3	…
내가 종사하는 직업에	4	4	4	4	4	4	…
우리 나라 시민으로	5	5	5	5	5	5	…
우리 나라의 방문객으로만	6	6	6	6	6	6	…
우리 나라에 발붙이지도 못하게	7	7	7	7	7	7	…

〈결과분석〉 RDQ(인종간 거리계수, Racial Distance Quotient)를 계산한다

보기 : 100명의 미국인이 영국인에 대해서 77명이 1번, 23명이 2번에 ○표 했다면 RDQ={(1×77)+(2×23)}/100=(77×46)/100=1.23이다

자료 : Selltiz *et al.*(1976 : 422).

가 단일차원성을 지닌다는 가정을 한다.

보기를 간단히 들어 보겠다. 이 척도법은 요즘 컴퓨터처리가 가능하기 때문에 과거와 같이 손으로 척도그림을 일일이 그려서 조작하는 번거로움을 면할 수 있고, 따라서 해설도 생략한다. 다섯 개의 '정치적 관여도'(political involvement)에 관한 문항들이 있다고 하자.

1) 나는 대통령선거시 거의 다 투표한다.
2) 나는 선거가 있을 때마다 투표하려고 애쓴다.
3) 나는 선거날에 투표장에서 일을 한 경력이 있다.
4) 나는 일생에 두 번 이상 선거운동에 관여한 일이 있다.
5) 나는 선거에 의한 공직 또는 정당간부로 일한 경력이 있다.

이들이 만일 완벽한 척도를 구성한다면, 〈표 10-4〉와 같은 응답유형이 나

〈표 10-4〉 Guttman 척도의 이상적 유형과 오차의 보기(Ⅰ)

A. 이상적 유형

척도유형 (scale type)	문항번호					척도점수 (scale score)
	1	2	3	4	5	
1	+	+	+	+	+	5
2	+	+	+	+	−	4
3	+	+	+	−	−	3
4	+	+	−	−	−	2
5	+	−	−	−	−	1
6	−	−	−	−	−	0

여기서 +는 "예" 또는 "강한 정치적 관여"의 반응,
−는 "아니오" 또는 "약한 정치적 관여"의 반응을 나타냄

자료 : Orenstein and Phillips(1978 : 267).

〈표 10-4〉 Guttman 척도의 이상적 유형과 오차의 보기(Ⅱ)

B. 오차와 재생산계수 산출근거

척도유형과 오차유형	응답유형	응답자 빈도	단순지수 점수	척도 점수	척도오차 총수
척도유형	+++	116	3	3	0
	++−	127	2	2	0
	+−−	92	1	1	0
	−−−	48	0	0	0
오차유형	−+−	18	1	2	18
(혼합형,	+−+	14	2	3	14
mixed types)	−−+	5	1	0	5
	−++	7	2	3	7
계		427	−	−	44

$$재생산계수 = 1 - \frac{44}{3 \times 427} = 1 - .034 = .966$$

자료 : Babbie(1975 : 356).

올 것이다. 그런데 실제로는 +와 −부호가 그처럼 완벽하지를 못하고 뒤섞여 있을 수 있다. 가령 5에 +로 대답한 사람이면 나머지에는 모두 +로 나와야 할 터인데, 3에는 −가 나온다거나, 그 반대로 3까지는 모두 +로 대답한 이가 4에는 −, 그리고 다시 5에서 +로 대답한 예가 생길 수 있다. 이런 것을 오차

로 보고 앞의 것은 빠뜨린 것이니까 누락오차(comission error), 뒤의 것은 3에서 끝나야 할 사람이 5에 또 나타나므로 권외오차(commission error)라 한다.

그리고 이들 오차의 빈도와 문항수 및 응답자수의 곱한 값의 비(ratio)를 1에서 뺀 값이 이들 문항의 재생계수(the coefficient of reproducibility)가 된다.[4] 그 범위는 이론적으로 −1.0에서 +1.0까지이지만, 대개 .90 정도의 재생계수를 얻는 척도면 유용한 것으로 삼는다. 물론 척도분석과정 자체는 오차를 줄이도록 문항들을 우선 재배열해 보고, 그래도 오차가 많은 문항들은 배제해 가는 절차를 밟아서 재생계수가 바람직한 수준에 이르면, 그렇게 재배열한 문항들만으로 척도를 삼는다.

잠시 Guttman 척도의 약점을 살펴보자.

첫째, 이런 식의 누적법으로 만든 척도를 가지고 다른 변수와 관계를 분석한 결과 총화척도법의 결과와 비슷하다는 결론을 얻었다. 그렇다면 절차가 단순한 총화법이 누적법보다 유리하다는 현실적 약점이 있다.

둘째, 척도문항들의 단일차원성가정은 비현실적이고, 많은 복합적 현상(특히 심리적 현상)을 이처럼 단일차원성의 가정에서 측정하기란 어렵다. 게다가 이제는 다차원척도법(multidimensional scaling techniques)이 새로이 대두하였다.

셋째, 이와 관련해서 한 집단에서 척도구성가능성(scalability)을 확보했다고 해서 다른 집단에도 해당한다는 일반화가능성(generalizability)에는 문제가 있다. 특히 이 방법은 일정한 표본으로부터 얻은 자료를 가지고 척도구성 가능성을 사후적으로(ex post facto) 검증하기 때문이다.

넷째, 이런 척도의 문항들이 자칫하면 일반적인 인기도를 측정하는 것인지, 정말로 주어진 속성의 크기를 재는지는 의문의 여지가 있다.

대체로 이런 약점 때문에 Guttman 척도는 태도조사에서는 자주 쓰지 않고, 가령 가구용품의 소유 여부 같은 것을 간추려서 SES 측정의 한 지표로 삼고자 하는 간단한 용도에는 자주 쓰인다. 우리 나라에서도 이런 용도의 실례는 가끔 볼 수 있다(문승규 외, 1967; Lee, 1980).

물론 Guttman 척도법을 좀더 유용한 것으로 만들기 위해 수정한 방법을 개발한 보기도 없지 않다. 그 중 하나는 잠재적 거리척도(latent distance scales)라

4) 재생산계수 $= 1 - \dfrac{\text{오차의 총수}}{\text{문항수} \times \text{응답자수}}$.

는 것으로, 이는 확률모형에 기초하여 질적인 자료에다 요인분석법을 적용하여 척도그림법을 쓰려는 시도다. 이 기법의 기본가정은 어떤 문항들은 그 바탕에 잠재하는 범주들을 지닌 것들임을 상정하고, 문항들의 외현적인 관계는 이와 같은 잠재적 범주에 의해서만 해석할 수 있다는 것이다. 여기서는 해설은 피하고, 참고문헌만 소개한다(Miller, 1977 : 92-93).

이제부터는 위의 세 가지 기본적 척도구성법들을 수정 · 변형 또는 조합한 기법들을 간략하게 소개하고 그치기로 한다.

제 6 절 몇 가지 변형의 보기

Ⅰ. Q분류법

Q분류법(The Q-sort) 혹은 Q방법(Q methodology)이란 Thurstone 척도법의 변형과 같은 척도법의 하나다. 우선 시작은 Thurstone 척도법처럼 여러 개의 문장 또는 진술들을 제시하고, 이들을 응답자들이 9-11개의 무더기로 분류하도록 한다. Q분류의 목적은 Thurstone 척도법에서와 같이 평가자가 어떤 기준에 따라 각 문장의 순위를 정하는 데 있지 않고, 직접 응답자 스스로의 태도(찬반 여부 등)를 알아보는 것이라는 점에서 다르다. 그러니까 응답자가 문장들을 분류하는 유형 자체가 그 사람의 태도 또는 기타 속성의 척도상의 위치를 밝혀 주는 분석의 자료가 된다. 그리고 Q분류법에서는 각 범주(무더기)에 분류할 문장의 숫자를 대체로 정상분포가 되게끔 미리 지정해 주는 점이 특색이다. 그리고 분석을 위한 점수는 −5에서 +5의 범위를 가지고, 중립적인 태도의 점수에 0을 준다. 가령 100명이 분류에 참여했다면 100개의 순위유형이 나올 터이고, 이들을 상관시켜 요인분석함으로써 이들 문장들이 담고 있는 태도(속성)의 차원들을 가려 내는 절차를 밟는다(Kerlinger, 1973 : 582-600; Selltiz *et al.*, 1976 : 427-428).

이 Q분류법은 정치적 태도, 자아상, 타인에 대한 이미지 등을 다루는 데 이용한다. 우리 나라에서도 최근 한국사회과학의 토착화문제에 대한 의견조사에 활용한 보기가 있다(Brown and Kim, 1981).

Ⅱ. 어의차별법

어의차별법(the semantic differential)이란 본디 Osgood, Suci 및 Tannenbaum (1957)이 고안해 낸 방법으로서 이름 그대로 어떤 대상이 개인에게 주는 의미를 측정하는 방법이다. 그러나 실제로는 일종의 태도척도를 구성한다고 볼 수 있다. 기본적으로 SD라 약칭하는 어의차별법은 낱말 · 개념 · 어구 등을 일정한 양극적(bipolar) 형용사의 척도 또는 연속선상에서 평정하도록 하되, 이 낱말 등은 하나의 자극으로서 이에 대한 응답자의 반응을 알아 내고자 하는 기법이다.

보기를 들면 〈그림 10-4〉처럼 일종의 그림평정법을 쓴다. 그런데 이런 방식으로 하면, 적어도 400개의 평정(가령 80개 개념에 대한 5가지 평정척도 또는 25개 개념의 16가지 평정척도)을 할 수 있다는 게 Osgood 등(1957 : 80)의 의견이고, 오히려 그보다 더 많이 할 수도 있다는 의견조차 있다. 그러나 이 방법은 기본적으로 이런 평정을 쉽게 할 수 있는 응답자들의 종류가 한정될 가능성이 있다. 가령 대학생 정도면 훨씬 더 많은 평정을 할 수 있겠지만, 대학교육을 받지 않은 사람들이면 50개 정도가 한도일 것이라는 시사도 한다(Heise, 1970).

또 한 가지 SD에서는 평정의 기준에 있어서 기본적인 몇 가지 차원들을 제시할 수 있다는 지적이 있다. 예컨대 위의 보기에서와 같이 "좋다-나쁘다"

〈그림 10-5〉 어의차별법의 보기

혼인에 대해서 어떻게 생각하십니까?

나쁘다	—	—	—	—	—	—	—	—	—	좋다
깊다	—	—	—	—	—	—	—	—	—	얕다
약하다	—	—	—	—	—	—	—	—	—	강다
공평하다	—	—	—	—	—	—	—	—	—	불공평하다
조용하다	—	—	—	—	—	—	—	—	—	시끄럽다
현대적이다	—	—	—	—	—	—	—	—	—	전통적이다
단순하다	—	—	—	—	—	—	—	—	—	복잡하다
빠르다	—	—	—	—	—	—	—	—	—	느리다
더럽다	—	—	—	—	—	—	—	—	—	깨끗하다
	4	3	2	1	0	1	2	3	4	

자료 : Neuman(2003 : 205).

의 평가 또는 가치판단(evaluations), "강력하다-무력하다"(powerful-powerless)의 힘(potency), 그리고 "빠르다-느리다"의 활동성(activity) 등이 그 보기다(Heise, 1970; Smith, 1975 : 153; Bailey, 1978 : 372).

우리 나라에서도 이와 같은 SD의 변형을 가지고 최고경영자의 가치의식 조사를 한 보기가 있다(Kim, 1979). 여기서는 개념을 '중요성'(important), '실용성'(successful), '도덕성'(right), '쾌적성'(pleasant) 등의 네 가지 차원에서 평정하도록 하였다(〈그림 10-6〉 참조).

그리고 SD의 평정을 위한 척도의 수는 7개가 원형이지만, 이것도 앞의 〈그림 10-5〉와 같이 양극만 표시하고 나머지는 숫자로만 지적하는 방법도 있고, 그 평정척도의 수를 3개 · 5개 등으로 줄일 수도 있는 한편, 각 범주마다 "매우 좋다," "좋다," "좋지도 나쁘지도 않다," "나쁘다," "매우 나쁘다" 등의 수식용 부사를 일일이 적어 주는 방법도 있다(Smith, 1975 : 154; Bailey, 1978 : 372).

결과의 분석은 주어진 평정의 차원에 따라 각각의 개념(낱말)을 평가한 범

〈그림 10-6〉 어의차별법의 질문서형식 예

〈개인적 가치관 질문서〉

(작성요령)

아래에 제시하는 단어들을 보시고, 다음의 요령으로 응답해 주시기 바랍니다

먼저 그 말이 가리키는 바가 얼마나 중요한지를 생각하셔서 해당되는 ☐ 에 ○표해 주십시오. 왼쪽 ☐ 이 "중요성이 높다"는 난이고, 가운데가 "보통 중요하다," 그리고 오른쪽 ☐ 이 "중요성이 낮다"는 난입니다

다음은 그 아래의 세 가지 차원을 보시고, 이 단어가 주는 의미를 가장 강하게 표현하는 것부터 1 · 2 · 3순서를 매겨 주십시오. 이런 식으로 66개 단어들을 모두 평정해 주시기 바랍니다

높은 생산성

중요성 높 다 ☐ ☐ ☐ 중요성 낮 다

______ 쾌적하다
______ 실용적이다
______ 도덕적이다

자료 : Kim(1979 : 50).

주 또는 점수를 상관시켜서 모든 차원에서 전부 높은 점수를 얻는 사례를 비롯하여 모든 차원에서 전부 낮은 점수를 얻는 것에 이르는 갖가지 유형들을 가려내고, 그 유형의 의미를 해석하는 식으로 진행한다(Kerlinger, 1973 : 566-581; Kim, 1979 참조).

Ⅲ. 사회구조와 과정의 측정

지금까지는 주로 태도척도들의 보기를 들었지만, 이들도 실은 태도가 아닌 다른 사회적 현상의 속성들을 측정 또는 파악하는 수단으로 쓸 수 있음은 두말할 나위도 없다. 다만, 처음부터 사회구조나 상호작용의 과정을 측정하고자 하는 기법으로 개발한 척도들은 드문 편인데, 그 중에서 비교적 자주 쓰이는 것이 이른바 소시오메트리(sociometry)법이다(이만갑 외, 1982 : 230-237; Kerlinger, 1973 : 556-556; Smith, 1975 : 155-157; Selltiz *et al*., 1976 : 321-324; Bailey, 1978 : 377-380).

이 방법은 대개 소집단 혹은 작은 규모의 지역공동체에서 사람들 사이의 상호관계 · 상호작용 · 의사소통 · 리더십 · 사기(士氣) · 사회적 적응 · 사회적 지위 · 집단구조 등을 알아보기 위하여 이용한다. 우리 나라에서도 이 방법을 주로 농촌연구에서 소개 · 활용한 바 있다(이만갑 외, 1973; 김일철, 1965).

절차는 대체로 이렇다. 우선 사람들에게 자기 소속집단의 성원들에 대한 좋고 싫은 감정, 방동무 · 친구 · 동료 등으로 선택할 용의도, 영향력, 인기 등등

〈표 10-5〉 사회측정행렬

		2.				
		(A)	(B)	(C)	(D)	(E)
1.	(A)	0	0	0	0	1
	(B)	0	0	0	0	1
	(C)	0	0	0	1	0
	(D)	0	0	1	0	0
	(E)	0	1	0	0	0
	계*	0	1	1	1	2

* 1이 2를 선택한 빈도로 나타냄.

자료 : Bailey(1978 : 379).

〈그림 10-7〉 Sociogram의 보기

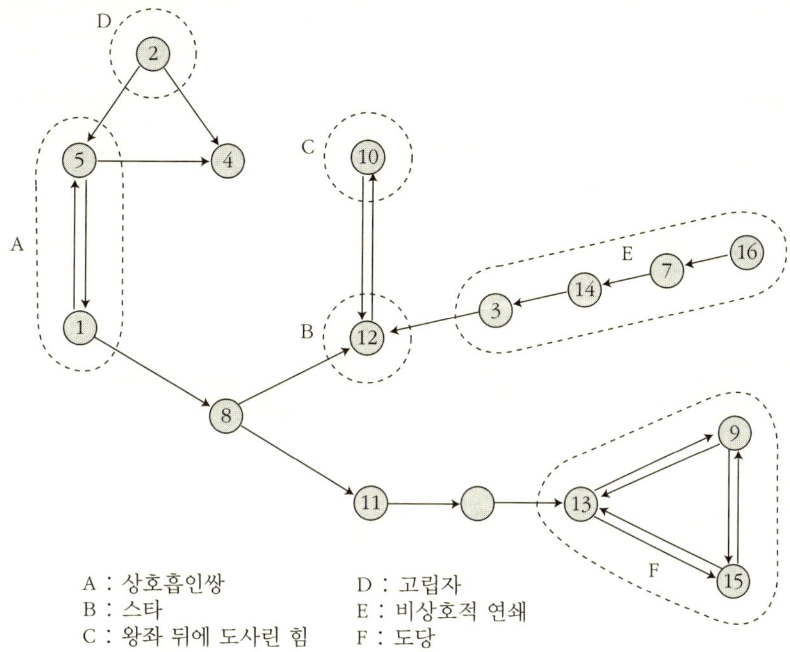

자료 : 김경동(1985 : 213)에서 재인용.

에 관련하여 그 정도를 나타내거나 순위를 매기는 진술들에 대하여 응답하게 한다. 그리고 그 자료는 평가대상자의 평가기준별 빈도 · 정도 등을 교차표로 나타내어 분석하기도 하고, 또는 그림으로 표시하여 집단성격 · 지도력 같은 것을 알아 내기도 한다. 표로 나타낼 때는 이것을 사회측정행렬표(sociometric matrix)라 하고, 그림은 사회도표(sociogram)라 한다. 여기서는 자세한 해설 대신 간단히 보기만 들겠다(〈표 10-5〉 및 〈그림 10-7〉 참조).

Sociometry에서 얻은 자료는 보통 sociogram이라는 그림으로 나타내는 것이 편하고 보기 쉽다. 이 sociogram은 성원들이 취하는 선택의 모습과 내용을 화살표(상호흡인)로 나타내거나 다른 기호(예 : 서로 거부)로 나타내어 집단구조를 읽는 데 도움이 되도록 하자는 수단이다.

위의 〈그림 10-7〉에서 적어도 다음과 같은 집단구조의 모습을 찾아볼 수 있다. 사람 1과 5는 상호흡인(mutually attracted)의 사이를 띠고, 사람 12번은 여러 사람의 선택을 받으므로 인기 있는 스타(star)로 지목한다. 사람 10번은 한 번밖에 선택받지 못했지만, 바로 스타(지도자)에 의하여 선택받았기 때문에 '왕좌 뒤에 도사리고 있는' 잠재적 힘의 소유자일지도 모른다. 2번은 남을 선택만 했지 남이 자신을 선택해 주지 않으므로 고립자(isolate)에 해당한다. 3 · 14 · 7 · 16번의 네 사람은 비상호적 연쇄(non-reciprocated chain)를 이룬다. 끝으로 9 · 13 · 15 세 사람은 자기네들끼리는 서로 선택하고 있지만, 이 집단 전체의 다른 성원들과는 비교적 고립되어 있는 한 묶음이다. 이런 사례를 배타적인 도당(clique)이라 한다.

Ⅳ. 다차원척도의 원리

이제까지 소개한 척도나 지수 같은 측정수단들은 원칙적으로 한 가지 차원의 속성을 다루는 것으로 생각할 수 있다. 아마도 예외라고 할 만한 것이 있다면, 어의차별법(SD)이 될 것이다. 그러나 SD도 실제로는 말의 뜻이라는 한 차원을 대상으로 하고 있다. 이런 단일차원측정의 한계는 사회과학적 연구에서 더욱 강하게 느끼는 점이다. 그리하여 하나의 척도를 가지고 여러 차원의 속성을 한꺼번에 잴 수는 없을까 하는 기법들을 고안 · 개발하려는 노력이 이루어지고 있다. 여기에는 그 원리만 간략히 소개한다(Smith, 1975 : 160-162; Miller, 1977 : 96-97; Bailey, 1978 : 373-377).

그 요체는 마치 그림으로 2차원의 좌표상에서 *X*와 *Y*축을 어떤 속성의 차원으로 생각하고, 각 대상의 위치를 점찍는 원리라 할 수 있다. 또 3차원이면 가로 · 세로 · 높이의 입방체를 연상하고, 거기에서 위치를 그리는 방법과 같다. 그리고 이런 방법은 원칙적으로 복잡한 계량적 조작을 요하는 것이므로 요즈음은 컴퓨터로 작업을 하고, 그림도 그려 내는 방법을 쓰고 있다. 통계분석기법으로는 요인분석을 비롯하여 판별기능분석(discriminant function analysis) · 잠재구조분석(latent structure analysis), 그리고 Guttman-Lingos의 최소공간분석(Guttman-Lingos smallest space analysis) 등의 방법이 있다. 이 Guttman-Lingos법은 질적 자료, 즉 서열 · 명목척도 자료의 요인분석법에 해당한다.

주요 개념들

척 도	단일차원성	응답의 불안정성
평정척도법	연속선	평정자
그림평정법	온도계평정법	사닥다리 평정법
문항평정법	비교평정법	자아평정법
자아정박척도	후광효과	관용오류
대조오류	차별척도	총화척도
누적척도	Thurstone 척도	유사동간법
척도값	조합비교법	총화평정법
Likert 척도	평 점	문항분석법
내적 일관성	판별력	누적척도
Guttman 척도	Bogardus 척도	사회적 거리척도
척도분석법	척도도식법	누락오차
권외오차	재생계수	다차원척도법
잠재적 거리척도	Q분류법	어의차별법
소시오메트리	사회측정행렬표	사회도표

생각해 볼 문제들

1. 척도를 구성하는 까닭은 무엇인가? 그리고 척도는 어떤 기능을 하는가?
2. 평정법에 의한 척도구성의 원리와 종류를 살펴보자.
3. Thurstone 척도의 원리, 절차, 장·단점 등을 이해하기 위하여 실지로 척도를 만들어 보자.
4. Likert 척도의 실례를 가지고 그 특성과 장·단점을 생각해 보자.
5. Bogardus 척도에 의하여 우리 나라 사람이 다른 인종(민족)들에 대하여 갖는 이미지와 그 반대의 예를 시험적으로 분석해 보자.
6. Guttman 척도의 원리와 절차를 자료를 가지고 이해해 보자.
7. 그 밖의 Q분류법 · 어의차별법 · 소시오메트리 등을 실시해 보자.

제11장 관찰법 — 비참여조직적 관찰

우리는 일상적으로 주변에서 일어나는 일들을 관찰하며 살아 간다. 과학적인 연구를 위한 관찰은 그와 같은 일상적 관찰에 비해 좀더 체계적이고 타당성이 크며, 연구목적에 구애받는 특정성을 띤다는 차이가 있을 뿐이다. 그런데 광의의 과학적 관찰은 관심 있는 대상이나 현상에 대하여 유용하고 유관적합한 정보를 획득하는 행위, 즉 자료수집의 모든 행위를 가리킬 수도 있다. 그것이 경험적인 인지과정을 가리키는 것이면 모두 관찰로 인정한다는 말이다.

그러나 여기서 말하는 관찰법(observation, observational methods)은 다소 좁게 규정하는 자료수집의 한 방법을 말한다. 그것은 사회적 상황에서 일어나고 있는 사상들을 목격하는 대로 그에 관한 정보를 기록하는 방법을 이른다. 이런 뜻에서 관찰법을 직접관찰법(direct observation)이라고 아예 못박기도 하며, 이때 관찰대상의 초점은 비언어적(nonverbal) 행동이다. 물론 관찰법에서도 언어적 상호작용을 자료로 삼지만, 그것이 주로 '보아서' 자료를 얻는다는 말뜻 때문에 언어외적인 상호작용이 주된 관심사가 된다. 그뿐 아니라 경험적 관찰이라는 표현을 쓰게 되면, 시각적 인지에 국한되지 않고 청각 · 후각 · 촉각 · 미각 등 다른 감각기관의 활용도 포함시킬 수 있다(Bailey, 1978 : 215). 좀더 엄격히 말하면 경험적 관찰이라 해도 모든 인지과정에는 의식작용이 동반해서 의미해석을 내포한다는 점을 명백히 해둔다.

어쨌든 사회연구법을 다루는 학자들 사이에서도 이 관찰이라는 말의 용법이 다양하기 때문에, 우선 용어상의 혼란을 정리하기 위하여 몇 가지 유형들을 살펴본 다음 구체적인 관찰방법을 둘러싼 방법론적 · 기술적 쟁점들을 고찰하기로 한다.

제 1 절 관찰법의 유형

관찰법을 분류하는 기준에는 관찰자의 위치와 구실, 관찰상황 및 대상, 그리고 관찰의 기법 등이 있으므로 이들에 따른 주요 유형들을 요약한다 (Frankfort-Nachmias and Nachmias, 2000 : 196-202).

Ⅰ. 직접관찰과 간접관찰

연구하고자 하는 사상이나 현상을 연구자 자신 또는 그의 대행자가 몸소 오관으로 인지하고(보고, 듣고, 만져 보고 등등), 그 관찰한 내용을 기록하여 자료로 활용하는 것을 직접관찰법이라 한다. 그러나 사회적 현상이란 그처럼 직접 관찰하고 싶어도 할 수 없는 상황이나 조건 속에 일어나는 예가 허다하다.

만나고 싶은 사람이 갑자기 사망했다든지, 은둔자처럼 사람들 보기를 꺼리고 사생활을 철저히 보호하려는 사람, 사건이 일어난 뒤에야 알게 되는 사항, 비밀스러운 상황에서만 일어나기 때문에 근접이 불가능한 사례 등이 있다. 그 밖에도 연구자가 관찰하려는 자연스러운 상황이나 사회적 과정, 상호작용 행위 등을 전혀 흐트리지 않고 관찰하고 싶을 때도 았다. 이른바 불개입 · 무반응법 또는 비관여법을 말한다. 이런 때에는 부득이 또는 필요에 따라 간접적 (indirect) 관찰을 해야만 한다.

간접관찰에는 이미 일어난 일들을 기록으로 남긴 각종 문헌에 의한 접근, 연구자가 다른 사람들의 경험과 관찰을 언어적 보고로써 알아 내는 질문서법과 면접법, 그리고 무반응법에서 활용하는 사후적인 흔적의 관찰과 단순관찰법 등이 있다(Sjoberg and Nett, 1968; Bailey, 1978 : 239; Nachmias and Nachmias, 1976 : 121-123). 이 장에서 우리는 우선 직접관찰법을 주로 살펴보겠다.

Ⅱ. 관찰자의 역할에 의한 분류

관찰법은 연구자 또는 그의 대행자인 관찰자(observer)가 피관찰자(the

observed)가 사회적 행위를 하고 있는 사회적 상황에서 어떤 역할로 접근하는가에 따라서 몇 가지 유형으로 나눌 수 있다. 다시 말해서 관찰자가 어느 정도 관찰대상집단에 참여하는가의 기준에 의한 분류다(Lin, 1976 : 206-209; McGaw and Watson, 1976 : 391-392; Frankfort-Nachmias and Nachmias, 2000 190-191).

첫째는 완전참여자(complete participant)다. 이는 관찰자가 자신의 신분을 밝히지 않은 채 자연스럽게 일어나는 사회적 과정에 완전히 참여한다. 이른바 참여관찰(participant observation)의 이념형이라 할 수 있다.

둘째는 참여관찰의 한 유형이지만, 관찰자적 참여자(participant as observer)다. 여기에서는 관찰자가 관찰자임을 밝히고, 자연스러운 과정과 함께 참여하면서도 관찰자의 객관성을 유지하려는 노력이 필요하다.

셋째는 참여자적 관찰자(observer as participant)다. 이는 위의 두 유형에 비해 강조점은 관찰자에 있지 참여자에 있지 않다. 관찰에 필요하기 때문에 참여하는 정도에서 객관성을 유지하는 방법이다. 엄격한 뜻의 참여관찰로 보기는 어렵다.

넷째는 완전관찰자(complete observer)의 유형으로, 말 그대로 관찰대상의 사회적 상황에 대한 관찰자의 참여는 어떤 형태로든 이루어지지 않고 관찰만 하는 형태다. 상황과는 거리를 두고 객관자로서 관찰한다.

이 네 가지의 장 · 단점 등을 서로 비교하는 일은 뒤에 참여관찰법을 다룰 때 자세히 하기로 하고, 여기서는 유형만 소개한다. 역시 이 장의 주된 초점은 마지막의 완전관찰자에 있다.

Ⅲ. 관찰대상의 통제에 따른 분류

과학적 연구의 한 가지 중요한 특성은 그것이 아무렇게나 행해지는 일상적인 탐구와는 달리 통제 하의 탐구(controlled inquiry)라는 점이라고 했다. 그러한 통제는 질문서법이나 면접법에서처럼 자료수집의 도구를 표준화하는 데서 이루어지기도 하고, 실험법처럼 외재적 변수의 작용을 통제하는 모습을 띠기도 한다. 관찰법에서는 대체로 두 가지 차원에서 통제를 시도하게 된다.[1] 그

1) 관찰법에서 통제 또는 구조화의 개념을 혼용하는 이들이 많아서 두 가지 차원을 한꺼번에 다루는 게 보통이지만(Sjoberg and Nett, 1968; Nachmias and Nachmias, 1976; Lin, 1976), 여기에서는 두 차원을 분명히 구별해 놓고 그 상호관계를 살펴보겠다.

중 하나는 연구자가 관찰하고자 하는 대상의 어느 측면을 통제한다.

대개는 관찰상황의 통제 또는 구조화라고 해서 통제가 가해진 실험실상황과 통제를 하지 않은 자연스러운 상황으로 나눈다(Bailey, 1978 : 219). 그러나 '자연스러움'(naturalness)이라는 것도 여러 차원이 있을 수 있다. 역시 실험실상황에 대비한 '자연적 방법'(naturalistic methods)에서는 연구자가 연구상황(현장)에 최대한 개입하지 않을 것을 요구한다. 완벽한 뜻의 자연적 연구는 '자연스러운 환경에서, 자연스러운 사건의 결과로 일어나는 자연스러운 행동'을 관찰할 것이다(Kidder, 1981 : 264).

자연스러운 행동이란 연구목적을 위해 일부러 하지 않는 행동이란 뜻이다. 자연스러운 환경(setting)이란 그러한 관찰대상행동이 일어나는 맥락이 연구목적을 위해 의도적으로 만든 상황이 아님을 뜻한다. 그리고 자연스러운 사건이란 실험적 처치(treatment)와 같이 의도적으로 연구목적을 위해 사건을 일으킨 것이 아니고, 천재지변 · 경기변동처럼 우연히 일어난 자연스러운 사건을 말한다(Kidder, 1981 : 264-266). 이런 것들에 대한 관찰은 실험적 상황과 같은 통제를 배제한 자연스러운 관찰이라 한다.

Ⅳ. 관찰방법의 조직정도에 따른 분류

관찰에 있어서 통제, 구조화 또는 조직을 적용하는 또 하나의 차원은 관찰의 방법 내지 절차의 측면이다. 여기서도 두 가지가 있는데, 하나는 '무엇'을 관찰하고 기록할 것인가, 어떤 것은 무시해도 좋은가 하는 관찰대상을 좀더 특정화하는 구조화 내지 조직이고, 다른 하나는 관찰한 내용을 측정하고 기록하는 기법과 도구를 정교화하는 구조화다(Smith, 1975 : 201; Bailey, 1978 : 219). 이처럼 관찰대상의 특정화와 도구의 표준화를 시도하기 때문에 이런 관찰법을 자연스러운 상황 속의 자연스러운 행동을 대상으로 삼을 때도 체계적(systematic) 관찰로 규정하기도 한다(Kidder, 1981).

하여튼 위의 두 가지 분류의 공통점은 통제 또는 구조화다. 그래서 이런 관찰법들은 통제 하의(controlled) 관찰 혹은 조직적(structured) 관찰이라 한다. 이제 통제 내지 조직의 두 차원을 한데 묶어 생각해 보면, 다음 〈그림 11-1〉과 같은 네 가지 유형이 떠오른다.

〈그림 11-1〉 관찰법의 유형

관찰대상에 접근하는 기법의 조직정도	관찰환경의 통제 (자연스러운 상황)	관찰환경의 통제 (인위적 상황)
(비조직적)	① 전혀 구조화하지 않은 현지연구의 관찰(참여관찰법)	① 실험실상황에 대한 구조화하지 않은 접근의 관찰(비조직적 실험실 내 관찰법)
(조 직 적)	① 현지연구에서 체계화한 관찰방법(자연스러운 상황 속의 자연스러운 행동에 대한 체계적 관찰, 반조직적 관찰법)	① 실험실상황에서 완전히 구조화한 방법으로 접근하는 관찰(조직적 관찰법)

자료 : Bailey(1978 : 219).

이와 같은 갖가지 분류법이 있지만, 이 책에서는 주로 통제의 정도와 개입의 형태에 따라서 구조화된 체계적 · 조직적 관찰법과 참여관찰법을 중심으로 정리할 것이다. 다만, 참여관찰법은 주로 질적 접근에서 대표적인 자료수집법의 하나이므로, 뒤에 현지연구법과 함께 다루고자 한다. 그 밖에 불개입 · 무반응법에서도 단순관찰법을 고찰할 것이다. 이 장에서는 양적 접근이라는 맥락을 그대로 유지하는 뜻으로 조직적 관찰법을 집중적으로 다룬다.

제 2 절 관찰법의 장·단점

관찰법이 표본조사 · 실험 또는 문헌연구 등의 대안적인 방법들과 비교할 때, 어떤 이점과 단점을 지니는지 간추려 살펴보자(Bailey, 1978 : 215-219; Nachmias and Nachmias, 1976 : 73-75).

Ⅰ. 관찰법의 유리한 점

(1) 직접성 · 즉각성(directness)

관찰법은 연구대상행동이나 사회적 과정이 현재 일어나고 있는 상황에서 공간적으로는 직접, 시간적으로는 즉각 포착할 수 있다. 어떤 정보제공자에게 질문해서 간접적으로만 얻을 수 있는 표본조사에서는 우선 조사자와 피조사자 사이의 관계 · 상호작용으로 인한 상황의 왜곡을 막을 길이 없다. 또한 시간적으로 정보제공자 · 응답자는 자신의 과거경험 · 관찰내용 · 의견 등에 대한 기억을 되살려야 하므로, 거기에서도 왜곡이 생길 수 있다.

(2) 비언어적 자료

인식론의 쟁점을 언급하지 않더라도 사회과학의 자료가 언어적 보고를 주종으로 한다는 비판의 소리는 이미 들어 왔다. 그것은 주로 질문서와 면접에 의지하는 방법에서 문제가 되지만, 그 밖에 문헌자료도 마찬가지다. 그에 비할 때, 관찰법은 비언어적 행동과 사회적 상호작용과정 자체를 핵심적인 관찰대상으로 삼는다.

현실적으로 언어적 보고에 의존하는 방법은 몇 가지 기본적인 제약을 내포한다.

첫째, 어린이나 장애자처럼 말로써 자기 의사를 제대로 표현하지 못하는 사람들이 있다.

둘째, 말로 보고하기를 거부하는 사례가 있을 수 있다.

셋째, 말과 실제 행동이 반드시 일치하지 않는다는 근본적인 쟁점을 보완하는 데 어려움이 있다.

넷째, 조사에 대한 적극적인 참여와 협조가 절대로 필요하다.

다섯째, 과거의 일은 잘 기억하지 못해서 정보제공이 불가능할 수가 있다.

관찰법은 이러한 약점들을 일단 극복할 수 있다.

(3) 자연스러운 상황

물론 관찰법도 실험실처럼 통제된 환경에서 조사를 실시하는 수가 있다. 그러나 관찰법을 강조하는 이유 중의 하나는 바로 관찰대상의 환경적 상황에 개입하지 않고, 자연스러운 모습 그대로를 포착하고자 함이다. 그런 점에서 보면 실험연구법이나 질문서 · 면접에 의지하는 표본조사에서는 조사상황이 인위적이라는 약점을 피할 수 없다. 인위적이라 함은 조사자와 피조사자 사이의 상호작용이 우선 자연스럽지 않음을 말하며, 그런 상황에서는 응답자의 반작용을 일으키는 문제가 있다. 실험이나 면접에서는 응답자가 조사자의 기대에 부응하는 행위 또는 대답을 할 소지가 크다. 관찰에서는 관찰자의 정체가 피관찰자에게 알려지지 않는 한 이런 문제는 없다.

그뿐 아니라 자연스러운 상황에 대한 관찰은 단시간에 일어나지 않기 때문에 심층관찰이 가능하다. 그로 해서 실재세계에 대한 예측이 훨씬 더 현실성 있는 차원에서 이루어질 수 있다. 표본조사는 상황을 추상화해야 하고, 개인을 집단맥락에서 원자화시키며, 실험법은 상황을 조작해야 하는 조건 때문에 현실에 대한 일반화가 어렵고, 거기서 얻은 자료로써 예측의 현실성을 얻기가 힘들다.

(4) 장기간의 종단분석

표본조사나 실험은 일정한 기간 안에 완료해야 하는 시간의 제약을 받는다. 이에 비하여 관찰법은 자연스러운 상황에서 장기간에 걸쳐 자료수집을 해야 하므로, 어떤 현상의 종단분석이 가능하다.

(5) 접근의 다양성

앞서 관찰법의 여러 유형을 살펴보았거니와 이 방법은 목적과 상황에 따라 여러 가지 관찰기법을 사용할 수 있다는 중요한 이점을 지닌다. 그 용도만 해도 주된 기술적 연구의 목적뿐 아니라 탐색연구, 다른 접근에 대한 보완연구, 다른 연구에서 얻은 결과의 해석과 수정 등 다양하다. 관찰상황도 자연스러운 것뿐 아니라 실험실도 있다. 관찰절차 또한 참여관찰이 있는가 하면 비참여관찰이 있고, 관찰에 활용하는 수단도 유연한 것과 체계적인 것 등 매우 다양하다.

(6) 다량의 자료

결과적으로 관찰법에서는 많은 양의 자료를 수집하게 된다.

Ⅱ. 관찰법의 불리한 점

(1) 수량화곤란

역시 인식론적으로 관찰법을 중시하는 연구자들의 관심은 인간주의적이고 주관적인 데로 쏠리기 때문에 그 자료도 질적인 것이 보통이다. 그러나 관찰법은 양적인 접근에서도 활용하게 되는데, 이 때에 관찰한 원자료는 실험이나 표본조사에 비해 수량화하기가 쉽지 않다. 여기에는 관찰자의 신뢰도와 관찰결과의 타당도가 상당한 쟁점으로 떠오른다.

(2) 통제의 어려움

관찰법에도 상황의 통제절차에 따라 체계화를 적극적으로 하는 조직적 관찰법이 있다. 그러나 상황의 통제는 실험실의 맥락에서 이루어지므로 자연적 상황에 대한 관찰이라면 외재적 변수의 통제가 불가능하거나, 할 수 있다 해도 매우 어려운 것은 사실이다.

(3) 대상의 소규모성

관찰이란 직접성 · 즉각성으로 인해 유리하기도 하지만, 바로 그러한 특성 때문에 큰 규모의 집합체를 한꺼번에 관찰할 수 없다는 또 하나의 근본적인 제약을 안고 있다. 따라서 소규모의 집합체에 대한 관찰결과로써 대규모 집합체에 관한 일반화를 하고자 할 때 문제가 생기게 된다.

(4) 접근의 어려움

무엇보다도 관찰자가 피관찰자와 관찰대상집단에 접근도 못하게 되는 수가 많다. 정부나 기업체, 특정사회단체, 어떤 특별한 집단 같은 데서는 보안을 이유로 사람들을 만나지도 못하게 하고 집합적 상황을 직접 관찰하는 일은 더더욱 기피 또는 금한다. 그리고 혹시 접근을 허용한다 해도 관찰자에 대한 의구심으로 아예 자연스러운 관찰이 불가능할 때가 있다. 이런 때는 불가피하게 간접적 방법을 쓸 수밖에 없을 것이다.

(5) 익명성의 결여와 민감한 쟁점

표본조사나 실험에서는 피조사자의 정체나 신분을 직접 누구에게 노출시키지 않아도 되므로 익명성을 보장한다. 그런 조건에서도 사람들은 중요한 사항이나 사생활에 깊이 관련 있는 민감한 쟁점에 대해서는 정직한 대답을 기피하는 수가 종종 있다. 하물며 사람이 직접 관찰한다는 것을 아는 한 솔직한 행동이 나오기 어려울 것이 자명하다. 같은 심리로 남에게 드러내기 거북한 행위를 하는 현장에 관찰자를 허용할 확률도 매우 낮다. 결국 이런 때는 관찰을 해도 비밀리에 하는 비상수단을 쓸 수밖에 없을 것이다.

(6) 다량의 자료의 처리문제

관찰법으로 많은 양의 자료를 획득하는 것까지는 좋으나, 그것을 실지로 정리하고 분석하여 제대로 해석하는 일은 그다지 간단한 일이 아니다. 더구나 각양각색의 원자료가 다량 있을 때, 거기에서 이론적으로 유관적합한 결론을 얻는다거나 가설검증을 하기 쉬운 모양으로 그것들을 체계화하는 것이 쉽지 않다. 더군다나 자료를 계량화한다면 부호화의 작업이 여간 번거롭고 까다롭지 않을 것이다.

(7) 실질적 부담

자연스러운 상황에 대한 관찰은 시간이 걸리기 때문에 시간적 압력이 많은 연구자가 실시하기 어려울 뿐더러 대개 현지에서 장기간 체류해야 하므로, 비용이 많이 드는 부담이 따른다.

이런 약점에도 불구하고 관찰법을 활용할 수만 있다면, 풍부한 자료를 생산하는 장점이 확실히 있다.

제 3 절 관찰의 기법 — 비참여조직적 관찰

관찰법 중에서 참여관찰법은 주로 현지연구법에서 활용하는 것이므로 따로 취급하겠고, 여기에서는 비참여관찰, 특히 구조화된 조직적 관찰법의 실제를 다루고자 한다. 앞서 〈그림 11-1〉에서 ①의 유형은 제외하고, ③과 ④ 중심으로 생각해 보되 ②의 유형도 잠시 언급하겠다.

Ⅰ. 관찰법의 기본절차

관찰법이라 해도 상황에 따라 구체적 절차상의 차이가 있다. 그러나 우선 일반적인 관찰법의 실시를 염두에 두고 주요 단계를 간추려 본다(Bailey, 1978 : 221; Lin, 1976 : 209-210; Kidder, 1981 : 273-275).

(1) 연구문제의 설정 : 왜 관찰하나?

(2) 관찰내용의 특정화 : 무엇을 관찰할 것인가?

(3) 관찰상황 · 대상집단의 선정 : 어떤 사람들을 관찰할 것인가?

(4) 관찰 및 기록방법의 채택 : 어떤 방법으로 관찰하고 기록할 것인가?

(5) 표집설계 : 관찰내용을 어떤 원칙에 따라 유의한 자료로 간주하여 기록할 것인가?

(6) 분석원칙의 결정 : 관찰기록의 자료를 어떻게 정리하여 분석할 것인가?

실제 관찰을 하고자 할 때는 다음과 같은 단계를 밟는 게 상례다.

(1) 예비단계 : 목적설정에서 각종 연구설계를 끝내고, 관찰자(원) 혹은 조사원 훈련을 실시한다.

(2) 관찰현장접근과 준비 : 관찰상황이 실험실이면 적절한 실험환경과 집단의 배치를 하고, 피관찰자들을 준비시켜야 한다. 자연스러운 상황의 관찰이면 현장에 접근하여 허락을 받고, 필요하면 친근한 관계를 정립하여 관찰실시준비에 들어간다.

(3) 관찰과 기록을 실시한다.

(4) 도중에 일어나는 비상사태에 대처한다.

(5) 관찰을 끝내고 현장에서 철수한다.

(6) 기록을 정리 · 분석 · 해석한다.

(7) 보고서를 작성한다.

이러한 여러 단계들 가운데 관찰법에서 특히 주목해야 할 측면들에 초점을 맞추어 하나씩 해설한다.

Ⅱ. 관찰의 내용

비조직적 관찰에서는 인간의 지각이 허용하는 범위 안에 포착할 수 있는 자연스러운 사회적 행위와 과정이면 무엇이나 관찰 · 기록하고자 할 것이다. 그러나 관찰과정을 구조화시키는 조직적 관찰에서는 상황이 실험실이든, 자연적 집합체든 관찰대상행위와 현상을 특정화함으로써 관찰의 신뢰성을 높이고, 객관화 · 수량화를 용이하게 하려고 한다.

그처럼 특정화한 것을 관찰 · 기록할 때 쓰는 틀(scheme) 또는 체크 리스트(check list)를 용의주도하게 작성함으로써 그 속에 관찰내용을 범주화 · 분류하는 지침을 담을 수 있도록 한다. 그러면 관찰법에서 구조회된 틀을 가지고 관찰할 수 있는 내용을 관찰범례(observational paradigms)라는 개념으로 묶어서 하나씩 살펴보기로 한다(Smith, 1975 : 203-213; Bailey, 1978 : 231-235; Kidder, 1981 : 267-279 Frankfort-Nachmias and Nachmias, 2000 : 191-193).

1. 언어적 행동의 지표(linguistic, verbal measures)

실험실상황에서 객관적 관찰자에 의한 구조화관찰을 시도한 초기의 두드러진 업적으로 Robert F. Bales의 IPA Scheme(Interaction Process Analysis)이 있다(Bales, 1950). 언어적 표현을 관찰함으로써 집단 내의 대인상호작용을 범주화할 수 있는 틀을 마련하였다. 그것을 요약하면 〈그림 11-2〉와 같다.

Bales의 틀이 언어적 상호작용의 강도를 구분해 주지 않고, 이론적으로 의미 없을지도 모르는 언어적 교환은 세밀하게 범주화하는 대신에 의미 있는 내용은 무시해 버리는 약점이 있다고 지적한 Borgatta(1962 : 279)는 자신의 IPS(Interaction Process Scores) 체계를 새로 만들었다. 그 뒤 그는 완전히 새로운 채점체계인 BSs(Behavior System scores)를 다시 작성하였다(Borgatta and Crowther, 1965). 이 두 가지 범주 및 채점체계를 〈표 11-1〉과 〈표 11-2〉에 소개한다. 이 밖에도 여러 가지 방법들을 고안한 바 있다(Smith, 1975 : 205).

한두 가지 문제점을 살펴보면, 우선 이들이 '상호작용'이라는 개념을 쓰지만, 실지로 관찰하는 것은 한 개인이 다른 개인에게 향하여 하는 말과 행동을 기록하고 있다는 점이다. 그뿐 아니라 상호작용의 복합성을 포착하기 어렵고, 계기적 행동에 주목하기 때문에 동시에 일어나는 상호작용은 놓치기 쉽다.

〈그림 11-2〉 Bales의 IPA 범주들

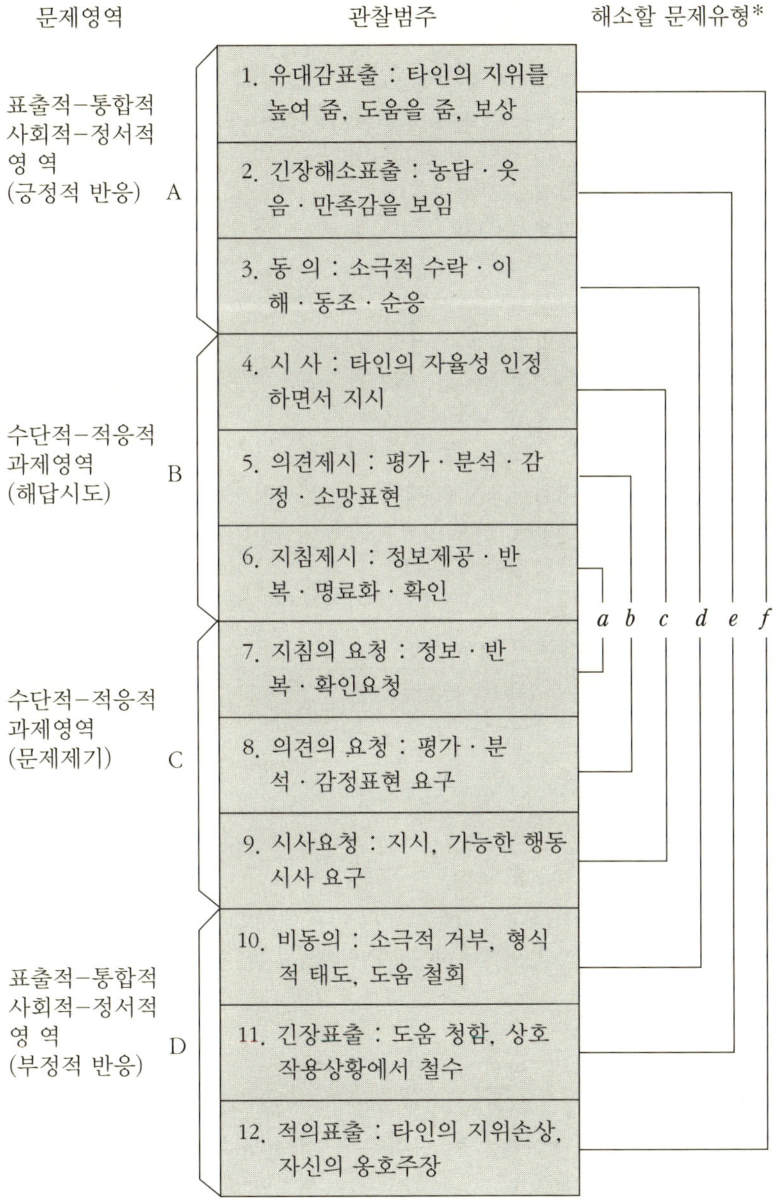

* 문제유형(문제영역의 하위범주)
a : 지향, *b* : 평가, *c* : 통제, *d* : 결정, *e* : 긴장관리, *f* : 통합

자료 : Bailey(1978 : 233)에서 재인용.

〈표 11－1〉 Borgatta의 IPS 범주들

01	일반적인 사회적 인정(1)
02	타인의 지위를 높여 줌으로써 유대감을 표출(1)
03	긴장해소표출 · 웃음(2)
04	"알았다"는 표시, 이해, 알아 줌(3)
05	동의를 보임, 동조, 순응(3)
06	절차적인 시사제공(4)
07	해결책시사(4)
08	의견 · 평가 · 분석제공, 느낌이나 소망표현(5)
09	자아분석 · 자아반성적 행동(5)
10	공격방향을 바꾸어 외부상황을 가리킴(5)
11	지침 · 정보제공 · 의사전달(6)
12	주목을 끔, 반복, 명료화(6)
13	의견 · 평가 · 분석 · 감정표현 요청(8)
14	반대의사표시, 반대되는 입장 견지(10)
15	긴장노출, 자신은 능력부족 · 자격부족이라고 도움 요청(11)
16	긴장의 증대노출(11)
17	적대감 · 적의표출 · 자기의사관철 요구(12)
18	자기방어적 태도(12)

주 : 괄호 속의 숫자는 Bales의 범주번호임.
자료 : Smith(1975 : 204)에서 재인용.

〈표 11－2〉 Borgatta와 Crowther의 BSs 개요

(이 채점체계의 목적) : 동년배집단과 자신의 평가에서 얻은 요인범주에 따라 행동의 채점기준제공이 목적

(채점요령) : 연속적 계기에서는 '누가', '누구에게'를 미리 구분해 놓고 따로 채점할 것, 그렇지 않으면 단순히 '누가'만 채점

〈범주와 요인〉

적극적 행위(assertive actions)

1. 중립적 의사전달(말의 계속상태 · 해명 등)
2. 지배적인 적극적 행위(남의 주목끌기 · 주장 · 대화시작 등)
3. 적대적 행위(타인의 거부, 타인의 거부를 암시하는 타인의 의견의 거부, 자기주장, 자기옹호 등)

철 회(withdrawal)

4. 철회행위(현장 또는 상호작용상황을 떠남, 반응을 요구하는 상황인 데도 반응하지 못함 등)

지지행위(supportive actions)

5. 지지행위("알았다"는 표시 · 반응을 보임 등)

6. 적극적 지지행위(지위향상, 단순한 반응을 넘어서 선제행동암시 등)

(이상의 요인들에 대해서는 점수범위가 1-6이고, 집단행동이 있을 때는 다음과 같은 예외가 곁들인다)

L. 집단의 웃음, 한번 웃음이 있을 때마다 한번 채점

T. 집단의 긴장, 정해진 기간마다 한번 채점

집단지향적 추가점수

a. 과제결정행위(집단의 주의를 과제로 돌림, 과제를 고려하도록 집단의 주의 환기 등)

b. 집단유지행위(집단결속노력 · 단결력제고 · 교착상태해소 등)

(이상의 점수는 a와 b가 다 나타날 때 우선순위를 주어 a를 b보다 먼저 채점하도록 한다. a나 b의 점수가 없으면, 중립적인 것으로 간주한다)

행위의 정서적 성격 추가점수

c. 긴장의 노출(신경질, 불안, 압력받고 하는 행동 등)

d. 예측불가능한 행동(과잉반응, 과잉긴장, 감정적, 이상한 반응, 자폐적 기타 타인과의 접촉결여 암시행위 등)

인습적 반응점수

1c. "…어…" 시작이 잘못되었는 데도 시정 없이 계속, 철회행위로 해석할 수 없는 행동

4c. 긴장상태에서 철회하는 인습적 반응(위의 4와 대비)

4d. 적대감을 분명히 가지고 철회하는 인습적 반응

자료 : Smith(1975 : 206)에서 재인용.

2. 언어외적(extralinguistic) 지표

언어적으로 분명히 의미 있게 나타나는 행동 외에도 언행과정에 드러나는 언어외적 또는 비언어적(nonlinguistic) 요소들을 관찰할 수도 있다. 다만, 이런 것들은 주로 심리학의 관심사이기 때문에 사회연구에서는 그다지 활용을 안 해 온 것들이다. 그 보기만 간단히 들어 본다(Smith, 1975 : 208-209).

첫째는 '소리'(vocal)의 차원이다. 음조, 소리의 크기, 음색 등을 포함한다. 소리는 음성분광계(voice spectrometer) 같은 기계를 이용해서 잴 수도 있는데, 소리를 가지고 사람의 감정상태를 식별할 수 있다는 연구결과가 나와 있다.

둘째는 시간적(temporal) 차원이다. 말하는 속도 · 지속시간 · 리듬 같은 것들이 여기에 해당한다. 그뿐 아니라 말하는 도중의 주저함 · 중단 · 말 실수 같

은 것들도 대인관계의 이해에 도움을 준다. 문장바꾸기, 반복, 말더듬기, 빼먹기, 불완전한 문장, 알아 들을 수 없는 발음 같은 것도 불안의 지표로 유용하다.

셋째는 언어양식(verbal-stylistic) 차원이다. 말의 스타일이라지만 괴팍한 단어, 이상한 발음, 사투리, 특이한 표현방법 등도 사회계층적 차이라든가, 특수한 행위를 하는(예 : 자살) 사람들의 특성을 알아보는 지표가 되기도 한다.

그러나 이와 같은 언어외적 지표들은 아주 민감한 관찰기제나 기술 없이는 정확성을 기대하기 어려우리만큼 미묘하다는 점에 주목해야 한다.

그리고 그 용도는 이론적으로 체계화하지 않으면 크게 쓸모가 없다.

3. 신체적 동작의 지표

평소에 우리가 생각하는 이상으로 비언어적 의사소통의 중요성이 크다는 견해가 있다. 비언어적 행동에서 제공하는 정보는 언어적 메시지를 반복하기도 하지만 그것과 모순되는 것일 수도 있고, 그에 대신하는 것일 때도 있다. 뿐만 아니라 어떤 말들은 강조해 주는가 하면, 의사소통의 흐름을 지탱해 주며, 언어적 정보와 관련 그 사람의 감정을 반영해 주기도 한다(Smith, 1975 : 210).

이런 관점에서 신체상의 움직임을 집중적으로 연구하기 위한 갖가지 지표들을 고안한 학자들이 있다. 그 중 대표적인 것 한두 가지만을 보기로 들겠다. LaFrance(1979)는 사람의 몸 자세, 특히 팔의 자세가 어떤 태도를 반영한다는 가정을 시험해 보고자 비교적 자세한 그림의 기호들을 담은 부호화체계를 개발하였다. 이를 적용한 보기를 들어 보자(Kidder, 1981 : 268-279).

우선 여름학기를 시행하는 대학에서 20명 정도의 학생이 있는 강의실 여러 곳을 두 번 비디오녹화를 하였다. 첫주에 한번 하고, 6주 후 마지막 주에 또 한 차례 녹화를 했다. 두 번 다 그 강의실에 참여하는 학생들은 자기가 듣는 강의와 교수에 대한 태도를 측정하는 간단한 질문서를 기입하였다.

이 연구에서 추구한 연구문제는 ① 교수와 학생의 자세가 비슷하면 그만큼 강의에 대한 몰입정도를 나타낸다고 볼 수 있는가? ② 자세의 공통성(posture sharing)이 강의에 대한 몰두를 좌우하는가, 아니면 그 반대의 관계인가?

비디오녹화한 내용을 가지고 두 사람의 훈련받은 관찰자가 따로 따로 그것을 부호화하였다. 특히 〈그림 11-3〉처럼 팔의 움직임과 자세를 집중적으로 관찰 · 부호화하도록 했다. 그런데 부호화할 때 자세의 공통성을 확인하기 위

〈그림 11-3〉 LaFrance의 팔 자세 부호화체계와 실제부호화 예

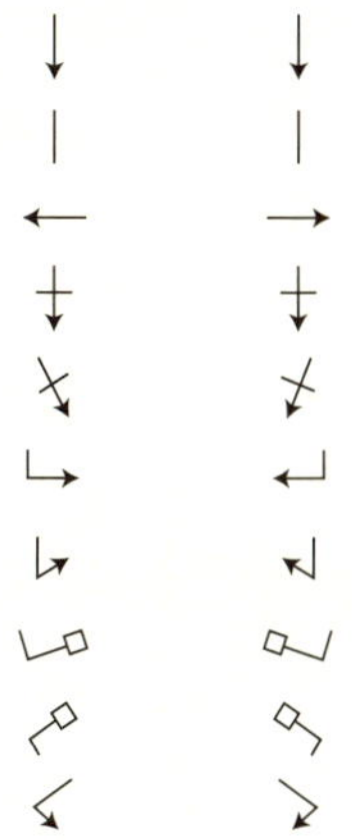

그림(기호) 오른팔 / 왼팔	뜻
(1)	팔을 곧게 펴서 아래로
(2)	팔을 곧게 펴고 앞으로
(3)	팔을 곧게 펴고 옆으로
(4)	직각으로 팔꿈치를 꺾고 아랫 팔뚝이 책상에 수평
(5)	45° 각도로 팔꿈치를 꺾고 몸 앞으로 내림
(6)	직각으로 꺾고 몸통을 가로질러
(7)	팔꿈치를 꺾고 아랫 팔뚝을 위 방향으로
(8)	팔꿈치를 꺾고 턱을 고임
(9)	팔꿈치를 꺾고 손을 머리 · 목 뒤로
(10)	팔꿈치를 꺾고 허리에 손을

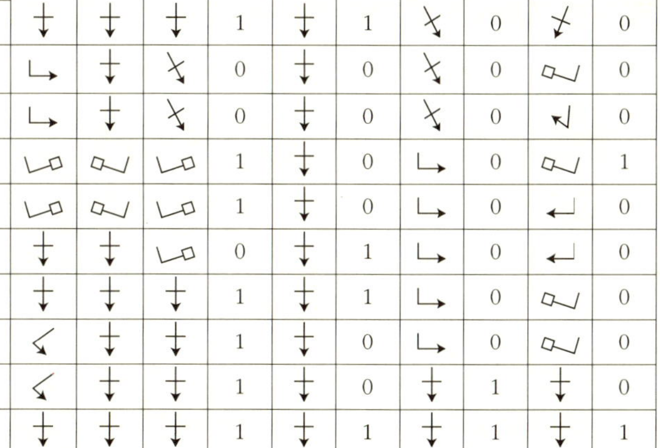

관찰시간: 시간단위	녹화테이프 표시	교수 오른팔	교수 왼팔	학생 A 오른팔	반영	학생 A 왼팔	반영	학생 B 오른팔	반영	학생 B 왼팔	반영
6분	49				1		1		0		0
12	103				0		0		0		0
18	150				0		0		0		0
24	204				1		0		0		1
30	261				1		0		0		0
36	323				0		1		0		0
42	385				1		1		0		0
48	456				1		0		0		0
54	529				1		0		1		0
60	615				1		1		1		1
(자료 집계표)					7		4		1		2

대상자	자세공유점수 오른팔	왼팔	계	평균평점(0-7점)
학생 A	7	4	11	6.2
학생 B	1	2	3	3.4

자료 : Kidder(1981 : 269; 272)에서 재인용.

해서는 교수의 오른팔과 같은 자세를 취한 학생은 왼팔을 부호화하여 거울처럼 반영하는 사례만을 공통한 것으로 간주하였다. 역시 〈그림 11-3〉의 가운데 부분에서 학생 A와 학생 B의 팔 자세는 교수의 팔 자세의 반영으로만 보고 점수를 주도록 한 것을 알 수 있다. 그 점수는 물론 6분이라는 시간단위에 대해서 한 점수씩을 부과하는 방식으로 얻었고, 그 결과를 〈그림 11-3〉의 맨 아래 표에 집약하였다.

그 밖에 얼굴표정에서 감정의 종류와 강도를 읽는 방법, 몸가짐에서 상호작용하는 상대끼리의 사회적 지위의 차등을 식별하는 방법, 손놀림과 몸의 동작 등의 영상을 잡아서 문화간 또는 부분문화 사이에 공간에 대한 사람들의 영토관(territoriality)이 다르다는 것을 밝혀 내는 방법 등을 고안하여 이론을 개진하거나 가설을 검토한 사례도 있다(Smith, 1975 : 211-212). 그리고 이런 비언어적 움직임들을 관찰 · 기록하는 데 이용할 수 있는 각종 기재들도 개발하였다.

그러나 이런 종류의 자료는 매우 정밀한 관찰을 요하고, 그에 대한 추리도 상당히 개입해야 하므로 실질적인 제약이 따른다. 아주 잘 훈련받은 관찰자가 아니면 식별하기도 힘들고, 또 판단하기가 어렵다. 더군다나 이런 관찰은 실험실상황과 같은 제한된 공간에서나 용이하지, 자연스러운 현지환경에서는 여러 가지 어려움이 더 따를 것이다.

그리고 불개입 · 무반응법에서 쓰는 단순관찰법의 연구내용은 뒤에 따로 소개할 것이다.

4. 공간적 행동(spatial behavior)

사람들은 사회적 상호작용과정에서 자신의 주변을 공간적으로 구조화하려는 시도를 한다. 사람이나 물리적 대상을 향해 움직이고 거리를 유지하는 등의 행동으로, 그러한 공간구조를 형성 · 유지 · 변경하려 하는 것이다. 이때 자신이 정해 놓은 '사적인 공간'(personal space) 안으로 타인이 침범해 오면 일단 회피하게 되는데, 그 순간 긴장을 느끼든지, 스트레스를 받든지, 위협을 느끼든지 하는 등의 경험을 하기 때문이다.

따라서 관찰법에 의한 연구에서도 이와 같은 공간적 행동을 관찰하고 기록하는 접근을 할 수 있다. 특히 문화적 배경이 다른 사람들의 행동을 관찰할 때는 사적인 공간에 대한 문화적 규정과 관습의 차이를 주의깊게 관찰하는 것도 유의미할 수가 있다. 대체로 동양이나 중남미 문화에서는 서양에 비해 개인적인 공간관념이 덜 강해서 다른 사람이 가까이 접근하는 것을 크게 이상하게 여기지 않는 반면, 서양인과 백인문화에서는 가까이 다가오면 불쾌해 하든지 물러나기를 하는 경향이 있다는 것이 연구에서 밝혀지기도 하였다. 요는 사람들의 대인관계나 사회적 상호작용에서 이 같은 공간적 행동도 주요 연구대상이 될 수 있을 때는 그에 대한 관찰도 하게 된다.

Ⅲ. 관찰의 상황

관찰하는 대상의 환경 혹은 관찰상황은 앞서 〈그림 11-1〉에 요약한 대로 자연스러운 상황과 인위적인 실험실상황으로 크게 나눌 수 있다. 실험실 내의 행동과 사회적 사호작용의 관찰은 다시 관찰 자체에 강조점을 둘 때와 실험에 주안점을 둘 때로 나누어 볼 수 있다.

관찰이 주 목적인데, 실험실과 같은 통제받은 환경을 필요로 하는 연구란 상호작용과 집단형성 및 유지 또는 집단구조를 집중적으로 탐구하기 위한 소집단연구 또는 소시오메트리법(sociometry) 등을 일컫는다. 이런 연구는 주로 서술적 · 탐색적 목적을 추구하기 때문에 특정가설의 검증이나 변수간 관계의 인과성을 찾고자 하는 실험연구법과 다르다. 그러면서도 관찰과 부호화의 체계화 · 객관화 · 수량화를 중시하므로 구조화관찰법을 쓰고, 통제된 상황을 선호한다.

실험적 탐구가 주 목적이 아니면서도 실험실의 통제받은 환경을 요하는 관찰법에서는 연구자가 원하는 실험실과 그에 따른 장비 · 장치 및 관찰대상자들만 갖추면 족하다. 다만, 피관찰자들이 관차자들의 관찰행위를 순간마다 의식하지 않도록 하기 위해서는 일방경과 같은 장치가 있는 방이 좋을 것이다.

그러나 가설검증 · 인과관계추정에 주안이 있는 실험연구를 위해서 관찰법을 자료수집의 수단으로 쓸 때는 실험적 통제와 피실험자들의 배치를 위한 모든 필요한 조처를 해야 할 것이다. 이 문제는 실험적 방법의 논의에서 더 자세히 다룰 것이다.

실험실의 인위적 상황이 아니고 자연스러운 환경에서 관찰법을 적용하는 데에도 참여관찰과 같이 완전 비조직관찰이 있는가 하면, 상황은 자연적이지만 관찰 · 기록은 구조화하는 반조직적 · 체계적 관찰법이 또한 있다. 참여관찰은 별도로 다루어야 할 터이므로, 이 장에서는 제외한다. 따라서 여기에서는 반조직적 관찰법과 실험실 내 비조직적 관찰법의 보기만을 들어 관찰상황의 비교와 아울러 그 특성들을 간추려 살펴본다(Bailey, 1978 : 235-238).

1. 반조직적 관찰법

조직적 관찰법의 엄밀성과 계량화가능성을 유지하면서도 상황의 인위성까지는 원치 않는 연구자라면 절반만 구조화한 방법을 쓸 것이다. 얼른 보면, 이 방법은 조직적 관찰의 이점과 자연스러운 상황의 현지연구법의 장점을 모두 갖출 수 있을 것으로 보인다. 그러나 그 두 가지의 약점들도 동시에 지닐 수 있다는 데 주목할 필요가 있다.

비조직적 참여관찰을 중시하는 질적 연구법의 주창자들이 볼 때, 자연스러운 상황의 중요성은 바로 그 속에서 살아 움직이는 사회성원들의 일상적인 삶의 세계, 사회적 과정을 그들 스스로의 관점에서 이해하며 상호작용하는 모습을 파악할 수 있다는 점에서 찾는다. 그런데 관찰의 객관화를 위하여 관찰의 체계를 미리 짜서 그에 준해서만 관찰 · 기록하는 반조직적 관찰법을 쓴다면, 거기에는 관찰자의 인위적 왜곡이 이미 일어난다고 보는 것이다.

한편 수량화의 중요성을 강조하는 관점에서 보면, 자연스러운 상황이란 관찰자의 개입에 의한 피관찰자의 반작용을 자극함으로써 자료의 편의를 초래한다고 비판한다. 게다가 자연스러운 현장상황에서는 관찰의 주요 내용인 변수들에 작용하는 각종의 외재적 변수들을 통제할 길이 없다는 것이다.

이런 지적을 감안하여 피관찰자의 반작용효과도 줄이고 외재적 변수의 통제도 최소한 확보하는 길로서 교실처럼 자연스럽지만, 실내의 상황에서 어린이들을 대상으로 할 것을 시사하기도 한다. 어린이들은 관찰자의 개입에 반응하는 시간이 짧고 곧 자연스러운 상태를 회복한다는 것이다. 그러면서 관찰 · 기록의 틀은 체계화하여 자료수집과 부호화를 할 수 있다.

2. 실험실 내 비조직적 관찰법

비조직적 관찰법의 일반적인 장점은 피관찰자들 스스로가 상황을 구조화하도록 허용하면서 그것을 있는 그대로 기록할 수 있다는 것이다. 이것을 가장 완벽하게 하려면 참여관찰법을 써야 할 것이다. 그러나 별로 자주 실시하지는 않지만, 실험실과 같은 인위적 상황에서 일정한 관찰·기록의 틀을 갖지 않고 관찰하는 방법이 유용한 때가 없지 않다. 그것은 가령 정신질환이 있는 어린이들의 놀이요법(play therapy) 같은 상황에 대한 관찰에서 이용하기도 한다.

이런 놀이요법에서는 피관찰자인 어린 환자들은 갖가지 장난감 등 놀이기구를 갖춘 일방경이 있는 실험실 같은 인위적 상황 속에서 놀게 한다. 그리고 그들이 노는 행동은 아무도 통제하거나 간섭하지 않는 '자연스러운' 모습으로 일어나게끔 한다. 그리고 관찰자는 그러한 자연스러운 행동들을 일일이 관찰하고 기록한다.

이런 연구는 일차적인 목적이 치료에 있으므로 관찰은 부수적인 부산물이 되는 셈이다. 그렇더라도 이와 같은 원리를 관찰·연구의 목적에 원용한다면, 유용한 결과를 얻을 수도 있을 것이다.

Ⅳ. 관찰과 기록

무엇을 관찰할 것인가도 중요하지만, 관찰법에서는 어떻게 관찰하고 기록할지가 또한 중요한 측면이다. 비록 매우 정교하게 꾸며진 관찰내용의 범주체계를 가지고 있다 해도 그것을 실제 관찰과정에 적용하는 데 실패한다면 소용없게 된다. 관찰과 기록의 기법과 관련 세 가지의 고려점들을 중심으로 생각해 본다(Nachmias and Nachmias, 1976 : 75-79; Kidder, 1981 : 270-271; 274-275; Frankfort-Nachmias and Nachmias, 2000 : 193-195).

1. 관찰의 시간적 단위설정문제

이 문제는 관찰의 시간표집(time sampling)의 쟁점이라 일컫기도 한다. 언제, 얼마나 오래, 얼마나 자주 주어진 행동이나 상호작용현상을 관찰할 것인지를 결정해야 하는 문제다. 어떤 행동이나 현상은 특별한 시간에라야 일어날 것이고, 다른 것들은 아무 때나 관찰할 수 있고 또 관찰해도 무방할 것이다. 따라서 시간맞추기(timing)가 우선 중요하다.

다음은 행동이나 현상의 지속성에 따라 어떤 것은 계속 관찰해야 하고, 다른 것은 간헐적으로 몇 번을 관찰하되 한번에 일정기간 동안만을 관찰해도 좋은 것이 있다. 관찰대상행동, 현상의 빈도, 지속시간, 속도 등을 틈틈이 관찰해도 좋을 때가 있는가 하면, 계속 관찰해야 그것을 모두 포착할 수 있는 수도 있다.

다시 말하면 관찰단위(observation units)가 시간차원과 밀접한 관련이 있다는 뜻이다. 그래서 시간단위의 표집이 필요해진다. 시간표집방법에는 세 가지 보기가 있다(Kidder, 1981 : 270-271; 275).

첫번째는 시점표집(time-point sampling)이다. 관찰 한 단위(1분 · 10분 · 1시간 등) 시간이 끝나는 순간에 주어진 내용의 행동 · 현상이 일어나는지를 관찰 · 기록하는 식으로 해서 필요한 전체시간 동안의 관찰을 모두 합쳐 놓고, 단위시간에 일어난 빈도 등을 따지는 방법이다.

두 번째는 간격표집(time-interval sampling)이다. 이 때는 일정한 시간적 간격(1분 · 10분 등)에 걸쳐 계속 관찰은 하되, 그 간격 동안에 주어진 행동 · 현상이 여러 번 일어난다 해도 한 시간 단위(간격)에 대해서 한번만 기록하는 접근이다.

세 번째는 초점개인표집(focal individual sampling)이다. 관찰의 시간문제는 단순히 시간의 단위에 국한되지 않고, 관찰해야 할 사람의 수와도 관계가 있다. 한꺼번에 여러 사람을 관찰해야 할 때는 부득이 시간표집을 해야 할 뿐만 아니라 관찰자를 다수 활용해야 한다. 그래서 관찰대상자를 특정개인으로 제한하고, 집중적으로 그 사람의 행동을 단위시간의 맥락에서 관찰하도록 조처하는 초점개인표집법을 쓰게 된다. 이 때 동일한 단위시간에 행동하고 있는 다른 모든 사람들은 일단 무시한다. 다음 번의 단위시간에는 또 다른 개인에게 초점을 맞추어 집중관찰을 하는 식으로 진행하는 표집법이다.

2. 관찰 · 기록의 쟁점

조직적 관찰에서 체계화하는 것 중에 가장 중요한 것이 관찰할 행동이나 현상의 범주를 정교하게 규정하여 관찰범주의 틀 또는 체크 리스트를 마련하는 일이라고 했다. 그것은 바꾸어 말해서 관찰한 것을 정확하게 기록하는 데 도움이 되는 기본틀을 제공한다는 뜻도 된다. 그러나 실제 관찰과정에서는 관찰자가 관찰도 제대로 하고, 그것을 정확하게 기록해야 하며, 또 기록한 것을 정확하게 부호화해야 하므로 각별한 주의가 필요하다.

가령 ‘미소’라는 아주 단순한 행동 하나를 관찰 · 기록한다면 우선 미소가 나타난 그 당장에 생기록을 남길 것인지, 아니면 비디오녹화를 했다가 후에 부호화를 할지를 결정해야 한다. 다음에는 미소의 여러 유형들을 구별해야 할지, 또는 미소의 강도에 따라 구분해야할 지 등의 판단이 필요할 것이다. 그러니까 관찰자는 연구자가 마련한 범주체계, 즉 관찰의 틀에서 말하는 특정행동의 유무를 무엇으로 가려 낼 것인지에 관한 특정화된 보기들과 지침들을 필요로 한다.

이런 지침은 이론적 틀에서 연역하여 마련할 수도 있고, 여러 번의 관찰 실습을 거쳐 귀납적으로 만들 수도 있다. 대개는 이 둘을 조합하는 게 유리하다. 어쨌든 관찰내용의 범주들은 분명해야 하고(모호하면 곤란하다), 포괄적이어야 하며, 상호배타적이어야 한다는 것이 원칙이다. 이에 덧붙여 관찰기록과 부호화의 지침은 구체적이고 특정적일수록 좋을 것이다.

예를 들어 앞서 〈표 11-1〉에서 예시한 Borgatta의 16번째 범주 ‘긴장의 증대노출’이라는 것에 대한 그 자신의 더 자세한 지침을 보자(Borgatta, 1962 : 278).

> “이 범주에서는 대화가 중단되었거나 거의 고갈된 상태에서 생겨나는 긴장의 기간에 점수를 준다. 이 범주에 해당하는 것들은 대개 헛기침을 한다든지 사방을 공연히 돌아 보는 등 어색한 침묵을 지키는 행위 등이다.”

3. 관찰자의 추리의 쟁점

인식론적으로 인간의 지각이란 이론종속적이라는 견해가 있다. 어떤 행동이 무엇을 뜻하는지를 판단해야 하는 관찰의 기록에는 어차피 관찰자의 추리 또는 유추(inferences)가 개입하기 마련이다. 관찰의 틀이나 기록의 지침에는 비교적 단순한 관찰로 알아 차리기 쉬운 “질문한다”와 같은 것도 있어서 이런 행동은 확인하는 데 큰 무리가 없을 것이다. 그러나 “적대감을 나타낸다,” ‘공격적 행위’ 같은 것은 관찰자의 추리의 여지가 많은 범주의 보기다.

그러니까 관찰하고자 하는 행동과 관찰자의 관찰 · 기록이라는 두 가지 행동 사이에는 관찰자의 추리가 작용하게 되어 있다는 말이다. 그것은 어떤 기계를 써서 관찰 · 기록을 하는 때에도 마찬가지다. 그 기록을 관찰자 또는 부호화하는 사람이 부호화를 해야 하게 될 터이므로 그 과정에도 추리가 개입한다.

결국 관찰자의 추리는 불가피한 만큼 그의 추리가 정확하도록 실력을 키우는 게 중요하다. 이를 위해서, 또 그 밖에 관찰의 신뢰도와 타당도를 확보하기 위해서 관찰자의 훈련이 매우 큰 비중을 차지하게 된다.

이런 훈련과정에는 연구자의 이론적 틀과 연구가설 같은 것을 익히는 일도 포함하면 도움이 될 수 있다. 어차피 관찰내용의 의미를 추리해야 하는 관찰자로서는 자기 임의로 해석해서 추론하는 것은 피해야 하는데, 그 준거가 될 만한 것은 역시 연구자의 이론적 관점이 될 수밖에 없기 때문이다. 아울러 관찰한 자료의 부호화와 분류를 위한 범주에 대해서도 익숙해지는 것이 도움이 된다.

4. 관찰 · 기록의 실제적 수단

관찰행위란 인간의 오관을 다 써서 지각하고 인지하는 것이므로, 그것을 가장 포괄적으로 기록하는 기능은 인간의 두뇌가 한다. 그러나 그것은 관찰자 개인의 내면적 기록이지 객관적인 자료는 될 수 없다. 따라서 기록은 다른 사람도 보고 검토할 수 있는 모습으로 이루어져야 한다.

가장 기본적인 방법은 관찰자가 공책이나 컴퓨터 같은 데다 자기가 보고 느낀 대로 빠짐없이 기록하는 것이다. 특히 질적 접근인 현지연구나 참여관찰에서는 이런 방법에 의존하게 된다. 그러나 구조화관찰에서는 객관적 · 양적 자료를 요구하기 때문에 앞에서 관찰자가 손으로 기록할 때 보조기능을 하면서 자료를 체계적으로 부호화하는 데 이용하는 범주들의 틀을 몇 가지 살펴보았다.

여기서 한 가지 주목할 사항은 구조화관찰법에서는 관찰내용의 범주들을 제시하고 거기에 부호나 점수를 부여할 지침까지 제시하는 틀, 또는 체크 리스트가 있고, 그것에 따라 관찰을 실제로 기록하는 기록부(worksheet)가 따로 있다는 점이다. 질문서법이나 면접법에서는 자료는 조사표에 기록하고, 부호화지침에 따라 부호지(coding sheet)에 옮겨 적게 되어 있는 것과 다르다. 다시 말해서 관찰하는 내용은 곧 기록부로 옮겨 적는데, 그것이 바로 수량화된 원자료의 모습이다. 그것은 통계적 분석을 위하여 컴퓨터 같은 데로 옮겨 입력한다.

이러한 기록부의 보기는 〈그림 11-4〉에 소개한다. 여기 예시한 연구는 경찰관과 시민 사이의 상호작용을 관찰한 보기다(Eckhardt and Ermann, 1977 :

〈그림 11-4〉 경찰-시민 상호작용기록부 예

피관찰자 구분	인구학적 특성의 부호 예			행동성향의 부호 예			
	성	나 이	SES	음 주	태 도	언 사	단속이유
	?=0 남자=1 여자=2	?=0 아동=1 청소년=2 청년=3 장년=4 노년=5	(사회경제적 지위) ?=0 상=1 중=2 근로=3 하=4	무=0 주정=1 약물=2 의심=3 횡설수설=4	중립=0 불손=1 공손=2	중립=0 험구=1 경어=2	검문=0 경범=1 절도 등=2 강력=3 살인·강간=4
경찰관 A							
B							
C							
지나가던 사람 A							
B							
C							
상호작용 참여자 A							
B							
C							
범행자 (가해자) A							
B							
C							
피해자 A							
B							
C							
신고자 A							
B							
C							

관찰자 No. ____________

(피관찰자) 경찰관 No. ____________

자료 : Eckhardt and Ermann(1977 : 278-279)에서 인용개편.

271-280). 이것은 물론 손으로 기록하기 위한 고안물이지만, 요즘은 여러 가지 기계적인 보조기구들을 개발해서 편리해지고 있다.

어쨌든 기계가 편리한 것은 사실인데, 요즘은 컴퓨터가 이런 기능을 복합적으로 수행할 수 있으므로 이용할 필요가 있다. 녹음기 · 비디오녹화기 · 영화촬영기 · 보통 사진기 등을 자주 이용한다. 그 밖에 냄새를 맡는 기계, 소리측정기 같이 특수한 기기들도 있고, 또 Minnesota에서 개발한 MID CARS라는 특수관찰기기가 있다. 이것은 미네소타 상호작용자료 부호화 및 요약기제(Minnesota Interaction Data Coding and Reduction System)라는 말의 약자로서 녹음용 카세트장치에 기록과 부호화의 채점, 시간조절 등을 위한 누름단추들(push buttons)도 갖추고 있는 기계다(Smith, 1975 : 220-222).

기계의 장점은 편리하다는 것 외에도 ① 사람의 선별적 지각(selective perceptions) 탓으로 중요한 현상을 놓치는 일, ② 기록과정에서 빠뜨리는 실수, ③ 자연적 상황에서 관찰한 다음 한참 후에 기록하려고 기억하는 과정에서 잊어버림으로써 생기는 오류 등의 약점을 갖지 않는다는 점이다. 그뿐 아니라 장시간의 관찰이 필요할 때, 기계는 권태나 피로의 효과 없이 계속 기록할 수 있다.

그러나 기계는 사람처럼 5관을 모두 이용하여 종합적으로 지각하지는 못한다. 그리고 기계에 기록한 내용은 어차피 사람이 다시 부호화해야 하는데, 이 때 지나간 관찰내용을 회상하다가 잊어버리는 착오가 생길 수도 있다.

일단 기록하고 부호화한 관찰자료는 여느 양적 자료와 마찬가지로 통계적 분석을 하게 될 것이다. 또한 질적 연구라면 그 연구목적에 걸맞은 질적 분석을 할 것이다. 관찰자료의 분석법이 따로 있는 것은 아니나, 해석과정에서는 질문서 · 면접자료와는 다른 의미를 부여할 수도 있다는 차이는 찾아 볼 만하다.

제 4 절 관찰법의 신뢰도와 타당성문제

관찰법이 현실상황을 직접 목격하는 접근법이기 때문에, 그나마도 면접이나 질문서라는 간접적인 수단으로 얻는 자료보다는 믿을 만하고 실재에 가까운 자료를 얻을 수 있다는 일반적 평가를 해도 좋을 것이다. 그러나 관찰의 정확성을 비롯한 갖가지 문제점도 이미 부분적으로 지적하였다. 이제는 관찰법의 신뢰도와 타당도 문제를 좀더 체계적으로 검토함으로써 관찰법에 대한 논의를 마무리한다. 다만, 질적 연구법의 주축인 참여관찰의 신뢰도와 타당도 문제는 그 때 가서 별도로 다룰 것이다(Bailey, 1978 : 241-247; Smith, 1975 : 223-227).

Ⅰ. 관찰의 타당도를 좌우하는 요인들

관찰법에 있어서 타당도나 신뢰도를 좌우하는 요인들은 주로 관찰자와 관찰 · 기록 및 부호화의 체계와 관련이 깊다. 먼저 타당도문제는 관찰한 내용이 과연 연구목적과 연구문제에 유관적합한가, 관찰하려는 내용을 사실 그대로 포착한 것인가를 따진다.

첫째, 기대하는 행위만을 보게 되는 오류가 있다. 앞서 인간의 관찰행위는 선별적 지각이 개입한다는 점을 지적하였거니와 관찰자는 자신의 과거경험에 비추어 일정한 상황에서는 일정한 행위를 기대하게 됨으로써 관찰편의를 자아낼 수가 있다.

둘째, 이와 관련해서 관찰자가 기록하는 과정에서도 사회적으로 용납받을 만한 것만을 기록하는 오류를 범할 수 있다.

셋째, 피관찰자와는 어떤 관계의 맥락에서 관찰하는지에 따라 관찰자의 개입이 일으키는 편의가 있을 수 있다. 비참여관찰에 일방경의 이용 같은 은밀한 방법을 쓰지 않는 한 익명성을 확보하기 어렵고, 관찰자의 존재는 눈에 뜨이게 마련이다. 그러면 상황에 대한 개입, 피관찰자의 반작용의 자극을 피하기 어렵다.

넷째, 역시 관찰자와 피관찰자의 관계에서 이번에는 후자가 사회적으로 용납할 수 있는 행위를 하든가, 관찰자에게 잘 보이려 하는 편의가 생기기도 한다.

다섯째, 관찰자의 피로 · 긴장 · 허기(배고픔) · 권태나 전혀 기대하지 않던 상황의 전개에 대한 놀라움의 충격 등도 관찰의 타당도뿐 아니라 신뢰도까지 저하시킬 수 있다.

여섯째, 인간지각기관에는 한계가 있다. 관찰과 측정의 수단으로서 인간의 5관은 포괄적이면서도 그 나름의 한계가 있어서 동시에 여러 가지를 포착할 수 없다든지, 너무 큰 소리를 못듣는다든지 하는 등 다양한 제약이 있다. 그래서 기계적인 보조수단들을 고안 · 활용하는 것이다.

일곱째, 관찰 · 기록과정에서 관찰할 내용을 잘못 표집하는 수도 있다. 시간표집을 하면서 관찰해야 할 행동이나 현상이 잘 일어나지 않는 시기에 관찰한다거나, 엉뚱한 내용을 단위로 표집기록해 버릴 수도 있다.

여덟째, 관찰 · 기록 · 부호화 틀에서 지정하는 범주들이 불분명하게 규정되어 있든가, 관찰자가 그에 대한 분명한 이해 없이 관찰을 시행하면 역시 관찰이 부정확하고 타당한 내용의 관찰이 불가능해진다.

Ⅱ. 신뢰도와 관련 있는 요인들

관찰의 신뢰도는 관찰자가 믿을 만한 작업을 제대로 했는지를 판가름하는 척도다.

첫째, 관찰상황과 관련, 관찰하고자 하는 행동 · 현상에 직접 접근하여 관찰할 수 있으면, 그만큼 관찰자들간의 상호주관적 검증이 용이하다.

둘째, 관찰할 행동이나 현상이 눈에 잘 잡히지 않거나, 간접적으로만 포착할 수 있는 것이거나, 혹은 너무 추상적인 것이면 그만큼 관찰자의 왜곡이 커진다. 다시 말해서 관찰할 행동속성 같은 것을 명확하고 이해하기 좋게 규정해야 신뢰도를 높일 수 있다.

셋째, 기록과 부호화를 위한 틀에서 범주의 수가 적을수록, 그 규정이 명확할수록, 그리고 관찰자의 추리가 적게 작용할수록 신뢰도를 높이는 데 유리하다.

넷째, 역시 관찰자의 피로 · 긴장 등 작업조건과 신체적 상태가 신뢰도에도 영향을 미친다.

앞으로 제17장에서 자료의 타당도와 신뢰도의 의미 및 측정방법 등을 정리하겠지만, 관찰자료에 대해서도 그러한 일반원칙은 그대로 적용한다. 다만, 관찰의 신뢰도는 관찰자 두 사람 이상이 같은 대상에 대하여 같은 내용을 관찰케 한 다음, 그들의 점수나 기록을 가지고 상관도를 측정하는 방법이 가장 빈번히 쓰는 것이다. 이 때 주의할 것은 상관도를 내는 점수나 부호들을 잘 선정해야 한다는 점이다. 가령 여러 가지 관찰항목의 총계 같은 점수는 상관관계 계산에서 관찰자간의 차이를 예민하게 보여 주지 못한다.

Ⅲ. 신뢰도와 타당도를 높이기 위한 훈련

결국 어떤 자료수집법이나 마찬가지겠으나, 특히 관찰법에서는 자료의 신뢰도와 타당도가 관찰자에게 크게 달려 있다는 점을 상기할 필요가 있다. 그러므로 관찰법을 이용하는 연구자들은 관찰자를 잘 선정하고 훈련을 철저히 시키는 것을 가장 중요한 일로 보아야 한다.

관찰자를 선정할 때, 일정한 검사를 거치기도 할 만큼 세심한 주의를 기울인다. 그러나 무엇보다도 관찰자들은 관찰상황과 내용, 그리고 관찰 · 기록 · 부호화에 쓸 도구(관찰범례 · 범주체계 · 체크 리스트 등)에 완전히 익숙하도록 철저히 훈련해야 한다. 그러기 위해서는 실습과 예행연습(role playing)을 여러 번 되풀이하고, 연구자와 더불어 문제가 될 만한 요소들에 대하여 토의하며, 관찰자들 사이에 합의를 얻는 집단토론을 거치는 것을 권장한다.

아직은 관찰법이 전반적으로 질문서법이나 면접법 등에 비해 정교한 기법의 개발이라는 측면에서 뒤지고 있는 형편인지라 쓸 만한 지침도 희소하다. 그러므로 앞으로는 이 방법의 개발과 활용을 위한 노력을 더 기울여야 할 것이다.

주요 개념들

직접관찰법	비언어적 행동	간접관찰
참여관찰	완전참여자	관찰자적 참여자
참여자적 관찰자	완전관찰자	자연스러운 상황
통제된 상황	통제된 관찰	조직적 관찰
체계적 관찰	관찰 · 기록 틀	체크 리스트
관찰범례	언어적 행동	언어외적 지표
신체적 움직임	공간적 행동	자세의 공통성
반조직적 관찰법	시간표집	실험실 내 비조직적 관찰법
관찰단위	시점표집	간격표집
초점개인표집	선별적 지각	기록부

생각해 볼 문제들

1. 관찰법이 '직접관찰'이라는 뜻은 무엇인가?
2. 관찰법을 분류하는 기준들에 따른 유형들을 비교해 보자.
3. 관찰법의 장 · 단점은 어떤 것인가, 다른 자료수집법과 비교해 보자.
4. 관찰법의 일반적 절차를 점검해 보고, 이것을 다른 접근들과 비교해 보자.
5. '무엇'을 관찰할 것인가에 대하여 토론해 보자.
6. 어떤 상황에서 관찰하는 것이 유용한가를 따져 보자.
7. 관찰과 기록의 기법과 유의사항들을 생각해 보자.
8. 관찰의 신뢰도와 타당도는 어떤 요인의 영향을 받는가?

제12장 실험적 방법

실험(experiment) 또는 실험적 방법(experimental method, experimentation)을 과학적 관찰 또는 자료수집의 한 유형으로 보는 관점이 있다. 그러나 엄밀히 따져 보면, 실험이란 자료수집의 한 기법이기보다는 탐구(inquiry) 또는 연구(investigation, research)의 논리요 설계모형이라고 보는 게 마땅하다. 실험의 설계를 가지고 실험실 내 실험(laboratory experiment)을 실시할 수도 있지만, 현지실험(field experiment)도 할 수 있다. 또 모의실험(simulation) · 게임(game) 같은 가상적 상황에서도 실험이 가능하다. 그런가 하면, 실험적 연구를 하기 위해서는 관찰법 · 면접법 · 질문서법, 그 밖의 검사법(tests) · 투사법(projective techniques) 등 다양한 자료수집법들을 활용하게 된다. 때로는 표집절차도 밟는다(Bailey, 1978 : 191; Mayntz *et al.*, 1976 : 162-163; Smith, 1975 : 80-81).

여기에서는 실험의 논리, 실험설계와 타당성의 유형, 실험적 방법의 절차와 유의사항, 그리고 실험의 구체적 상황에 따른 절차와 쟁점 등을 체계적으로 간추려 정리하고자 한다(Frankfort-Nachmias and Nachmias, 2000 : 88-135; Neuman, 2003 : 237-262; Rubin and Babbie, 2008 : 250-279).

제 1 절 실험의 논리

과학적 방법의 요체에는 통제 하의 탐구(controlled inquiry)의 이상이 숨겨져 있다. 그것은 아무 대상이든, 아무렇게나 판단하는 일상적인 절차를 불신하고 대상의 선택, 관찰의 상황과 절차, 기법, 판단의 논리, 분석의 기술 같은 모든 탐구과정에서 철저한 통제 아래 결론을 내릴 것을 요구하는 과학의 요소다. 이

점만은 인식론적 패러다임을 떠나 누구나 동의하는 것이다(Bernstein, 1976). 물론 구체적 절차와 기법에서 차이가 나는 것은 사실이지만, 결론의 타당성을 높이는 데는 통제 하의 탐구가 불가결의 것임을 인정할 수밖에 없다.

이처럼 통제 하의 탐구의 원칙 또는 정신에 가장 충실하려는 방법이 말하자면 실험이다. 그리고 궁극에 가서는 모든 경험적 증명(empirical proof)은 실험의 논리와 밀접한 관련이 있다. 다만, 실제적인 여건이나 윤리적인 쟁점으로 말미암아 사회과학의 연구에서는 실험적 방법을 쉽사리 활용할 수 없다는 제약을 안고 있다. 그럼에도 불구하고 과학적 탐구에서 참된 실험의 이상을 소중히 여기는 까닭은 과학적 연구에서 추구하는 인과적 설명, 인과성(causality) 내지 인과관계(causal relations)에 대한 관심 때문이다(Friedrichs, 1970 : 169-171; Smith, 1975 : 80-81; Bailey, 1978 : Mayntz *et al*., 1976).

인과성의 문제는 철학, 즉 인식론에서도 계속 논란의 대상이 되고 있는 쟁점 중의 하나이므로, 여기서 자세하게 논의할 수는 없다. 게다가 인간행위와 사회현상을 다루는 사회과학에서는 그 나름으로 인과성이 논쟁의 초점이 되고 있는 게 현실이다(Gibbs, 1972; Mulkay, 1979).[1] 그러므로 여기에서는 실험적 방법이라는 한정된 테두리에 관련해서 조작적으로 규정하는 인과관계의 개념을 중심으로 실험의 논리를 검토해 보기로 한다.

Ⅰ. 인과관계의 뜻

대체로 실험법은 실증주의적인 사회연구자들이 주로 선호하는 방법이다. 따라서 실험의 주요 관심사가 되는 인과관계의 개념도 그 범위 안에서 이해하기로 한다. 이 때 가장 먼저 알아 둘 것은 인과성 또는 인과관계란 현상의 본래적인 속성, 즉 '자연법칙'과 같은 것인데, 그것을 우리가 발견해 낸다기보다는 오히려 현상을 연구하는 인간이 세계에 부과하는 하나의 가설적인 전망이라는 생각이 오늘날 인식론의 일반적 관점이라는 사실이다(Mulkay, 1979; Cook and Campbell, 1979; Selltiz *et al*., 1976 : 114).

이런 견지에서 인과관계의 가설은 어떤 특정한 현상의 속성 또는 발생을 X라 하고 다른 어떤 특정현상의 속성 내지 발생을 Y라고 할 때 X를 발견하면

1) 인과적 설명을 추구하는 이론의 형식과 성격에 관해서는 앞서 제 2 장에서 살펴보았다.

반드시 Y도 발견하는데, 다만 시간적으로 Y가 X보다 뒤에 일어나는 관계를 일컫는다. 이 때 X는 원인적 요인(cause), Y는 결과(effect)라고 한다. 이것을 좀 풀어서 해설하면, 첫째는 X와 Y 사이에는 공변관계(covariation)가 있음을 가정할 수 있어야 하고, 둘째는 적절한 시간적 순위가 있어야 하는데, 원인이 결과보다는 반드시 선행한다는 조건이다(Selltiz *et al.*, 1976 : 115).

여기에 몇 가지 덧붙여 참작해야 할 조건들이 있겠다.

첫째, X(원인)와 Y(결과)의 관계는 어디까지나 경험적으로(empirically) 관찰할 수 있는 확률적인(probability) 공변관계다. X를 관찰하게 되면 Y도 관찰할 확률이 높다는 것을 주장하는 가설적 관계라는 말이다.

둘째, X와 Y의 관계는 경험적으로 비대칭적이고(asymmetric) 서로 뒤바꿀 수 없는(irreversible) 관계다. X가 원인이고 Y가 결과라고 가정했으면, 반드시 시간적 선후가 $X \rightarrow Y$의 방향으로 가지 $Y \rightarrow X$는 될 수 없고, $X \rightarrow Y$ 또는 $Y \rightarrow X$가 동시에 성립할 수도 없다. $X \rightarrow Y$, $Y \rightarrow X$가 동시에 가능한 것은 보통 상관관계(correlation)의 가정으로 족하고, 인과관계의 가정을 주장할 수 없다. 그래서 이것을 두 변수 사이의 관계로 나타내어 X(원인)는 독립변수(independent variable), Y(결과)는 종속변수(dependent variable)라 한다. 여기서 함축하는 내용은 종속변수는 제 나름으로 일어나는 특성이 아니라 어떤 독립변수가 원인으로 일어나야 생길 수 있다는 결정론적 관계다. 물론 이 때의 '결정'이란 말은 확률적 개념이다(Mayntz *et al.*, 1976).

그런데 이 관계는 자연현상이건 사회현상이건 마찬가지겠으나, 특히 사회현상에서는 더욱 복합적이라고 볼 수 있다. 한 가지 종속변수(결과, Y)를 자아내는 데에는 한 가지 독립변수(원인, X)만이 있는 게 아니고, 또 반대로 원인 X가 Y라는 한 가지 결과만을 낳는 것이 아니다. 다만, 인과관계에 대한 우리의 관심은 후자의 가능성보다도 Y를 자아내는 여러 가지 X_n들의 영향들을 더 중시하는 쪽에 있다. 다시 말해서 인과적 설명의 관심은 한 가지 원인에서 몇 가지의 대안적 결과가 발생하느냐 하는 문제보다 한 가지 결과를 일으키는 원인 가운데 어떤 것이 가장 결정적인지를 더 심각하게 따지려는 것이다. $X_1 \rightarrow Y$라는 가설에 대해서 $X_2 \rightarrow Y_1$, $X_3 \rightarrow Y$, … $X_n \rightarrow Y$와 같은 대안적 설명들(plausible alternative explanations)은 없는가 하는 데 주목하게 된다.

좀더 완벽한 설명을 얻자면 X_1-X_n의 모든 원인적 요인들 또는 독립변수들이 Y에 어떤 효과 · 영향을 미치는지를 모두 알 수 있어야 하고, 덧붙여 X_i–X_n의 변수들 가운데서 어떤 X_i가 가장 중요하고 의미 있는 효과를 가져 오는지를 알아야 하며, 또 나아가서 X_i–X_n의 변수들 사이에는 서로 어떤 관계가 성립하는지도 알아야 할 것이다. 그러나 실제 연구상황에서는 이런 목표란 실현불가능하고, 다만 할 수 있는 데까지 분석해 보려는 노력을 기울일 수밖에 없다. 결국 실험의 목표는 바로 이 같은 대안적 가설들 혹은 설명들을 제거하고, 특정 X와 Y의 인과적인 관계를 가정하는 가설의 확률적 타당성 여부를 검토하려는 과정으로 규정할 수 있다(Selltiz *et al*., 1976 : 115).

그러니까 실험의 테두리에서 연구자가 인과관계를 정립하려면, 두 가지 작업을 하게 되는 셈이다(Mayntz *et al*., 1976 : 162). 하나는 독립변수를 조작 · 처치(manipulate)하는 일이다. 가령 어떤 변수를 실험적 상황에 도입하든지, 혹은 그것에 변화를 일으키는 그런 조처다. 이 때의 조작대상인 독립변수를 실험변수(experimental variable)라고도 하며, 조작은 실험적 처치(experimental treatment) 또는 실험적 자극(experimental stimulus)이라고도 한다. 그리하여 실험변수의 조작이 특정종속변수에 어떤 효과(결과)를 가져다 주는지를 관찰함으로써 그 두 변수 사이의 인과적 관계를 확인하려는 것이다.

그러나 이와 동시에 실험에서는 또 한 가지 작업을 실시해야 한다. 실험자가 실제로 조작(처리)한 실험변수 내지 독립변수가 과연 종속변수에 기대하는 결과를 가져오는지를 보장하기 위해서는 종속변수에 영향을 미칠 만한 다른 요인들 · 변수들을 통제 또는 조절(control)하는 일이다. 이 때 통제하는 여타 변수들은 일단 실험적 독립변수가 아니라 외재적인(extraneous) 변수들로 간주한다. 달리 말해서 실험적으로 조작하여 관찰하는 인과관계에는 무관한 변수들로 치부한다는 말이다. 물론 실제 연구상황에서는 이런 두 가지 실험의 조건들을 제대로 충족시키기가 어렵지만, 적어도 실험적 방법으로 인과관계의 가설을 검증하려 할 때는 이상적 기준임에 틀림없다.[2)]

여기 참고로 인과관계가 성립하기 위한 필수요소 세 가지를 〈참고자료 12–1〉에 요약한다(Frankfort-Nachmias and Nachmias, 2000 : 94).

---

2) 인과관계와 관련, 필요조건 · 충분조건 · 기여적 요인 등의 논리적 위치에 관해서는 논의를 생략하겠고, 이만갑 외(1982) 참조 바람. 그리고 독립변수의 여러 가지 종류와 기능, 제 3 의 개입변수 등에 관해서는 자료분석(제18장)에서 더 자세한 해설을 할 것이다.

〈참고자료 12-1〉 인과관계의 논리적 모형의 필수요소

(1) 공변관계(covariation) : 둘 이상의 현상이 동시에 변화를 경험하는 관계
(2) 허위가 아닌 관계(nonspuriousness) : 모든 관련 있는 변수들의 영향은 일단 통제하고 나서도 원래의 두 변수 간 관계는 그대로 유지되는 관계
(3) 시간순서(time order) : 원인으로 가정한 것(현상)이 결과로 가정한 것(현상)보다는 시간적으로 먼저 일어난다는 조건

Ⅱ. 실험의 논리와 기본설계

실험설계(experimental design)의 기본논리를 제공해 준 학자는 John Stuart Mill(1862)이다. Mill은 이른바 일치법(the method of agreement)과 차이법(the method of difference)의 두 가지 논리적 절차를 가지고 인과적 분석을 위한 준칙을 제공함으로써 실험설계의 기본모형을 암시한 것이다(이만갑 외, 1982 : 82-84; Mayntz *et al*., 1976 : 163-164).

(1) Mill의 일치법

유무의 속성을 띠는 변수 $A \cdot B \cdot C \cdot X$ 및 Y가 있고, '∼'라는 기호가 무를 나타낸다고 하자. 일치법이란

$X \cdot A \cdot B \cdot C \rightarrow Y$이고
$X \sim A \cdot \sim B \cdot \sim C \rightarrow Y$이면,
X는 Y의 원인이다.

$A \cdot B \cdot C \cdot X$의 네 변수가 다 있을 때 Y도 있다. 그러나 이 중 어느 변수가 Y의 원인인지를 알아내기 위한 한 가지 방법은 우선 $A \cdot B \cdot C$는 없고 X만 있어도 Y가 일어난다면, X가 Y의 원인임을 알게 된다는 것이다.

(2) Mill의 차이법

한편 차이법은

$X \cdot A \cdot B \cdot C \rightarrow Y$이고
$\sim X \cdot A \cdot B \cdot C \rightarrow \sim Y$이면,
X는 Y의 원인이다.

여기에서는 $A \cdot B \cdot C$가 있을 때 Y도 있다는 조건은 앞의 것과 같으나, 이번에는 X가 없고 나머지 변수는 있는데 Y도 없다는 것으로써 X가 Y의 원인임을 알게 된다는 것이다.

$X \cdot A \cdot B \cdot \cdot C \to Y$
$X \cdot \sim A \cdot \sim B \cdot \sim C \to Y$
$\sim X \cdot A \cdot B \cdot C \to \sim Y$가 된다.

흔히 말하는 대로 X는 이 때 Y의 필요하고도 충분한 조건이 되는 셈이다. 다시 말해서 Y가 있으려면 X는 반드시 있어야 할 뿐더러 X만이 Y를 일으킬 수 있다는 뜻이다.

이와 같은 Mill의 규준이 실험적 설계의 고전적 모형을 제공해 주었음에는 틀림없으나, 이 모형은 지나치게 결정론적인 가정에 입각한 것이라는 비판을 받는다. 가령 Mill의 모형에서는 유무의 속성을 띠는 변수들만을 문제삼는데, 실제 상황에서는 어떤 변수의 존재 여부보다는 그것이 지닐 수 있는 갖가지 특성의 종류나 정도에 더 관심이 있다. 그뿐 아니라 어떤 변수들은 인간생활에서 언제나 존재한다(예 : 성 · 나이). 그러나 이보다 더 중요한 문제점은 X와 Y의 관계가 1 대 1의 단일적이고 직접적인 인과관계임을 보장할 수 있는가 하는 것이다.

구체적으로 위의 보기에서 X라는 독립변수가 홀로 존재함으로써 Y의 원인으로 작용하는 게 아니라, $A \cdot B \cdot C$ 등 다른 변수들과 함께 있는 '맥락'(context) 속에서 그런 것이다. 그뿐 아니라 D라는 미지의 변수가 작용할 가능성을 찾아 낼 길이 없게 된다. Mill의 일치법에서

$X \cdot A \cdot B \cdot C \cdot D \to Y$이고
$X \cdot \sim A \cdot \sim B \cdot \sim C \cdot D \to Y$일 수도 있고,

또 차이법에서는

$X \cdot A \cdot B \cdot C \cdot D \to Y$이고
$\sim X \cdot A \cdot B \cdot C \cdot \sim D \to \sim Y$일 수도 있는데,

이 때 D가 Y에 미치는 영향이 있을 수 있는 데도 D는 미지의 요인으로 남고 만다. 요컨대 사회현상에서처럼 다변수(multivariate) 혹은 다요인(multifactor)

관계가 지배적인 상황에서는 Mill의 인과모형이 너무 단순하다는 말이다.

그러나 Mill의 모형이 지니는 결정론적 성격을 완화해서 확률적(stochastic) 개연성의 모형으로 바꾸고 다변수의 작용가능성을 염두에 두면, 그것이 실험적 연구설계의 기본형으로서 의미 있는 것이 될 수 있다. 그 기본형이란 다음의 모양을 띤다.

$R_1 : X \rightarrow Y_1$

$R_2 : \sim X \rightarrow Y_2$

여기서 $R_1 \cdot R_2$란 무작위(random method)로 표출한 두 개의 비교집단(예를 들어 농촌부락)을 뜻하고, X는 가령 새마을사업을 실시한 사례, $\sim X$는 실시하지 않은 사례이며, $Y_1 \cdot Y_2$는 각기 마을의 농가소득을 일컫는다고 하자. $Y_1 - Y_2$가 양적으로 상당한 차이가 난다면 X, 즉 새마을사업실시의 효과가 있는 것으로 간주할 만하다는 논리다. 실험의 기본설계는 여기서 출발하고, X 이외의 다른 요인을 통제 내지 조절하는 처리방법은 실험연구의 절차상의 문제로서 이제 곧 해설할 것이다. 하여간 실험은 다른 연구법에 비해 통제가능성이 높다는 이점을 지닌다는 점을 염두에 둘 필요가 있다.

실험설계의 기본형은 아래와 같다.

T_1	T_2	T_3	T_4
R_1	O_1	X	O_2
R_2	O_3		O_4

앞의 제 5 장에서 표본조사의 설계모형들을 예시할 때 설명한 대로 $T_1 \cdots T_n$이란 시간차원의 시점을, $R_1 \cdot R_2$란 무작위표집으로 얻었다고 가정하는 연구대상(subjects)의 집단을, O는 연구자가 관심을 가지고 측정 · 검사하고자 하는 현상에 대한 관찰(observation)을, 그리고 X란 실험처치 또는 독립변수의 조작을 뜻한다. R_1과 R_2의 차이는 우선 X와 $\sim X$(실험처치의 결여)로 드러나고, 독립변수의 효과가 이 두 집단 사이에 나타나는지를 알아보기 위해서 R_1에서는 $O_1 \cdot R_2$에서도 O_3, 즉 실험처리를 하기 전의 사전검사(pretest) 또는 사전관찰을 하고, 실험처리 또는 독립변수의 조작(X) 후에 다시 R_1에서는 O_2, R_2에서는 O_4의 사후검사(posttest) · 사후관찰을 하게 된다. 그 결과 $O_2 - O_1$과 $O_4 - O_3$ 사이의 차이

가 나면 R_1에서 X의 효과가 있는 것으로 간주한다.

$$O_2 - O_1 = d_E$$
$$O_4 - O_3 = d_C$$

d_E란 실험의 결과(experimental differenee),
d_C란 통제의 결과(control)

여기서 만일 $d_E \fallingdotseq d_C$, $D = d_E - d_C \fallingdotseq 0$일 것 같으면, 실험적 처리($X$)의 효과가 R_1에서 나타난 것으로 판단한다는 말이다. 이러한 기본모형을 전후비교 통제집단설계(the Before After Control Group Design) 또는 전후검사 통제집단설계(the Pretest-Posttest Control Group Design)라 한다(Campbell and Stanley, 1963 : 13; Orenstein and Phillips, 1978 : 22).

제 2 절 실험절차상의 유의점

위에서 제시한 고전적 기본설계 외에도 여러 가지 실험설계가 있으나, 우선 전형이라고 볼 수 있는 전후비교 통제집단설계를 중심으로 구체적인 실험절차상의 유의점들을 살펴보기로 한다.

여기서 실험실시과정의 유의사항을 좀더 자세히 논의하기 전에 실험적 연구설계의 핵심적인 요소 세 가지를 〈참고자료 12-2〉에 미리 집약적으로 소개한다(Frankfort-Nachmias and Nachmias, 2000 : 94-95).

Ⅰ. 일반적 절차

실험이라면 흔히 실험실을 연상하게 된다. 자연과학에서는 상당부분의 연구를 실험실 안에서 행한다. 사회과학에서도 실험실을 이용한 연구를 수행하지만, 실험실이라는 상황을 확보하기가 힘들기 때문에 현지에서 행하는 실험에 의존하는 수가 자주 있다. 그러니까 실험적 방법에는 크게 나누어 실험실 내 실험(laboratory experiment)과 현지실험(field experiment)이 있는 셈인데, 이들의 종류와 실제적인 절차와 성격의 비교는 뒤에 다시 논의할 것이다. 이제는 그 어

〈참고자료 12-2〉 실험연구설계의 세 가지 핵심요소

(1) 비 교(comparison) : 변수들간의 인과관계(상관관계 혹은 공변관계)를 확인하기 위해서는 *X*(독립변수)와 *Y*(종속변수)가 일어나는 집단을 비교할 필요가 있다. 흡연(*X*)이 암(*Y*)의 원인임을 밝혀 내려면, 흡연자와 비흡연자 집단의 암발생률을 비교해 보아야 하든지, 흡연하기 전과 흡연을 시작한 후의 시간적 전후에서 암의 발생 여부를 비교해야 할 것이다

(2) 조 작(manipulation) : *X*와 *Y*의 관계를 알아 내기 위한 실험연구에서는 *X*를 일으키면 *Y*가 따라 일어난다는 가설을 검증하려 할 것이다. 그러자면 한 집단에서는 *X*가 일어나도록 인위적으로 조작을 할 필요가 있다. 이것을 실험집단(experimental group)에 대한 실험처치(treatment)라고 한다

(3) 통 제(control) : *X*와 *Y*의 관계를 밝히려면 이 둘 사이에 개입했거나 *X*와는 관계없이 *Y*에 영향을 미칠 수 있는 소위 경쟁적인 설명요인(rival explanations)을 제외시켜야 할 필요가 있다. 이런 절차가 곧 통제다. 통제의 구체적인 방법과 절차는 추후에 더 설명한다

느 접근을 이용하든 실험적 방법에서 유의해야 할 사항들을 살펴보기로 한다.

앞서도 지적한 대로 실험은 독립변수가 종속변수에 영향을 미친다는 것을 실험적 처치로써 확인하고자 하며, 그러기 위하여 종속변수에 영향을 미칠 수 있는 다른 요인들은 그것이 상황적 조건이든 경쟁적 변수이든 간에 아무런 작용도 못하게 하려는 방법이다. 열의 효과를 알기 위해 진공상태를 보장한다든가, 특정화학물질의 작용을 알기 위해 다른 물질의 개입을 봉쇄하는 등의 자연과학적 실험이 그와 같은 논리에서 나온 것이다(Bailey, 1978).

실험을 통제 하의 탐구법의 원형이라고 할 때 통제의 뜻을 다시 새겨 보면, 독립변수와 종속변수 사이의 인과적 관계에 작용할 가능성이 있는 조건, 즉 환경적 요인들과 다른 변수들의 작용을 실제로 봉쇄(closure)하든지, 아니면 적어도 이들을 상수(constant)로 치부하는 절차를 뜻한다. 그래야만 실험적 처치를 할 때, 그 자극을 받는 집단(사례)과 자극을 받지 않는 집단을 비교할 수 있는 조건을 확보하게 된다. 일반적으로 그러한 실험의 절차는 〈그림 12-1〉과 같다.

첫째, 연구대상자들을 골라서 실험집단(experimental group)과 통제집단(control group)으로 나눈다.

둘째, 다음은 실험적 환경(experimental environment) 또는 실험의 상황을 정한다. 가령 실험실 내의 실험 · 준실험실 내 실험 · 현지실험과 같은 환경의 규

〈그림 12-1〉 실험적 방법의 일반적 절차

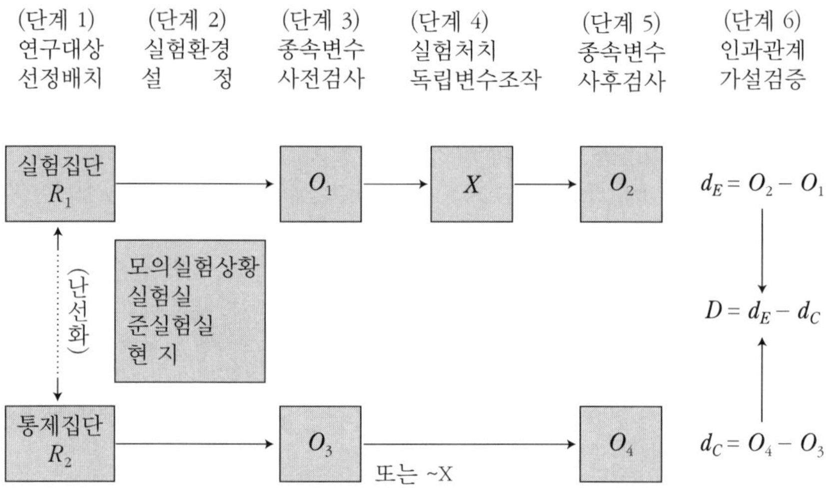

자료 : Babbie(1975 : 243); Bailey(1978 : 197); Lin(1976 : 246) 조합 재구성.

정을 말한다.

셋째, 연구자가 탐구하는 현상, 즉 종속변수의 특정속성에서 어떤 유사성이나 차이점이 있는지를 두 집단에 대하여 사전에 관찰 또는 측정하는 사전검사를 실시한다.

넷째, 통제집단은 그대로 두고, 실험집단에 대해서만 실험처치를 실시한다. 실험적 자극을 제공함으로써 독립변수를 조작하는 절차다.

다섯째, 두 집단에 대하여 종속변수를 다시 측정(관찰 · 사후검사)한다.

여섯째, 그 결과 두 집단 사이에 사전 · 사후 측정의 차이가 의미 있게(통계적으로) 나타나면, 독립변수와 종속변수 사이의 인과관계가설을 검증한 것으로 간주한다.

실험연구를 실시하는 순서를 단계별로 좀더 구체적인 절차를 자세하게 보여 주는 〈참고자료 12-3〉을 제시한다(Neuman, 2003 : 244).

Ⅱ. 연구대상자의 선정과 배정의 문제

실험법에서 독립변수 이외의 요인들을 통제하는 절차로서 가장 중요한

〈참고자료 12-3〉 실험연구실시 단계별 조처예시

(1) 실험연구에 적합하도록 가능하면 구체적으로 조작적 정의를 거친 명확한 가설을 정립하고 시작한다
(2) 실질적인 여건에 맞는 범위 안에서 실시가능한 적절한 실험설계모형을 선정한다
(3) 독립변수를 작동하기 위한 실험적 처치 또는 상황의 조성방법을 결정한다
(4) 종속변수를 측정하기 위하여 신뢰도와 타당도가 높은 측정도구를 개발한다
(5) 실험적 상황을 조성하여 우선 실험적 처치와 종속변수의 측정을 사전에 일차 검사한다
(6) 적정한 실험대상자들을 찾아 낸다
(7) 실험대상자 선정방법을 정하되 무작위표집법을 쓰기로 결정하였으면 그 절차대로 대상자들을 실험집단과 통제집단에 배치한다
(8) 사전검사를 하기로 했으면 종속변수에 대한 사전자료를 수집한다
(9) 실험집단에 대해서만 실험처치를 시행하고 다른 모든 집단들은 잘 모니터한다
(10) 종속변수에 대한 사후자료를 수집한다
(11) 실험종료 후에는 실험대상자들에게 실험의 진정한 목적에 대한 설명을 브리핑하고, 특히 처음부터 대상자들 몰래 실험을 했을 때는 사후설명을 위한 브리핑은 필수적이다
(12) 수집한 자료를 검토하고, 집단간에 비교를 하고, 필요하면 통계처리를 해서 가설을 검증한다

부분이 바로 연구대상자들의 선택과 배당이다. 예컨대 과학시간에 실험실습을 해본 아동들과 해보지 않은 아동들의 과학학력검사 점수가 교육을 전후해서 현저한 차이가 났다고 하자. 실험실습을 거친 학급(A)의 평균점수가 실습 없이 강의만 받은 학급(B)보다 높다고 할 때, 이 결과(Y)가 과연 실험실습(X)의 효과 때문인지를 가려 내기 위해서는 최소한도 처음부터 A학급에는 B학급보다 과학실력이 나은 학생들이 있었을지도 모른다는 하나의 대안적 가설 정도는 배제할 수 있어야 할 것이다.

여기에 실험적 통제의 한 측면이 문제가 된다. 연구대상자를 실험집단과 통제집단으로 나눌 때, 독립변수의 조작효과를 상쇄할 수 있는 다른 특성 · 조건들에서 체계적으로 차이가 나지 않도록 배정해야 한다는 요구사항을 말한다. 바꾸어 말해서 실험집단과 통제집단이 모든 면에서 꼭 같은 특성들과 조건을 갖춘 사람들로 구성하고 있다면, 마치 물리실험의 진공상태와 같이 이상적인 통제라 할 것이다. 물론 이것은 현실적으로 불가능한 일이고, 결국 인원구

성이 비슷하도록 절차를 밟을 수밖에 없다. 그 기본절차 두 가지를 소개한다(Babbie, 1975; Bailey, 1978; Nachmias and Nachmias, 1976; Orenstein and Phillips, 1978; 이만갑 외, 1982).

1. 확률표집에 의한 난선화

앞서 제 6 장 표본추출법에 관한 논의에서 자세히 살펴본 대로 실험대상자의 선정과 배정에서도 기본적으로 확률표집의 원리를 적용함으로써 적어도 체계적인 편의(bias)가 일어나는 것을 막을 수 있다. 구체적으로는 두 가지 절차를 이용한다.

한 가지는 연구대상자의 모집단으로부터 필요한 수만큼의 실험집단표본과 통제집단표본을 따로 뽑되 그 방법은 확률표집이어야 한다. 이 때 따로 표집한 두 집단이 원칙적으로는 각기 모집단을 대표하는 집단들일 터이므로 모집단과 비슷할 것이고, 따라서 두 집단 서로가 또한 비슷하다고 가정하는 것이다. 물론 이런 결과를 얻기 위해서는 표본의 크기가 상당히 커야 한다는 점을 이미 밝혔고, 통계분석에서도 다시 언급할 것이다.

두 번째 확률표집에 의한 배정법은 특별히 난선화(randomization) 또는 무작위배정(random assignment)이라는 것이다. 어떤 방법으로든(물론 가능하면 확률표집법으로) 연구대상자를 표집해 놓았다면, 이들을 실험집단과 통제집단으로 나누되 이 때는 반드시 확률표집법인 무작위배정 또는 난선법을 써야 하는 절차를 말한다. 이 때도 두 집단이 반드시 서로 같거나 비슷하리라 기대하기 어렵고 또 이들이 모집단을 꼭 대표한다고 보기는 어려운 면이 있지만, 최소한도 두 집단이 처음부터 어떤 특성에서 체계적으로 차이가 날 만큼 편향되도록 의도적 배정을 하지 않았음을 장담할 수는 있다. 여기에서도 표본 크기는 마찬가지로 중요하다.

2. 배 합 법

위의 확률표집법이나 난선화는 처음부터 실험집단과 통제집단의 유사성을 겨냥한 절차라고 하기는 어렵다. 원칙적으로 그것을 목표로 하고, 일단은 난선화로 체계적 편의를 막아 보려는 시도라 하겠다. 그런데 애당초 두 집단을 비슷하게 배정해 보겠다는 의도를 가지고 실험대상자들을 선정하는 절차가 있다. 그것을 일반적으로 배합법(matching)이라 한다. 이 방법에도 정확한 통제(precision control)를 노리는 배합법과 빈도분포통제법(frequency distribution control)의 두 종류가 있다.

첫째, 정확한 배합법은 실험연구에서 중요하고 유관적합(relevant)하다고 간주하는 모든 특성 · 요인 · 조건 · 변수들에서 정확하게 서로 꼭 같은 개인들을 둘씩 골라 하나는 실험집단에, 다른 하나는 통제집단에 배정함으로써 두 집단의 등가성(equivalence) 또는 비교가능성을 확보하려는 절차다.

원칙상 이상적인 절차임에는 틀림없으나, 이것을 실제로 적용하는 데에는 어려움이 따른다. 우선 배합시켜야 할 특성을 결정하기가 쉽지 않고, 그 특성들을 표상하는 변수에서 배합할 범주들을 정하는 일도 간단치 않다. 가령 남녀 성별 같으면 비교적 단순하지만 소득이라는 변수에서는 과연 액수가 정확하게 꼭 같아야 하는지, 아니면 몇 만 원 범위 안에서 비슷해도 되는지, 혹은 그 이상의 넓은 범주나 급간을 써야 할지 이런 결정이 어렵다. 다음 그런 결정을 한다 해도 실지로 그 모든 속성에서 정확하게 꼭 같은 사람들을 찾아 내고 배정하는 것이 다수의 사람들을 요구하므로 쉽게 이루어질 일이 아니다. 따라서 변수를 한정시키고 범주들을 단순화하는 등의 조처가 필요하게 되며, 이로 말미암아 완전배합이라는 이상적이고 정확한 통제란 실제로는 불가능하다고 보는 것이 현실적이다.

두 번째의 배합법은 바로 이와 같은 현실을 고려하여 하나 하나 틀림없이 짝맞추기보다는 주어진 특성이 나타나는 빈도의 분포를 배합시키려는 절차다. 다시 말해서 실험집단과 통제집단에 배정할 사람들이 어떤 속성(변수)에서 평균치가 같거나 아주 비슷하고, 또 그 빈도의 분포가 역시 비슷하도록 배정하는 방법이다. 통계치로 보아 평균치 · 기울기(skewness) 및 분산 또는 변량(variance) 등에서 같거나 비슷할 것을 요구한다.

이 절차는 정확성에서 약점은 있지만, 비교적 적은 수의 사람들을 대상으로 배합할 수 있다. 그리고 빈도분포를 비교한다는 것은 둘 이상의 변수를 두고 하는 말이 아니므로, 배합의 의미가 상당히 축소되는 것도 사실이다. 따라서 이 방법을 쓸 때, 난선화의 방법도 아울러 적용하면 서로 보완할 수 있는 이점이 있다.

Ⅲ. 실험적 처치와 인과관계의 추리

위에서 살펴본 것은 실험적 처치나 자극의 효과를 알아보고자 하는 실험적 통제과정에서 비교할 집단들이 처음부터 서로 다르지 않거나, 적어도 계통적으로 차이가 나지 않도록 하려는 절차의 문제다. 결국 난선화나 배합 같은 절차에서 추구하는 것은 독립변수가 연구대상자들 사이에서 확실한 차이를 보일 수 있도록 실험자가 좌우할 여지가 있도록 하자는 것이다. 만일 그렇지가 않고 대상자들이 애당초부터 실험자가 어쩔 수 없는 차이를 의미 있게 지니게 되면, 실험은 별 소용 없는 일이 되기 때문이다.

이처럼 실험자가 연구대상자의 경험을 좌우할 수 있도록 하는 것을 일컬어 독립변수의 조작(manipulation of the independent variable(s))이라 한다. 조작의 뜻을 보기를 들면 실험자는 과학교육에서 실험실습을 받게도 할 수 있고 받지 않게도 할 수 있지만, 조작가능 연구대상자의 성별 · 나이 · 사회경제적 지위 같은 것들은 '조작'하지 못한다. 그러므로 실험적 처리과정에서 우선적으로 고려할 것은 독립변수를 어떻게 조작하느냐 하는 문제다. 독립변수는 어떤 유관적합한 차원들(dimensions)을 내포하며, 그 속성들은 어떤 가능한 변이(possible variation)를 나타내는지를 결정해야 하고, 그에 따라 차이가 나타나도록 조작해야 한다(Orenstein and Phillips, 1978 : 10-11).

사실 '이상적인' 실험이라면, 연구대상자들이 경험하는 자극(실험적 처치)은 꼭 한 차원에서만 차이가 나도록 해서 다른 어떤 변이도 작용하지 못하게 할 수 있는 상황일 것이다. 하지만 이것은 현실적으로 불가능하다. 가령 과학교육의 실험실습효과를 검증하려는 실험에서 실험실습이라는 실험적 처리가 단순히 실습을 받고 안 받고의 차이로만 작용한다면 간단하지만, 실제로는 실습을 하는 과정에서 교사가 개별적으로 더 자상하게 지도를 한다든지, 교실분위기가 훨씬 명랑하고 교육적 자극을 더 주는 것이라든지 하는 다른 차원에서 독립변수의 영향이 나타날 수도 있다. 이런 때 우리는 실험실습의 경험이 한 가지 차원의 속성을 가진 변수가 아님을 알 수 있지만, 그 중 어떤 차원이 작용한 것인지를 가려 내기란 그리 쉽지 않다(Smith, 1975 : 92-93).

이런 상황에 대처하는 한 가지 방법으로서 실험적 처리의 차원들을 밝히고, 그 여러 차원의 자극을 역시 대상자들 사이에 난선적으로 배분해서 실험적 조작을 하는 길이 있기는 하다. 같은 실험실습교육을 실시하되 개별지도 · 교실분위기 같은 차원들을 동시에 통제하여 동질화시키든지, 아니면 그런 여러 가지 경험에 노출되는 대상자들을 따로 비교하는 식의 접근이 가능하다. 이런 때를 생각해서 실험설계를 조정하는 방법이 있고, 그에 따른 각종 타당도의 쟁점을 다루는 길이 있으므로 이를 곧 소개하겠다.

다음으로 실험처치에서 유의할 점은 그 자극이 실험대상자들에게 최대한의 효과 또는 충격(impact)을 줄 수 있도록 시행해야 한다는 것이다. 그러기 위해서는 현실성이 높고 동기부여를 강하게 할 수 있는 방식으로 실험적 처치를 하는 게 유리하다. 그리고 실험대상자들이 실험적 처치나 자극의 효과를 미리 추측해서 그대로 행동하는 문제가 있으므로 이를 차단하는 게 중요하다.

실험적 자극이 자아낼 반응이 너무 자명할 때는 사람들이 '기대하는' '적절한' 행동을 취하게 되므로, 되도록 연구대상자가 실험이라는 상황과 연관시키기 어려운 조건 · 자극 · 사건 같은 것을 실험적 처치로 이용해야 할 것이다. 끝으로, 실험대상자들이 실험적 처리를 이해하는 정도가 될 수 있으면 표준화되도록 하는 것이 중요하다. 사람에 따라 이해의 정도가 다르기 때문에 반응이 달리 나타날 수도 있기 때문이다(Smith, 1975 : 93-94).

요컨대 실험적 처치를 적용할 때, 독립변수상의 차이말고는 어떤 다른 체계적인 차이도 나타나지 않도록 할 수 있어야 실험의 본래 뜻이 살아난다. 그 결과 우리는 이제 종속변수에 어떤 변화가 있는지를 살펴보게 된다. 고전적 실험설계에서는 실험집단에다 실험처치를 하고, 통제집단에는 아무런 자극을 주지 않았다가 종속변수를 관찰하여 두 집단 간의 전후의 차이를 비교함으로써 독립변수의 효과를 검증하는 셈이다.

여기서 가설검증(hypothesis testing)의 뜻을 잠시 새기고 지나가기로 한다. 후에 통계적 분석에서도 언급을 하겠지만 일단 점검한다. 인식론적인 복잡한 쟁점은 덮어 두고, 한정된 범위의 뜻으로 말하면 $X \rightarrow Y$라는 인과관계의 가설은 우리가 통계절차를 밟을 수 있는 양적 · 실증적 관찰에서 직접 가부를 가려 내지는 못하고, 다만 X와 Y는 아무 관계도 없다는 대안적인 가설, 기술적으로는 영가설(null hypothesis)만을 기각할 따름이다. $X \rightarrow Y$의 가정은 논리적으로 하는 것이고, 실증적으로 확인할 수는 없다. 따라서 하나의 대안적인 가설로 가장 일반적이라고 할 수 있는 무관계의 가설을 세우고, 이를 거부(falsify)함으로써 논리적으로 정립한 $X \rightarrow Y$의 인과관계가설을 간접적으로 확인하기만 한다는 뜻이다(Cook and Campbell, 1979 : 1-36).

제 3 절 실험설계의 유형과 타당성

지금까지는 실험적 탐구법의 기본논리에 따라 고전적 모형인 통제집단 전후비교법의 설계를 중심으로 실험법의 절차상 유의할 점들을 생각해 보았다. 그러는 사이에 연구의 타당도에 관한 논의는 단편적이고 간접적으로만 언급하였다. 이제는 역시 고전적 실험설계에 대한 타당성의 쟁점을 간략히 살펴보고, 이어 그 밖의 실험설계유형들과 준실험설계들(quasi-experimental designs)의 보기만을 들기로 한다.

Ⅰ. 실험의 타당성문제

자료의 타당성에 관한 논의는 제17장에서 자세하게 다룰 것이다. 거기서 예시할 열다섯 가지 가운데 실험법과 직접 관련 있는 것으로서 내적 타당성에 대한 저해요인 여덟 가지와 외적 타당성과 유관한 네 가지 요인들을 중심으로 검토해 보겠다(Campbell and Stanley, 1963; Smith, 1975 : 61-75; Frankfort-Nachmias and Nachmias, 2000 : 95-98; Neuman, 2003 : 251-256; Rubin and Babbie, 2008 : 264-270).

실험설계의 기본형을 다시 요약소개하면,

$$\begin{array}{llll} R_1 & O_1 & X & O_2 \\ R_2 & O_3 & & O_4 \end{array}$$

의 모양이다.

그리고 타당성의 요인들은 내적 타당성과 관련해서는 ① 역사, ② 성숙, ③ 검사, ④ 연구도구(조사자), ⑤ 통계적 회귀, ⑥ 대상자선정, ⑦ 감퇴, ⑧ 선정과 성숙의 상호작용 등이고, 외적 타당성에 영향을 미치는 요인으로는 ⑨ 검사와 X의 상호작용, ⑩ 선정과 X의 상호작용, ⑪ 상황의 반작용효과, 및 ⑫ 다원적 독립변수개입 등이다. 이에 대한 해설은 제17장에서 하게 될 것이므로, 여기에서는 실험과 관련하여 어떤 뜻인지만을 살펴보기로 한다.

실험에서는 이런 요인들을 경쟁적인 대안적 가설들(alternative rival hypotheses)로 간주할 수 있는데, 고전적 통제집단 전후비교설계에서는 위의 12가지 경쟁가설들 가운데 적어도 처음 7가지는 해결한 것으로 간주한다. 가령 학습연구에서 검사(③)의 효과를 우려해서 똑같이 검사를 받는 통제집단의 필요를 인정하게 되었다. 교육 내지 발달심리학에서는 성숙(②)이 문제가 되는데, 이 역시 통제집단의 도입으로 처리를 한 셈이다. 실험외적 역사요인(①)도 같은 근거에서 처리하였다. 연구의 도구 또는 조사자요인(④)의 작용은 검사나 측정 · 관찰의 도구를 표준화함으로써 일단 통제하지만, 관찰자 · 면접자가 개입할 때는 세심한 주의를 가지고 접근할 필요가 있다. 이는 비단 실험법에만 국한되는 실험설계의 문제점만은 아니지만, 조심은 필수적이다. 통계적 회귀(⑤)란 어떤 변수의 값이 평균치에 가까워진다는 현상을 일컫는데, 이는 비교집단들의 난선화 내지 배합으로 상수화시키는 셈이다. 선정(⑥)의 편의도 마찬가지다.

일곱 번째 감퇴(⑦) 문제는 그리 단순하지 않다. 실험 전후에 대상자가 줄어드는 상황인데, 한 가지 방법은 일단 실험에 참여하게 되면 비록 실험적 자극의 경험을 하든 안 하든 사전 · 사후 검사는 받도록 해서 최초의 표본 크기가 줄어드는 일이 없도록 하는 길이다. 그러나 이것도 완전한 해결책은 아니며, 어떤 설계를 취한다 해도 자연스러운 또는 우연한 감퇴현상을 억지로 막을 길은 없다.

이상의 내적 타당성과 관련 있는 요인들은 말하자면 O점수, 즉 종속변수에 어떤 영향을 미칠 가능성이 있는 것들이며, 감퇴를 제외하면 통제집단 전후비교법으로 통제가능하다고 보는 것들이다. 그런데 외적 타당성을 위협하는 것들은 X라는 실질적 처치, 즉 독립변수가 다른 어떤 요인들과 상호작용함으로써 종속변수에 영향을 미치는 이른바 상호작용효과(interaction effects)라는 것이다. 따라서 실험의 결과를 $X \rightarrow Y$라는 것으로 다른 집단에다 일반화(generalize)하는 데 있어서 한계를 안게 된다는 말이다. X 아닌 다른 요인이 개입한 개연성을 확언할 수가 없기 때문이다.

첫번째 장애요인으로 검사와 X의 상호작용이란 가령 사전검사(측정)를 함으로써 이미 독립변수에 영향을 미칠 가능성이 검사를 하지 않은 때에 비해 커지는 문제를 말한다. 다른 계층에 속한 사람들에 대한 태도의 변화를 연구하려는 실험에서 실험집단은 다른 계층 사람들과 일주일 같이 지내게 하고, 통제집단은 평소대로 지내게 한 다음 그 효과를 사후검사에서 측정한다고 하자. 이때 이미 다른 계층 사람에 대한 태도를 다루는 갖가지 내용의 질문을 농도깊게 담은 사전검사의 절차가 있을 터인데, 그 사전검사 후에 그 타계층 사람들과 섞어 놓는다면, 그 두 가지 사건들 사이에 아무런 교호작용이 없으리라고 기대하기는 매우 어려울 것이다. 다시 말하면 사전검사로 말미암아 실험적 처치가 노리는 쟁점에 대한 감수성을 높이게 된다는 뜻이다. 이런 때를 위해 고전적 실험설계에서 사후검사만 하는 사후검사 통제집단비교모형을 쓰든지, 실험 및 통제 집단을 배로 늘리는 방법을 쓰는 수가 있다. 이에 대한 소개는 곧 하겠다.

두 번째로 고전모형에서는 실험집단과 통제집단의 차이가 실험처치 이외에는 없다는 주장을 할 때 실험대상선정이 문제가 되지 않도록 난선화 또는 배합의 절차로써 통제하는 것으로 되어 있다. 그러나 실험처치의 효과가 타당한 것은 두 집단을 표집해 온 모집단에 국한될 가능성은 그대로 남아 있다. 특히 이 가능성은 표집하기가 어려운 혹은 협조를 구하기 어려운 대상의 선정 과정에서 더욱 두드러진다. 가령 실험에 필요한 대상기업체들 열 중에 아홉은 모두 거절하고 마지막 열 번째 회사만이 응하게 되면, 이 열 번째 기업체는 처음부터 다른 아홉 회사에 비해 종업원의 사기가 높고 노사협조가 잘 되는 회사일 개연성이 크다. 여기서 이미 선정과 X의 상호작용이 일어나는 셈이고, 따라서 X의 효과를 다른 모든 기업체들에게까지 일반화할 수 없는 대표성의 문제가 있다.

세 번째로 반작용의 효과가 일어날 수 있는 상황이란 대개 심리학의 실험실 내 실험에서 자주 보는데, 실험상황이 매우 인위적이고 대상자가 스스로 피실험자임을 이미 의식하는 상황에서는 그 실험의 결과를 가지고 일반화하기 어렵다. 사실 사전검사 자체가 앞에서 본 대로 감수성증대효과뿐 아니라 이와 같은 반작용효과도 가져올 수 있다. 결국 이 문제의 해결은 실험이 대상자 누구도 의식하지 않는 거의 일상행위인 것처럼 되도록 하는 길이다.

네 번째로 다양한 독립변수들의 개입이란 어떤 실험설계에서든 문제가 되는 가장 기본적이고도 어려운 현상이므로 이것으로 인한 외적 타당도의 저하는 어쩔 수 없고, 가능한 대로 이론적인 틀로써 이를 처리할 따름이다. 요컨대 통제집단 전후비교 설계모형에서는 7개의 내적 타당성저해요인들을 대체로 통제하는 것으로 간주할 수 있으나, 외적 타당성장애요인들은 통제하지 못하는 실험설계라는 말이다. 따라서 이를 보완하는 설계모형과 또 실질적인 고려에 입각하여 이용할 수 있는 준실험설계들을 시사하게 된다(Campbell and Stanley, 1963; Selltiz *et al*., 1976; Smith, 1975).

Ⅱ. 두 가지 대안적 실험설계

앞에서 언급한 대로 내적 타당성을 저해하는 요인들은 처리가 되지만, 외적 타당성에 문제를 일으킬 수 있는 고전적 설계모형을 보완하는 두 가지의 대안적 실험설계가 있다. 그러나 이 둘도 다양한 X의 개입은 어쩔 수 없다는 점에서는 공통이며, 대상선정과 X의 상호작용 및 반작용효과도 역시 설계 자체보다는 실험의 상황이나 표본추출에서 다룰 문제로 남아 있다. 다만, 검사와 X의 상호작용은 이 두 대안설계에서 해소시킬 수 있다는 점에서 고전적 모형과 다르다.

그 하나는 사후검사 통제집단설계(Posttest Only 혹은 After-Only Control Group Design)다. 이 설계는 먼저 실험집단과 통제집단을 거의 완벽하게 난선화함으로써 사전의 어떤 유의미한 계통적 차이도 배제하는 것으로 가정한다. 그런 다음 실험처치를 거쳐 사후검사만으로 두 집단의 차이를 비교하는 설계다.

T_1	T_2	T_3	
R_1	X	O_1	$D=O_2-O_1$
R_2		O_2	

두 번째 설계는 솔로몬 4개 집단설계(Solomon Four-Group Design)다.

T_1	T_2	T_3	T_4	
R_1	O_1	X	O_2	$d_1=O_2-O_1$
R_2	O_3		O_4	$d_2=O_4-O_3$
R_3		X	O_5	$d_3=O_5-O_6$
R_4			O_6	$D=d_1-d_2-d_3$

이 모형에서는 위의 두 설계, 즉 고전적 통제집단 전후비교모형과 사후검

〈표 12-1〉 세 가지 진형 실험설계의 타당성저해요인과 대책

실험설계	타당성저해요인										
	내적 타당성							외적 타당성			
	역사	성숙	검사	연장	회귀	선정	감퇴	검사X와	선정X과	반작용	다변수
1. 사전 · 사후 검사 통제집단설계 *ROXO* *RO O*	+	+	+	+	+	+	+	−	?	?	
2. 사후검사 통제집단설계 *R X O* *R O*	+	+	+	+	+	+	+	+	?	?	
3. 솔로몬 4개 집단설계 *ROXO* *RO O* *R XO* *R O*	+	+	+	+	+	+	+	+	?	?	

자료 : Campbell and Stanley(1963 : 8).

사 통제집단설계를 조합한 모양을 띤다.

위의 세 가지를 보통 진형 실험설계(true experimental designs)라 한다. 이들의 타당성을 한 눈으로 비교할 수 있도록 〈표 12-1〉을 제시한다. 이 표에서 +부호는 해당되는 타당성장애요인을 해결할 수 있다는 뜻이고, −부호는 불가능하다는 말이며, ?부호는 문제의 소지가 있음을 가리킨다.

그런데 이 세 가지 진형 실험설계가 공통으로 통제할 수 없는 타당성의 장애요인은 변수가 여럿이 동시에 개입 · 작용하는 것이다. 이를 적어도 단계적으로나마 해소하려는 설계가 있는데, 그것이 이른바 인수적 설계(factorial

T_1	T_2	T_3	T_4
R_1	O_1	$X_1 \cdot X_2$	O_2
R_2	O_3	X_1	O_4
R_3	O_5	X_2	O_6
R_4	O_7		O_8

design)다. 이는 기본적으로 고전적 실험설계의 모양을 띠면서 둘 이상의 독립변수조작, 즉 실험처치를 하는 모형이다. 그 모양은 앞과 같다.

여기서 참고자료로 전 실험설계(pre-experimental 혹은 non-experiment designs)와 준실험설계의 보기를 따로 〈표 12-2〉에 제시하고, 그 타당성의 요인들에 대한 해결능력을 예시한다. 이들은 대개 제 5 장의 표본조사설계모형에서 예시한 것들이므로 자세한 해설은 생략하겠다.

제 4 절 실험실 내 실험과 현지실험

이제는 실험의 상황 내지 환경에 따라 실험연구의 방법을 개관하고 비교하기로 한다. 크게 나누면 실험실이라는 인위적으로 조성한 상황과 자연스러운 현실적 환경 그대로인 채로 실험을 실시하는 사례를 생각할 수 있다. 여기에서는 이 두 가지 접근의 성격과 장 · 단점만을 간략히 비교하는 데 그치겠다(Babbie, 1975; Lin, 1976; Mayntz *et al.*, 1976; Nachmias and Nachmias, 1976; Orenstein and Phillips, 1978; Smith, 1975; 이만갑 외, 1982).

Ⅰ. 실험실 내 실험

실험실 내 실험의 최강점은 통제 하의 탐구의 원리에 가장 충실할 수 있다는 것이다. 무엇보다도 온갖 외재적 요인들이 알게 모르게 작용할 수 있는 소지를 최소화하기 위하여 환경 내지 상황 자체를 외부와 차단하고 인위적으로 통제하기 때문이다. 그리하여 관찰하려는 소수의 한정된 변수에 대한 조작도 수월하고, 또 그 효과의 측정도 용이하도록 만들 수 있는 것이 이점이다. 그러나 바로 이런 장점은 곧 그나름의 약점으로 간주할 수 있는데, 자연과학에서는 크게 문제되지 않을지 몰라도 특히 사회과학은 사람들을 다루기 때문에 고려해야 하는 문제점이다. 조금 더 자세하게 이해하기 위하여 실험실 내 실험의 내적 타당성과 외적 타당성을 저하시킬 수 있는 요인들을 따로 살펴보게 된다.

〈표 12-2〉 전실험 및 준실험 설계의 보기와 타당성

설계유형	특 징	타당성저해요인									
		내적 타당성							외적 타당성		
		역사	성숙	검사	연장	회귀	선정	감퇴	검사X와	선정X과	반작용
Ⅰ. 전 실험(pre-experimental, non-experiment) 설계											
1. 1회 사례연구 (one-shot case study, after-only non-exp.) *X O*	난선화와 통제집단결여, 변동추정불가	–	–				–	–		–	
2. 단일집단 사전·사후검사 (one-group pretest-posttest, before-after one group non-exp.) *O X O*	난선화와 통제집단결여, 변동추정가능, 실험처치효과 결정불가	–	–	–	–	?	+	+	–	–	?
3. 정태적 집단비교(static-group comparison, almost experiment) *X O* - - - - - - - *O*	난선화결여, 통제집단유, 집단차이의 요인배제불가	+	?	+	+	+	–	–		–	
Ⅱ. 준실험(quasi-experimental) 설계											
4. 시계열(time series) *OOOXOOO*	비난선화 통제집단결여 일종의패널조사	–	+	+	?	+	+	+	–	?	?
5. 비등가통제집단 (non-equivalent control group) *OXO* - - - - - - - *O O*	비난선화	+	+	+	+	?	+	+	–	?	?
6. 상이표본 전후 검사(separate-sample pretest-posttest) *RO(X)* *R XO*	난선화 전후비교 표본은 다름	–	–	+	?	+	+	–	+	+	+

자료 : Campbell and Stanley(1963 : 8; 40); Orenstein and Phillips(1978 : 22); Smith(1975 : 75-102).

1. 내적 타당성의 문제

내적 타당성의 중심문제는 지금까지 논의한 대로 특정의 독립변수가 기대하는 효과를 자아내는지에 대한 추론을 얼마나 적절히 할 수 있느냐 하는 것이다. 그런데 사람들을 대상으로 사람이 행하는 실험실상황이란 실험자와 피실험자 사이에 어떤 상호작용이든 일어나게 마련이고, 바로 이 점에서 내적 타당성문제가 생긴다. 실험자는 그 나름의 사회경제적 · 개인적 특성을 지닌 사람들일 뿐 아니라 실험상황에서 일정한 신호들(cues)을 의식 · 무의식간에 제공할 것이고, 실험대상자들은 또 그들 나름의 특성을 가진 사람들로서 실험에 임하여 실험자들의 신호들에 적절한 반응을 나타내려는 동기를 지닌 사람들이기 때문이다.

실지로 이런 문제들을 조사한 연구결과를 보면 다음과 같다.

첫째, 피실험자들은 실험자가 기대하리라고 느끼는 바에 따라서 반응을 나타내는 이른바 실험자기대효과(experimenter expectancy effects)라는 것을 발견하였다. 실험자 스스로가 훌륭한 실험에 관한 편견을 가짐으로써 그 기대가 피실험자들에게도 영향을 미친다는 것이다. 이 문제는 주로 면접법을 활용하는 상황에서 일어날 것이므로, 이를 해소시키는 일은 실험자가 없이도 실험을 할 수 있도록 하는 것이 되겠다.

둘째, 평가불안(evaluation apprehension)이라는 현상이다. 실험실상황이란 그 자체로 이미 피실험자로 하여금 실험자나 실험절차에 주목하도록 유도하는 성격을 띤다. 특히 그 중에서도 피험자들이 실험 내지 평가를 받는다는 사실 자체에 대해 갖는 불안과 우려를 지적할 수 있다. 이 주제에 대한 연구보고에 의하면, 그와 같은 불안의 정도가 높은 피험자일수록 실험자의 단서에 민감하게 반응함으로써 편의를 일으키더라는 것이다.

셋째, 이와 관련해서 또 문제가 되는 피험자의 태도는 의구심(suspicion)이다. 실험에 참여는 하지만 무언가 석연찮은 의심을 품게 되면, 실험자의 행동을 단서로 잡아 민감한 반응을 보이려는 동기를 일으킬 수가 있다. 이런 때를 고려해서 속임수(deceptions)를 쓰는 고안을 하기도 한다.

넷째, 또 한 가지 문제는 흔히 요구특성(demand characteristics)이라는 것이다. 실험자는 피실험자 또는 연구대상자에게 '과학적 연구'의 이름으로 어떤 행동 · 반응이든 요구할 수 있다는 믿음을 실험자와 피실험자가 공유한다는 것이다. 따라서 피험자는 자기도 중요한 과학적 과제에 참여한다는 의식을 가지고 실험에 임함으로써 내적 타당성에 편의를 일으킬 수 있도록 도와 주어야겠다는 식의 반응을 하게 된다는 말이다. 이런 단서는 물론 실험자에게서 나올 수도 있고, 실험의 절차에서 얻을 수도 있다.

다섯째, 측정의 편의(measurement bias)가 있을 수 있다. 주로 실험에서 종속변수의 측정과정에 실험실시자(가령 조교)가 실험의 내용을 잘 알고 있으므로 유리한 실험결과를 얻을 수 있도록 하기 위하여 부적절한 절차를 밟을 때가 있다는 말이다. 이런 때를 대비해서 연구목적 등에 대한 사전지식이 전혀 없는 조사실시자를 활용하는 맹목측정(blind ratings, blind raters)을 하기도 한다.

여섯째, 실험처치의 모방(imitation of treatment)이 타당도를 저해할 수 있다. 실험처지의 확산(diffusion of treatment) 혹은 오염(contamination)이라고도 하는 이 문제는 실험에 참여하는 피실험자(실험대상자)들 사이에 서로 실험에 관한 정보를 교환하는 데서 유래한다. 이런 것을 방지하기 위해서는 실험 후에 면접 등을 실시하여 그런 경험의 유무를 파악하는 것도 필요하다.

일곱째, 보상행동(compensatory behavior)이 문제가 될 때도 있다. 실험실시 과정에 실험집단에게는 참여를 권장하기 위하여 일정한 가치를 제공함으로써 통제집단과 차등을 두게 되는 수가 있다. 이런 사실을 통제집단에서도 알아차리게 되면 그러한 불평등을 해소할 것을 요구하는 일이 생기거나, 아니면 아예 실험에 참여하지 않고 철수해 버리는 결과를 초래하게 된다. 따라서 위의 실험처치모방에서처럼 피실험자들 상호간의 정보교환을 차단하든지 사후파악이 필요하다.

이 밖에도 실험자의 성별 · 사회경제적 지위 · 권위주의 · 지능 기타 갖가지 특성들로 말미암아 실험에 영향을 미치게 된다는 연구결과들도 상당수 나와 있다. 요컨대 이런 문제들을 간단히 해소할 수 있는 길은 찾기 어렵지만, 실험에서 이런 요인들을 진지하게 고려하여 세심한 대응책을 강구하는 게 중요하다는 점은 더 강조할 나위도 없다.

2. 외적 타다성의 문제

알다시피 외적 타당성의 쟁점은 실험실 내 실험의 결과를 다른 상황들에까지 확대적용할 수 있는가 하는 대표성의 문제로 귀착한다. 이와 관련하여 사회과학연구에서 얻은 결론은 다음의 세 가지로 요약할 수 있다.

첫째, 실험대상자의 한정된 성격이 문제다. 흔히 농담으로 미국의 심리학을 '대학 2년생 심리학'(sophomore psychology)이라 하듯이 실제 많은 사회과학적 실험의 대상자들은 대학생을 주축으로 하는 학생층임이 사실이다. 가장 큰 이유는 피험자를 구하기가 어렵다는 것이다. 따라서 연구자가 손쉽게 접근할 수 있고, 협력을 구할 수 있는 집단을 선호하게 마련이다. 이런 한정된 피험자에 대한 실험결과를 일반 인구집단에다 일반화하는 데는 한계가 있을 수밖에 없다.

둘째, 이른바 모의상황(simulated situations)의 문제가 있다. 특히 실험실 내의 상황이란 성격상 인위적으로 설정하고 통제하는 상황이기 때문에 이런 실험의 결과를 가지고 '자연스러운' 상황들에도 확대적용하여 일반화하는 데에는 문제제기가 없을 수 없다. 거의 대부분의 실험실상황이란 극히 한정된 규모의 소집단을 대상으로 단시간에 관찰하는 것일 수밖에 없는데, 실제 사회적 과정이나 사회조직의 삶은 그 규모나 구성원이 훨씬 다양하고 복합적이며, 그 속에서 일어나는 갖가지 사회과학적으로 중요한 현상들은 중장기에 걸쳐 진행하는 과정들이기 때문이다.

셋째, 모의변수(simulated variables)의 문제다. 실험실 내 실험에서는 상황만 인위적으로 설정하는 게 아니라, 변수들을 인위적으로 창출하고 조작해야 할 때가 많다. 따라서 이들 변수가 실재 세계의 자연스러운 상황에서 일어나고 변화하는 변수들과 얼마나 근사한지의 쟁점을 제기하게 된다.

위의 두 가지 문제는 이른바 실험적 실재성 또는 현실주의(experimental realism)라는 쟁점을 대표하는 것들인데, 이 현실성이라는 말을 두 가지 뜻으로 이해할 수 있다. 하나는 상황과 변수가 실재 세계의 자연스러운 것과 같은 실재성을 띠는가 하는 문제이고, 또 하나는 그런 상황이나 변수가 피험자들이 경험할 때 과연 얼마만큼 '진짜' 경험과 같은가 하는 현실감각의 측면이다. 바로 이와 같은 현실성의 문제로 말미암아 사회과학에서는 적어도 자연과학에 비해 실험실 내 실험보다는 현지실험의 중요성을 강조하게 되는 것이다.

Ⅱ. 현지실험

실험실의 인위성을 극복하는 데 도움이 되도록 고안한 것이 현지실험 또는 '자연스러운'(natural) 실험이라 하고, 그 주된 특징은 자연스러운 실험의 상황이다. 여기에도 몇 가지 유형이 있고, 그에 따른 타당성의 문제도 따른다.

1. 자연실험

인간의 일상적인 삶에서는 천재지변이나 우연한 사고처럼 전혀 의도하지 않은 일들이 일어나는 수가 있다. 이런 사건들은 불행한 일임에 틀림없지만 적어도 사회연구가들에게는 일종의 자연스러운 실험의 계기가 될 수도 있다. 일부러 그런 상황을 일으키지 못하는 대신에, 이미 일어난 일의 효과를 관찰함으로써 실험적 처치의 결과를 알아 내는 것과 같은 효력을 얻는 셈이다.

실험설계의 형식으로 말하면 일종의 사후검사모형인데, 이 때는 사전에 난선화의 조처를 취하지 않았으므로 진형 실험설계로 보기는 어렵고, 준실험설계로서 이른바 사후연구설계(Ex-post-facto design)라고 할 만하다. 이런 때는 적어도 그런 자극을 받은 집단과 자극의 경험이 없는 집단을 비교할 수 있어야 실험의 효과가 더 커진다고 보겠다. 실제 상황에서는 부득이 이와 같은 사후연구의 접근을 많이 쓴다.

2. 현지실험

역시 일상적으로 우리는 개인 · 조직체 · 집단 혹은 지역공동체 · 국가수준에서 갖가지 실험을 매일 하면서 살아간다. 어떤 일을 위해 계획을 세우고 그에 따라 일을 처리하면서 그대로 되지 않을 때는 검토하여 대안적인 접근을 취하는 등 이런 경험을 반복한다. 이것도 따져 보면 실험이다. 다만, 우리가 이를 모두 연구의 대상으로 삼지 않을 뿐이다.

그러나 연구자의 관심에서 자연스러운 현실을 살려 둔 채 특정한 자극으로 실험처치를 하고 그 결과를 관찰하든지, 아예 처음부터 통제집단을 두어 비교하든지 하는 방법을 쓸 수도 있다. 이를 일반적으로 현지실험이라 한다. 대체 우리 나라 사회과학계에서는 이런 현지실험을 시도한 보기가 드물다. 그런데 사실은 정부나 민간조직체들이 정책결정에 의하여 어떤 시책이나 계획을 수행하고, 그 결과를 평가하는 절차를 밟는 것이 다름 아닌 현지실험의 성격을 띤다고 하겠다. 따라서 앞으로는 연구자들이 이와 같은 정책과 관련된 현지실험을 실시하는 일이 중요해질 소지가 커가고 있다. 이런 것을 정책연구 또는 정책평가연구라 하거니와 이에 대해서는 곧 이어 따로 취급하기로 한다.

3. 현지실험의 타당성문제

실험실 내 실험의 외적 타당성의 결여 내지 부족을 극복하는 길로서 현지실험이 한 가지 해결책으로 등장하지만, 반면에 현지실험의 기본적인 약점은 통제의 어려움 또는 불가능함이고, 이는 곧 내적 타당성의 문제다. 피험자들을 무작위배정하는 난선화가 어렵고, 때로는 통제집단을 구하기도 힘들며, 기왕의 정책적 과제일 때는 당사자들이 연구자들의 요구에 응하는 데 문제가 개입될 수 있으므로 실험처치의 성격을 확인하기 어렵고, 정책적 목적의 실험일 때는 기존 정책의 존속에 대한 기득이해관심 때문에 결과를 오도할 소지가 크다는 등의 내적 타당성저해요인들이 많다.

물론 이런 난관을 극복하기 위하여 현실적인 제안들이 없는 것은 아니다. 가령 동일한 상황에서 실험을 반복(replication in the same setting)하면 현지실험이라도 그 타당성을 높이는 데 유용하다. 또는 실험의 단위를 처음부터 너무 큰 규모의 집단이나 조직체로 삼지 말고, 그 기간도 너무 장기적인 단위로 시행하지 않는 것이 유리하다.

제 5 절 모의실험과 평가연구

모의실험이란 영어의 simulation을 일컫는데, 이것이 과연 실험적 방법의 범주로 간주할 만 한지에 관해서는 이견이 있을 수 있다. 그러나 여기에서는 일종의 실험적 절차로 보고 간략히 소개하려고 한다. 평가연구가 현지실험의 한 유형임은 앞에서 이미 지적한 대로이고, 여기서는 좀더 자세하게 살펴보려는 데 불과하다.

Ⅰ. 모의실험

시뮬레이션을 한 마디로 정의하기는 쉽지 않다. 이는 기본적으로 현실세계의 어떤 체계를 준거로 삼는 모형을 설정하되 거기에 반드시 어떤 움직임 또는 변화를 도입함으로써 체계의 구조와 과정에 개재된 저변의 기제들을 명백히 하고 설명해 보려는 목적으로 실제체계의 과정과 결과를 흉내내어 보는 융통성 있는 연습이라 할 수 있다.[3] 역사적으로 보면 장기 · 바둑 · 서양의 체스 같은 것이 게임(game)이면서도 그것이 전쟁의 상황을 흉내내는 작동모형(operating model)이라는 것을 알 수 있다. 그래서 게임 시뮬레이션의 한 변형으로 간주하기도 한다.

어쨌든 모의실험법이 근자에 오면서 사회과학적 연구방법의 하나로 등장하게 된 배경에는 컴퓨터의 개발이 큰 몫을 하였다. 사회의 조직과 과정의 기본되는 것들을 좀더 잘 이해하도록 도와 주는 실재 삶의 추상화 · 단순화로서 사회과학적 의의를 갖는다고 보는 견해가 나타나고, 경영학분야에서는 상당한 정도 실제 적용을 시도하고 있는 형편이다.

이 책에서는 자세한 기법을 해설할 필요가 없을 터이므로, 그 성격과 내용만을 간단히 소개하려고 한다(Bailey, 1978; Forcese and Richer, 1973; Nachmias and Nachmias, 1976; Smith, 1975).

1. 모의실험의 특성과 장점

모의실험은 어떤 사회체계의 모형을 설정하고, 그것을 구성하는 변수들 또는 구성요소들을 확정한 다음, 순전히 이들 변수(구성요소)들이 어떻게 상호작용하는지를 관찰하는 발견적 · 탐색적(heuristic, exploratory) 성격의 작업이다. 그러나 과학적 과제로서 더 의미 있는 연습은 실험과 마찬가지로 독립변수와 종속변수를 규정하고, 나머지 외재적 변수들을 통제한 다음, 인과관계를 추적하는 설명적(explanatory) 연구수단이 될 수도 있다.

그러면 왜 하필 모의실험을 시도하는가? 그 주된 이유 또는 이점은 이러하다.

---

3) 이 개념규정은 Abelson(1968 : 275)의 것이고, Raser(1969)는 모의실험이란 어떤 준거체계의 상징적 추상 · 단순화 및 대용물이라고 한다.

첫째, 인간의 사회조직과 사회적 행위는 복합적이고, 사회적 과정은 다양하며 중복되어 있다. 이런 것을 그대로 연구하기란 여간 어려운 일이 아니므로, 이를 단순화하여 모방하는 방법이 필요하다(simplicity).

둘째, 확률적 성격을 띤 과학적 문제가 있고, 이에 대한 간단한 해결이 없을 때는 가능한 모든 과정들의 경로를 추적하기 위하여 모형을 가지고 반복실험해 보는 길밖에 없다. 그런데 현실세계에서 이런 시도란 거의 불가능하므로 모의실험이 유용하다(stochastic solutions).

셋째, 사실 실제세계의 자연스러운 상황이 좋기는 하지만, 이를 연구하려면 엄청난 비용이 든다. 모의실험은 이 점에서 경제적이라는 이점이 있다(economy).

넷째, 실제 상황의 복잡다단함 때문에 현상의 요체를 가려 내기가 매우 어려운데, 모의실험은 체계가 기능하는 틀을 좀더 확연히 볼 수 있도록 가장 두드러지고 본원적인 요소들과 그 연계들을 드러내 준다(visibility saliency).

다섯째, 실제 상황에서 시도하기 어려운 변수들의 조작과 통제가 쉽기 때문에 실험적 처치나 조작을 자유롭게 하면서 반복하고 재생할 수 있는 이점이 있는 것이 모의실험이다(replicability, reproducibility, experimental control).

여섯째, 안정성(safety)의 장점이 있다. 실지로 사람들을 상대로 실험을 할 때 생길 수 있는 고통, 당혹함, 도덕적 · 윤리적 문제 같은 것을 모의실험에서는 피할 수가 있다.

일곱째, 모의실험에서는 실제연구에 쓰일 수 있는 가설들을 만들어 내는 발견적 과업이 용이하다. 실지로는 거의 정보를 얻을 수 없거나 부분적으로만 알고 있는 현상에 관한 모의실험의 기능이라 하겠다.

여덟째, 모의실험은 미래예측에 큰 몫을 하는 방법으로도 유용하다.

2. 모의실험의 차원과 속성

모의실험은 적어도 다음의 두 가지 고려사항이 충족되었을 때 실시할 필요가 있다. 그 하나는 모의실험의 대상이 될 상황과 과정에 대하여 어느 정도 알고 있는가 하는 성격상 자가당착적인 고려사항이다. 모르기 때문에 알아보려고 모의실험을 하는 것이지만, 모의실험의 환류적(feed-back)인 성격을 생각하면 우선 무엇이든 정보를 가지고 시작할 필요가 있는 것도 사실이다. 다음은 모의실험에서 하고자 하는 일, 즉 목적이 분명해야 한다. 가령 교육적인 목적인가, 아니면 가설검증과 같은 연구가 주 목적인가를 확실히 할 필요가 있다.

다음으로 모의실험의 세 가지 속성(simulation properties)을 초상화적(iconic) 속성, 유사물(analogue) 및 상동물(homologue)로 구분할 수 있다. 초상화적 속성이란 준거체계와 내용은 같은데, 그 규모가 작은 모의실험을 가리키고, 유사물은 국제정치게임에서 문화를 유추하기 위해서 외국인학생들을 대용으로 쓰는 때처럼 본래의 원체계(元體系)는 아니지만, 비슷하게 행동하는 대용물을 쓰는 모의실험의 속성이다. 상동물은 외양이 같을 뿐 아니라, 가능하면 준거속성을 충실히 상징하는 모형에서 보는 속성이다. 그 어느 것이든 중요한 것은 이런 모형들이 준거체계의 법칙과 같은 법칙에 따라 움직인다는 점이다.

모의실험연구의 설계에서 고려할 또 한 가지 사항은 다루고자 하는 현상의 차원적 측면이다. 한 보기로 Harris(1968 : 367)가 제시한 여섯 가지를 소개한다.

(1) 기술적(귀납적)·분납적(연역적) 모형 : 관계의 설정인가, 인과적 진술의 검증인가 하는 차원

(2) 총체적(holistic)·부분적(partial) 모형 : 현상 전체냐 아니면 어떤 부분을 상수로 잡고, 다른 부분에 대한 영향을 보는가 하는 차원

(3) 거시적·미시적 모형 : 분석단위의 차원

(4) 정태적·동태적 모형 : 대개 모의실험은 변화나 추세를 다루지만, 때로는 균형이나 정태모형을 취급하기도 한다.

(5) 결정론적·확률적 모형 : 소위 모의실험의 '해답'이 특유한 한 가지면 결정론적이고, 결과가 무작위적일 때 확률적인 모형이다.

(6) 동시적(simultaneous)·계기적(sequential) 모형 : 횡단적·종단적이라고 볼 수 있는 시간차원

3. 모의실험의 종류

일반적으로 모의실험에는 세 가지 종류가 있는데, 인간모의실험(Man Simulation, All-people Simulation)·기계모의실험(Machine Simulation, Computer Simulation), 그리고 인간기계조합 모의실험(Man-machine, mixed people computer simulation)이 그것이다. 인간모의실험은 그냥 게임(gaming)이라고도 한다. 이에 대한 해설 대신에 지면상 〈표 12-3〉으로 이들을 요약·비교하는 데 그친다.

〈표 12-3〉 모의실험의 종류와 특징

	종 류		
	기계(컴퓨터) 모의실험	인간-기계 모의실험	인간 모의실험(게임)
1. 참여자 (simulator)	컴퓨터	사람과 컴퓨터	사람들 ① 둘(dyadic) ② 셋(triadic) ③ *n*-사람
2. 모의실험 내용 (simulated)	개인의 심리적 과정, 사회집단, 추상적 체계; 역할, 의사소통의 그물, 국가의 의사결정자 등	왼쪽과 비슷한 추상적 체계	전형적 개인이나 역할; 국가정책결정자 · 군대 · 지역공동체 · 조직체 · 정책결정자들 간의 갈등 또는 상호의존 상황 등
3. 특 징	완전기계조작실험 · 다른 종류의 모의실험 · 게임에 비해 변수를 좀 더 공식적으로 프로그램화하고, 준거체계에 대한 유사성강조	기계모의실험에 비해 프로그램화가 좀더 비공식적이고 잠정적; 모의실험의 공식성을 예민하게 하고자 사람과 기계를 상호적으로 활용	규모가 비교적 한정됨; 참가자의 정보수준과 인지하고 있는 목표지향적 동기 등의 중요 차원 포함; 비교적 소수의 변수와 잘 규정된 목표 및 결정상황이 특징적임

자료 : Simth(1975 : 261).

4. 모의실험의 한계와 타당성문제

모의실험의 한계로서 가장 핵심적인 것은 그 인위성이다. 이는 실험보다도 더 심각한 것이며, 기본적으로 외적 타당성, 즉 대표성의 문제를 야기시킨다. 다시 말해서 모의실험에서 다루는 것과 비슷한 실제 환경이 있는가 하는 문제다. 실재하는 준거체제와 그 구조 및 관계의 틀에서 동형성(isomorphism)을 확보할 수 있어야 비로소 그 타당성을 인정받게 된다.

이 밖에도 실질적인 문제로서 비용이 현지실험보다 덜 든다고 했지만, 컴퓨터모의실험은 때로는 더 비용이 많이 들 수 있고, 게임 같은 것은 참가자들을 훈련시키고 보상하는 문제가 있다. 게다가 컴퓨터 프로그램개발의 비용과 기술, 그리고 복잡하고 정교한 수학적 기술을 요하는 어려움도 따른다.

Ⅱ. 평가연구

어떤 특정공공기관 또는 민간조직체가 소관분야의 새로운 정책과제(프로그램)를 입안하여 실시했을 때, 그 프로그램이 기대하던 효과를 거두는지를 검토하는 연구를 일반적으로 평가연구(evaluation 또는 evaluative research)라 한다. 그러니까 사회연구가의 견지에서 보면, 평가연구는 자연스러운 사회적 상황에서 연구자 스스로가 기획 · 조작하지는 않았다 해도 특정변수의 작용을 검토할 수 있는 일종의 현지실험의 뜻을 갖는다. 대개 이런 연구는 실제적인 사회적 상황 속에서 실시하는 대규모 현지실험일 때가 많다. 정부가 국민 전체 또는 특정계층을 대상으로 정책을 시행한다든지, 기업체가 소비자를 대상으로 실시하는 등의 보기와 같다.

때로는 사회연구가들이 정책입안자들과 함께 현지실험을 기획 · 실시할 수도 있는데, 이런 때는 처음부터 어느 정도의 통제 하의 탐구를 시도할 여지가 커진다. 여기서는 매우 간략하게나마 평가연구의 절차상의 고려사항과 문제점들을 살펴보기로 한다(Babbie, 1975; Orenstein and Phillips, 1978).

1. 평가연구의 실시

평가연구를 기획 · 설계할 때 가장 기본적인 요소는 평가하려는 정책과제의 성패(success or failure)라고 하는 것이 무엇을 뜻하는지, 그 기준의 개념화와 조작적 정의라고 할 수 있다. 그러자면 무엇보다도 정책과제의 목표를 명확히 규정해야 하고, 이에 준하여 실제 정책수행을 측정할 수 있는 개념들이 필요하다. 이와 관련하여 평가연구의 평가범주(evaluation categories)와 평가근거(evaluation bases)의 보기를 들어 보겠다(Roberto and Gehrz, 1975; Kim, 1975).

평가연구는 대체로 과제의 결과를 가지고 직접적으로 업적을 측정하기도 하지만, 일정한 근거에 비추어 결과를 평가하기도 한다. 이런 때 평가범주와 근거는 다음과 같은 네 가지로 요약할 수 있다.

첫째, 정책과제의 잠재효능(potency effectiveness)을 측정하는 것인데, 이 때의 평가근거로는 그 프로그램이 제공하는 서비스에 대한 욕구 또는 수요(need)의 총량을 추정하도록 해야 한다.

둘째, 평가범주는 역량능률(capacity effciency)이다. 이는 어떤 정책과제를 위해 쓸 수 있는 물리적 · 인적 · 재정적 자원의 양으로 서비스를 제공할 잠재적 역량에 근거하여 이를 측정한다.

셋째, 평가할 것은 정책시행결과의 목표효능(goal effectiveness)이다. 프로그램에서 추구하는 목표가 그 정책과제의 결과를 평가하는 기준 내지 표준이 된다.

넷째, 실현능률(realized efficiency)의 범주로서, 이는 실지로 투입한 노력의 양을 근거로 측정하는 평가기준이 된다.

평가연구를 위한 실험의 목표와 평가기준을 확정한 다음에는 우선 기준시점의 기본자료(baseline data)를 수집해 둘 필요가 있다. 그런데 실제로는 이와 같은 기준시점의 자료가 없거나 애써 수집하지 않은 채 실험적 처치(정책과제 실시)를 하는 수가 태반이므로, 평가에 난관이 개재한다. 말하자면 실험의 사전검사처럼 기준시점의 기본자료를 얻으면, 곧 적절한 시기에 실험처치에 해당하는 정책과제를 실시하면서 계속 유관적합한 자료를 수집하고, 끝난 뒤에는 주어진 기준에 입각하여 평가와 판단을 내리게 된다.

여기서 활용할 수 있는 자료의 종류로는 측정과 척도에 관련하여 소개하는 사회지표가 도움이 된다는 점을 상기시키고자 한다. 정책과제의 평가는 질적인 차원에서도 할 수 있고 또 하는 게 마땅하지만, 가능하면 양적 측정을 하려고 노력하게 된다. 이 때 사회지표처럼 때로는 상당히 질적인 자료를 수량화시킬 수 있는 도구는 매우 유용하다.

2. 평가연구의 문제점

평가연구의 주 목적은 실질적인 평가다. 그러기 때문에 평가를 받고자 하는 혹은 받아야 하는 처지에 있는 정책입안 · 시행자들과 객관적으로 이를 평가하여 성패를 가려야 하는 평가자인 사회연구자 사이에는 언제나 긴장이 있게 마련이다.

흔히 이와 관련해서 가장 문제가 되는 요소는 비용과 시간이다. 정책시행자의 견지에서는 하루 속히 연구결과를 받아서 다음 프로그램개발에 적용해야 하고, 되도록이면 적은 비용으로 이런 결과를 얻고자 한다. 이에 반해서 연구자들은 통제집단을 둔다든지, 장기간의 시간을 요한다든지, 이론적 기초를 개발해야 한다든지 하는 등의 이유로 시간과 비용을 늘여 잡으려 한다.

게다가 국민의 세금이나 소비자의 쌈지 돈을 들여 연구를 해놓으면, 정책입안가들에게는 실질적인 도움이 되지 않는 공론에 불과하다고 책장에 꽂아 버리는 일이 허다하다. 따라서 앞으로는 학자와 실무자가 공동으로 평가연구에 임하는 것이 중요하고, 연구자 스스로는 단순히 이론적 틀에 의한 평가에 그치지 말고 실제상황 속에 들어가 일종의 참여자의 역할을 하면서 연구를 하게 되면 연구에도 도움이 될 뿐더러 실질적인 해답을 얻는 일을 도와 주는 데서도 더 효율적일 수 있을 것이다. 그 밖의 타당성문제는 앞서 지적한 현지실험이나 마찬가지이므로 생략한다.

제 6 절 실험의 윤리적 쟁점

끝으로, 잠깐 언급해야 할 문제는 실험적 방법과 관련한 윤리적인 고려사항이다. 동물실험에 대해서도 반대의견을 제시하는 이들도 있거니와 특히 인간을 피험자로 삼는 사회과학의 실험에서는 연구의 목적으로 그들을 속여야 하든지, 일정한 고통스러운 경험을 강요하는 수가 있다. 또 현지실험에서는 연구자가 이미 일어나는 상황 속에 들어가서 동참자인 양 가면을 쓰고 연구를 하는 수가 있고, 때로는 실험대상자들도 의식하지 못하는 자연스러운 실험으로 괴로움을 안겨 줄 때가 있다.

특히 주의할 것은 실험의 결과를 보고함으로써 피험자들의 명예를 훼손하거나 사생활을 공개하여 당혹하게 만드는 수가 생길 때다. 아무리 중요한 연구라 해도 이와 같은 비인간적인 처사는 되도록 피하는 것이 마땅하다. 이는 어떤 방법의 연구에서나 마찬가지겠지만, 특별히 실험적 연구는 통제 · 조작 · 처치와 같은 절차를 내재적으로 함축하고 있기 때문에 이 점에서 더욱 민감하다.

주요 개념들

실 험	실험적 방법	실험의 논리
통제 하의 탐구	인과성	인과관계
독립변수	실험변수	종속변수
대안적 설명(가설)	통제(조절)	외재적 변수
실험적 처치	실험변수의 조작	실험설계
Mill의 일치법 · 차이법	다변수(요인) 관계	확률성
고전적 설계모형	통제집단 전후비교설계	사전검사
사후검사	통제집단	실험집단
실험상황	난선화	배 합
정확한 통제	빈 도	분포통제법
집단의 등가성	가설검증	영가설
실험의 타당성	내적 타당성	역 사
성 숙	검 사	도 구
회 귀	선 정	감 퇴
외적 타당성	상호작용	반작용효과
일반화	대안적 실험설계	사후검사 통제집단설계
솔로몬 4개 집단설계	진형 실험설계	인수적 설계
전 실험설계	준실험설계	실험실 내 실험
기대효과	평가불안	의구심
요구특성	현지실험	실험자
측정의 편의	실험처치의 모방	보상행동
인위성	모의상황	모의변수
실험적 실재성(현실주의)	자연실험	사후연구설계
모의실험(simulation)	게 임	작동하는 모형
초상화	유사물	상동물
기계모의실험	인간-기계 모의실험	인간모의실험
동형성	평가연구	평가범주
평가근거	기본자료	

생각해 볼 문제들

1. 실험적 방법이 여타 방법들과 다른 점은 무엇인가?
2. 실험의 논리를 이해하도록 하자.
3. 실험의 절차를 논리적인 측면에서, 또 실질적인 차원에서 익혀 두자.
4. 실험적 통제의 논리와 실제를 익혀 두자.
5. 실험설계의 모형과 장 · 단점을 비교해 보자.
6. 실험실 내 실험과 현지실험의 성격 및 장 · 단점을 비교해 보자.
7. 모의실험과 평가연구는 어째서 실험적 방법이라 할 수 있는가?
8. 실험적 방법의 윤리적 쟁점들은 어떤 것인가?

제13장 문헌연구법 — 내용분석

어떤 학문이든 연구활동의 기본은 해당 분야의 문헌을 상고하는 일이다. 관심 있는 내용을 담은 기존 문헌을 검토함으로써 비판도 하고, 수정도 하며, 또 동의하는 견해는 수용하여 더욱 개발하는 작업도 하게 된다. 어찌 보면 학문의 전개과정이란 과거의 문헌에 기초하여 새로운 사실을 제시하거나 새로운 이론을 정립해 가는 과정이라고 할 수 있다.

그러나 우리의 직접적인 관심사는 경험적 사회연구의 맥락에서 자료를 수집하고 분석하는 기법의 검토에 있다. 이러한 관점에서 본장에서는 우선 문헌연구 전반에 대한 일반적인 고찰을 하고, 양적 접근이라는 테두리에서 활용하는 문헌자료를 검토한 후에 내용분석법을 집중적으로 다루고자 한다. 여기에서 제외하는 질적 접근의 문헌연구법은 해당 부분에서 다시 언급할 것이다.

제 1 절 문헌연구의 의의와 장·단점

Ⅰ. 문헌연구의 뜻

경험적 사회연구의 맥락에서 문헌연구란 우선 도서관 내 연구(library research) 또는 문헌검토(review of the literature)라는 절차를 떠올리기 쉽다. 물론 이런 것들도 문헌연구라 통칭할 수 있다. 다만, 이런 절차는 다음과 같은 때에 활용한다.

① 연구자가 경험적 자료수집을 하기에 앞서 이론적 관심을 점검하기 위하여 연구주제와 관련 있는 이론들을 상고할 때
② 경험적 가설검증을 하고자 가설을 도출하는 원천으로 기존 이론들이나 해당 주제에 대한 종전의 연구결과들을 점검할 때
③ 심지어는 과거 연구에서 활용한 기법과 도구들을 이용하고자 할 때

와 같다.

그에 비하여 여기에서 우리가 살펴보려는 문헌연구법(documentary methods, document studies)이란 자료수집과 분석의 한 방법을 일컫는다. 연구자가 탐구해 보고 싶은 현상에 대한 정보를 담고 있는 문서자료를 수집하고 분석하는 방법을 말한다. 이 방법이 지금까지(제5-10장) 살펴본 자료수집법들과 다른 점은 사람들을 직접 조사연구의 대상으로 삼지 않는다는 것이다(Bailey, 1978 : 266). 그러니까 문서를 그냥 참고만 하는 데 쓰는 것이 아니고, 문서자료가 담고 있는 내용을 정밀하게 분석하여 관심 있는 영역의 사회현상에 대한 통찰을 얻고, 그에 관한 이론의 검토나 가설검증도 하고, 또 어떤 결론을 내리고자 하는 실질적 연구방법이다.

성격상 기존의 문헌이 보여 주는 것은 과거의 일이니까 이런 연구법을 역사적 연구 또는 역사적 방법(historical research 또는 method)이라고도 한다. 역시 자신이 직접 수집한 자료를 분석하지 않고 이미 있는 자료를 분석하므로, 2차적 분석(secondary analysis)이라 부르기도 한다. 그런가 하면 연구자나 관찰자가 조사대상자의 삶에 끼어 들어 반작용 따위를 일으키지 않는 것이 기존 자료의 분석이므로, 불개입 · 무반응법의 일종으로도 간주한다(Babbie, 1975 : 제12장; Lin, 1976 : 213; McGaw and Watson, 1976 : 제16장; Nachmias and Nachmias, 1976 : 제 7 장; Eckhardt and Ermann, 1977 : 제20장).

Ⅱ. 문헌연구법의 장·단점

먼저 직접 조사대상자로부터 자료수집을 하는 대신 기존 문서를 활용하는 방법의 이점과 단점들을 간략히 생각해 보자(Bailey, 1978 : 267-271; Lin, 1976 : 213; Frankfort-Nachmias and Nachmias, 2000 : 277-279; Neuman, 2003 : 322-323; Rubin and Babbie, 2008 : 395-398).

1. 장 점

첫째, 연구대상자를 직접 만나 면접이나 관찰을 할 수 없을 때는 관련문서자료가 필수적인 중요한 정보원이 된다. 이럴 때는 문헌분석이 거의 유일한 연구방법이 되는 셈이다. 특히 역사적 사건과 관련, 사망하고 없는 인물들에 대한 연구를 할 때는 더욱 그러하다.

둘째, 무반응성(nonreactivity)의 장점이다. 특별히 연구자료를 제공하려는 목적으로 작성한 문서가 아니면 연구자의 개입에 대한 정보제공자의 반작용이 있을 까닭이 없으므로 그로 인한 편의나 왜곡을 불식할 수 있다.

셋째, 장기간의 종단연구가 가능하다. 현지연구법이 대개 장기간을 요하지만 몇 년, 몇십 년을 끌지는 못한다. 하물며 표본조사 · 실험 · 관찰법 등으로 종단연구를 쉽사리 할 수가 없다. 이에 비할 때, 자료만 있다면 문헌연구는 장기적 종단분석을 가능케 하는 이점을 지닌다.

넷째, 표본 크기에서도 실험이나 현지연구에 비해서 표본조사처럼 대규모의 표본을 상대로 연구할 수 있다.

다섯째, 제보의 자발성(spontaneity)의 보장이다. 표본조사처럼 조사자가 지정하는 때에 그가 지시하는 방법으로만 제보자가 응답하는 것이 아니라, 자연스러운 상황의 관찰법과 마찬가지로 자기가 하고 싶은 때에 마음대로 행동하는 것을 정보제공의 자발성이라 한다. 일기처럼 본인이 자발성을 충분히 발휘할 수 있어서 정보의 자연스러움을 보장하게 되는 것이 문헌연구법의 이점이다.

여섯째, 고백의 가능성이 크다. 면접, 질문서 또는 관찰법에서는 조사하는 사람이 있음을 아는 상황이므로, 마음 속의 모든 것을 솔직하게 고백하기가 쉽지 않다. 그러나 문서로 남기기는 비교적 용이할 것이다. 특히 본인사후에 공개하는 것이라면 생전에 하기 거북한 일도 털어 놓고 기록할 것이다.

일곱째, 비용이 덜 든다는 이점이 있다. 물론 이것은 다른 연구방법과 비교할 때 상대적으로 유리함을 말한다. 아주 드문 일이지만 특별한 희귀문서 · 국보급문헌 같은 것을 직접 입수한다면, 그 비용은 상당하다. 하지만 이런 자료도 보관한 곳에 가서 볼 수만 있으면, 비용은 크게 절약할 수 있다.

여덟째, 다른 방법으로 얻은 자료에 비하여 비교적 양질의 자료를 얻을 수 있다. 특히 해당 분야의 최고전문가가 이미 수집한 양질의 자료를 이용할 수 있다는 이점이 있다.

아홉째, 기존의 연구가 여유 있는 비용으로 대규모 연구를 실시했다면, 다수의 변수를 취급했을 개연성이 높아서 유용성이 클 수도 있다.

열째, 사람들을 직접 연구대상으로 삼지 않기 때문에 사생활침해라든지 기타 인권의 문제와 같은 윤리적 쟁점에서 비켜 날 수 있다.

열한째, 평소에 만나기 어려운 사람들을 접촉하고 싶지만, 현실적으로 불가능할 때는 저들에 대한 또는 저들이 남긴 문서자료를 가지고 간접적인 연구가 가능하다.

열두째, 역사적 추세연구뿐 아니라 비교연구도 기존의 자료를 가지고 할 수 있다.

열셋째, 나라에 따라서는 정부기관에서 이미 수집한 자료를 이용하도록 권장하는 수도 있으므로 기술적인 협조를 구하기가 쉬울 수 있다.

2. 단 점

첫째, 문서를 쓴 사람 또는 만든 사람에 의한 편의의 가능성이 크다. 불개입법의 관찰을 제외하면 다른 자료수집법에서도 정보제공자가 왜곡된 정보를 줄 수가 있다. 하지만 문헌자료의 상당부분은 연구자를 위해 쓴 것이 아닌 만큼 다양한 목적과 목표에 따라 편의를 일으킬 소지가 크다. 인물의 전기, 개인의 일기 등에는 개인의 과장 · 자기합리화 같은 것이 개입하기 쉽고, 공식문서에는 '공식적' 견해라는 편의가 끼어 들 것이다.

둘째, 선별적 보존(selective survival)의 문제가 있다. 종이에 쓴 글이든, 출판물이든, 또는 다른 영상자료라 해도 어떤 것들은 잘 보존하는데, 다른 것들은 존속하지 못하는 게 많다. 가령 유명인사의 글은 남을 수 있어도 무명인의 일기나 사사로운 서류는 보존이 어렵다.

셋째, 위와 관련하여 불완전성의 약점이 있다. 보존하지 않아서 자료가 불완전하기도 하고, 또 남아 있는 문헌이라 해도 연구자가 필요로 하는 정보를 제대로 다 갖추든지, 변수들을 충분히 다루고 있다는 보장은 거의 없다. 게다가 개인의 사사로운 문서에는 연구자와 같은 객관자가 아무리 봐도 잘 이해못할 은어나 특이한 경험 같은 것을 담아서 불완전할 수가 있다.

넷째, 입수가능성의 문제가 있다. 어떤 방면의 정보는 애당초 기록도 하지 않았거나, 기록했더라도 존속하지 않아서 입수하지 못하는 수가 많다. 나아가서 어떤 정보들은 처음부터 비밀로 감추어 두든가, 분류해 두고 공개하지 않아서 얻을 수 없는 것도 있다.

다섯째, 표집편의가 약점이 될 수 있다. 이 말은 분석을 위한 문헌자료가 너무 방대해서 표본을 추출해야 할 때에 생기는 편의를 말하는 게 아니다. 그것도 문제가 되지만 문서자료는 처음부터 대개 학력이 높고 유식한 사람들이 남기는 것이라는 점에서 표집의 편의가 있다는 뜻이다. 질문서법도 문맹자를 대상으로 조사할 수 없는 것과 비슷한 문제다.

여섯째, 요즘은 각종의 전자매체용 영상자료가 더 흔해졌지만, 그렇다 해도 문헌자료의 대부분은 역시 언어적 행동의 소산이다. 일상적으로 수행하는 비언어적 행동에 대한 자료를 얻기가 매우 어렵다는 약점이 있다.

일곱째, 표준형식의 결여 때문에 비교를 위해서는 자료를 조정할 필요가 생긴다는 문제가 있다. 각종 문서자료란 외형적인 모양뿐 아니라 표현방식 · 문장형식 등에서 구구각각인 게 특징이다. 근자에는 신문 같은 문서들은 표준화된 형식을 갖추기도 하고, 공공기관의 공식문서도 형식이 있다. 그러나 개인적인 문서들은 표준화되어 있지가 못하다. 따라서 비교하기가 어렵다. 꼭 비교를 해야 할 상황에서는 그 목적에 걸맞도록 자료를 조정해야 할 때가 많다. 더군다나 시계열적 분석을 하려는데 비교의 기간이 길면, 그 사이에 기본자료의 분석 · 집성단위 자체가 여러 번 바뀌는 수가 있다.

여덟째, 부호화의 난점을 들 수 있다. 마치 표본조사의 열린 문항처럼 문헌자료란 근본적으로 부호화를 새로 해야 하는 부담을 준다. 이 어려움을 해소하는 하나의 방편으로 개발한 기법이 이른바 내용분석법(content analysis)이라는 것이기는 해도 이 방법이라고 완벽할 수 없고, 모든 사람의기호에 맞을 리가 없다.

아홉째, 기존의 자료를 이용하려 할 때 자료수집절차의 성격과 적절성 여부를 판단할 만한 근거가 결여하면, 그 자료의 질에 대해서 안심할 수 없는 상황에 직면할 수도 있다.

열째, 문헌자료의 활용이 비용과 시간을 절약한다는 이점이 있기도 하지만 방대한 자료를 분석해야 하는데, 자료처리방법에 익숙하지 않은 연구자라면 오히려 더 많은 시간을 소요하게 되고, 결국은 비용도 더 들 개연성을 배제할 수 없다.

열한째, 기존 자료가 자신의 연구목적에 부적합한 것일 수 있다. 이런 제약을 피하려면 기존 자료의 주제를 비롯하여 수집방법, 자료의 관찰단위, 시간과 장소, 표집법 등에 관하여 자세한 정보를 동시에 입수할 수 있어야 한다.

열두째, 기존 자료가 다루는 내용의 성격에 대한 이해가 부족할 때는 잘못된 해석을 하는 실수를 범할 소지가 있다. 특히 문화가 다른 사회에 대한 자료를 보고 자신의 선입관을 가지고 이용하게 되면, 이런 오류를 저지르기가 쉽다.

열셋째, 무턱대고 기존의 구체적인 자료를 자세하게 인용한다고 해서 반드시 적절한 접근이 아닐 때가 있다. 특히 통계자료 같은 것은 다양한 자료를 상세하게 인용함으로써 매우 과학적인 접근을 한다는 인상을 주려 하기가 쉬운데, 이런 때 범하기 쉬운 오류는 잘못된 구체성의 오류(misplaced fallacy of concreteness)라 한다.

제 2 절 문헌자료의 종류와 분석법

문서나 기록은 자료의 종류를 일일이 나열하자면 한이 없을 만큼 다양한 것이 특징이다. 인간사에 관한 기록이면 무엇이든 사회연구의 정당한 자료가 될 수 있기 때문이다. 그러나 체계적 검토의 편리를 위하여 다음 몇 가지 범주로 나눌 수 있고, 자료의 성격과 연구목적에 따라 분석의 성격도 살펴볼 수 있다(Bailey, 1978 : 266-267; Kidder, 1981 : 285-287; Selltiz *et al*., 1976 : 372-387; Frankfort-Nachmias and Nachmias, 2000 : 281-295; Neuman, 2003 : 317-329; Rubin and Babbie, 2008 : 393-395).

Ⅰ. 원초적 문서와 2차적 문서

자신이 몸소 경험하고 목격한 사건 · 현상 · 행동 같은 것을 직접 기록으로 남긴 것을 원초적 또는 일차적 문헌이라 한다. 자서전이 그 좋은 보기고, 요즘 자주 대중매체에 등장하는 소위 '넌픽션'(nonfiction)이라는 체험담 · 수기 같은 문서도 이에 해당한다. 사회연구자에게는 자신이 직접 경험 또는 관찰할 수 없는 일과 상황을 기록한 이런 원초적 문서가 매우 소중한 자료가 된다.

그러나 대부분의 실제상황에서는 극적이고 중요한 체험을 한 장본인은 그것을 문장으로 표현하지 못하는 수가 있다. 따라서 제 3 자가 그 경험과 목격한 내용을 청취해서(일종의 심층면접법) 그것을 기록으로 작성하게 된다. 혹은 연구자 자신이 현장에 가지 못하는 사건에 대해서도 보고 들은 사람들에게서 정보를 얻어 기록할 수밖에 없다. 이것을 2차적 문헌이라 한다. 다른 사람이 쓰는 전기가 이에 해당할 것이다. 그 밖에 어떤 현상에 대한 관찰, 연구 또는 자료수집보고 같은 형식의 문서도 2차적 문헌이라 할 수 있다.

Ⅱ. 개인문서와 공식문서

문헌자료는 그 목적과 형식에 따라서 개인이 사사로운 목적으로 기록한 개인문서(personal documents) 또는 사적 기록(private records)과 각종 공공기관에서 공적인 목적으로 마련하는 공식문서(public records, formal documents)로 나눌 수 있다. 대개 개인문서는 일정한 형식 없이 자유롭게 쓰여진 것이 보통인 반면, 공식문서는 모두가 그 나름의 형식을 갖추고 있다.

개인문서란 일기 · 편지 · 자서전 · 참회록 · 학교에서 쓴 작문 · 수필 · 수상 · 문집 · 심지어 자살유서 등을 일컫는다. 이러한 개인문서를 이용하는 것은 자연스러운 행동에 대한 참여관찰처럼 구조화하지 않은 상황에서 개인이 자발적으로 경험하고 느낀 바를 알아 낼 수 있는 방법이기 때문이다. 오히려 개인의 내면을 꿰뚫어 볼 수 있다는 점에서 관찰법보다도 더 질적인 연구에 유용한 것이 개인기록이다. 그러므로 이러한 개인의 사사로운 자료의 분석법에 관해서는 뒤에 질적 방법에서 따로 다루는 것이 좋겠다. 물론 개인문서라도 질적 분석만이 아니라 양적 분석이 불가능하거나 소용이 없는 것은 아니다. 하지만 주로 질적 연구의 대상임은 부인할 수 없다.

공식문서의 작성주체는 정부, 기업체 기타 각종의 사회문화단체, 자발적 결사체들이다. 이들 조직체들은 업무상 중요하다고 간주하는 일들은 기록으로 남겨 둔다. 회계기록 · 회의록 · 각종 공문과 통신문, 여러 가지 문서철 등의 모양으로 보관 · 보존하기도 하고, 일정기간이 지나면 폐기하기도 한다.

조직체의 종류에 따라서는 행정부의 갖가지 공문서와 출판물 · 법령집 등이 있고, 국회와 법원의 입법기록 · 재판기록 · 정치적 자료로서 선거의 투표기록 등이 있다. 이런 공식기록이나 문서들 외에는 정치가나 정부 고위직인물들이 공직생활을 하는 동안에 작성하기도 하고, 교환하기도 한 여러 모양의 문서들을 또한 포함시켜야 한다. 미국 같은 데서는 대통령이 퇴임할 때, 자기 모교에 하나의 독립된 기념도서관을 세울 정도의 문서를 가지고 나간다. 그 중에는 공직자의 사신 같은 개인문서도 들어 있지만, 편지 중에는 공적인 문서로 간주할 성질의 것이 많다.

정부나 공공기관, 그리고 대규모의 기업체 및 민간조직체들은 기록보관소(archives)를 설치하고 각종 공식기록들을 영구보존할 뿐 아니라, 이를 필요한 연구자들에게 공개하여 이용토록 한다.

이런 종류의 공식기록도 대개는 불개입 · 무반응법에서 다루는 자료들이므로 후에 다시 자세한 논의를 하겠다. 이 때에도 양적 분석을 위한 내용분석 같은 것을 하지 말라는 법은 없지만, 주로 질적 연구의 자료로 간주하겠다.

Ⅲ. 통계자료

공공기관과 공식적 조직체들이 집성, 보관 또는 공개하는 기록으로는 각종 통계자료가 있다. 특히 사회연구에 유용하고 유관적합한 여러 가지 사회경제적 지표들을 통계적으로 제표한 것들이 많다. 가장 대표적인 보기로 인구센서스자료를 필두로 인구동태통계(vital statistics) · 보험통계 · 노동과 임금통계 · 산업과 금융통계 · 물가자료 등 수없이 많다. 민간단체들도 회원에 관한 통계를 비롯해서 관련분야의 갖가지 통계자료들을 제공한다.

이와 같이 이미 수집 · 집성 · 조직한 통계적 자료들은 여러 모로 사회조사연구에 도움을 준다. 적어도 기존 자료를 검토한다는 의도로 통계자료를 이용하려 할 때는 이론적 관심을 가지고 통계자료가 제공하는 정보를 열린 마음으로 대하는 것이 가장 긴요하다. 같은 통계지만 이론적인 의미를 찾기 위해서 혹은 가설검증을 목적으로 분석할 때, 여러 각도로 검토를 하다 보면 새로운 생각들이 떠오를 수도 있다. 때로는 기존 통계자료를 살펴봄으로써 특수한 형의 사례들을 따로 선정하여 더 깊이 연구하기 위하여 표본조사를 한다든지, 관찰을 할 수 있게 된다. 그리고 연구자가 별도로 수집한 1차 자료를 보완 · 점검도 하며, 평가하는 수단으로 기존 통계자료를 이용해도 좋다.

다만, 이미 통계자료가 있으니 이용하는 것은 좋지만, 한두 가지 문제점에 대해서는 유의할 필요도 있다.

첫째, 타당도와 관련, 기존의 통계자료란 그것을 이용하려는 연구자의 연구목적을 위하여 수립한 것이 아니라는 것을 주목할 필요가 있다. 다른 목적을 염두에 두고 수집 · 정리한 것인 만큼 거기에 담긴 변수들의 종류가 연구자가 원하고 필요로 하는 것이 아닐 수 있고, 변수의 개념규정과 조작적 정의 또는 범주화의 틀 같은 것이 다를 수도 있다. 그러므로 기존 통계자료의 개념규정이나 변수의 범주들을 자신의 연구목적과 연구문제에 맞게 또는 비교의 목적에 어울리도록 조정할 필요가 생기며, 그것조차 불가능할 때는 근사자료로 활용할 도리밖에 없다.

둘째, 신뢰도에도 문제가 있다. 특히 원자료를 수집 · 집성한 사람이 과연 믿을 만한 정당한 절차를 밟았는지를 확인해 볼 필요가 있다. 아직도 많은 나라의 정부통계는 자료의 생산과 처리과정에 전문적인 손길과 윤리강령이 작용하지 못해서 썩 믿을 만한 정도의 정확성과 질을 갖추지 못한 예가 허다하다. 그래도 기존 통계자료의 활용은 사회연구에서 여러 모로 편리할 뿐 아니라 유용한 작업이다.

Ⅳ. 원자료의 재분석

여러 가지 유용한 통계자료가 요즘은 많이 나오기 때문에 사회연구가 편리해지기도 했지만, 또 한 가지 특수한 종류의 자료가 점차 늘어나고 있어서 이용자들을 기다리고 있다. 그것은 다름 아니라 사회과학분야의 연구기관이나 개인연구자들이 직접 수집한 1차 자료들이다.

이제는 우리 나라에서도 이와 같은 사회조사연구의 원자료(raw data)들을 체계적으로 보관하면서 다른 연구자들이나 학생들이 이용할 수 있는 자료교환소(data clearing-house) 같은 것이 생겨나고 있다. 대학의 연구소에서도 그 동안 실시한 연구의 원자료들을 보관하고 있으면서 연구자들이나 대학교학생들의 학위논문에 이용하도록 권장하는 예가 있다.

이런 종류의 자료를 한데 모아서 정리해 놓은 곳으로 한국사회과학자료원(Korea Social Science Data Archive; www.kossda.or.kr)이 대표적인 보기다. 이 온라인 사이트에는 한국종합사회조사(KGSIS)와 국제사회조사(International Social Survey Program : ISSP)를 비롯하여 국내의 주요 연구기관에서 실시한 각종 사회조사연구의 원자료와 부호화지침 등을 검색할 수 있다. 외국의 대표적인 사례는 시카고대학의 National Opinion Research Center(NORC)의 The General Social Survey(GSS), 미시건대학의 Survey Research Center(SRC)와 The Inter-University Consortium for Political and Social Research(ICPSR), 컬럼비아대학의 Bureau of Applied Social Research, 아이오와대학의 The Laboratory for Political Research, Social Science Data Archive 등이 가장 유명하다. 국제적으로는 The European Association of Scientific Information Dissemination Centers, 위에서 소개한 ISSP에는 독일의 ALLBUS, 영국의 British Social Attitudes Survey를 비롯하여 오스트랄리아 · 오스트리아 · 이탈리아 · 헝가리 · 이일랜드 · 이스라엘 · 네델란드 · 스위스 및 폴란드 등의 기구들이 참여하고 있다(Frankfort-Nachmias and Nachmias, 2000 : 283-287; Neuman, 2003 : 320-323; Rubin and Babbie, 2008 : 393-395).

물론 각국의 정부기관에서는 각종의 통계자료를 수집 · 정리하여 보고서를 정기적으로 출간하고 있다. 우리 나라의 통계청에서는 일반정부통계와 인구센서스말고도 「한국의 사회지표」를 연차적으로 출간하고 있고, 온라인자료사이트를 운영하고 있다. 이 사회지표자료는 특히 사회과학연구자들에게 매우 귀중한 자료를 제공한다. UN에서는 *Demographic Yearbook, UNESCO Statistical Yearbook* 및 *United Nations Statistical Yearbook*과 같은 자료가 있을 뿐 아니라 United Nations Databases를 운영하고 있으며, 세계은행(World Bank)에서도 각종 자료를 검색할 수 있다. 이와 같은 전문적인 자료집성 외에 상업적인 목적으로 구축하여 판매하는 인터넷자료 사이트는 언론기관 · 기업체 등이 무수히 운영하고 있다.

어쨌든 다른 사람이 수고하여 수집해 놓은 자료로 자기가 원하는 재분석(secondary analysis)을 할 수 있다면, 그만큼 시간과 비용을 절약할 수 있는 더 없이 좋은 방법이 될 것이다. 직접자료수집을 하는 과정에서 발생하는 사생활의 침해도 없어서 좋다. 그리고 국제비교나 종단적 비교도 가능하다는 이점도 있다. 이미 범주화해서 집성해 놓은 통계표만을 가지고 조정해 가면서 다시 분석을 시도해야 하는 데 비하면 유리한 것은 사실이나, 원자료 자체가 자신이 처음부터 기획 · 수집한 것이 아닌 이상 반드시 자기가 필요로 하는 자료를 담고 있다는 보장이 없다.

그뿐 아니라 같은 개념이라도 그것을 변수화하는 조작적 정의과정에서 자기가 필요로 하고, 원하는 식으로 범주화하고 측정하지 않은 수가 얼마든지 있다. 이것은 곧 자료의 타당도를 손상시키는 조건이 된다. 비록 원자료를 쓰지만 기존의 것을 자기의 필요에 맞추어 조정하는 과정이 따르므로 왜곡이 일어날 수 있기 때문이다.

V. 문헌연구로서 역사적 방법

역사학이 사회과학이냐, 인문학이냐 하는 것은 가끔 학문론에서 제기하는 쟁점이다. 물론 우리의 관심은 거기에 있지 않고, 과거의 사건들에 대한 문헌자료를 집중적으로 다루면서 사회과학적 지식을 형성코자 할 때 쓰는 역사적 방법에 대한 이해를 얻으면 족하다.

성질상 역사적 방법은 이제 곧(제14장 · 제15장) 다루고자 하는 현지연구법 및 역사비교연구와 겹치는 점이 많다. 현재의 시점에서 진행하는 사회적 사건과 과정을 현지에서 연구하는 것이 아니라, 과거에 일어난 일들을 문헌에 의해 연구한다는 시간적 차이와 수단의 차이가 있다. 그러나 방법론적으로는 모든 가능한 자료들을 활용하면서 여러 가지 연구목적을 추구한다는 뜻에서 매우 포괄적이고 덜 구조화되었다는 점이 근본적으로 비슷하다.

다만, 역사학 전문가들의 주된 관심은 특정시기에 특정사회에서 일어난 특정사건에 관련된 모든 자료들을 이용하여 그 사건을 설명하고 이해하는 일에 집중될 것이다. 이에 비하여 사회과학의 역사적 방법이 추구하는 것은 그런 특정한 역사적 사건들의 이해를 바탕으로 한층 더 일반화할 수 있는 이론형성에 도달하고자 하는 것이다.

보통 역사학자들은 대개 자기가 연구하려는 사건과 관련 있는 '사실들'을 수집하고 정리하는 일에 많은 시간과 정력을 쏟아 넣는다. 그 주된 원천이 물론 문헌 · 기록이다. 개인적 기록 · 공공문서 · 통계자료 · 대중통신매체의 정보 등 입수가능한 모든 문서 · 기록들이다. 거기에다 가까운 현대사일 때는 생존자와 심층면접을 실시하는 이른바 구비역사(oral history) 또는 구전(口傳) 역사의 접근도 취할 것이다.

그러나 이처럼 사실들에 몰두하는 데에는 몇 가지 문제가 있다.

첫째, 자료가 아주 희소하면 그 사건에 대한 완벽한 이해와 설명이 거의 불가능해진다.

둘째, 자료가 너무 많아서 어려움을 겪을 수도 있다. 그 많은 자료(사실들)에서 무언가 의미를 찾아 내는 일이란 그리 쉽지가 않기 때문이다.

셋째, 그 사실들도 때로는 서로 모순되거나 일관성이 결여한 것들로 가득할 수도 있다.

결국 이렇게 되면 역사적 연구도 상당한 추리를 요하게 되는데, 여기에 바로 이론과 가설의 중요성이 떠오른다. 그리고 그러한 방대하고 복합적인 문헌자료의 합리적인 분석을 위해서는 이제 곧 해설하려는 내용분석법 같은 기법을 적극활용할 것을 권장한다. 우리 나라에서는 과거 왕조실록이나 개인문집 같은 형태로 기록을 잘 남기는 습성이 있었지만, 언제부터인지 기록을 남기는 일을 소홀히 하거나 두려워하는 풍조가 생겨 났다는 문제에 주목할 필요가 있다. 너무 비밀이 많고, 부끄러운 일이 많은 역사는 바람직스럽다고 보기 어렵다. 그럴수록 역사의 교훈을 되살리기 위해서도 기록은 잘 간직하고 남겨야 할 것이다.

그리고 과거 특정시기의 기록이란 특정계층, 주로 지배층을 중심으로 한 기록이지 일반서민의 삶의 세계를 자세히 기록하여 남긴 것이 드물었다. 이런 관점에서 볼 때, 오늘을 사는 세대가 적어도 오늘의 사회현상에 대한 다양한 자료들을 많이 생산 · 수집 · 집성해서 잘 보존해야 한다는 사명감을 일깨우는 일이 절실하다. 그래야만 후세의 역사연구자들이 오늘의 각계각층의 삶의 세계를 이해하고, 거기에서 교훈을 얻는 데에 오늘의 우리처럼 곤란을 겪지 않아도 될 것이다.

Ⅵ. 대중통신매체

끝으로, 현대사회에서는 대중통신매체의 정보가 매우 중요한 문헌자료다. 대중매체란 대중사회에서 공중에게 정보를 알리고, 설득을 하며, 오락을 제공하려는 목적으로 통신행위를 하는 수단으로서 신문 · 방송매체 · 영상매체 및 각종 정기간행물과 출판물이 있다.

이와 같은 대중매체야말로 각양각색의 정보를 담고 있기 때문에 사회연구자들이 활용하기에 매우 유용한 문헌의 원천이 된다. 다만, 그것이 오늘날에는 두 가지 사회적 요인으로 말미암아 정보의 왜곡을 일으킬 소지가 있음을 주목해야 한다. 그 하나는 정치적 압력에 의한 왜곡이나 편의이고, 다른 하나는 이른바 상업주의라는 문화적 · 경제적 특성에서 초래하는 것이다. 결국 대중매체의 분석에서 이러한 요소들을 어떻게 가려 내느냐 하는 것은 그 사회의 실정과 문화적 특성에 대한 깊은 이해에 따라 좌우될 수 있다고 하겠다.

다만, 문헌자료의 양적 분석을 주안으로 할 때는 방대한 문헌자료를 체계적으로 간편하게 요약해 주는 내용분석법이 지금까지 개발해 온 기법 가운데는 가장 효율적이다. 그 방법은 주로 대중매체의 분석에서 유래한 것이므로, 커뮤니케이션분야에서 가장 활발히 개척해 왔다. 이제부터 문헌연구의 주된 분석기법으로서 내용분석법을 자세히 살펴보기로 한다.

제 3 절 내용분석법

Ⅰ. 문헌분석의 유형

관찰법의 분류를 위해서 우리는 관찰대상의 환경, 즉 상황의 인위성과 자연스러움이라는 차원과 관찰기법의 조직정도를 나타내는 차원을 교차시켜 보았었다. 문헌연구법에서도 그 비슷한 분류를 할 수 있다.

한 차원은 문헌자료의 성격이다. 가령 사적 문서냐 공문서냐, 비공식기록이냐 공식기록이냐, 개인의 비밀스러운 기록이냐 공개적인 글이냐, 질적인 사례기록(case records)이냐 양적 통계자료냐 하는 등의 구분을 할 수 있다. 또 다른 차원의 분류는 문헌자료들을 어떤 철학패러다임에 기초한 기법으로써 분석하는가 하는 것이다. 여기에는 주관주의적 접근의 질적 분석과 표준사회과학의 양적 분석이라는 두 범주로 나눌 수 있다.

이런 두 차원을 서로 교차한 조합을 만들면, 관찰법의 네 가지(2×2표)보다는 훨씬 더 복합적인 접근법들이 드러나게 된다. 그러나 사실 문헌자료는 성질상 본디부터 양적인 것은 통계자료나 다른 연구자들이 수집한 양적 자료에 거의 국한되고, 대부분의 원자료는 질적인 모습을 띠고 있다. 그러므로 중요한 구분은 자료의 성격 자체보다도 분석기법과 그것을 요구하는 인식론적 관점에 따라 해 보는 것이 더 유용하다. 자료의 성격이 질적이든, 양적이든 그것을 어떤 기법으로 분석하느냐가 분류기준이 된다는 말이다.

그렇다면 문헌자료분석의 유형은 질적 분석과 양적 분석 두 가지로 집약할 수 있다. 질적 분석법은 일괄적으로 뒤에 모아서 살펴보기로 했으므로, 이제는 문헌자료의 양적 분석방법의 대표적인 보기인 내용분석법을 정리하고자 한다(이만갑 외, 1982 : 194-210; Bailey, 1978 : 276-291; Eckhardt and Ermann, 1977 : 297-307; Lin, 1976 : 217-219; McGaw and Watson, 1976 : 382-389; Selltiz *et al*., 1976 : 386-397; Frankfort-Nachmias and Nachmias, 2000 : 295-300; Neuman, 2003 : 310-317; Rubin and Babbie, 2008 : 400-408).

Ⅱ. 내용분석법의 뜻과 목적

1. 내용분석법의 뜻

한 마디로 내용분석법은 질적인 자료를 양적으로 변용하는 방법이다. 다양한 형태로 표현한 인간의 의사소통내용을 분석하려는 접근이지만, 처음부터 통계자료처럼 수량으로 정리해 놓은 자료를 대상으로 하는 게 아니고, 말과 기타 상징적 기호로 표현해 놓은 자료를 다루되 그 내용을 양적 접근으로 포착하려는 방법이라는 말이다(Rubin and Babbie, 2008 : 400). 하나의 과학적 연구방법으로서 내용분석법은 의사소통의 내용(메시지)의 특성을 체계적 · 객관적으로 확인하여 그로부터 의미를 추정하려는 접근법이다(Holsti, 1968 : 601; Frankfort-Nachmias and Nachmias, 2000 : 296). 이 방법은 그 동안 직접 양적 자료를 수집분석하려는 강박비슷한 태도로 임해 온 주류사회과학의 편견 때문에 사실상 이용이 저조했던 것이지만, 알고 보면 인간의 신념 · 태도 · 인간관계 · 사회조직체의 특성 등에 관한 연구방법으로서 생각보다 훨씬 더 유용하다고 할 수 있다(Woodrum, 1984 : 311; Neuman, 2003 : 311).

내용분석법의 개념정의는 학자에 따라 조금씩 다르다.[1] 그러나 이들의 생

1) 이 분야의 선구자 및 활발한 연구업적을 낸 이들 가운데 자기 나름의 정의들을 제시한 보기로

각을 종합해 보면, 다음과 같은 요소들을 담고 있다.

첫째, '무엇'을 분석하는가에 대해서, 그 대상으로 인간의 상징적 행동, 언어적 의사소통(communication)의 내용, 기록된 언어의 전(본)문(text), 문서형태의 증거(documentary evidence) 등을 지적한다. 구체적 보기로는 서적(책) 등 출판물, 잡지 · 신문 · TV와 라디오 · 영화 등 대중매체, 헌법과 각종 법규, 연설 · 서한 · 일기 · 각종 공공메시지(성명) · 회의록 등 문서 · 기록, 노래 · 그림 등 언어적 기호와 상징적 조형물들을 다 포함한다.

둘째, 역시 '무엇'과 관련하여 내용의 어떤 속성이나 측면을 분석하는지에 대해서는 특정전달내용(메시지)의 일반적인 특성(characteristics), 명시적 · 현재적(manifest) 내용과 아울러 암묵적 · 잠재적(latent) 내용, 의사소통의 선행조건, 원인 및 결과, 본문의 흐름 등을 언급하고 있다.

셋째, 그러한 대상의 내용에 대한 접근 내지 분석방법의 특징으로는 과학적 방법의 적용, 통신내용의 객관적 · 체계적 기술과 추리를 위한 연구기법, 정교한 측정수단의 적용, 또는 사회과학의 목적에 유관적합한 문서내용의 특성들의 유무 · 강도 · 빈도 등을 표상하는 기호들의 표준단위로 통계적 조작이 가능하도록 본문을 체계적으로 요약하는 작업, 또는 본문의 부호화, 내용부호화, 기존 문서자료의 부호화, 제표 및 분석 등을 들고 있다.

이와 같은 요소들을 한데 묶어 다시 정리해 보면, 내용분석법이란 인간이 상징적 기호로 표현한 의사소통의 기록물의 내용적 특성들을 체계적으로 기술하고, 나아가 그 동기 · 원인 및 결과나 영향을 체계적으로 추리하려는 사회과학의 분석기법으로서, 그 분석의 절차는 누구나 동일방법을 쓰면 같은 결과를 가져올 수 있다는 뜻의 객관적 분석을 전제한다. 덧붙여 그 결과를 가능하면 통계적으로 처리할 수 있도록 수량화하는 기법으로도 인식한다. 물론 서술적 역사연구나 문학비평에서도 실은 일종의 내용분석법을 과거부터 활용하고 있다는 점에서 반드시 수량화만을 고집할 수는 없다는 견해도 있다.

그러나 근자에 신문학 · 사회학 · 정치학 등에서 개발해 온 내용분석법은 컴퓨터처리를 활용할 수 있는 양적 기법들의 계속적인 개발을 수반하고 있다는 점은 염두에 둘 필요가 있다. 그리고 그러한 상황에 비쳐 볼 때, 성격상 내

는 Lasswell(1965); Cartwright(1953); Berelson(1952; 1954); Stone *et al.*(1966); Holsti(1968; 1969); Markoff *et al.*(1974) 등이 있다.

용분석법은 문서기록자료를 대상으로 삼는 표본조사에 버금가는 사회연구법이라 함직하다. 다시 말해서 대규모의 자료를 대상으로 양적 접근을 함으로써 귀납적 일반화를 시도하거나 가설검증을 목표하는 접근법이라는 말이다. 동시에 그 절차의 성격으로 보면, 조직적 관찰법의 기법을 닮았다. 일정한 객관적 분석범주들을 가져야 체계적 부호화를 할 수 있기 때문이다.

2. 내용분석법의 목적

Lasswell(1965)은 내용분석법을 이용하는 연구자가 물을 수 있는 기본적인 질문은 "누가, 무엇을, 누구에게, 어떻게 말하며, 그 효과(결과)는 어떤 것인가?"라고 제안한 일이 있다. 여기에 '언제', '어디에서'(혹은 어떤 매체를 이용해)라는 범주까지 곁들이면, 7하원칙(七何原則)처럼 될 것이다.

위에서 개념규정을 소개할 때도 말한 바와 같이 의사전달내용의 특성·원인(동기)·효과(결과)를 분석하는 게 바로 내용분석법의 목적일 수가 있다. 여기서 말하는 특성이란 둘 이상의 자료가 담은 전달내용의 비교, 시간차원의 전후 비교, 동일출처지만 상황에 따른 비교, 아니면 본문 속에 나타나는 두 가지 이상의 변수들 간 관계의 분석 등의 보기가 있다.

다음으로 전달자의 사람됨·태도와 의사소통의 원인·선행조건·동기·의도 같은 것의 추리·유추를 목적으로 할 수 있다. 심지어 문화에 따른 성취동기 또는 성취욕구의 정도의 차이를 분석한 McClelland(1961)의 연구는 이 방면에서 유명한 보기다. 다만, 여기서 제기되는 한 가지 방법론적 쟁점은 전달자의 동기나 태도를 추리할 때 전달내용에 담긴 말들을 액면 그대로 받아들이느냐 않느냐 하는 문제다. 만일 말이 전달자의 생각과 믿음을 그대로 표상한다고 보는 인간관, 즉 '표상모형'(representational model)을 취한다면, 액면 그대로 분석해도 무방할 것이다. 그러나 소위 '수단모형'(instrumental model)에서처럼 말이란 상대방에게 영향을 주고자 하는 수단에 불과하다는 견해를 갖는다면, 동기나 의도를 추리하는 데에는 한계가 있다.

그리고 전달내용의 효과에 대한 추리가 내용분석의 목적이 될 수 있다. 예컨대 선전이나 사회적인 운동(캠페인), 연설, 정치구호, 편의적인(biased) 대중매체의 내용 등이 시청자나 일반시민의 태도·가치의식·행동 등에 미치는 영향을 분석하려 할 때가 있다. 이 때도 특정전달내용이 곧 수신자의 태도나 행동에 1 대 1의 상응효과를 나타내리라고는 기대하기 어렵기 때문에 추리에 상당한 주의가 필요하고, 보완적인 증거로써 이를 뒷받침할 수 있어야 한다.

이와 같은 기본적이고 일반적인 목적말고도 좀더 기술적인 목표를 요약한 Holsti(1969 : 43)에 의하면 다음의 일곱 가지가 있다.

① 의사전달내용의 추세(trends)를 서술하는 일
② 의사전달의 원천(혹은 매체)과 그것이 산출해 내는 전달내용(메시지)의 성격간의 관계를 밝히는 일
③ 의사전달의 내용을 특정한 표준(예 : 심의기준)에 비추어 심사하는 일
④ 설득의 기법을 분석하는 일
⑤ 표현양식(스타일)을 분석하는 일
⑥ 의사전달의 대상인 청중 · 관객 · 시청자들의 특성과 그들을 위하여 생산한 전달내용의 관계를 규명해 보는 일
⑦ 그리고 의사소통의 유형(pattern)을 기술하는 일

Ⅲ. 내용분석의 절차와 기법

내용분석법의 일반적 절차는 대략 다음과 같은 몇 가지 단계를 밟아 진행한다.

① 연구문제의 형성
② 대상문헌자료의 모집단규정
③ 문헌자료의 표본추출
④ 분석내용의 범주설정
⑤ 분석 단위의 규정
⑥ 수량화의 체계규정
⑦ 타당도와 신뢰도 점검

이제 이들을 하나씩 살펴본다.

1. 연구문제의 형성

연구문제형성이라는 절차는 사회연구 일반의 연구설계(제3장), 표본조사의 설계(제5장) 부분에서 자세하게 설명한 것이므로 다시 논의할 필요는 없다. 다만, 내용분석법을 이용하려는 의도가 제대로 살아날 수 있는 연구문제라야 한다. 바꾸어 말해서 문헌연구법이 아니고는 탐구할 수 없는 주제거나 또는 여러 실질적 이유 때문에 다른 자료수집 · 분석방법보다는 문헌연구가 더 적절하든지, 효율적이 될 만한 연구문제를 설정할 필요가 있다.

2. 대상의 모집단규정

모집단의 규정도 다른 접근법과 같은 원리로 연구문제의 탐색에 필요하고 유관적합한 원천이 될 만한 문헌 · 기록의 종류와 범위를 확정하는 식으로 해야 한다. 가령 책 · 논문 · 신문 · TV 프로그램 · 편지 등은 분석할 대상이 되는 의사전달매체의 모집단인 셈이다.

3. 문헌자료의 표본추출

내용분석을 위한 문헌자료의 표본추출도 여느 표본조사의 표집원리와 절차를 그대로 원용하는 범위 안에서 이루어진다(제6장). 다만, 표집단위에 대하여 주목할 사항이 있다. 표본조사에서도 표집단위가 개인일 수도 있는 반면, 집단 · 지역 · 계층 등일 수도 있듯이 내용분석을 위한 표집에서도 단어, 구절, 문장, 문단, 책의 절(節), 책의 장(章), 책, 저자 및 기타 연구에 관련성이 있는 문맥 등을 표집단위로 삼을 수 있다. 아울러 문헌자료를 대상으로 표집할 때에도 층화 · 집락을 곁들인 다단계표집을 하는 수가 자주 있다.

예컨대 신문을 분석하려면 먼저 시간단위를 몇 년치 또는 몇 달치 등으로 나누어 표집할 것이다. 또 각 신문의 몇 면, 어떤 기사, 문장, 행, 심지어 단어까지도 표집단위가 될 수 있다. 이런 절차는 곧 이어 해설할 내용의 범주규정과 깊은 관련 아래 수행해 나가는 것이 좋다.

가능하면 확률표집의 원칙에 따라 무작위추출을 하려고 노력하겠지만, 정기간행물 · 일기처럼 시간배열이 고른 자료일 때는 계통적 표집도 무작위추출의 효과를 가져올 수 있다. 그러나 문헌자료란 워낙 대부분이 중상층의 계층 쪽에 기울어지는 것이 특색이므로, 계급적 특성을 중점적으로 다루어야 하는 연구문제가 주제일 때는 할당표집도 불가피할 것이다.

4. 내용의 범주설정

조직적 관찰과 마찬가지로 내용분석에서도 내용의 범주를 어떻게 설정하느냐가 그 연구의 질적 수준을 거의 좌우한다 해도 과언이 아닐 만큼 중요하다. 그러한 범주의 규정에서 가장 주의할 요소는 ① 그 범주들이 연구목적과 연구주제를 적절하게(adequate) 반영할 수 있어야 하고, ② 범주간 상호배제적(mutually exclusive)이며, ③ 포괄적(exhaustive)이어야 하고, ④ 그리고 상호독립적(independent)일 것을 요구한다(Holsti, 1969 : 95; McGaw and Watson, 1976 : 384-385; Frankfort-Nachmias and Nachmias, 2000 : 299).

어떤 내용의 요소를 분류하여 부호화하고자 할 때, 그 요소는 한 범주에만 해당되어야 상호배제성기준을 충족시킨다. 어떤 요소든지 범주들 중 하나에는 분류할 수 있어야지 아무 범주에도 해당하지 않는 범주들이면 포괄성의 표준에 미달이다. 한 범주의 값, 다른 말로 그 범주에 속하는 요소들의 빈도가 다른 범주의 값에 영향을 미치지 말아야지 상호독립성을 확보하게 된다. 한 범주에 분류하는 내용의 요소가 늘거나 주는 데 따라 다른 범주의 요소도 함께 증감하는 식으로 범주화가 되어 있다면 독립적이 못되는 범주들을 만든 셈이다.

여기서는 몇 가지 보기들만 소개한다. 먼저 일반적 범주들에 대해서 Holsti(1965)는 다음과 같은 보기를 든다.

〈'무엇'을 전하고 있는가?의 범주〉
주　제 : 의사전달의 주된 내용
방　향 : 어떻게 내용을 다루는가?(좋다(好), 싫다(惡), 강약, 옳다-그르다 등)
표　준 : 방향에 의한 분류의 기준
가　치 : 가치 · 욕망 · 목표 등의 표출
방　법 : 목표달성의 수단
특　질 : 사람들의 묘사에 이용한 특성들(traits)
행위자 : 특정행위를 하는 사람
권위자 : 누구의 이름으로 한 말인가?

원 천 : 의사전달의 기원, 소식통, 정보의 원천
장 소 : 행위가 일어난 장소
갈 등 : 갈등이 있으면 그 원인과 수준
종 결 : 갈등의 종결이 비극적인가, 불분명한가, 행복한 결말인가?
시 간 : 언제 행위가 일어났는가?

〈'어떻게' 전하는가?의 범주〉
의사전달(소통)의 형식 · 유형 : 의사전달의 매체는 무엇인가?(라디오 · 신문 · 연설 등등)
진술의 형식 : 의사소통의 문법적 · 문장구성적 형식은 어떤 것인가?
고안물 : 수사나 선전방법 등 특별한 표현의 고안물을 쓰고 있는가?

그 밖에 매체의 종류에 따라 좀더 구체적인 범주들의 보기가 있다(Bailey, 1978 : 279-280). 신문분석에서 자주 쓰는 범주들로는 ① 외신, ② 국내정치 뉴스, ③ 공적인 사건을 다루는 칼럼, ④ 사설 · 논설 · 오피니언, ⑤ 경제기사, ⑥ 운동 · 체육 · 스포츠, ⑦ 사교계, ⑧ 여성, ⑨ 극장 · 영화 · 출판 · 예술, ⑩ 방송프로그램 소개, ⑪ 만화, ⑫ 기타 삽화, ⑬ 그리고 우리 나라나 일본 신문에는 소설이 있다.

대중소설에 나타나는 가치를 분석하기 위한 범주들의 보기로 다음과 같은 것도 있다.

(1) '정서적'(heart) 가치
연 애
안정된 혼인
이상주의
애정과 정서적 안정
애국심
모험 · 탐험
정 의
독 립

(2) '이성적'(head) 가치
당장의 문제해결
자신의 출세 · 진보
돈과 물질적 재화
경제 · 사회적 안정
권력과 지배

극장의 연구에서 쓴 보기는 우선 주제면에서 사랑 · 도덕성 · 이상주의 · 권력 · 추방당한 사람 · 경력 등, 연극의 종결면에서 행복한 결말, 불분명한 끝맺음, 불행한(비극적) 종결 등, 그리고 기타 행위가 일어난 시간 · 상황 · 갈등의 유형 같은 것들이다.

범주들을 정하는 데에는 관찰법처럼 이론의 틀에서 도출하는 연역법과 실제 자료에서 귀납적으로 형성해 가는 방법이 있다. 문헌자료의 내용분석법에서는 이론적 틀이 확고하고 완벽에 가깝기 전에는 되도록 자료를 사전에 충분히 검토하여 귀납적으로 범주설정을 하는 것을 권장한다. 자료의 다양성이 그 주된 이유라고 할 것이다. 그리고 마치 표본조사와 같이 범주들을 사전검사하는 일을 잊어서는 아니 된다.

5. 분석단위의 규정

분석단위(units of analysis) 혹은 부호화단위라고도 하는 내용분석의 단위는 크게 두 종류로 나누어 생각해 보는 것이 유용하다. 그것은 기록(recording) 단위와 맥락(context) 단위다.

기록단위란 분석하려는 내용의 특정요소가 한 번 일어난다는 것을 가리켜 주는 최소의 분석단위다. 한편 맥락단위는 기록단위의 성격을 좀더 명확히 하고자 검토하는 내용의 최대단원이라 할 수 있다. 예컨대 단어가 기록단위라면, 그 단어가 어떤 의미로 쓰이는지를 알아 내기 위하여 한 문장 또는 몇 개 문장으로 된 단락을 맥락단위로 규정할 수 있다.

기록단위로는 기본적으로 다음의 다섯 가지를 쓰는 게 보통이다.

(1) '단어 · 용어(word · term)'

문헌자료의 내용분석을 위해서는 가장 하위단위 또는 최소단위라고 할 수 있다. 아주 특수한 목적의 연구에서는 자모가 기록단위가 되기도 한다. 단어는 다른 것과 구별하는 경계선이 뚜렷하고 확인하기가 쉽다는 장점이 있지만, 지나치게 방대한 자료를 다룰 때는 감당하기가 어려운 게 흠이다. 그리고 단어의 의미가 사용맥락에 따라 달라질 때는 맥락단위도 동시에 기록해야 하는 번거로움이 따른다.

(2) '주 제(the theme)'

어떤 내용에 대한 주장인 셈인데, 한 문서 · 기록자료의 목적 · 교훈 · 목표 같은 것을 내용으로 담는다. 대개 한 문장에 주제를 담지만, 때로는 여러 개의 문장 · 단락 혹은 전체본문에 확산적으로 표명할 수가 있다. 한 본문, 한 단락 속에 둘 이상의 주제를 담고 있을 수도 있다. 바로 이 점에서 위의 단어에 비하여 경계선이 불확실하고, 여러 주제 중 무엇이 더 중심적인 것인지를 가려내기가 어려운 것이 흠이다. 그러나 대량의 자료를 다루려면 주제를 기본단위로 삼는 것이 가장 의미 있고 간편하기 때문에 주제를 자주 기록단위로 활용한다.

(3) '인 물(the character)'

인물을 기록단위로 삼을 수 있는 자료는 물론 한정된다. 인물을 우정 설정하거나 내세워야 하는 소설 · 희곡 · 영화대본 · TV극 · 보도물 · 기획물 등일 것이다. 인물은 역시 경계선이 뚜렷하고 구별이 분명하며, 구체적인 단위이므로 계산하기 쉽고, 그래서 해당 자료의 내용분석에서 유용하게 쓰인다. 인물을 기록단위로 삼을 때는 개인, 일정한 사회적 범주(남녀 · 계층소속 · 연령층 등) 또는 집단 같은 것이 될 수 있다.

(4) '문장과 단락(paragraph)'

문장과 단락이 기록단위가 되면 문법상 경계선이 뚜렷한 것은 좋으나, 그 한 단위 속에 여러 가지, 때로는 상반하는 주제나 내용이 담겨 있을 때는 부호화에 문제를 일으킨다. 상호배타적 단위가 아닐 때는 만족스러운 기록단위가 될 수 없다.

(5) '품 목(items)'

품목이 기록단위가 될 수도 있다. 영화 한 편, 책 한 권, 하나의 TV 프로그램, 신문의 한 기사, 논문 한 편, 연설전문 같은 것이 그러한 단위들이다. 이런 큰 단위를 쓰고자 하면, 각 단위내부의 내용상 변량이 작고 무의미하다는 조건이 갖추어져야만 한다. 혹은 비교할 문헌자료가 너무 대량인지라 그와 같은 큼직큼직한 품목만을 단위로 기록해도 충분하다면 쓸 수도 있다. 그러나 그 단위 자체가 너무 광범위하며 내용이 너무 일반적이고 복합적이므로 정확성을 기하기가 어렵고, 기록자의 신뢰도확보가 힘들다. 게다가 이런 품목을 단위로 삼으면 각 품목에 대해서 실제로 기록 · 부호화하는 것은 주제일 수도 있으므로, 주제가 기록단위인지 품목이 기록단위인지 사실상 분간이 어렵다.

6. 수량화의 체계규정

기록을 하고 부호화를 하면, 이를 양적으로 분석하는 절차가 남는다. 일반적으로 숫자세기, 즉 집계(enumeration 혹은 counting)의 체계라고 지칭하는 수량화의 기법에는 네 가지가 있다.

(1) '유무 또는 출현 여부'

유무 또는 출현 여부를 따지는 체계(the appearance system)에서는 주어진 자료의 규정단위 속에 연구자가 찾고자 하는 현상의 특정속성을 나타내는 내용의 요소가 있는가 없는가 하는 것만 따져서 있는 단위의 수만을 센다. 일종의 2항명목측정이라 할 수 있다.

(2) '빈도체계'(sequency)

특정범주의 요소가 단순히 출현하는지 여부만을 세는 것이 아니라, 얼마나 자주 나타나는가를 계산하는 방법이다. 보기로 〈표 13-1〉을 제시한다.

(3) 시간 · 공간 체계

'시간 · 공간 체계'에 의해서는 단순한 빈도뿐 아니라 분석대상자료에 나타나는 여러 범주들의 상대적 강조 내지 편향도를 잴 수 있다. 가령 방송매체 같

〈표 13-1〉 내용분석의 빈도집계표(부분) 보기

신문 일련 번호	분석 · 평가 대상 사설의 수	주관적 평가부호 ① 매우 진보적 ② 약간 진보적 ③ 중도적 ④ 약간 보수적 ⑤ 매우 보수적	'반미적'인 사설의 수	'친 UN' 사설의 수	'반 UN' 사설의 수
001	37	2	0	8	0
002	26	5	10	0	6
003	44	4	2	1	2
004	22	3	1	2	3
005	30	1	0	6	0

자료 : Babbie(1975 : 233).

으면 한 요소, 한 범주가 나타나서 화면이나 방송에 남아 있는 시간의 길이로써 이를 비교할 것이고, 인쇄매체일 때는 각각에 할애한 공간(지면)의 크기로써 판가름한다.

그뿐 아니라 방송에서는 방송하는 시간대를 중요한 부가적인 척도로 이용할 수 있고, 인쇄매체는 그것이 나타나는 위치(예: 1면 톱기사, 권두언, 특별기획난 등)를 추가로 참작할 수 있다. 다만, 어느 정도 주관적이고 질적인 판단을 요하는 점에 주의를 기울여야 할 것이다.

그런데 시간 · 공간 체계를 다룰 때 어떤 내용을 오래 또는 큰 자리에 내보낸다고 해서 반드시 그것의 상대적 비중이나 강조도가 크다는 결론을 함부로 내리기는 어렵다는 한계가 있다. 그래서 대중매체의 기술을 위해서는 시간 · 공간 측정치가 어느 정도 유의할지는 모르지만 가치의식 · 태도 또는 표현양식 같은 것을 분석하는 데에는 조잡한 것일 수도 있음을 기억하는 게 좋을 줄 안다.

(4) '강도(intensity, strength)' 체계

강도체계는 어떤 진술의 힘 · 강도를 재려는 접근인데, 주로 태도나 가치의식 같은 것을 다룰 때 적절하게 이용할 수 있다. 이것은 갖가지 서열적 또는 동간적 척도들을 널리 활용할 수 있는 분석법이라는 점 때문에 내용분석법에 있어서 수량화의 수준이 가장 높은 분석기법을 적용하는 체계다. 척도구성의 기법은 제10장에서 언급한 원리와 방법 · 종류들이 그대로 유효하다.

(5) '방향'(direction) 체계

이는 분석하려는 내용의 메시지를 일정한 특성의 연속선상에서 어떤 방향으로 표현하는지를 확인하는 틀이다. 긍정-부정, 지지-반대, 친절-불친절, 배려-무배려, 고약하다-상냥하다, 이기적-이타적, 무미건조-흥미진진 등의 방향성을 말한다.

앞서 〈표 13-1〉에서도 간접적으로 드러나고 있지만, 빈도집계를 한 것 자체나 또 그것에서 제표한 것을 가지고 문헌내용의 유관표 또는 교차표(contingency table, 제18장 참조)를 만들 수도 있음을 지적해 둔다. 특정내용의 요소나 범주가 다른 어떤 요소나 범주와 상관적으로 동시에 나타나는 것을 발견하게 해 준다. 앞 〈표 13-1〉에서도 보면, 신문사설에 대한 평가(주관적이지만)에 드러난 진보 · 보수 성향과 그 밖의 미국에 대한 관점, UN에 대한 견해의 성향 등이 서로 일정한 관계를 드러낸다고 보이는 점이 없지 않다.

7. 타당도와 신뢰도 점검

자료의 타당도와 신뢰도를 점검하는 원리와 기법에 관한 자세한 해설은 제17장에서 시도하고 있다. 여기에서는 문헌자료에 국한시켜 몇 가지 쟁점만 생각해 본다.

우선 내용분석에서 타당도를 점검하려 할 때 측정을 위한 부호화에서 다룰 것이 현재적 내용(manifest content)인지, 잠재적(latent) 내용인지를 검토해야 한다. 현재적 내용이란 표면상 드러난 가시적 내용을 그대로 채택해도 되는 것이고, 잠재적 내용은 의사소통의 저변 혹은 이면에 숨은 의미를 파악할 때 측정대상으로 삼는 것이다. 그래서 이를 어의분석(semantic analysis)이라고도 한다. 전자는 단어나 문장을 액면 그대로 내용으로 수용해도 무방하지만, 후자에서는 전달하고자 하는 메시지의 진정한 의미를 파악하기 위하여 주어진 텍스트의 문맥 속에서 분석을 시도해야 한다. 그러자면 문단 전체, 책의 장 전체 혹은 텍스트 전부를 일단 검토하여 어느 단위에서 측정할지를 결정해야 한다.

첫째, 액면타당도의 정도는 관찰자료와 함께 문헌자료가 다른 자료들보다 상대적으로 높다. 그것은 본인이 직접 기록한 자료이기 때문이다. 그리고 내적 일관성을 점검하기가 용이하다. 사용하는 단어 · 용법 · 문장스타일 등 여러 요소들을 자세히 살펴봄으로써 저술자의 진위성(authenticity)을 비교적 쉽게 가려낼 수가 있다.

둘째, 그러나 한 자료의 내적 일관성만 가지고 그 문서가 진품인지 위조 또는 모조품인지를 알아 내는 데는 한계가 있을 터이므로, 가능하면 기준타당성을 점검하는 것이 좋을 것이다. 물론 너무 오래된 시기의 기록은 객관적인 다른 기준에 의해 비교검토를 하기가 어렵겠지만, 그런 문제가 없는 문서는 관련인사들의 면접, 다른 문서 · 기록의 검토에 의해 타당성을 점검해 볼 수 있다.

셋째, 신뢰도의 측정은 비슷한 문헌자료를 두 시점 간에 비교하는 도구의 신뢰도와 두 연구자(부호부여자, coder) 사이의 범주화와 집계를 비교하는 분석자신뢰도 또는 부호부여자간(intercoder) 신뢰도의 두 가지로 할 수 있다. 다만, 도구신뢰도는 문헌자료가 워낙 보존상의 편의로 말미암아 시간적인 차이를 두고 비슷한 문서기록을 찾는 게 어려울 수 있고, 또 내용이나 표현방식에 변화가 심할 소지 때문에 현실적으로 추정하기가 쉽지 않다.

그래서 내용분석법에서 신뢰도는 주로 둘 이상의 부호부여자들이 같은 내용을 동일범주로 집계하도록 하고, 그 두 사람 사이의 일치도를 재는 방법으로 계산한다. 이를 위한 신뢰도계수(coefficient of reliability)는 다음과 같다.

$$CR = \frac{2M}{N_1 + N_2} \text{ 혹은 } \frac{2A}{N_1 + N_2}$$

M이나 A는 두 사람의 부호부여자의 의견이 일치한 항목 수
N_1, · N_2는 각각 부호부여자 1과 2의 각기 부호화한 항목수(McGaw and Watson, 1976 : 385).

그런데 최근에는 컴퓨터로 내용분석을 하는 프로그램을 개발해 놓았기 때문에 이를 이용하는 것도 권장할 만하다.

Ⅳ. 내용분석법의 장·단점

앞에서 이미 문헌연구법의 일반적인 장·단점을 살펴보았지만, 내용분석법을 중심으로 간략히 생각해 본다.

우선 가장 유리한 점은 비용과 시간 절감이다. 특히 다량의 텍스트를 대상으로 분석할 때 유리하다. 안전도가 그 다음이다. 표본조사나 실험은 한번 실수가 생기면 전부 다시 해야 하는 수가 있는데, 재조사는 현실적으로 불가능할 때가 많다. 그러나 문헌연구는 기존 자료를 다시 들여다 보는 수고만으로 실수를 보완할 수 있다. 그리고 내용분석법은 역사연구에 적용가능한 유용한 방법이다. 다른 방법은 소급조사가 불가능하다. 끝으로 내용분석은 여느 문헌연구나 마찬가지로 불개입적이고 반작용을 일으키지 않는 이점을 지닌다.

하지만 내용분석법은 일단 기록한 의사전달내용만을 다루어야 한다는 한계도 있다. 말이든, 또는 그림 · 몸짓이든 우선 기록한 것을 가지고 분석해야 한다는 말이다. 하기야 어떤 접근법이든 일단 기록은 해야겠지만, 특히 기록에 남기지 않은 것들을 직접 찾아 밝혀 내는 1차적 자료수집이 불가능하다는 말이다. 그리고 역시 내용분석에서 가장 어려운 것은 분류범주들의 타당성을 확보하는 일이다.

그럼에도 불구하고 내용분석법은 여러 모로 사회연구의 유용한 기법임에 틀림없다. 그리고 이제 곧 다루는 자료의 처리과정에서도 표본조사의 조사표나 질문서에서 얻은 개방형 문항의 응답은 우선 내용분석의 원리에 따라 부호화를 한 다음에 수량화하게 된다는 점을 지적해 둔다.

〈참고자료 13-1〉은 최근에 실시한 대중매체내용분석의 한 보기다. 결과의 제시는 지면관계로 생략하고, 연구의 설계와 방법에 관련된 것만 요약 · 소개한다.

〈참고자료 13-1〉 대중매체내용분석의 보기

1. 주 제 : 방송매체에 나타난 국민정신교육 실태분석평가
   〈연구내용〉
   "국민정신교육지침서"(한국정신문화연구원, 1983)에 예시한 9개 영역 중
   (1) 경제발전과 경제생활 윤리
   (2) 현대사회와 공동생활
   (3) 사회질서와 준법생활의 3개 영역만을 분석함
   이 지침서에는 위 3개 영역별로 각기 3개 소주제를 두었으므로, 그 범주들을 분석내용의 단위로 삼았음
2. 모집단과 표본추출
   (1) 매 체 : TV와 라디오 정규방송사인 KBS 제 1 · 제 2 방송과 MBC TV와 AM 라디오
   (2) 프로그램유목 : 정신교육이라는 특수성에 비추어 TV의 드라마 · 코메디 · 청소년물 · 기획물, 라디오의 드라마 · 토크쇼 · 청소년물 · 기획물을 선정
   (3) 대상 및 기간
      ① 1차 1983년 9월－11월
      ② 2차 1983년 12월－1984년 1월
   (4) 표집법
      ① 매체 · 채널 · 유목까지는 전형적인 프로그램배분의 필요성 때문에 층화 할당표집
      ② 다음 단계에는 무작위표집
   (5) 최종표본단위 : 에피소드
      각 채널별 28개씩을 원칙으로 다음 표와 같이 표집

채 널	유 목	드라마	코메디(토크쇼)	청소년물	기획물	계
TV	KBS 1	5	5	5	13	28
	KBS 2	10	5	5	7	27
	MBC	9	7	6	6	28
	계	24	17	16	26	83
라디오	KBS 1	8	6	4	9	27
	KBS 2	10	6	6	6	28
	MBC	7	9	3	8	27
	계	25	21	13	23	82

3. 자료처리 및 분석

(1) 분석유목 : 3개 영역 9개 소주제

(2) 분석단위 : 방송프로그램의 시퀀스(sequence)

(3) 분석기준

① 빈 도

② 강 도 : 정(+) · 부(-) 방향으로 -3에서 +3까지 7점 척도 사용

③ 표현(제시) 방식

인지적 · 감정적 또는 정의적 · 행동적 차원으로 분류

(4) 자료처리

① 부호화용지 1 : 매체, 채널, 유목, 에피소드번호, 방송 월 · 일 · 요일 · 시간대 · 대주제 등 기록

② 부호화용지 2 : 각 시퀀스에 대한 해당 소주제, 표현양식, 에피소드 전체에 대한 느낌의 7점 정도, 시퀀스 수

③ 부호화요령 : 우세한 것을 상호배제적으로 부호화

④ 부호화실시 : 3개 영역당 각 2인씩 6인과 보조 1명 총 7명, 서울대 대학원 학생과 조교

⑤ 부호부여자의 신뢰도 Holsti의 공식 $\frac{2M}{N_1+N_2}$은 결과가 2인 쌍별로 .98, .94, .95로 나옴

⑥ 통계처리 : VAXII의 SPSS, χ^2검증, ANOVA 등 사용

자료 : 추광영 외(1985).

주요 개념들

문헌연구법	도서관 내 연구	문헌검토
역사적 방법	제보의 자발성	선별적 보존
표집편의	원초적(일차) 문서	이차적 문서
개인문서	공식문서	기록보관소
통계자료	인구동태	보험통계
산업통계	물가자료	원자료재분석
대중통신매체	내용분석법	양적 분석
질적 분석	전달내용의 특성	명시적 내용
암묵적 내용	문서형태의 증거	전(본)문분석
표상모형	수단모형	문헌자료의 모집단
표 집	내용의 범주화	분석단위
기록단위	맥락단위	단 어
주 제	인 물	문장과 단락
품목유무	빈 도	강 도
시간 · 공간 체계	문서의 진위성	도구신뢰도
부호부여자간 신뢰도		

생각해 볼 문제들

1. 문헌연구법이 사회연구에서 차지하는 위치와 중요성을 상고해 보자.
2. 문헌연구법은 어떤 이점과 한계를 갖는가?
3. 문헌자료의 종류와 그에 따른 분석방법들을 비교해 보자.
4. 내용분석법의 뜻과 목적을 살펴보자.
5. 내용분석법의 절차와 기법을 개관하면서, 특히 어떤 부분에 중점을 둘지를 알아 보자.

제14장 현지연구법 — 참여관찰 · 심층면접 · 생활사연구

어떤 활동이 무엇을 뜻하는지 직접 알고 싶으면 나는 그것을 몸소 경험하려고 한다. 한 가지 대상을 경험하려면 그것을 손수 관찰하는 것이 유일한 길이다. 어떤 활동을 경험하려면 나 자신 그것을 행해 보는 길밖에 다른 방법이 없다.

— F. Znaniecki

질적 연구법(qualitative research, qualitative methods, qualitative methodology, 또는 qualitative research methods)은 사회과학, 특히 사회학분야에서 1960년대부터 조금씩 언급의 대상이 되기 시작하여 1970년대에는 상당히 활발한 개발을 시도하게 된 연구방법의 총칭이다. 심지어 미국과 같은 나라에서는 근자에 대학원 사회학교과과정에 질적 연구법이라는 용어가 공식적으로 등장하게 될 정도다.

이미 제1장 · 제2장 · 제3장 등에서 부분적인 언급은 하였으나, 이 자리에서는 우선 질적 연구법의 철학적 배경과 방법론적 특징을 간추려 살펴보기로 한다. 앞서 우리는 현대사회과학의 조류를 크게 세 갈래로 나누어 보았다. 그 중 이른바 표준사회과학의 인식론적 기초는 실증주의와 그 계보로 규정하였고, 그 방법론적 접근을 주로 양적 접근으로 보았다. 이에 비겼을 때, 질적 연구법은 주로 두 번째 조류, 즉 주관적 · 해석적 사회과학의 연구방법에 해당하는 셈이다. 제3의 비판사회과학은 위의 둘을 포용하되, 그 나름의 변증법적 방법론을 제창하는 조류라 하겠다.

제 1 절 현지연구법의 철학적 배경

실지로 질적 접근을 주장하는 학자들 스스로가 동일시하는 철학적 배경은 현상학적 사회학, 상징적 상호작용론, 민속방법론 및 기타 주관적 · 해석적 이해의 사회과학의 인식론과 존재론이다(Bogdan and Taylor, 1975; Denzin, 1970; Filstead, 1972; Phillips, 1971; Schwartz and Jacobs, 1979; Sjoberg and Nett, 1968; Webb *et al.*, 1981; 김경동, 1978; 김경동 외, 1982; 최 협, 1983). 이러한 바탕 위에 이들이 추구하는 사회연구의 자료와 그에 대한 접근은 다음과 같은 것들을 특별히 강조한다.

첫째, 경험적 사회과학의 대상은 '경험적 사회세계'(the empirical social world), '일상적 삶의 세계' 속에서 상호작용하는 사람들의 상호주관적 · 상징적 · 사회적 행위의 복합적 과정과 그 상황적 여건의 과정이다.

둘째, 그러한 대상에 대한 접근의 특색은 그것들을 이해하려는 목적으로, '자료에 가까이 가서', 경험적 실재세계에 대한 직접적 지식을 몸소(firsthand knowledge) 얻고자 한다는 것이다. 따라서 연구대상인 행위자들의 삶에 뛰어 들어 그들과 동일시, 감정이입의 경험을 함으로써 '그들의 관점'에서 일상적인 삶의 실재를 해석하고 재구성하기 위한 실재세계의 자료에 대한 '상호주관적 친숙도'를 높이는 '통객관적'(transobjective) 자세로써 접근한다. 인류학에서는 이와 같이 서로 문화가 다른 연구대상자의 관점에서 그들의 세계를 이해하려는 접근을 국내자적(emic) 접근이라 하여 국외자적(etic) · 객관적 접근과 구별하기도 한다.

셋째, 이들이 다루는 자료는 일상적인 삶의 세계 속에 살아가는 행위자들 스스로의 말, 글, 몸짓, 관찰가능한 행동, 그들이 남긴 흔적, 그들의 상호작용이 일어나는 상황과 환경적인 요인 같은 것들이다. 그들이 말하고 행동하는 것을 듣고 봄으로써 그들을 잘 이해할 수 있도록 노력하여, 결과적으로는 행위자들 스스로가 보고, 이해하고, 해석하는 세상을 보여 주는 기술적(서술적) 자료를 가지고 포괄적인 심층분석을 시도한다.

넷째, 그러므로 이론적 전략은 우선 연구자의 이론적 관점을 경험에 비추어 검토하거나, 인과법칙을 추구하는 법칙적(nomothetic) 이론을 정립하거나, 논리연역적 공식이론을 구성하려는 데 있지 않다. 오히려 경험세계 자체의 성격을 존중하는 연구자의 자세를 반영하는 존재론적 관점을 방법론적으로 체계화하는 것을 중시한다. 행위자들의 동기 · 가치 · 목표 등을 이해하게 해 주는 기술적 분석은 곧 설명까지도 내포한다는 주장도 있으므로 사례기술적(idiographic) 이론을 추구한다. 그것은 수량화된 공식이론이 아니라, 내용이 담긴 실질적(substantive) 이론이며, 그 이론은 어디까지나 경험적인 사후세계에 바탕을 둔 근거 있는 이론(grounded theory)이어야 한다(Glaser and Strauss, 1967).

다섯째, 방법론적 조류에서 볼 때, 기존의 질문서나 면접에 의한 간접적·계량적 기법들에만 의존하는 사회과학의 연구방법들은 한계를 지닌다. 그러므로 이를 보완하면서 주관적 · 해석적 조류의 인식론과 방법론에 걸맞은 대안적 기법들의 개발이 필요해진다. 여기에 부각시키는 것들이 바로 현지연구법, 참여관찰과 단순관찰, 심층면접 또는 비조직적 비표준화면접, 개인의 사적 문서나 공공기록들을 분석하는 생활사연구, 역사적 비교연구, 민속방법론, 불개입 · 무반응법과 같은 다양한 방법들이다.

이제부터는 이들 방법들을 하나씩 살펴보려니와 이러한 것들이 자료의 수집 · 생산 또는 분석을 내포하는 사회연구의 전반적인 유형들의 틀 속에서 어떤 위치에 있는지를 한 눈에 파악하려면, 이 책 제 4 장의 〈그림 4-1〉과 〈그림 4-2〉 및 〈참고자료 4-1〉을 참조하면 좋을 것이다.

현지연구법(field research)이라는 말은 아직도 일정한 합의를 얻지 못한 채 쓰이고 있는 용어다. 이 말과 거의 동의어로 사용하는 개념들만 소개해도 곧 짐작이 갈 것이다. 우선 '현지연구'(field study) · '현지답사'(field work) · '현지조사'(field survey) 등 현지라는 말이 들어 있는 용어가 있다. 다음은 '질적 방법'(qualitative method) · '해석적 연구법'(interpretative research)과 같이 방법론적 성격을 뜻하는 말이 있다. 그런가 하면, '민속연구법'(ethnographic study), '민속지학'(ethnography) · '참여관찰' · '직접관찰' · '사례연구법'(case study, case study method), '생활사연구'(life histories) · '개인문서연구' 등의 구체적 기법을 내세워 이름을 대신하는 수도 있다.

우리는 이 책에서 현지연구법이라는 가장 일반적인 개념을 채택하고, 거기에 위에서 열거한 관점과 기법들을 포함시키는 넓은 뜻으로 이 말을 쓰기로 한다.

제 2 절 현지연구법의 개관

Ⅰ. 현지연구법의 뜻

연구자의 목적이 주로 상호작용하는 사람들의 집단생활을 알기 위해서, 이해하기 위해서, 혹은 묘사(기술)하기 위해서 연구를 실시하려고 할 때에 현지연구가 적절하다. 일단 철학적으로는 사회현상을 있는 그대로 서술하고 이해하려는 해석적 이해의 사회학의 관점이 주종을 이루는 접근법이라 할 수 있다. 원칙적으로 사회연구를 하는 학자라면, 과학철학의 패러다임이 다르다 해도 사회현상이 일어나고 있는 현장에 직접 가서 자료를 수집하는 것이 가장 바람직한 일이고, 그것이 소망이다. 그러나 현실은 반드시 그렇지가 못하고, 간접적인 방법을 쓸 수밖에 없는 때가 더 많다. 반대로 실험이나 표본조사 같은 방법이 어렵거나 불가능할 때는 현지조사가 대안이 되는 도리밖에 없을 것이다(Neuman, 2003 : 364).

하여간 현지연구법이라는 말의 핵심은 '현지'다. 현지란 '실재적인 삶의 상황' 혹은 자연스러운 일상적인 삶의 현장에서 행위자들이 하는 행동과 활동이 일어나고 있는 모습을 있는 그대로 관찰하고 분석한다는 뜻을 담고 있다(Burgess, 1982 : 1). 그러자니 살아 움지이는 현실적인 사회적 과정의 마당(장, field)에서 연구하려는 사람과 연구대상자들 사이에는 그 나름의 사회적 상호작용도 일어날 필요가 생긴다(McCall and Simmons, 1969 : 1; Smith, 1975 : 229).

연구자가 스스로 현지에 가서 얼마 동안의 시간을 연구대상자들과 함께 보내며 상호작용을 해야 한다는 말은 그가 저들의 언어를 습득하고, 상호작용 과정에 참여하는 데 필요하고 적절한 사회적 역할을 수행할 채비를 갖추어야 한다는 뜻이기도 하다. 여기에 특히 전혀 전통이 다른 문화를 연구해야 하는 인류학자는 더욱 그러하며, 연구자는 자신의 문화와 연구대상자의 문화, 이 둘을 모두 습득해야 하는 부담이 있다(Burgess, 1982 : 2). 다시 말해서 연구대상의 문화와 사회적 과정 속에 들어가야(involve) 하면서도 동시에 연구자로서 적당한 거리를 두고 상황으로부터 떨어져 있어야(detached) 하는 미묘한 구실을 하게 된다. 그래서 현지연구자는 일종의 이중주변인(double marginal man)이라는 말까지 나왔다. 두 세계(文化)에 살아야 하면서 동시에 두 세계로부터 모두 버성겨야(소외된) 한다는 것이다(Evans-Pritchard, 1973 : 2-3; Burgess, 1982 : 1).

그러한 연구를 하려면 자연스러운 상황적 환경 속에서 사람들을 직접 관찰하기 위한 참여관찰이 주가 될 것이다. 하지만 관찰하면서 동시에 말도 나누어 보고, 공식 · 비공식적 면접도 하고, 특히 조직하지 않은 비공식 심층면접을 많이 하게 될 것이다. 때로는 문서로든 구두로든 혹은 사진 같은 것이든 각종 개인적인 기록에 속하는 것도 참조하고, 또 공공문서철의 개인기록들도 살펴볼 것이다. 그런가 하면 표본조사도 하고, 통계도 잡아 볼 것이다. 이런 자료수집의 기법들은 한 가지 또는 둘 이상을 조합해서 활용하게 되는 것이 현지연구법의 특징이다. 그래서 현지연구법은 일종의 '우산'과 같아서 연구목적과 연구자의 방법론적 전략에 따라서는 이용가능한 어떤 방법이든 쓸 수 있다. 방법론적인 신축성 · 개방성 · 비조직성이 한 특징이다(Burgess, 1982 : 2).

융통성은 기법에만 그치지 않는다. 현지연구법은 목적이나 과제, 심지어 결과적인 소산마저도 상당한 신축성과 열린 가능성을 지니는 게 특색이다. 비록 연구자가 그 나름의 이론적인 관심사와 관점을 가지고 시작한다 해도, 또는 실질적인 목적과 과업의 목표를 지니고 착수한다 해도, 현지에서 일어나는 연구경과에 따라 언제나 그런 것들은 방법과 함께 조정할 수 있고, 때로는 변경해야만 하는 여지를 갖게 마련이다(Burgess, 1982 : 15).

Ⅱ. 현지연구법의 대상과 내용

위에서 간추린 자세로 접근하는 현지연구법의 연구대상과 주제는 과연 어떤 것일까? 대체 역사적으로 볼 때 사회조사의 방법들 중에서 가장 오래된 것이 바로 현지연구법이라 할 수 있다. 외국사람에 대한 현지보고를 발견한 것은 이미 5세기의 일이라는 연구결과가 있거니와 로마시대에는 로마의 외지정복관들, 상인들, 이슬람제국의 대사들, 그 뒤에는 가톨릭선교사들, 여행자들 같은 이들이 외국 풍물과 사람들의 생활습관 등을 현지에서 본대로 기록해 보고한 사례들이 있다. 우리 나라에서도 신라시대의 혜초와 같은 승려가 당나라 등을 여행하고, 그 견문을 적은 「왕오천축국전」을 지은 것이 8세기의 일이다. 그 후에도 상당수의 학자들이 그런 종류의 관찰기록을 남긴 것은 동서고금에서 볼 수 있다.

물론 이런 것들이 처음부터 연구를 목적으로 체계적으로 실시한 관찰기록이 아님은 잘 알지만, 실질적으로 보면 성격상 그런 활동들을 현지연구법의 싹으로 보아 크게 잘못이 없다고 할 만하다. 어쨌든 19세기에야 비로소 '과학적인' 혹은 학문적인 연구과제의 하나로서 체계적인 현지조사활동을 시작하여 하나의 사회연구방법으로 자리잡게 되었다고 하는 게 정설이다. 프랑스에서 Frederick Leplay가 근로자들의 가족과 자연공동체 연구를 한 사례를 비롯하여 영국의 인류학자 Bronislaw Malinowski의 미개사회연구, 사회개혁가 Charles Booth와 Sidney와 Beatrice Webb 부부의 London 빈민가연구, 미국의 이른바 시카고학파의 Park와 Burgess 등의 도시연구, Lind 부부의 Middletown 연구, Thomas와 Znaniecki의 폴란드출신 농민연구 등이 19세기에서 20세기 초에 이르는 서양 사회과학분야의 현지연구법 또는 질적 연구법의 효시라 하겠다 (Bogdan and Taylor, 1957 : 3-4; Burgess, 1982 : 2-9).

1. 현지연구법의 대상

위에서 살펴본 초기 역사적 사례들이 시사하듯이 현지연구법은 연구자 자신 또는 연구자와 그의 협력자가 직접 현지에 가서 상당기간 현지에서 살면서 자료수집을 하게 된다. 그러므로 연구의 대상이 우선 공간적으로, 물리적으로 제한을 받을 수밖에 없다. 그래서 지금까지 현지연구법의 본보기로 꼽히는 연구들을 보면, 그 연구대상이 노동자의 가족과 지역공동체, 도시빈민가, 농촌부락, 원시사회의 부족단위부락, 도시 조직폭력배들의 단체, 관청조직, 사관학교, 신흥종교집단, 병원, 의과대학생들, 동성애자들의 집단, 정신박약자들, 자살자의 유서, 이민한 이들의 편지와 일기 등이다.

요컨대 소수의 개인들, 소규모의 집단, 조직체, 지역공동체들이 주요 대상으로 한정된다. 다만, 그 중 어떤 종류의 단위사회를 대상으로 선정하는가 하는 쟁점은 연구자의 학문적 · 정책적 또는 개인적 관심과 문제의식에 따라 결정할 문제일 따름이다.

2. 현지연구법의 내용

내용이라는 말이 꼭 알맞지는 않지만, 여기서 뜻하는 것은 현지연구법이 알고자, 관찰하고자 하는 것들의 성격을 말한다. 연구의 주제는 연구문제나 이론에 의해서 결정하겠지만, 그러한 연구주제를 추구할 때 무엇을 관찰해야 할지를 또한 알고 있어야 한다. 표본조사 같으면 태도 · 의견 · 가치지향 · 행동성향 · 사회경제적 배경 같은 것들을 연구내용으로 삼는다.

현지연구법에서도 물론 이런 내용을 다룰 수 있다. 그렇더라도 현지연구법의 특색은 사람들의 태도나 행동을 표본조사 혹은 실험에서처럼 추상화시킨 인위적인 상황에서가 아니라, 자연스러운 상황과 환경 속에서 탐구하려는 점이다. 그리고 나아가 일정한 기간에 걸쳐 변화하는 사회적 과정들의 역동태를 파악하려고 한다. 예컨대 소요가 일어나는 현장, 법정의 제판과정, 노사간 협약과정, 공청회 같은 일들을 다 지나간 뒤에 어떤 목격자가 재구성하는 게 아니라, 현장에서 계속 추적하는 접근을 취할 것이다.

이런 것들을 조금 더 체계적으로 정리해 보자. 현지연구법이 추구하는 정보의 종류를 Zelditch(1962)는 다음의 세 가지로 요약하였다(Smith, 1975 : 231-232).

첫째, 사건과 역사(incidents and histories)다. 일정시기에 일어난 한 사건 또는 일련의 사건들을 말한다. 예를 들면 사람들이 나누는 대화 한 장면과 같이 단순한 사건에서부터 소요사건 같은 복합적인 것에 이르는 일들이다.

둘째, 분포와 빈도다. 여기서 말하는 분포와 빈도란 사건에 관련 있는 참여자들 또는 구성원들의 수라든지, 그들이 어떤 의미 있는 행위 · 일을 하는 빈도, 시간적 길이 같은 것을 일컫는다.

셋째, 일반적으로 널리 알려진 규범 또는 규준들(rules)과 지위들(statuses)이다. 그 집단에는 어떤 지위들이 있고 누가 그것들을 차지하는지, 혹은 상속의 규범 · 선거방법 · 인사예법 · 혼인의례 등이 여기에 해당한다.

한편 현지연구법이 탐구하는 사회현상을 체계적으로 접근하기 위해서 미시적 · 거시적 수준에서 무엇을 표적으로 삼을 것인지에 관하여 현지연구법에 경험이 많은 Lofland(1971)는 다음과 같은 여섯 개 사회현상의 범주들을 시사하고 있다(Babbie, 1975 : 196-197).

(1) 단위소행(acts) : 주어진 상황에서 단기간에 일어나는 행위

(2) 활 동(activities) : 적어도 몇 날, 몇 주, 몇 달 계속 일어나면서 참여자 · 구성원이 가담하는 사회과정의 주 요소를 이루는 행위들

(3) 의 미(meanings) : 행위를 규정하고 방향짓는 참여자들의 언어나 소산

(4) 참 여(participation) : 연구대상인 상황에 한 사람이 총체적으로 가담하거나 적응하는 모습

(5) 관 계(relationships) : 동시에 고찰대상이 되는 여러 사람들 사이의 상호관계들

(6) 상 황(settings) : 분석대상으로 잡은 단위집합체의 전반적 상황 또는 환경적 상태

이와 같은 분류말고도 실제연구결과 현지연구법이 특히 유용한 영역의 보기로 제시한 것들도 있다(Orenstein and Phillips, 1978 : 393-411). 가령 사건의 계기적 연속을 따라가며 관찰한다거나 소집단의 상호작용과정관찰, 행위자의 주관적 상황규정의 파악 또는 복합적 사회구조의 연구, 개인의 태도와 행동의 상호비교 같은 것들이 그것이다.

여기에 〈참고자료 14-1〉을 제시한다. 현지연구의 장소와 주제를 여러 범주로 나누어 열거하고 있다.

두말 할 나위도 없이 이런 종류의 분류는 어디까지나 하나의 유용한 시사에 지나지 않는다. 현지연구법의 신축성을 상기한다면, 연구자 스스로가 자신의 목적에 맞게 요구하는 정보와 관찰하려는 사회현상의 범주들을 설정하는 것도 좋을 것이다.

〈참고자료 14-1〉 현지조사의 장소와 주제 예시

〈장 소〉

(1) 소규모 장소 : 비행기승객 · 술집 · 가정폭력경험여성 수용소 · 사진촬영클럽 · 세탁방 · 사회운동조직체 · 사회복지사 사무실 · TV 방송국 · 대기실

(2) 지역공동체 : 은퇴자공동체 · 지방소읍 · 도시 외국인공동체 · 근로자근린집단

(3) 어린이들의 활동무대 : 어린이 놀이터 · 리틀리그 야구장, 초등학교 · 중학교 여학생집단

(4) 직업종류 : 비행기승무원 · 예술가 · 주점여종업원 · 방문판매원 · 공장노동자 · 도박꾼(타짜) · 의과대학생 · 여성스트립쇼(나체춤) 무희 · 들개사냥꾼 · 경찰관 · 식당요리사 · 사회복지사 · 택시기사

(5) 일탈자 및 범죄집단 : 특수종파 · 약물중독자 및 판매자 · 히피 · 나체집단해변 · 신비주의자집단 · 매춘부 · 동네 조직폭력배 · 오토바이깽단 · 노숙자

(6) 의료관련 상황 및 집단 : 응급실 · 중환자실 · 임신과 임신중절 · 호스피스 자원봉사자 · 죽음을 앞둔 사람들

자료 : Neuman(2003 : 365).

앞에서 예시한 것을 사회과학적인 이론적 틀로 다시 정리하면 현지조사 연구에서 다루는 주제는 다음과 같이 요약할 수 있을 것이다(Rubin and Babbie, 2008 : 417-418).

〈주　　제〉

(1) 관　행(practices) : 여러 종류의 행동유형

(2) 사　건(episodes) : 질병 · 이혼 · 범죄 등의 구체적인 사건

(3) 대면상호작용(encounters) : 둘 이상의 사람들의 직접적 대면적 상호작용

(4) 역　할(roles) : 직업적 지위 · 가족 내 역할 등 사람들의 지위와 역할

(5) 관　계(relationships) : 부모-자식, 친구, 스승-제자, 점원-고객 등 둘 이상의 사람들 사이의 사회적 지위와 역할관계

(6) 집　단(groups) : 친우집단 · 스포츠팀 · 작업팀 등 대개 소규모의 집단

〈참고자료 14-2〉 현지연구조사에서 연구자는 무엇을 하는가?

(1) 자연스러운 상황 속의 평범한 사건과 일상적 활동 · 비정상적인 일들을 직접 관찰한다
(2) 연구대상자들과 직접 관계하면서 현장의 일상적인 사회생활과정을 직접 경험한다
(3) 연구자로서 분석적인 관점과 국외자적인 거리는 유지하되, 국내자의 관점을 습득한다
(4) 상황에 따라 여러 가지 조사연구기법과 사회적 기능(skills)을 활용한다
(5) 아주 자세한 묘사를 위한 문장형태의 서술적 자료 · 그림 · 지도 · 사진 등 자료를 생산한다
(6) 사건을 부분적으로 보지 않고 개개사례를 상황적 맥락 속에 총체적 현상으로 바라본다
(7) 단순히 객관적 사실을 '냉정하게' 기록하기보다는 현장의 사람들을 이해하고 저들과 감정이입을 경험한다
(8) 문화의 외형적 · 가시적(공인하는, 의식적인, 말로 표현한) 측면뿐만 아니라, 내면적 · 비가시적(인지도가 낮은, 암묵적인, 말로 표현하지 않은) 측면도 주목한다
(9) 진행중인 사회적 과정을 외부자의 관점을 강제로 부과하거나, 방해하거나, 망가뜨리거나 하지 않은 상태로 관찰한다
(10) 고도의 개인적 스트레스와 불확실성과 윤리적 딜레마와 애매모호한 느낌 같은 것을 경험하고 극복해야 한다

자료 : Neuman(2003 : 369).

(7) 조직체(organizations) : 때로는 병원 · 학교 등 공식조직체

(8) 지역정착지(settlements) : 촌락 · 근린집단 등 소규모 지역공동체나 정착지

(9) 사회적 세계(social worlds) : 스포츠계라든지 증권가 등과 같은 모호하지만 독자적인 사회적 세계를 대상으로 할 수도 있다.

(10) 생활양식과 부문문화(life-styles/subcultures) : 지배계급 · 도시하층민 · N-세대 청소년 · 오렌지족 등 부분집단의 문화와 생활양식

그러면 현지연구 내지 현지조사에서 연구자가 하는 활동의 사회과학적 의미는 과연 무엇인가? 이런 질문에 대한 대답을 〈참고자료 14-2〉에 담았다.

Ⅲ. 현지연구법과 이론

일반적으로 현지연구법은 그 방법론적 신축성, 대상의 제약, 상황의 유동성 때문에 이론이나 가설의 엄격한 검증보다는 이론이나 가설의 생성과정에 더 적절하다는 견해가 지배적이다. 그리고 같은 이유로 이 방법은 통계적 인과관계의 추리를 할 수가 없다는 점을 자주 지적한다(Babbie, 1975 : 195; Smith, 1975 : 232-233).

그러나 현지연구법과 이론의 상호관계에 관한 그와 같은 견해에 동의하지 않는 이들도 있다. 그러한 견해를 두 가지만 간추려 생각해 본다. 첫째는 현지연구법에 있어서 탐색적 · 발견적 이론(heuristic theory)의 기능을 중심으로 살펴볼 것이고, 두 번째로는 이른바 분석적 귀납(analytic induction)의 접근에서 현지연구법의 이론적 기능을 고찰하겠다.

1. 탐색적 이론과 현지연구법

Bensman과 Vidich(1960)는 과거의 학자들이 시사한 비체계적 이론이 이론가나 경험적 연구자의 이론적 감수성과 자료에 대한 감수성을 동시에 높여 줄 수 있다는 점에 착안하였다. 그러나 현지연구를 수행하는 과정에서, 현지관찰 · 면접 등의 기록들을 재검토하는 과정에서 또는 자료를 정리하여 보고서를 작성하는 과정에서 새로운 자료와 새로운 관점들 사이에 끊임없는 상호자극의 작용을 거치면서 최초의 이론적 연구문제를 계속 수정하는 경험을 하였다.

이들은 그러한 과정들을 이렇게 요약하였다.

첫째, 기존의 학자들이 제시한 비체계적 이론들을 참작하여 중요하고 의미 있는 탐구영역을 특정화한다.

둘째, 현지연구과정에서 대안적인 이론적 견해들을 살펴봄으로써 현지 조사 자체를 비판적으로 점검하여 현지관찰의 새로운 대안적 전망들을 개발할 수 있다. 이미 모은 자료라도 재분류하게 된다.

셋째, 새로운 자료를 계속 발견해 냄으로써 원래의 연구문제의 한계를 발견하고 새로이 형성하도록 해 준다.

넷째, 경험적 관찰과 계속적으로 대면케 함으로써 연구자 자신의 이론의 한계도 찾아 낸다.

다섯째, 연구문제의 새로운 차원들도 발견한다.

여섯째, 결국 자신의 연구문제와 현지조사작업 자체와 기존의 이론까지 모두 감안하여 당면 연구문제의 취급에 걸맞은 제한된 이론으로 새로이 재구성한다. 이처럼 재구성한 이론도 마지막 일반이론이라고 할 수는 없고, 우선 주어진 특정분야의 특수연구과제에만 적절한 수준의 것이다.

그렇지만 이와 같은 전략은 다른 분야의 새로운 연구문제의 탐색에 일종의 원료를 제공해 준다. 그리하여 이 새로운 문제들을 탐구하는 과정에서 계속적으로 새로운 탐색적 이론들을 형성해 나가는 데 기여할 수 있다.

2. 분석적 귀납의 접근

한편 이론적 작업에서 핵심이라 할 수 있는 인과적 추리를 현지연구법에서도 다룰 수 있는가 하는 쟁점을 가지고, 현지연구법에서도 표본조사처럼 실험에 근접하는 접근이 가능하다는 견해를 예시하는 사례가 있다. 그것을 분석적 귀납이라 하는데, 이는 워낙 F. Znaniecki가 제창하였고, Alfred Lindesmith가 아편중독자연구에 활용한 방법이다. 그 기본논리와 절차는 다음과 같다 (Denzin, 1970 : 194-199; Burgess, 1982 : 210-211).

논리적으로 분석적 귀납은 고전적인 전후비교 실험설계에 근사한 구조를 지닌다. 즉 현지연구에서 분석대상인 인과적 요인이 작용한 사례와 작용하지 않은 사례를 반드시 비교할 것을 요구한다. 그 결과 연구자의 인과적 가설을 거부하는 사례를 찾아 내면, 이로써 그 가설을 검증하는 기능을 하는 것으로 간주한다. 그 절차는 이러하다.

첫째, 설명하고자 하는 현상을 개략적으로 규정한다.

둘째, 그 현상에 대한 가설적 설명을 형성한다.

셋째, 하나의 사례를 연구하여 가설이 사실과 부합하는지를 검토한다.

넷째, 만일 가설과 사실이 부합하지 않으면 가설을 새로 작성하든지, 그 사례를 배제할 수 있도록 현상 자체를 다시 규정한다.

다섯째, 최소한도 몇 개 사례를 탐구해 보아서 가설을 부인케 하는 부정적 사례를 발견하면, 설명 자체를 거부하는 것으로 간주, 설명을 재구성 한다.

여섯째, 이와 같은 사례검토 · 현상재규정 · 가설재형성의 순환적 과정을 계속한다. 그리하여 부정적 사례를 발견함으로써 재구성을 더 이상 요청하지 않고 좀더 보편적 관계를 정립할 수 있을 때까지 반복할 수 있으면 해 본다.

물론 이러한 분석적 귀납이 그처럼 보편적 관계의 정립과 설명의 논리를 제대로 완수한다고 보지 않는 비판의 소리도 있다. 사례연구식의 현지연구법이 과연 그와 같은 엄격한 절차를 감당할 수 있는가 하는 쟁점이 있기 때문이다. 그보다는 분석적 귀납이 기여할 수 있는 것은 오히려 유형화나 사회현상의 재규정정도에 그치는 게 아닌가 하는 견해다.

3. 증거에 기초한 이론(Grounded Theory)

특히 현지조사와 같은 질적인 접근에서 이론정립을 할 때, 그 방법이 탐색이든 귀납적 분석이든 간에 그것을 '증거에 기초한 이론'이라 특징짓기도 한다. 주로 사회현상에 대한 귀납적 접근을 염두에 두고 Glaser와 Strauss(1967)가 제창한 이 접근은 "현상에 대하여 귀납적으로 유추한 이론을 형성하기 위하여 체계적인 절차를 이용하는 질적 연구방법"이라 규정한다(Strauss and Corbin, 1990 : 24; Neuman, 2003 : 52). 다시 말해서 일단 관찰에서 시작하여 일정한 유형(patterns), 주제(themes) 또는 공통범주(common categories) 등을 탐색하는 접근으로 이론구성을 한다는 것이다.

말 그대로 이런 이론의 목적은 증거에 충실한 이론을 정립하려는 것이다. 주로 새로운 이론을 탐색하는 과정으로서, 어떤 상이한 현상을 비교함으로써 유사성을 발견하려는 시도다. 또한 대체로 미시수준의 사건에서 거시수준의 설명을 위한 기초를 찾으려 한다. 이런 뜻에서 이 이론관은 실증주의 표준과학관의 이론관과 공통점이 있다. 되도록 정확하고 엄격한 증거를 가지고 비교하려 하고, 반복검증이 가능하며, 일반화도 할 수 있다는 점에서다. 사회적 상황들을 서로 비교함으로써 일반화를 시도하는 접근이다(Frankfort-Nachmias and Nachmias, 2000 : 268; Neuman, 2003 : 52).

다만, 증거에 근거를 둔 이론이 귀납적 접근을 주로 취한다 해서 연구자는 처음부터 선입관이나 기대가 없다는 말은 아니다. 그저 특정한 가설을 검증하려는 접근이 아닐 따름이다. 따라서 기존의 이론이나 가설에서 전제하는 것에서는 전혀 기대하지 않던 발견을 할 여지가 크다. 그럼에도 불구하고 귀납적 접근만을 활용하는 것이 아니라 어느 정도 연역적 방법도 쓸 수 있다. 가령 처음의 귀납적 절차에서 일정한 유형을 발견했다면, 이로부터 새로운 개념과 작업가설을 형성할 것이다. 그런 다음의 비교관찰에서는 이들 개념과 가설을 지침으로 관찰을 시도하게 된다. 그러니까 증거에 기초한 이론은 지속적인 개념 및 가설형성과 검증을 반복하는 과정에서 이론을 정립 · 수정 · 재정립해 나가면서 형성한다고 할 수 있다(Rubin and Babbie, 2008 : 418-422).

Ⅳ. 현지연구법의 장·단점

이미 현지연구의 특성을 언급하면서 부분적으로 그 장·단점에 대한 시사가 있었다. 그러나 여기에 좀더 체계적인 지적을 해 본다(Babbie, 1975 : 219-220; Bailey, 1978 : 241-247; Orenstein and Phillips, 1978 : 337-415; Smith, 1975 : 232-234).

1. 장　　점

첫째, 무엇보다도 사회적 과정의 역학을 장기적으로 관찰할 수 있고, 자연스러운 사회적 상황에서 인간행위의 심층이해를 할 수 있다는 점이 유리하다. 표본조사나 실험 등의 연구가 인위적이고 피상적이라는 비판을 받는다는 점을 상기해 볼 만하다.

둘째, 자주 밝혔듯이 방법론적 유연성 · 신축성 · 개방성이라는 특징은 현지연구법의 가장 중요한 특장이 될 수 있다. 그러한 장점들을 좀더 세밀히 열거하면 다음과 같다.

1) 연구자가 연구진행중에 연구문제 · 이론의 틀 · 가설 등을 조정 · 수정 · 재구성할 수 있다.

2) 연구방법상의 수정과 개선도 언제나 가능하다. 현지연구자의 현지 상황조건에 대한 치밀한 접촉과 이해가 가능하므로 쓸데없는 오도하는 질문을 물을 필요도 없다. 또 조사표의 한두 개 문항에 의존하는 경직한 지표에 얽매임 없이 연구자의 인상으로써 피조사자들을 분류할 수도 있다. 분류범주의 틀도 적절한 분석을 위하여 수시로 조정가능하며, 수량화가 어려운 변수들에 대한 왜곡도 훨씬 줄일 수 있다.

3) 실질적으로 시작이 좀 잘못되었다 해도 처음부터 다시 시작할 수 있는 융통성이 있고, 비밀보장이나 신분의 위장이 꼭 필요할 때는 이보다 더 좋은 접근이 없다.

4) 일반적으로 대규모 표본조사나 복잡한 실험연구에 비해 비용이 덜 든다.

2. 단 점

첫째, 질적 연구법이기 때문에 심층연구 · 과정연구가 가능한 대신에 정확성에 문제가 있다. 이것을 타당도와 신뢰도라는 측면에서 살펴보자.

1) 반작용을 일으키는 자극요인이 됨으로써 편의를 일으킬 수 있다.

2) 연구자 자신이 현지상황에서 피조사자들과 형성하는 관계로 말미암아 그 나름의 편의가 개입하게 되는 점이 있다. 가령 처음에 현지에 접근해서 그 집단이나 지역공동체에 용납받기 위하여 접촉한 사람들을 고맙게 여겨 이들에게 지나치게 의지함으로써, 또는 너무 깊이 참여하다 보면 지나치게 조사대상집단과 동일시하게 되어 연구자로서 필요한 거리와 전망을 상실 · 망각하여 편의를 자초하는 일 등의 가능성이 있다.

3) 인간의 지각에는 선입관과 기타 요인으로 인한 선별적 인지작용이 있다는 점에서 개방적 관찰의 한계를 지적할 만하다.

4) 대개 현지연구란 단독으로 실시하는 것이고, 상당히 주관성이 강하기 때문에 신뢰도의 측정이 불가능하다.

둘째, 현지연구의 대상이 한 사례 또는 극소수의 사례에 국한되기 때문에 이른바 대표성의 문제가 있다. 연구한 개인들은 그 집단의 대표적 표본인가? 연구한 집단은 그 사회의 여타 동류의 집단의 전형적 표본인가? 현지연구를 반복해서 꼭 같은 상황에서 꼭 같은 방법으로 실시할 수 있는가? 이런 쟁점들은 현지연구에서 해결하기 매우 곤란한 것들이다.

셋째, 현지연구와 이론적 작업에 관해서는 위에서도 살펴본 바 있거니와 기본적으로 엄격한 가설검증이라든지 인과적 이론체계의 정립 및 검증을 하는 기능보다는 가설의 형성과 이론생성을 위한 탐색적 연구의 성격이 더 강하다.

넷째, 현지연구가 비용이 덜 들지는 모르나 장기간의 시간을 요하며, 현지에서 생계를 보장해야 한다는 점에서 간접비용은 더 들 수도 있다.

이제부터 현지연구법의 구체적 절차를 좀더 자세히 살펴보기로 한다.

제 3 절 현지연구법의 절차

현지연구법의 핵심적인 특징이 신축성 또는 융통성, 그리고 개방성이라는 점을 이미 지적하였다. 그뿐 아니라 연구의 실제과정을 통틀어 언제나 처음부터 다시 시작한다는 자세로 성찰하고, 되돌아 와서 연구문제나 이론이나 기법 등을 재규정하여 새로이 시작하는 매우 역동적인 과정이기도 하다. 그래서 어떤 이들은 심지어 특정이론 · 방법 · 기법에 엄격히 집착하는 일이란 마치 새장에 스스로를 가두는 것과 같다고 하여 엄밀한 뜻에서 연구설계라든지 자료수집절차, 도구나 분석의 틀 같은 것을 갖지 않고, 연구자의 활동 자체가 연구과제(project)이고, 그의 활동 전부가 연구의 성패를 좌우한다는 말을 하기도 한다(Burgess, 1982 : 15-16).

그렇다 해도 일반적으로 따르는 기본절차는 상정할 수 있다. 그것을 크게 나누면, ① 준비, ② 착수, ③ 현지작업, ④ 그리고 철수 및 완결의 네 단계라 하겠다. 여기에서는 구체적 자료수집의 기법인 참여관찰 · 심층면접 · 사례연구 · 역사적 비교연구에 직접 관련된 부분만 제외하고, 이런 기법들을 모두 활용하는 현지연구의 네 단계를 하나씩 검토해 보기로 한다(Bailey, 1978 : 221-231; Bogdan and Taylor, 1975 : 25-78; Burgess, 1982; Denzin, 1970 : 205-217; Frankfort-Nachmias and Nachmias, 2000 : 260-268; Neuman, 2003 : 368-390; Rubin and Babbie, 2008 : 437-454; Orenstein and Phillips, 1978 : 305-332; Smith, 1975 : 233-253).

물론 크게 보면 네 단계지만, 이를 좀더 자세하게 세분한 단계별 절차를 요약한 것이 〈참고자료 14-3〉이다.

〈참고자료 14-3〉 현지조사연구의 주요 단계

(1) 기존의 문헌들을 읽고 준비를 하되, 너무 기존의 틀에 매이지 않도록 초점 자체를 느슨하게 잡는다
(2) 현지조사장소를 선정하고, 접근을 시도한다
(3) 현지에 들어가서 현지구성원들과 사회적 관계를 설정한다
(4) 사회적 역할을 채택하고, 요령을 배우고, 구성원들과 잘 지내도록 한다
(5) 관찰하고 경청해서 질 높은 자료를 수집한다
(6) 자료분석을 개시하여 작업가설을 창출하고 평가한다
(7) 상황의 특정측면에 초점을 맞추고, 이론적 표본추출을 시도한다
(8) 구성원 중 정보제공자를 선정하여 현장심층면접을 실시한다
(9) 모든 작업을 마치고, 현장을 물리적으로 떠난다
(10) 분석을 완결하고, 연구보고서를 작성한다

자료 : Neuman(2003 : 369).

Ⅰ. 현지연구의 준비

현지연구에서는 애당초 엄밀한 뜻의 연구설계(제3장)와 같은 것이 필요 없거나, 오히려 장애가 될 수 있다는 견해도 있다. 현지연구의 개방적 특성을 확대해석하면 그런 견해가 가능하다. 그렇다고 해서 아무런 계획도 없이 연구에 착수한다는 말은 비현실적이다. 일종의 연구설계는 있지만 좀 느슨하고, 언제나 연구진행과정에서 수정 · 변경이 가능한 모습의 것이라고 보는 것이 더 적절하겠다.

1. 연구주제와 문제설정

첫째, 아무리 느슨하다 해도 연구자는 그가 연구하고 싶은 주제가 있다. 우선 어떤 분야에서 어떠한 영역의 주제를 다룰지를 결정한다. 그 주체에 대한 관심은 성질상 그 내용 자체에 대한 것일 수도 있고, 이론적인 원천에서 나올 수도 있다. 예컨대 일탈자들이 일탈자가 되는 과정이라 하면, 이는 내용적인 관심의 대상이라고 하겠다. 그런데 그것을 관찰하고 연구하려는 데에는 일탈과정의 학습이론, 차별교제론 또는 낙인론 중에서 어느 것이 더 적절한지를 검토하고자 한다면 이는 이론적 관심이다.

둘째, 주어진 주제와 관련, 어떤 쟁점을 연구할 것인가는 연구문제의 형식

으로 규정한다. "사람들은 어떻게 해서 일탈자가 되는가?" 이런 질문들을 체계화시키는 작업이 필요하다. 여기에도 그 쟁점 또는 문제는 이론적인 관심에로 쏠릴 수도 있고, 좀더 실제적이고 정책적인 데로 기울 수도 있다.

셋째, 연구문제를 한층 더 정교화하고 체계화해서 가설을 정립한다거나 이론적인 틀과 연결시켜 보는 것도 가능하다. 이것이 필요할 때는 개념들도 좀 더 세련화하는 작업을 하게 될 것이다. 다만, 현지연구법의 경험자나 전문가들 가운데는 차라리 확정적인 가설을 갖지 말고 열린 마음으로 어떤 문제의식만 갖고 접근해 보기를 권장하는 이들도 있다. 현지상황에 익숙한 다음에도 가설 형성이 가능한데, 한번 가설을 세워 놓으면 그 나름으로 존중해야 할 의무감이 생기거나 생각이 경직해져서 선입관을 갖게 하고 선별적 인지를 조장하기 쉽다는 것이다.

넷째, 사전에 해당 분야에서 해당 주제와 관련 있는 이론서나 연구결과들을 섭렵하여 가설형성을 하든지, 연구절차상의 유의사항 같은 것에 대한 소양을 갖추는 것도 좋다. 그러나 역시 현지연구의 개방성과 융통성을 중시하는 측에서는 그것마저도 최소한으로 줄이거나 아예 무시하라는 권유가 나온다는 점을 상기시키는 바이다. 대개 어떤 연구든지 종전의 연구와 기존의 이론을 참작하는 게 정도라면, 현지연구의 개방성이 아무리 중요하다 해도 문헌조사는 필요하다. 다만, 역시 그러한 지식이 선입관이나 편의의 원천이 되지 않게 세심한 주의가 필요할 따름이다.

2. 연구대상의 선정

현지연구에서 연구대상이라는 말은 상당히 모호한 개념이다. 예를 들어 도시의 비행소년집단에 관한 연구를 하고자 할 때, 분석의 단위가 도시인지, 비행집단인지, 비행소년 개인인지가 불명확하다. 또 특정도시 하나로 족한지, 그 도시의 한 비행집단이면 되는지, 개인 몇 사람을 관찰할 때는 어떤 특정 개인들을 대상으로 삼을 것인지, 이런 질문은 결국 현지연구의 표본추출원리와 관련 있는 것들이다.

현지연구의 표집에 관해서는 뒤에 현지작업의 실시과정을 다룰 때 더 자세한 검토가 필요하기 때문에, 여기에서는 조사대상지역(research site 또는 field site) 또는 대상상황(research setting)에 대해서만 언급한다. 연구자가 어떤 장소,

어떤 환경적 상황을 '현지'로 규정하는지에 따라 그가 구할 수 있는 자료의 성격이 달라질 수 있고, 장소와 상황의 선택은 또 이론이나 연구목적의 영향을 받을 것이다. 요컨대 연구문제에 따라 연구대상을 선정할 수밖에 없다는 대원칙이 있다. 그러나 현실적으로는 비용 · 시간 · 연구인원 등의 고려사항을 염두에 두지 않을 수 없다.

이러한 원칙적인 것 말고 현지연구에서 대상자를 고를 때 감안할 요인들을 시사한 보기가 있다(Burgess, 1982 : 76).

첫째, 이동가능성 혹은 기동성(mobility)이 그 하나다. 한 마을이나 학교를 선정했다면, 그 안에 여러 다양한 상황들이 부분적으로 있어서 그런 것들을 왔다 갔다 하면서 비교연구할 수 있는 곳이 좋다.

둘째, 접근가능성(access)과 입장의 용이도를 고려하지 않을 수 없다. 그러나 접근가능성만을 지나치게 중시하다 보면, 그 나름의 편의를 자초하는 수가 있음을 유의하는 게 좋다. 그런 곳(집단)이란 대개 자주 조사를 받았다든지, 접근하기 어려운 상황이 지니는 특수한 조건들이 결여하여 오히려 흥미가 없을 수도 있다.

셋째, 물론 연구상황의 선정은 연구자가 연구하려는 종류의 활동에 참여할 수 있다는 조건을 전제해야 할 것이다.

넷째, 특별한 이유가 없는 한 되도록 연구자가 전문적 지식을 별로 갖고 있지 않은 상황을 선정하고, 그 곳에서는 자신이 전부터 잘 알지 못하던 사람들을 관찰한다는 자세가 긴요하다고 전문가들은 권고한다.

다섯째, 연구대상의 선정이 일종의 표본추출이라는 사실을 염두에 두고, 표집행위가 기본적으로 요구하는 대표성이라는 문제를 반드시 한번은 성찰하는 것이 바람직하다.

Ⅱ. 현지연구의 착수

여기서 착수라는 말을 쓴 것은 실제 자료수집에 들어가기 전에 우선 현지상황에 접근하여 그 속에 들어가서 친근한 관계를 수립하는 일이 중요하기 때문이다.

1. 예비지식의 습득

연구대상을 선정했다 해도 사전지식이 별로 없이 할 수가 있다. 도대체 그 대상지역 또는 집단이 연구목적에 합당한지, 접근가능한지, 접근해서 그 속에 들어가는 데 필요한 조건은 어떤 것인지 등을 파악하기 위한 예비지식이 긴요하다. 이를 위해서 간접적으로 그 연구대상에 대한 자료 · 정보를 입수 · 분석한 다음에 그에 대비하도록 한다.

2. 접근과 입장허가획득

현지에 접근할 때는 여느 조사활동과 다름없이 연구자의 신원이 확실하고 목적이 유익하다는 것을 입증하는 재료(대학의 공한 · 소개장 등)를 가지고 공식 · 비공식 요로에서 허가를 받아 입장(gain entry)할 것이다. 연구상황의 성격에 따라서는 애당초 누구의 허락이든 받을 필요도 없는 수가 있다. 공공장소에 사람들이 모인 곳에서 자기가 하고 싶은 관찰을 하기도 한다. 그러나 접근조차 어려운 여러 가지 상황들이 주로 연구자의 관심대상이 되는 수가 많기 때문에 이와 관련 있는 쟁점들과 유의사항 · 전략 등을 간추려 본다.

첫째, 공식적 '문지기'(gatekeeper)가 있는 상황에 접근할 때를 보자. 문지기란 수위나 경비를 뜻하는 게 아니다. 어떤 조직체 같은 데서 누가 접근할 수 있고, 연구를 허용할 만한지를 결정하는 책임자를 말한다. 대개는 자기네 지역공동체나 집단의 내막을 속속들이 탐지하려는 연구자를 환영하기보다는 경계하고 꺼린다. 따라서 우선 정당성을 인정받는 공식적인 통로를 거쳐 접근하고 입장하는 방법을 써 본다. 그리고 여러 층의 위계서열을 가진 조직체들에서는 그 각 층들에 복수로 접촉하여 재가를 얻어 내는 방법이 있다. 그 중 어느 한 층에서라도 일단 허락이 나면, 다른 층을 뚫고 들어가는 일은 한결 쉬워진다.

둘째, 그러한 공식 통로의 재가는 필요 없지만, 상황 속에 들어가기 위한 허락을 받거나 현지에서 용납해 주는 것이 긴요한 때도 있다. 가령 우리 나라 농촌부락 같은 데서는 얼마 전까지만 해도 공문을 가지고 가서 이장이나 새마을지도자의 재가를 받은 뒤에 반드시 그 마을의 '어른'을 뵙고 인사를 하여 영접을 받음으로써 일단 용납받는 사례가 자주 있었다. 혹은 조직체나 집단이라도 공식적 접촉을 아예 피하고, 처음부터 내부의 '프락치'라고 할 수 있는 '자기 사람'을 하나 만들어 가지고 접근하는 방법도 있다.

셋째, 상황에 따라서는 현지인들에게 연구자가 직접 · 간접의 도움을 주는 행위를 보여 줌으로써 접근하고 용납받는 일이 수월해지기도 한다.

넷째, '문지기'들에게 후에 연구자료나 연구결과를 같이 나누어 활용할 것을 약속함으로써 협상을 하는 방법도 있다.

다섯째, 연구대상이 너무 중요하다고 반드시 그것을 공략해야 할 터인데도 전혀 접근조차 하지 못하는 극한상황에서는 신분과 정체를 완전히 숨기고 파고 드는 수단을 취할 수밖에 없다. 이런 때에 윤리적인 쟁점이 개입하는데, 여기에 대해서는 의견의 차이가 있음에도 불구하고 지금까지 연구자들의 생각은 조심만 하면 순수한 연구의 목적으로는 몰래 참여하는 일이 전문적 윤리에 어긋나지 않는 것으로 생각하려는 경향이다. 이와 관련해서 우리는 연구자의 역할을 생각해 보게 된다.

3. 연구자의 역할확립

현지연구에서 가장 전형적으로 취하게 되는 연구자의 사회적 역할(role)은 참여관찰자다. 그러나 참여의 정도와 형태에 따라 관찰자의 역할에는 몇 가지 유형이 있음을 제11장 관찰법에서 밝혔다. 가령 완전참여자 · 관찰적 참여자 · 참여적 관찰자 및 완전관찰자라든지, 국내자 또는 완전구성원, 적극적 구성원 및 국외자 혹은 주변적 구성원 등의 역할을 말한다. 그리고 그러한 역할의 선택을 둘러싼 갖가지 쟁점들에 관해서는 이제 곧 참여관찰의 기법과 관련하여 자세히 살펴볼 것이다. 이 자리에서는 연구자가 현지에서 과연 어떤 역할을 취할지를 결심하는 게 중요하다는 점만 강조하고 지나간다.

대신에 현지연구라는 전반적인 과정을 염두에 두고, 연구자의 역할이 어떻게 변해 가는지에 관해서 간단히 생각해 보기로 한다. 현지연구자에게는 일종의 역할상 생애주기(life cycle)가 있다는 것을 지적한 이가 있다. ① 신참자(newcomer), ② 임시수용상태(provisional acceptance), ③ 확실한 수용상태(categorical acceptance), ④ 개인적인 용납(personal acceptance), ⑤ 그리고 곧 떠날 사람(imminent migrant)의 역할주기가 그것이다.

여기서 중요한 점은 연구가 진행하는 동안 이처럼 역할이 바뀌면서 연구자의 자료수집의 양과 질도 바뀐다는 사실이다. 그것은 연구자의 역할규정은 자신만이 하는 것이 아니라, 연구대상자들과 연구상황에 따라서도 달라지기 때문이다. 그러므로 현지연구자의 역할은 연구과정에서 끊임없이 새로 규정하고 정립하면서, 또 규정받고 수정받는 그런 모습으로 진전하도록 유의할 것이다.

그런데 이 '역할협상' 과정에서 주의할 것은 연구대상자들이 연구자의 역할을 제나름대로 규정하고는 그 역할을 거의 강제로 연구자에게 부과하는 것을 피해야 한다는 점이다. 현지상황에 적응하고 현지 사람들과 협조하는 것은 중요하지만, 연구활동에 지장이 될 정도로 엉뚱한 역할을 하지 않도록 현명한 대처가 필요하다.

현지조사의 착수과정에서 고려해야 할 몇 가지 사항을 추가한다. ① 우선 연구자는 자신을 어떤 모습으로 상대방에게 다가가느냐 하는 것(presentation of self), ② 연구자 자신이 연구의 수단이 되는 현상(researcher as instrument), ③ 그리고 이방인의 태도(attitude of strangeness)를 유지하는 것 등이다.

첫째, 연구자 자신의 모습은 주로 어떤 옷을 입고, 어떤 자세로 다가가는가 하는 문제와 관련이 있다. 대개 복장은 평범한 평상복이 무난하고, 자신에 대해서는 지나치게 노출시키는 것은 불필요하지만, 너무 자신의 배경 등을 숨긴다는 인상은 주지 않는 것이 좋다고 한다. 일반적으로 너무 두드러지지 않고 현지의 사회적 상황을 교란한다는 인상을 주지 않도록 하는 것이 원칙이다.

둘째, 연구자가 연구의 수단이 된다는 말은 먼저 현장의 모든 사건과 사람들에 대하여 늘 민감한 감수성을 가지고 다가가 관찰하고 기록하라는 것이며, 나아가 자신이 현장의 사회적 상황 속에서 형성하는 관계로 말미암아 스스로 갖게 되는 감정과 같은 주관적 경험 자체가 연구의 대상으로서 의미 있는 경험이라는 점이다. 현장의 상황에 대하여 연구자가 반응하는 과정에서 경험하는 느낌 같은 것이 곧 그 상황의 성격을 이해하는 데 중요한 자료가 된다는 말이다.

셋째, 연구자가 현장에서 국내자 혹은 완전구성원의 위치에서 연구를 실시할 때는 자칫 일상의 사건을 당연시함으로써 실제로 상황의 미세한 부분까지를 살피지 못하고 놓쳐 버릴 소지가 크다. 대신에 국외자의 관점에 서면 적어도 다른 문화에 대한 감수성이 더 커지고, 많은 일이 생소하다는 느낌을 갖기 쉽다. 일종의 문화적 충격(culture shock)마저 경험하므로 상황을 관찰하고 기록하는 데 더 유리할 수도 있다. 이러한 외부자의 눈으로 바라본 새로운 세상에 대한 경험은 연구자가 스스로의 삶과 의견 등에 대해서도 성찰할 기회를 준다는 의미도 무시할 수 없다.

4. '친근한 신뢰관계'의 수립

사람들과 직접 접해야 하는 자료수집의 상황에서는 면접법이든 현지조사든 조사대상자와 친근관계(rapport)를 수립하는 일이 필수적이라 할 만큼 기본적이다. 그런데 현지연구는 상당기간 조사대상자들과 함께 지내면서 수행하는 것인데다 그 목표가 저들을 '이해'하려는 데 있으므로 친근한 관계가 없이는 불가능하다 해도 과언이 아니다. 그것도 단순한 친근관계가 아니라 연구자와 연구대상자들 사이에 믿음(trust)의 관계, 상호신뢰의 관계를 맺어야 하는 것이다.

그러나 이와 같은 관계를 갖게 되는 일은 그리 쉽지가 않다.

첫째, 연구자의 나이 · 성 · 사회계층 · 혼인상태 · 직업(또는 사회에 따라 인종 같은), 인구학적 · 사회경제적 특성이 연구대상자들과 잘 맞지 않음으로써 생기는 거리감 · 적대감 · 갈등 · 긴장 같은 것이 문제가 된다.

둘째, 조사대상자들의 개인적 관계나 대상지역, 집단 내의 계층 기타 사회경제적 지위에 따른 긴장과 갈등, 적대관계 같은 사회구조적 특성들 때문에 연구자가 피해를 볼 수도 있다. 예컨대 연구자가 처음 접근할 때 접촉하여 친근해진 사람들이 그 조직체나 지역공동체 안에서 따돌림을 받거나, 요직에 있는 이들이 특별히 꺼리는 사람들이라면 참으로 난처해진다. 비슷하게 어떤 부류의 사람들과 가까워지는 친근 · 신뢰 관계를 겨우 수립해 놓고 보니 그들과 적대적이거나 긴장관계에 있는 이들이 별로 탐탁해 하지 않는 수도 있다.

셋째, 친근관계를 추구하는 과정에서 한 가지 주의할 것은 현장의 구성원 중에는 완전냉담자(freeze outs)가 항상 있을 수 있다는 사실이다. 이들은 연구에 참여할 의사가 없거나 협조하려 들지 않는 사람들이다. 다시 말해서 현지조사의 연구자는 대상자 100%의 협조를 얻으리라고 기대할 수 없다는 말이다.

이러한 어려움들을 완전히 극복하기는 어렵지만, 그러나 노력은 해 보아야 할 것이다. 그러기 위한 몇 가지 충고가 없을 수 없다.

첫번째는 자기가 연구하는 현지의 상황에 자연스럽게 섞이고 묻혀 들어가도록 애쓸 것이다. 그러자면 그들의 언어를 배운다거나, 그들과 비슷하게 옷을 입는다거나, 그들이 하는 일을 같이 하고 참여한다거나 하는 식으로 자연스럽게 섞여 들어가도록 한다. 물론 정신병동 같은 데서 정신과환자의 옷을 입고 환자처럼 행세하든지, 비행자들과 함께 범행에 가담한다거나 하는 위험하고 무모한 짓은 삼가는 게 좋고, 무슨 일이나 억지로 해서 어색하게 보여서는 곤란하다.

두 번째는 무언가 조사대상자들과 공통의 관심사, 공통의 특색을 가졌다는 점을 인식시켜서 쉽사리 동일시하도록 유도하는 길도 있다. 우리 나라에서는 흔히 '족보 따지기'라는 연고탐색이 중요한 길트기의 기제가 될 수 있다.

세 번째는 주위 사람들에게 연구자가 그들에 대하여 속속들이 너무 잘 알고 있다는 인상을 주는 것은 금물이다. 외부인사가 자기네 일에 너무 밝다는 것을 알게 되는 순간부터 자칫하면 경계의 대상이 될 수가 있다.

요컨대 친근한 신뢰관계를 수립하는 일이 중요한 만큼 상황에 상당히 익숙해질 때까지는 특정개인들, 특정계층이나 범주의 사람들과 너무 친해지는

〈참고자료 14-4〉 불안전한 상황에서 안전을 유지하는 방법 예시

(1) 첫인상이 중요하다. 가능하면 상황에 적절한 스타일·복장·행동 등을 갖추도록 한다
(2) 현장상황에 대하여 속히 학습해서 국외자나 이방인처럼 보이지 않도록 상황에 젖어들 수 있도록 복장·행동 등을 조정한다
(3) 자신이 누구이고, 왜 거기 왔는지를 설명한다
(4) 명백하게 위험성이 있어 보이는 물리적 환경을 주목한다
(5) 잠재적으로 위험할 수 있는 상황에 긴급하게 대처할 수 있도록 항상 주목하고 긴장한다
(6) 주어진 상황에서 친해진 사람들 가운데 '보호자'를 점찍어 둔다
(7) 지나치게 두렵거나 무서운 태도를 보이지 말고 자신감을 보이도록 한다
(8) '육감'을 활용해서 변하는 조건에 대하여 신중한 대처를 한다. 가능하면 긴급사태에 대비하기 위한 가외자금을 따로 보관하도록 한다
(9) 자신을 수용해서 가까워지고 신뢰를 쌓은 사람들을 중심으로 '안전지대'를 형성하여 그들이 도움을 주도록 한다
(10) 도저히 불안해서 견딜 수가 없다는 판단이 서면, 당장에 일단 철수하고 다음 기회를 기다린다

자료 : Neuman(2003 : 378).

일은 삼가하는 게 바람직하다. 혹시 초기의 접촉으로 말미암아 좀 특별히 가까워진 사이가 되었다 해도 그 관계로 인하여 다른 관계에 지장이 있다면, 그 관계를 일시적으로나마 유보할 용의까지도 갖추고 있어야 한다.

여기서 참고로 현지조사연구의 과정에서 안전하게 연구를 진행할 수 있도록 하는 데 주의할 사항들을 〈참고자료 14-4〉에 소개한다.

5. 각종 기초자료의 수집

현지에 들어가서 연구자의 역할을 택하고 친근관계를 이룩해 나가는 동안에도 연구자는 계속 주위를 살피고 상황의 전반적인 파악을 하는 한편, 연구대상지역이나 집단에 관한 각종 문서 · 기록 · 자료들을 수집하기 시작한다. 이런 자료들은 일종의 배경자료로서 보고서에 포함시킬 수도 있으며, 대상에 대한 기초이해를 드높여 주고, 때로는 작업가설의 적합성을 예비적으로 검토하는 데 이용할 수 있다.

Ⅲ. 현지작업의 실시

일단 현지에 정착하여 상당히 친근한 관계를 최소한도 수립하면 곧 본격적 현지작업에 들어가게 될 것이다. 그런데 현지작업의 핵심이 되는 참여관찰과 심층면접 또는 생활사연구의 구체적 절차는 따로 자세히 소개하기로 하고, 여기서는 일반적 고려사항 몇 가지만 다루겠다.

1. 현지작업의 조직

현지연구에 착수할 때, 현지에 대한 기초지식을 갖기 위한 자료를 수집함과 동시에 끊임없이 주위를 주의깊게 살피라고 했다. 이와 같이 세심한 주의를 기울여 주위를 살피는 자세는 물론 현지작업과정에서 계속 유지해야 할 것이다. 우선 연구대상의 전반적인 모습과 복합성과 구성요소들에 대한 인상을 가질 필요가 있다. 이렇게 함으로써 연구자는 자신의 현지작업을 체계적으로 조직할 수 있기 때문이다.

이러한 작업조직의 한 가지 방법으로 '지도그리기'(mapping)라는 절차가 있다(Schatzman and Strauss, 1973 : 36; Smith, 1975 : 237-238).

첫째, 사회적 지도를 마련한다. 사람들, 역할들, 지위의 위계서열들, 의사소통의 통로들의 빈도와 종류 같은 것을 눈여겨 보고 기록해 둔다.

둘째, 공간적 지도다. 사람들, 사건들, 권력의 중심들, 조직체의 구성부분들이 공간적으로 어디에 자리하고 있으며, 사람들과 자원들이 어떤 통로를 거쳐 이동하는지를 포착한다.

셋째, 시간적 지도다. 사람들과 사건들의 시간적 차원을 다룬다. 이러한 지도그리기의 기능은 다음과 같다.

1) 연구자가 자료수집을 할 대상의 경계와 내용을 파악하는 데 도움이 된다.
2) 현지에서 표집에 필요한 기초자료를 얻을 수 있다.
3) 현지작업의 시간과 장소를 조직하는 데 유용하다.
4) 현지작업과정에서 일어날지도 모르는 문제점들을 예기할 수 있고, 기대하지 않았던 연구의 초점에 민감해질 수 있다.
5) 자신이 수행해야 할 연구과제의 양을 짐작하는 데 도움이 된다.
6) 지도그리기를 하면서 돌아다니는 사이에 앞으로 연구할 사람들에게 자기 소개도 하고, 친해질 소지를 마련하게 된다.

그리고 관찰이나 면접을 시작하는 하나의 방침으로서 조직체나 지역공동체의 상층부에서 시발하여 점차 하층부로 내려 가는 길을 택하는 것도 유리하다. 다만, 앞서 지적한 대로 한 특정부류의 사람들에 국한하여 배타적으로 친숙해지는 일은 삼가해야 할 것이다.

2. 개방성의 유지

이와 같이 현지작업을 조직하는 일도 중요하지만, 현지연구의 장점인 개방성과 융통성은 계속 유지할 필요가 있다. 이것을 크게 세 가지 차원에서 생각해 본다.

첫째, 현지조사의 자료수집법에서 다양성을 추구하는 것이 긴요하다. 여러 원천에서 얻은 자료들은 타당성검토를 위해 상호교차적으로 활용할 수 있기 때문이다. 구체적인 보기로 Herbert Gans(1962)의 연구경험을 소개한다(Orenstein and Phillips, 1978 : 305-306).

1) 그는 수개월간 현지에 머물면서 그 지역의 상점 기타 서비스업체, 공공

기관 및 각종 시설들을 이용하였다.

2) 여러 가지 공식 · 비공식 회의, 집회에 참석하고, 술집이나 상가 등에서 여러 사람들이 모이는 현장을 참관하였다.

3) 이웃 · 친구 · 친지 등과 비공식으로 자주 만났다.

4) 지역유지, 공식 · 비공식 지도자들과 공식 · 비공식 면담을 하였다.

5) 면접대상자들 중 일부는 면접이 끝난 뒤에도 계속 고정제보자로 삼아 접촉을 지속시켰다.

6) 항상 주의를 게을리하지 않고 자신이 직접 현지에서 돌아가는 사정과 예기치 않은 사건들을 눈여겨 관찰하였다.

둘째, 이론적인 틀의 재검토를 계속 반복한다는 뜻에서도 개방성과 유연성을 살린다. 현지작업을 진행하는 도중에도 언제나 최초의 이론적 틀이나 가설을 되살펴보고, 필요하면 이론을 수정하든지, 접근방법을 바꾸는 일을 계속한다. 이에 관해서는 앞에서 자세히 살펴보았다.

셋째, 생각지 않았던 문제(위기) 상황에 대처할 때에도 융통성 있게 현명하게 한다. 현지작업과정에서는 위에서도 지적한 여러 가지 인간관계의 긴장이라든지, 역할의 강제부과 같은 일이 생기게 마련이다. 그런 긴장이 일종의 위기상황에까지 이르지 않도록 예방하는 것이 가장 중요하지만, 예상못한 문제가 일어나는 수도 있다. 그런 때에 대처하는 철칙 같은 것은 없고, 연구자의 현명한 상황판단과 그에 따른 적절한 해소방안의 강구를 기대할 도리밖에 없다. 다만, 경험자들의 충고에 따르면 문제상황의 처리에서 연구자가 취해야 할 기본 태도는 '겸손'이다. 그러나 이러한 자세와 언동을 취하면서도 연구자로서 권위를 인정받을 수 있는 조처를 할 필요가 있다는 게 전문가들의 충고다.

3. 관계의 유지

일단 현지조사를 시작하면 연구자는 지속적으로 사람들과 관계를 맺기도 하고, 관계를 끊기고 하면서 조사를 진행한다. 이에 관련해서도 몇 가지 고려사항이 있다(Neuman, 2003 : 379-381).

첫째, 사회적 관계(social relations)의 유지다. 조사를 하는 동안 점차 친해진 사람들이 생기는가 하면, 처음에 친절하다가도 후일 언제부터인가는 서먹 서먹해지는 사람도 있다. 이 과정에서 연구자는 자신의 특정한 사회경제적 · 인구학적 특성이 관계형성과 변화에 어떤 영향을 미치는지를 잘 지켜 보고 조정을 할 필요가 있다. 일단 친해진 사람들은 연구자에게 도움이 될 수도 있지만, 때로는 오히려 장애가 되는 수도 생긴다. 이런 때는 그 관계를 변경하거나 단절하는 조처도 필요해진다. 이런 때는 자칫 연구자와 대상자의 정서적 피해가 발생할 수 있으므로 이를 잘 조절해야 한다.

둘째, 교환관계(exchange relationships)가 성립할 수 있다. 작은 일이라도 연구자가 호의를 베풀고 도움을 제공하면 대상자가 거기에 대해 연구에 필요한 방식으로 도움을 주는 수가 생긴다. 이런 작은 호의(small favors)의 교환은 연구자와 대상자의 관계를 유지하는 데 유리하다. 식당에서 관찰을 할 때는 설거지 · 상치우기 · 마늘까기 등 작은 심부름을 자발적으로 해주면 도움이 된다는 보기도 있다.

셋째, 현장의 갈등상황(conflicts in the field) 대처의 문제가 있다. 현지조사 동안에 현지의 대상자들 사이에 갈등이나 싸움이 일어나면 연구자는 당연히 어느 한편을 들기보다는 중립을 유지하는 것이 안전하다. 한쪽이 친해진 사람들이라고 해서 그 편을 들면 반대편의 인심을 잃고 신뢰를 상실하게 되어 그들에 대한 관찰이 어렵거나 불가능해질 수 있다.

넷째, 관심의 표명(appearance of interest)이 필요하다. 현지조사연구자는 항상 현지 사람들의 말과 행동 · 사건 등에 대해서 관심을 가지고 있다는 것을 보여 줄 필요가 있다. 일반적으로 조사자는 관찰이나 면접을 하면서 별로 재미가 없는 표정을 짓는다든지, 지루해 하는 모습을 노출하는 것은 곤란하다. 물론 상대방이 거북하거나 당황스러운 일을 당하는 자리에서까지 관심을 깊이 보이는 것 같은 행동은 삼가야겠지만, 이런 때는 오히려 모른 체 하면서 저들의 행위를 찬찬이 살펴보는 것이 더 유용할 수 있다.

다섯째, 사회적 좌절(social breakdowns)의 경험에 대한 대응이 중요하다. 사람들이 특정한 상황에 대한 선입견 · 기대 · 가정 같은 것을 이미 가지고 사회적 상호작용에 임할 때 문화적 차이 때문에 오해가 발생하고 당혹스럽게 되는 상황을 사회적 좌절이라 한다. 이런 경험은 말로는 표현하지 않고 자기들끼리만 인지하고 있어서 연구자는 미처 알지 못하던 사회적 규준에 대한 감수성을 갖도록 하는 효과가 있다. 그렇기 때문에 민속방법론자들은 이와 같은 사회적 규준이나 규범을 일부러 위반하는 상황을 조성하여 그에 대해 사람들이 어떻게 반응하는지를 관찰하는 접근법을 쓰기도 한다.

4. 현지연구의 표본추출

앞에서 현지연구의 준비단계에 조사대상지 또는 상황을 선정하는 일도 일종의 표본추출이라고 하였다. 이제는 그러한 대상지, 조직체 또는 상황 속에서 연구할 대상을 어떻게 고를 것인지를 생각해 본다.

사실 현지연구법의 한 가지 특징은 주어진 상황 속에서는 무엇이든지 관찰할 수 있다는 점이지만, 현실적으로는 사람이 모든 것을 한꺼번에 다 관찰할 수는 없는 법이다. 결국 어떤 절차든 밟아서 무엇인가를 표집하고 있음을 알게 된다. 그렇다면 표집의 일반적인 원칙과 절차를 따르는 것을 우선 전제할 필요가 있다. 그것은 대표성과 확률의 원리다. 그리고 절차의 구체적인 쟁점들은 제 6 장에 자세히 다루었다.

다만, 현지연구에서는 그와 같은 표집의 일반적인 방법을 주로 활용하지 않는 특수성을 띤다는 점에서 특별히 이 문제를 생각하게 된다.

첫째, 기술적으로 볼 때, 현지연구에서는 확률표집보다는 비확률표집을 더 자주 써야 하는 예가 지배적이다.

둘째, 현지연구에서는 이른바 이론적 표집(theoretical sampling)을 하게 된다. 이론전개를 목적으로 어떤 집단을 관찰할 것인지, 언제 그들을 관찰할 것인지, 언제 관찰을 중단할 것인지, 무슨 자료를 수집할 것인지, 어떤 자료의 범주들을 개발하여 분석할 것인지 등의 질문을 계속 던지면서 연구과정에 임하는 것을 말한다(Glaser and Strauss, 1967; Burgess, 1982 : 11). 이론적 표집에서는 표집이 모두 이론의 지시를 받아서 이루어져야 하며, 근거가 있는 이론이 생성할 때까지 계속 표집해야 한다는 것이 특색이다.

어쨌든 현지연구의 표집은 ① 어디서, ② 언제, ③ 누구를, ④ 그리고 무엇을 관찰할 것인지를 결정하는 절차를 내포한다. 이 중 '어디서', 즉 연구대상지나 상황의 선정에 관해서는 앞에서 다루었으므로, 이제는 나머지 세 가지만 생각해 본다.

(1) 시간표집

시간표집에 관해서는 관찰법(제11장)에서도 소개하였다. 현지연구는 조직적 관찰보다는 더 장기간에 걸쳐 자연스러운 상황에서 행하는 것이므로, 그처럼 시·분·초 등을 단위로 삼기도 하지만, 그것 외에도 다른 시간단위에 따른 표집을 하게 된다. 몇 가지 원칙만 살펴보자.

첫째, 연구대상인 지역공동체, 조직체, 그 속의 참여자들이 시간을 쪼개고 자기네의 삶과 활동을 시간차원에서 규정하는 원리를 존중하여 그 시간의 틀에 맞춘 시간표집을 하는 것이 유용하다. 학교의 시간이라든지, 농민의 하루 같은 것들이다. 또는 술집에 출근하는 여성의 시간 등이다.

둘째, 공장이나 병원 같은 조직체들처럼 일정한 교대시간이 있을 때는 바로 그 기준에 맞추어 연구할 필요가 있다. 저들의 활동리듬을 따라 연구활동을 하게 되는 셈이다.

셋째, 이와 관련하여 밤과 낮의 구별, 평일과 주말의 구분, 일하는 날과 쉬는 날의 구분(예 : 택시운전기사) 같은 범주들에 따른 시간표집도 함직하다.

(2) 연구대상자의 표집

누구를 연구할 것인지는 물론 이론적으로 중요한 범주의 사람들 또는 현지에 사는 사람들이라는 두 가지 분명한 기준에 따라 선정한다. 하지만 실제 상황에서는 이 둘로는 불충분한 수가 얼마든지 있고, 또 이 두 기준이 서로 배타적일 수도 있다. 이론적으로 중요하다고 규정한 사람들은 현지에 없거나 그 반대의 사례도 생길 것이다.

때로는 이미 현지상황이나 집단 자체에 일정한 사회적 범주, 사회계층 또는 사회경제적 지위 같은 것이 객관적으로 나뉘어져 있을 것이고, 혹은 대상자들이 상호주관적으로 구분하는 기준들이 있을 것이다. 연구자는 원칙적으로 이런 기준에 따라 적절하게 — 이론에 걸맞게 — 표집관찰하면 된다. 그러나 애당초 그러한 분류기준도 모호하고, 어떻게 구분할지 막연한 사례가 없지 않다. 그래서 현지연구에서 사람들을 표집하는 절차 몇 가지를 우선 생각해 본다 (제 6 장 참조).

첫째, 현지연구에서는 조직적인 확률표집법은 잘 쓰지 않고, 목적적 유의표집법(purposive sampling)을 주로 사용한다. 이론이나 가설 또는 직관에 의해서 연구목적에 적합한 사람들을 고르는 방법이다.

둘째, 이미 범주들을 알고 있을 때는 할당(quota) 표집법을 이용한다.

셋째, 현지연구에서 특히 유용한 표집법이 '눈덩이'(snowball) 또는 누적적 표집법이다. 이 절차는 ① 접근과 입장(入場)이 어려운 상황에 접근하는 수단으로서 최초접촉대상을 만난 다음, 그의 연줄을 타고 하나씩 차례로 필요한 사람들을 만나는 때, ② 상황 자체나 대상자 자신들에게 일정한 구분이 없거나 범주가 모호한 때에 암중모색의 방편으로 한 사람씩 차례로 접촉하는 수단으로 활용한다.

넷째, 주요 또는 전략적 제보자(key or strategic informants) 표집법이다. 이들은 특정연구상황이나 사건 자체에 관해서 연구자가 알고 싶은 정보를 제공해 줄 수 있을 뿐 아니라, 이들을 통해서 다른 대상자들을 소개받아 접촉하게끔 도와주는 '눈덩이' 표집의 시발자역할을 할 수도 있다. 다만, 주요 제보자는 선정할 때 주의가 필요하다. ① 제보자가 그 사회적 상황 속에서 어느 정도 오래 살았는가, ② 그 속에서 일어나는 일과 활동에 얼마나 깊이 참여 · 개입하고 있는가, ③ 그 상황의 문화적 특성을 어느 정도 대표하는가, ④ 그리고 그가 얼마나 자세한 정보를 제공할 수 있는가 하는 등의 기준에 의하여 판단해야만 한다.

그런데 이런 기준에 따라서 오래 살고, 활동에 적극적이고, 문화를 대표하는 사람이 유리하다는 견해가 있다(Spradley, 1979). 그러나 또 다른 사람들은 반드시 그렇지 않고, 그 상황에 새로 온 신참자, 익숙하지 않은 불참자, 문화에서 주변적인 사람들이 더 유용할 수도 있다고 지적한다(Burgess, 1982 : 77). 이에 대한 판단은 일률적으로 하기 어렵다.

한 가지 주목할 점은 때로 일탈자들을 연구함으로써 정상적인 유형과 규범들에 대한 이해를 더 심화시킬 수 있다는 것을 중시하는 관점이다. 특히 현지연구에서는 전혀 기대하지 않던 자료에 접하는 수가 자주 있으며, 그런 것들이 오히려 유용하게 된다. 놀랍고, 야릇하고, 설명하기 어려운 관찰에서 얻는 자료들로부터 새로운 가설이 생성하거나, 가설의 평가를 새로이 할 수 있는 중요한 계기가 생길 수도 있다. 이른바 기대하지 않은 수확(serendipity)의 가능성이다. 이처럼 예기치 않던, 그래서 일종의 문제가 되는 관찰을 하는 데 도움이 될 만한 부류의 사람들을 의도적으로 골라서 관찰하거나 면접할 수도 있다(〈참고자료 14-5〉 참조).

〈참고자료 14-5〉 예기치 못한 자료를 얻는 데 유용한 특수한 대상자들의 보기

(1) 국외자(outsider) : 사물을 다른 문화·계급·지역공동체의 견지에서 보는 사람
(2) 신참자(rookie) : 보통 사람들이 당연시하고 놓치는 일들을 보고 놀라는 사람. 그러나 그 체계 속에 특별히 옹호할 만한 이해관계가 없는 사람
(3) 이행자(nouveau statused) : 한 지위에서 다른 지위로 이행과정에 있어서 새로운 경험에 긴장을 느끼는 사람
(4) 현지에서 자연스럽게도 성찰적(reflective)이고 객관적(objective)인 사람. 비슷한 사람들은 서로를 지목해 주기도 한다
(5) 순진파(naive informant) : 자신이 하는 말이 뭔지도 잘 모르는 눈치 없는 사람. 아무거나 함부로 쉽게 지껄인다
(6) 좌절파(the frustrated) : 불평분자, 반역자, 자신의 좌절된 충동이 무엇인지 잘 아는 사람
(7) 유배자(the 'outs') : 권력에서 물러나 있으나 내막을 아는 사람들. 심지어 내부에 있으면서도 동료들의 비행을 폭로하고파 하는 사람도 있다
(8) 터주대감(the habitue, old-hand, fixture) : 워낙 지위가 든든해서 남의 비리를 폭로해도 까딱 없는 사람
(9) 구걸파(needy person) : 남의 주목이나 도움을 받고 싶어서 연구자에게 매달리다시피 하면서 얘기를 털어 놓는 사람
(10) 예속자(the subordinate) : 윗사람에게 적응해야만 하는 예속적 지위에 있으면서 권위의 충격을 용케 감당하는 통찰력을 익힌 사람

자료 : Smith(1975 : 244-245).

(3) 사건의 표집

역시 연구할 사건(혹은 사상)이나 상황의 선택도 이론, 가설 또는 연구문제에 따라서 한다는 원칙은 불변이다. 다만, 어떤 종류의 상황 · 사건이 있을지는 생각해 둘 만하다. 예컨대 사건이란 크게 세 가지 부류로 나누어 볼 수 있다(Schatzman and Strauss, 1973).

첫째, 일상적인(routine) 사건이다. 사회생활의 여건에 따라 매일 규칙적으로 일어나는 일들은 허다하다.

둘째, 특별한 일들이다. 정기적으로 일어나지는 않기 때문에 평소에는 보기드문 일이 갑자기 일어나는 수가 있다. 그래도 그런 사건은 장기적으로 보면 가끔씩 일어나므로 기대할 만하면서도 일상적으로 볼 수 있는 빈도로 나타나지는 않는다. 그래서 특별사건이다.

셋째, 위기상황이라고 할까, 성가시고 다루기 힘든 일이 갑자기 일어날

때다.

이런 종류의 사건들은 연구를 진행하는 동안에 선별적으로 표집할 필요가 있다. 반복적인 일상사를 하릴 없이 매일 · 매주 관찰할 필요가 없다. 일정한 기간 내 몇 번의 시간표집을 해서 연구하면 그만이다. 그러나 혼례나 장례 같은 일은 연구기간중 한두 번 일어날까 말까 한 곳도 있을 것이다. 그런가 하면 천재지변이나 화재, 심한 갈등 같은 일도 자주 정기적으로 일어나리라 기대하기는 어렵다. 이런 때는 정보제공자의 유사한 경험과 비교하는 방법도 유익하다.

현지조사에서는 일정한 시간이 흐르면 일반적인 상태에 대한 관찰에서 점차 초점을 좁혀 가는 방법을 채택하는 것도 유용하다. 대개 얼마 동안의 관찰과 경험에서 얻은 정보를 가지고 처음 세웠던 연구문제나 가설을 조정한다. 초기에는 모든 현상이 다 유관하고 적합한 듯이 보인다. 그러나 경험을 쌓다 보면 점점 초점을 특정한 문제와 주제에 맞추어 좁히게 된다.

결론적으로 현지연구의 표본추출은 일반표집원리를 적용하되, 여러 모로 융통성 있는 전략으로 적응해 나가는 과정에서 현지여건에 맞추어 수행하도록 한다. 그리고 이론이나 연구목적을 잘 반영하는 일이 중요하다.

Ⅳ. 현지로부터 철수 및 연구의 완결

자료수집이 끝나면 현지로부터 일단 철수하고, 자료의 처리 · 분석 및 해석을 하여 보고서작성을 마침으로써 현지연구는 일단락짓게 된다. 자료의 처리와 분석 · 보고에 관해서는 마지막 부분에 더 자세히 살펴보기로 하고, 여기에서는 철수에 관한 언급만 간단히 한다.

조사작업이 끝나면 물러나는 것이 당연하고, 거기에 무슨 큰 문제가 있을 까닭이 없다. 하지만 현지연구는 성질상 장기간의 생활경험의 공유를 내포하기 때문에 그리 단순하지만은 않다. 때로는 상당히 감상적이고 정의적인 경험이 될 수가 있다. 그러므로 현명하게 물러나는 방안을 강구할 필요가 있다. 그래야만 다음의 연구자들에게도 유익하다. 그리고 한 가지 유의할 것은 현지를 벗어나기 전에 자신이 수집한 자료를 잘 챙겨서 미진한 부분은 보완한 다음에 철수하도록 하라는 것이다.

현지연구는 최소 몇 주부터 최대 10여 년에 걸쳐 이루어지는 수가 있다. 그러나 언젠가는 마무리를 해야 하는데, 그것도 이론형성작업이 끝났다든지 주요 연구목적을 달성했기 때문에 자연스럽게 종결할 수도 있지만, 어떤 때는 결단을 내리지 않으면 무한정 질질 끌고 갈 수도 있다. 일단 마무리하기로 결심하면 연구자는 현명한 철수방법을 강구해야 한다. 결정당일 갑자기 보따리를 쌀 수도 있고, 여러 날에 걸쳐 일을 줄여 가면서 서서히 물러날 차비를 하는 수도 있다. 여기에 현지조사에 걸린 시간과 연구자의 관계형성 및 개입의 강도(intensity)에 따른 정서적 문제가 따르는 게 보통이다.

우선 현지 사람들에게 알리는 문제가 있다. 대체로 연구자가 사전에 통보를 하는 형식을 취한다. 이런 때라도 연구자가 현지구성원들에게 어떤 약속 같은 것을 했다면, 반드시 이를 해결해 놓고 뒤가 깨끗하게 떠나는 것이 바람직하다. 때로는 이별식 · 송별회 같은 격식을 차리기도 하고, 일일이 악수를 나누기도 한다. 여하간에 현지조사에서 형성한 친근관계를 계속 유지하려는 연구자도 있는데, 주로 여성이 더 그런 경향이 강하다고 한다. 이런 절차가 필요한 이유는 연구대상자들도 이별로 인한 정서적 문제를 겪을 수 있기 때문이다. 그래서 현지연구는 이와 같은 문제들을 말끔히 해결하고 빠져 나오지 않는 한 끝났다고 보기 어렵다.

제 4 절 참여관찰과 심층면접

Ⅰ. 참여관찰법의 기본가정과 관찰자의 역할

1. 참여관찰법의 기본가정

여기서 참여관찰이란 제11장의 〈그림 11-1〉에서 관찰법을 분류할 때, 되도록 자연스러운 상황에서 구조화하지 않는 비조직적 방법으로 대상을 연구하는 유형 (1)을 일컫는다. 그런 뜻의 참여관찰은 현지연구법의 자료수집기법으로 가장 오래되고 자주 쓰이며, 그것 자체에 대한 연구도 제일 많은 방법이라 할 만하다. 이제 그러한 참여관찰법의 기본가정 또는 전제를 간략히 살펴보고, 관찰자의 역할에 관하여 생각하기로 한다(Denzin, 1970 : 186-194; Burgess,

1982 : 45-78; Filstead, 1972; Schwartz and Jacobs, 1979 : 45-59; Frankfort-Nachmias and Nachmias, 2000 : 257-260; Rubin and Babbie, 2008 : 438-441).

첫째, 참여관찰법의 가정은 연구자가 연구대상자들의 삶과 활동에 되도록 친밀하게 참여하여 그것을 저들과 공유한다는 것이다. 그러자면 연구대상자들과 함께 장기간 살든지, 그들을 늘 따라 다니며 연구에 임해야 한다.

둘째, 참여관찰법이란 연구자가 연구대상자들의 상징의 세계 속에 직접 참여한다는 것을 전제한다. 그러기 위해서는 저들의 언어 · 예절 · 습성과 일하는 버릇 같은 것들을 배워야 할 때가 많다.

셋째 가정은 연구자는 자신이 관찰하는 바 목하 진행중인 사회적 상호작용과정 속에서 스스로의 역할을 끊임없이 형성하고 재구성해 나가는 시도를 해야 한다는 것이다. 어떤 문화든 '참여관찰자'라는 역할을 기성품으로 만들어 놓고 현지연구자를 기다리지 않는 법이다.

2. 관찰자의 역할

참여관찰이라고 하지만 기본적으로 연구자는 관찰자라는 본래의 역할을 떠나서 생각할 수 없기 때문에, '참여자'와 '관찰자'라는 두 역할 사이의 변증법적 긴장을 벗어나기 어렵다. 따라서 참여관찰자의 역할의 유형을 고찰할 때도 늘 이 두 축을 두고 분류한다.

예컨대 그의 역할을 공식-비공식 또는 비밀-공개의 양극에서 볼 수 있다. 혹은 '소극적' 참여관찰자와 '적극적' 참여관찰자의 분류도 가능하다. 아니면 '시간제'(part-time) 참여자나 시간제연구자(또는 보고자)일 수도 있다. 그런가 하면 사적으로 참여하는 공공보고자든지, 공적으로 참여하는 비밀보고자가 되기도 한다. 한 유형을 더하면 '완전'(total) 참여자 · '연구참여자'(researcher participant), 그리고 '완전' 연구자의 세 부류가 나오기도 한다. 여기에 또 하나 더 첨가한 것이 제11장에서도 간략히 소개한 4개 유형이다(Gold, 1958).

(1) 완전참여자(complete participant)

연구자가 자신의 정체를 밝히지 않고 연구를 수행하는 것도 숨긴 채 그가 연구하는 대상집단의 성원이 되는 상황이다. 이런 역할을 취하게 되면 특정집단에 접근하여 입회하는 과정에서 생기는 난관을 피할 수 있고, 연구자의 존재로 인하여 생기는 성원들의 반작용을 배제함으로써 자연스러운 상황을 확보하게 된다는 이점이 있다. 그러나 그에 대한 반대의견도 고려해 봄직하다.

첫째, 연구를 한다는 사실을 전혀 의식하지 않는 성원들에게 연구자는 자기가 알고 싶은 내용들에 대한 질문을 자유로이 할 수 없다는 제약이 있다.

둘째, 관찰한 것을 기록해야 할 때에 기록으로 남기지 못하는 어려움을 감수해야 한다.

셋째, 연구자가 일종의 스파이처럼 행세해야 하는 부담이 있다.

넷째, 이른바 '토착화'(going native)의 문제가 생긴다. 특히 정서적으로 피관찰자들과 동일시하게 되는 경지에까지 이르게 되면, 참여자로서 역할과 관찰자 · 연구자로서 역할을 구별하기 어렵게 되고, 따라서 연구활동에 지장을 초래할 수 있다.

끝으로, 그리고 누구도 아직껏 정당한 대답을 갖지 못한 윤리적인 쟁점을 안고 있다.

(2) 관찰자적 참여자(participant-as-observer)

연구자와 연구대상자의 관계는 본디 연구를 위한 관찰을 하겠다는 데서 성립하는 것이므로 연구자의 신분을 밝히되 되도록이면 응답자 · 제보자 · 피관찰자가 될 사람들과 일련의 친근관계 · 신뢰관계를 형성하고자 시도하는 유형이 관찰자적 참여자다. 그러니까 이 때는 가면을 쓸 필요가 없다는 부담을 더는 대신에 관계의 정립, 특히 친근 · 신뢰 관계의 확보, 제보자를 찾는 일, 계속 관찰자-피관찰자의 관계를 유지해 나가면서 토착화를 피하는 긴장 같은 것들이 문제가 될 수 있다. 한 마디로 연구하는 상황에 개입하면서도 '이방인'으로 남아 있어야 하는 일이 가장 긴요한 조건이다. 그래도 많은 학자들이 현지연구의 참여관찰과 역할 중 이 유형을 선호하는 경향이 있다.

이처럼 관찰자적 참여자로서 임하는 현지연구자가 어떻게 연구대상자들에게 받아들여져서 관계를 형성했다가 그 관계를 종식하는가라는 역할변화의 과정에 관해서는 앞에서 살펴보았다.

(3) 참여자적 관찰자(observer-as-participant)

이 유형에서는 관찰자의 신분과 의도를 처음부터 분명히 하고, 대상자들과는 한두 번 관찰에 필요한 단기간의 접촉정도의 관계밖에 수립하지 않는다.

대개 공식적 표본조사를 위한 면접이나 반조직적 관찰을 하는 상황의 역할이며, 따라서 세부적이고 심층적인 자료를 얻고자 하는 현지연구에서는 부적합하다.

(4) 완전관찰자(complete observer)

정보제공자나 피관찰자와는 전혀 상호작용에 참여하지 않고 완전 격리 상태에서 관찰하는 유형이다. 학교의 학급에서 관찰자가 '완전히 모습을 감추고'도 관찰을 할 수 있었다는 보고가 있기는 하지만, 이런 역할은 실험실 내 관찰에 주로 쓰고 현지연구에서는 부적당하다.

중요한 것은 이런 유형들은 일종의 이념형들임을 인식하는 것이다. 따라서 참여관찰자는 현지연구를 수행하는 과정에서 위의 어느 한 가지 역할에만 집착할 것이 아니라, 이들을 잘 조합하여 가장 적절한 역할을 자신의 것으로 삼으면서 현지상황에 대처해야 한다. 특히 참여관찰자는 조사상황에서는 '국내자' 또는 완전구성원(insider 또는 complete membership) 노릇을 하다가도 언제나 필요할 때는 '국외자' 또는 주변적 구성원(outsider 또는 peripheral membership), 이방인으로 변신하여 자신이 수집한 자료를 성찰해 보는 '출입자재' 또는 적극적 구성원(active membership)의 경지에 이를 수 있으면 유익할 것이다. 요컨대 참여의 정도나 유형이 연구에 지장을 초래하지 않는 범위에서 적절한 적응이 이루어져야 한다. 그리고 비밀리에 신분을 감추고 참여하는 문제에 대해서는 윤리적 판단을 신중히 할 것이다.

Ⅱ. 심층면접의 요령

참여관찰을 하나의 자료수집기법으로 간주할 때, 현지연구에서 또 한 가지 중요한 자료수집방법은 대화(conversation)다. 이것을 우리는 심층면접이라 부르기도 한다. 엄격하게는 비조사표형 · 비표준화 · 비조직적 · 비유도면접을 일컫는 셈이다(제 8 장 참조).

심층면접의 기본목적도 연구대상자의 관점을 파악하는 데 있다. 그러므로 미리 짜여진 조사표에 의거하여 일방적으로 질문을 던져서 응답도 대부분 미리 마련한 응답지에 한정시켜 받아 내는 방식으로는 곤란하다. 비조직적인 심층면접은 연구자가 깊이 캐어 묻고, 새로운 단서들을 찾아 내며, 문제의 새로운 차원을 열어 주기도 하고, 개인적인 경험에 입각한 생생하고 정확하고 포괄적인 얘기를 제보자(응답자)들로부터 들을 수 있는 기회를 제공한다. 그러자면 비교적 자연스러운 일상대화를 연상케 하는 그런 면접기술을 요한다.

비조직적 면접이라고 해서 구조가 전혀 없다는 말은 아니다. 우선 면접의 틀은 가지고 있어야 하고, 융통성 있게 운영은 하되 언제나 절차를 통제하는 일은 완전히 배제하지는 않아야 한다. 무엇보다도 연구문제에 관련 있는 적합한 경험과 태도 등을 알아내고자 하는 것이라는 점에서 틀을 지니는 것이다. 그리고 철칙 같은 절차는 없다 해도 유의한 기법과 고려사항들이 있다. 여기에서는 심층면접의 실시상 주의할 사항들을 중점적으로 간단히 살펴보기로 한다(Burgess, 1982 : 107-122; Bogdan and Taylor, 1975 : 53-60; Schwartz and Jacobs, 1979 : 37-45; Gorden, 1975; Neuman, 2003 : 390-395; Rubin and Babbie, 2008 : 441-446).

1. 면접대상자의 선정

앞서 현지연구의 표집방법을 논의할 때 연구대상자선정요령에 관한 언급이 있었다. 그 원칙들은 일단 심층면접의 피면접자선정에도 적용할 수 있다. 이에 덧붙여 몇 가지 더 생각해 본다.

첫째, 응답자의 일반적인 종류를 구분해 보면 앞에서도 지적한 전략적 제보자 · 특별응답자 및 대표적 응답자로 나눌 수 있다(Gorden, 1975 : 187-190). 전략적 제보자에 대해서는 곧 다시 자세히 살펴보기로 하고, 특별응답자란 연구대상 지역 또는 집단 안에서 특별한 지위를 차지하고 있어서 연구에 필요한 특수한 정보를 제공할 수 있는 사람들이다. 한편 대표적 응답자란 집단의 성격을 대표할 만한 사람이라는 뜻이 아니다. 그 지역이나 조직체가 가지고 있는 여러 사회범주들에서 무작위로 표집해도 그 범주를 대충 대표해 줄 만큼 동일범주 내의 다른 성원들과 비슷한 점을 상당히 공유하고 있는 사람이라는 뜻이다.

전략적 제보자란 연구자가 현지에 접근할 때부터 중요한 역할을 한다고 했다. 그런 사람들의 주요 기능은 다음과 같다.

1) 연구주제의 개념규정을 현지인의 관점에서 연구자에게 환류(feed-back)시켜 줌으로써 연구자는 연구대상자들의 관점을 스스로 습득하여 문제

영역과 개념에 대한 이해를 가지고 연구에 임할 수 있도록 도와 준다. 가령 빈곤이라는 개념이 현지인에게는 무엇을 뜻하는지를 파악하는 데 기여한다.

2) 연구주제를 다루기 위한 현지의 경계와 분류를 역시 현지인의 관점에서 할 수 있도록 도와 준다. 가령 빈곤연구를 위한 빈민지역의 규정도 공식기준이 아닌 현지인의 기준에 따라 하고자 할 때, 전략적 제보자의 도움이 긴요하다.

3) 처음 연구계획에서 포함시키지 못했던 연구문제와 관련 있는 정보와 자료를 얻을 기회를 극대화시켜 주는 기능을 한다(Tremblay, 1982 : 99-100).

둘째, 면접대상자 · 정보제공자(제보자) 혹은 응답자를 선정할 때 고려해야 할 기준에 관해서는 철칙이라 할 만한 것은 없지만, 고려할 요인들은 시사할 수 있다(Tremblay, 1982 : 100; Gorden, 1975 : 196-210).

1) 지역공동체나 집단 내의 지위와 역할로 보아 필요한 정보에 계속 접할 수 있는 사람이 필요하다. 대개는 높은 지위에 있고 적극적인 참여를 하며, 국내자의 위치에 있는(high status, active, insider) 사람이 도움이 되겠지만, 때로는 지위가 낮든지, 지역 · 집단 · 활동에 소극적이거나 국외자의 처지에 있는(low status, passive, outsider) 사람들이 필요할 때도 있다.

2) 특히 지역공동체의 연구에서 그렇지만, 조직체연구에서도 중요한 전략적 제보자가 될 수 있는 사람들은 이동성이 높은 사람들이다. 택시운전기사 · 경찰 · 문서집배원 · 외판원 같은 사람들이다.

3) 접근용이도(accessibility)가 물론 하나의 중요한 기준이 될 수 있다.

4) 협력용의(willingness)가 있어야 할 것이다.

5) 다만, 접근하기 쉽고 도와 주고자 해도 그가 과연 연구주제에 관하여 얼마나 잘 알고 있는지(knowledge)를 생각하지 않을 수 없다.

6) 알고 있다 해도 그것을 전달하고 면접자와 의사소통할 능력이 있어야 한다(communicability).

7) 그리고 이상적으로 말하면, 개인적인 편의가 되도록 적고 객관성 · 공정성을 띤 응답자를 구할 수 있어야 한다.

이와 같은 기준들 가운데 연구자가 미리 알고 선정할 수 있는 것이란 처음의 두 가지뿐이다. 나머지는 결국 현지에서 면접자 또는 관찰자가 찾아 내야 하고, 협상을 해서 확보해야 할 사람들의 조건이다.

2. 면접실시의 유의사항

현지연구의 면접, 특히 심층면접이란 표준조사표도 없고 최소한의 면접지침(interview guide) 정도만 가지고 응답자와 대화를 해서 자료를 수집하는 기법이므로, 융통성이 있어서 유리한 점도 있는 반면, 또 부담스러운 점도 있다.

첫째, 현지연구에서는 참여관찰이든, 심층면접이든 대상자와 친근 · 신뢰 관계가 가장 중요하다는 것을 더 이상 강조하지 않겠다.

둘째, 심층면접이란 참여관찰도 마찬가지겠지만, 연구대상자의 관점에 대한 이해와 감정이입을 요한다. 바꾸어 말해서 제보자 · 응답자의 문화를 연구자가 공유할 수 있어야 한다. 그러자면 가장 중요한 것이 저들의 언어와 상징체계를 이해하는 일이다.

외국에서 전혀 낯선 문화를 연구해야 하는 인류학자들의 언어문제까지 지적하지 않더라도 대개 연구자가 현지연구를 하는 상황은 자신의 출신배경이나 현재의 사회계층과 다른 이질적인 것이 보통이다. 그러므로 이런 상황에서 쓰이는 용어 · 단어 · 관용구들이 생소할 수 있고, 은어 같은 것들도 있을 것이다. 또 대상에 따라서는 연구자가 익숙하지 않은 기술적인 말들을 쓰는 상황도 있을 것이다. 공장 같은 보기다.

이러한 언어를 학습해야만 상황을 이해할 수 있을 것은 더 말할 나위도 없다. 하지만 사람들의 상징은 액면 그대로 받아들일 수가 없고, 반드시 다른 행동과 관련시킨 특정한 문맥에서라야 올바로 이해하게 되는 수가 많음을 기억하는 것도 중요하다. 그리고 연구자가 현지에 좀 친숙해졌다고 해서 아무 때나, 누구에게나, 저들이 일상 쓰는 단어나 말버릇을 함부로 쓰는 일은 삼가는 게 좋다. 자칫하면 상대방을 당황케 하든지, 자신이 바보처럼 보이는 잘못을 저지를 수 있기 때문이다.

셋째, 비조직면접에서 면접자는 필요한 암시나 '길 안내' 또는 약간의 부추김정도만 하고, 응답자들이 자기들 스스로의 말로 자기들 마음 속에 있는 자기들의 관심사를 자유로이 이야기하도록 해야 한다. 한 마디로 심층면접자는 질문하는 기술도 익혀야겠지만, 잘 '들어 주는 사람'도 되어야 한다. 특히 비유도면접에서는 제보자가 자신이 원하는 데로 방향을 잡으면서 주어진 주제를 자유롭게 논의하도록 내버려 둔다.

그러나 어떤 면접법이든 면접자는 최소한의 물어 볼 내용은 가지고 시작하게 마련이다. 중요한 것은 그런 것을 특수한 질문으로 못박아 놓고 그것을 강요하지 말라는 점이다. 열심히 경청하면서 분석을 동시에 진행하면, 다음에 물어야 할 질문들이 자연스레 떠오르는 그런 역동적 과정을 잘 이끌어 나가도록 훈련을 쌓아야 한다. 그 중에는 피면접자 스스로가 제기하는 질문들도 있을 수 있다.

넷째, 어떤 대답이 나오든지 결코 첫마디에 알아 들을 수 있다는 생각은 금물이다. 면접자가 제보자의 발언의미를 완벽하게 혹은 충분히 이해한다고 당연시할 것이 아니라, 계속 캐어 묻기를 하여 상호주관적 이해에 도달할 때까지 철저를 기하도록 한다.

3. 질문의 방법과 면접요령

처음 시작할 때는 되도록 일상대화처럼 가볍고 중립적인 질문부터 던지는 게 좋다. "안녕하십니까?," "이 곳에 사신지는 얼마나 되십니까?," "이 동네 사시기가 어떻습니까?" 하는 따위의 질문이다. 처음부터 상대방을 당혹케 한다든지, 기분나쁘게 만드는 질문은 피하도록 한다.

면접초기에는 일정한 방향으로 유도하는 질문을 피하고, 상대방의 이야기를 수동적으로 듣는 자세를 취한다. 그러나 대화의 진행에 따라 좀더 직접적인 유관적합성이 있는 질문도 하고, 도중에 정중하게 끼어 들면서 방향을 잡아 주는 것도 필요해진다.

피면접자가 연구에 관계 있는 내용이나 주제에 관하여 이야기해 주도록 권장 · 유도하기 위해서는 다음과 같은 종류의 질문을 할 수도 있다는 시사를 보기로 든다(Burgess, 1982 : 108).

1) 반대의견을 제시하면 논란이 있을 것이므로, 응답자의 관점을 포착하는 데 도움이 된다.

2) 가설적 질문 · 관점, 즉 "… 하다면, 어떻게 하시겠습니까?" 식이다.

3) 이상적인 관점을 고집하면 응답자 자신은 이상적인 인물 · 상황 · 조건을 어떻게 인식하는지 알 수 있다.

4) 연구가 끝날 즈음에는 연구자 자신의 해석을 노출시킴으로써 그에 대한 현지인들의 견해를 들을 기회가 생긴다. 이것은 현지에서 철수준비단계에

반드시 한번 시도해 볼 만하다.

한편 질문의 형식에 따라 몇 가지 유형을 생각해 봄직하다(Whyte, 1982). 예컨대 처음부터 "예," "아니오"의 대답을 받아 낼 수 있는 닫힌 질문을 쓸 수 있다. 그런데 "간밤에 무엇을 하셨는지 말씀해 주시겠습니까?"라는 질문에 "예," "아니오"로만 대답하면, 이는 문제가 있다.

다음 "누가 그랬습니까"라는 식의 질문은 객관적 대답을 요구하는 형이고, "선생은 거기 대해서 어떤 기분이십니까?"는 주관적 응답을 요하는 것이다. 그러나 때로는 "간밤은 어땠습니까? 한다면 두 가지 다 대답이 가능하다. "한 잔 했다"는 객관적 서술도 가능하고, "엉망이었다"는 주관적 평가도 가능하다. 이런 때는 캐어 묻기로써 보완할 필요가 있을 것이다. 캐어 묻기의 일반적 기법과 요령에 관해서는 제 8 장을 참조하기 바란다.

이제 관찰이나 면접기록법을 다루기에 앞서 한 가지만 덧붙인다. 현지에서 비조직면접을 도와 주는 방법의 하나로 투사법(projective methods 또는 techniques)을 원용할 수 있다는 점이다. 투사법 자체에 관해서도 자세한 해설을 할 수 있으면 좋겠지만, 지면관계로 이 책에서는 생략할 수밖에 없다. 다만, 이 방법은 그림 같은 것을 보고 사람들이 지각하는 대로 보고하게 하는 간접적 심리관찰의 한 기법이다. 잉크물을 쏟아 반으로 접었다 펴면 그림이 나타나는 그런 방식으로 접근하는 이른바 Rorschach 검사라든지, 내용이 담긴 그림을 보고 이야기를 만들어 내게 하는 주제통각검사(thematic apperception test) 같은 것이 주된 기법이다(Kidder, 1981 : 230-241).

그런데 심층면접에서 활용할 수 있는 간단한 투사법은 연구대상지역이나 집단의 여러 측면을 사진을 찍어 가지고 있다가 면접시에 응답자에게 보여 준 다음 거기에 대한 자유로운 의견을 진술하도록 하는 방법이다. 이 방법은 우선 간편해서 아무 때, 어디서나 가능하고, 아직 채 친해지지 않은 사람에게도 시행할 수 있으며, 심층면접만큼 오랜 시간을 요하지 않는다는 이점이 있다. 그러면서 현지상황에 대한 조사대상자들의 주관적 세계를 간접적으로 들여다 볼 수 있게 도와 준다. 물론 이것은 어디까지나 하나의 보조방법이라는 제약은 인정하는 게 좋을 줄 안다(Whyte, 1982).

여기에 참고로 서베이(조사연구 · 표본조사)와 현지조사에서 실시하는 면접

〈참고자료 14-6〉 표본조사와 현지조사의 면접법특성 비교

전형적 표본조사면접	전형적 현지조사면접
(1) 시작과 종결이 분명하다	(1) 시작과 종결이 분명하지 않다; 추후에 재차 계속할 여지가 있다
(2) 모든 응답자에게 동일한 표준질문을 정해진 순서로 묻는다	(2) 주어진 상황과 특정인물에 따라 질문의 내용과 순서가 가변적이다
(3) 시종일관 면접자는 중립적이라는 인상을 유지한다	(3) 면접자가 응답내용에 관심도 보이고, 때로는 응답에 대한 설명을 권장하기도 한다
(4) 면접자는 질문하고, 응답자는 대답한다.	(4) 대체로 일상회화와 같이 진행하나, 면접자가 역시 말은 더 많이 한다
(5) 거의 항상 단독응답자와 상대한다.	(5) 집단맥락에서 혹은 제 3 자의 면전에서 진행할 수 있다
(6) 전문가다운 어투를 쓰고, 사무적인 집중으로 임하고, 주위의 잡음은 무시한다.	(6) 면접도중 농담 · 잡담 · 이야기 · 엉뚱한 잡음 · 일화 등도 끼어 넣고, 이런 것도 모두 기록한다
(7) 닫힌 질문위주고, 캐묻기는 드물다	(7) 열린 질문위주고, 캐묻기를 자주 한다
(8) 면접자 혼자서 면접 속도와 방향을 통제한다	(8) 면접자와 응답자가 함께 면접 속도와 방향을 통제한다
(9) 면접의 사회적 맥락 자체는 무시하고, 면접에 영향이 없다고 가정한다	(9) 면접의 맥락 자체를 주목하고, 응답의 의미를 해석할 때 중요한 것으로 간주한다
(10) 면접자는 의사소통유형을 표준틀에 맞추려고 한다	(10) 면접자는 응답자의 규범과 언어표현법에 적응한다

자료 : Neuman(2003 : 391).

의 특성을 비교하는 〈참고자료 14-6〉을 제시한다.

Ⅲ. 집중면접집단

대표적인 질적 연구법으로서 현지조사가 활용할 수 있는 또 한 가지 특별한 방법으로 집중면접집단(focus group) 기법이 있다. 이 포커스 그룹이란 주로 기업체에서 새로운 상품을 출시하기 전에 테스트할 상품에 관한 의견을 듣기 위하여 토의하도록 소집하는 소비자그룹을 일컫는 데서 유래한다. 사회조사에

서는 특정이슈에 관한 조사대상자들의 의견을 청취하는 방법으로 집단면접을 실시하는 것을 가리킨다. 이 방법은 지난 20여 년 사이에 급격하게 활용도가 높아진 새로운 접근법이라 할 수 있다(Neuman, 2003 : 396; Rubin and Babbie, 2008 : 447-448).

절차는 대강 다음과 같다.

1) 연구자는 대략 6-12명의 응답자를 한 방에 소집한다.

2) 몇 가지 이슈에 관한 토의를 진행할 사회자 혹은 진행자를 둔다. 대개는 훈련 받은 연구조교가 이를 수행한다.

3) 대다수 집단면접은 약 90분 정도 진행한다.

4) 진행자는 모든 참여자들이 자유롭고 열린 토론을 할 수 있도록 도와 주려 하고, 일방적으로 명령식 진행을 하지 않도록 훈련한다. 특히 한두 사람의 참여자가 토론을 독점하지 않도록 주의한다.

5) 참여자들은 가급적 동질적인 사람들로 구성하되, 친구나 친척 등 친분이 있는 사람들은 피하는 것이 좋다.

6) 때로는 연구자의 목적에 따라 집중면접집단을 4-6개 따로 운영하기도 한다.

7) 이 방법에서 다룰 수 있는 주제는 다양하다. 가령 어떤 공공이슈에 대한 태도, 개인적 행동유형, 새로운 상품, 정치적 후보자 등이 있다.

8) 연구 목적과 성격에 따라서는 이 방법을 양적 접근과 조합해서 자료수집을 할 수 있다.

9) 토론내용은 녹음 · 녹화해서 분석과 해석에 활용한다.

여기에 집중면접집단법의 장·단점을 비교하는 〈참고자료 14-7〉을 소개한다.

Ⅳ. 관찰 및 면접기록

사실 현지연구에서 관찰과 면접 자체만큼 중요한 것은 바로 그 관찰과 면접의 내용을 기록하는 일이다. 이른바 현지기록작업(field note-taking) 또는 현지연구의 기록부(field notes) 작성이라는 부분이다. 여기에서는 현지기록의 요령, 기록부의 형태와 내용에 관하여 간추려 살펴본다(Babbie, 1975 : 204-212; Bailey, 1978 :

〈참고자료 14-7〉 집중면접집단법의 장 · 단점 비교

장 점	단 점
(1) 자연스러운 환경이므로 참가자들이 자유롭게 의견과 생각을 표현할 수 있다	(1) 일종의 '의견의 양극화' 현상(집단토론 후에 한쪽 극단으로 태도가 쏠림)이 있다
(2) 사회의 주류가 아닌 주변적 집단이 자유롭게 의견개진할 기회가 있다	(2) 집중면접집단에서는 한두 가지 주제만을 다루어야 하는 한계가 있다
(3) 특히 실천 · 정책과제를 다룰 때는 참가자들이 힘을 얻는 기분을 가질 수 있다	(3) 진행자가 무의식중에 참가자들의 자유롭고 개방적인 표현을 제한할 수 있다
(4) 표본조사를 할 때는 표본조사 자체에 대한 의견을 들을 기회가 된다	(4) 집단면접에서는 개인면접에 비해 참가자들이 제시하는 의견·생각에 한계가 있다
(5) 표본조사의 양적 자료에 대한 해석에 도움이 된다	(5) 집중면접집단법에서는 연구설계·절차 등에 대한 자세한 보고를 잘 하지 않는다
(6) 참가자들 사이에 서로 질의 · 응답으로 의견을 교환 · 설명할 수 있다	(6) 개인면접과 집중면접집단법의 맥락에서 생기는 차이를 연구자가 조정하는 데 한계가 있다

자료 : Neuman(2003 : 396).

225-228; Bogdan and Taylor, 1975 : 60-74; Burgess, 1982 : 191-194; Orenstein and Phillips, 1978 : 326-328; Whyte, 1982).

현지기록에 관련하여 제기할 수 있는 질문은

첫째, 무엇을 기록할 것인가, 즉 어떤 자료를 선택하여 기록할 것인가?

둘째, 무엇으로 어떻게 기록할 것인가?

셋째, 언제 기록할 것인가?

등이다.

1. 현지기록의 내용

물론 일반적인 수준에서 현지기록부가 담아야 할 내용이란 무슨 일이, 언제, 어떤 상황에서, 어떻게, 누구에게 일어났고, 누가 누구에게 무어라 말했으며, 어떤 외적 · 물리적 변화가 일어났는가 하는 것들을 보고 들은 대로 날마다 시간의 순서로 적어 놓는 것이 될 줄 안다. 그리고 이런 것들은 두말 할 나위

도 없이 연구자의 이론적 관심과 작업가설 또는 연구문제에 따라 선택하게 될 것이다. 다만, 편의상 몇 가지 범주로 나누어 생각해 봄직하다.

(1) 실질적 내용기록부

실제로 연구자가 수행하는 관찰 · 대화 · 면접 등에서 발생 · 수집하는 자료의 자세한 실질적 내용기록부(substantive field notes)가 있다. 여기 담긴 내용에는 다시 몇 가지 종류가 있다.

첫째, 사건의 계기에 대한 연속적 묘사(running descriptions)다. 어떤 일을 관찰했으면, 그 사건이 일어난 상황의 물리적 여건, 상황과 여건의 변화, 참가한 사람들의 명단 · 장소 · 시간, 듣고 본 것, 대화내용 등을 시간단위로 자세히 구체적으로 기록한다. 여기서 중요한 것은 보고 들은 것의 서술적 묘사지 평가가 아니다. 그 상황에 대해서는 주요한 요체를 적절히 포착 · 묘사해야 한다.

사람들의 복장 · 장식 · 외모 같은 것도 세심하게 묘사하고, 대화에서 쓰는 몸짓, 비언어적 의사소통, 목소리의 격조, 말의 속도 및 일반적인 말투 같은 것도 포착하도록 한다. 가끔 관찰자나 면접자가 알아듣지 못하는 말이나 대화도 캐어 물을 기회가 없을 때는 그대로 적어 놓으면, 후에 알아 낼 수가 있거나 자연히 이해하게 된다. 때로는 지도 같은 것을 그려서 상황의 지리적 배치 · 변동 · 이동 등을 기록한다.

둘째, 현장에서는 중요하다고 판단했으나, 기록할 때에는 잊어버렸다가 후에 기억해 내는 일들과 대화 등이 있을 수 있다. 이런 내용은 일어난 당시의 시간 · 여건 등을 기억한 날의 기록부에다 기록하도록 한다.

셋째, 관찰자 또는 면접자의 개인적인 느낌 · 인상 · 평가와 판단 · 해석 · 선입관 · 의견뿐 아니라, 자신의 행위와 언사까지도 기록해 둔다. 현지연구란 연구자와 대상자들 간의 갖가지 인간관계를 내재적으로 생성시키는 과정이므로 연구자 자신의 행동 · 생각과 느낌의 변화가 그 관계에 영향을 미치게 마련이다. 그리고 앞서 서술과 평가, 단순한 묘사와 느낌 등의 구별이 필요하다는 점을 지적한 바 있다.

넷째, 앞으로 해야 할 일, 관찰 · 면접하기로 계획 · 예정해 둔 사람들에 대한 기록도 날마다 남겨 둔다. 그리하여 매일 하기로 한 일을 완수했는지 확인할 수도 있다.

(2) 방법론적 기록부

대부분의 사회조사연구에 대한 보고서에는 현지작업의 전과정에서 연구자가 활용한 방법과 기법, 당면했던 절차와 방법상의 문제점 등에 관한 기록을 자세히 담지 않는다. 그나마 현지연구를 실시한 학자들 가운데는 일부 일기나 개인서신형식으로, 아주 드물게는 의식적으로 현지기록부에다 방법론적 현지기록(methodological field notes)을 남기고 있다.

물론 내용기록부에도 이런 종류의 기록을 할 수 있지만, 가능하면 별도로 방법론기록을 마련하는 것이 바람직하다. 여기에는 어떤 상황에서 어떻게 자료수집을 했는지를 자세히 기록하게 될 것이다. 자신이 현지에서 수행한 갖가지 사회적 역할들, 제보자나 피관찰자의 선정절차, 이들과 형성하게 된 관계, 그리고 연구과정에서 한 인간으로서 가졌던 여러 가지 감정적 상태의 변화 같은 것을 포함한 자아분석도 포함한다. 이런 것은 후에 비슷한 연구를 하려는 사람들에게 큰 시사가 될 수 있다.

(3) 분석적 현지기록부

현지연구과정에서는 단순히 관찰만 하는 게 아니라, 끊임없이 이론적 성찰을 한다고 했다. 그러므로 현지기록부 중에는 분석적 현지기록부(analytic field notes)를 따로 두어서 연구의 시작에서 품었던 이론적 가설 · 연구문제 · 문제의식 · 분석의 틀 같은 것을 기록해 둔다. 그리고 진행해 가는 과정에서 이와 같은 생각들이 스스로 전개 · 변화해 가는 대로 기록하여 마지막 분석을 위한 기초를 닦아 둔다. 인과적 추리도 해 본 것이 있으면 적어 두고, 자료를 정리하고, 조직하고, 분류하는 보기도 생각나는 대로 시도해 본 대로 기록한다. 혹은 앞으로 작성할 보고서의 목차와 미래 현지연구의 계획 같은 것도 담아 놓을 수 있다.

다만, 이와 같은 분석적 · 이론적 생각들은 역시 실질적인 내용의 서술적 묘사와 엄격히 구별하는 게 중요하다.

2. 현지기록의 절차와 형식

현지기록의 구체적 방법으로는 ① 녹음기사용, ② 면접이나 관찰도중에 기록하는 길, ③ 그리고 관찰과 면접이 끝난 다음 따로 기록하는 방법 등이 있다.

요즘은 녹음기 · 사진기 · 녹화기, 심지어 간편한 휴대전화 등 기록을 위한 기계들이 발달했기 때문에 현지연구도 이런 기재들을 이용하여 기록할 수가 있다. 원칙적으로 상황이 허용하는 한 기계의 사용은 무관하다. 그러나 기계를 쓰면 특히 녹음기 같은 것은 기계값은 얼마 안 되겠지만, 기록을 풀어 적는 데 인건비와 시간이 걸린다는 실질적인 요인을 우선 감안해야 한다.

물론 더 중요한 것은 녹음기를 가져다 놓았을 때 응답자나 피관찰자가 어색해 하고, 형식적이 되며 제대로 솔직한 행동 · 언동을 하지 않을 수가 있다는 점이다. 아주 친숙해져서 본인의 양해 아래 녹음 · 녹화를 할 수는 있겠으나, 그것을 '의식'하는 한 관찰이나 면접의 '자연스러움'에는 손상이 간다. 그래서 기계를 감추고 몰래 녹음하는 수가 있으나, 이는 속임수라는 윤리적인 문제가 개입하는 데다 언젠가는 누가 알아 차리게 되면 현지연구 전체를 망쳐 버릴지도 모른다. 따라서 사진기나 녹음 · 녹화기의 사용은 어디까지나 보조기능에 한정시키고, 연구자가 직접 기록하는 것이 가장 현명하다.

기록을 하되 언제, 어떻게 하느냐가 다음 문제인데, 관찰 · 면접 도중에 기록하는 방법은 역시 한정된 범위 내에서 사용할 것을 권하는 게 보통이다.

첫째, 관찰 · 면접 진행중에 연구자가 기록을 하면 형식적 관계를 조장하여 제보자나 피관찰자가 꺼리게 되고, 정보를 제공하는 데 주저하게 될 수 있다. 물론 어떤 이들은 자기가 응답을 해도 전혀 받아 적는 기색이 없으면 서운하게 생각하든지, 자신의 발언이 중요하지 않아서 그런가 하고 불안해지는 수도 없지 않다.

둘째, 현장기록은 연구자에게도 영향을 미친다. 계속 주목을 하면서 귀담아 듣고 주의해 보아야 하는데, 기록에 정신이 팔리다 보면 중요한 대목을 놓치는 수가 있고, 관찰이나 면접과정이 순탄한 흐름을 잃게 된다. 더구나 심층면접에서는 면접자가 계속 적극적으로 질문을 던지고 자극을 제공해야 하는 위치에 있다는 것도 기억할 만하다.

물론 현장기록에도 장점은 있다. 사람의 지각과 기억에 한계가 있기 때문에 중요한 것, 사소한 세부사항 등은 현장에서 즉각 기록하는 게 유리하다. 그리고 관찰상황 가운데는 회의같이 참석자 자신들이 기록을 하는 수가 있으므로, 그런 때는 관찰자도 함께 기록을 열심히 하는 게 무방하다. 그러나 일반적으로 현장의 즉시기록은 최소한으로 한정시키는 게 원칙이다.

그래서 현지기록행위의 유형을 다음의 세 가지로 분류해 보는 것도 유용하다.

첫째, 정신적 기록(mental notes)이다. 처음 어떤 상황에 다다르면 우선 그 상황에 대한 전반적인 인상부터 빨리 포착하고, 누구를, 어떻게 관찰 · 면담할 것인가, 어떻게 상황을 묘사할 것인가 하는 것들을 마음 속으로 미리 준비해 두도록 한다. 정신적인 오리엔테이션인 셈이다.

둘째, 약식기록(jotted notes)이다. 관찰이나 면접도중에 아무래도 놓쳐서는 곤란하다 싶은 것은 수시로 적어 둘 수밖에 없다. 그러나 본대로 들은 대로 상세하게 기록하는 것이 아니라, 주요한 것들만 낙서하듯 한두 마디로 요약하는 방식을 택해야 한다. 물론 그러한 약식기록은 뒤에 회상하는 과정에서 왜곡이 일어날 가능성을 배제할 수 없지만, 앞서 살펴본 대로 현장즉시기록은 더 큰 지장을 가져온다는 점 때문에 최선을 다할 따름이다.

셋째, 본격적 현지기록(the full field notes)이다. 하루 또는 한 토막의 관찰이나 면접이 끝나면, 그 기록을 되도록 완벽하게 남겨야 한다. 이제 본격적 현지기록을 작성하는 데 있어서 현장을 회상 · 기억하고 기록하는 요령과 유의사항을 몇 가지 소개한다(Neuman, 2003. 384; Rubin and Babbie, 2008 : 448-452).

1) 매번 현지로 방문할 때마다 별도페이지에 따로 기록한다.

2) 정확한 기억을 할 수 있는 한계를 생각해서 너무 한 가지에 오래 머물지 말고 충분한 관찰 · 면접이 끝났다고 생각될 즈음에 현장을 물러나는 것이 현명하다.

3) 관찰 · 면접을 끝내는 즉시 잠시도 지체말고 기록에 들어간다. 기록은 한 토막의 관찰 · 면접을 마친 즉시 하는 것이 가장 바람직하나, 이것이 불가능하면(예약이 있다든지, 새로운 사건이 연속 일어났다든지 하는 등), 하루의 일과가 끝난 직후 기록한다. 가능하면 관찰(면접) 직후 다른 사람과 대화하기 전에 기록부터 마치도록 한다. 또한 기억하기 좋게 약자 · 개요 등을 적절히 활용한다.

4) 연구상황의 공간적 · 물리적 특성을 그림으로 그려 보고, 그 속에서 일어난 사건, 자신의 움직임 등을 하나씩 정리해 보는 일부터 시작함으로써 기억을 되살리는 데 도움이 될 수도 있다.

5) 사건의 기록은 일어난 순서대로 하고, 사건의 지속시간도 기록한다.

6) 연구대상자가 쓰는 말에서 특히 주요한 전략적인 용어나 숙어 같은 것이 있는지를 주의해 둠으로써 기억을 촉진시키는 데 도움이 되도록 한다. 때로는 이런 단어들을 약식기록으로 가지고 있다가 풀어 쓰도록 한다. 중요하지 않아 보이는 잡담 등도 반드시 기록한다.

7) 대화의 처음과 마지막을 잘 기억하도록 한다. 대화의 흐름을 회상하는 데 유용하다.

8) 기록은 가능한 범위 내에서 구체적이고 자세하게, 또 사람들이 한 말은 기억할 수 있는 한 말한 그대로(verbatim) 기록하는 것을 원칙으로 한다. 이런 대화의 내용은 따옴표로써 따로 표시한다.

9) 연구자 자신의 느낌이 가는 대로 자연스럽게 신속히 기록한다.

10) 연구자 자신이 사용한 단어, 한 행동 등과 느낀 감정, 사적인 생각 등을 따로 기록한다.

11) 사물이나 사건, 인물의 묘사에 평가적 · 가치판단적 용어는 삼가야 한다.

12) 요즘은 기계가 흔해서 녹음기 같은 데다 말로 기록해 두는 수도 있으나, 역시 문서로 기록하는 것이 유리하다.

13) 기록부는 반드시 두 부 이상 복사하여 따로 보관하고, 여부는 여러 모로 수정 · 보완할 때 잘라 붙이기도 하고, 메모도 하는 등 활용한다.

14) 기록부에는 표지를 두고, 날짜 · 시간 · 장소 등을 적어 둔다. 페이지도 매기고, 여백을 넉넉히 두어 각종 보충기록을 적어 넣을 수 있도록 한다.

15) 문장과 단락을 적절히 배열하여 관찰이나 면접의 단위를 구분할 수 있도록 한다.

16) 기록부에는 찾아보기(색인)를 붙여 수시로 다시 원자료를 참조하는 데 편리하도록 한다.

17) 그 날의 현지기록을 끝내기 전에 다른 누구와도 그 날의 경험을 논의하지 않는 게 좋다. 기억에 왜곡을 가져오기 쉽다.

제 5 절 현지연구의 자료분석과 보고

현지연구법의 성격상 자료의 분석은 어느 한 특정단계에서만 이루어지는 것이 아니라, 전과정에 걸쳐 계속하는 것임을 누누히 지적하였다. 그러나 일단 자료를 기록한 단계에서 좀더 철저한 분석을 시도하게 되는 것은 자연스러운 처사다. 여기서는 그러한 관점에서 현지자료의 처리와 분석 및 보고에 관하여 살펴보기로 한다.

Ⅰ. 현지연구의 자료처리

현지연구법이 질적 연구의 대표적인 방법이므로, 거기서 얻는 자료의 처리와 분석절차도 질적 접근을 위주로 할 수밖에 없다. 물론 부분적으로 양적 자료를 활용하고, 따라서 양적 분석을 곁들일 수도 있기는 하지만, 그것은 어디까지나 부수적인 절차다.

질적 자료의 처리란 결국 자료철(files)의 마련 정도에 한정된다. 자료철의 마련이란 쉽게 말해서 관찰과 면접에서 얻은 현지기록부에 실린 자료들을 물리적으로 저장하고 정리 · 분류하며, 쉽사리 찾아 볼 수 있도록 조직하는 절차를 뜻한다. 여기에 두 부 이상의 복사기록을 갖는 것이 얼마나 유용한지가 드러난다. 분류와 저장의 원칙을 다양하게 함으로써 이용에 편익을 도모할 수 있기 때문이다(Babbie, 1975 : 213-217).

1. 자료철의 종류

두말 할 나위도 없이 자료철의 가장 중요한 원칙은 그것들을 자료분석에 유용한 모습으로 분류 · 저장한다는 것이고, 그 분석은 이론이나 가설, 연구문제의 영향을 받을 것이다. 그러나 자료철의 종류는 관례상 몇 가지로 나눌 수 있다(Lofland, 1971).

첫째, 평범한 자료철(mundane files)이다. 여기에는 회사나 기관에서 자료를 분류하여 철할 때처럼 사람 · 장소 · 시간 · 조직체 · 문서 등의 범주에 따라 자료검색(retrieval)이 용이하도록 자료를 정리한다.

둘째, 분석적 자료철이다. 이것은 이론적인 의미가 있는 분석적 범주들에 따라 자료를 분류 · 철하는 방법이다. 물론 이런 범주는 이론의 성격에 따라 다를 것이고, 또 연구를 진행하는 과정에 계속 수정하고 조정하면서 새로운 철을 마련해 갈 수도 있다.

셋째, 현지작업철(field work files)도 있는 것이 유익하다. 연구의 방법론적인 기록들을 여기에 철해 두고 수시로 참고함으로써 연구과정을 더욱 활성

화 · 세련화시킬 수 있다.

2. 자료철 마련에 유의할 점

첫째, 자료철을 언제, 얼마나 자주 정기적으로 마련하는지는 현지연구자가 상황여건에 따라 결정할 일이다. 그러나 일상적인 평범한 철은 되도록 매일 마련하고, 분석적인 철은 좋은 생각이 떠오른다든지 새로운 자료를 발견한다든지 하는 계기가 있을 때 만들 수 있다.

둘째, 모든 기록을 자료철에 담을 것인가 하는 쟁점이 있다. 사실 분석의 틀을 만들어 놓고 보면 쓸모없는 기록들도 수두룩할 것이고, 때로는 같은 내용의 반복이 많을 수도 있다. 이런 때에 별다른 원칙이란 없고, 평범한 자료철은 있는 대로 다 마련하되 분석적인 철은 좀 선별적으로 작성할 필요가 있을 것이다.

셋째, 아주 실질적으로 자료철을 장만하더라도 반드시 기록부부본이나 원본 한 부는 건드리지 말고 원상대로 보관하도록 하는 게 좋다. 그리고 나머지는 가위로 자르든, 서로 바꿔치기 하든 갖가지 방법으로 철하여 분류할 것이다.

Ⅱ. 현지자료의 분석

자료분석은 결국 이론적인 틀과 밀접한 연관 아래 진행시키는 작업이다. 그러나 현지연구법에서는 이론적인 틀 자체가 상당히 유동적이고, 연구의 전개과정에서 필요하면 수정 · 보완을 겪기도 하는 것이므로 분석도 그처럼 유동적일 수밖에 없다. 따라서 자료의 분석은 곧 일부 자료의 처리과정을 유도하기도 하고, 그것을 전제하기도 한다. 예컨대 부호화 같은 것은 여느 양적 접근에서라면 자료수집 후의 첫단계 작업으로 자료처리의 한 과정이다. 그러나 현지연구에서는 부호화가 자료분석의 일부로서 이루어진다. 이제 그 분석의 일반적 과정을 살펴본다(Bogdan and Taylor, 1975 : 80-94; Burgess, 1982 : 235-238; Bailey, 1978 : 229-231; Babbie, 1975 : 217-219).

1. 현지자료분석의 절차

첫째, 원칙적으로 질적 자료분석의 과정에서는 이론적인 주제의 발견과 가설의 생산 · 형성을 동시에 진행하기 때문에, 자료를 가능한 모든 측면에서 자세히 검토할 필요가 있다. 그래서 현지기록부를 다시 정독하면서 무슨 생각이 떠오르고, 어떤 이론이나 가설이 드러나는지 살핀다.

둘째, 현지기록부를 읽으면서 주요 주제들이나 현상들이 부각되기 시작하면, 그것들을 분류하기 위한 부호화의 틀을 마련한다. 부호화의 일반적 요령대로(제18장) 일정한 문자나 숫자를 부호로 써서 자료를 체계적으로 분류할 수 있도록 한다.

셋째, 분류체계(taxonomy) 또는 유형틀(typology)의 구성을 시도한다. 질적 분석의 기초는 우선 유사한 사례들과 상이한 것들을 분류하는 일이다. 그러한 분류에 입각하여 현상들의 유형을 체계적으로 구성한다. 이를 테면 비행소년들의 종류와 유형을 정립한다면, 실지현지경험 없이는 아마 불가능할 것이다. 공식적인 법률적 분류체계로 현지의 생생한 사회과정을 이해하지 못할 것이기 때문이다.

넷째, 전문분야의 문헌들을 참조하여 이론적 시각을 정교화하면서 자료와 연결짓는다. 여기에 관련해서는 앞서 분석적 귀납법을 소개하였고, 좀더 구체적인 보기는 〈참고자료 14-8〉을 참조하면 좋을 것이다.

〈참고자료 14-8〉 현지자료를 해석하는 두 가지 이론적 관점의 보기

1. 상징적 상호작용론의 이론적 질문
   "조사대상자들은 자기네의 상황과, 그 상황의 여러 측면과, 그리고 자신들을 어떻게 규정하는가?"
   "그러한 상황규정이 전개하고 변하는 과정은 어떤 것인가?"
   "상이한 성원들이 내리는 상이한 상황규정들간의 관계는 어떤 것인가?" (갈등과 합의의 분석에 유용)
   "행위자의 전망과 그들의 행동 사이에는 어떤 관계가 있는가?"
2. 민속방법론의 이론적 질문
   "상이한 행위의 추상적 의미는 무엇인가?"
   "특정상황에서 상이한 행위의 특정한 의미는 무엇인가?"
   "행위자들이 지니고 있는 상식적인 가정들은 어떤 것인가?"
   "행위자들은 어떻게 자기네의 행위를 설명 또는 해명하는가?"

자료 : Bogdan and Taylor(1975 : 85).

2. 현지자료분석에서 고려할 점

일정한 가설을 가지고 질적 자료에 임할 때는 적어도 다음과 같은 점들에 유의할 필요가 있다(Bogdan and Taylor, 1975 : 86-91; Orenstein and Phillips, 1978 : 370-371).

첫째, 자료가 가설을 지지해 주는지를 검토한다. 부호화한 자료들을 가설을 지지하는 항목들과 그렇지 못한 항목들로 나누어 비교한다. 특히 가설을 지지하지 않는 항목들 또는 범주의 자료들을 유심히 검토해 볼 필요가 있다. 현지자료에는 이처럼 일관성이 없고, 상호모순되는 자료가 있다고 말했었다.

둘째, 자료의 성격으로 보아 연구자가 의도적으로 유도해 낸 진술들인지, 아니면 자발적으로 발언한 것인지를 검토한다. 만일 가설을 지지하는 항목들이 공교롭게도 유도에 의해 응답한 내용으로만 범주화되어 있다면, 가설을 조정하고 자료를 재검토할 필요가 생긴다. 자발적 언명과 유도에 따라 한 진술의 의미를 다시 살펴보아야 한다.

셋째, 관찰이나 면접상황에 대한 연구자의 영향도 고려하면서 분석하는 것이 좋겠다. 그래서 자료분석시에 연구자가 아래에 예시한 어떤 역할을 수행하고 있었던 단계에 수집한 자료들인가에 따라 재분류해 놓고 검토할 필요가 있다. ① 국외자 · 이방인, ② 빈번한 방문객, ③ 무관한 참여자, ④ 연구대상자의 일원으로 완전히 용납받은 참여자 등의 관찰자의 역할이 변천한다는 것을 이미 밝힌 바 있음을 상기하면 된다.

넷째, 주위에 다른 사람이 있었는지, 어떤 사람이었는지, 어떤 영향을 미쳤는지에 따라 자료를 분류해 보는 것도 유용하다.

다섯째, 직접적 증거인지, 간접적 추리로써 가설을 지지 · 거부하는 증거인지를 가려서 분석한다.

여섯째, 연구대상자의 종류에 따라 의견과 행동이 다를 수 있는데, 일반화해서 가설을 검증하는 수가 있다. 가능하면 제보자들의 유형에 따라 차이가 나는지를 검토한다.

일곱째, 사람들이 진실을 말해 주었는가? 하는 질문도 염두에 둘 필요가 있다. 물론 그것은 다른 자료로써 간접적으로 확인해 보는 방법이 없지는 않다. 그러나 주목할 것은 제보자의 진술이란 그의 인지적 · 정서적 반응에 의해

수정 · 여과된 것이며, 그의 개인적인 특이한 언어습관에 따라 표현한 자신의 지각을 표상할 따름이라는 점이다.

Ⅲ. 현지자료의 보고

표본조사나 실험연구와는 달리 현지연구는 소수의 소규모 대상단위에 대한 비교적 세밀한 관찰에서 얻은 자료를 보고해야 한다. 여기에는 기술적인 문제말고도 윤리적인 쟁점이 깃들어 있어서 상당한 주의를 요한다(Burgess, 1982 : 237; Orenstein and Phillips, 1978 : 367-374; Bogdan and Taylor, 1975 : 141-145).

질적인 자료를 다루는 현지연구의 보고서는 아무래도 서술적인 묘사가 큰 부분을 차지할 것이다. 그러나 때에 따라서는 이론적인 분석과 해석도 수반하는 보고서를 만들 수도 있다. 서술적인 것도 자료의 체계적 조직과 표현의 세련화를 거치겠지만, 그 목적이 순전히 어떤 사회적 상황의 일상적인 상호작용과 사회적 과정에 대한 감수성을 높이는 수준에서 아무런 해석 없이 자료를 제시할 수가 있다. 그런가 하면 좀더 분석적인 틀을 가지고 조직적으로 보고서를 작성하거나, 아예 상당히 일반적인 이론의 수준에서 자료를 요리하는 수도 있을 것이다.

여기에서는 간단히 무엇을, 어떻게 보고할 것인지에 대한 지침 몇 가지만 소개한다.

1. 보고내용

보고내용에는 다음과 같은 것들을 포함시키는 것이 좋겠다. ① 연구방법에 대한 자세한 해설, ② 연구의 시기와 기간, ③ 연구대상(상황 · 대상자)의 수와 성격, ④ 연구대상의 선정절차, ⑤ 연구자의 '준거틀', 즉 연구목적, 연구문제, 이론이나 가설, 연구과정에서 이것들의 변천 등, ⑥ 연구자와 피연구자 사이의 관계, ⑦ 자료처리 및 분석방법 등이다. 요컨대 관심 있는 독자가 읽어 보아서 어떻게 연구를 수행하였는지를 알아야 그것을 평가할 수 있을 것이라는 점을 감안, 충분한 자료를 제시하도록 한다.

때로는 자료가 너무 많아서 감당하기 어렵다는 것이 현지연구의 한 특징이다. 그런 때는 대량의 원자료를 그대로 서술적으로만 제시하려 할 것이 아니라, 수량화시킬 수 있는 범위 안에서 자료를 요약하도록 애써 보고, 그에 대한 질적 분석의 보완을 하는 방법도 시도할 만하다.

그리고 현지연구보고로 말미암아 조사대상 지역 · 집단 · 개인들에게 해가 미치거나, 그들의 비밀스런 사생활이 만천하에 드러나는 일을 막을 길은 없다. 하지만 가능한 한 개인이나 집단이 직접적으로 드러나지 않도록 최선을 다하는 것이 연구자의 윤리적인 도리다. 물론 그러한 자료로 인하여 그 대상지역이나 집단에게 구체적인 이익이 돌아가는 수가 없는 것도 아니지만, 세심한 주의는 여전히 필요하다.

2. 보고형식

간단히 보고서작성요령을 예시한다.

첫째, 원고를 쓰기 전에 생각의 개관을 한번 종이에 옮겨 놓고, 그것을 가지고 한 동안 궁리해 보자.

둘째, 연구의 설계와 목적은 앞 부분에서 밝힌다.

셋째, 독자를 의식해서 자기가 선호하는 독자의 수준과 기호에 맞게 문체나 내용을 조절한다.

넷째, 문장은 간명하게, 뜻은 확실하게, 용어는 간단하고 직설적인 것을 써서 원고를 쓰는 게 좋을 것이다. 사회과학자들이 공연스레 어려운 말로 복잡하게 표현하는 수가 많아서 반성해 봄직하다.

다섯째, C. Wright Mills(1959)가 말했듯이 보기를 들지 않은 채 석장 이상 쓰지 않는 게 좋다. 특히 현지연구는 풍부한 현지기록을 원자료로 가지고 있다. 이를 적절히 활용할 일이다.

여섯째, 초고작성 후 잠시 유예기간을 두었다가 다시 쓰면, 쓸데없는 것들, 오도할 만한 내용들을 추려 낼 수 있다.

일곱째, 그리고 다른 동료나 친구들에게 원고를 읽혀서 의견을 듣도록 한다.

Ⅳ. 현지연구법의 타당도와 신뢰도

자료의 타당도와 신뢰도 문제는 여기 저기에서(특히 제17장) 별도로 취급하기 때문에 이 자리가 가장 적합하지는 않지만 간단히 현지연구법의 타당도와 신뢰도 문제에 언급하고, 다음 생활사연구로 넘어 가는 것이 좋겠다(Denzin, 1970 : 199-205; Orenstein and Phillips, 1978; Bailey, 1978 : 241-247, 그리고 본서 제17장 참조).

1. 외적 타당성의 문제

현지연구의 외적 타당성은 주로 대표성 내지 일반화가능성의 기준에서 문제삼는다. 대개 한 사례 또는 소수의 사례를 다루는 데서 오는 문제다. 그러나 통계적 대표성만이 대표성으로 인정받는 데에는 잘못이 있음을 인식해야 한다. 그뿐 아니라 현지연구법도 분석적 귀납의 방법으로 이 문제를 어느 정도는 해소할 수 있다. 그리고 연구대상사례가 그 범주의 현상을 다루는 데에는 '전형'이 될 수 있다는 것을 보여 줄 수만 있으면 족하다.

2. 내적 타당성의 문제

첫째, 역사요인이 분명히 작용하는 것이 현지연구다. 그러나 현지연구는 여러 기법으로 역사적 변동을 추적할 수가 있다.

둘째, 연구대상자의 성숙의 요인도 현지연구에서는 작용하지만, 이 또한 자세한 기록으로 밝힐 수 있다.

셋째, 대상자의 편의도 있겠지만, 이것도 각자의 배경 · 특성 등을 자세히 기록함으로써 가려 낼 수 있다.

넷째, 연구대상자감퇴현상은 쉽사리 측정할 수 있다. 사망자 · 이주자 · 퇴직자 등은 곧 눈에 뜨일 것이고, 이에 대한 기록을 하면 된다.

다섯째, 관찰의 반작용효과가 문제인데, 이것은 신분을 숨기지 않는 한 현지연구의 상황에서는 피할 도리가 없다. 현지기록에 의해서 자아성찰적인 관찰효과를 밝힐 따름이다.

여섯째, 관찰자의 변화가 현지연구에서는 일어난다. 이것도 자아성찰적인 기록으로 주의하는 수밖에 없다.

일곱째, 상황의 역학이다. 말하자면 사회현상 자체가 일종의 실재구성의 과정인 데다 관찰 · 면접까지도 하나의 상호작용이므로, 상호주관적 세계의 상황 자체에 대한 세심한 주의가 필요하다.

3. 신뢰도의 문제

현지연구는 대체로 혼자 수행하는 방법이므로, 상당히 주관성이 강한 데다 상호교차검토할 상대가 없어서 신뢰도의 확인이 사실상 불가능하다. 다만, 모든 상황의 자세한 기록에 의해서 제3자가 연구자의 연구자세를 평가할 수밖에 없다. 따라서 연구방법에 대한 현지기록이 그만큼 중요하다.

제 6 절 생활사연구

현지연구법의 자료수집수단으로 주종을 이루는 것이 참여관찰이고, 그 다음으로 중요한 것이 심층면접이라면, 세 번째 기법이 생활사연구법(life histroy method)이다. 그런데 이 말과 중복하는 몇 가지 용어들이 있으므로, 이에 관한 해명을 하고 진행하는 것이 좋겠다.

우선 생활사라면 특정 개인 또는 집단의 역사니까 사례연구법(case study)을 떠올릴 수 있다. 다만, 사례연구는 과거 또는 역사만을 다루는 게 아니라 현재의 사례까지 다루므로 자칫하면 현지연구법과 혼동하기 쉽다. 또 심리학의 개인사례연구나 경영학 · 행정학의 교수법의 하나인 사례방법(case method) 또는 사회사업의 사례지도법 등으로 잘못 인식할 수 있다. 그래서 이 용어는 피하기로 한다.

생활사연구는 역사의 연구이므로 그것은 또 문헌연구법과도 중복이 있다. 그래서 이 장에서 현지연구법의 테두리 속에서 다루는 생활사연구도 제13장에서 이미 살펴본 문헌연구의 상당부분에 손대지 않을 수 없다. 그러나 생활사연구는 좀더 넓은 뜻으로 구비역사와 비조직적 면접의 기록까지도 포함할 수 있으므로 엄격한 문헌연구만은 아니다. 또한 다음 제15장에서 다루게 될 역사적 접근과도 혼용할 수가 있지만, 생활사는 주로 개인적인 문서를 많이 다루게 되며, 그 접근방법이 질적 분석에 국한시키는 게 특징이다(Bogdan and Taylor, 1975 : 96-100; Burgess, 1982 : 131-160; Denzin, 1970 : 219-259; Nachmias and Nachmias, 1976 : 128-130; Bailey, 1978 : 273-276; Schwartz and Jacobs, 1979 : 61-74).

Ⅰ. 생활사연구의 뜻과 내용

생활사연구란 한 개인, 한 집단, 한 조직체 또는 한 지역공동체의 경험과 그러한 경험을 스스로 해석하는 상황규정을 그들의 관점에서 연구하려는 방법이다(Denzin, 1970 : 220). 이러한 생활사연구의 재료는 개인이나 집합체의 주관적 행동에 대한 이해를 향상시켜 주는 것이면, 편지 · 자서전 · 신문기사 · 법정기록에 이르는 각종 문헌자료와 면접자의 자의적인 해석을 배제한 심층면접의 기록까지도 포함한다.

적어도 인식론적으로 말한다면, 생활사연구는 현지연구법의 일반적 가정과 마찬가지로 인간행위란 행위자 자신의 관점에서 연구하고 이해해야 한다는 전제 위에 성립한다. 따라서 생활사연구에서는 우선 연구대상자의 상황규정을 파악하게 해 주는 자료들부터 수집하고, 그 다음에 이러한 상황규정과 직접 관련 있는 다른 사람들의 전망도 연구함으로써 자료의 타당도를 높이고자 한다.

여기에서 생활사연구와 비슷하면서도 약간의 차이가 있는 삶의 경과(life passage) 또는 생애주기(life-cycle) 연구라는 것을 생각해 본다. 이런 종류의 연구는 사회의 요건에 초점을 두고, 사람들이 자녀들로 하여금 그 사회의 떳떳한 성원으로 자라게끔 사회화 · 문화화(enculturate)하는 과정을 생애의 주요 단계별로 보여 주는 일에 주력한다. 이에 비하여 생활사연구는 개인의 삶의 요건과 경험을 강조하여 개인이 어떻게 사회 속에서 삶을 꾸려 가는지를 연구한다(Mandelbaum, 1982 : 146).

그렇지만 생활사를 하나의 자연사로 보더라도 거기에는 세 가지 삶의 경과를 검토할 필요가 있다.

첫째는 개인의 생활사의 차원 또는 측면이다. 여기에는 ① 생물학적 성장 · 쇠퇴의 차원, ② 성장과정에 습득하는 문화적 차원, ③ 다른 사람들과 상호작용과정에서 개인의 지위와 역할이 변화해 가는 사회적 차원, ④ 그리고 개인내면의 주관적인 사회심리적 차원이 있다.

둘째는 삶의 진행과정에서 일어나는 주요 전환들과 그 사이의 삶의 조건들을 연구하게 된다. 일종의 삶의 주기 내지 단계적 전환점에 따른 변화인데, 그 때마다 새로운 역할, 자아정체, 문화의 재사회화가 일어난다.

셋째는 그러한 성장 · 전환 과정에서 개인이 겪어야 하는 끊임없는 적응이다(Mandelbaum, 1982 : 148-151).

덧붙여 고려할 수 있는 것은 생활사의 형태다. 여기에도 세 가지가 있다(Denzin, 1970 : 221-223).

첫째는 포괄적(complete) 생활사다. 연구대상자의 삶의 경험을 포괄적으로 취급하는 것으로 세 가지 내용을 담는다. ① 개인의 '자신의 삶의 이야기', ② 그가 반응하면서 살아가는 모습을 자신과 타인이 볼 수 있는 사회적 · 문화적 상황, ③ 그리고 그의 생애에서 일어난 과거경험과 나타난 상황의 계기적 변화가 그것이다.

둘째는 주제별 생활사다. 이것의 특징은 삶의 특정부분 내지 측면을 주제로 삼아 국한시켰다는 것 이외에는 위의 포괄적 생활사와 마찬가지라는 점이다.

넷째는 편집한(edited) 생활사다. 포괄적이든, 부분적이든 이 유형의 특색은 군데 군데 주인공 아닌 제3자의 의견진술 · 해명 · 질문 같은 것을 삽입한 생활사다. 이런 것은 특히 이론구성이나 가설검증의 목적으로 생활사를 연구할 적에 나타난다.

Ⅱ. 생활사연구의 자료

생활사연구의 자료는 주로 문헌자료이지만, 거기에도 1차 자료(primary sources)와 2차 자료(secondary sources)가 있다. 1차 자료란 연구대상자 · 주인공에 대한 직접적 언급이 있는 문서이고, 2차 자료란 특정개인보다는 그가 속한 일정한 범주 · 부류의 사람들에 대한 언급이든가, 제3자가 쓴 기록 같은 것들이다. 그리고 개인이 자신의 생활사에 대하여 스스로 마련한 문서가 개인의 사문서다. 그리하여 포괄적 생활사라면, 이런 모든 종류의 자료를 다 활용할 수 있다.

문헌자료의 일반적 분류에 관해서는 이미 제13장에서 공공자료와 개인문서가 있다는 것을 살펴보았으므로 자세한 해석을 피하고, 주로 개인기록 또는 사문서에 집중하기로 한다. 다만, 공공기록(public archival records)은 보험용 연구동태자료, 정치적 · 법률적 문서, 정부기록 및 대중매체가 있고, 이들은 주로 사회 전체 · 지역공동체 · 조직체 등의 생활사연구의 자료가 된다. 개인기록도 그 종류와 형태를 나누어 생각해 볼 수 있는데, 그것을 간략히 살펴본다.

개인기록 또는 사문서(personal documents, personal records, private records 또는 private archives)란 개인이 자신의 삶의 전부 또는 일부에 관하여 손수 기록하거나 남겨 놓은 문헌자료를 일컫는다. 따라서 이런 기록이 생활사연구의 가장 중요한 자료가 된다. 거기에는 질적 접근을 선호하는 사회과학자들의 관심사인 개인의 상황규정, 주관적 삶의 세계가 한층 더 생생하게 드러나기 때문이다(Bogdan and Taylor, 1975 : 96; Denzin, 1970 : 225).

1. 개인문서의 분류기준

개인문서 · 기록을 분류하는 데에도 여러 가지 기준이 있을 수 있다. 단순히 문서의 종류를 있는 대로 구분하는 방법도 있지만, 다음과 같은 기준에 따른 분류도 해 봄직하다.

첫째, 의식적으로 부탁하여 구해 내는 청탁(solicited) 자료와 본인이 자발적으로 작성한 비청탁(unsolicited) 문서가 있을 수 있다. 청탁문서에도 연구자가 연구의 목적으로 연구대상자에게 부탁하여 본인이 쓰는 자료와 연구자가 본인의 승낙을 받고 심층면접에 의해 얻어 내는 자료가 있다. 비청탁문서라 해도 개인이 순전히 사사로운 목적으로 작성한 것도 있고, 남이 보도록 하려는 의도로 만든 것이 있을 것이다. 여기서 주목할 것은 청탁문서자료에는 연구자에 대한 대상자의 반작용효과가 깃들 수 있다는 점이다.

둘째, 필자 또는 주인공의 동기에 따라 분류할 수 있다. 예컨대 자서전이라 해도 자아반성, 자기합리화, 영생의 의지, 타인에게 영향을 주려는 사명감 또는 재정적 이유 등 여러 가지 동기에서 쓸 수 있다. 그리고 그 동기나 이유에 따라 문서의 성격이 다를 수 있다는 점에 유의할 것이다.

셋째, 문서의 포괄성과 제한성의 구분이 가능하다. 이에 관해서는 앞에서 언급하였다.

넷째, 역시 위에서 지적한 대로 편집한 것인지, 원형 그대로인지도 주요 고려사항이 됨직하다.

다섯째, 익명인가, 필자의 이름을 밝힌 것인가 하는 분류가 있다. 만일 연구의 목적으로 연구자가 청탁한 문서라면, 본인의 허락이 없는 한 익명 또는 가명을 쓰는 게 좋을 것이다.

2. 개인문서의 구체적 종류

첫째, 생활사연구에서 가장 자주 활용하는 개인문서는 자서전(autobiography)이다. 자서전에도 순전히 자발적으로 쓴 것과 연구자의 청탁에 의해 쓴 것, 이미 출판한 것과 연구자가 새로 쓰게 해서 마련한 것 등의 유형이 있다. 그 내용이 포괄적인 것, 부분적인 것 또는 편집한 것 등으로 구분할 수도 있다. 위에서 살펴본 대로 자서전은 개인생활사의 '내면의 모습'을 제시한다는 점에서 가장 유익하지만, 쓴 사람의 동기와 상황을 잘 감안하여 분석해야 하고, 객관적 상황의 변화와 비교 · 검토하는 것도 중요하다.

둘째, 일기다. 특히 개인의 은밀한 일기야말로 개인의 사생활과 내면의 삶을 가장 여실히 드러내는 문서일 것이다. 대개 일기는 다른 목적으로 쓰는 일이 드물기 때문에, 개인의 신변경험과 그에 대한 필자의 성찰이 담겨 있다. 그리고 일기에는 본인이 중요하다고 간주하는 일들을 포함시키되, 자서전 · 편지 등 문서에서는 체면상 차마 언급하지 않을 내용도 싣는다. 일기의 형태로는 개인적인 은밀한 일기(intimate journal), 회상록(memoir) 또는 일지(log) 등이 있다.

은밀한 일기는 일반적인 일기의 성격말고도 고백적인 특성을 띠는 수가 있다. 회상록은 외신기자가 자신에게 일어난 사건들을 기록 · 철해 놓는 것처럼 약간의 객관성을 띠는 개인기록이다. 일지는 사건 · 회의 · 방문 · 여행 등 활동과 움직임의 일일기록이다. 회상록과 일지는 그 객관성 때문에 개인문서로서 의의는 줄어든다.

셋째, 서신 · 편지다. 편지의 특징은 교신이라는 관계적 요소에 있다. 쓰는 이와 받는 이가 반드시 있고, 그들의 관계가 어떤 모습으로든 드러나게 마련이다. 그리고 편지에는 쓰는 사람의 '사람됨'의 주 요소들이 나타나기도 한다. 이런 뜻에서 서신은 사회연구의 주요 자료로서 가치를 갖는다. 서신에도 여러 종류가 있다.

① 의례적(ceremonial) 서신으로 초대장 · 인사장 같은 것
② 친척 · 친지들에게 자기가 없는 사이 일어난 일들을 알리는 보고 내지 정보 제공용(informing) 서신
③ 감상적 편지는 개인간에, 가족성원들간에 정서적 유대를 강화하거나 감정

을 표출시키는 서신
④ 문학적 서한은 문인 · 식자들 사이에 나누는 서한이거나, 특별한 의식의 자리에서 음악 · 연극 대신 시를 읊기 위해 서신형식으로 쓰는 글
⑤ 사무적인 서신
⑥ 특수한 편지로서 유서, 특히 자살유서
⑦ 신문 같은 데 쓰는 공개서한

넷째, 기타 문서로서 어린이의 성장 · 발달 과정을 기록해 놓는 발달사기록(developmental records), 비망록 또는 메모 같은 간략한 의사전달용 문서, 학생 때에 선생님이 내어 준 과제로 쓴 작문 등이다.

다섯째, 비공식 · 비조직적 심층면접에 의해 개인 또는 조직체의 생활사를 작성해 놓은 기록이 있다.

3. 개인문서자료의 수집

개인문서는 그 성격상 매우 사적인 것이므로, 눈여겨 보면서 열심히 찾아다니지 않으면 구하기 어렵다. 그리고 어떤 곳에 무엇이 있을지를 알아 내기 위해서는 활발한 상상력도 필요하지만, 신문광고나 기타 사람들의 입으로 연줄을 타고 구하는 방법 등도 있다. 공식문서 같으면 각종 기록보관소를 찾으면 되지만, 개인문서는 이러한 노력을 기울여야 구할 수 있다.

물론 가끔 운좋게도 그런 종류의 문서를 가진 이가 손수 자진해서 제공하는 사례가 없지 않다. 그런가 하면 연구자가 심층면접 같은 방법으로 개인 정보를 얻어 내는 길도 있다.

4. 생애일대기면접

생활사연구에서는 문서자료 외에도 직접 면접에 의해 수집하는 방법도 있다. 이를 생애일대기면접(life-story interview)이라고 한다. 일종의 개인생애의 일대기 혹은 전기(biography)를 면접으로 재구성하는 접근법이다. 이 방법은 기존의 생활사문서가 내포할 수 있는 왜곡이나 편의를 줄이고, 피면접자 자신이 스스로의 과거에 대해 어떻게 이해하는지를 진솔하게 청취하여 파악하는 것이 주 목적이다. 그리하여 면접에 의해서 그 개인이 경험한 생애경로와 주기, 자아발달의 역정, 경험한 사건 등에 대한 기록을 재구성할 수 있게 한다. 실제

의 객관적인 역사를 파악하는 게 목적이 아니고 피면접자 자신이 기억하고 해석해서 재구성하는 자신의 역사를 그대로 기록하는 데 목적이 있으므로, 사실의 정확성보다는 얘기의 내용 자체가 중요하다. 여기에서는 생애일대기면접의 절차를 간략하게 소개한다(Neuman, 2003 : 392-393).

첫째, 우선 면접대상자(피면접자 · 정보제공자 · 응답자)의 과거와 관련한 배경에 대한 자료를 검토하고, 면접의 기술을 익힌다.

둘째, 그리고 응답자를 접촉하여 승낙을 얻어 낸다. 이 때 본인이 원하지 않는 한 익명 등 비밀보장을 약속한다.

셋째, 면접시행시에 녹음 또는 녹화 기록을 만든다.

넷째, 열린 질문으로 대화를 유도하는 게 주 목적이며, 어떤 응답도 강요하지 않는다.

다섯째, 질문자의 태도는 항상 성실하게 주목하여 관심을 보이고, 판단 같은 것은 유보한 자세로 상대방의 처지를 이해하고 지지하는 태도를 취한다.

여섯째, 다만, 기초적인 자료를 얻기 위해서는 일생의 이야기를 엮어 가는 격자(grid) 같은 것을 예시하는 접근을 할 필요가 있다. 가령 일상사 중 중요한 사건의 종류(이주 · 취업 · 취학 · 가족에게 일어난 사건), 일어난 시기 등을 물어보는 방식이다.

일곱째, 때로는 사진, 그림, 가정에서 볼 수 있는 가구 기타 집기 등을 실지로 보이고 예로 들면서 과거사를 기억해 내도록 도와 주기도 한다.

여덟째, 면접은 대개 60-90분 가량 소요하며, 이런 면접을 최소 2회에서 6회 정도까지 할 수 있다.

아홉째, 기록한 내용은 네 단계로 기록한다.

1) 각 녹음(녹화) 내용의 요약을 마련한다.

2) 최소한의 편집을 하되 대화내용을 되도록 생생하게 기록하고, 때로는 웃음 · 기침 등의 사소한 행동까지 놓치지 않고 포함한다.

3) 전체녹취내용을 재점검하여 필요한 편집과 재구성을 시도한다.

4) 응답자에게 녹취록을 보이고, 혹시 수정이나 정정이 필요하면 고치도록 한다.

열째, 응답자에게 면접참여에 대한 감사장을 전하고, 마지막 코멘트를 첨부하여 기록보존기관에 최종원고를 보낸다.

Ⅲ. 진실성의 문제

개인문서를 자료로 이용하고자 할 때 가장 주의해야 할 것은 문서 · 기록의 진실성 또는 진품 여부(authenticity)다. 여기에는 두 가지 측면이 있다(Nachmias and Nachmias, 1976 : 131).

첫째, 의도적으로 속이고 거짓 문서를 만드는 수가 있다. 돈이나 명예 등을 위해 위조작품을 만들 수 있다. 이런 때에 대처하는 절차로는 ① 저자가 진짜인지, 가짜인지를 확인해 보는 길, ② 기록한 날짜 · 시기와 문서 속에 언급한 날짜 · 시기 등을 다른 증거로써 대조 · 확인하는 방법이 있다.

둘째, 필자가 무의식중에 잘못 기록함으로써 생기는 수가 있다. 또 문서가 반드시 거짓이 아닐지라도 왜곡되어 있을 수도 있다. 예를 들면 자서전 · 일기 · 편지를 쓴 사람들의 기억에 한계나 문제가 있을지도 모른다. 상대방을 즐겁게 하기 위해 과장하는 수도 없지 않다. 특히 자서전이나 편지에서 그러하다. 그리고 당시 사회의 규범과 인습 때문에 일정한 정도 왜곡된 채 기록할 수도 있다.

이런 문서의 진실성을 확인하는 데까지는 해 보는 것을 권하는데, 이 때 염두에 둘 사항은 다음과 같은 것이 있다.

> 1) 저자(필자)가 어떤 말에서 무엇을 의미하고자 했던가? 글로 된 뜻이 아니라 참뜻이 무엇인가?
>
> 2) 글쓴이가 한 말에는 거짓이 없는가? 속여야 할 만큼 누구에 대한 동정심이나 반감을 가졌던가? 허영심이 작용하였을까? 여론의 영향을 받았을까?
>
> 3) 진술이 얼마나 정확한가? 정신상태에 결함이나 비정상적인 점이 있어서 관찰을 옳게 못한 것은 아닌가? 관찰시기와 장소에 문제가 있었던 것은 아닌가? 소홀하거나 무관심하지나 않았을까? 이런 질문을 하면서 검토해 보면 문서자료의 타당성을 확인하는 데 유익할 것이다.

그 밖에 개인문서자료의 타당성과 신뢰도 문제에 관한 유의사항은 앞서 제13장 문헌자료의 그것을 일반적인 기준으로 삼으면 족할 것이다. 그리고 개인기록자료의 처리 및 분석도 제13장과 관찰 · 면접기록의 질적 분석법 등에 준하도록 하고, 이 자리에서는 생략한다. 특히 유의할 것은 개인의 문헌자료를 질적으로 분석할 때에는 가능한 다른 자료들을 동원, 다원적 접근을 함으로써 그 유용성을 더욱 높일 수 있다는 점이다. 이 다원적 방법론은 곧 이어 제16장에서 해설한다.

주요 개념들

질적 연구법	현상학적 사회과학	상징적 상호작용론
민속방법론	해석적 사회과학	경험적 세계
일상적 삶의 세계	상호주관적 친숙도	통객관성
국외자적 접근	국내자적 접근	사례기술적 이론
현지연구법	민속연구법	민속지학
참여관찰	사례연구법	생활사연구
개인문서연구	현 지	이중주변인
개방성	비조직성	사건과 역사
분포와 빈도	규범과 규준	단위행위
활 동	의 미	참 여
관 계	상 황	탐색적 · 발견적 이론
분석적 귀납	증거에 기초한 이론	비체계적 이론
인과적 요인	연구주제	연구문제
선별적 인지	이동가능성	접근가능성
문지기	연구자역할	역할의 생애주기
역할협상	친근한 신뢰관계	냉담자
지도그리기	문제(위기)상황	이론적 표집
시간표집	유의표집	할당표집
'눈덩이'(누적적) 표집	전략적 제보자	예기치 않던 수확사건표집
적극적 · 소극적 참여자	시간제참여자	연구참여자
완전참여자	토착화	관찰자적 참여자
참여자적 관찰자	완전관찰자	대 화

비조사표형 비표준화	비조직적 비유도면접	면접지침
투사법	집중면접집단	현지기록작업
현지기록부	내용기록부	연속적 묘사
방법론적 기록부	분석적 현지기록부	인과적 추리
정신적 기록	약식기록	본격적 현지기록
자료철	평범한 자료철	분석적 자료철
현지작업철	부호화	분류체계
유 형	유도해 낸 진술	이방인
빈번한 방문객	무관한 참여자	완전한 용납
연구자의 준거틀	외적 타당성	대표성(일반화가능성)
내적 타당성	반작용효과	신뢰도
상황규정	삶의 경과	생애주기
생활사의 차원	전 환	적 응
포괄적 생활사	주제별 생활사	편집한 생활사
사문서	개인기록	청탁자료
비청탁자료	자서전	일 기
회상록	일 지	서 신
발달사기록	메모(비망록)	생애일대기면접
진품 여부		

생각해 볼 문제들

1. 질적 접근법의 뜻을 새겨 보자.
2. 현지연구법의 뜻과 대상 및 내용을 토론해 보자.
3. 현지연구법은 이론적으로 어떤 의미가 있는지를 따져 보자.
4. 현지연구법의 절차를 실제 경험자들과 토의해 보자.
5. 참여관찰의 중요성과 한계를 생각해 보자.
6. 심층면접법의 요령과 절차를 실습을 통해 익혀 보자.
7. 관찰과 면접의 기록은 어떻게 할지를 토의해 보자.
8. 현지연구법의 타당성과 신뢰도 문제를 논의해 보자.
9. 생활사연구의 의의나 자료를 살펴보자.
10. 현지연구법과 다른 양적 자료수집법의 장·단점을 비교해 보자.

제15장 역사적 접근과 비교연구

제 1 절 일반적 개관

본래 19세기에 사회과학이 발생하여 20세기 초에 이르는 시기 Comte·Marx는 물론 Durkheim · Weber 등 대표적인 학자들은 역사적 접근과 비교연구를 적극적으로 활용하여 연구에 임하였다. 그러다가 실증주의 사회과학이 주류로 자리잡게 되는 20세기 중엽을 전후하여 주로 경험적 연구에 몰두하는 사회과학자들이 압도적으로 증가함에 따라 역사적 비교연구는 상대적으로 소홀해질 수밖에 없었다. 그러나 1970년대를 기점으로 실증주의적 표준과학관을 비판하는 기풍이 고개를 들기 시작하면서, 이제는 역사적 접근뿐 아니라 세계의 다른 나라와 비교하는 연구의 비중이 부쩍 늘어나게 되었다(Collins, 1986).

사실 사회과학적 연구는 시간적으로 일정기간에 걸친 종단적(longitudinal) 접근이 있는가 하면, 동 시대에 여러 사회 또는 사회적 단위나 측면을 비교하는 횡단적(horizontal) 연구가 있다. 이들은 국가간(cross-country, cross-national) · 사회간(cross-societal) · 문화간(cross-cultural) · 체제간(cross-systemic) · 제도간(cross-institutional) 접근 혹은 초국가적(trans-national) · 초사회적(trans-societal) · 초문화적(trans-cultual) 접근의 형식을 띤다. 이 두 가지가 모두 가능하다면, 가장 이상적이라 할 수 있다. 방법론상으로 보면 이 두 가지 접근은 양적 자료와 질적 자료를 두루 두루 활용할 수 있는 장점을 지니기 때문이다. 그러므로 구체적인 연구기법에서는 본서에서 다루어 온 여러 방법들을 필요에 따라 적절하게 이용하면 된다고 하겠다. 그럼에도 불구하고 역사적 연구(historical study)나 비교연구(comparative research, comparative study)는 그 나름의 논리와 기법들을 활용하는 면이 있으므로, 여기서는 그것을 간추려 정리하려고 한다.

우선 이 두 가지 연구법에서는 역시 대체로 거시적인 연구문제들에 관심이 있다. 가령 주요 사회변동은 어떻게 일어났는가? 대부분의 사회에서 공통하게 발견할 수 있는 근본적인 특성들은 어떤 것이 있는가? 현존하는 사회적 제도나 조직은 왜 사회마다 상이한 모습을 띠게 되었는가?

그래서 이런 연구에서는 다음과 같은 주제가 적합하다고 볼 수 있다(Neuman, 2003 : 404).

① 특정한 사건과 같은 사회적 결과를 초래하는 사회적 요인의 조합에 대한 검토
② 장기적 사회변동의 연구
③ 사회들 사이의 유사점과 차이점의 비교
④ 기존 이론을 특정사례에 적용하여 그 유용성점검
⑤ 다양한 사회적 요인과 집단들 사이의 연관성탐색
⑥ 같은 사회적 과정과 개념을 상이한 역사적 · 문화적 맥락에서 비교
⑦ 기존 자료의 재해석이나 기존 설명의 재검토
⑧ 개념형성과 이론구성의 강화

다만, 한 가지 미리 언급할 것은 역사연구와 비교연구를 하려면 과거와 현재의 다른 시대, 다른 사회에 대한 최소한의 기초적인 지식을 요한다는 점이다. 그런 배경지식이 부족할 때는 이와 같은 연구를 하기도 어렵고, 이 방면의 연구성과물을 이해하기도 어렵다고 할 것이다.

제 2 절 역사적 접근과 비교연구의 논리와 과정

Ⅰ. 역사적 접근과 비교연구의 특징

대개 사회연구는 현재 시점에서 한 사회의 연구에 집중하는 것이 보통이다. 이에 비해 역사적 접근과 비교연구(역사-비교연구)의 특이한 성격을 이해하기 위해서는 다음의 세 가지 차원에서 사회연구의 접근들을 분류 · 비교하는 것이 유용하다.

〈표 15-1〉 역사적 접근과 비교연구의 가능한 유형

시간차원 및 자료의 특징	비교하는 사회의 수		
	한 사회	*소수의 사회*	*다수의 사회*
과거 일회 연구			
양적 자료	1	2	3
질적 자료	4	5	6
통시적 연구			
양적 자료	7	8	9
질적 자료	10	11	12
현재의 연구			
양적 자료	13	14	15
질적 자료	16	17	18

자료 : Neuman(2003 : 406).

① 연구대상사회의 많고 적음의 차원
② 시간적 차원(과거, 현재 또는 통시적 연구)
③ 양적 · 질적 자료의 활용차원

이 세 가지 차원을 상호교차한 표를 만들면 〈표 15-1〉과 같은 유형들이 나온다.

이 〈표 15-1〉에서 보듯이 논리적으로는 18가지 유형이 가능하지만, 실제로는 지금까지 사회연구에서 주로 채택한 접근은 회색선 안에 따로 표시한 유형들로 한정된다. 가령 양적 자료를 가지고 여러 사회를 연구하는 예는 주로 현재에 국한하고, 통시적 연구에서는 소수의 사회를 비교하는 보기가 있으나, 과거의 여러 사회를 연구하는 예는 아직 별로 없는 편이다. 질적 자료를 쓰는 연구로서는 많은 사회를 비교하기가 매우 어렵다고 할 수 있으므로, 역시 과거 · 현재 · 통시적 차원에서 대개 한 사회나 소수의 사회에 한정되는 경향이 있다.

이 〈표 15-1〉의 18가지 중 따로 분류한 11가지의 유형을 요약하면 아래와 같다.

유형 (1) : 한 사회의 과거 1회 시점에서 양적 자료연구
유형 (4) : 한 사회의 과거 1회 시점에서 질적 자료연구

유형 (5) : 소수사회의 과거 1회 시점에서 질적 자료연구
유형 (7) : 한 사회의 통시적 연구로서 양적 자료분석
유형 (8) : 소수사회의 통시적 연구로서 양적 자료분석
유형 (10) : 한 사회의 통시적 연구로서 질적 자료분석
유형 (11) : 소수사회의 통시적 연구로서 질적 자료분석
유형 (13) : 한 사회의 현재시점에서 양적 자료연구
유형 (14) : 소수사회의 현재시점에서 양적 자료연구
유형 (15) : 다수사회의 현재시점에서 양적 자료연구
유형 (16) : 한 사회의 현재시점에서 질적 자료연구

이러한 역사연구와 비교연구의 성향을 이해하기 위해서는 그러한 연구들의 특성을 파악할 필요가 있는데, 이에 대한 긴 설명은 생략하고 〈표 15-2〉와 〈표 15-3〉에다 그 내용을 요약해서 소개하는 것으로 만족하고자 한다.

다만, 역사연구를 언급하면서 반드시 지적할 사항이 한 가지 있는데, 이는 소위 아날학파(Annales school)다. 이는 Fernand Braudel을 위시한 일군의 프랑스 역사학자들이 1929년에 창간한 「경제, 사회, 문명 연보」*(Annales : Economies, Societes, Civilisations)*에서 유래한 이름이다. 이들의 학문적 지향에 관해서는 다음과 같이 요약할 수 있다(Neuman, 2003 : 412).

1) 종합적 · 총체적 · 학제적 접근이 특징이다. 이들은 지리학 · 생태학 ·

〈표 15-2〉 역사적 접근, 비교연구 및 현지연구 등 질적 접근과 양적 접근의 비교

특 성	질적 접근(역사-비교-현지연구)	양적 접근
연구자의 관점	연구과정의 일환으로 포함	연구과정에서 격리
자료에 대한 접근	이해를 얻기 위해 자료의 세부내용까지 함몰	변수의 정확한 조작화
이론과 자료의 관계	증거에 기초한 이론, 개념과 자료의 대화 중요	연역적 이론, 경험적 자료와 대비
결과의 용도	의미체계의 전달	가설검증
사회현상의 해석	일정한 구조 안에서 사람들이 구성하는 세계	객관적 · 사회적 요인이 행동을 형성 · 좌우
법칙과 일반화	역사적 · 상황적 맥락 속에서 제한적 일반화	맥락과 무관한 보편적 법칙발견

자료 : Neuman(2003 : 409).

〈표 15-3〉 역사-비교연구의 특성개요

주요 항목	특 성
증 거	세분화되고 불완전한 증거로부터 재구성
왜 곡	사회적 · 역사적 맥락에서 벗어나 여러 요인에 대한 연구자 자신의 이해적용 경계
인간의 역할	주어진 사회적 · 역사적 맥락 속에서 발견하는 사람들의 의식 포함. 저들의 동기를 인과적 요인으로 간주
원 인	원인은 현상의 표면 아래에서 여러 요소의 조합으로 인해 조건부로 작용
미시 · 거시	사회적 실재의 여러 층 또는 미시와 거시를 연계, 사례의 총체적 비교
맥락간의 비교	한층 더 추상적인 비교를 위해서는 맥락 속에서 구체적 특정사안들간 비교 및 맥락간의 비교

자료 : Neuman(2003 : 409).

경제학 · 인구학에다 문화적 요인들을 조합하여 과거현상에 대한 총체적 그림을 제공하는 것을 추구하였다.

2) 시대정신(mentalities), 세계관, 전망 혹은 삶에 대한 일군의 가정들, 즉 한 시대를 풍미한 의식 · 무의식적 인식 · 신념 · 가치관 등 전반적인 사유의 조직적 유형을 그리고자 하였다.

3) 추상적 이론과 구체적 · 역사적 특수사실들을 혼성하는 접근을 취하였다. 표면적 사건과 개인의 행위의 저변을 이루는 심층적 구조에 대한 모형의 형식으로 이론을 정립하여 일상적 사건을 설명하려 하였다.

4) 장기적 구조나 유형에 대한 관심이 특징이었다. 사회생활의 조직원리에 대하여 수세기 이상의 기간에 걸친 장기적 지속성(longue duree)을 중시하였다.

Ⅱ. 역사적 접근과 비교연구의 과정

일반적으로 역사-비교연구는 엄격한 과정이나 절차를 밟지 않는 것이 특징이고, 특정하게 복잡한 기법을 사용하는 예도 드물다. 그러나 대략 다음과 같은 순서로 진행한다고 보면 될 것이다(Neuman, 2003 : 413-415; Rubin and Babbie, 2008 : 408-412).

1. 탐구대상의 개념화와 이론적 구상

역사-비교연구자는 우선 연구대상인 상황에 대해서 친근해지는 데서부터 시작해야 한다. 거기서 1차적으로 개념화를 시도하게 된다. 처음에는 비교적 느슨한 모형이나 예비적인 개념들의 집합을 가지고 연구대상이 되는 상황에다 적용해 본다. 이러한 잠정적 개념들은 사회적인 세계를 관찰하는 데 사용하는 잠재적 가정이나 조직하는 범주를 담고 있다. 일종의 '패키지' 관찰이라 할 수 있다. 이를 가지고 장차 증거를 탐색하는 데 쓰려는 것이다. 역사적 시대나 비교하는 상황에 대해 어느 정도 알고 있지 않을 때는 일종의 오리엔테이션독서를 권장한다.

요컨대 어떤 연구든지 처음부터 탐색적 목적이 아니면 어떤 가정 · 개념 · 이론 같은 것을 완전히 배제하고, 아예 맹목으로 증거를 찾아 나서지는 않는다. 이른바 베이컨의 오류(the Baconinan fallacy)를 범하지 말아야 한다. 베이컨의 오류란 프란시스 베이컨이 경험론자였던 것에 빗대어 아무런 선입견 · 연구 질문 · 가설 · 아이디어 · 가정 · 이론 · 패러다임 · 공리 · 심지어 편견 같은 것을 전혀 갖지 않고 연구에 착수한다는 뜻으로 쓰는 말이다.

2. 증거의 탐색과 평가

다음은 광범위한 문헌검색에 의해서 증거가 있는 원천을 찾아 내고 자료를 수집한다. 여러 도서관 등을 섭렵하고, 수많은 서적과 논문을 읽어서 색인 · 카탈로그 · 참고문헌목록 등을 작성하는 작업을 시행한다. 비교연구자는 필요하면 외국어도 배워야 한다. 자료를 검토하는 과정에는 자세한 기록을 하고, 출처를 정리하며, 연구주제나 가설의 파일을 작성한다.

이 때 연구자는 수집한 증거에서 발견한 내용을 가지고 처음의 개념 · 연구문제 · 관찰초점사항 등을 조정하기도 하고, 새로운 이슈 · 연구문제 등을 형성해 나간다. 다시 말해서 개념 · 가설 등 이론적 관점과 구체적 증거의 상호작용에 의해서 연구과정은 지속적으로 자극을 받게 되는 것이다. 즉 이론과 증거자료 사이를 수없이 왔다 갔다 하면서 새로운 경험적 관찰이 현상을 좌우하는 요인들에 대한 새로운 일반화의 지표가 되어 주는 순환적 과정을 거치게 된다.

일단 증거를 수집하면 두 가지 질문을 스스로 해보아야 한다. 첫째는 이 증거가 지속적으로 생성하는 연구문제와 개념에 대해서 얼마나 유관적합한가 하는 것이고, 둘째는 증거가 얼마나 정확하고 강력한 뒷받침을 줄 수 있는 것인가 하는 것이다. 수집한 모든 자료가 똑같이 가치 있는 것은 아니다. 특히 연구자는 증거를 읽을 때 세 가지에 주목한다. ① 암묵적인 개념적 틀에 적합한가, ② 특수한 세부현상을 보여 주는가, ③ 그리고 경험적 일반화를 가능케 하는가 하는 것들이다.

이 때 연구자는 소위 증거의 '대안적 해석'에 대한 평가를 해보고, '침묵'(silences)의 사항들에 주목해 봐야 한다. 대안적 해석이란 수집한 증거로써는 자신이 세운 가설을 옹호할 수가 없을 때, 처음 가정했던 것과는 다른 해석을 함으로써 그 자료를 이용할 수 있게 된다는 것을 가리킨다. 말하자면 증거에 기초해서 이론을 수정하는 과정이다. 이에 비해 침묵의 사항이란 연구자가 중요시하는 집단에 대한 자료 속에는 빠지지 말아야 할 증거들이 누락되어 있을 수도 있다는 것을 말한다. 이론적 탐구가 훨씬 더 현실성 있고 의미 있게 되기 위해서는 그 누락사항들에 대한 자료를 검색해서 보완할 필요가 있다는 것을 암시한다.

3. 증거의 조직과 종합 및 보고서작성

일단 증거를 수집하면 자료를 이론적으로 의미 있도록 조직하고 종합하는 절차를 밟는다. 증거의 조직은 우선 예비적인 분석에 의해서 낮은 수준의 일반화가 가능한지를 점검하는 데서 시작한다. 다음 이론적 통찰을 이용하여 자료를 조직하는 새로운 방법을 탐색하고, 나아가 증거로부터 새로운 연구문제들을 창출해 낸다. 앞에서도 언급했듯이 이처럼 역사-비교연구와 같은 질적 접근에서는 특히 자료와 이론 간의 상호작용이 매우 중요하다.

이렇게 자료 또는 증거를 조직한 다음 모든 증거를 하나의 체계로 종합하는 일이 따른다. 연구자는 개념들을 정교화하고, 한 단계 더 일반적인 설명모형으로 진전해 나가야 한다. 증거로써 검토한 결과 낡았다고 생각하는 주제나 개념은 일단 수정하고, 새로운 것들을 창안해야 하고, 시간과 장소를 넘어 떠오르는 일정한 유형 같은 것을 탐색하며, 유추에 의한 유사성과 차이점들을 가려 내는 작업을 해야 한다. 다양한 사건들은 일정한 연속선상의 계기로 정리하여 좀더 큰 그림을 그려 내려 해야 한다. 개념과 증거를 조리가 서는 전체의 틀 속에서 모두 아우르는 개연성 높은 설명을 개발하는 데까지 이르도록 자료를 종합하는 과정이다.

이 같은 종합작업은 특정한 증거와 추상적 이론모형을 연계시켜서 관찰한 현상의 저변에 있을 법한 관계나 인과적 기제를 천착하도록 도와 주는 것이다. 이와 같은 설명적 모형을 개발한 뒤에야 비로소 그 모형에서 나타나는 어떤 특정한 연계성 같은 것을 검증하기 위한 새로운 증거를 찾아 나서게 될 때도 있다. 그러니까 자신이 구성한 이론모형이 증거와 어느 정도 잘 부합하는지를 평가한 다음 그에 준해서 모형 자체를 수정하게 되는 것이다. 말하자면 추상성과 구체성 사이를 끊임없이 왕래하는 과정이다. 역사-비교연구자의 과제는 단순히 어떤 장기적 역사기간에 어떤 특정장소에서 일어난 일들에 대한 새로운 증거의 제시에 있는 것이 아니라, 여러 역사적 사례들에 보편적으로 적용할 만한 인과적 규칙성 같은 것에 대한 전반적인 논지의 타당도를 높이는 일이라고 할 수 있다.

여기서 역사-비교연구가 하는 일 한 가지만 더 지적하면, 결정적 지표(critical indicator)의 확인이다. 적어도 방법론적으로 볼 때, 이런 연구에서는 증거가 모호하고 불확실한 것은 용납할 수 없다. 특히 어떤 이론적 관계를 추론하기 위해서는 증거가 분명해야 한다. 이것을 결정적 지표라 칭하는 것이다. 수많은 세밀한 자료들이 분명히 시사하는 바가 이론적 추론을 결정적으로 가능케 할 것을 요구하는 방법론적 조건이다. 가령 두 나라 사이의 갈등에 관한 추론을 할 때, 공식적 선전포고 같은 것이야말로 결정적인 지표가 된다. 이에 비해서 보완적 증거(supporting evidence)는 이론적 추론의 전반적 맥락과 배경을 이루는 간접적인 증거들로서 이론적으로는 명백한 해석을 도와 주는 기능까지는 하지 못하는 것을 말한다.

마지막 작업은 이제 그 동안 수집한 증거와 개념 및 종합적 논의를 모두 조합하여 연구보고서를 작성하는 일이다. 이에 관해서는 보고서작성을 다루는 제21장에서 자세하게 다룰 것이므로 생략한다.

4. 역사적 자료와 증거

역사적 자료와 증거를 다루는 학문분과로는 역사학(history)이 있고, 역사지 내지 역사편찬(historiography) 분야가 있다. 이들은 대개 인문학의 영역으로 간주하는 데 비해, 사회과학에서는 역사사회학(historical sociology)이 주로 역사-비교연구의 한 분야를 차지한다. 이는 역사적 자료를 가지고 사회학적 이론과 모형으로써 과거에 대한 이해와 설명을 추구하든지, 아니면 사회학적 개념 · 원리 · 이론 등의 타당성을 역사적 자료에 의하여 예시 또는 검증하는 사회학의 한 분과다.

역사-비교연구에서 다루는 역사적 자료 내지 증거에는 ① 1차 자료 혹은 원초적 문헌, ② 2차 자료, ③ 경영자료, 및 ④ 회상자료와 같이 크게 네 가지 형태가 있다. 어떤 연구든 이 중 한 가지에만 의존할 수도 있고, 이들의 조합을 활용하기도 한다. 이런 문헌자료에 관해서는 이미 문헌연구법(제13장)에서도 약간 언급하였으나, 여기서 다시 한번 살펴보려고 한다(Neuman, 2003 : 415-421).

(1) 1차 자료(Primary Sources)

1차 자료 또는 원초적 문헌은 과거의 서신 · 일기 · 신문 · 영화 · 소설 · 의류 · 사진 등으로서 기록보관소 · 개인문집 · 가족문헌집 · 박물관 등에 보관하고 있는 자료들이다. 여기서 한 가지 주목할 것은 현재 우리가 연구하고 남긴 자료들은 후세에 일종의 역사자료가 된다는 점이다. 1차 자료 중 가장 많이 쓰는 것은 정식출판 여부와는 관계 없이 문자로 써서 남긴 문헌자료다. 문헌자료가 남아 있는 형식은 출판물 외에 작성자가 만들어 놓은 원래 형태(우리 나라에서는 개인서신 · 문집 등) · 출판물 · 마이크로 필름 등 영상자료와 같은 것이 있다.

이런 문서자료는 사람들의 말과 생각과 느낌을 그대로 전달하는 자료로서 장점을 갖는다. 다만, 문서란 문자를 사용할 능력이 있는 사람들만이 만들 수 있다는 점에서 근원적으로 무작위적 자료의 성격을 띠지 않는다. 문맹 · 빈곤층 기타 사회적 약자나 소외층의 사람들은 처음부터 그런 자료를 남길 여력이 없으므로, 이들의 생생한 기록은 이런 종류의 자료에서 얻을 수가 없는 한계가 있다. 오늘날에는 문서형식이 아닌 의사소통방법이 발달하여 컴퓨터 · 비디오 테이프 · CD와 같은 영상물과 시청각자료가 있어서 문서기록보다는 광범위한 계층의 사람들의 기록을 보존할 수가 있게 되었다. 그러나 이런 것들도 전화통화 · 라디오대화처럼 물리적 흔적을 남기지 않을 소지가 있어서 누락의 위험은 여전히 있다.

이제 이런 1차적 자료를 다루는 태도나 절차에 관해 잠시 생각해 보기로 한다.

첫째, 우선 이런 1차적 자료는 어디에, 무엇이 있는지 원천을 알아 내기가 쉽지 않고, 안다 해도 이를 실지로 구하기가 어려우며, 시간을 많이 요하는 일이다.

둘째, 이런 자료는 처음부터 체계적으로 조직해 놓은 것이 드물고 불완전하므로, 이를 다루는 데 여러 가지 한계가 있다.

셋째, 따라서 1차적 자료에 대해서는 평가작업이 필요하다. 평가방법에는 두 가지가 있다. 하나는 자료의 진정성 · 진품 여부를 가려 내는 외적 평가(external criticism)이고, 또 한 가지는 자료의 내용 자체를 점검하여 신빙성 여부를 확인하는 내적 평가(internal criticism)다.

자료의 진정성평가를 위해서는 다음과 같은 질문을 하게 된다.

1) 작성했다고 주장하는 시기에 만들어졌는가?(시간의 문제)
2) 작성했다고 주장하는 장소에서 만들어졌는가?(장소의 문제)
3) 애당초 그 문서는 왜 만들었는가?(동기의 문제)
4) 진짜 작성자는 누구인가?(저자의 문제)
5) 어떤 경로로 지금까지 보존하게 되었는가?(보존의 문제)

자료의 내적 신뢰도를 평가하는 데에는 이런 점검을 할 수 있다.

1) 내용이 작성자의 직접경험에 기초한 것인지, 아니면 간접적으로 들은 2차적 진술인지를 점검하기 위해 당시의 여타 사건, 기록의 원천, 언급한 인물 등에 관한 여타의 자료들과 대조해 보는 수가 있다.

2) 내용을 액면 그대로 해석해도 좋은지, 아니면 다른 어떤 내포적 의미가 있는지를 따져 봐야 한다.

3) 암묵적 가정이나 가치관 등을 검토하여 내용의 내적 일관성을 확인한다.

4) 자료를 작성할 당시의 유관한 여건 등에 관하여 살펴본다.

5) 사용한 언어와 진술의 맥락을 따져 본다.

넷째, 이런 자료들은 의도적으로 왜곡하는 수가 있다는 점을 염두에 둘 필요가 있다. 작성자의 도덕적 표준이라든지, 특수한 이미지를 부각시키기 위해서 사실의 일부를 누락하거나 왜곡하는 이른바 '불온한 부분의 의도적 삭

제'(bowdlerization)를 할 수가 있기 때문이다.

다섯째, 역사-비교연구에서 연구자는 자신이 연구하는 사회나 시대의 동시대인의 관점에서 현상을 바라보고 분석에 임하여야 한다. 말하자면 현재 자기가 살고 있는 사회의 여러 가지 문화적 가정과 가치관 등을 일단 '괄호 안에 묶어 두는' 현상학적 자세를 취하고, 열린 마음으로 자료를 바라보는 자세가 필수적이라는 말이다.

(2) 2차 자료(Secondary Sources)

2차 자료란 다른 역사가나 역사기록자들이 이미 애써 수집하여 정리해 놓은 것을 말한다. 주로 서적이나 논문형식으로 과거의 조건들에 대한 서술을 담고 있다. 이런 자료를 만들어 낸 역사기록자들의 연구는 역사연구자들이 일반적인 설명을 도출해 내는 과정에서 중요한 역할을 한다. 가령 오랜 시간에 걸쳐 생성 · 진화하는 역사적 경향 · 추세 등을 뒷받침해 주는 기능을 하는 것이다. 그런데 1차 자료를 직접 수집해야 하는 수고를 더는 대신 2차 자료의 이용에는 그 나름의 한계가 있고 주의를 요한다.

첫째, 우선 특정관심분야의 연구가 태부족일 때가 많다. 이런 때는 이론적 작업을 하기가 매우 조심스럽다.

둘째, 역사적 기록에 대한 서술이 부정확할 수가 있다.

셋째, 기존의 역사연구가 아무런 이론적 가정도 내포하지 않은 객관적 사실만을 보고하지 않는다는 점에 주의해야 한다. 개념규정도 모호하고, 방법론적 문제도 깔끔하게 정리하지 않은 채 서술해 놓을 수도 있다.

넷째, 역사서술은 어차피 일종의 선택적 과정이다. 수많은 다양한 역사자료에서 서술자는 자신의 목적에 적합한 자료만을 골라 정리하는 모종의 선택적 행위를 하게 마련이며, 개인적 편의나 선입관이 개재할 수 있다.

다섯째, 증거자료의 조직상의 문제가 있다. 역사서술가는 주로 일종의 설화적 역사(narrative history)를 쓰는 셈이다. 가령 인과적 설명은 ① 시간적 전후순서(temporal order), ② 관계성(association), 및 ③ 근사한 대안적 설명의 제거(elimination of plausible alternatives)라는 세 가지 조건을 충족시켜야 하는데, 이 설화적 역사서술은 시간적으로 어떤 사건들이 전후해서 일어났는지에 대한 서술 외에는 다른 두 가지 기준을 충족하기가 어렵게 되어 있다.

여섯째, 역사서술가는 개인적인 신념이나 현존하는 사회적 이론들뿐 아니라 자기가 속한 역사학파의 역사관 내지 역사철학의 영향을 받게 되어 있다. 가령 맑시스트역사철학 · 생태학적 역사관 · 심리학적 역사학관 등의 방법론에 의존하는지를 확인해 보는 것도 필요하다.

(3) 경영기록자료(Running Records)

이는 특정조직체가 보유하고 있는 현존통계문서나 자료파일을 일컫는다. 지방교회의 출생 · 사망 기록이라든지, 대규모 회사의 이사회회의록 · 연차보고서 · 통계 같은 보기가 있다. 이런 기록의 이용에 대해서는 일반적인 문서활용에 적용하는 방법론적 주의사항을 주목하는 것이 좋을 것이다.

(4) 회상자료(Recollections)

개인의 과거사에 대하여 그들 스스로가 기억하는 자서전 · 회상록 · 구술보고 같은 형식의 회상자료도 역사연구에서 자주 이용한다. 이 중에서 구비역사(oral history)라는 방법에서는 주로 심층면접법을 사용하여 자료를 구성하는데, 이러한 회상자료에도 경계해야 할 한계나 문제가 있다. 이는 주로 개인의 기억에 의존해야 하므로 생기는 문제들로서 다음과 같은 것이 있다.

① 시간이 흐름에 따라 나타나는 기억의 소실
② 한 가지 주제에 집중하는 동안 다른 내용에 대해서는 누락하는 문제
③ 사실인 줄은 알면서도 제대로 기억해 내지 못하는 일종의 정신적 차단(blocking)
④ 특정정보에 의존해서 모든 과거사의 원인을 설명하려는 귀속의 오류(misattribution)
⑤ 주어진 질문에 끌려서 모든 사실을 그런 방향으로만 생각하려 하게 되는 암시 감응성(suggestibility)
⑥ 과거의 사건에 대한 회상을 왜곡된 방식으로 도출하는 일반적 편의(bias)
⑦ 한번 기억한 것은 끝까지 고집하려는 관성

제 3 절 비교연구

본장에서는 역사-비교연구를 동시에 취급하고 있지만 지금까지는 주로 역사적 접근을 살펴보았고, 이제는 비교연구법을 따로 생각하기로 한다. 엄격하게 말하면 비교연구란 한 사회에 대한 연구와 성질상 차이가 없다고 해도 무방하다. 비교연구가 특이한 방법이라기보다는 한 사회를 연구하는 방법을 그대로 적용하되 두 사회 이상에 대해서 관찰해야 한다는 전망에 차이가 있고, 실제에 있어서 약간 더 복잡해지는 접근이 될 수 있다는 점에서 상이하다 할 것이다.

Ⅰ. 비교연구의 장·단점

'비교'하는 일은 인지과정과 지식습득의 핵심적 작업이라 할 만큼 연구에서는 중요한 과업인데, 그 주된 기능은 서로 다른 사회적 단위의 유사성과 차이점에다 초점을 맞춘다는 것이다. 그러면 여기서 비교연구의 특성을 이해하기 위하여 그 강점과 약점을 비교해 본다(Neuman, 2003 : 422-423).

1. 비교연구의 강점

첫째, 비교연구는 우선 연구설계의 약점을 노출시켜서 연구의 질을 높이는 데 기여할 수 있다. 모든 사회연구자는 모종의 일반화를 시도하게 되는데, 비교연구는 여러 사회 · 문화적 단위에 걸쳐서 횡적으로 서로 다른 단위에 대한 관찰에서 일반화를 추구하는 장점이 있다.

둘째, 비교연구를 함으로써 측정과 개념형성의 개선에 도움이 된다. 한 사회문화단위에만 국한해서 개발한 개념과 측정수단은 제한적일 수밖에 없는데, 이를 다른 사회문화단위에다 적용함으로써 한계를 극복할 수 있다.

셋째, 인과적 설명의 추구에서도 소위 대안적 설명을 제거하든지, 아니면 추가할 수 있도록 도와 주는 기능도 한다. 역시 한 사회에서만 적합하던 설명이 다른 사회를 추가함으로써 부적합해지든지, 아니면 새로운 설명의 도출이

가능해질 수 있다.

넷째, 비교연구는 새로운 연구문제들을 제시함으로써 이론구성을 자극하는 장점이 있다. 여러 사회를 관찰하는 과정에서 새로운 연구문제가 등장하고, 이에 대한 해답을 얻고자 새로운 이론을 정립할 필요가 생기는 것이다.

2. 비교연구의 약점

첫째, 비교연구는 아무래도 한 사회단위에 대한 연구에 비해 비용과 시간이 더 들고, 시행하기가 어렵다는 게 현실적인 약점이다. 더구나 방법론적으로 비교의 등가성문제가 매우 까다롭기 때문에 이 문제는 곧 따로 취급하겠다.

둘째, 비교연구의 사례수가 근본적인 문제가 된다. 많은 사례를 비교할수록 유리하다는 것은 다 알지만, 자료를 획득할 수 없는 사례도 허다하므로 표집의 무작위성을 보장하기가 매우 어렵다.

셋째, 비교연구는 아무래도 이론을 검증하기보다는 적용하는 일에 더 집중할 수밖에 없고, 일반화에도 한계가 있게 마련이다. 엄격한 실험적 검증은 비교연구가 할 수만 있으면 가장 이상적이지만, 현실적으로는 아주 어렵다.

Ⅱ. 비교연구의 유형

비교연구도 크게 네 가지 정도의 형태로 나누어 볼 수 있다. 이들에 관해서 간략하게 소개하기로 한다(Neuman, 2003 : 423-424).

1. 사례비교연구

사례비교연구(case-study comparative research)란 기본적으로 둘 이상의 사회문화단위를 비교하되 각각에 대해서 사례연구를 실시하는 방법이다. 가령 두 사회의 고령자문제가 어떻게 다른지를 비교하기 위해서 각각의 사회에서 소수의 사례들을 대상으로 심층연구를 실시하는 식이다. 구체적 기법은 주로 현지연구법에서 다룬 참여관찰과 심층면접 혹은 역사연구의 문서분석 같은 것을 이용한다.

2. 문화적 맥락의 연구

문화적 맥락연구(cultural context research)의 접근은 둘 이상의 사회문화단위를 비교하되 동일한 주제에 대하여 각각의 사회가 문화적으로 다른 맥락을 제공한다는 점에 착안하여 비교하려는 방법이다. 가령 인종차별문제를 비교연구하는 데에는 그런 문제가 두드러진 미국, 남아프리카 혹은 브라질 같은 나라를 연구하면서도 그 세 나라의 인종문제가 문화적으로 서로 상이한 맥락에서 일어난다는 점에 주목하여 모종의 공통된 유형 · 과정 등을 관찰 · 분석하는 방식을 취한다.

3. 국가간 비교연구

여기에서는 비교연구의 단위가 국가라는 것이 초점이다. 보통 국가간 연구(cross-national 혹은 cross-country research)라 부르는 이 접근에서는 국가의 이름은 언급하기도 하고 하지 않을 수도 있는데, 이 나라들 모두에 대해서 관심 있는 특정변수의 차이를 측정하려는 접근이다. 주로 다수의 국가를 대상으로 삼고, 통계적 자료를 수집하여 양적 분석을 시도하는 예가 많다. 이 때는 최소 50개 국은 비교해야 한다는 것이 관례다.

4. 초국가비교연구

비교연구의 단위가 여러 국가를 초월하는 세계지역일 때는 초국가비교연구(transnational research)가 된다. 이 때는 한 나라가 독립적 분석단위가 아니고, 그보다 더 상위의 세계적 지역(region)이나 블록(bloc)의 한 부분으로 간주한다. Immanuel Wallerstein은 이러한 초국가적 단위의 장기적 개발을 연구하여 소위 세계체계이론을 정립하였다.

Ⅲ. 비교연구의 비교단위와 자료의 문제

이제는 비교연구의 구체적 · 방법론적 쟁점에 관해서 몇 가지 검토를 하려 한다(Neuman, 2003 : 424-430).

1. 비교연구의 비교단위

위에서 이미 비교연구의 분석단위에 관한 언급은 자주 있었다. 실지로 비교연구자들은 주로 국가를 비교하는 데 주력해 왔다. 말하자면 근대 국민국가(nation-state)가 성립한 이래 약 300년의 시기에 국가라는 사회문화적 단위가 중요한 구분의 근거가 되어 왔던 것은 사실이지만, 비교연구자가 반드시 국가를 비교단위로 삼아야 할 이유는 없다. 한 국가가 동일한 문화를 공유하는 단일문화국가일 수도 있지만, 현실적으로는 한 나라 안에도 여러 문화적 단위가 부분문화로 존재할 수 있고, 또 여러 국가에 걸쳐 유사한 문화를 공유하는 초국가적 문화단위가 있을 수 있다. 이런 문제는 비교연구에서만 제기할 성질의 것이 아니고, 역사연구에서도 고려해야 할 것이다. 역사적 시기에 따라 시대적으로 비교하는 사회문화적 단위가 동일할 수도 있고, 시간의 흐름에 따라 변천이 생겼을 수도 있는 것이다.

2. 비교연구의 자료

비교연구의 자료는 자료수집방법에 따라 몇 가지로 나눌 수 있다.

(1) 현지조사법에 의한 비교연구

비교연구를 위해서 연구자가 직접 비교하는 나라 또는 지역을 방문하여 현지연구를 실시하는 수가 있다. 인류학자들이 주로 이런 방법에 의존하는데, 사실 현지연구법에서 쓰는 참여관찰이라든지 심층면접법 등은 인류학에서 개발·활용한 것이 많다. 물론 한 사회에서 현지연구를 하는 것보다는 여러 사회의 비교를 위한 현지연구는 그만큼 시간·비용뿐 아니라 실시에 어려움이 따르는 것은 당연하다.

(2) 기존의 질적 자료에 의한 비교연구

비교연구의 자료로서 이미 존재하는 질적 자료를 활용하기도 한다. 이런 자료는 주로 2차 자료의 성격을 띤다. 가령 Yale대학의 *Human Relations Area Files*(*HRAF*) 같은 자료가 대표적인 것인데, 1938년부터 인류학자 George Murdock이 300개 가까운 문화단위의 민속지와 같은 현지연구자료를 집대성해 놓은 것이다. 다만, 이런 자료의 한계는 원자료의 질과 직결된다는 문제다.

(3) 국가간 비교표본조사법

비교연구를 위해서 특별히 표본조사(survey)를 실시할 수 있다. 물론 한 나라가 아니고 여러 나라에서 서베이를 하는 데는 여러 가지 현실적인 어려움도 있지만, 방법론적 쟁점도 고려해야 할 것이 있다.

첫째, 우선 연구자가 비교하려는 사회의 문화에 대한 기본적인 이해를 요한다. 문화에 대한 이해 없이 현지에서 서베이를 실시할 때, 자칫 불필요한 실수를 할 개연성이 있기 때문이다. 이 문제를 해결하기 위해서는 현지전문가의 협조를 구하는 것이 현명하다.

둘째, 국가간 비교서베이를 할 때는 주제의 내용도 중요하지만, 실질적인 고려사항도 염두에 두고 연구대상국가를 선정할 필요가 있다.

셋째, 그러한 실질적 고려사항에는 표본추출, 질문서작성의 용어와 번역 및 역번역, 면접의 구체적 기법, 예의상 걸맞은 응답을 하는 문화적 왜곡, 실제 조사를 위한 대상자의 접근성 등 표본조사의 전과정에 걸친 절차상의 문화적 차이에 대한 배려가 대단히 중요하다.

(4) 기존의 양적 자료에 의한 비교연구

국가간 비교를 위해서 양적인 자료를 이용하기도 하는데, 근자에는 UN 기구의 통계를 비롯하여 많은 나라에서 상당한 분량과 다양한 종류의 통계자료를 공공기관이나 기타 민간부문에서 수집 · 정리 · 보관 · 배포하고 있다. 예컨대 *World Handbook of Political and Social Indicators*(Taylor and Jodice, 1983) 같은 자료는 35년에 걸쳐 156개 국의 사회지표들을 수집 · 정리하고 있다. 다만, 이런 자료도 변수의 이론적 정의, 자료수집의 신뢰도 등에서 국가간에 차이가 많고, 어떤 나라에서는 의도적으로 자료를 누락하거나 신생국가가 나타남으로 해서 국가의 수가 변동하는 등의 문제가 있다.

(5) 서방중심의 문화적 편의

끝으로, 한 가지 지적할 것은 현재의 상황에서 비교연구를 주도하는 지역이 서방세계라는 사실에서 생기는 편의와 왜곡의 문제다. 나라마다 문화적 특수성이 있다는 점을 자칫 소홀히 하면 연구의 설계에서 실질적 자료수집, 분석과 해석의 전과정에서 편견과 왜곡이 작용할 수 있다는 데 유의해야 할 것이다. 여기에 소위 '대안적 사회과학'(alternative social science) 혹은 사회과학의 '대안적 담론'(alternative discourses)의 중요성이 떠오른다 하겠다(Alatas, 2006; Kim, 1996; 2007).

Ⅳ. 비교연구에 있어서 등가성의 문제

1. 등가성의 의미와 중요성

비교연구는 물론 모든 연구활동에서 등가성(equivalence)의 문제는 매우 중요한 근본적인 방법론적 쟁점의 표적이다. 특히 역사-비교연구에서는 이 문제가 핵심적이라 해도 과언이 아니다. 어떤 사회적 단위 혹은 역사적 시기를 연구하든 역사적 맥락과 문화가 서로 다른 사람들에 대한 자료를 제대로 읽고, 이해하고, 개념화하는 일에는 이 등가성의 문제가 항상 수반한다. 등가성을 확보하지 못하면 동일한 개념이나 측정치를 서로 다른 시대나 사회에다 바로 적용할 수가 없기 때문이다. 특히 이는 같은 용어를 번역해서 사용할 때 흔히 발생하는 문제다.

예를 들어 '친구'라는 용어를 가지고 영어로는 friend, 독일어에서는 Freund, 서반아말로는 amigo라고 표현하는데, 우리말의 친구는 상당히 광범위한 친교의 사람들을 포함하는 단어로서, 그 앞에 어떤 형용사를 사용하는지에 따라 의미가 달라진다. 이처럼 광범위한 친교를 내포하는 말은 서반아의 amigo가 해당하고, 독일어의 Freund는 상당히 개인적으로 가까운 소수의 깊은 친교를 맺는 사람에 국한하는 뜻으로 쓰이는 데 비해, 영어의 friend는 좀더 느슨하게 잘 알고 지내는 사람들을 포함한다.

2. 등가성의 종류

이처럼 문제시되는 등가성에는 네 가지가 있다.

(1) 어휘등가성

어휘등가성(lexicon equivalence)이란 단어와 어구의 정확한 번역 또는 상이한 단어로서 동일한 의미를 갖는 말을 찾는 것을 가리킨다. 특히 외국어를 번역할 때는 이런 문제가 끊임없이 발생한다. 이를 극복하기 위한 수단으로서 번역과 역번역(back translation)을 시도하는 게 보통이다. 한번 번역한 것을 다시 원래 언어로 번역함으로써 본래 말뜻을 제대로 옮겼는지를 확인하는 길이다. 다만, 아무리 번역을 하려 해도 도저히 같은 의미의 단어를 찾을 수 없을 때는 그 말을 자세히 설명하는 문장으로 대체할 수밖에 없다. 어휘등가성은 비단 문화가 다른 사회를 비교할 때뿐 아니라, 역사연구에서도 중요하다. 시간이 흐름에 따라 같은 말도 뜻이 변할 수 있기 때문이다.

(2) 맥락의 등가성

맥락의 등가성(contextual equivalence)이란 서로 다른 사회적 또는 역사적 맥락에서 특정 단어나 개념을 적용하는 것을 말한다. 같은 말이라도 나라에 따라, 시대에 따라 용법이 다를 수 있는데, 그 시간적 · 공간적 맥락을 잘 파악해서 단어를 해석할 수 있어야 한다.

(3) 개념적 등가성

여기서 문제삼는 것은 둘 이상의 사회문화적 또는 역사적 상황에서 사회생활을 틀림없고 정확하고 타당하게 표상해 주는 개념의 형성이 가능한가 하는 문제다. 그만큼 시대와 사회에 따라 개념이 다르다는 것이고, 비록 문화간에도 비슷한 개념이 있다 해도 그 형식이나 유사성의 정도가 일정치 않다. 따라서 개념의 등가성(conceptual equivalence)은 성취하기가 어렵다.

(4) 측정의 등가성

상이한 사회문화적 또는 역사적 상황에서 동일한 개념을 측정할 때는 이를 측정의 등가성(measurement equivalence)이라 한다. 사회마다 상이한 측정도구를 사용했는데, 그것이 과연 동일한 개념의 측정으로 봐야 하는가 하는 것이 문제다. 결국 개념과 같은 이론적 구성물을 조작적으로 측정하거나 확인하고자 할 때는 수많은 간접적 증거를 세밀히 검토하여 등가성을 확보하도록 노력해야 한다.

주요 개념들

종단적 접근
횡단적 연구
아날학파
국가간 · 사회간 · 문화간 · 체제간 · 제도간 접근
결정적 지표
초국가적 · 초사회적 · 초문화적 접근
1차 자료
장기적 지속성
베이컨의 오류
외적 평가
보완적 증거
대안적 해석
회상자료
원초적 문헌
2차 자료
설화적 역사
내적 평가
경영자료
암시감응성
불온한 부분의 의도적 삭제
문화적 맥락연구
구비역사
귀속의 오류
대안적 담론
비교연구
사례비교연구
역번역
Human Relations Area Files(*HRAF*)
측정의 등가성
등가성
어휘등가성
맥락의 등가성
개념의 등가성

생각해 볼 문제들

1. 역사-비교연구에 적합한 주제는 어떤 것인가?
2. 역사-비교연구의 가능한 유형에는 어떤 것이 있는가?
3. 역사-비교연구 및 현지연구 등 질적 접근과 양적 접근의 특성을 비교해 보자.
4. 역사-비교연구의 탐구대상의 개념화와 이론적 구상에 관하여 생각해 보자.
5. 역사-비교연구의 과정을 증거중심으로 정리해 보자.
6. 역사-비교연구의 증거와 자료에는 어떤 것이 있는가?
7. 비교연구의 장·단점을 검토해 보자.
8. 비교연구의 유형에는 어떤 것이 있는가?
9. 비교연구에서는 어떤 자료를 활용할 수 있는가?
10. 비교연구에서 등가성의 문제를 살펴보자.

제16장 민속방법론, 불개입 · 무반응법, 다원적 방법론

위에서 개관한 현지연구법과 그에 부수하는 갖가지 기법들은 질적 접근에서 오랫동안 활용해 왔거나, 새로운 관심으로 개발하고 있는 것이다. 그러한 기법들은 사회과학의 역사에서 비교적 초기에 경험적 사회연구를 위한 수단으로 적용했었던 것인데, 후세에 와서야 그 철학적 · 인식론적 혹은 방법론적 뒷받침을 받게 된 셈이다. 그러한 뒷받침은 주로 주관주의적이고 해석적인 사회과학의 메타이론에서 얻었다. 그 중에는 현상학적 해석도 작용했지만, 특히 상징적 상호작용론의 풀이와 정당화가 큰 몫을 하게 되었다.

그런데 실증주의적인 사회과학에 대한 비판의 소리가 높아지고 그 대안으로서 해석적 사회과학의 중요성이 떠오르기 시작하는 1960년대-1970년대에 이르면, 철학적인 메타이론과 방법론, 그리고 그에 바탕한 연구방법들이 한데 섞여 생성하는 특이한 현상이 나타나게 된다. 다시 말해서 기존 사회과학의 이론과 방법뿐 아니라, 그것들이 바탕하는 존재론과 인식론적 메타이론 자체에 대한 비판적 안목에서 출발하여 구체적 연구방법의 고안과 개발에 이르는 일련의 상호연관된 작업을 시도하게 된 것이다.

이 장에서는 그와 같은 새로운 방법론적 시도들을 개략적으로나마 살펴보려고 한다. 그 중 가장 두드러진 것이 민속방법론과 불개입 · 무반응법이고, 이에 덧붙여 다원적 방법론이라 일컫는 것을 소개하기로 한다. 이들은 질적 연구법의 공통된 배경인 해석적 사회과학의 철학적 지향을 지녔으면서도 서로 주요한 강조점의 차이를 드러내는 것들이다.

다만, 한 가지 지적해 둘 것은 여기서 말하는 불개입 · 무반응법이나 다원적 방법론의 구체적인 적용과정에서는 배타적으로 질적 접근만이 아니고, 양적인 연구에서도 활용하는 수가 있다는 점이다. 구체적인 것은 맥락에 따라 다시 언급하기로 한다.

제 1 절 민속방법론

민속방법론(ethnomethodology)이란 현상학적 인식론과 상징적 상호작용론의 존재론에 뿌리를 두고, 또 부분적으로는 언어분석의 철학에도 영향을 받은 사회학의 새로운 지파라고 할 만한 것이다. 앞서 제 2 장에서는 민속방법론의 이론구성전략에 관하여 아주 간략하게 소개한 바 있거니와 이것을 여기에서 자세히 해설하기에는 그 메타이론이 너무도 추상적이고 복합적인 게 사실이다. 그러므로 이 지파의 주요 학자인 Harold Garfinkel의 방법론적 이론과 기법들을 중점적으로 요약하는 정도에 그치고자 한다.[1)]

I. 민속방법론이란 무엇인가?

그 이름만 보아서는 이것이 마치 사회연구의 방법론 자체인가 하는 의구심을 갖게 되지만, 여기서 방법론이라는 말은 매우 특이한 의미를 띤다. 민속방법론자들이 추구하는 것은 일상적인 삶의 세계를 직접 또는 간접적으로 관찰하여 그 속에 살아가는 사람들이 스스로 사회라는 것을 꾸려 가는 '방법들'을 알아 내는 일이다. 이것을 체계화하는 일이 사회학의 과제이고, 그 산물이 사회학의 이론이라고 그들은 믿는다. 그들의 관심대상이 일상적인 사람들이므로 '민속'이라는 말을 썼고, 바로 그 사람들의 사회구성방법을 연구한다고 해서 '방법론'이라 이르는 셈이다.

그러면 이들은 일상적 삶을 누리는 일상적인 보통 사람들이 상호작용하는 모습을 연구할 때 어떤 자세로 임하는가? 이는 현상학의 주요 관점에 입각하고 있다. 종래 사회과학자들이 '사회'를 마치 하나의 기존의 '사실'로 치부해 놓고 그에 대한 연구를 하는 데 비해, 현상학적 관점은 아무 것도 '당연시하지

1) 민속방법론관계 저작들은 지난 30여 년 사이에 상당수 출간되었으나 여기에 일일이 소개하지는 못하고, 다음의 자료에 주요 학자들과 저작들을 언급하고 있는 것만 밝힌다(Bailey, 1978 : 249; Schwartz and Jacobs, 1979 : 209-238; 김동일 외, 1983).

않고' 현상의 본질로까지 파고 들어간다는 것이다. 민속방법론의 기본태도도 여기에 바탕하고 있다.

이들은 사회적 상호작용에 참여하고 있는 보통 사람들이 그 상호작용과정에 의해서 '사회'라는 것을 형성 · 유지 · 변용시키고 있다는 점에 착안하여 사회현상을 당연시하지 말 것을 강조한다. 사회란 상호작용의 결과적 소산물로 구조지어진다거나, 상호작용은 사회구조라는 물상화(reification)된 요인이 좌우하는 것으로 보는 것이 잘못되었다는 관점이다. 그 과정 자체의 본성에 주목해야 한다는 것이다.

요약하면 민속방법론이란 일상적인 상식적 · 사회적 상호작용과 활동들은 거기에 참여하는 보통 사람들이 사용하는 갖가지의 가정들과 관행, 기법들을 동원해서 이루어진다는 기본가정에서 출발한다. 그리고 사람들은 그와 같은 상호작용 속에서 서로가 당연시하면서 받아들이는 일정한 규칙들을 따르면서 서로의 의미를 알아차리고 행동한다는 점에 주목한다. 따라서 민속방법론자들의 방법론적인 관심은 바로 이런 것들을 구체적인 상황에서 관찰하고 밝혀 내려는 것이다.

Ⅱ. 몇 가지 주요 개념들

사실 민속방법론의 구체적 연구기법이라고 해서 우리가 이미 앞에서 살펴본 방법들 이외에 어떤 특별한 방법을 쓰고 있는 것은 아니다. 오히려 그것들을 어떻게 적용하는지를 알아보는 것이 더 흥미롭다. 따라서 그러한 연구기법들을 나열하기 전에 민속방법론자들의 관심사를 이해하는 데 도움이 될 만한 주요 개념들을 몇 가지 살펴보는 게 유익할 것이다. 여기에서는 주로 Garfinkel의 개념들을 살펴본다(Garfinkel, 1967; Schwartz and Jacobs, 1979 : 211-224; Bailey, 1978 : 253-258).

1. 실질적 문제 · 실용적 사유 · 실천적 행위

민속방법론의 관심은 우선 보통 사람들이 일상생활 속에 어떻게 자기네가 동원할 수 있는 모든 자원을 활용하여 실질적인 문제를 다루고 일을 처리해 나가는가 하는 데 있다. 사람들은 구체적인 실제적 상황에서 실질적으로 당면한 문제나 과제들을 다루기 위해 실천적인 사유(practical reasoning)를 하고, 실천적인 행위(practical action)를 하고 있다. 그런데 사회(과)학자들은 "'사회'란 어떻게 가능한가?"라는 거창한 질문에 대한 대답을 엉뚱한 데서 찾고 있다. 그 질문은 바로 "'일상생활'이란 어떻게 가능한가?"라는 것으로 대치할 수 있고, 이에 대한 대답에서 사회의 이론을 찾아야 한다.

2. 합리적 설명가능성

문제는 구체적 일상생활의 잡다한 실천적 행위들과 사회의 관계다. 그냥 그런 일상적 활동들의 소산이 사회라고 단순히 결론짓기에는 현상이 너무도 미묘한 것이다. 사람들이 상식적으로 실재 사회에 대한 상념과 지식을 가지고 있을 뿐 아니라, 스스로 그런 사회에 대한 상식적 지식이 기대하는 바에 무의식적으로 순응하면서 행동하기 때문에 그 과정 자체가 실재 사회의 특성들을 산출한다.

Garfinkel에게 있어서 이런 뜻에서 '사회적 사실'이란 합리적으로 설명할 수 있는(rationally accountable) 사회구조의 특성들이다. 그것들은 사람들이 매일의 활동의 맥락에서 알고, 발견하고, 활용하고, 언급하는 특성들이며, 일상적인 삶에서 저들이 행하는 실용적 사유에 의하여 '성취'한 것들이다. 이와 같은 사회적 사실에 대한 지식을 가지고 사람들은 상식적인 선택과 결정을 내릴 때 이용한다.

3. 설명의 자기반영성(재귀성)

사회는 그 운용의 일부로서 그 자체에 대한 묘사를 생산해 낸다. 사회연구자는 그러한 묘사나 서술의 정확성은 따지지 않고, 어쨌든 사회가 그 성원들로 하여금 사회에 관하여 생각하고 분석하는 기회 · 동기 및 방법들을 제공한다는 점을 주시한다. 그러니까 사회와 그 운용에 대한 설명은 그것이 서술하는 현상 자체의 구성부분(constituent parts)이라는 뜻에서 설명의 자기반영성 혹은 재귀성(reflexivities of accounts)이 특징이다. 다시 말해서 '사회질서'와 '그것을 보는 방법'은 서로 별개의 것이 아니라, 현실세계 속에서 무한히 서로 얽혀 있는 것들이라는 말이다.

4. 자연언어의 지시성

그런데 왜 우리는 사회질서와 그것을 보는 방법을 분리하고 있는가? 언어의 재귀성은 자연언어의 지시적 속성(indexical properties)에서 드러난다. 일상의 말 가운데는 그 말을 쓰는 맥락, 즉 화자, 말하는 이의 경력, 장소 · 시간, 말하는 대상 등 상황에 따라 의미가 다른 것들이 있다. 이런 말을 지시적(indexical) 표현 또는 지시적 언어(indexicals)라 한다. Garfinkel이 제시한 보기로는 '그 녀 · 우리 · 그 사람 · 여기 · 저기 · 지금 · 이것 · 저것 · 그것 · 나 · 그 때 · 곧 · 오늘 · 내일' 같은 말들이다.

이런 말을 그는 지시적 표현 대신에 지시적 특수물(indexical particulars)이라 이름한다. 그것은 말만이 아니고 특정상황의 어떤 구체적인 측면, 즉 단어, 이야기 한 토막, 하나의 행위, 한 사건 같은 것들을 모두 가리킨다. 이러한 지시적 특수물들은 한 상황에서 사람들이 행위와 대화 · 사건 등의 의미를 해석하는 방법의 속성이다. 일상생활의 보통 사람들은 이런 지시적 특수물들을 모호한 대로 그냥 자연스럽게 이해하면서 상호작용을 한다. 이것이 어떻게 가능한지를 사회연구자는 이해하고자 한다.

Ⅲ. 방법론적 지향

그와 같은 연구에 임할 때, 표준사회과학적 관점에 선 연구자 같으면 이른바 구성적 분석(constructuve analysis)을 시도할 것이다. 지시적 표현이 나타나면 우선 표준사회과학적 연구자들은 그것을 비지시적 · 객관적 표현으로 바꾸거나, 단순히 객관적 지표로 대치하려고 할 것이다. 조작적 정의 · 변수 · 부호화 같은 절차가 그것이다.

그러니까 연구자는 자신과 자신의 연구활동을 그가 연구하려는 사회로부터 심리적으로, 개념적으로, 방법론적으로 유리시켜 접근하게 된다. 이것이 구성적 분석이라는 것이다.

민속방법론자는 이러한 구성적 분석법을 채택하지 않고, 설명의 재귀성을 그대로 살리면서 스스로 일상세계의 '성원'이 되어 그가 연구하고자 하는 대상의 활동과 같은 속성을 드러내는 방식으로 연구를 하게 된다. 이제는 그 방법의 보기를 간추려 본다. 그러자면 일상적인 삶의 보통 사람들이 쓰는 방식을 살펴보아야 한다.

1. 제작과정에 형성하는 설명

사람들은 일상적으로 상호작용을 하는 과정에서, 당시에 동원가능한 모든 지식과 증거 등의 자원을 활용하여 필요할 때 적시에 일종의 '사회학적인' 설명을 꾸며 낸다. 이것을 Garfinkel은 제작과정에 형성하는 설명(production accounts)이라 한다. 가령 라디오의 사회자가 전화로 호소하는 청취자의 불평에 대해서 아무 사전준비 없이 그 자리에서 적당히 그럴싸 하게 꾸며대는 설명을 보기로 든다. 이처럼 상황의 요구에 따라 사람들은 끊임없이 사회에 대한 새로운 이야기를 만들어 나갈 수 있게끔 해 주는 절차들의 모음을 상식으로 지니고 있다. 그것을 사회연구자는 관찰하려고 할 것이다.

2. 대화의 형성

자연스러운 대화(natural conversation)가 이와 같은 사회적 상황을 가장 잘 표상해 준다. 대화가 아무런 규칙 없이 무작위로 진행되는 것이 아니라, 일정한 규준에 따라 사회적으로 짜임새를 지닌다는 데 주목한다. 대화는 바로 사회질서의 짜임새와 그 속에 참여하는 사람들의 실용적 사유가 자기반영적으로 얽혀 있는 모습을 가장 잘 은유적으로 알아 낼 수 있는 민속방법론의 재료다.

그러한 대화에서 사람들이 모호한 지시적 표현 또는 지시적 특수물들의 뜻을 해석하는 방법을 이들은 '형성과정'(formulations, formulating)이라 일컫는다. 대화의 일부분을 대화에 참여하는 사람들 스스로가 해석하거나 설명하는 과정이다. 그러한 형성과정에 의하여 대화는 진행하기도 하고, 화제가 바뀌기도 하며, 대화가 끝나기도 한다.

3. 부칙 또는 '기타' 조항

사회(의 성원들)로 하여금 그 자체에 대하여 이야기하게끔 만드는 한 가지 좋은 방법은 규칙을 위반하는 것이다. 대화에는 일정한 규준의 준수가 깃들어 있다는 것이 일반적인 이해다. 사회적 상호작용도 마찬가지다. 그런데 갑자기 어떤 사람이 그 규칙이나 규준을 어기는 일을 하게 되면, 참여자들은 혼란을 느끼고 당혹해 하며, 어떤 반응인가를 하게 마련이다.

그러한 규칙위반이 일어날 때 사람들이 흔히 나타내는 반응은 "우리끼리는 그러지 않기로 했는데…"라는 식이다. 이런 '합의'란 사실상 한 일이 없는데도 그런 반응이 나온다. 이런 식으로 사회는 서로 규칙을 지킨다고 믿고 있는 상황에서 위반할 때 내세우는 '기타' 조항 또는 부칙이라는 것이 있다고 사람들은 우긴다. 그런 규칙이나 합의사항은 그처럼 문제가 생기기 전에는 서로 알지도 못하고 언급도 하지 않지만, 사회에는 늘 있게 마련이다.

4. 구체적 연구기법

요컨대 이상에서 간략하게 보기로 든 것과 같은 내용을 다루는 민속방법론자들은 그러면 어떤 구체적인 연구기법을 활용하면서 주제에 접근하는가? 가장 중요한 방법은 역시 관찰법이다. 관찰법에서 어떤 특정관찰법을 활용하는지에 대해서는 학자마다 다르다. 가령 자연스러운 대화의 연구를 위해서는 정체를 감춘 참여관찰법이나 문헌연구법을 쓸 것이다. 그렇지만 때로는 준실험적 방법을 활용하기도 한다. 특히 사회적 상호작용의 상황을 교란시킴으로써 규칙위반의 효과를 관찰하고자 할 때는 이런 실험적 접근을 취하게 된다.

민속방법론자들은 자신이 직접 하거나 자기의 학생들을 시켜서 이런 종류의 준실험적 접근을 하여 그 기록을 가지고 해당하는 특수상황의 이론을 정립하기도 한다. Cicourel 같은 학자는 초기에 Garfinkel과 함께 민속방법론을 시작하였다. 그러나 차차 언어습득의 과정에 관심을 기울였다가 뒤에는 농아 · 맹인 · 어린이들의 비언어적 의사소통에 대한 연구로써 사회적 기법의 습득과 언어습득의 동등한 중요성을 발견하는 인지적(cognitive) 사회학을 제창하기에 이른다(Cicourel, 1974).

Ⅳ. 민속방법론의 평가

민속방법론의 주창자들이 '사회'를 이해하는 전망이 표준사회학의 그것과 다른 것은 연구대상자들과 연구자를 구별하지 않고, 연구대상 속의 규칙들을 그대로 파악함으로써 사회의 참 모습을 보여 줄 수 있다는 주장에서 찾을 수 있다. 그러니까 사회질서를 마치 객관적으로 존재하는 규칙성으로 당연시하고, 그것을 연구자가 객관적 지표로써 포착하는 일을 하는 게 아니라, 일상적인 삶을 영위하는 보통 사람들이 참여하여 사회질서를 실제로 형성 · 유지 · 변형해 가는 모습을 관찰하여 거기에서 사람들이 서로 주고 받는 의미해석과 가정들의 기법을 밝히고자 한다.

그러므로 표준사회과학에서 사회적 과정의 소산을 주로 다룬다면, 민속방법론은 과정 자체를 중시한다. 가령 표본조사에서 사람들의 태도나 의식, 특정 범주의 행동성향(예 : 투표행위) 같은 것을 다룬다면, 민속방법론에서는 그런 의식이나 행동성향을 지니게 된 과정에 관심을 가질 것이다. 따라서 과정이 주된 관심사라면 이 방법이 유리하다.

또한 진행중인 현상을 상당기간 지속적으로 또는 반복관찰하는 방법을 쓰게 되므로, 변동을 기록하는 데도 유용하다. 관찰내용이 언어적 반응이나 행동에 국한되지 않고 비언어적인 것을 포함하기 때문에 이 점에서도 장점이 있다. 표본조사나 실험, 심지어 현지연구에서 얻은 사람들의 응답이나 관찰기록을 가지고 사람들이 왜 그런 대답 · 행동을 했을까, 또는 응답자나 피관찰자가 조사표나 관찰행위 자체의 의미를 어떻게 해석할까 하는 쟁점들에 관해서도 그 나름의 설명과 이해를 얻고자 하면 민속방법론의 도움을 얻을 수 있다. 그뿐 아니라 부호부여자들이 표본조사 · 관찰 등의 응답이나 기록을 부호화할 때 일종의 상식적인 규준들을 따른다는 점을 분석함으로써 부호부여자간의 일관성만으로 신뢰도를 측정하는 일은 사실상 신뢰도측정이 아니라, 그들이 일관성을 추구하는 행위의 결과를 측정한다는 점도 알게 해 준다.

하지만 민속방법론은 그 방법의 특수성 때문에 대규모 사회단위를 연구하는 데에는 적합하지 못하다는 약점이 있다. 그보다도 더 중요한 쟁점은 타당성의 문제와 관계가 있다. 민속방법론자들도 사람들이 규칙적인 규범준수적 행동을 한다는 것을 관찰함으로써 사회에는 그들이 있다고 믿고 따르는 규칙 · 규준들이 존재한다는 추론을 한다. 그것이 그들의 이론적인 작업의 핵심이다. 그런데 바로 그와 같은 규칙이나 규준의 존재 · 실재 여부를 이들이 '직접' 관찰할 수는 없는 것이다. 규칙준수적 행동을 관찰하여 그것을 추리한 것에 불과하다. 이 때 규칙의 실제성은 보장할 길이 없다. 여기에 민속방법론의 타당성의 근본적인 쟁점이 도사리고 있다. 이는 마치 표본조사에서 사람들의 '의식'을 연구한다고 하지만, 실지로는 말로 표출한 의식이라고 연구자가 규정한 것이지의식이 실재하는지의 여부는 알 수 없다는 문제와 다를 것이 없다.

따라서 이들도 다른 사회과학자들과 함께 자기네가 쓰는 개념들의 타당성과 관찰의 신뢰도를 평가할 수 있는 합의된 규준들을 개발하는 것이 바람직하지 않을까 한다. 그렇지 않으면 결국 어떤 사회학자들이 지적한 것처럼 이들의 학문적 과업이 마치 '우스꽝스러운 것들, 어처구니 없는 것들, 엉터리 없는 것들'의 사회학(sociology of the absurd) 혹은 '미친 짓의 방법'(a method to the madness) 이라는 비방을 완전히 면치는 못할 것이다.

제 2 절 불개입 · 무반응법

이름이 조금 어색하기는 하지만 이대로 쓰기로 한 까닭부터 해명하겠다. 워낙 Webb와 그의 동료들이 1966년에 처음으로 저서를 내었을 때는 '눈에 뜨이지 않는'(unobtrusive) 방법들이라는 제목을 달았다.[2)]

그 책의 부제에 그들은 사회과학에 있어서 '무반작용적'(nonreactive) 연구라는 표현을 썼다(Webb *et al*., 1966). 그 뒤 1981년에 개정판을 출간했을 때에는 아예 '사회과학에 있어서 무반응적 방법들'이라고 고쳐 썼다(Webb *et al*., 1981).

이제 곧 설명하겠지만 눈에 뜨이지 않는 방법이란 연구자가 연구대상자의 눈에 띄어서 자기네가 연구대상임을 알게 하지 않도록 하자는 뜻이므로, 이를 우리는 연구자의 관점에서 '불개입법'으로 이해하려고 하였다. 또 무반응적이라는 말은 연구대상자가 연구자의 존재 · 개입으로 말미암아 그에 걸맞은 반응을 나타내는 성향이 있음을 감안하여 반작용이 없는 길을 택하도록 하자는 뜻을 담고 있으므로, 우리는 그 점을 참작, 연구대상자의 관점에서 '무반응법' 이라 이름하기로 한 것이다. 결국 연구자와 연구대상자의 상호작용을 동시에 함축하는 좋은 말을 찾을 수 없어서 이 두 요소를 모두 포함시켜 '불개입 · 무반응법'이라 부르게 되었다.

---

2) 국내에서는 오세철이 이를 '신중한' 실험법이라고 소개한 일이 있고(오세철, 1983 : 151-153), 최성재(2005) 등은 '비관여법'이라고도 한다.

Ⅰ. 불개입 · 무반응법의 기본관점

이 방법을 제창하는 학자들은 오늘날 사회과학연구의 지배적인 접근과 거기에서 얻는 자료의 대부분이 표준화면접과 질문서에 바탕한 것이라는 데 대한 성찰에서 시발한다. 그 자체 불완전한 것임에도 한 가지 방법에만 지나치게 의존한다는 문제의식을 가지고 있는 학자들의 생각에 면접이나 질문서법은 그것으로 묘사하고자 하는 사회적 상황에 하나의 '침입자' · 방해자로 작용한다는 것이다. 이런 방법은 태도를 측정하기만 하는 게 아니라 창출하기도 하며, 어떤 전형적인 역할과 반응들을 도출하고, 접근가능하고 협조용의가 있는 사람들에만 국한시켜야 하며, 획득한 응답의 일부는 주제와 무관한 개인차에 불과한 예가 허다하다는 것이 이들이 제기하는 타당성의 쟁점들이다(Webb *et al.*, 1966 : 1; Webb *et al.*, 1981 : 1; Denzin, 1970 : 260).

앞으로 제17장에서 일반적인 타당성의 문제를 논의할 것이고, 그 밖에 특수방법들을 다루면서도 각각의 타당성문제를 지적한 대로 면접원이나 관찰자의 관점에서 또는 질문서라는 인위적인 도구에 의해서 연구대상자에게 접근한다는 것은 연구방법 자체의 자료의 타당성에 갖가지 편의를 일으키는 요인으로 작용하게끔 되어 있다. 응답자가 피조사자라는 의식, 그에 따른 역할의 선택, 조사도구 때문에 일으키는 변화, 그리고 일정한 종류의 응답을 제공하는 성향 등은 응답자의 반작용효과로 일어나는 편의의 원천들이다. 한편 연구자, 특히 면접자 · 관찰자 자신의 여러 가지 특성에 따른 편의와 종단연구에 있어서 조사도구의 변화가 일으킬 수 있는 변차도 있다. 그 밖에도 모집단과 표본추출에 관련된 편의 등 쟁점들은 상당히 많다는 것을 지적할 수 있다(Webb *et al.*, 1981 : 49-75).

그러면 이와 같은 연구자의 개입으로 생기는 편의와 반작용을 조절 또는 제거하는 방법은 무엇인가? 이들의 대안은 명쾌하다. 연구자를 그가 연구하고자 하는 상호작용이나 사건의 현장으로부터 배제하는 길이다. 이것이 바로 불개입 · 무반응법의 기본적인 관점이다(Denzin, 1970 : 260). 물론 이를 주창하는 사람들이 면접 기타의 방법들을 전적으로 배척하는 태도를 취하지도 않고, 또 자기네가 제시하는 방법들만이 유일하게 타당한 것이라는 생각을 고집하지도 않는다. 오히려 그들은 다원적 접근을 중시하면서 지금까지 소홀히 하고 무시해 왔던 방법들을 예시하고 그 장·단점을 논의하려는 것임을 누누히 강조한다.

이제부터 이들이 예시하는 구체적 자료수집 · 분석법들을 하나씩 개관하기로 한다(Webb *et al.*, 1981 : Denzin, 1970 : 262-293; Frankfort-Nachmias and Nachmias, 2000 : 287-295; Neuman, 2003 : 308-330; Rubin and Babbie, 2008 : 289-290).

Ⅱ. 물리적 자취분석

사람들이 어떤 행동을 하고 나서 남기는 물리적인 자취 · 흔적 · 행적들(physical traces and signs)은 장차 그것들을 사회연구자들이 이용할 것이라는 사전지식 없이 그냥 생산하는 것들이다. 따라서 여기에 연구자의 개입도, 연구대상자의 반작용도 있을 턱이 없다. 이와 같은 흔적에는 두 가지 형태가 있다.

1. 물리적 자취의 종류

첫째, 침식자료(erosion measures)가 있다. 일정한 집단의 사람들이 활동한 결과로서 어떤 물리적인 침식 · 소모현상이 일어난 것을 관찰하는 방법이다. 예를 들어 공공도서관의 책이 많이 닳아 있으면 그 책의 인기도를 말해 준다든지, 어린이집의 장난감 중 소모가 많은 것을 관찰한다든지, 하층민의 주거사용형태를 연구할 때에 집을 어떻게 험하게 쓰는지를 관찰한다든지, 또는 교도소 같은 수용시설에 있는 사람들의 파괴적 행위에 대한 연구에서 물건이나 시설의 손상을 검토하는 등의 보기가 있을 것이다.

둘째, 첨가자료(accretion measures)다. 이는 침식자료와는 반대로 사람들이 흔적을 첨가시키거나 증가시키는 보기다. 휴지통에 쌓아 놓은 연애편지는 남녀관계의 징표일 것이고, 남녀기숙사의 쓰레기 속에 어떤 음료캔이 더 많이 쌓이는지를 보면 음료 · 음주의 남녀차이를 비교할 수 있다. 또는 관료조직체나 공식적 조직체 내의 개인의 사람됨과 사회관계를 연구할 때, 사무실책상에 진열해 놓은 물건, 사진이나 벽에 걸어 놓은 그림, 게시판에 꽂아 놓은 각종 신문 · 잡지오린 것 등을 관찰하는 수도 있다.

이와 같은 물리적 자취의 관찰을 자연적인 상황에서 수행하더라도 실험적인 개입에 의해서 효율을 높이는 수가 있다. 침식이나 첨가가 자연스럽게 일어나기를 기다리는 데 너무 시간이 많이 걸리든지, 또는 어떤 상황을 선정하여

한 동안 관찰했지만 결과가 기대하던 것과는 달리 엉뚱한 것임을 발견할 수가 있다. 그런 때에는 피관찰자가 알지 못하게 상황의 선택에 전문가나 관계자의 의견을 참작하든지, 특정대상물을 가져다 놓고 거기에 일어나는 변화를 본다든지, 또는 여러 상황과 특성들을 비교 · 관찰하는 등의 절차를 밟으면 일종의 실험적 접근이 되는 셈이다.

2. 물리적 자취분석의 평가

이 방법은 다양한 상황에서 시간이 흐르는 동안 사람들이 일정한 사회적 대상물에 대하여 행하는 사회적 행위들의 유무 · 빈도 · 분포 등을 기록하는 전략으로서 가장 적절한 것이라고 할 만하다. 고고학연구가 말하자면 이 방법의 대표적인 보기다. 이상적으로 하자면 한 종류의 대상에 대한 사람들의 행위의 흔적을 시간과 상황과 인구집단에 따라 비교하는 것이 바람직하다. 그래야만 일반화의 가능성을 높여 준다. 그리고 되도록 다른 방법들을 써서라도 그 관찰대상인구의 특성, 저들의 동기와 상황규정 같은 것을 파악 · 보완할 수 있으면 훌륭한 연구가 될 것이다.

그러나 물리적 자취 자체만으로 분석하는 데에는 한계가 있다. 우선 자료수집에 걸린 시간, 주제와 관계 없는 불순요소의 개입가능성, 자료의 질 자체 등 제약이 따른다. 게다가 관찰대상인 인구집단이 누구인지를 아는 방법이 없다. 또 어떤 흔적을 남기게 된 것이 실은 전혀 알아 차리지 못할 다른 종류의 행위나 반응의 결과일 수도 있다. 물리적 자취는 일정기간에 일정한 장소나 상황에서만 생길 수 있다. 실험적 접근도 가능한 게 있고, 할 수 없는 상황이 있다. 역사가 바뀌면 더 이상 관찰할래야 하지 못하는 대상물들도 있다.

Ⅲ. 기록보존자료의 분석

문헌연구법(제13장)과 현지연구법(제14장)에서 이미 상당히 자세한 검토를 한 자료가 각종 기록보존자료(archival records)다. 여기에는 공공기록과 개인기록이 있다는 것도 살펴보았다. 불개입 · 무반응법의 중요한 분석대상이 문헌·기록자료라는 것은 물론 그와 같은 기록자료의 생산과정에 연구자가 전혀 개입하지 않았을 때에 한해서 타당하다. 연구자가 의도적으로 요구 · 청탁하여 얻어 내는 기록도 있기 때문이다.

그러한 기록들의 종류와 성격 및 분석기법 등에 관해서는 이미 앞에서 다루었으므로 되풀이하지 않고, 한 가지 주의할 점만 지적한다. 개인문서도 마찬가지겠지만 특히 조직체나 제도를 대표하여 작성한 문서 · 기록은 그 자료들을 마련하는 사람들이 일으키는 편의에 민감해야 한다. 개인의 사적 문서에는 진실성의 문제가 있지만, 필자의 상황규정이 일단 드러날 터이므로 그 문제는 덜 심각하다. 그렇더라도 기록을 작성한 '상황' 또는 '맥락'에 대한 이해 없이 액면 그대로 받아들이는 데에는 문제가 있다.

가령 공공문서나 공식통계 숫자 같은 것들은 그것을 장만하는 공직자 또는 직원이 그의 조직체를 대표하여 그 '조직체의 시각'(organizational perspective)에서 사건이나 대상을 보고 · 기록할 것이다. 예컨대 가정(소년) 법원에서 판결을 내릴 때 보면 으례히 "집안이 이렇게 좋은 집 자녀라면 나쁜 짓을 할 수가 없지!"라는 고정관념이 크게 작용함을 알 수 있다. 그러한 시각에서 '소년비행'의 규정과 통계치가 나온다는 사실을 이해하지 못한 채 공식통계를 그대로 믿고 받아들인다면 분석에 문제가 있다.

그러므로 개인문서든 공공기록이든 간에 이들을 분석할 때에는 그것들을 만든 사람들이 주어진 시공적 상황과 사회적 상호작용의 맥락 속에서 끊임없는 타협과 적응과 규정과 해석의 과정을 거쳐 생산하는 소산물이라는 인식을 가지고 임해야 한다. '상황에 맞는 해석'(situated interpretation)을 하지 못하면, 타당성의 문제와 자료의 진실성문제를 제대로 해결할 수 없는 것이다.

Ⅳ. 단순관찰법

1. 단순관찰의 뜻

관찰법에 대해서도 제11장과 제14장에서 자세히 살펴보았다. 그러므로 중복을 피하는 범위 안에서 주로 단순관찰법(simple observations)만을 다루겠다. 여기서 '단순' 관찰이라 함은 그것이 참여관찰이든, 조직적 관찰이든 일정한 수식어가 붙지 않고 그저 관찰만 한다는 뜻이 숨겨져 있다. 이 때 '그저 관찰만' 한다는 말은 관찰자가 자신의 관찰대상인 상황이나 사건에 전혀 개입 · 간여하지 않고, 상대방이 모르게, 소극적인 자세에서 모나게 두드러지지 않도록 전혀 불개입의 상태에서 직접 관찰하는 행위를 함축한다. 그러나 관찰의 기법에서는 다른 어떤 관찰법의 방법이든 활용할 수 있다. 그리고 단순관찰의 또 한 가지 특징은 인간의 시각적 신호 · 단서들을 집중적으로 이용한다는 점이다.

단순관찰도 관찰대상에 따라 크게 다섯 가지 형태로 나누어 볼 수 있다.

2. 외현적 · 물리적 상징들

개인이나 집단, 지역공동체 또는 사회 전체는 어떤 겉으로 드러나는 물리적인 상징들(exterior body and physical signs)로써 자신 또는 자체의 성격 · 문화에 관한 정보를 표현한다. 사람이 입는 옷차림 · 몸치장 · 머리모양, 간판 · 도로표지 · 식단차림표, 기타 이른바 지위상징들, 달고 다니는 교표라든지, 금배지, 독일 나치당의 스와스티카 등등 별의 별 상징물들은 그 때 그 사회의 문화와 이념, 사람들의 계급적 지위, 직업범주 같은 여러 가지의 사회적으로 의미 있는 정보를 전달해 주는 수단이다.

단순관찰법을 써서 이런 상징들을 수집, 그 빈도와 분포, 상황과 시간 등을 체계적으로 기록하면, 어떤 집단의 특성뿐 아니라 사회의 문화적 변동을 추적하는 데에도 유용한 자료가 될 수 있다. 이런 것들은 힘들이지 않고 관찰 · 기록할 수 있다는 이점을 지닌다.

그러나 앞서 물리적 자취를 관찰하는 접근과 비슷한 약점이 있는 데다 관찰자의 피로 · 권태 · 고정관념형성 같은 문제가 생길 소지도 있다. 또한 대개는 공공장소나 특정상황에 국한시켜야 하는 약점도 지적할 수 있다.

3. 표출적 동작

일정한 유형의 몸의 움직임을 분석하는 동력학(kinesics, kinetics)의 연구대상과 비슷한 내용을 단순관찰하는 접근이 있다. 가끔 무의식적 행동까지 포함해서 사람들은 몸짓, 눈과 얼굴의 표정, 팔 · 다리의 움직임 같은 것으로써 자아를 드러내기도 하고, 자신의 상황규정을 표출한다. 이것을 표출적 동작(expressive movements)이라 한다.

그런데 이런 동작이나 표정을 관찰하는 연구에서 유의해야 할 것은 역시 그 동작이나 표정이 무엇을 뜻하는지에 대한 해석의 문제다. 물론 사람들이 몸짓과 말을 맞추어 하는 체현적 자세(embodied posturing)를 취할 때(가령 술취한

이가 "어 취한다!" 하면서 몸짓이 완전히 풀릴 때)는 문제가 없지만, 말과 몸동작이 서로 어긋나는 비체현적(disembodied) 자세를 취할 때는 해석상의 어려움이 따른다. 따라서 여기에서도 몸짓을 교환하는 상호작용참여자들의 관계, 상황의 성격, 문화적 배경 등에 대한 정보로써 보완할 필요가 있다.

4. 신체적 위치분석

앞서 관찰법을 다룰 때(제11장) 언급만 하고 지나갔지만, 사람들은 사회적 상호작용의 상황에서 자신의 신체를 일정한 사회적 공간에 위치시켜 놓고 움직인다는 사실에 주목하여 이를 단순관찰하는 방법이 있다. 위에서 소개한 표출적 동작의 관찰과는 서로 보완적인 성격의 비언어적 행동의 관찰인 셈인데, 이를 신체적 위치(physical location) 분석이라 일컫는다.

인종학에서는 유기체가 영토를 소유 · 활용 · 방어하는 행동을 연구할 때 영토성(territoriality)이라는 개념을 쓴다. 사람들도 일상적인 상호작용에서 개인적인 공간(personal space)이라는 것을 확보하려는 성향을 보이며, 사회적 관계의 친소정도에 따라 그 거리가 다르다는 것을 연구한 사람들이 있다. 우리말로 한다면 '텃세'라는 말이 함축하는 것을 사회적 공간으로 환원시켜 볼 수 있다. 그리하여 다음과 같은 영토의 유형까지 개발하고 있다(Denzin, 1970 : 275-276; Hall, 1959; Sommer, 1959).

1) 공공영토(public territory)란 극장 · 술집 · 해수욕장같이 누구에게나 접근가능한 자유로이 출입할 수 있는 영역이다.

2) '집안' 영토(home territory)라는 것은 특수한 범주 · 관계의 사람들에게만 참여를 허용하고, 그들 사이에는 친밀성과 행동의 자유가 정당성을 띠는 범위다. 소위 배타적인 '회원제' 클럽이라든지, '…관' 또는 '…급' 이상 출입가라는 식의 사무실구획이라든지 하는 등의 것이다.

3) 상호작용(interactional) 영토는 강연장 · 공연장 · 연회장 등 사교적 · 사회적 모임이 있어서 특정상호작용에 집중적으로 참여하는 상황이다.

4) 신체적 영토란 개인적 공간이라는 개념처럼 사람의 몸을 둘러싸고 침투를 허용하는 범위를 뜻한다.

이러한 방법의 문제는 시간과 상황에 따른 변차를 어떻게 처리하는가라는 것과 관찰자간의 신뢰도확보, 그리고 관찰자의 피로에서 생기는 권태 · 고정관념형성 같은 것들이다.

5. 언어행동의 관찰

언어행동의 관찰도 여러 가지가 있겠으나, 불개입 · 무반응법의 단순관찰의 주요 대상은 대화표집과 말하는 유형과 장소 · 시간 및 거기 있는 사람들의 범주와 관계다. 특히 언어행동의 분석에는 표출적 동작과 신체의 위치 같은 것의 관찰과 분석을 곁들임으로써 그 실효성을 높인다.

지금까지 이 방면의 연구의 보기를 들자. 술집 카운터에서 여자종업원과 하는 얘기가 대부분 자기 신분을 위장한 내용이라는 점을 탐지하기 위하여 술집대화를 몰래 녹음한 다음, 그 사람과 따로 만나 면접을 해서 확인한 보기가 있다. 또는 콜 택시기사들끼리 주고받는 대화, 전화통화, 길가에 서서 나누는 대화, 정신병원벽에 쓰인 낙서, 의사대기실 · 직업소개소의 대화의 분석 등 상황에 따라 다양하다(Denzin, 1970 : 277-279).

6. 시간표집분석

시간표집법에 관해서는 관찰법(제11장)을 살펴볼 때 언급한 것이다. 특히 불개입 · 무반응법의 단순관찰대상이 표출적 동작, 신체의 위치, 언어 같은 것일 때는 시간의 요인이 상당히 중요해진다. 언제, 얼마 동안 그런 것들을 관찰하는가라는 것이 관찰결과를 좌우할 수 있다. 따라서 일정한 시간에 걸쳐 대상자가 무엇을, 어떻게 하는지 일정한 장소에 따라 다니면서 관찰하는 것이 단순관찰에 있어서 시간표집의 기본이다.

그러나 시간이란 단순한 달력과 시계가 가리키는 것에 그치지 않고 사람들은 시간을 사회적으로 조직하면서 살아간다. 그러므로 연구자는 이러한 시간의 사회적 조직을 연구활동의 시간적 조직과 관련시킬 수 있어야 한다. 시간관찰법에는 계속적 관찰로써 한 가지 대상행동을 끝까지 완전히 관찰하는 법과 일정한 시간단위로 표집하는 접근이 있다.

구체적으로는 일기 · 일지 등의 분석, 시간활용(time use) 분석, 시간예산 또는 시간운영(time budget) 분석 등 여러 가지 접근법이 있다. 그 중 시간활용이나 시간예산 분석법은 주로 대규모 표본조사의 결과를 재분석하는 방법이라야 불개입 · 무반응법으로 간주할 수 있을 것이다. 또한 각종 기관 · 단체의 시간표, 학교의 학사력 같은 것도 분석해 볼 만하다.

Ⅴ. 계략적 관찰 — 숨은 기구활용

지금까지 살펴본 불개입 · 무반응법의 기법들 가운데 사람이 관찰을 해야 할 때는 관찰자의 오류가 생길 가능성을 지니고 있으며, 수집자료의 양과 질에 한계가 있다. 그러한 약점들을 극복하는 길로서 관찰자를 아예 배제해 버리고 대신에 기계를 감추어 두고 관찰 · 기록을 하는 방법이 있다. 이런 기계를 이용하면 우선 관찰상황을 계통적으로 변화시킬 수 있고, 영구적인 관찰기록을 얻을 수 있다. 게다가 기계에 의한 관찰을 가지고 사람들에 의한 관찰의 신뢰도마저 검토해 볼 수도 있다. 그리고 특기할 것은 대개 사람의 관찰활동은 공공장소에 한정시킬 수밖에 없는 데 비해, 기계를 쓰면 사사로운 행동의 상황까지도 관찰대상으로 삼을 수 있다는 이점이다.

숨겨 놓고 관찰 · 기록하는 기계들은 녹음기 · 비디오녹화기 · 사진기 · 일방경 등일 것이다. 그 밖에 생리적 운동을 측정하는 기계들도 있다. 이와 같은 기구를 이용하는 연구는 아직까지 소집단실험실 내 연구가 주종을 이루어 왔지만, 실험실 내 연구란 엄격히 말해서 불개입적 · 비관여적인 접근이라 하기 어렵다. 다만, 소집단연구를 실험실 밖의 자연스러운 상황으로 옮겨서 실시하는 방법은 있다. 직장에다 사진기나 녹음기를 장치해 둘 수 있고, 전화도청장치도 설치하며, CCTV로 비디오녹화도 한다.

그뿐 아니라 요즘은 라디오의 오디오자료와 TV의 비디오자료들을 무한정으로 축적해 놓고 있는 상태이므로, 이러한 기록들을 분석하는 것도 한 가지 방법이다. 다만, 이런 기록들에는 제작 당시의 여건으로 보아 이미 선택적 반작용성이 개입되었다는 점에 유의할 필요가 있다.

그리고 비록 기계들을 숨겨 놓고 관찰 · 기록하는 계략적 접근법을 쓴다 해도 완전히 자연상태에서는 주제와 무관한 방해요인들이 끼어 들 가능성을 배제하기 어려우므로, 실험적으로 개입상황의 변차를 두는 것도 도움이 된다. 예컨대 자연상태에다 일부러 사람을 투입하여 처음부터 가정한 방향으로 반응이 나오게끔 행동하도록 하는 방법 같은 보기다. 이런 때라도 투입한 동료

(confederates라 칭함)가 조금도 어색하지 않고 의심받지 않도록 행동하는 것이 긴요하다.

이상과 같이 기계를 쓰는 이점이 있는 반면에, 기계도 흠이 있다. 우선 이동성이 낮아서 시간과 장소에 따라 자유로이 움직이면서 필요한 관찰이나 실험적 변차를 두는 접근에는 한계가 있다. 다음은 비용문제가 따른다. 이런 기재들은 그 자체 값이 비싼 데다 녹음테이프나 필름 등 소모품들이 많이 들기 때문이다. 또 이렇게 수집한 시청각적 자료는 전문지에다 발표하기가 매우 불편하다. 아직은 시청각자료를 그대로 보고할 수 있는 그런 학술지들이나 다른 수단이 부족하다.

끝으로, 가장 중요하고도 까다로운 쟁점은 아무래도 윤리적인 판단과 관계 있다. 모든 사회조사류의 연구에서는 이 문제가 반드시 개입하지만 특히 참여관찰이나 숨겨 둔 기계로 관찰하는 계략적 접근에서는 직접적인 관련이 있는 쟁점이 된다. 이 윤리적인 책임은 사실 더 따질 것이 아니라, 책임질 일은 삼가는 게 좋을 것이고, 발각이 되어서 책임지게 되는 상황에서는 책임질 각오를 가져야 할 줄 안다.

Ⅵ. 불개입 · 무반응법의 특성

이 방법을 제창하는 학자들이 내세우는 가장 핵심적인 문제의식은 종래의 사회연구법에서는 거의 다 조사연구상황의 반작용성을 극복하지 못한다는 데에서 출발한다. 그 배경에는 면접 · 질문서기입 또는 관찰행위 자체가 하나의 사회적 · 상징적 상호작용이기 때문이라는 존재론적인 가정이 깔려 있다. 그러나 정작 그들이 제시하고 이용하는 방법은 거의 단순관찰을 중심으로 하며, 그 관찰의 대상 또한 '육안으로 포착할 수 있는'(혹은 귀로 들을 수 있는) 행동(언행)이나 물리적 흔적에 국한시킨다. 따라서 그들의 인식론적 관점은 객관성을 중시하는 지극히 행동주의적이라는 평을 면할 길이 없다(Denzin, 1970 : 292).

그렇지만 이들이 그렇게 관찰한 행동이나 흔적 · 동작 · 대화 등을 어떻게 이해하느냐 하는 대목에 오면 다시 상징적 · 상호작용론적 · 주관주의적 해석을 시도하지 않을 수 없는 순환적 모순에 빠져들기 쉽다. 그런 외현적으로 관찰가능한 '것들'을 보고 그것에다 '의미'를 부여하든지, 그로부터 인과적 설명을 시도한다면 그것은 매우 주관적인 추리와 추론을 수반하지 않을 수 없다. 여기에 객관적 자료와 주관적 의미를 연결시켜 주는 메타방법론이 결여한다는 문제가 떠오른다.

앞에서도 잠시 언급했지만, 불개입 · 무반응법의 인식론적 출발점은 해석적 사회과학에 가깝다 해도 실제 상황에서 자료를 관찰하고 기록 · 처리 · 분석하는 과정에는 양적 접근이 얼마든지 가능하고, 또 필요할 때도 있다. 이는 마치 문헌의 내용분석법이라든지, 여러 형태의 관찰법과 면접법을 이용하는 현지조사법 등에서 양적 · 질적 자료를 모두 다룰 수 있는 것과 맥을 같이 한다.

그리하여 Denzin(1970) 같은 학자는 그 해결책의 하나로서 불개입 · 무반응의 자료를 가지고 자연스러운 상황의 인간의 사회행동을 기록하되, 그에 대한 해석을 위해서는 상징적 · 상호작용론적인 주관적 의미이해가 가능한 다른 수단으로써 보완하지 않으면 아니 될 것이라고 주장한다. 그러한 접근은 말하자면 일종의 다원적 방법론을 요구한다.

제 3 절 다원적 방법론

여기서 다원적 방법론이라는 말은 특수한 외국어를 염두에 두고 쓰는 것이다. 이른바 삼각측량이라는 뜻의 triangulation이라는 단어의 의역이다. 혹 어떤 이들은 multiple triangulation이라는 중첩표현을 쓰기도 하고, 단순히 다원법적 접근(multimethod approaches)이라 일컫기도 한다.

본래 삼각측량법이라는 말은 항해나 군사작전에서 목표물의 위치를 정확하게 파악하고자 할 때 적어도 두 지점 이상을 동시에 측정표적으로 삼는 것이 유익하다는 맥락에서 유래한다. 그것을 사회연구에다 적용하면 한 가지 주제를 다루는 대상에 접근하고자 할 때, 한 가지 이상의 방법을 원용하는 것이 바람직하다는 유추를 자아낸다. 이제부터 그러한 다원적 방법론의 문제의식과 논리와 구체적 접근법의 유형들을 중심으로 간략히 살펴보기로 한다(Denzin, 1970 : 297-313; Smith, 1975 : 271-292; Webb *et al*., 1981; Frankfort-Nachmias and Nachmias, 2000 : 189-190; Neuman, 2003 : 137-139).

Ⅰ. 다원적 방법론의 문제의식과 논리

그 동안 표준사회과학의 방법이 표준화된 질문서법과 조직적 면접법에 거의 전적으로 의존하고 양적 자료의 수집과 분석에 집중하는 경향을 개탄하는 소리가 자못 높아졌었다. 그것은 사회연구의 인식론적 관점의 차이에서 나올 수도 있지만, 좀더 실질적으로 자료에 접근하는 자세와 관련한 비판의 모습을 띠기도 하였다. 그리하여 학자마다 자기 나름대로 대안적인 인식론이나 연구방법들을 보여 주고자 한다. 그 중의 하나가 다원적 방법론이라 할 수 있다.

첫째, 존재론적 배경을 깔고 인식론적 시각에서 사회연구의 문제점을 지적하는 보기를 들어 보자(Denzin, 1970). 일종의 상징적 상호작용론의 관점을 바탕삼아 사회과학자가 연구하고자 하는 경험적 실재라는 것이 그 자체 경합하는 대안적인 여러 규정들과 태도와 심지어는 개인적인 가치의식으로 이루어진 사회적 실재라는 견해를 들 수 있다. 다시 말해서 그것은 사회과학자의 상징적 환경 안에 있는 하나의 사회적 대상이며, 사회연구활동 자체도 상징적 상호작용의 한 행위라고 본다. 결국 개개의 사회연구방법과 사회과학자는 그 나름으로 이와 같은 대상을 향한 각양각색의 행위의 경로를 취하는 셈이다.

따라서 특정방법과 연구자간의 완전한 합일이라는 것도 기대하기 어렵다. 바꾸어 말해서 연구자는 나름대로 갖가지 편의와 선입관을 가지고 대상에로 지향할 것이고, 그가 쓰는 방법은 또 연구자의 의지와는 무관하게 그 자체로서 특이한 반작용과 편의를 일으키는 것이다. 이러한 상황에서도 사회과학자는 과학자의 공동체에서 정당성을 최소한 인정받을 만한 행위의 규준을 준수하도록 기대받고 있으며, 자신의 연구행위는 그 공동체에게 공개할 수 있는 성질의 것이어야 한다.

이와 같은 문제의식에서 단일방법이 야기하는 경직성과 편의와 오류를 극복하고, 사회연구자로 하여금 자신의 개인적인 편향성을 초월하게끔 해 주는 행위의 기획으로서 다원적 방법론은 의의를 갖는다.

둘째, 실제적인 방법상의 문제점들에 대한 지적에는 다음과 같은 것이 있다(Smith, 1975). 가령 상당수의 사회연구자들이 특정 방법이나 기법을 택하는 기준은 타당성이나 신뢰도 같은 것이 아니라 오히려 '편리함'(便宜性)이라는 사실을 밝힌 연구가 있다. 또는 방법과 기법의 선택이 소위 '방법론적 편협성 아니면 자기중심주의'(methodological parochialism 혹은 ethnocentrism)에 의존한다는 점을 꼬집기도 한다. 한 마디로 '방법구속성'(method-boundedness)이라는 쟁점이다.

요컨대 한 가지 방법 · 기법에 매이게 되면, 거기서 얻는 결과로써 이론적 가설을 검증한다고 해도 그 검증 자체의 타당성을 보장할 근거는 한정되어 있다. 이 때 다른 방법을 활용하게 되면, 검증의 공신력은 더욱 높아지게 마련이다. 방법이나 기법 자체가 처음부터 중립적이고 이론과 동떨어진 것이 아닌 이상 선택적 인식의 오류는 내재적으로 존재한다. 여기에 다원적 접근의 방법론적 의미를 찾는다.

실제로 다원적 방법을 적용할 때 고려해 볼 수 있는 구체적인 유형에는 다섯 가지가 있다. 이들은 ① 이론적 다원화, ② 자료의 다원화, ③ 분석단위의 다원화, ④ 연구자의 다원화, ⑤ 그리고 방법론적 다원화다.

Ⅱ. 이론적 다원화

사실 사회과학에서는 한 가지 이론적 전망을 고집함으로써 자아내는 오류가 허다하다. 이를 극복하는 길로서 이론의 다원화를 생각해 봄직하다. 그 전략으로 다음과 같은 것을 시사한 예가 있다(Westie, 1957; Denzin, 1970 : 303-307; Smith, 1975 : 275-276).

1) 해당 분야의 기존 명제들과 근사한 명제들을 깡그리 나열해 본다.

2) 각각의 명제에 대하여 그럴싸한 가능한 해석을 부여한다.

3) 이런 명제들이 가정하는 경험적 관계가 실지로 존재하는지를 확인하기 위하여 실제연구를 실시한다.

4) 경험적 검증에서 입증받지 못하는 추정관계들과 그런 추정을 뒷받침하는 해석들을 기각한다.

5) 잇따라 경험적 탐구를 하여 처음 설정한 상호모순되는 해석들 가운데서 가장 적절한 것을 설정한다.

6) 이렇게 검증에서 합격 · 불합격한 명제들을 별도 나열하고, 이들을 도출해 낸 이론들을 재검토 · 평가한다.

7) 이상의 경험적 검증의 전반에 걸쳐 적합성을 인정받을 만한 이론체계를 재형성한다.

이와 같은 절차가 유리한 점은 다음과 같다.

첫째, 이론을 정립할 때 그 이론적 체계 밖에서는 그럴싸함에도 불구하고 체계 내에서는 모순되는 명제들을 무시해 버리고, 그 자체로서만 내적으로 일관성이 있는 이론을 형성할 가능성을 최소화시킬 수 있다.

둘째, 따라서 이론적인 해석도 여러 가지를 광범위하게 고려할 수 있는 절차다.

셋째, 보통 하는 식으로 어떤 특수한 종류의 명제들만을 검증하는 게 아니라, 다수의 각종 명제들을 입증 또는 의심해 볼 수 있는 기회를 제공한다.

넷째, 그리고 처음부터 대안적 설명을 인정하고 시작하기 때문에 경험적 탐구가 끝난 뒤에도 대안적 설명으로 존속할 길을 터줌으로써 개별적인 특수 연구과제에 그치지 않고 하나의 뭉뚱그려진 연구프로그램을 수행하게 해 준다(Smith, 1975 : 276).

Ⅲ. 자료의 다원화

자료의 다원화란 자료의 생산 · 수집 과정(이는 방법론적 다원화임)이 아니라 자료의 원천 자체를 다양한 것에서 구하자는 접근이다. 여기에는 시간과 공간의 두 차원이 있다.

1. 시간적 다원화

이것은 종단적 연구를 뜻한다. 대개 질문서 · 면접에 의존하는 사회조사연구가 단일시점의 정태적 연구라는 점을 자주 지적하거니와 횡단자료를 가지고도 시간적 차원의 해석은 가능하다 해도 거기에는 한계가 있다. 따라서 이를 극복하기 위해서는 종단적 접근을 할 수밖에 없다. 종단설계의 종류에 관해서는 이미 제 3 장 연구설계와 제 5 장 표본조사개관에서 자세히 소개하였다.

2. 공간적 다원화

사회과학의 초기에는 역사적 연구(종단적 접근)와 비교연구(횡단적 접근)가 상당히 활발했었다. 그러다가 한 동안 사회연구는 주로 정태적 횡단연구를 한 사회 안에서만 행하는 추세가 우세했고, 근자에는 다시 역사적 비교연구의 중요성을 강조하기에 이르렀다.

공간적 다원화는 모집단을 다양하게 선정하여 연구하자는 전략을 뜻한다. 한 사회 안에서는 주로 학생집단 · 주부 등만을 대상으로 삼는 일을 삼가자는 말도 되고, 나아가 문화가 서로 다른 사람들을 비교하자는 말도 된다. 특히 국가간 · 문화간(cross-national, cross-cultural) 비교연구를 그 동안 상대적으로 소홀히 했던 점을 고려한다면, 이러한 공간적 다원화의 전략은 더 큰 의의를 지닌다.

Ⅳ. 분석단위의 다원화

앞서 제 4 장 자료에서도 언급한 바 있지만, 사회연구의 단위가 무엇인가에 따라서 그 자료가 '사회'의 연구에 적합한지를 판단할 수 있다. 표준질문서 · 면접법이 안고 있는 문제 중의 하나도 바로 관찰과 분석대상이 개인인데, 그것에 입각하여 사회를 운위한다는 점이라는 것을 지적받는 까닭이 바로 여기에 있다(Phillips, 1971). 그러므로 사회연구는 관찰과 분석의 단위가 '사회적'인 성격의 것이어야 한다는 점에 유의하여 가능하면 여러 단위를 분석할 수 있는 방법들을 택하는 게 바람직하다. 그러한 사회적 단위의 보기로는 다음과 같은 수준들이 있을 것이다(Smith, 1975 : 286-289).

(1) 단순집계(aggregate analysis) : 연구분석과 표본조사의 집합단위

(2) 상호작용적 · 관계적 집단분석 : 여기에서는 개인들과 집단들 사이의 상호작용 그물의 유형과 관계적 유형이 분석단위가 될 것이다.

(3) 조직적 분석단위 : 개인이 아니라 조직체를 분석의 초점단위로 한다.

(4) 제도적 분석 : 정치 · 법률 · 경제 · 가족 · 종교 · 교육 등등 각종 사회제도의 내부와 제도들간의 관계 같은 것이 분석대상이 될 것이다.

(5) 생태적 분석 : 주로 사회현상의 설명에 지리적 · 지역적 · 공간적 맥락과 요인을 가미하는 접근이다.

(6) 문화적 분석 : 규범 · 가치 · 관행 · 전통 · 이데올로기 · 기술 등 문화의 항목들과 특질들을 분석한다.

(7) 사회전체단위의 분석(societal units) : 사회 전체를 한 단위로 삼을 때 도시화 · 공업화의 정도라든지, 학력 · 국민총생산 · 정치권력의 분포 · 계급

구성 같은 것들을 다룬다.

(8) 세계체계 : 여기에 최근에는 세계를 하나의 정치경제적 단위체계로 인식하고, 각 사회의 성격도 그 체계의 맥락에서 분석하려는 노력이 자주 등장하고 있다(Wallerstein, 1974).

Ⅴ. 연구자의 다원화

연구자의 다원화(investigator triangulation) 혹은 관찰자의 다원화(observers triangulation)란 여기서는 관찰을 직접 하는 사람들이 여럿이면 좋은 점이 있을 것이라는 뜻이다. 물론 여러 관찰자가 참여할 때는 상당한 주의와 사전훈련이 필수적이다. 단일연구자가 자신이 어쩔 수 없는 갖가지 편의의 원천이 될 만한 특성들을 가지고 현지에 임해야 하는 데 비하면, 여러 관찰자가 참여함으로써 그러한 특이한 편의를 줄이는 데에 기여할 것이 틀림없다.

그러나 두 가지 점에서 연구자의 다원화가 유리하다는 것을 지적할 수 있다. 첫째는 그처럼 특이한 특성들을 가진 다른 관찰자들 간의 관찰결과를 비교함으로써 자료의 타당성을 검토할 자료가 생긴다. 곁들여 관찰의 신뢰도도 측정해 볼 수 있다. 이보다 더 중요한 두 번째 이점은 처음부터 이론적 전망이나 패러다임이 서로 다른 연구자와 함께 참여함으로써 이들이 각각 수집하는 자료 사이에 차이가 얼마나, 어떻게 생기는지를 비교해 보는 일이 가능해진다. 이 때 서로가 비슷하면 타당성과 신뢰도가 높은 것으로 판정하게 된다. 하지만 서로의 변차가 크다면, 그 다른 까닭이 무엇인지를 밝혀 보는 계기가 생길 수도 있다. 여기에 다원적 접근의 묘미가 있다.

Ⅵ. 방법론적 다원화

방법론적 다원화에는 방법내적 접근(within methods)과 방법간 접근(between methods)의 두 가지가 있다.

방법내적 접근이란 단순히 한 가지 관찰을 되풀이하는 반복(replication)을 뜻하며, 방법간 접근은 같은 대상에 대한 연구에서 여러 가지 상이한 방법들을 원용한다는 것이다. 이에 대한 해설은 불필요하다. 중요한 것은 연구문제나 이론과는 유관적합한지, 그리고 각 방법·기법에 대한 고려 등에 입각하여 신축성 있게 방법들을 선정하라는 원칙이다.

물론 이상과 같은 다원적 방법론은 이론상 원칙으로 매우 강한 이점을 지닌다. 다만, 실질적으로 보면 시간과 비용 등의 현실적인 제약이 있고, 또 분석단위의 종류에 따라서는 보통 사회과학자가 근접조차 할 수 없는 자료들과 대상들이 있다는 점이 난관이 된다. 그러므로 결국 타협하여 '편리함'을 따르는 결과가 생긴다. 그럼에도 불구하고 사회연구는 가능하면 다원적 방법을 취하여 자료의 질을 높이고, 경험적 연구의 타당성을 확보하는 데 애써야 하겠다.

제 4 절 기타 방법론들에 대한 해명

이 책에서 우리는 가능하면 모든 주요 인식론적 전망들의 방법론을 망라하려는 의도를 가지고 있었다. 그러나 현실적으로 '경험적 자료'의 생산·수집·분석이라는 테두리를 떠나기가 어려운 상황에서, 마침내는 스스로 작업을 한정시키지 않을 수 없었다. 제 1 장에서 우리 나름대로 제시한 현대사회과학의 3대 조류 가운데 이른바 표준사회과학과 해석적 사회과학의 연구방법들을 비교적 소상하게 다루었다고 볼 수 있다.

그러나 제 3 의 조류인 비판사회과학은 성격상 경험적 자료의 생산·수집·분석이 주된 과업이 아니라는 점으로 말미암아 더 이상의 취급은 어렵게 되었다. 이 조류의 작업은 주로 언어분석이나 철학적·이론적 분석의 수준에서 활발히 이루어지고 있는 것이므로, 엄격한 뜻에서 '경험적으로 관찰'하는 과정을 거쳐 자료를 생산·수집하는 기법 자체와 그에 관한 메타이론에는 관심이 그만큼 덜 하다.

이와 같은 평가는 제 1 장에서 부각시키지 않은 다른 조류들에게도 마찬가지로 적용할 수 있을 것이다. 예컨대 인류학의 구조주의라든지, Foucault류의 후기구조주의 같은 전망들이 여기에 해당한다. 이들의 작업도 이미 있는 자료(주로 언어적 자료)를 그들 나름의 '철학적' 이론(존재론이라고 하면, 형이상학적이라는 말까지도 쓸 수 있다)의 틀 속에서 면밀하게 해체하고 재구성하는 그런 분석에 집중하고 있다.

적어도 이 책의 수준에서는 너무 추상적이고 '철학적'인 작업이라 여기고 일단 다루지 않았음을 밝힐 따름이다. 다른 기회에 그와 같은 '방법론'도 포함시킬 수 있기를 바란다.

주요 개념들

민속방법론	현상학	상징적 상호작용론
언어분석철학	삶의 세계의 방법들	실질적 문제
실용적 사유	실용적 행위	합리적 설명가능성
설명의 재귀성(자기반영성)	지시성	지시적 특수물
구성적 분석	대화의 형상화	제작과정에 형성하는 설명
기타 조항	불개입 · 무반응법	비반작용성
물리적 자취	침식자료	첨가자료
상황규정	기록보존자료	조직체의 전망
단순관찰법	외현적 · 물리적 신호	표출적 동작
신체적 위치	영토성	언어행동
시간표집	계략적 관찰	투입한 동료
다원적 방법론	삼각측량법	경험적 실재
방법론적 편협성	자기중심주의	방법구속성
이론적 다원화	자료다원화	시간다원화
공간다원화	분석단위다원화	연구자다원화
방법론적 다원화	방법 내 · 방법간 다원화	

생각해 볼 문제들

1. 민속방법론의 인식론적 · 존재론적 배경과 특성은 무엇인가?
2. 민속방법론의 핵심적인 개념들은 어떤 것인가?
3. 민속방법론에는 '방법론'이 있는가?
4. 불개입 · 무반응법의 문제의식과 기본관점은 무엇인가?

5. 불개입 · 무반응법의 구체적 기법들을 비교 · 검토해 보자.
6. 다원적 방법론은 왜 대두하였는가?
7. 다원화의 유형을 비교해 보자.
8. 기타 방법론의 의의를 상고해 보자.

제 III 부

자료의 처리·분석 및 결과보고

지금까지 제Ⅱ부에서는 자료수집의 여러 가지 방법의 원리와 기법에 관하여 자세히 검토하였다. 이제는 그렇게 수집한 자료를 처리하고 분석하여 결과물을 보고하는 마지막 단계를 다룰 차례다. 앞에서 자료수집단계에서도 그러했듯이, 여기에서도 일단 자료의 성격이 양적이든 질적이든 모든 자료에 대하여 처리방법과 분석의 원칙 및 구체적 기법 등을 살펴보려고 한다. 물론 양적 자료와 질적 자료는 다루는 방법에서 공통점도 있지만, 차이가 많다는 점에 주목해서 별도로 취급하게 될 것이다. 다만, 일단 자료를 수집하기는 했으나 그 자료가 과연 얼마나 믿을 만하고 타당한 것인지를 우선 검토하는 것이 순서다. 그러므로 자료의 타당도와 신뢰도를 평가하고 측정하는 이론적 근거와 기법을 살펴보게 된다. 물론 이 책에서는 우선 양적 자료의 타당도와 신뢰도 문제를 별도로 다루고, 질적 자료에 대해서는 추후에 다시 자료분석과 함께 검토하도록 하였다.

그리고 자료는 일단 수집만 하면 바로 분석이 가능한 수가 없지는 않으나, 대개는 먼저 자료를 분석하기에 알맞고 편리하게 정리를 할 필요가 있다. 이를 두고 자료의 처리(data processing)라 한다. 양적 자료든 질적 자료든 다룰 수 있는 형태로 처리를 받는 것이 좋다는 원리다. 물론 이 책의 구성으로 보아 아예 양적 자료와 질적 자료의 처리를 따로 검토하도록 하는 것이 편리하다고 생각해서 분리하였다. 양적 자료는 잘 다듬은 다음 곧장 분석으로 들어갈 수 있다. 따라서 이어지는 장에서는 양적 자료의 분석기법의 논리와 통계적 분석방법을 소개하게 된다. 그런 후에 질적 자료의 분석원리와 기법을 별개의 장에서 살펴볼 것이다.

자료분석을 끝내면 마지막 단계로 조사연구의 결과를 공개하기 위한 보고서의 작성과정이 남는다. 보고서는 결국 자신의 연구를 하나의 이론적 틀로 정리한 것이 되기도 하고, 정책적 제안을 위한 기초자료의 공표가 되기도 한다. 이는 연구결과를 공개하는 절차로서 의미가 있다. 연구자로서는 일종의 업적으로 간직하게 될 터이나, 그것을 학계나 정책입안자들이 활용할 수 있다는 것도 중요하다. 그리고 그것은 미래의 연구를 위한 중요한 자산으로 남게 된다.

제17장 자료의 타당성과 신뢰도

어떤 연구에서나 그 접근방법이 무엇이든 간에 되도록 '좋은 자료'를 얻을 수 있기를 요구한다. 자료의 '질'이 무엇을 뜻하는지에 관하여, 그리고 자료의 질을 판가름하는 기준에는 여러 가지가 있음을 앞서 제 4 장에서 이미 밝혔다. 표본조사에서 얻은 자료는 그 대표성이, 관찰법에서는 관찰자의 신뢰도가, 실험적 연구에서는 실험적 통제와 처리의 쟁점이, 그리고 문헌연구에서는 기존 자료의 신빙성 같은 것이 문제가 될 수 있다. 그러나 무슨 방법을 쓰든 반드시 한번씩은 검토해 볼 필요가 있는 것이 바로 타당성과 신뢰도다.

여기서는 주로 양적 접근과 관련해서 제기되는 타당도와 신뢰도의 쟁점을 그 성격 · 원천 · 계산방법 등을 중심으로 간추려 보려고 한다. 대개는 표본조사법에다 초점을 맞춘 고려사항들이고, 특히 위에서 생각해 본 갖가지 측정수단과 측정과정에서 일어나는 문제점들과도 관련 있지만, 간혹 실험적 방법과 기타 일부 질적인 접근에서 생기는 타당성과 신뢰성의 쟁점도 함께 다루게 된다.

제 1 절 자료의 타당성

타당성 혹은 타당도는 한 마디로 연구자가 관찰(측정)하고자 하는 현상 · 대상 · 내용 등을 제대로 관찰(측정)하였는지를 가리는 기준이다(Smith, 1975 : 61). 조금 달리 표현해서 어떤 개념이 지목하는 특정현상의 측정값이 바로 그 현상을 성공적으로 측정해 주면, 그 측정 자체는 타당한 것으로 간주한다(Phillips, 1971 : 197).[1)]

1) 이 밖에도 타당성(도)의 개념규정은 여러 가지 있다. 좀더 기술적으로 정의한 보기를 들자.

그런데 이런 개념규정에서는 적어도 두 가지 성질의 쟁점을 다룬다. 첫째는 측정에 쓰는 도구(자)가 엉뚱한 개념(현상) 대신 우리가 측정하려는 개념(현상)을 정말 재고 있는가 하는 것이고, 둘째는 그 개념(현상)을 정확하게 측정하고 있는가라는 것이다(Bailey, 1978 : 57). 여기서 정확성은 없더라도 재고자 하는 것을 재는 일은 가능하지만, 정말 측정할 것도 못 재면서 그 자나 잰 값의 정확성을 따지는 것은 말이 안 된다.

Ⅰ. 결과의 타당성과 관련 있는 요인들

대체로 이 문제는 조사연구의 결과(findings), 즉 자료의 타당성과 측정치 또는 재는 자(measurements)의 타당성으로 크게 나누어 생각할 수 있다. 여기서는 먼저 결과(자료)의 타당성을 점검하는 데 고려할 항목들을 생각하기로 하고 (Smith, 1975 : 61-75),[2] 이들을 열거하면 다음과 같다.

(1) 내적 타당성
  ① 역사의 요인
  ② 성숙의 요인
  ③ 검사의 영향
  ④ 조사자의 요인
  ⑤ 조사대상의 차별적 선정
  ⑥ 조사 과정에서 선별적 감퇴현상
  ⑦ 통계적 회귀
  ⑧ 대상선정과 성숙의 상호작용효과
  ⑨ 불안정성
(2) 외적 타당성
  ⑩ 검사에 대한 반작용효과

Selltiz 등(1976 : 169)에 따르면, 한 측정도구의 타당도란 그 자로 잰 값으로 나타난 차이가 바로 우리의 측정대상인 개인들의 어떤 특성에서 실지로 갖고 있는 차이를 반영해 주는 정도라고 한다. 또 다른 학자들은 어떤 지시자(지표, indicator)가 측정하고자 하는 개념을 실지로 측정해 주는지의 여부를 따지는 것이 타당도의 문제라고도 한다(McGaw and Watson, 1976 : 211; Babbie, 1975 : 502). 가령 IQ라면 진정 우리의 지능을 재는 지표 · 측정치 · 자(척도)인가라는 문제를 따지는 것이다.

2) 대부분의 교과서에서는 타당도 · 신뢰도 문제는 측정과 관련해서 다루고 있는 게 특징인데, Campbell and Stanley(1963)에서는 자료의 문제로 다루고 있다.

⑪ 차별적 선정과 독립변수의 상호작용
⑫ 자료수집의 상황 자체가 일으키는 반작용 효과
⑬ 중다처치(다원적 독립변수)의 개입
⑭ 측정의 쓸데없는 민감성
⑮ 독립변수의 쓸데없는 반복가능성

이런 말들은 대개가 자료수집의 과정, 특히 실험과 관련 있는 타당성문제의 요인 또는 원천들임을 우선 밝혀 두거니와 이미 제12장(실험연구법)에서도 잠시 살펴본 것이다.

1. 내적 타당성의 문제

첫째로 내적 타당성이란 다른 방법을 썼으면 다른 결과가 나왔을 것인가, 달리 말해서 그 방법을 썼기 때문에 특정의 결과(자료)를 얻었는가 하는 문제와 관련 있는 것이다. 이와 같은 내적 타당성의 문제점을 일으키는 요인들이 바로 위에 제시한 아홉 가지다.

(1) 역사(History)의 요인

자료수집 또는 실험과정에서 우리의 관심사인 특정독립변수 이외의 여러 사건들이 일어날 수 있다. 그래서 독립변수(X)가 종속변수(Y)에 영향을 미칠 것으로 가정했음에도 불구하고 실지로는 X'라는 엉뚱한 사건이 Y를 좌우했을 가능성에 관심을 두어야 한다는 말이다. 이런 가능성을 배제하는 길로는 앞에서 자세히 고찰한 실험설계법 중에서 통제집단과 비교하는 방법이 있다. 그러니까 동일한 역사적 과정을 경험하는 서로 성격이 같은 두 집단을 두고 한 집단에는 독립변수 X를 작용시키고, 다른 집단에는 X를 작용시키지 않음으로써 $X \rightarrow Y$의 관계를 확인한다는 논리다.

(2) 성숙(Maturation)의 요인

역사의 요인이 조사연구에서 다루는 변수들과는 관계 없는 어떤 상황적 사건의 발생이라면, 성숙의 요인은 연구대상인 개인 · 집단 · 지역공동체 · 사회 등의 자체 내 조건의 변화를 말한다. 이 요인은 특히 어린이의 발달과정을 연구한다거나 집단의 성장을 연구하는 등 종단적(longitudinal) 접근에서 문제되는 것이다. 그러나 일반적인 1회 연구에서도 조사대상자가 위치한 시간적 조건이 일상적인 삶의 과정에서 특정적인 의미를 띠는 것일 때는 그것이 응답에 직접 영향을 미칠 수가 있다. 비근한 보기로 한창 시장할 때 "귀하에게 지금 가장 중요한 것은 무엇입니까?"라는 질문을 했다면, '음식'이라는 대답을 할 가능성이 있다는 것이다. 이런 문제의 해소도 비교하는 집단이 그런 성숙요인에서는 같은 조건이 되도록 조정하는 실험적 설계의 논리를 따르는 방법밖에 없다.

(3) 검사(Testing)의 영향

흔히 반작용을 일으키는 방법(reactive methods)이라는 말에서, 또 조사연구 과정 자체가 사람들의 반응 · 응답에 영향을 미친다는 말에서 시사한 것처럼 조사연구의 방법 자체 때문에 조사대상이 영향을 받는 것을 검사의 요인으로 간주한다.

질문서 · 면접 · 관찰 · 실험, 그 어떤 방법이든 조사대상자가 자신이 조사연구의 대상이라는 사실을 의식하는 한 그것은 반작용을 일으킬 소지가 있다. 따라서 그런 연구활동 자체가 일상생활의 정상적인 부분이라는 인상을 주든지(가령 학생들이 시험을 치는 것과 같이), 아니면 대상자가 전혀 그것을 의식하지 못하도록 하는 불개입법(비관여법)을 쓸 수밖에 없을 것이다.

(4) 조사자의 요인

기술적 용어로는 측정도구(instrumentation)의 요인이라고 하지만, 실은 조사자의 능력 · 효율성 · 경험 같은 요인의 변화와 자료수집에 활용되는 도구 · 기계(녹음기 · 사진기 등) 등의 성능에 따른 결과의 차이를 말한다. 실지로 면접조사연구의 경험에 의하면 면접원들의 능률 · 성의 같은 것에 따라서 자료의 질이 좌우되는 수가 자주 있다. 마치 기계가 낡아서(instrument decay) 성능이 좋지 못한 것에 비유할 수 있다.

(5) 조사대상의 차별적 선정(differential selection of subjects)

조사대상자의 선정 · 표집 과정에서 난선의 절차를 밟지 않거나 체계적인 편의가 작용하게 되면, 그 자료의 해석에는 문제가 있다. 이 문제는 표본추출에 관한 논의에서 이미 살펴본 것이다.

(6) 조사도중의 선별적 감퇴현상(differential mortality)

조사연구를 진행하는 도중에 일정한 종류의 조사대상자가 임의로 표본으로부터 탈락하든지, 또는 표집은 해 놓고도 조사에 포함시키지 않는다든지 하면 그 결과를 해석하는 데에는 문제가 있다. 인구센서스 같은 데에서 험함 산골 동네 사람들 또는 도시빈민층이 계통적으로 탈락하는 사례가 이런 문제의 보기다. 그뿐 아니라 참여관찰에서 특별히 흥미 있는 상호작용만을 집중적으로 관찰하느라 다른 측면들을 놓칠 수 있고, 실험상황에서 난선적 배치를 해 놓은 뒤에 임의로 실험대상자를 가려 내는 일도 있으며, 면접자가 면접은 하지만 응답자의 사정으로 일정한 정보는 빠뜨리지 않을 수 없는 때도 있을 수 있다.

(7) 통계적 회귀(statistical regresssion)

이 문제는 통계전문가들에게는 익숙한 것이지만, 일반에게는 설명하기 어려운 성질의 것이다. 따라서 여기서는 그 성격만 간단히 밝혀 두는 데 그치겠다. 시계열상으로 양적인 자료 또는 측정치를 다룰 때, 처음 시점에서 점수가 극단적인 사례들(예:IQ점수가 상위 10%인 사람들, 권위주의 점수가 낮은 이들, 또는 범죄율이 높은 지역)을 뽑음으로써 다음 시점과 비교할 때 일어날 수 있는 해석상의 오류를 뜻한다. 대체로 이런 때는 처음에 극단적인 점수를 얻은 사례들이 다음 번에는 평균치와 가까운 점수들을 얻게 된다는 현상을 통계적 회귀라 한다. 예컨대 IQ가 아주 높은 부모들만 뽑아서 자녀들에 대한 IQ검사를 하면 자녀들의 점수가 평균에 가까워지므로, 이 결과를 두고서 세대가 갈수록 IQ면에서 저질의 사람들이 태어난다는 결론을 내리는 오류는 범하지 않아야 한다는 것이다. 이런 회귀현상은 자연스러운 회귀에 의해서 일어날 수도 있고, 측정도구의 신뢰도가 낮아서 생길 수도 있다고 한다. 이 문제는 간단히 해소될 성질의 것이 아니라는 게 전문가들의 의견이지만, 난선에 의한 이념형적인 실험설계의 논리를 따르면 어느 정도 극복할 수도 있다고 한다.

(8) 대상선정과 성숙의 상호작용효과(selection-maturation interaction effects)

실험이나 통계적 분석에서 상호작용효과 또는 조합효과라는 말이 자주 나온다. 어떤 두 가지 이상의 조건 또는 변수가 종속변수에 영향을 미칠 때 각각 따로 작용하기도 하지만, 그 둘 이상의 것들이 상호간에 작용하면서 함께 종속변수에 변화를 가져오는 수가 있다는 뜻이다. 대상선정과 성숙(또는 역사 · 검사요인 등)의 조합효과란 가령 두 집단의 학생들에 대한 적성검사를 할 때, 우연히도 그 중 한 집단에는 과거에 이미 적성검사를 받은 경험(역사의 요인 또는 성숙요인)이 있는 사람들이 더 많다든지, 아니면 그들 중에 특별히 기계조작에 능숙한 성향이나 성취동기가 강한(성숙요인) 아이들을 더 많이 포함하고 있다면, 그 적성검사의 결과에 대한 해석은 문제가 있을 수 있다.

(9) 불안정성(instability)

어떤 분야나 마찬가지겠지만, 특히 사회과학의 실제연구에서는 관찰 · 측정 · 실험하려는 대상의 특성에 대한 조사결과에 나타난 차이가 그 현상의 실질적인 차이가 아니고, 측정도구 · 표집단위 등의 불안정성 때문에 생길 확률이 매우 높다. 이런 우연한 불안정성이 아니었으면 다른 결과를 얻을 수도 있었겠지만, 그렇다고 그렇게 얻은 결과가 반드시 참된 속성을 표상하는지의 여부는 알 길이 없는 게 문제다. 그러므로 양적 자료를 다룰 때는 통계적인 절차를 밟아 그와 같은 '우연'(chance)에 의한 차이가 생길 '확률'(chance)을 따져서 결정을 내리는 것이다. 그 절차로는 우선 같은 도구를 가지고 같은(혹은 비슷한) 대상(표본)에다 반복조사를 하는 길이 있지만, 이는 현실적으로 어렵다. 그래서 통계적 유의도검사(significance test)라는 것으로 처리한다. 이 방법에 관해서는 뒤에 통계적 분석을 다룰 때 해석하겠지만, 한 마디로 이 절차는 우연에 의한 변이의 확률을 따지고 결론을 얻고자 하는 하나의 방편이라는 점만 지적해 둔다.

2. 외적 타당성의 문제

두 번째 타당성의 측면은 외적 타당성이다. 위에서 살펴본 내적 타당성의 저해요인들은 주로 조사결과 또는 자료를 얻어 내는 방법 · 절차 · 과정 자체와 관련시켰을 때 작용할 수 있는 문제점들을 말하는 데 비해서, 외적 타당성의 문제는 조사연구 자체 또는 거기서 얻은 자료가 어느 정도의 일반화가능성(generalizability) 또는 대표성(representativeness)을 지니는가 하는 쟁점으로 초점이 집중한다. 여기서 일반화나 대표성의 준거는 물론 우리의 조사연구에서 다루는 것과 동일한 종류의 다른 인구집단 · 사회적 상황 · 독립 및 종속변수들이며, 우리의 결과를 이들에게 적용해도 같은 결론을 얻을 자신이 있는가 하는 질문을 제기하면 이것이 곧 외적 타당성의 문제다. 이제 위에서 열거한 여섯 가지 항목들을 하나씩 생각해 보자.

(10) 검사(또는 측정) 과정 자체가 일으키는 반작용효과(reactive effects of measurement 혹은 testing)

여기서 검사니 측정이니 하는 딱딱한 말은 사실 자료수집을 위한 조사활동 자체를 일컫는데, 그런 검사나 측정이 응답자의 행동이나 태도에 미치는 영향은 이미 내적 타당성의 문제와 관련해 언급하였다. 여기서는 그처럼 조사활동이 일어나는 순간에 응답자에게 일어날 수 있는 효과가 아니라, 바로 그와 같은 측정 · 검사 과정이 원인이 되어서 우리가 측정하고자 하는 응답자의 속성 또는 특성 자체가 비교적 영구히 변해 버린다는 뜻의 반작용 내지 반응을 일컫는다. 예컨대 보건소에서 정기적으로 실시하는 건강조사 자체는 그 조사를 받지 않는 사람들에 비해 조사대상자들의 건강을 호전시켜 주는 효과를 가질 수 있다. 그 까닭은 건강조사란 신체검사를 수반하게 마련이기 때문이다. 신체검사결과가 알려지면 적어도 그에 대한 대처를 할 것이다. 사회조사연구에서도 한번 이상 조사를 받아 본 사람들의 응답에 기초한 자료를 가지고 그런 경험이 전혀 없는 인구집단에다 일반화하는 데에는 문제가 있을 것이다.

(11) 차별적 선정과 독립변수의 상호작용(differential selection-independent variable interaction)

조사대상자의 표집과정에서 특정한 속성을 지닌 사람들을 차별적으로 선정함으로써 생기는 대표성의 문제는 거의 자명한 일이다. 가령 투표행위에 관한 조사나 실험을 위해서 자원하는 대상자를 표집할 때 투표에 적극적인 사람들을 과잉표집할 확률이 높을 것이다. 따라서 이런 표본을 가지고 독립변수인 투표행위가 정치적 성향(종속변수)에 미치는 영향에 관한 결론을 내린다면 오류가 생길 소지가 클 것이다.

(12) 자료수집의 상황 자체가 일으키는 반작용효과(reactive effects of data collection arrangements)

자신이 어떤 조사를 위한 자료수집 또는 실험의 대상임을 알 때에는 대체로 그 사실을 의식함으로써 특정한 반응을 할 수 있다. 이 점에서는 검사요인이나 측정의 반작용효과와 같은 결과를 기대하게 되는데, 다만 외적 타당성의 맥락에서는 주로 이런 종류의 사람들에게서 얻은 자료를 가지고 좀더 넓은 범위의 인구집단에다 일반화하는 문제가 제기된다. 특정한 반응을 하는 식의 반작용효과를 가지고 그런 반작용이 없을 수도 있는 집단이나 상황에다 일반화함으로써 오류가 생긴다는 말이다.

(13) 중다처치(다원적 독립변수)의 개입(multiple treatment 또는 independent variables interference)

여기서 처치란 말은 특히 실험에서 쓰는 말인데, 독립변수 또는 실험변수의 작용을 뜻한다. 그런데 한 가지 독립변수를 한번만 개입시킨 상황에서 얻는 결론에 비해서, 그 한 가지를 반복, 여러 번 작용하든지, 아니면 여러 개의 독립변수를 조합적으로 개입시키면 그 효과가 다르다는 데 주목할 필요가 있다. 약물중독의 효과를 연구하는 이가 주류와 대마초를 사용하는 사람들을 대상으로 그 둘의 조합이 주는 효과를 측정 · 관찰한다면, 그 결과를 가지고 알콜과 대마초를 따로 사용하는 사람들 또는 상황에다 일반화할 때는 조심해야 할 것이다.

(14) 측정의 쓸데없는 민감성(irrelevant responsiveness of measures)

보기부터 들어 보자. 생산성을 지표로 삼아 집단의 응집력을 조사할 때, 실지로는 그 집단 안에 생산성을 규제하는 다른 규범들이 있기 때문에 응집력과는 상관없이(irrelevant) 생산성이 높고 낮을 수 있다는 점을 간과할 수 없다. 그러니까 측정 자체가 공연히 복잡하든지 예민해서 엉뚱한 현상이 그 그물에 걸려 들게 되는 수가 있다는 말이다. 그처럼 불완전한 도구로 측정한 결과를 일반화하는 것이 외적 타당성의 문제로 지적된다.

(15) 독립변수의 쓸데없는 반복가능성(irrelevant replicability of independent variables)

어떤 독립변수의 효과를 전연 다른 상황에도 반복하여 얻지 못하면, 일반화에는 한계가 있다. 특히 사회과학적 변수가 더 그렇지만, 변수란 워낙 다차원적인 성질의 것이다. 따라서 어떤 독립변수(예컨대 신앙심)가 있다면, 이런 것은 개념규정이나 조작화과정의 성격에 따라 매우 복합적으로 다양하게 규정할 수 있다. 그런데 신앙심의 효과를 측정 · 관찰하는 연구를 반복했을 때, 처음에 포함시켰던 그 변수의 차원을 전혀 취급하지 않는 개념규정에 입각해서 반복조사하면 일반화의 가능성은 그만큼 작아질 것이 분명하다.

중요한 것은 여기서 제시한 타당성의 문제와 그 원천들은 주로 조사연구의 과정, 즉 자료수집의 성격과 관련하여 제기할 수 있는 것들이라는 점과 지금까지 사회과학적 조사연구에서는 이러한 타당성의 문제점들을 숱하게 안고 있다는 점에 대한 성찰이다. 그런데 내적 타당성과 외적 타당성 둘 중에서 택하라면, 대부분 후자보다 전자를 선호하는 게 또한 사실이다. 실질적으로 대표성보다는 조사과정과 도구 자체를 더 쉽게 통제할 수 있다는 것이 이유가 될 것이다.

Ⅱ. 측정과 타당성

측정 자체에 관해서는 이미 검토를 하였지만, 한 마디로 어떤 대상의 특정속성 내지 특성을 밝히자면 그것을 먼저 개념화하고, 그 개념이 어떤 값을 갖는 변수로 간주해야 하며, 그 값을 재는 측정도구를 만들어야 한다. 특히 양적 접근에서는 개념의 변수화과정을 엄격히 하기 위해서 측정하는 지표와 절차를 명시하는 조작적 정의(operational definition) 또는 조작(operationalization)의 과정을 밟는다는 점을 강조하였다.

간단히 보기만 들고 타당성의 문제로 들어가겠다. 집단의 응집력(group-cohesiveness)이라고 하는 개념이 가리키는 현상을 관찰한다고 하자. 그 개념규정을 변수로 측정할 수 있게끔 조작하려면, '집단에 대한 충성심 · 헌신몰입도', '성원들이 서로 의견을 같이 하는 정도', '전체성원 가운데 오래 머물러 있는 사람의 비율', '성원들끼리의 모임의 빈도', '친한 말을 주고 받는 정도', '규범을 어길 때 내리는 제재의 강도' 등등의 갖가지 정도 · 빈도 · 강도와 같은 크기 또는 값을 갖는 지표(지시자)들을 골라서 이들 지표의 값을 매기고, 그것들을 관찰하는 방법 · 절차를 밝힌다. 그리하여 관찰결과를 양적으로 처리하여 응집력의 값을 5점 · 10점 등으로 나타낸다.

이런 과정을 통틀어 측정이라는 한 마디로 요약하거니와 그러한 측정, 측정에 쓰는 도구(instrument) · 지표 등이 과연 측정하고자 하는 대상의 속성(현

〈참고자료 17-1〉 측정의 타당성과 분류의 보기

1. 측정의 자명성판단
   (1) 액면타당성(McGaw and Watson, 1976; Phillips, 1976; Selltiz *et al*., 1976; Bailey, 1978; Neuman, 2003)
   (2) 내용타당성(Kerlinger, 1973; Smith, 1975; McGaw and Watson, 1976; Frankfort-Nachmias and Nachmias, 2000; Neuman, 2003)
   (3) 표준타당성(Nachmias and Nachmias, 2000)
   (4) 논리적 타당성(Goode and Hatt, 1952)
2. 측정의 실용적 판단
   (1) 기준타당성(Smith, 1975; Phillips, 1976; Selltiz *et al*., 1976; Bailey, 1978; Neuman, 2003)
   (2) 경험적 타당성(Frankfort-Nachmias and Nachmias, 2000)
      ① 동시적 타당성(Keralinger, 1973; Smith, 1975; Selltiz *et al*., 1976; Bailey, 1978; Neuman, 2003)
      ② 예측적 타당성(Kerlinger, 1973; Smith, 1975; Frankfort-Nachmias and Nachmias, 2000; Selltiz *et al*., 1976; Bailey, 1978; Neuman, 2003)
3. 측정의 이론적 적합성판단
   (1) 개념구성타당성(위의 저서 전부)
      ① 수렴적 타당성
      ② 판별적 타당성
      } (Smith, 1975; Frankfort-Nachmias and Nachmias, 2000; Selltiz *et al*., 1976; Neuman, 2003)

상)을 옳게 재는가 하는 타당성을 판가름하는 기준 또는 절차에 관하여 생각해 보려고 한다. 교과서에 따라서 측정의 타당도를 평가하거나 또는 향상시키는 절차를 여러 가지 기준으로 구분하고 있지만, 여기서는 이들을 다시 정리 · 분류해서 살펴보기로 한다[3](〈참고자료 17-1〉 참조).

1. 측정의 자명성(self evident) 판단

어떤 속성을 지표나 척도를 가지고 측정하든지, 관심 있는 행위를 관찰하는 상황에서 우리의 관찰 또는 측정이 바로 우리가 보고 재려는 것을 제대로 표상해 주고 있다는 판단을 내릴 때, 이를 자명성의 기준에서 판가름한다. 이것도 크게 두 가지로 나누는 게 보통이다. 하나는 액면(face) 타당성이고, 다른

3) 여기에서 다루는 측정의 타당성의 분류를 제시한 보기들은 Goode and Hatt(1952); Kerlinger(1973); Smith(1975); Lin(1976); McGaw and Watson(1976); Frankfort-Nachmias and Nachmias(1976); Phillips(1976); Selltiz *et al*.(1976); Bailey(1978) 등이다.

하나는 내용(content) 타당성이다.[4)]

액면타당성이란 우리가 쓰는 측정도구가 과연 어느 정도 그것이 잰다고 생각하는 행위 · 속성 등을 제대로 재는지를 대개 과학자공동체에서 합의하여 주관적으로 판단하는 것을 일컫는다. 이 때는 주로 개념규정, 측정 또는 관찰의 절차 및 관찰 · 측정하려는 속성에 대한 세심한 검토를 한 다음에 결정하는 도리밖에 없다. 다시 말해서 이 문제는 연구자의 인식론적인 판단이 좌우한다고 할 만하다. 따라서 다른 연구자가 다른 기준에 의해서 판단할 때, 그 도구로는 측정하려는 속성을 측정 · 관찰하지 못한다면 달리 반론의 여지가 없게 된다.

내용타당성의 판단은 그 측정도구로 재려는 행위나 속성의 내용이 정말 그 행위나 속성을 지니는 모집단(universe)을 대표한다고 할 수 있는지를 표적으로 삼는다. 여기서 내용의 '모집단'이란 표본추출에서 쓰는 말이기 때문에 이 타당성을 표집타당성(sampling validity)이라고도 하는 것이다. 가령 집단응집력이라는 개념이 가리키는 현상을 관찰 · 측정하려 할 때, 실제로는 그 개념이 뜻하는 모든 요소(즉 내용모집단)를 깡그리 지표화할 수는 없다. 따라서 그것을 지칭한다고 생각할 수 있는 모든 지표들 가운데서 어떤 것들을 골라 측정을 위한 도구로 쓸 수밖에 없다. 그래서 우리가 골라 낸 지표들이 진정 응집력의 모든 핵심적인 요소나 측면을 가능한 한 가장 잘 대표하는 것이라는 판단이 서도록 조심할 필요가 있다.

그런데 아무리 과학자공동체의 합의에 기초한다 해도 한 측정이 얼마나 타당한지를 그 액면값이나 내용면에서 판단하는 일은 주관성이 개입하고, 다음과 같은 이유로 약점을 극복하기 어려운 문제가 있다.

첫째, 측정 · 관찰하려는 개념의 규정 자체에 대한 완전한 합의나 의견일치를 얻기가 어렵다.

둘째, 대부분의 사회과학적 개념이란 다차원적인 성격을 띠는 것으로서 그것을 다시 부분개념들로 나눌 수도 있는데, 그 중 어떤 차원을 다루느냐가 그리 쉬운 문제는 아니다.

---

4) Frankfort-Nachmias and Nachmias(1976 : 59-60)는 내용타당성을 액면타당성과 표집타당성으로 나누는데, 여기서 후자는 다른 이들이 말하는 내용타당성과 같은 뜻이다. 한편 Bailey(1978 : 57-58)는 액면타당성을 내용타당성과 같이 취급하고, Goode와 Hatt(1952)는 이들 모두 논리적 타당성이라 한다. 본서에서는 이런 여러 기준들을 아우르는 접근을 채택하고 있는 Neuman(2003 : 183-184)의 것을 주로 참조하였다.

셋째, 대체로 측정도구가 물리학의 자나 저울 같은 것처럼 간명한 게 아니고 복합적이고 장황할 소지가 큰데, 이것을 단순화하는 문제가 있다(Bailey, 1978 : 58).

2. 측정의 실용적(pragmatic) 판단

어차피 누구나 합의할 만한 기준이 없을 바에는 기술적인 수준에서 한 측정의 실용적인 판단을 내리려는 접근이 위에서 지적한 절차상의 문제점을 극복하는 한 가지 방안이 된다. 다시 말해서 실제 조사연구의 결과를 바탕으로 어떤 측정도구의 타당성을 평가한다는 말이고, 이런 뜻에서 '경험적'(empirical) 타당성이라고도 한다(Frankfort-Nachmias and Nachmias, 2000 : 150-154). 이 절차에는 한 가지 측정의 타당성을 평가하는 데 활용할 다른 기준을 필요로 하기 때문에, 이를 기준(criterion) 또는 기준상관(criterion-related) 타당성이라고 부르기도 한다.

그러면 그 기준은 무엇이며, 구체적으로 어떤 절차를 밟는가? 한 조사연구에서 얻은 결과를 놓고, 그 자료 가운데서 A라는 측정도구 또는 지표가 재고자 하는 속성을 직접 또는 간접으로 다루는 다른 측정의 결과와 상관관계를 검토하든지, 아니면 A라는 도구로 얻은 측정치와 그와 관련 있다고 보는 다른 속성에 관한 측정치를 상관 · 비교해 보는 방법을 쓴다.

보기를 들어 보자. 근로자의 직장만족도를 측정할 때, 몇 개의 문항을 지표로 하는 척도를 만들어서 그 척도의 점수를 가지고 같은 직장 만족도를 재기 위해 만든 다른 척도에서 얻은 점수와 상관도를 계산하는 방법이 첫번째 보기다. 한편 직장 만족도의 점수를 직장 이동희망 또는 전직성향을 재는 척도의 점수와 비교해 보는 것이 두 번째의 보기다. 다만 이 때 현재의 측정치를 비교 · 상관시키는 데 기준으로 삼는 척도 그 자체의 타당성은 어떤 방법으로든 확인한 것이어야 함은 물론이다.

이와 같은 기준타당성의 판단에는 두 가지 접근이 있다.

첫째는 동시적(concurrent) 판단으로, 어떤 속성에서 현재 의미 있는 차이를 가려 낼 수 있는지를 평가하는 접근을 뜻한다. 가령 현재 직장만족도가 높은 사람과 낮은 사람을 제대로 가려 낼 수 있어야 한다는 말이다.

둘째는 앞으로 장래의 어떤 시점에서 어떤 속성의 차이가 날지를 가려 낼 수 있는지의 여부를 판가름하는 타당성인데, 이를 예측적(predictive) 타당성이라 한다. 예컨대 현재의 직장만족도를 재는 척도로써 장차 근로자들의 생산성이 높을 지를 가려 낼 수 있는지를 평가하는 것이다. 흔히 대학입학시험 성적으로 그 학생의 대학재학시의 학업능력을 예측하는 지표로 쓰는 것도 이런 보기다.

3. 측정의 이론적 적합성판단

측정의 자명성판단은 너무 주관적이므로 실용적인 기준을 가지고 경험적(객관적)으로 타당성을 평가해 보려는 것이 두 번째의 접근이었다면, 이번에는 측정이나 관찰의 타당성을 이론적 적합성에 의하여 판단하려는 방법을 생각할 수 있다. 이것은 적어도 연구자가 제시하는 이론과 개념화의 틀 자체의 맥락 속에서라도 타당한 측정이어야 한다는 비교적 고차원적인 기준이라 하겠다. 비록 경험적으로는 다른 측정과 상관도가 높다 해도 그것이 이론적으로 의미유관적합성이 없는 것이라면 문제가 있다. 다만, 이론 자체가 타당한 것이어야 한다는 쟁점은 그대로 남는다.

한 마디로 이것을 개념구성(construct) 타당성이라고 이름하는데, 측정하려는 개념이 전반적인 이론의 틀, 즉 가설 · 명제 그런 것들의 논리적 연관에 입각한 예측을 내리는 데 유관적합한 것인가? 그 개념을 재는 지표나 척도는 과연 그와 같은 명제 · 가설 · 예측들을 형성하는 데 필요한 다른 변수들과도 관계를 검토하는 데 합당한가? 이런 질문을 던지고 진행하는 것이다.

간단한 보기를 제시하면, 사회계층적 지위를 제는 지표로서 X_1과 X_2를 쓰기로 한다. 우선 이론의 틀에서는 사회계층적 지위와 보수적 성향이 서로 정(正)의 상관관계가 있다는 명제(가설)를 제시한다고 하자. 실제 조사연구에서 X_1 지표를 가지고 보수성과 상관도를 계산하여 가설에서 가정한 대로 결과를 얻었다고 하자. 여기서 지표 X_1 대신에 X_2를 써서 역시 사회계층적 지위에 대한 자료를 얻고, 그것과 보수성지표의 상관관계를 낸 결과는 X_1을 썼을 때와 같았다고 하면, 간단히 말해서 이 지표들의 개념구성타당성을 확인한 것으로 간주하는 것이다.

여기에도 두 가지의 증거를 생각해 볼 만하다. 하나는 동일한 개념구성을 재는 둘 이상의 서로 다른 지표나 척도들이 비슷한 결과를 자아내는 사례로서,

이를 수렴적(convergent) 타당성의 증거라 한다. 다음은 이런 식으로 측정한 개념구성은 다른 개념구성들과 구별할 수 있다는 증거인데, 이것을 판별적(discriminant) 타당성의 근거라 한다.

구체적인 방법을 보기로 생각해 보기 위해 다원적 속성과 다원적 방법의 조합(multitrait-multimethod matrix)을 제시할 수 있다(Campbell and Fiske, 1959). 같은 속성을 재는 방법은 달라도 결과는 비슷할 것이라는 수렴원칙과 측정도구의 성격과는 관계 없이 서로 다른 속성들은 상이한 측정결과를 나타내야 한다는 판별원리를 동시에 검토하는 방법이다. 이를 위해서는 적어도 둘 이상의 속성들을 표상하는 측정도구들과 또 각각의 속성을 재는 서로 다른 도구들 사이의 상호상관관계를 얻을 수 있어야 한다. 소외의 개념구성에서 무기력성 · 무규범성 · 무의미성 · 고립 및 자아소외의 다섯 가지 차원들이 있다는 것을 Seeman (1959)의 유명한 척도에서 제시하였다. 수렴원리에 따르면, 같은 무기력성차원을 재는 둘 이상의 측정도구의 점수는 서로 높은 상관도를 나타내어야 할 것이고, 판별원칙에 의하면 소외의 5개 차원들이 정말 서로 다른 차원들이면 이들 각각의 측정치들은 서로 상관도가 낮아야 한다는 것이다.

4. 세 가지 타당성의 비교

끝으로, 이 세 가지 타당성의 관계에 대하여 잠시 생각해 보기로 한다(Bailey, 1978 : 59-60). 측정의 자명성 · 실용적 타당성, 그리고 이론적 타당성 이 세 가지는 실상 일종의 단계적 · 누적적인 성격을 띠는 것들임을 알 수 있다. 뒤의 것은 그 앞의 것을 이미 내포한다는 뜻에서 그러하다. 그러니까 이론적 타당성을 판가름하자면 적어도 그 자명성과 실용적 타당성이 전제로서 성립해야 하고, 실용적 타당성은 최소한도의 자명한 주관적 판단을 바탕으로 한다는 말이다. 이것을 그림으로 나타내면 〈그림 17-1〉과 같다.

액면(내용) 타당성에는 한 가지 개념과 그에 걸맞은 한 가지 측정(치) 또는 지표만 있으면 되지만, 기준(경험적) 타당성을 위해서는 개념이 하나라도 최소한도 그 개념의 측정치나 지표가 둘 이상이 필요하다. 이에 비해서 이론적 타당성에서는 한 개념에 대한 둘 이상의 지표가 있어야 할 뿐더러 이론적 명제를 통해 그 개념과 관련 있는 다른 개념(들)과 그 측정치(들)도 필요하다.

〈그림 17-1〉 타당성판단의 세 가지 절차

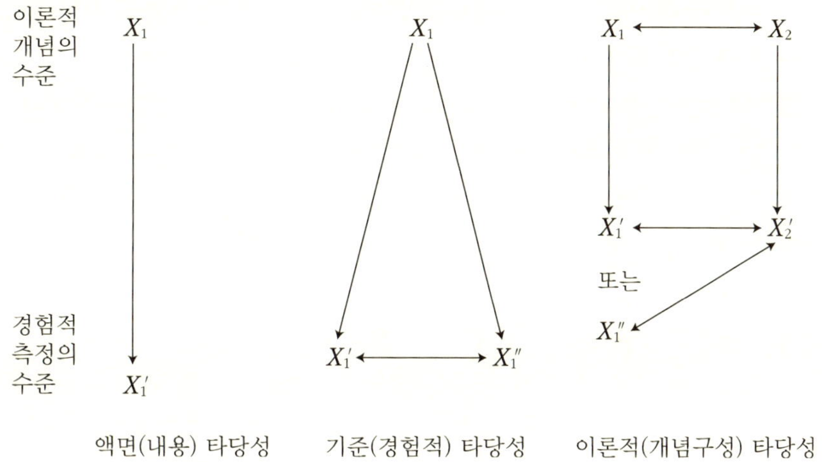

자료 : Bailey(1978 : 60).

제 2 절 자료의 신뢰도

측정수단이 타당한 것이면 신뢰성의 쟁점이 그리 중요한 주제가 되지 않을 터인데, 사회과학의 조사연구보고에서는 타당성의 증거를 제시하는 예가 매우 드물다. 그 까닭은 물론 앞에서 살펴본 대로 자료의 타당성확보가 그다지 쉬운 일이 아니기 때문이다. 그리하여 측정의 정확성을 논의할 때, 특히 측정수단의 문제와 관련해서 신빙성의 정도 내지 신뢰도를 따지게 된다. 신뢰성이란 어떤 측정수단 또는 도구를 둘 이상의 다른 연구자들이 사용하든지, 같은 연구자가 두 번 이상 쓴다고 할 때, 그 결과가 안정되고 일관성이 있는지를 평가하는 일을 뜻한다(Smith, 1975 : 58; Selltiz *et al.*, 1976 : 161). 측정의 일관성은 측정 규준(rules)의 일률적인 적용과 관찰자료의 기록 및 부호화과정의 일률성을 내포한다(McGaw and Watson, 1976 : 216).

좀더 기술적인 용어로 표현하면, 어떤 측정이 담고 있는 변이오차(variable errors)의 정도를 신뢰도라 한다. 가령 같은 도구(자)로 측정을 한번씩 했는데 A라는 대상(개인)과 B라는 대상에 적용할 때마다 결과가 다른 때의 오차, 또는 같은 도구로 같은 대상을 두 번 이상 재어 보았는데 그 결과가 각각 다른 때의 오차 같은 것을 변이오차라 한다. 그런데 사회과학적 연구의 측정이란 물리현상에 비해 근본적으로 간접적인 성격을 띠는 수가 많기 때문에 그와 같은 오차의 가능성은 더 크다. 예컨대 응답자가 잠시 기억이 흐리다든지, 질문의 지시하는 내용이 모호하다든지 하는 등의 요인들은 이런 변이오차를 일으킬 수가 있다. 여기서 변이오차란 말을 굳이 쓰는 것은 오차의 크기가 개인에 따라 변이를 나타내고, 또 같은 개인이라도 검사나 면접을 받을 때마다 다를 수 있기 때문이다(Frankfort-Nachmias and Nachmias, 2000 : 154-155).

그러니까 어떤 측정이든 두 가지 요소로 구성된다고 볼 수 있는데, 그 하나는 진짜(true) 요소고, 다른 하나는 오차의 요소다. 이 때 신뢰도란 측정한 값(또는 점수)의 변량(variance)에 대한 진짜 값(점수)의 변량의 비(ratio)로 나타낼 수 있다.[5)] 이것을 대수적으로 표현해 보자(Frankfort-Nachmias and Nachmias, 2000 : 155).

먼저 각 조사대상자의 어떤 속성에 대한 점수는

$$x_i = t_i + e_i \quad \cdots\cdots\cdots (17.1)$$

여기서 x_i = 대상자 i의 실측점수
t_i = 대상자 i의 진짜 점수
e_i = 측정 당시 대상자 i에게 일어난 오차의 크기

이것을 변량값으로 바꾸면

$$\sigma^2_x = \sigma^2_t + \sigma^2_e \quad \cdots\cdots\cdots (17.2)$$

이 때 σ^2_x = 관찰된 (실측) 점수의 변량
σ^2_t = 진짜 점수의 변량
σ^2_e = 오차의 변량

따라서 신뢰도는 실측점수의 변량에 대한 진짜 점수의 변량의 비이므로

$$\text{신뢰도} = \frac{\sigma^2_t}{\sigma^2_x}$$

이고, 위의 (17.2)에서

5) 변량(variance)의 개념과 계산절차는 뒤에 통계적 분석에서 해설하겠지만, 한 마디로 어떤 집단의 점수(측정치)의 분산의 정도를 변량이라 한다.

$$신뢰도= \frac{\sigma^2{}_x - \sigma^2{}_e}{\sigma^2{}_x} \quad \cdots\cdots \quad (17.3)$$

가 된다.

공식 (17.3)에 바탕해서 만일 어떤 측정이 온통 오차투성이라면 $\sigma^2{}_x = \sigma^2{}_e$가 될 것이고, 신뢰도는 0이 될 것이다. 반대로 전혀 변이오차가 없다면 $\sigma^2{}_e = 0$이고, 신뢰도가 규정하는 비는 $\frac{\sigma^2{}_x}{\sigma^2{}_x} = 1$이 된다. 그래서 우리는 신뢰도의 값이 0에서 1의 범위를 갖는다는 것을 알 수 있다. 그런데 실제 조사에서는 진짜 점수가 과연 얼마인지를 알아 낼 길이 없으므로 $\frac{\sigma^2{}_t}{\sigma^2{}_x}$의 비는 추정하지 않으면 안 된다. 그 추정방법을 곧 살펴보려니와 우선 간략하게나마 신뢰성을 저하시키는 요인 또는 원천들을 훑어 보고, 신뢰도의 측면과 평가 · 추정방법을 알아보기로 한다. 먼저 비신뢰성(unreliability)의 원천은 어떤 것인지를 보자(McGaw and Watson, 1976 : 216-217).

Ⅰ. 비신뢰성의 원천

1. 측정수단의 비신뢰성

측정수단(instrument)의 비신뢰성이란 지표라든지, 그 밖에 측정에 사용하는 도구를 믿을 수 없다는 뜻이다. 동일한 속성을 측정하는 데 쓰는 여러 가지 지표들이 같은 결과를 자아내면 이는 신뢰성이 있다고 할 것이다.

2. 현상 또는 대상의 비신뢰성

조사연구의 대상이 되는 현상 또는 사람들의 반응 · 응답에 비신뢰성의 원천이 있을 수 있다. 특히 사회조사연구의 상황에서는 응답자 개개인이 이미 지니고 있는 기분 · 느낌 · 경험 같은 것이 이를 자아내기도 하고, 그가 느끼는 피로감이라든지, 또 조사문항에 응답할 때 갖는 의식 같은 요인도 문제가 된다.

3. 관찰자의 비신뢰성

어떤 지표든지 믿을 수 있으려면, 그것을 만들고 적용하는 연구자의 상호주관적(intersubjective) 및 주관적(intrasubjective) 일관성과 안정성을 요구한다. 상호주관적 신뢰성은 같은 속성을 측정하는 둘 이상의 연구자들이 같은 규준과 절차에 따라 재었을 때 같은 결과를 얻으면 확보되는 셈이고, 같은 연구자가 연구대상의 사례들에 대하여 측정규준을 일률적으로 적용할 때 주관적 신뢰성을 얻게 된다. 사회조사연구에서는 관찰자의 수가 많아질 가능성이 실제로 크기 때문에 연구자 또는 관찰자 사이의 상호주관적 신뢰성을 얻기가 매우 어렵다.

Ⅱ. 신뢰도의 측면과 추정방법

측정의 신뢰도에는 크게 세 가지 측면들이 있고, 그에 따른 추정방법이 다르다(Smith, 1975; Frankfort-Nachmias and Nachmias, 1976 : 66-68; Selltiz *et al*., 1976 : 182-192; Bailey, 1978 : 61-63; Neuman, 2003 : 179-180).

1. 안정성과 검사 — 재검사법

한 마디로 측정수단의 결과의 안정성(stability)이란 그 도구를 반복적용했을 때, 그 값이 일관성을 유지하는 정도를 말한다. 물론 점수에 변이가 있다는 말이 뜻하는 것은 여러 가지일 수 있다. 측정대상인 속성 자체가 그 사이 정말 변이를 나타냈을 수도 있고, 상황이나 대상자 개인의 요인에서 차이가 생길 수도 있으며, 조사(측정)를 반복한다는 사실 자체가 변이를 일으키기도 하는가 하면, 측정수단 자체에 결함이 있을 법도 하다.

어쨌든 이런 요인들을 고려하면서 측정의 신뢰도를 추정하기 위하여 이용하는 방법을 일컬어 검사-재검사법(test-retest method)이라 한다. 자료수집법이 직접관찰이라면 관찰을 두 번 이상 반복하는 게 좋고, 면접 · 질문서 · 실험 또는 심리검사 같은 번거로운 것들이면 두 번 정도로 족하다. 이는 실질적인 고려에서 나온 말이다.

기술적인 표현에 따르면 같은 사람들의 집단에 대하여 관찰이나 측정을 두 번(또는 그 이상) 실시하고, 이 두 번의 측정에서 얻은 점수(관찰결과)가 서로 얼마나 상관도가 높은지를 따지는 방법으로 신뢰도를 추정한다. 양적인 자료일 때는 두 번의 점수들 사이의 상관관계계수(correlation coefficient)가 신뢰도의 추정치인 셈이다. 수학적으로는

$$r_{xx'} \frac{S^2_t}{S^2_x} \quad \cdots\cdots (17.4)$$

여기서 x = 처음 측정값
x' = 두 번째 측정값
$r_{xx'}$ = x와 x' 의 상관관계
S^2_t = 진짜 점수의 변량추정치
S^2_x = 관찰에서 얻은 (실측) 점수의 변량계산치

그리고 $r_{xx'}$라는 상관관계는 관찰에서 얻은 점수의 변량에 대한 진짜 점수의 변량의 비로 규정하는 신뢰도값이다.

이와 같은 재검사법은 물론 두 가지 제약을 유의해서 써야 한다. 이미 위에서 일반적인 신뢰성문제와 관련하여 언급한 것이지만, 우선 두 번의 관찰 · 측정 · 검사의 기간 사이에 대상의 속성이 실지로 변할 수 있다. 그뿐 아니라 질문서법 같은 방법에서는 더욱 심각하지만, 이미 한번 측정(관찰)의 대상이 된 사람들은 바로 그 사실 때문에 다음 번 조사에서 대답하는 데 영향을 받게 될 것이다. 이 두 가지를 생각해 보면 서로 관련이 있다. 가령 재검사까지 기간이 짧으면 속성 자체의 변화가 적을지는 모르나 과거 검사의 기억이 더욱 생생해서 신뢰도에 영향을 줄 것이고, 반대로 그 기간이 길면 검사효과는 줄어들겠지만 대상 자체에 변화가 생길 소지가 커지는 문제가 있다(Smith, 1975 : 58-59; Selltiz *et al.*, 1976 : 185-186).

2. 측정의 등가성과 다양한 측정형식의 활용

앞의 안정성확보를 위한 재검사법의 요체는 같은 대상에게 같은 측정수단을 두 번 이상 반복한다는 것이고, 따라서 검사의 효과와 시간적 간격의 문제가 있다고 했다. 이를 극복하는 한 가지 길로서 신뢰도의 다른 측면을 생각해 보게 되는데, 그것은 우선 시간적 간격을 최소로 줄여서 거의 동시에 관찰 · 측정하되 측정수단이나 관찰방법은 서로 다르지만 내용이 같은 두 가지 이상을 사용한다는 기법이다. 이 때 둘 이상의 도구가 겉으로는 다르지만 내용이 같아야 한다는 등가성(equivalence)의 원리가 중요하고, 이런 방법을 대안법(alternate forms),[6] 다형법(multiple forms)[7] 또는 평행법(parallel forms)[8] 등으로 부

6) Smith(1975); Selltiz *et al.*(1976); Bailey(1978).
7) Smith(1975).
8) Frankfort-Nachmias and Nachmias(1976); Bailey(1978).

른다.

여기서 두 가지(또는 그 이상)의 관찰법 · 측정 · 지표 등에서 얻은 값을 서로 비교 · 상관시켜 보아 신뢰도를 질적으로 판단하든지, 통계적으로 추정하게 된다. 그런데 이 때의 기본적인 문제는 그처럼 내용이 같다고 가정해서 쓴 측정수단이 과연 참된 등가성을 지니는지를 결정하는 근거를 밝히기가 어렵다는 데 있다. 가령 통계적으로 신뢰도의 추정치를 얻었다고 해도 그 추정치가 정말 신뢰성의 값을 나타내는지, 아니면 단순히 형식상의 등가성의 상관도가 높고 낮음을 보여 주는지를 판단하기가 쉽지 않다(Smith, 1975 : 59; Frankfort-Nachmias and Nachmias, 1976 : 67).

그리고 여기에 한 가지 덧붙일 것은 이 등가성의 원리는 같은 측정수단을 거의 같은 시기에 둘 이상의 다른 연구자들이 사용하는 때에도 적용한다는 것이다(Selltiz *et al.*, 1976 : 187).

3. 측정의 동질성과 반분법

재검사법이나 다양한 형식의 측정수단을 이용할 때는 시간적 차원 및 등가성의 확보가 문제된다고 하였다. 이런 점에 유념하여 처음부터 동질적인 혹은 동질적이라고 가정하는 한 가지 측정수단만을 가지고 자료의 신뢰도를 추정하는 방법이 있다. 이 때 측정 또는 관찰의 동질성(homegeneity)을 신뢰성개념의 기초로 삼게 된다(Selltiz *et al.*, 1976 : 190).

이 원리에 입각해서 신뢰도를 추정하는 대표적인 방법이 이른바 반분법(the split-half technique 또는 method)이다. 같은 속성을 다루기 위해 만든 측정수단에 포함한 지표들을 되도록 난선적으로 나누고 분류한 둘 이상의 지표들의 집합들(sets)을 별개의 척도로 간주하여 그들의 점수를 상관시켜 신뢰도를 추정하는 방법이다. 실제로는 편의상 문항이 여럿인 질문서법에서는 같은 속성을 재기 위한 척도에 포함시킨 문항들을 짝수 번호와 홀수 번호로 나누고 이 두 집합 간의 상관관계를 계산하는 절차를 밟는다.

원칙적으로 반분법의 신뢰도공식은(Smith, 1975 : 59)

$$r_{tt} = 1 - \frac{\sigma^2{}_d}{\sigma^2{}_x} \quad \cdots\cdots (17.5)$$

여기서 r_{tt} = 반분법신뢰도

σ^2_d = 둘로 쪼갠 반, 반의 척도의 점수 사이의 차이의 변량
σ^2_x = 쪼개지 않은 전체척도의 점수의 변량

그러나 실제 적용상의 문제 때문에 Spearman-Brown 신뢰도공식이라는 편리한 대안이 널리 쓰인다(Frankfort-Nachmias and nachmias, 1976 : 67).

$$r_{xx'} = \frac{2r_{oe}}{1+r_{oe}} \qquad (17.6)$$

여기서 $r_{xx'}$ = 전체측정(검사)의 신뢰도
r_{oe} = 홀수 번호 문항의 점수(o)와 짝수 번호 문항의 점수(e)의 상관관계를 기초로 얻는 신뢰도계수

다만, 이 공식에서는 n개 문항의 측정수단보다는 $2n$개 문항을 가진 도구의 신뢰도가 높을 것이라는 점과 문항들을 반으로 쪼개었으므로 전체문항을 담은 도구가 둘로 나눈 것들 어느 쪽보다 더 믿을 만할 것이라는 점을 가정한다.

한 가지만 더 고려할 것은 앞서 타당성의 문제를 다룰 때도 제기한 쟁점이지만, 가령 어떤 측정수단으로 장만한 문항들이 그것의 잠재적인 모집단이라 할 만한 무수한 문항들로부터 골라 낼 수 있는 다른 집합의 문항들과 얼마나 같은가 하는 문항(측정)의 일반화가능성 또한 하나의 신뢰성기준이 될 수 있다는 것이다(Frankfort-Nachmias and Nachmias, 2000 : 157).

4. 신뢰도를 높이는 방안

여기서 그러면 신뢰도를 개선할 방안에 대하여 잠시 살펴보기로 한다.

첫째, 측정의 신뢰도를 높이는 첫걸음은 개념구성에 있다. 측정은 이론적 개념을 경험적 개념으로 조작한 것을 관찰하는 수단이기 때문에 처음부터 명확하고 모호하지 않은 개념규정을 내리는 것이 중요하다. 개개의 측정은 한 가지 개념만을 지시하고 값을 얻도록 만들어야 한다는 말이다. 마치 화학실험에서 여러 화학물질을 섞어 놓은 것으로 측정을 하면 과연 어떤 물질이 측정의 대상인지를 알 수가 없는 것과 같은 이치다. 가령 종업원의 사기를 측정하는 척도를 구성하면서 거기에 관련 있는 무드, 사람됨, 일에 대한 태도, 정신력 등 다른 개념을 포함시킨 지표나 척도를 사용하면 그만큼 측정의 신뢰도가 떨어진다는 말이다.

둘째, 사회과학에서는 비교적 어려운 주문이지만, 가능하면 측정의 수준

을 높이는 것이 신뢰도를 향상시키는 길이라 할 수 있다. 어차피 측정에서 한 가지 중요한 목표는 정확성이다. 그런 기준에서 보면 측정수준이 명목, 서열적인 것보다는 적어도 동간척도 내지 비율척도로 가야 정확성을 논하기가 부담스럽지 않다. 종업원사기측정의 보기에서 같은 서열척도라도 사기가 "높다," "낮다"보다는 사기정도를 1에서 10까지로 세분한 서열척도가 그나마 자료나 측정의 신뢰도를 높이는 방법이 된다.

셋째, 가능하면 한 변수를 측정하는 데에 다중지표(multiple indicators)를 활용하는 것도 한 가지 방법이다. 한 가지 변수를 재는 데에 한 가지 지표만 사용하기보다는 둘 이상의 지표로 측정도구를 구성하는 것이 그만큼 안정성과 일관성을 확보하는 데 도움이 되는 것이다. 종업원의 사기척도구성에서 그냥 한 가지 지표만을 이용하기보다는 가령 ① 직장에 대한 태도, ② 질병이나 직장이 동신청 이유 이외에 무단결근한 회수, ③ 다른 종업원에게 불평 · 불만을 털어놓는 회수와 같은 세 가지 지표를 사용하면 그만큼 신뢰도를 개선할 수 있다.

넷째, 역시 실현가능성을 참작해서 측정도구의 사전검사(pretests), 예비탐사(pilot studies) 및 반복조사(replication) 등의 절차를 밟는 것이 크게 도움이 된다. 이런 절차에 관해서는 이미 여러 장에서 필요한 내용과 관련하여 자세한 언급을 했으므로 되풀이하지 않지만, 측정수단을 개선하는 데서 이런 방법보다 더 좋은 길은 없다고 볼 수 있다. 다만, 시간과 비용을 더 소요한다는 문제만 극복할 수 있으면 말이다.

제 3 절 타당도와 신뢰도의 관계

사회조사연구에서 사실상 가장 중요한 부분이 우리가 수집한 자료와 그 자료를 수집하는 데 사용한 측정수단이 얼마나 타당하고 믿을 만한가 하는 것이다. 이 책에서처럼 한 장을 별도로 할애하고 있을 정도다. 따라서 타당도와 신뢰도는 서로 어떤 관계가 있는지를 잠시 고찰하기로 한다.

우선 신뢰도는 타당도확보를 위한 필요조건이라 할 수 있다. 믿을 만한 도구를 써서 믿을 만한 절차로 자료를 측정해야만 최소한의 타당도를 얻을 수 있다. 기술적으로도 타당도보다는 신뢰도를 달성하기가 용이하다. 그러나 신뢰도는 타당도의 충분조건이 되지는 못하는 수가 있다. 같은 척도를 가지고 여러 번 반복조사해도 동일한 결과를 얻었다고 해서(높은 신뢰도) 그 척도가 우리가 원하는 변수 · 개념 · 대상의 속성을 정말 제대로 측정하는지(타당도)는 확인하기가 어려울 수 있다는 말이다.

일반적으로는 타당도와 신뢰도의 관계는 상호보완적이라는 게 상식이다. 그런데 이 둘이 상충하는 상황이 있을 수 있다. 타당도는 증대하지만 신뢰도가 감소하든지, 그 반대의 현상이 벌어질 수 있는 것이다. 특히 연구대상의 개념 구성물이 지나치게 추상적이어서 경험적 관찰이 어려울 때 이런 일이 일어나기 쉽다. 관찰하기가 쉽고 정확도가 높은 측정수단을 쓰면 신뢰도는 높아지지만, 그렇게 하기 위한 조작적 처리과정에서 타당성을 훼손할 수가 있다는 문제가 따르기 때문이다. 예를 들어 '소외'라는 개념은 추상성이 높고, 그 말뜻에는 상당히 심각한 인간의 근본적인 문제를 내포하는 심층적인 심리적 과정을 주관적으로 경험하는 내용과 그로 인해서 겪어야 하는 인생의 고충에 대한 느낌이 담겨 있다. 이것을 경험적으로 관찰하기 위해서는 별 도리 없이 조작적 정의를 내려야 한다. 그리고 구체적인 질문서용 문항들을 작성해서 접근하게 된다. 그렇게 애써 얻은 결과에 대해서 이 자료가 과연 철학적인 관념을 내포하는 진정한 의미의 소외현상을 반영하는 것이냐는 의문을 제기하면, 자신 있는 대답이 어렵다는 문제가 있는 것이다.

굳이 이 정도의 문제제기가 꼭 필요한지에 대해서는 견해가 다를 수 있다. 좀더 실증주의적인 표준과학관을 고집하는 사회과학자라면 중요한 것은 경험적 관찰이므로, 자료의 신뢰도가 높으면 그것으로 타당도를 만족해야 한다고 주장할 수도 있고, 아니면 처음부터 소외처럼 지나치게 추상적이고 철학적인 현상 자체를 경험적 연구대상으로 조작하는 문제를 거부하는 게 옳다고 주장할 수도 있다. 이에 반해서 해석적이고 주관성을 강조하는 사회과학이나 비판사회과학의 패러다임에서 접근하는 사람들은 비록 측정수단이 부정확하더라도 소외현상같이 중요한 주제는 사회과학에서 반드시 다루어야 하는 것이므로, 측정과 관찰의 절차문제에 대해서는 좀더 유연하게 대처하는 게 바람직하다고 주장할 것이다.

끝으로, 다시 강조할 것은 사회조사연구의 자료를 다룰 때 그 자료의 질을 높이는 문제와 관련, 무작위로 일어날 수 있는 오차의 영향을 최대한 줄여서 측정의 정확성을 기하려 하는데, 여기에 타당성과 신뢰성의 쟁점이 두드러진다는 점이다. 그런 뜻에서 이 둘은 우선 떼어 놓기 어려운 요소들이다. 그러면 이 둘 중 어느 것이 더 중요한가라고 질문할 때, 역시 대답은 아무리 신뢰도가 높아도 타당성이 없으면 쓸모없는 자료라는 것이다. 한데 실제 사회조사연구에서는 타당성의 확보는 신뢰성의 확보보다 훨씬 더 어렵다는 점에 주목할 필요가 있다. 〈참고자료 17-2〉에는 경험적 연구의 오차와 편의의 유형들을 간추려 담아 보았다.

〈참고자료 17-2〉 경험적 연구과정에서 생기는 오차와 편의의 유형

조사연구과정	오류 · 편의의 유형
1. 개념 및 가설 형성 (조작적 정의 포함)	액면(내용) 타당성의 문제
2. 조사연구의 도구 작성 (질문서 기타)	신뢰성의 문제(잘못된, 모호한 질문의 언어구사 등)
3. 표본추출	외적 타당성의 문제(표집오차)
4. 자료수집	다음을 통제하지 못함으로써 생기는 오류 ① 조사연구의 환경 ② 응답자의 개인적 특성(피로 등) ③ 응답자와 조사연구자의 관계 ④ 조사연구 도구의 결함(녹음기 고장, 기록 등) ⑤ 면접자가 오해한 응답
5. 자료처리(부호화)	무응답, 읽을 수 없는 자료, 부호화오류 등
6. 자료분석 · 해석	통계적 절차의 오용, 해석의 오류

자료 : Bailey(1978 : 63).

주요 개념들

타당성	자료의 타당성	내적 타당성
역 사	성 숙	조사자요인
검사요인	차별적 선정	선별적 감퇴
통계적 회귀	불안정성	외적 타당성
일반화가능성	대표성	반작용효과

중다처치	측정의 민감성	독립변수의 반복가능성
측정의 타당성	조 작	자명성
액면타당성	내용타당성	표집타당성
경험적 타당성	기준타당성	이론적 적합성
개념구성타당성	수렴적 타당성	판별적 타당성
다원적 방법의 조합	자료의 신뢰도	비신뢰성의 원천
안정성	검사-재검사법	등가성
대안(다형 · 평행)법	동질성	반분법
신뢰도를 높이는 방안	타당도와 신뢰도의 관계	

생각해 볼 문제들

1. 타당성이란 무엇을 뜻하는가?
2. 결과의 타당성과 측정의 타당성을 비교해 보자.
3. 내적 타당성과 외적 타당성에 영향을 미치는 요인들을 살펴보고 비교해 보자.
4. 측정의 타당성을 판가름하는 기준들을 생각해 보자.
5. 신뢰도란 무엇을 말하는가? 그 말 뜻과 기술적 · 수학적 의미를 생각해 보자.
6. 비신뢰성의 원천에는 어떤 것이 있는가?
7. 신뢰도를 추정하는 방법들을 서로 비교해 보자.
8. 실지로 자신이 개발한 측정수단으로 얻은 자료를 가지고 그 타당성과 신뢰도를 알아보자.

제18장 양적 자료의 처리

표준화된 질문서나 면접을 수단으로 사람들에게서 언어적 보고를 응답으로 받아내는 방법, 사람들의 행위를 조직적으로 관찰하는 방법, 또는 기존 문헌자료에 대한 내용분석을 하는 방법 등으로 얻은 자료는 대개 수량화해서 통계적 분석을 하려는 것이다. 그러자면 우선 그 자료들을 양적으로 다룰 수 있는 형태로 바꾸어야 한다. 요즘은 컴퓨터의 개발에 힘입어 대부분의 자료처리와 분석을 컴퓨터로 해 낼 수 있게 되었다. 그러한 자료처리(data processing) 과정을 흔히 전자식 자료처리체계 또는 짧게 전산처리체계(Electronic Data Processing System : EDPS로 약칭)라 한다.

이 장에서는 그와 같은 전산처리에 적합한 사회연구의 자료처리 절차 및 기법들을 개관하기로 한다.

제 1 절 자료처리의 일반적 과정

Ⅰ. 자료처리과정의 기본형

사회연구에서 취급하는 양적 자료의 처리과정은 대충 〈그림 18-1〉과 같은 절차를 밟는다. 그림에서 볼 수 있듯이 자료처리과정은 크게 몇 단계에 걸친 자료의 탈바꿈을 하게 되므로, 이를 자료의 환원(data reduction) 과정이라고도 한다. 이들 주요 절차들을 하나씩 살펴보려니와 거기에는 익혀 두어야 할 용어들과 기구들이 있으므로 이들에 대한 해설을 곁들인다(Bailey, 1978 : 307-320; McGaw and Watson, 1976 : 230-248; Frankfort-Nachmias and Nachmias, 1976 : 143-162; 이

〈그림 18-1〉 자료처리(환원)의 과정

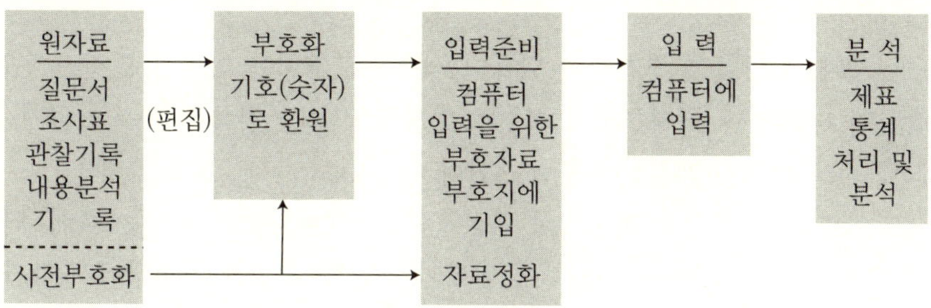

만갑 외, 1982 : 267-273). 다만, 자료처리과정에서 경과해야 하는 단계의 수와 형식에 따라 몇 가지 유형으로 나누어 그 유형별로 살펴볼 것이다(Babbie, 1973 : 197-202).

가장 전통적이라고 할 수 있는 절차는 ① 원자료→② 편집→③ 부호화→④ 부호지로 이기→⑤ 자료정화→⑥ 컴퓨터에 입력 등이다.

(1) 원자료(raw data)

질문서나 면접조사표에 적힌 응답, 관찰기록표에 적힌 행동내용, 내용분석기록표(부호표)에 담긴 정보들을 일컫는다. 이 중에는 이미 부호로 옮길 수 있게끔 사전부호화(pre-coding)라는 것을 해 놓은 것들도 있을 수 있다.

(2) 자료의 편집(editing)

이 절차는 사실 질문서법이나 면접법의 실제 과정을 해설할 때 마지막 단계에서 질문서나 조사표를 점검하는 일과 관련, 이미 언급하였다. 우선 질문서 · 조사표 · 관찰기록표 및 내용분석기록표들은 회수할 때 연구자 자신이나 그의 조수 혹은 현지감독자가 일차 점검하는 게 원칙이다.

첫째, 정말 조사받아야 할 대상자가 제대로 조사를 받고 응답하였는지를 확인한다. 문헌연구에서는 분석대상을 잘못 택하지 않았는지를 점검한다.

둘째, 조사표나 기록표에서 빠뜨린 문항이나 난(欄) 혹은 범주가 없는지를 검토한다. 만일 실수로 누락한 부분이 있으면 면접원, 관찰자 또는 내용분석을 실시한 조사원이 기억을 더듬어 보충하든지, 그것이 불가능하고 부정확하다는 판단이 설 때는 반드시 응답자 또는 피관찰자에게 되돌아 가서 빠진 정보를 얻어 오도록 한다. 문헌자료도 마찬가지로 원기록을 다시 찾아 내어 보충해야 할 것이다.

셋째, 오기나 부정기입이 있을 수 있다. 드물기는 하지만 면접자 또는 관찰자가 피로하든지, 지루해서 실수로 엉뚱한 정보를 기록하는 수가 없지 않다. 그런 것도 반드시 시정하도록 조처한다.

이와 같은 편집은 현장에서 면접 · 관찰 · 내용분석이 끝나는 즉시, 연구자나 감독자의 지시 아래 끝내는 게 원칙이다. 그러나 사정상 현장에서 불가능할 때는 일단 원자료를 중앙의 연구본부에 옮겨 놓고 할 것이다. 사실은 현장편집을 한 뒤라도 중앙의 편집절차를 다시 밟는 것이 가장 안전하다.

(3) 부호화(coding)

때로 코우딩 또는 코딩이라는 원어로 부르기도 하는데, 한 마디로 원자료에 일정한 기호(symbol)를 부여하는 절차다. 이 단계가 실은 자료처리의 핵심절차이므로 따로 자세한 해설을 요한다.

(4) 부호지(coding sheet)

이기용지(transfer sheet)라고도 한다. 조사표 등 원자료에 부호화가 끝난 것은 우선 부호지에 옮겨 적는 절차가 전통적인 방법이다. 부호지를 거치지 않는 유형은 뒤에 따로 소개한다. 부호지란 〈그림 18-2〉와 같이 80개의 행(column)을 24줄(열)씩 가진 길다란 종이다. 이 종이의 80개 행은 IBM 카드의 80개 행과 상응하므로, 부호지의 한 줄(열)이 IBM 카드 한 장(매)과 맞먹는다. 따라서 24개 줄을 가진 부호지에는 IBM 카드 24매에 해당하느 정보가 담겨 있게 된다.

요즘은 반드시 이 같은 IBM 카드를 사용하지 않고 컴퓨터조작이 가능한 방법에 따라 연구조사에 필요한 형식에 의존한다.

(5) 자료정화(data cleaning) 작업

자료정화에도 두 가지 접근이 있다.

하나는 천공가능범위 내 부호확인에 의한 정화다(possible-punch cleaning). 예컨대 제45행의 정보는 과외공부에 대한 찬반태도를 묻는 것인데, 응답지에는 '매우 반대'를 1로 부호화하기 시작하여 '매우 찬성'이 5라고 되어 있다고 하자. 그리고 '무응답'을 9로 부호화하였다. 이런 때 제대로 부호화하였다면, 제

〈그림 18-2〉 부호지의 보기

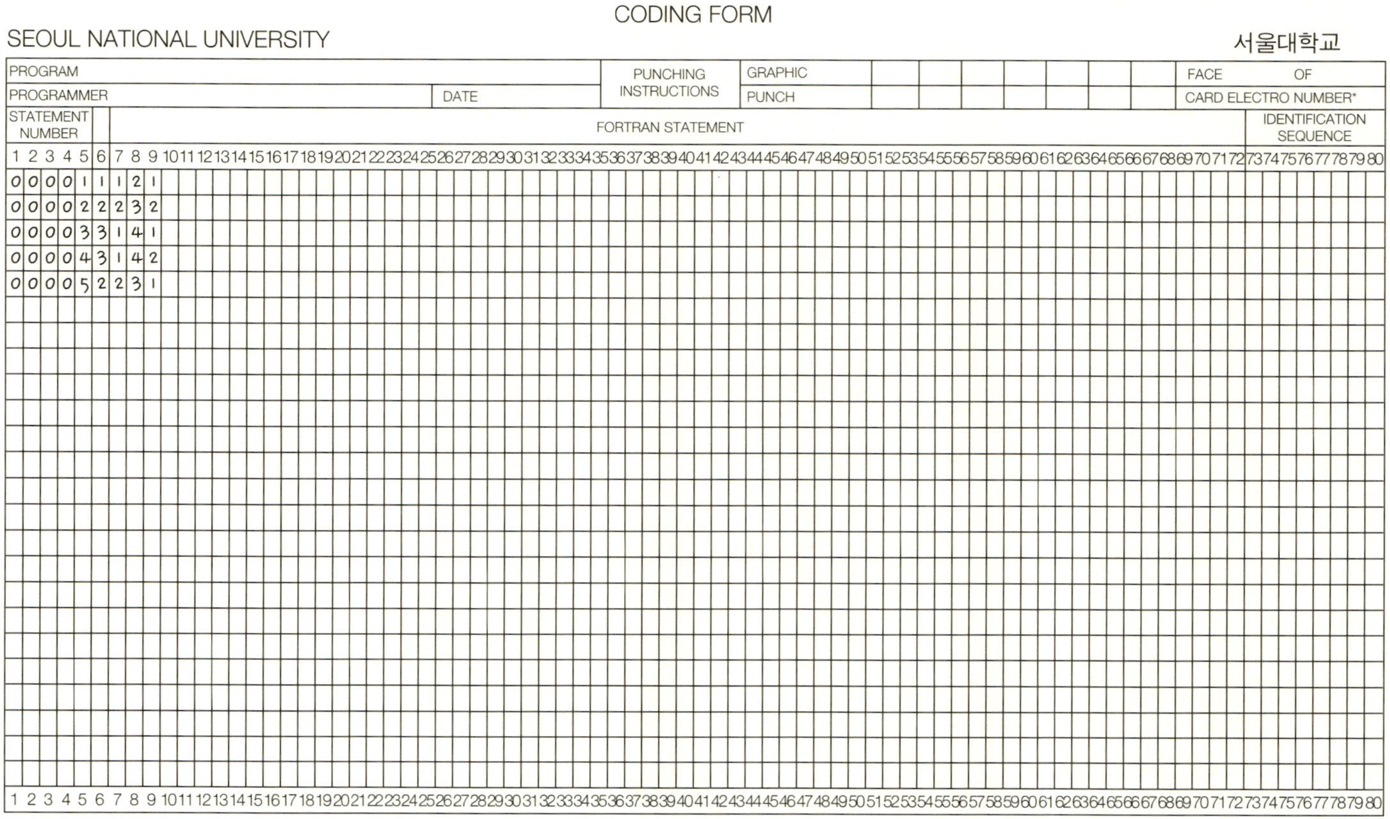
CODING FORM

SEOUL NATIONAL UNIVERSITY 서울대학교

PROGRAM | PUNCHING INSTRUCTIONS | GRAPHIC | FACE OF

PROGRAMMER | DATE | PUNCH | CARD ELECTRO NUMBER*

STATEMENT NUMBER | FORTRAN STATEMENT | IDENTIFICATION SEQUENCE

1	2	3	4	5	6	7	8	9
0	0	0	0	1	1	1	2	1
0	0	0	0	2	2	2	3	2
0	0	0	0	3	3	1	4	1
0	0	0	0	4	3	1	4	2
0	0	0	0	5	2	2	3	1

45행에는 1·2·3·4·5·9의 여섯 가지 숫자만이 나타나야 옳다. 그런데 만일 6·7·8과 같은 수가 나온다면, 여기에는 하자가 있다. 즉각 이를 가려 내어 시정한다.

두 번째 방법은 부수질문 또는 조건부질문에 대한 정화다(contingency cleaning). 앞서 제 7 장에서 질문서의 문항형식을 논의하면서, 어떤 질문은 앞의 질문에 대답한 것에 따라 계속 묻지(혹은 응답하지) 않아도 좋은 성질의 것이 있다. 가령 “학교에 다니는 자녀가 있느냐”는 질문에 “없다”고 하면, 다음 질문에 대답할 필요가 없다. 그런데 자료를 점검해 보면, 해당이 없는 응답의 부호가 적혀 있을 수가 있다. 이런 것도 시정을 요함은 두말 할 나위가 없다.

그런데 구체적으로 자료정화를 하는 길은 우선 모든 사례들의 정보를 있는 그대로 컴퓨터가 인쇄해 내도록 하는 데서 시작한다. 그렇게 인쇄한 정보는 가령 200개의 사례에 40개 행의 자료가 담긴 조사라면, 모두 40행 200줄로 찍혀 나올 것이다. 그러면 이 자료를 가지고 각각의 행마다 아래 위로 훑어 살펴보면 그 행에 찍혀서는 안 될 부호(숫자)가 있는지를 가려 낼 수 있다. 그러면 해당 사례의 원자료를 보고 카드를 새로 마련하여 자료를 깨끗이 청소한다.

또 한 가지 방법은 모든 변수에 대한 단순빈도표를 우선 인쇄하도록 지시하여 그 변수에는 전혀 해당 없는 범주의 자료가 나타나는지를 확인하는 것이다. 여기서 이상이 있으면, 앞서 인쇄한 전사례자료로 돌아가서 해당 사례를 가려 내어 수정작업을 하도록 한다.

이 같은 정화작업도 아예 컴퓨터 프로그램으로 각 행에서 어떤 종류의 숫자가 아닌 것이 나오면 지적하라고 지시하면 기계가 알려 주는 방법도 있다. 그것을 바탕으로 원자료부터 고치도록 한다.

(6) 정화작업을 마치면, 자료를 컴퓨터에 입력(input)하고 디스크(disc)에 옮겨 보존하는 게 편리하고 안전하다.

물론 아예 컴퓨터 시스템에다가 자료철(data file)을 구성하여 입력해 놓고 자료파일(file)만 검색호출하면, 이미 입력해 놓은 자료를 아무 때나 쓸 수 있다. 입력한 자료는 필요한 프로그램을 이용하여 분석하게 된다.

Ⅱ. 대안적 처리과정

위에서 예시한 절차가 말하자면 안전하게 자료처리를 밟는 기본유형이고, 종래 쓰던 방식인 셈이다. 그러나 이와 같은 전통형 말고 중간에 한둘씩 절차를 생략하는 대안적 자료처리유형들도 있다. 특히 요사이 새로운 기술의 발달로 그 절차를 간소화할 수 있게 된 것이다.

(1) 여백부호화(edge coding)

그 중 첫번째 유형은 질문서나 조사표 각면의 가장자리에 여백을 넉넉히 두고, 거기에 각 문항의 부호화를 한다. 그러면 여백에 적힌 기호(숫자)를 부호지에 옮길 필요 없이 바로 입력을 하는 방법이다. 이런 식으로 하면 원자료에서 부호지로 옮겨 적는 절차 하나가 줄어 들기 때문에 그 사이에 일어날 오차율을 낮출 수 있다.

조사표와 같은 원자료의 여백에 그냥 차례로 적힌 숫자들을 입력하다 보면, 불필요한 혼란이 생겨서 오히려 오류를 범하기가 쉬울지도 모른다는 위험부담이 있다.

(2) 문항의 사전부호화

두 번째 유형은 여백부호화의 절차마저도 생략하는 방법이다. 질문서나 관찰기록표 같은 원자료의 형태를 잘 고안만 하면, 원자료를 보고 그대로 컴퓨터에 바로 입력하는 방법이 가능하다. 물론 이런 식으로 하기 위해서는 원칙적으로 모든 문항을 사전부호화하여 조사표의 응답만 보면 곧 그 숫자를 입력할 수 있도록 되어 있어야 한다.

이 방법을 택할 때는 우선 질문서의 형식면에서 문항배열이라든지 응답지의 모양과 위치 같은 것이 컴퓨터에 옮겨 찍기에 용이하고 적합해야 한다. 열린 질문이 하나라도 있으면, 그것은 필히 부호화를 한 다음에 입력작업에 들어가야 한다. 그리고 반드시 편집을 제대로 해야만 할 것이다. 대개는 문항수가 적고 형식이 간단한 '앙케트'식 조사에서 이용하기에 편리하다.

(3) 표시감응지(marke sense sheet) · 광학주사용지(op-scan sheet) 부호화

다음은 사람의 손으로 입력하는 절차를 아예 생략하는 방법이다. 부호부여자(coder)가 응답내용이나 관찰기록을 특수처리한 표시감응지(mark sense sheet)랄까 또는 광학주사용지(光學走査用紙, op-scan sheet)에다 검은 수성펜으로 칠함으로써 부호화를 하면, 이 종이를 스캐너, 즉 광학주사기(optical scanner)가 읽고 바로 컴퓨터에다 자동입력하도록 한다.

하지만 여기에도 문제가 있다. 우선 부호부여자가 이런 특수용지에 익숙해 있어야 한다. 전통적 방법으로 숫자를 옮겨 적는 일은 누구나 할 수 있지만, 특별한 자리에 특별한 표시를 해 주는 일에 친숙하지 못한 이들에게는 칠을 잘못한다든지, 한 자리씩 밀리도록 실수하는 오차가 늘어날 수 있다. 게다가 기계가 매우 예민하고 까다로와서 제대로 칠하지 않았거나 종이가 구겨진 것 등은 용납하지를 못한다.

(4) 부호화절차 생략방법

아예 부호화절차 자체를 없애는 방법이 있다. 예컨대 요즘 여러 가지 시험을 치르는 사람들의 예와 같다. 이들이 특수처리한 감응지의 일정한 난에 수성펜으로 답을 표시하는 순간 이미 그의 성적은 결정난거나 마찬가지인 셈이다. 질문서 자체를 그런 특수감응지로 설계하든지, 아니면 응답용지를 광학감응지로 만들어서 응답자 스스로가 흑색수성펜으로 자신의 의견을 표시만 해주면, 그것을 컴퓨터가 자동적으로 광학주사기를 통해 읽을 수 있다.

다만, 이 때도 응답자 자신이 이런 특수용지를 사용할 줄 알아야 하고, 칠을 잘못하거나 종이를 구기는 등의 실수를 하지 않아야 한다는 문제는 있다. 특히 부호부여자라면 따로 훈련을 시킬 수 있겠으나 응답자에게 직접 칠하도록 하면서 훈련을 시키는 번거로움은 문제가 있다. 더군다나 이 방법을 쓰기 위해서는 반드시 모든 문항을 별도 부호화가 필요 없도록 사전부호화한 표준화질문서만을 써야 한다는 제약이 따른다.

(5) 바 코드(bar code) 이용

최근에는 상품의 가격을 바 코드에다 입력하는 방식처럼 사회조사의 자료도 바 코드 넓이로 입력하여 바로 독해하는 방법을 도입하기도 한다(Neuman, 2003 : 334).

위의 다섯 가지를 두고, 어떤 방법이 가장 유용할지는 연구목적과 기타 실질적 조건에 따라 결정할 문제다. 그러나 대체로 보아 아주 간단한 연구라면 사전부호화나 광학주사용지 등을 이용하는 것이 안전하고 융통성이 있다. 그 대신 내용이 아주 복잡하고 자료의 양이 많은 조사라면 차라리 안전하게 전통적 방법을 이용하여 차근히 진행하는 것이 가장 적절하다. 기술이 발달했다고 이용법에 익숙치 않은 특수한 용지 같은 것을 서둘러 쓰는 일은 좀 생각해 볼 문제다. 그러면 이제 부호화의 절차와 기법 및 유의사항을 자세히 살펴보자.

Ⅲ. 자료정화의 실례

여기서 자료처리과정에서 특히 자료정화절차가 얼마나 주요한지에 대한 실례를 한 가지만 소개한다(Neuman, 2003 : 334). 미국의 한 대학에서 약 3,000명의 학생을 대상으로 조사를 하게 되었는데, 간단한 광학주사(op-scan) 용지를 사용하여 자기기입식으로 대답하게 하였다. op-scan 용지를 일일이 검사를 하는데, 다음과 같은 오류가 나타나기 시작하였다.

첫째, 반드시 연필만 사용하라고 지시했음에도 약 200개 용지에는 일반 펜을 사용하여 무용지물이 되었다.

둘째, 깨끗하게 제자리에 표시하라고 했지만, 약 200개 용지에는 희미하게 칠을 했거나 지저분해서 못 쓰게 되었다. 이런 두 가지 사례들은 전부 다시 표시를 제대로 해서 재사용할 수 있게 하였다.

셋째, 그러고도 25개 응답지는 구겨지거나 망가지고, 또 70개 문항 중 2개만 응답하는 식으로 불완전해서 버렸다.

넷째, 다음 단계로 쓸 수 있는 용지 전부를 컴퓨터에 입력하여 읽어 내게 하였다. 우선 각 문항의 빈도를 읽었다. 그 결과 몇 가지 오류를 발견하였다. 우선 한 가지 대답만 해야 하는 문항에다 두 가지 응답을 한 사례가 있었다.

다섯째, 또는 해당 없는 수를 부호로 썼다. 가령 성별란에는 1(남)과 2(여) 밖에 없어야 하는데, 4를 표시한 예와 같은 것이다.

여섯째, 이런 응답지는 일단 원자료로 돌아가 가용정보를 찾아 낼지를 확인했고, 그것이 불가능한 사례는 무응답 내지 누락으로 처리하였다.

일곱째, 본래 질문서에는 두 개의 여과질문이 있어서 이들에 대한 결과표를 작성하였다. 먼저 질문에서 해당이 없으면 다음 질문으로 넘어가야 하는 데도 이를 제대로 지키지 않은 사례가 35개 나왔다. 다시 원자료로 돌아가 검토한 결과 응답자가 무성의하게 지시를 잘 읽지 않고 함부로 대답했음을 알게 되었다.

여덟째, 마지막으로 모든 변수의 속성에 대한 빈도표를 자세히 검토하였다. 한 가지 놀라운 결과는 약 600명 학생들이 자신의 인종을 '미국 원주민'(Native American)이라고 표시한 것을 발견하게 되었다. 그리고 이 중 약 절반은 1학년 신입생들이었다. 이상해서 학교의 기록을 확인한 결과 실지로 미국 원주민, 즉 미국 인디언족출신은 20명에 불과하였고, 90% 이상이 남미계를 제외한 백인이었다. 결국 1학년 신입생 중 600명에 가까운 젊은이들은 자기가 백인이면서도 미국 원주민이라고 생각하고, 미국 원주민이라면 인디언이라는 걸 몰랐다는 말이 된다. 결과적으로 이들은 모두 백인으로 부호화하여 자료처리에 들어갔다.

제 2 절 부호화의 원리와 절차

자료수집을 아무리 잘 시행해서 훌륭한 정보를 얻었다 해도 그것을 합리적으로 연구목적에 걸맞게 분석할 수 있는 모습으로 환원시키는 데 실패한다면 소용이 없다. 이처럼 자료의 환원에 핵심이 되는 과정이 바로 부호화라고 했다. 한 마디로 부호화란 우리가 얻은 정보(응답·관찰내용·문헌자료)를 의미있는 범주들로 분류하는 과정이다. 그러한 범주들에 일정한 기호(symbol) 또는 부호(code)를 부여하게 되는데, 그 부호는 숫자일수도 있고 문자일 수도 있다. 대부분 취급과 분석이 편리하므로 숫자를 쓴다.

그런데 어떤 학자가 연구한 결과, 자료처리와 분석의 전과정에서 가장 오류가 많이 발생하는 단계가 다름 아닌 부호화부분이라는 것을 발견할 정도로 이 작업은 조심해야 할 일이기도 하다(Frankfort-Nachmias and Nachmias, 1976 : 150). 따라서 이제는 부호화의 절차와 원칙들을 비교적 자세히 살펴보기로 한다(Babbie, 1973 : 191-197; Backstrom and Hursh, 1963 : 153-171; Bailey, 1978 : 307-320; Frankfort-Nachmias and Nachmias, 2000 : 304-315; 이만갑 외, 1982 : 267-273; Neuman, 2003 : 332-335).

Ⅰ. 사전부호화와 사후부호화

크게 나누어 부호화의 방법에는 사전부호화(pre-coding)와 사후부호화(post-coding)의 두 가지가 있다. 사전부호화란 질문서 · 조사표 · 관찰기록표 또는 문헌의 내용분석기록표를 작성하는 단계에서 응답이나 내용의 범주를 미리 조직 · 표준화하고, 각 범주에 일정한 부호를 부여하는 방법이다. 이렇게 사전부호화한 정보는 실제로 응답을 얻은 다음, 또는 관찰이나 내용분석을 기록한 다음 앞서 5가지 자료환원의 유형 중 어느 하나에 준하여 입력하게 된다.

이에 반하여 흔히 부호화라고 약칭하는 작업은 실은 사후부호화에 해당한다. 다시 말해서 면접 · 관찰 · 내용분석 등 실제 자료수집이 끝난 다음에 부호를 부여하는 방법이다. 사전부호화는 질문이 간단하고, 조사표가 복잡하지 않은 조사에서 주로 쓴다. 그리고 대체로 응답의 선택지를 미리 짐작하기가 쉬운 닫힌 질문을 이용하는 때에만 가능하다. 물론 관찰기록이나 내용분석에서는 사전부호화를 하는 것이 간편하다. 다만, 부호화의 범주들을 미리 정하는데 필요한 사전지식이나 정보가 있어야 의미 있는 범주화가 가능할 것이다.

Ⅱ. 연역적 접근과 귀납적 접근

주어진 정보에다 부호를 부여하는 원칙을 정하는 데에는 미리 어떤 이론이나 경험에 근거하여 연역적으로 접근하기도 하고, 수집한 자료를 바탕으로 귀납적으로 형성하기도 한다. 성질상 사전부호화를 하자면 연역적 접근이 불가피할 것이나, 사후부호화는 그 둘 중 어느 접근이든 취할 수 있다.

이러한 접근의 용도에 관해서는 관찰기록의 범주화(제11장)와 내용분석의 범주화(제13장)를 다룰 때에도 이미 언급한 바 있다. 쉽게 말해서 남자와 여자의 성별을 구분하는 문항이라면, 남자에게 1, 여자에게 2의 부호를 부여하는 절차로써 그만인 게 상식이다. 굳이 자료수집 후에 어떤 범주가 있는지 살펴보고 나서 부호화를 하지 않아도 좋다.

그러나 가령 "귀하는 자녀를 어느 대학에 보내고 싶으십니까?" 하는 질문 같은 것을 생각해 보자. 우리가 대학 이름을 다 안다고 해도 그 명단을 전부 실으려면 지면이 너무 많이 들고, 또 실지로 선택하는 대학의 수는 한정될 것이 분명하다. 그렇다면 사전에 명단을 제시하고 대학에다 부호를 다 줄 필요 없이 자료수집 후에 사람들이 명시한 대학만으로 부호화를 하면 될 것이다. 이런 때에 대체로 열린 질문을 이용한다.

Ⅲ. 부호화의 틀

사전에 하든, 사후에 하든 일단은 부호화의 틀을 갖는 것이 필요하다. 이는 coding frame 또는 coding scheme이라 하고, 그것을 부호부여자(coder)의 부호화지침으로 쓸 때는 coding guide, coding manual 혹은 code book이라 한다.

부호화의 틀 또는 부호화지침으로 부르는 이 문서는 원자료를 하나도 남김 없이 일관성 있는 체계에 의하여 부호화하는 방침을 담아야 한다. 이렇게 함으로써 부호화지침은 두 가지 용도를 지닌다. 하나는 물론 부호부여원이 원자료를 부호화할 때 준거로 쓰는 지침이 되는 것이다. 또 한 가지는 연구자가 자신이 분석코자 하는 변수가 자료철 어디에 위치하는지를 확인하고, 그 변수에는 어떤 범주들이 있으며, 어떤 부호들을 부여하고 있는지를 알아 내기 위한 지침으로 쓰이기도 한다.

우선 긴 설명 대신에 〈표 18-1〉에 대표적인 부호화지침의 보기들을 제시한다. 무엇보다도 여기에 반드시 포함시켜야 할 요소들에 주목할 필요가 있다. 첫째는 행(column)의 번호이고, 다음은 원자료의 문항번호 및 내용의 요약 또는 제목, 그리고 세 번째는 문항의 범주들과 각 범주에 부여하는 부호다. 이 세 요소는 필수적이지만, 가능하면 각 항목(문항)에 변수번호와 이름도 부여하여 부호화지침에 동시에 기재해 놓는 것이 여러 모로 편리하다.

그리고 한 가지 더 주의할 사항은 응답자 일련번호 혹은 개별사례 고유번호(ID Number, identification number)다. 보통 이 일련번호는 사례수가 백단위이면 세 자리, 천단위이면 네 자리 등으로 정하며, 제일 첫번째 행에서 3행 또는 4행으로 잡는다.

Ⅳ. 부호의 형태

부호화의 구체적인 보기를 일일이 들기는 번거로우므로, 일반적으로 사용

〈표 18-1〉 부호화 틀(지침)의 보기(Ⅰ)

행(칼럼) 번호	문항번호와 내용	응답범주와 부호	변수번호 또는 이름
1-4	응답자(대상자) 고유번호, 일련번		
		(연수를 그대로)	
5-6	가. 1. 이 동네 거주기간	1 있다	V001
7	가. 2. 동네의 불편한 점	2 없다 9 모르겠다	V002
29	나. 1. 사회문제(물가)	1 큰 문제다 2 좀 문제가 된다 3 별 문제 아니다 4 전혀 문제 없다 9 모르겠다 0 NI(무응답)	V018
30 ⋮	나. 2. 사회문제(임금)	(위와 같음)	V019
76 ⋮	다. 2. "요즘 생활에 대해서 어느 정도 행복하다고 생각하십니까?"	1 매우 행복하다 2 행복한 편이다 3 별로 행복하지 않다 4 전혀 행복하지 못하다 9 모르겠다 0 NI(정보 없음)	V064
77 ⋮	다. 9. (1) "장래는 어떨지 모르겠지만 지금 가진 것으로 만족하고 살아야 한다"	1 그렇다 2 아니다 9 모르겠다 0 NI	V111
182	라. 4. (1) 외채와 경제성장	1 빠른 경제성장을 위해서는 국민의 부담이 좀 늘더라도 외국에서 빚을 더 빌려 올 수밖에 없다 2 경제성장이 늦어져서 살기가 어려워지더라도 더 이상 빌려 써서는 안 된다	V138

		9 무응답	
⋮			
225	마. 6. 나이	1 20세 미만 2 20-29세 3 30-39세 4 40-49세 5 50-59세 6 60세 이상 9 무응답	V245
⋮			
⋮			
231-232	마. 11. (1) 현재직업	10 전문직 11 의 사 12 변호사 · 법조인 13 교수 · 연구가 14 작가 · 예술가 15 언론인 · 방송인 16 기타 전문직 20 관리직 21 기업체 간부 · 임원 22 고급공무원 23 사회단체간부 24 자영업체경영자 25 기타 관리직 30 기술전문직 31 엔지니어 32 건축가 33 교 원 34 간호원 35 기타 기술전문직 40 사무직 41 회사원 · 은행원 42 일반공무원 43 사회단체직원 44 기타 사무직	V252
⋮			

		50 생산직 51 숙련기능공 52 반숙련공 53 견습 · 미숙련공 54 기타 생산직	
		60 판매 · 서비스직 61 소규모 가게주인 62 점원 · 외판원 63 서비스직 64 행 상 65 노동자 66 기 타	
		70 농 업 71 중농 이상 72 소농 · 소작 73 농업노동	
		80 어 업 81 선 주 82 선 원	
		90 기 타 91 학 생 92 주 부 93 실 직 98 모르겠다 99 무응답	
⋮ 235 ⋮	조사방법	1 면접에 의해서 2 면접과 본인기록 3 응답자 본인기록	

자료 : 서울대학교 사회과학연구원 조사자료.

하는 부호의 형태(types of codes)들을 몇 가지 살펴본다. 사실 부호의 종류는 질문서문항의 형식과 내용의 종류와 맞먹는다고도 할 수 있지만, 열린 질문을 자주 쓸 때는 다시 부호화를 해야 하기 때문에 그 종류가 다양해질 수도 있다. 부호의 형태를 크게 몇 가지 범주로 구분한 보기는 미시건대학의 사회조사연구소의 지침이 전형적이다(Muehl, 1961 : 15-27; Warwick and Lininger, 1975 : 245-249).

그리고 앞의 〈표 18-1〉과는 반대방향으로 부호화지침을 작성하기도 한다.

(1) 사실부호(factual codes) 또는 목록(listing) 부호

응답자가 말하는 항목마다 따로 범주를 부여하여 부호화하는 보기다. 단순해서 좋지만, 많은 행(공간)을 소요하는 게 흠이다.

〈표 18-2〉 부호화 틀(지침)의 보기(Ⅱ)

변수이름	질문내용서술	부호번호(행)
ID(일련번호)	응답자의 고유번호	1-2
공 란	예비로 비어 두는 행(칼럼)	3
면접자	면접자의 고유번호	4
	1 김아무개	
	2 이아무개	
	3 박아무개 등등	
응답자의 성	1 남 자	5
	2 여 자	
종교집회참석	얼마나 자주 종교집회에 참석하나	6
	1 1년에 한번 미만	
	2 1년에 한두 번	
	3 1년에 여러 번	
	4 한 달에 한번 정도	
	5 한 달에 2-3번	
	6 거의 매주	
	7 매 주	
	8 일주일에 여러 번	
	9 모르겠다. 무응답	
여성취업	여성의 취업에 대한 태도	7
	1 찬 성	
	2 반 대	
	8 모르겠다	
	9 무응답	

자료 : Frankfort-Nachmias and Nachmias(2000 : 310).

〈보 기〉 "무슨 신문을 구독하십니까?"

행번호	부호 및 범주내용
41	① 조선일보와 동아일보
	⑤ 위의 신문 읽지 않음
42	① 한국일보
	⑤ 위의 신문 읽지 않음

(2) 범위부호(field codes)

나이 · 소득 · 세금 · 부채 · 시간 · 학생수 등과 같이 실수(實數)를 부호화할 때, 원칙적으로는 실수 그대로를 기록한다. 그러나 때로는 소수점이라든지 돈의 액수가 백원 · 천원 단위는 의미 없다고 할 때가 있는데, 이런 때는 일정한 범위의 수량단위를 주고 4사 5입을 하거나 만단위를 기준으로 부호화하기도 한다.

〈보 기〉 "무슨 신문을 구독하십니까?"

실액수	소수 이하 올리기	천단위 부호
15641.50원	15642	15

(3) 급간 부호(bracket codes)

수량을 부호화할 때 실수는 너무 많은 행을 차지하는 게 문제가 된다면, 아예 일정한 급간으로 묶어서 부호를 부여할 수 있다. 다만, 급간을 정하는 근거가 이론적으로나 경험적으로 확실해야 하고, 분류원칙에 일괄성이 있어야 한다. 가령 20만 원-30만 원이란 정확하게는 20만 원 이상 30만 원 미만으로, 20만 원부터 299.999원 99전까지의 범위를 말한다.

〈보 기〉 소득부호화

행번호	부호 및 급간
56	① 10만 원-20만 원 미만
	② 20만 원-30만 원
	③ 30만 원-40만 원
	④ 40만 원-50만 원
	⑤ 50만원-70만 원
	⑥ 70만 원-100만 원

	⑦ 100만 원 이상 ⑧ 모르겠다 ⑨ 무응답

(4) 유형부호(pattern codes)

일종의 조합부호화인데, 한 질문에 대한 응답들을 묶어서 부호화하는 방식이다.

〈보 기〉 도시방문경험과 도시이주의도

행번호	부호 및 조합 응답
38	① 도시경험 없음 – 도시이주의도 없음 ② 도시경험 없음 – 이주의도없음 ③ 도시경험 있음 – 도시이주의도 없음 ④ 도시경험 있음 – 이주의도 없음 ⑧ 모르겠다 ⑨ 무응답

또는 조합부호화를 하되, 부호 자체를 일종의 값으로 간주하여 합계부호를 주는 기하학적(geometric) 부호라는 것도 있다.

〈보 기〉 소유가정용품 부호

행번호	부호 및 소유가정용품
38	01 냉장고 02 칼라 TV 04 레인지 08 피아노 03 냉장고와 TV 05 냉장고와 레인지 09 냉장고와 피아노 15 냉장고, TV와 레인지와 피아노 ⋮ ⋮

(5) 이유부호(reasons codes)

응답이나 의견을 제시한 데 대해서 왜, 그렇게 생각(행동)하는지 이유를 물을 때가 많다. 대개는 열린 질문을 두고 자유로이 이유를 밝히도록 유도한다. 그것을 부호화하는 일은 사실 그렇게 쉽지 않다. 몇 가지 원칙을 살펴보자.

첫째, 이유의 범주화는 어떻게 할 것인가? 이에 대해서는 일반적 부호화의 원리처럼 연역적 접근과 귀납적 접근이 있다.

둘째, 여러 개의 이유를 따로 부호화할지, 동시에 부호화할지를 정한다.

셋째, 여러 이유 중 하나만 골라 부호화할지, 전부 다 부호화할지를 결정한다.

넷째, 한두 개만 포함시킬 때는 어떤 우선순위를 주는가?

다섯째, 무엇보다도 범주화와 부호화의 일관성은 철칙이나 마찬가지다.

이유부호화에서 따르는 절차에는 이유들을 여러 부분범주로 나누어 하나씩 차례로 나열하는 연속(series) 부호화와 응답자 자신의 대답을 준거틀로 삼아 부호화의 틀을 만드는 준거틀부호(frame of reference codes)도 있다.

(6) 척도형(scale) 부호

그 밖에도 응답을 일정한 척도로 부호화하는 방법이 있다. 척도구성법이나 척도형 질문의 작성에 대해서는 이미 제 7 장과 제10장에서 자세히 해설하였다.

V. 부호화의 절차

조사표나 질문서를 원자료로 해서 구체적으로 부호화할 때는 우선 조사표에 부호를 기재하고, 그것을 부호지로 옮겨 적든지 바로 컴퓨터에 입력하도록 한다. 조사표에 부호화를 하는 방법은 각 문항의 머리부분에 부호를 적든지, 아니면 여백에 부호를 기록하는 게 보통이다. 그 보기를 〈그림 18-3〉에 제시하는 것으로 해설은 생략한다.

부호화를 하는 사람들은 물론 상당한 훈련이 필요하다. 무엇보다도 조사표의 내용에 익숙하도록 훈련해야 하고, 또 부호화지침을 잘 익혀 두어야 할 것이다. 앞서 관찰이나 내용분석을 위한 부호화에서 부호부여자들을 복수로 해서 동일한 대상 · 내용을 관찰 · 분석케 하고, 그 둘의 기록 사이의 상관도로써 부호화의 신뢰도를 측정한다고 했다. 조사표의 부호화는 그렇게까지 다 할

〈그림 18-3〉 조사표에 부호화하는 보기(Ⅰ)

〈보기 1〉 왼쪽 여백에 ①·② 등으로 표시

나. 사회문제

1. 이번에는 물가·부정부패 …같은 것이 우리 나라에서는 얼마나 골치아픈 문제인지 여쭈어 보겠습니다. 다음 보기(〈보기 2〉 제시)를 보시면서 지금부터 말씀드리는 문제들이 큰 문제가 되는지, 별로 문제가 안 되는지 말씀해 주십시오(해당 란에 ∨표해 주십시오)

〈보기 2〉

	큰 문제다 (1)	좀 문제가 된다 (2)	별로 문제가 안 된다 (3)	전혀 문제 없다 (4)	모르겠다 (5)
① 1) 물 가	∨				
② 2) 임금문제		∨			
⋮					

라. 공공생활

8. (1) 만약 관청으로부터 억울한 대우를 받으신다면 어떻게 하시겠습니까?

③ _____ ① 해봐야 소용 없으므로 어쩔 수 없다 → (문 9로)
_____ ② 관에서 알아서 해 주어야 한다 ——→ (문 9로)
_∨_ ③ 어떤 대책을 강구하겠다 ——→ (문 8(2)로)

8. (2) (대책을 강구한다는 경우) 어떻게 하는 것이 가장 효과적인 방법이라고 생각하십니까?

② _____ ① 대표를 파견한다
_∨_ ② 연줄이나 안면을 통해서 해결한다

〈보기 2〉 조사표의 여백에 행번호를 사전부여한 자리에 부호화하는 보기

다. 개인생활

10. 지난 5년 동안에 당신의 경제적 형편은 어떻게 변했습니까?

_____ ① 훨씬 나아졌다
_∨_ ② 약간 나아졌다
_____ ③ 변화가 없다
_____ ④ 약간 나빠졌다
_____ ⑤ 훨씬 나빠졌다
_____ ⑨ 모르겠다

61 2
↑ 행(칼럼) 번호 ↑ 부호

라. 기 타

9. 우리 나라에서 정치지도자로서 성공하자면, 어떤 것이 가장 중요하다고 생각하십니까? 이 보기(〈보기 3〉 제시)에서 두 가지만 골라 그 번호를 말씀해 주십시오(해당 란에 ∨표해 주십시오)

_____ ① 재 산
_____ ② 가 문

_____ ③ 설득력		64-65 <u>04</u>
__V__ ④ 도덕적 모범		66-67 <u>11</u>
⋮		↑ 행(칼럼) 번호 ↑ 부호
_____ ⑩ 학 벌		
__V__ ⑪ 서민적인 태도		
_____ ⑫ 귀족적인 태도		

자료 : 서울대학교 사회조사연구원 조사자료.

〈그림 18-4〉 조사표에 부호화하는 보기(Ⅱ)

〈보기 3〉 조사표(질문서)의 오른 쪽 여백에 부호화하는 보기

지금부터는 정당참여에 대해서 여쭈어 보겠습니다 — 1-4 (ID)

1. 현재 어떤 정당에 가입하고 계시는지, 다음 중 해당하는 정당에 ○표해 주시기 바랍니다 — 5 (공란)

__○__ ① 자유당 — 6 <u>1</u>
_____ ② 민주당
_____ ③ 공화당
_____ ④ 노동당
_____ ⑤ 기타 (정당 이름 ____________)
_____ ⑥ 가입정당 없다
_____ ⑨ 무응답

2. 정당참여는 어느 정도인지, 지난 3년 동안 다음 중 해당하는 사항에 대하여 "그렇다," "아니다"에 ○표해 주시기 바랍니다

	① 그렇다	② 아니다	⑨ 기억 없다	
① 회비 외에 재정적 지원을 했다		V		7 <u>2</u>
② 정당지도부에 서신을 보내서 의견을 제시하였다			V	8 <u>9</u>
③ 정당지도부에서 활동하였다		V		9 <u>2</u>
④ 지역정당회의에 참여하였다	V			10 <u>1</u>
⑤ 당에서 발간하는 소식지 · 책자를 읽었다	V			11 <u>1</u>
⑥ 정당을 대신하여 정부공직자들에게 정책제안서 등을 보냈다			V	12 <u>9</u>
⑦ 정당후원모임에 참여하였다		V		13 <u>2</u>
⑧ 정당을 위한 자원봉사활동에 참여하였다		V		14 <u>2</u>
⑨ 정당을 대신하여 법정이나 공청회에 나갔다			V	15 <u>9</u>

자료 : Frankfort-Nachmias and Nachmias(2000 : 313).

수는 없지만, 최소한 몇 개 사례에 국한시켜서라도 2인의 부호부여자들의 신뢰도를 측정하도록 권장함으로써 정확성을 기할 수 있을 것이다.

부호부여자는 그 숫자가 너무 많아도 좋지 않다. 개인차의 범위가 커질수록 일관성에 지장이 있기 때문이다. 특히 개방형 질문의 응답을 부호화하는 과정에서 부호부여자들 사이의 변차가 커질 소지가 많다. 물론 조사사례수에 따라 조절해야겠으나, 부호부여자는 10명 내외가 적정하다고 본다. 때로는 숙련도를 감안, 면접원들 스스로가 조사한 조사표를 즉시 부호화하도록 하는 것도 한 방법이다.

그리고 부호화를 실시할 때는 반드시 감독자 또는 조교가 합석해서 의문점을 해소해 주고, 부호화의 질 관리를 위한 간헐적 점검을 하는 것이 바람직하다. 그뿐 아니라 연구자 자신이 부호화과정에 항상 간여하여야 한다. 아무리 훈련받은 조교나 전문부호부여자라 해도 연구의 이론적 의미를 연구자만큼 충분히 이해하고 있다고 볼 수는 없기 때문이다.

Ⅵ. 부호화의 유의사항

부호화의 틀을 작성할 때와 부호화를 실시할 때 유의해야 할 사항들을 간추려 보자.

1. 부호화 틀의 작성원칙

첫째, 무엇보다도 부호화의 틀은 전반적으로 연구목적과 연구문제 혹은 이론의 틀에 맞추어 체계적인 모습을 띠는 것이 중요하다. 이론적 유관적합성이 없는 내용이나 범주들은 부호화할 필요가 없다.

둘째, 여러 번 되풀이하지만, 조사표(질문서)의 응답지나 관찰기록표 및 내용분석표의 범주들은 곧 부호화의 범주들이 되는데, 이 범주들은 언제나 상호배제적이고 포괄적이어야 한다. 바꾸어 말해서 어떤 정보든지 한 범주에다 한 번 부호화하는 것으로 족해야 한다.

셋째, 같은 형식의 응답지를 가진 질문들을 부호화할 때는 일관성을 유지하도록 할 것이다. 같은 부호화의 틀을 적용하라는 말이다.

넷째, 부호는 자동자료처리과정, 즉 전산처리체계에 적합한 기호를 쓰는 것이 좋다. 문자도 가능하지만 숫자가 가장 무난하다. 이 때 숫자는 반드시 서열척도 이상의 수준이 아닌 단순한 명목분류를 위한 부호일 수도 있다. 숫자의 부호로 10개 이상의 범주가 필요할 때는 두 행을 사용하도록 한다.

다섯째, 한 가지 문항 또는 변수에 대해서는 원자료를 가장 완벽하고 정확하게 다 실을 수 있도록 자세한 부호화가 중요하다. 예컨대 나이 · 월소득 · 직업 같은 것은 처음부터 사전부호화로 묶어서 몇 개의 범주로만 부호화하기보다는 좀 번거롭더라도 실수 또는 최소분류단위까지 기록할 수 있도록 부호화한다. 그렇게 함으로써 후에 제표 · 분석단계에서 필요에 따라 소수의 큰 범주로 묶을 수 있는 선택가능성이 많아진다. 이른바 재부호화(recode)하는 작업을 컴퓨터로써 쉽사리 해 낼 수가 있는 것이다.

여섯째, 될 수 있으면 빈 행(칼럼)을 남겨 두지 않도록 한다. '무응답'이나 응답불명 같은 사례가 생기더라도 그것을 빈 행으로 취급할 것이 아니라, 반드시 일정한 부호를 부여하는 것이 바람직스럽다.

일곱째, 부득이한 상황이 아니면 부호화의 틀에 변수를 나열할 때는 되도록 질문서나 조사표에 나타나는 질문 · 문항의 배열순서를 따르는 것이 좋다. 이 점은 특히 자료를 검토하는 과정에서 조사표나 부호화지침을 다시 상고해야 할 때에 편리하다.

여덟째, '한 칼럼에 단일코드'라는 원칙을 지킨다.

아홉째, 한 문항에서 둘 이상의 응답을 요구하거나 또는 응답자가 두 가지 이상의 응답을 제공하는 때도 '한 칼럼에 단일코드'라는 위의 원칙을 따르는 게 상책이다 〈그림 18-3〉의 문항 라. 9가 그에 해당하는 보기다. 이럴 때는 응답지에 나열한 번호순으로 부호화를 두 행에 따로 하는 것이다. 때로는 "다음 응답 중 가장 중요한 것부터 차례로 1 · 2 · 3 순서를 매겨 주십시오" 하는 형식의 질문이 있다. 이 때는 물론 중요성 1 · 2 · 3에 따라 차례로 별도행에 부호화할 것이다.

열 번째, 반대로 부수질문의 형식을 띤 문항에서는 내용이 비교적 단순하고 응답범주가 10개를 초과하지 않을 때는 조합부호(combined code)를 부여하는 방법도 있다. 〈그림 18-5〉를 보기로 들어 보면 문 1의 응답범주 ①은 그대로 두고, 응답범주 (2)의 부수질문 문 1-가의 응답범주 ① · ② 등을 재부호화하여 ①→②로 ②→③ 등등으로, 그리고 무응답을 ⑨로 하는 조합부호화가 가능하다.

〈그림 18-5〉 부수질문의 조합부호화 보기

문 1. 귀하는 지난 번 선거 때 투표에 참여하셨습니까?

(조합 부호화)

① ____ ① 참여하지 않았다(문 2로 넘어가시오)

____ ② 참여하여 투표했다(참여했다면 문 1-가를 대답해 주십시오

문 1-가. (투표했다면) 투표는 어느 정당에 하셨습니까?

② ____ ① 공화당

③ ____ ② 자유당

④ ____ ③ 기타 정당

⑤ ____ ④ 기권하였다

⑨ (무응답)

문 2. 다음 선거 때는 투표하실 생각이 있습니까?

열한 번째, 닫힌 질문이라도 응답지에 '기타' 란이 있을 때가 많다. 그런데 이 기타 응답은 반드시 열린 질문처럼 응답내용을 바탕으로 부호화 틀을 미리 장만한 다음에 부호화에 들어가도록 해야 한다. 개방형 질문의 부호화절차는 곧 해설한다.

열두 번째, 앞서 행은 비워 두지 않도록 하는 게 좋다고 하였다. 그러면 '무응답'(No Response : NR; No Answer : NA; No Information : NI), '불명'(unidentifiable), 즉 대답을 하지 않은 것인지, 대답은 했는데 기록을 하지 않은 것인지 모르는 때, '비해당'(not applicable), 즉 부수질문에서 앞서 대답한 내용에 따라 뒤의 질문은 해당 없이 다음 문항으로 넘어가는 때, 그리고 "모르겠다"(Don't Know : DK) 같은 응답들도 반드시 부호화는 해야 한다. 그런 범주들은 대개 9 아니면 8의 부호를 주든지, 아니면 일종의 누락자료(missing data)로 취급하고 싶을 때는 0의 부호를 주는 게 상식이다. 부호화의 일관성원칙을 여기에도 적용할 필요가 있다. 만일 한 변수(문항)의 범주가 10을 넘기 때문에 두 개의 행을 써야 한다면, 이런 범주들은 99, 88 또는 그 이상일 때는 999, 888 등이 되도록 하는 것이 좋다.

열세 번째, 부호화를 실시할 때 필기용구는 인쇄된 조사표나 질문서의 글자 색깔과 면접자나 응답자가 응답을 기재하는 데 쓴 필기기구의 색깔을 참작

하여 그와는 다른 색의 펜을 사용하는 것도 도움이 될 줄 안다.

2. 열린 질문의 부호화

열린(개방형) 질문이란 연구자가 알고 싶은 정보지만 사전부호화를 할 근거가 불확실하든지, 아니면 좀더 원자료를 알아 두는 것이 유용한 탐색의 목적이 있든지 할 때 제시하는 문항의 형식임은 이제 다 알 것이다. 그렇다면 이런 질문에 대한 응답은 구구각각이고, 질적으로 다양한 수준의 것일 가능성이 크다. 따라서 이런 응답들을 가지고 양적 분석을 위한 부호화를 하자면, 먼저 원자료를 바탕으로 귀납적 접근을 취하여 부호화의 틀을 작성하는 일이 필수적이다.

대체로 응답자의 표현을 그대로 기록한 열린 질문의 응답들은 먼저 있는 그대로를 열거하는 일부터 시작한다. 사례수가 너무 많아서 전수에 대한 망라가 어렵다면, 보통 1백 개 정도의 난선표집을 해서 백 개 표본사례들의 응답을 나열하면 족하다.

다음 망라한 응답들을 우선 이론적으로 의미 있다고 보여지는 큰 범주들로 분류해 본다. 그리고 나서 각기의 큰 범주들에 속하는 응답들을 다시 좀더 세부적인 작은 범주들로 나누어 본다. 이 과정에서 도저히 분류불가능한 것들은 '기타' 범주에 묶고, 나머지는 0-9의 범위 안에 들어가도록 조정하여 부호화 범주를 확정한다.

때로는 큰 범주는 10개 안에 분류가능한데, 중간범주의 수가 많아서 한 칼럼(행)으로는 소화할 수 없을 때가 있다. 이런 때는 큰 범주에다 한 행을 할애하고, 다음 행은 중간범주 또는 소범주에다 할애하여 두 행을 이용하면 실질적으로 99개의 범주를 확보할 수 있게 된다. 앞서 〈표 18-1〉 부호화 틀의 보기에서 직업란을 보면, 231-232행을 할당하였다. 그 중 231행은 직업의 대분류를 부호화하여 ⑩ 전문직, ⑳ 관리직 등이다. 232행은 중분류직업으로 ⑫ 변호사, ⑬ 교수 등으로 되어 있다.

제 3 절 분석을 위한 제표

일단 자료를 부호화하여 컴퓨터에 입력을 완료하면, 분석을 할 수 있다. 분석이란 물론 연구목적에 걸맞게 진행할 터이나, 정식으로 자료의 분석에 들어가기 전에 예비적인 절차가 필요하다. 그것은 다름 아닌 제표(tabulation) 작업이다. 요즈음 컴퓨터 프로그램(software)들이 잘 개발되어 있어서 알맞은 프로그램만 입력시키면 필요한 수표들을 인쇄해 낸다. 그러나 어떤 형식의 표를 필요로 하는지는 연구자가 결정해야 하는 일이며, 표의 모양에 따라 자료분석의 성패가 좌우되는 수도 있다. 그러므로 이제는 제표상의 유의사항들을 몇 가지 살펴보기로 한다(Babbie, 1973 : 239-251; Zeisel, 1957).

Ⅰ. 제표의 형식

표를 제시하는 모양은 사람마다 다를 수가 있다. 그러나 어떤 표든지 반드시 담아야 할 요소들이 있고, 제시방법의 기본은 있다.

첫째, 모든 표에는 제목이 있어야 한다. 제목만 보면 그 표에서 어떤 자료를 기대할지를 짐작하는 데 충분할 정도의 내용을 담도록 한다.

둘째, 표에 나타나는 변수의 내용을 되도록 자세하게 서술해 주도록 한다. 만일 그 내용이 너무 장황하면 요약을 표에 싣고, 보고서의 본문에 상세한 해설을 해야 한다. 특히 사람들의 태도 같은 것을 표에 실을 때는 가끔 제목만으로는 부족하므로, 질문서의 원래 문항을 그대로 표에 옮겨 적는 방법도 있다. 보기로 〈표 18-3〉을 제시한다(뒤의 〈표 18-4〉도 참조 바람).

셋째, 각 변수의 값이나 범주들을 분명히 알아 볼 수 있도록 서술해 주어야 한다. 이 때에도 요약을 쓰는 수가 있지만, 가능하면 본래의 값이나 범주 이름들을 그대로 싣는 게 좋다.

넷째, 표에 담는 사례의 총수를 제시하면서 무응답이라든지 "모르겠다"는 대답 등으로 누락사례들이 있으면 그것을 밝히도록 한다. 이런 자료의 처리에 관해서는 백분비와 관련 더 자세히 언급하겠다. 사실 이들 누락사례(missing cases)는 부호화과정에서 적절히 다루어져 있어야 제표할 때에 문제가 생기지

〈표 18-3〉 지방의회의 필요성에 대한 태도

문 : 지역이 당면한 문제들을 잘 해결하려면, 이 지역에 (시·군) 의회가 필요하다고 생각하십니까?

(단위:%)

태 도	응답자구분	
	일반주민	엘리트
예	81.8	77.3
아니오	17.1	22.2
모르겠다	.5	.1
무응답	.6	.4
계	100.0	100.0
N	1,169	695

자료 : 김경동 · 안청시 외(1985 : 318).

않는다. 그런 조처를 위한 컴퓨터 프로그램이 따로 있으므로 이를 유의하여 활용하기만 하면, 컴퓨터인쇄지에 누락자료에 관한 정보가 제대로 찍혀 나오게 되어 있다.

Ⅱ. 단일변수표

변수 하나만을 담는 단일변수표(univariate table)는 그 변수가 지니는 값 또는 속성의 범주마다 조사대상자의 사례수가 얼마나 빈번하게 나타나는지를 보여 주는 요약표인 셈이다. 흔히 단순빈도분포라 하는 것으로, 가령 SPSS의 SUBPROGRAM FREQUENCIES가 이를 제표해 주는 프로그램의 한 보기다. 구체적으로 SPSS에서 analyze→descriptive statistics→frequencies의 절차로 클릭을 하면, 한 개 변수 또는 그 이상의 변수에 대한 빈도표를 얻을 수 있다. 또 필요하면 막대그림표(bar chart)와 기둥그림표(histogram)도 그려 준다. 그리고 갖가지 기술통계도 보여 준다(SPSS, 1983).

1. 범주화의 문제

분석자가 주의할 점은 각 변수의 값 또는 범주를 어떻게 책정하는가 하는 것이다. 예컨대 나이를 보여 주는 자료를 요약하기 위해서 몇 살 간격으로 급간을 잡을지를 정해야 한다. 표본조사에서 자주 이런 쟁점의 표적이 되는 예는 첫째 개방형 질문에서 얻은 응답을 부호화할 때와 둘째 나이 · 소득 같은 배경변수를 요약하고자 할 때 등이다.

이런 자료를 다루는 데에는 일정한 철칙이 있는 게 아니고, 두 가지 점을 유의하면 좋을 것이다. 하나는 이론적으로나 내용적으로 어떤 구분이 의미 있는지를 따져 보는 일이다. 특히 열린 질문의 응답을 부호화하고 범주화할 때 그 기준이 중요하다. 다음은 범주화를 했을 때 실제 표본의 빈도분포가 지나치게 한 범주 내지 소수의 범주에 집중하는 것은 피하는 게 유리하다. 그러나 이것도 앞의 기준, 즉 이론상의 의미에 어긋나는 결과를 가져올 정도로 해서는 곤란하다.

보기를 들자. 전국규모의 표본조사에서 가구당 월소득을 원자료로 받아 적었다 하자. 부호화과정에서는 만 원 단위로 실액수를 그대로 입력하도록 조처했다. 이런 때는 사전부호화가 편리할 것 같지만, 그 과정에서 채택한 범주들이 문제가 있으면, 후에 분석단계에서 다시 원자료까지 소급하여 재부호화해야 하는 번거러움을 각오해야 한다. 그래서 실액수를 그냥 입력시킨 다음 제표과정에서 범주화를 시도하는 귀납적 접근을 취할 수 있다. SPSS 프로그램의 RECODE와 같은 자료수정절차를 밟으면 간단히 처리할 수 있다.

우선 원자료의 단순빈도분포를 그대로 보여 주는 이른바 마지날표(marginals)를 작성한다. 그러면 소득 만 원 단위의 실액수별 빈도가 나온다. 대개 이런 표에서 보면 백만 원 미만의 최저소득층과 천만 원 이상의 최고소득층은 극소수 나타날 것이고, 300만 원-500만 원쯤에 태반이 몰릴 가능성이 있다. 만약 우리가 알고자 하는 것이 소득의 자세한 분포라면 이로써 족할 터이나, 대개 표본조사에서 소득은 하나의 배경변수로서 다른 태도나 행동변수를 설명하든지, 비교할 때 일종의 배경변수로 활용하므로 그 범주가 너무 많으면 지장이 있다.

만일 급간을 단순히 같은 단위의 액수로만(가령 10만 원 단위) 묶으면 집중도가 한쪽으로 쏠리고 빈도가 아주 작은 급간들이 있게 된다. 이렇게 되면 우선 통계처리가 곤란해질 뿐더러 비교할 근거가 약해진다. 결국 범주들 사이에 지나친 빈도의 차이가 생기지 않도록 급간을 조정할 수밖에 없다.

2. 백분비제시의 문제

단일변수표에서 우리가 가장 많이 이용할 수 있는 통계치는 백분비(%)다. 그런데 백분비를 낼 때에는 몇 가지 주의할 사항들이 있다(이만갑 외, 1982).

첫째, 무엇보다도 백분비를 제시할 때는 무엇을 100의 기준치로 삼았는지 보여 주어야 한다. 대개 SPSS 프로그램으로 빈도표를 제표할 때 컴퓨터인쇄지(output, printout)에는 각 범주의 실수(빈도)와 각 범주의 백분비(상대적 빈도), 필요할 때는 조정 후 빈도백분비(adjusted frequencies), 그리고 누가빈도백분비(cumulative frequencies) 등을 찍어 낸다. 실지로 보고서에는 이런 수치들이 다 필요한 게 아니고 분석을 위한 기초자료로 이용할 것이며, 그대로 다 실으면 공연히 지면만 차지하게 된다. 따라서 백분비를 계산한 기준치(base)를 실수로 나타내고, 각 범주의 상대적 빈도만을 백분비로 나타내면 족하다. 필요하면 그 두 수치들만으로도 실수를 역산해 낼 수 있다.

둘째, 백분비계산의 기준을 어디에 두느냐에 따라서 자료의 의미가 달라질 수 있는 것에 조심해야 한다. 특히 위에서 이미 언급한 누락사례들의 포함여부가 자료분석과 해석에 왜곡을 가져오는 수가 있다. 문항의 내용이나 성질에 따라서는 무응답 또는 "모르겠다"는 응답 자체가 의미 있는 정보일 때도 있다. 그런 때는 무응답이나 모른다는 대답을 무조건 누락사례로 간주하지 않도록 주의해야 한다. 그렇다고 모든 무응답자를 처음부터 유의미한 사례로 치부하는 일도 삼가해야 한다. 그 결정은 어디까지나 자료의 이론적인 의미에 비추어 내릴 일이지, 기계적으로 처리할 성질의 것은 아니라는 말이다.

누락사례에는 또 비해당자라는 범주가 있다. 가령 남자 · 세대주에게만 해당하는 질문이라든지, 연속적 부수질문에서 앞의 응답에 따라 다음 응답은 뛰어 넘어가야 하는 것이 여기에 속한다. 이런 사례는 부호화단계에서 현명하게 처리해야지, 그렇지 않으면 분석을 위한 제표과정에서 오차들이 나타나 번거로운 결과를 초래할 때가 많다.

Ⅲ. 이원변수표

두 개의 변수를 한 표에 담는 목적은 집단 또는 계층간 비교라는 기술적인 것일 수도 있고, 두 변수 간의 관계를 둘러싼 설명일 수도 있다. 앞의 것은 부분집단기술(subgroup description)이라 한다. 인구센서스의 보고서 같은 데에서는 지역별 · 성별 · 연령별 · 직업별 등 구분에 따른 인구특성을 단순히 서술적으로 제시하기 위하여 부분집단이나 계층별로 빈도와 백분비 등을 계산하여 제표한다.

그러나 대부분의 표본조사나 실험적 연구에서 이원변수표(bivariate table)를 작성할 때는 일종의 설명적인 의도를 지니는 게 보통이다. 그러므로 단순한 부분집단 비교기술과는 달리 독립변수와 종속변수의 구별을 전제할 필요가 생긴다. 실험에서는 처음부터 이런 구분을 하지만, 표본조사자료에서는 그 구별이 논리적으로 확연하지 않을 때가 가끔 있다. 이 점에 유의할 필요를 강조하면서 제표상의 실질적인 쟁점을 보기를 들어 해설해 보자.

가령 과외공부에 대한 태도조사에서 〈표 18-4〉와 같은 결과를 얻었다고 하자. SPSS 프로그램에서는 SUBPROGRAM CROSSTABS로 결과를 쉽게 얻어낼 수 있는데, 대개 백분비는 행과 열로 따로 제시할 뿐 아니라, 곁들여 행렬을 다 합친 백분비까지도 인쇄해 낸다. 이 때도 aualyze→descriptive statietics→

〈표 18-4〉 성별 과외공부에 대한 태도(SPSS CROSSTABS 제표)

〈질 문 : 귀하는 고등학교 학생들이 대학 입시 준비로 개별적인 과외공부를 하는 데 대하여 어떻게 생각하십니까?〉

실 수	성 별		
	남 자 1	여 자 2	열 합계
태 도			
찬성 1	252	300	552
열 %	45.6	54.4	100.0
행 %	63.0	75.0	69.0
계 %	31.5	37.5	
반대 2	148	100	248
열 %	59.7	40.3	100.0
행 %	37.0	25.0	31.0
계 %	18.5	12.5	
행 합계	400 50.0	400 50.0	800 100.0

〈표 18-5〉 남녀성별과 과외공부에 대한 태도(열 %)

태 도	성 별		계(실수)
	남 자	여 자	
찬 성	45.6	54.4	100.0(552)
반 대	59.7	40.3	100.0(248)
계 (실수)	50.0 (400)	50.0 (400)	100.0 (800)

〈표 18-6〉 성별과외공부에 대한 태도(행 %)

태 도	성 별		계(실수)
	남 자	여 자	
찬 성	63.0	75.0	69.0(552)
반 대	37.0	25.0	31.0(248)
계 (실수)	100.0 (400)	100.0 (400)	100.0 (800)

crosstabs를 차례로 클릭하면 된다. 연구자는 그것으로부터 어떤 백분비를 채택 · 활용하는 게 마땅한지를 결정해야 한다(Nie *et al.*, 1975).

우선 옆으로 열에 따라 계산한 백분비와 아래로 행에 따른 백분비를 별도로 제표해 보면, 〈표 18-5〉와 〈표 18-6〉으로 나타난다. 〈표 18-5〉는 백분비를 열에 따라 계산한 것이므로 옆으로 읽어야 하고, 〈표 18-6〉은 행의 백분비이므로 아래로 읽어야 한다.

그런데 제표의 목적이 단순한 부분집단기술이라면, 이 두 표 중 어느 것이든 상관없이 제시할 수 있다. 다시 말해서 찬성하는 사람들 가운데는 남녀 각각 얼마나 되며, 반대자의 성별 구성은 어떤가를 보여 주는 것이 〈표 18-5〉이고, 남녀 각 집단에서는 찬성과 반대가 어떻게 분포되어 있나를 기술해 주는 것이 〈표 18-6〉이라는 말이다.

그러나 논리적으로 잘 생각해 보면 〈표 18-5〉와 같이 옆으로 자료를 읽었을 때, 그 의미가 잘 떠오르지 않는다는 것을 알게 된다. 과외공부에 대한 찬성 의견을 지닌 사람들 중 남자보다 여자가 더 많다(또는 그 반대)는 사실이 무엇을 시사하는가? 만일 우리가 여기에 인과적 설명의 논리를 적용한다면 찬반 태도가 독립변수이고 남녀성별이 종속변수가 되는 셈인데, 사람의 태도가 그의 성별을 좌우해 준다는 말은 논리적으로 성립할 수 없다.

그러므로 우리는 〈표 18-6〉과 같이 남녀 두 집단을 갈라 놓고 보았을 때, 과외공부에 대한 찬반태도가 달라지는 것을 보고, 우선 여성들 가운데 찬성자의 비율(75%)이 남자 중 찬성자비율(63%)보다 높다는 기술적인 사실을 알 수 있다. 그 다음 인과적으로 성별차이가 태도의 차이를 자아낸다는 논리를 여러 가지 이론적 틀을 가지고 설명해 볼 수 있다. 예컨대 우리 나라에서는 여성들이 자녀교육에 대한 집념이 강해서 과외공부에 대한 태도가 더 적극적이라는 식의 설명이 가능할 것이다.

여기서 주목할 점은 행과 열 어느 방향으로 백분비를 계산하고 읽느냐 하는 기계적인 문제가 아니다. 독립변수와 종속변수가 어느 것인지를 가려 내고, 표의 위치가 어느 쪽이든 간에 백분비계산은 독립변수를 기준으로 종속변수의 범주들의 상대적 분포에 대해서 계산하고, 그것을 비교하도록 해야 한다. 다만, 지면이 허락하는 한 독립변수로 간주하는 것을 표의 상부에 위치하도록 하고, 종속변수를 왼쪽에서 아래로 분포시키는 것이 보통이다. 〈표 18-6〉이 옳고, 〈표 18-5〉의 형태는 피하는 게 좋다는 관례가 있다. 물론 이는 철칙이 아니다.

Ⅳ. 다원변수표

변수가 3개 이상이 될 때도 SPSS의 SUBPROGRAM CROSSTABS에서 n개의 변수를 읽도록 하면 복잡하기는 하지만 다원변수표(Multivariate Table)를 만들어 준다. 가령 위의 보기에 연령별 변수를 하나 더 첨가한다면, SPSS 카드에서 "TABLES=과외태도 BY 연령 BY 성별"이라고 기재해 주면 된다. 그 결과를 앞의 이원변수표와 같은 원칙에 따라 다시 제표하면 〈표 18-7〉과 같은 모양이 될 것이다(Nie *et al.*, 1975).

이 표의 자료에 대한 해석방법은 이제 곧 다시 자세한 풀이를 하겠으므로 제표의 방법만 보여 주는 것으로 그치기로 한다. 여기서 여자를 남자의 왼쪽에 위치시킨 것은 여자와 젊은 층의 찬성률이 높다는 것을 일관성 있게 보여 주려는 의도에서임을 밝혀 둔다. 반드시 이렇게 해야 할 까닭이 있는 것은 아니다. 한 마디로 이런 삼원변수표에서 시사받은 것은 과외공부에 대한 태도는 성

〈표 18-7〉 성별 · 연령별 과외공부에 대한 태도(%)

태 도	성별/연령별			
	여 자		남 자	
	30대 이하	40대 이상	30대 이하	40대 이상
찬 성	90	60	78	48
반 대	10	40	22	52
계	100	100	100	100
(실수)	(200)	(200)	(200)	(200)
무응답	(2)	(3)	(10)	(2)

별과 연령 두 가지 변수 모두에서 다르다는 점과 그 둘 중에는 나이가 더 큰 차이를 보인다는 사실이라는 점만 언급해 둔다. 그리고 이런 표에서는 오른쪽 끝에 여유가 없을 때 합계란을 반드시 두지 않아도 된다. 물론 그 전에 같은 자료를 담은 다른 표가 없이 처음 제시하는 때는 합계도 포함하는 게 좋다. 무응답은 백분비계산에서 제외한 것도 주목할 만하다.

그 밖의 제표는 컴퓨터가 자동적으로 해 주고, 통계적 분석을 이미 시작한 단계에서 필요한 것들이므로 여기에서 해설하지 않는다. 요컨대 자료의 분석을 제대로 하기 위해서는 제표법을 익혀 두어서 필요한 표들을 가지고 있어야 하며, 또 보고서에 옳게 남이 알아 볼 수 있도록 제시하는 것이 중요하다.

주요 개념들

전산처리체계	원자료	편 집
부호화	부호지	자료정화
입 력	이기용지	행과 열
부수질문정화	테이프	디스크
자료철	전통적 유형	자료처리의 6개 유형
여백부호화	부호부여자	표시감응지
광학주사용지	광학주사기	바 코드
범 주	기 호	부 호
사전부호화	사후부호화	부호화 틀(지침)

개별사례	고유(일련) 번호	재부호화
중다부호	무응답	불 명
비해당	"모르겠다"	누락자료
제표	누락사례	단일변수표
마지날표	백분비	이원변수표
부분집단기술	독립변수	종속변수
다원변수표		

생각해 볼 문제들

1. 자료처리의 일반적 과정을 하나씩 점검해 보자.
2. 자료처리과정의 6개 유형을 비교 · 검토해 보자.
3. 부호화의 접근과 원칙을 생각해 보고, 실지로 부호화를 해 보자.
4. 제표의 형식과 원칙을 상고해 보자. 특히 백분비의 제표를 실습해 보자.

제19장 통계적 자료분석의 논리와 기법

여기서 자료분석이라 함은 주로 양적 자료의 통계적 분석을 일컫는다. 양적 자료라도 계량경제이론처럼 공식이론의 구성을 위한 원자료로 쓸 수도 있지만, 그것은 논의에서 제외하겠다. 우리의 주된 관심사는 통계적 방법의 수학적 측면이 아니라 논리와 구체적 적용기법에 있다.

제 1 절 연구목적에 걸맞은 분석

양적인 자료를 생산하는 표본조사 · 실험 · 조직적 관찰 및 내용분석에서 얻은 결과를 분석하기 위해서는 먼저 몇 가지 기초작업이 필요하다. 대체로 실험에서는 처음부터 독립변수와 종속변수가 정해져 있고, 비교할 집단도 확연하며, 분석의 틀도 미리 구성해 놓는 게 보통이다. 변수의 측정수준을 알기 때문에 거기에 걸맞은 통계처리기법도 선정하기가 쉽다. 그리고 가설검증절차를 밟기만 하면 족하다.

그러나 표본조사나 기타 자료수집 방법에서 생산하는 자료는 대개 그 종류도 다양하고 변수들간의 관계에 대한 일반적인 생각을 지녔다 해도 실제 분석과정에서 재검토할 여지가 많다. 그러므로 여기에서는 주로 표본조사자료의 분석에서 고려할 사항들을 중점적으로 생각해 보기로 한다.

무엇보다도 자료의 분석은 원래 연구의 목적에 바탕을 두어야 한다. 연구목적에 따라서 어떤 분석 전략과 기법을 채택할지를 결정하게 된다. 앞서 제 5 장에서 언급한 대로 표본조사의 목적 내지 용도에는 크게 일곱 가지가 있다고 할 때, 그에 상응하는 분석을 하는 게 마땅하다. 간략히 이들을 살펴보자.

(1) 탐　　색

주제에 익숙치 않은 내용을 탐색하기 위한 조사연구에서 분석을 위한 가장 원초적인 작업은 모든 변수의 빈도분포를 파악하는 일이다. 그러기 위해서는 보통 마지날표, 즉 단순빈도분포표를 만들어야 한다. 이것은 컴퓨터처리로써 간단히 할 수 있는 일인데, 대개 사회과학적 연구에서 널리 활용하는 SPSS에서 FREQUENCIES라는 프로그램을 쓰면 이 일을 해 주면서 필요한 기술통계도 제시해 준다(Nie *et al.*, 1975).

이처럼 자료철이 담고 있는 모든 변수 하나 하나에 대하여 빈도분포와 그에 관한 기술통계를 검토해 보면, 관심사가 될 만한 자료가 어떤 것이 있는지를 알 수 있다. 그리고 나서 더 탐색할 필요가 있다고 판단할 때는 그 밖의 각종 통계분석을 위한 제표를 계속해 볼 수 있다. 탐색이 목적인 조사연구에서는 처음부터 특정분석기법이나 통계절차에 한정시킬 필요가 없다.

(2) 기　　술

그러나 일정한 변수로써 대상의 특성을 서술하고자 하는 뚜렷한 목적을 가지고 시작한 연구를 위해서는 그와 같은 지정된 변수들의 값이 어떻게 분포되는지를 추적하는 분석을 해야 한다. 이것도 물론 마지날표를 우선 뽑아 놓고, 미리 부호화하지 않은 변수에 대해서는 어떤 식으로 자료를 묶어 요약할지를 결정하게 된다. 나아가 척도나 지표를 작성할 필요가 있는 것들도 가려 내어 그 작업에 착수할 것이다.

예를 들어 조사대상의 연령분포를 알고자 할 때, 나이의 범위가 큰 집단이면 5세 또는 10세 간격으로 묶어 재부호화한 다음에 빈도분포표를 다시 작성해 볼 필요가 있다. 그러나 청소년과 같이 이미 한정된 범위의 집단을 대상으로 할 때는 1세 단위의 연령별 분포를 얻어 봐야 의미 있는 자료가 될 것이다.

기술적 목적의 연구라고 해서 반드시 단일변수분석만 하는 게 아니다. 자료의 내용과 연구목적에 따라서는 이원변수 또는 다원변수 분석을 할 수도 있다. 다만, 2개 이상의 변수를 취급하더라도 그것은 어디까지나 대상의 특성을 기술하는 선에서 끝나지, 거기에 어떤 설명을 부과하는 일은 하지 않을 것이다. 그러나 모집단의 성격에 대한 통계적 추리(statistical inference)도 할 수는 있다.

(3) 설명과 (4) 가설검증

대개 실험적 연구에서 둘 이상의 변수들 간의 관계에 대한 인과적 설명이나 가설검증을 시도한다. 그러나 표본조사에서도 그와 같은 기능을 수행할 수 있다. 이런 목적을 추구하기 위해서는 적어도 2개 변수분석이나 다변수분석을 할 필요가 있고, 통계적 추리를 해야 할 때도 있다. 실험적 통계에 유사한 분석을 하고자 할 때는 집단간 횡단분석을 하게 된다.

(5) 평　　가

그 밖에 평가의 목적으로 자료를 분석할 때에도 기술과 설명, 가설검증을 위한 분석기법들과 같은 방법을 쓸 수 있다.

(6) 예　　측

예측이 목적일 때는 방정식을 구성, 외삽적으로 투사하는 방법을 쓴다.

(7) 지표개발

이는 이미 제 9 장과 제10장에서 자세히 다룬 대로다. 물론 여기에도 각종 통계절차를 활용하는데, 주로 요인분석(factor analysis)이라든지, 특수하게 개발한 문항분석법 등으로 자료를 축소시키는 방법들이 있다. 곁들여 척도의 타당도와 신뢰도를 측정할 때 통계적 기법을 이용한다.

중요한 것은 자료의 분석이 본래의 연구목적을 잘 반영하도록 이루어져야 한다는 점이다. 그뿐 아니라 자료의 성격도 기본적인 고려에 넣어야 한다. 이점은 특히 통계적 처리에서 유의할 일이다.

제 2 절　분석의 논리적 측면 — 정교화를 중심으로

인과관계를 철학적 수준에서 깊이 다루려면 매우 복잡한 논의가 따라야 하지만, 이 책의 성격상 그 일은 생략한다. 또한 인과성의 문제는 앞서 제 2 장 사회연구의 논리적 측면과 제12장 실험적 방법 등에서 비교적 기술적인 차원에서 그나름대로 다룬 셈이다. 따라서 여기에서는 양적 자료의 분석이라는 아주 실질적인 관점에서 좁은 의미의 변수간의 관계를 인과관계라는 맥락에서 이해하고자 한다.

특히 여기에서 집중적으로 부각시키려는 것은 두 개의 변수들 사이의 관계다. 사실 사회현상에는 수많은 변수들이 복합적으로 얽혀 상관관계를 맺으며 상호작용한다. 그러므로 이상적으로는 사회현상을 인과적으로 설명하려면 중다원인과 중다결과 혹은 많은 독립변수와 많은 종속변수들의 복합적 상호작용을 하나도 빠짐 없이 파악해야만 가능하다. 하지만 현실적으로는 이것이 불가능하기 때문에 우선 단순한 2개 변수관계(bivariate relationship) 분석을 기본으로 삼고, 기술적으로 가능한 범위까지 다변수관계의 분석으로 확장해 가는 도리밖에 없다(Rosenberg, 1968; Hyman, 1955).

Ⅰ. 두 변수의 관계

논리적으로 보아 두 변수 간의 관계에는 세 가지 기본적 유형이 있다(Rosenberg, 1968 : 3-22).

첫째, 대칭적(symmetrical) 관계다. 두 변수의 어느 하나도 원인 · 결과 혹은 독립 · 종속의 위치가 불분명하고, 서로가 상호영향을 미칠 수 있어 보이는 관계다. 여기에도 몇 가지 부분유형이 있을 수 있다.

1) 동일현상(개념)의 대안적 지표들 사이의 관계는 대칭적일 것이다. 예컨대 친구에게 돈 잘 빌려 주는 행위와 이웃돕기 성금 잘 내는 행동이 서로 상관도가 높다고 해도 이들은 그 사람의 너그러움이라는 성향이 행동으로 드러난 두 가지 다른 모습에 불과하지, 저희들끼리 인과관계가 있는 것으로 보기 어렵다.

2) 공동원인의 상이한 결과간의 관계도 대칭적일 것이다. 한 나라의 의료수준과 비행기여행의 상관도가 높다고 할 때, 이 둘은 서로의 인과관계보다는 그 나라의 경제수준과 기술개발 정도의 두 가지 다른 결과로 보는 게 옳다.

3) 기능적 상호의존관계도 대칭적이다. 흔히 체계의 특성으로 구성요소들간의 상호의존성을 지적하거니와 하나의 단위를 이루는 부분요소들은 서로 기능적으로 상관도가 높다.

4) 우연적 대칭관계도 있을 수 있다.

이런 대칭적 관계는 다음에 다루는 비대칭적 관계보다는 중요성이 덜 하지만, 사회현상에는 이런 관계에 있는 요소들이 많으므로 이해를 돕는 데 유용할 수 있다.

둘째, 상호적(reciprocal) 관계가 있다. 이 때도 역시 독립 · 종속의 인과관계 방향이 확실치는 않으나, 서로 '영향'을 미치는 관계임에는 틀림없는 그런 관계가 성립한다. 바꾸어서 '순차적 비대칭'(alternating asymmetrical) 관계라 일컬을 수 있는 관계다.

예를 들면 소외와 하층계급소속의 관계를 생각할 수 있다. 하층계급에 속하기 때문에 소외를 더 강하게 느끼는 한편, 소외감 때문에 사회적인 적응에 실패함으로써 하류계급에 속하게 되기도 할 것이다.

셋째, 비대칭(asymmetrical) 관계다. 여기서는 한 변수가 다른 변수의 원인이고, 그 반대가 될 수 없다는 것이 거의 확실한 관계가 성립한다고 가정한다. 하나는 분명히 독립변수이고, 다른 것은 종속변수가 된다. 이 같은 일방적 인과적 관계의 철학적 근거는 매우 까다로운 것이므로 생략하고, 표본조사의 수준에서 실용적인 근거를 댄다면, 두 가지 조건이 갖추어질 때 우리는 두 변수간의 일방적 인과관계를 상정한다. 첫째는 시간적 서열(time order)로서, 결과(종속변수)는 원인(독립변수)보다 앞서 일어날 수 없다는 원리다. 둘째는 변수의 고착성(fixity) 혹은 영구성(permanence)과 가변성(alterability)이다. 사회조사연구에서 이용하는 독립변수들 가운데는 성이나 인종처럼 그 자체 불변의 것이 있는가 하면, 나이같이 변하기는 해도 그것을 다른 어떤 힘으로도 바꿀 수 없는 것들이 있다. 그런가 하면 상대적으로 바꾸기 어려운 사회계급 · 종교 · 거주지 같은 것들도 있다. 이에 비해서 태도라든지 행동성향들은 위의 독립변수들의 영향을 받아 가변적이라 하겠다. 물론 엄격하게 말하면 완전히 고착된 것이 아닌 독립변수들은 종속변수라는 요인들의 영향으로 약간은 변할 수도 있다. 그러나 사회조사연구 정도의 느슨한 맥락에서는 어느 쪽이 더 지배적인 영향력을 행사하는가에 따라 그 방향을 정하게 된다.

비대칭관계의 보기들은 대충 다음과 같다.

첫째, 자극과 반응의 관계다. 이는 주로 실험적 상황에서라야 쉽게 밝힐 수 있다.

둘째, 개인의 성향(dispositions)에 따른 행동반응의 관계다. 성향이란 태도 · 능력 · 가치의식 · 사람됨의 특질(personality traits) 같은 것들이다.

셋째, 개인의 속성(property)과 성향이나 행동의 관계다. 대개 사회조사에서는 이 두 묶음의 변수들 간의 관계를 주로 많이 다루게 된다. 속성이란 인구학적 특성 · 사회경제적 지위 같은 것들이고, 성향이나 행위는 태도 · 소외감 · 투표행위 등이다.

넷째, 비대칭관계의 유형은 독립변수가 어떤 결과의 필요선행조건(necessary precondition)이 되는 관계다. 한 나라의 기술수준과 핵무기의 관계 같은 보기처럼 기술개발의 수준이 높다고 해서 반드시 핵무기를 갖게 된다는 식의 인과관계는 성립하지 않지만, 핵무기를 가지려면 어느 정도의 기술수준에는 도달해 있어야 한다.

다섯째, 이른바 내재적(immanent) 관계다. 가령 관료조직체라 하면 어느 정도의 관료적 요식행위(red tape)라는 것을 내재적으로 기대할 수 있다. 이 때 관료조직체가 요식행위를 초래하는 것은 아니고, 그 본래의 성질상 나타나는 특징의 하나라 할 수 있다.

여섯째 유형은 목적수단관계다. 흔히 목적적(purposive) 관계라고 하는 것으로 수단이 목적을 달성하는 데 도움이 된다는 관계다. 목적적이라고 할 때는 누구의 마음 속에 그 목적이 주관적으로 있음을 상정하는데, 그 때는 목적이 독립변수가 될 것이다. 그러나 그 같은 주관적 목적의식이 불확실한 관찰자의 입장에서는 어떤 수단이 특정목적을 달성케 하는 것만 볼 수 있으므로 수단을 독립변수로 간주하게 될 것이다.

요컨대 사회연구에서는 특히 비대칭적 관계에 관심을 가지고 분석에 임한다는 점을 기억하기 바란다.

Ⅱ. 분석의 정교화를 위한 검사요인

사회연구가들이 비대칭관계의 변수들, 그 중에서도 특히 속성과 성향 · 행동간의 관계에 관심을 갖는 것은 양적 자료에서 다룰 수 있는 주제, 즉 사회적 현상의 성격에서 연유한다. 예컨대 근로자들은 중간계급에 비해 소외감을 더 강하게 느끼는가 하는 질문을 제시하고, 이를 경험적 자료로써 검증하기 위하여 근로자와 중간계급을 갈라 놓고 그들의 소외정도를 재는 태도척도 같은 도구로 두 집단의 점수를 비교할 것이다. 이것을 제표하면 2개 변수표가 되고, 부분집단기술의 기능을 하는 데서 끝난다. 다시 말해서 두 집단의 소외도를 비교해서 보여 주는 기술의 기능이다.

하지만 우리는 거기에 머물지 않고 계급적 지위와 소외감이라는 두 변수들 사이의 관계의 성격에 대한 이해를 얻고자 하며, 가능하면 설명까지도 할 수 있기를 바란다. 그것을 위해서 여러 가지 문헌을 상고하여 사변적인 해답을 구할 수도 있다. 그러나 경험적 조사연구에서는 주어진 자료를 가지고 그런 목적을 추구하게 된다. 그 목적으로 제3의 변수를 개입시켜 두 변수 간의 관계를 좀더 세밀히 검토하는 과정을 분석의 정교화(elaboration)라 하며, 이 때 도입하는 제3의 변수를 검사요인(test factor) 또는 통제변수(control variable)라 일컫는다. 그러면 이제 검사요인의 종류와 기능을 간추려 살펴보자(Rosenberg, 1968; Frankfort-Nachmias and Nachmias, 2000 : 394-399; Neuman, 2003 : 351-355; Rubin and Babbie, 2008 : 240-242).

1. 외재적 변수(extraneous variables)

두 변수 간에 관계가 있음을 발견할 때는 독립변수가 종속변수에 어떤 작용을 하는지를 해석하려 할 것이다. 그러나 아무리 해석을 그럴싸하게 해도 두 변수 사이에 어떤 내재적인 관계가 있는 것이 아니고, 이들이 우연히 제3의 변수와 관련이 있음으로써 관계가 성립하는 것처럼 보이는 것일 수도 있다는 가능성을 배제할 수 없다. 이른바 '피상적 의사관계'(spurious relationship)를 두고 의미 있는 관계가 실재하는 양 해석할지도 모른다는 말이다. 좀더 엄격히 말하면 두 변수의 관계에 대한 잘못된 가짜해석(spurious interpretation)을 내릴 소지가 있음을 간과해서는 안 된다.

두 변수의 원초관계(original relationship)가 사실은 의외의 제3의 변수와 상호연관성 때문에 생긴 것이 밝혀질 때, 그 제3의 검사요인을 일컬어 외재적(extraneous) 변수라 한다. 한 가지 보기만 들자. Goldhamer와 Marshall(1949)은 1845-1945년의 1세기 사이에 미국의 정신질환자가 지속적으로 증가했음에 착안, 이에 대한 이론적 설명을 찾고자 했다. 가령 좌절된 사회이동에 대한 열망, 농촌인구의 도시이동에 따른 고독과 소외, 종교의 통합기능저하, 경쟁이 격심한 경제생활, 도시빈민가의 형성, 가족안정도의 쇠퇴 등 주요 사회적 여건의 변화가 정신질환의 증가에 기여했을 것이라는 이론적 해석을 하게 될 것이다.

그러나 이들의 연령을 검사요인으로 통제한 다음 각 연령범주 내에서 증가추세를 검토해 본 결과, 노년층(50세 이상)을 제외하고는 1세기 동안 별 중요한 변화가 없었다는 것이 드러났다. 그러면 나이가 어떤 작용을 하였기에 이런 결과가 나타났는가? 이 기간에 노년층의 노쇠성정신병인 정신분열증(흔히 노망이라 함)이 대폭 증가했는데, 이는 생리적 현상이지 사회적 긴장의 결과가 아니다. 수명연장으로 인한 노년인구의 증가와 노인들의 입원행위가 증대함으로써 통계상 정신병환자의 수가 늘어난 것으로 나타난 것이다.

결국 '사회적 긴장 → 정신질환증가'라는 관계는 피상적인 의사관계였고, 실제로는 연령이라는 외재적 변수가 개입했음을 밝혀 냄으로써 자칫하면 잘못된 이론인 데도 근사하게 전개할 뻔한 것을 바로 잡아 주게 되었다. 이처럼 외재적 검사요인을 일종의 상수(constant)로 통제하면 두 변수의 원초관계가 사라져 버릴 때, 그 원초관계는 사실상 의외의 변수탓이라고 결론내릴 수 있다.

그런데 이러한 외재적 검사요인은 별로 믿음성스럽지 않던 해석을 오히려 뒷받침해 주는 증거를 제공하는 수가 있다. 예를 들면 Durkheim은 국가적 위기에는 집합적 감정을 자극하여 사회통합이 고조된다는 이론을 검토하기 위하여 전쟁과 자살률의 관계를 살펴보았다. 실제 자료에 의하면 당시 유럽 여러 나라에서는 전쟁이 있은 다음 자살률이 모두 떨어지는 것이었다. 하지만 Durkheim의 생각에 전쟁시에는 자살통계가 잘 잡히지 않으므로 이런 경험적 관계는 잘못된 것일 수 있다고 보고, 여성의 자살률을 분석해 보았다. 그 결과 여성의 자살률도 전쟁위기시에는 저하하는 것이었다. 결국 Durkheim은 성이라는 검사요인을 통제함으로써 자신의 이론적 논리를 더욱 공고히 지지하는 자료분석을 할 수 있었다.

물론 이와 같은 제 3 의 변수를 통제함으로써 원초관계를 부인하거나 더 지지해 주는 효과가 있다고 해도 통제해야 할 외재적 변수란 사실상 무한정 있을 수 있는 것이다. 따라서 어느 변수를 통제하는 것이 가장 적절한지를 결정하는 일은 그리 간단하지가 않다. 이 문제는 결국 이론적 논리와 경험의 축적으로 해결하는 수밖에 없다.

2. 성분변수(component variables)

사회과학의 명제들은 대체로 참(眞)이기는 하지만 특정적이지 못하다는 한계가 있다. 가령 “사회적 환경이 태도형성에 중요한 영향을 미친다”라는 식의 언명에서 ‘사회적 환경’이 태도에 영향을 미칠 것은 분명한데, 그 환경의 어떤 구성요소가 실지로 작용하는지에 관한 특정적 지적이 빠져 있다.

가장 대표적인 보기를 사회계층 또는 사회경제적 지위라는 개념에서 찾아 볼 수 있다. 이런 것들은 포괄적 개념(global concept)이라 하는데, 계급을 구성하는 요인들은 학력 · 직업 · 소득 · 가족배경 등 여러 가지다. 그 중 어떤 요소(성분)가 작용하는지를 밝히는 작업이 분석과정에 필요하다. 이 때 특정성분을 가려 내어 그 영향을 더 명백히 지적하기 때문에 이것도 원초관계를 더욱 특정적으로 밝혀 주는 검사요인의 일종이라 할 수 있다.

한 가지 보기를 들자. Pearlin과 Kohn(1956)은 사회계급과 자녀양육법의 관계를 밝히는 국제비교연구에서 근로자계급은 복종을, 중간계급은 자제를 강조한다는 결과를 미국과 이탈리아 두 나라에서 꼭같이 얻었다. 그래서 문화간에 차이가 없는 이런 계급의 영향(또는 계급과 자녀양육법과의 관계)은 도대체 계급의 어떤 성분탓인지를 검토해 보기로 하고, 직업적인 활동에서 감독을 덜 받고 독립성을 유지하는 정도를 집중적으로 분석하였다. 그러니까 직무수행 과정의 감독정도 또는 독립성이라는 계급의 성분인 직업적 특성을 표준화(standardization)로 통제한 결과 자제를 강조하는 비율이 두 계급 간에 꼭 같아졌다. 원초관계가 사라진 셈이다. 따라서 이 관계는 결국 근로자계급과 중간계급의 직업상의 독립성 여부에 따라 성립했던 것임을 알게 되었다.

역시 Durkheim도 혼인 여부와 자살률의 관계를 좀더 특정적으로 밝히고자 미혼자 · 무자녀기혼자 및 유자녀기혼자로 세분화하여 비교분석을 시도하였다. 그 결과 혼인과 자살률의 관계는 사실상 자녀유무와 자살률의 관계임을 뚜렷이 밝혀 내었다.

이런 종류의 보기는 수없이 있을 테지만, 중요한 점은 사회과학이 다루는 포괄적 개념들은 분석단계에서는 그 구성성분들로 특정화하여 그것과 다른 현상의 관계를 좀더 분명히 하는 게 유용하다는 것이다. 이런 성분변수도 분석의 정교화를 도와 주는 검사요인의 기능을 하는 셈이다.

3. 매개변수(intervening variables)와 선행변수(antecedent variables)

위에서 살펴본 외재적 변수는 두 변수의 원초관계가 워낙은 피상적인 것인 데도 마치 내지적 연계가 있는 듯이 가정함으로써 생기는 잘못된 해석을 피할 수 있도록 도와 주는 것이다. 한편 성분변수는 광범위한 포괄적 개념의 어떤 특정요소가 관찰결과에 결정적인 영향을 미치는지를 한결 더 명시해 주는 기능을 한다. 이제 살펴보고자 하는 매개변수와 선행변수는 인과적 계기를 추적하는 데 도움을 주는 검사요인의 보기들이다.

이들의 기능을 도식적으로 표현해서 우선 비교한 다음 해설하기로 한다.

외재적 변수 (검사요인) → 독립변수 ↓ (?) 종속변수
외재적 변수 (검사요인) → 종속변수

독립변수 ⟶ 매개변수 (검사요인) ⟶ 종속변수

선행변수 (검사요인) ⟶ 독립변수 ⟶ 종속변수

보기를 들어 보자. 외재적 변수에 관한 보기는 이미 앞에서 살펴보았지만, 비교해설의 목적으로 간단한 예시만 한다.

〈보기 1〉

종교에 열성인 사람들 중에 야당투표율이 더 높았다. 천주교신자들이 평소 종교열이 강하고, 동시에 야당표를 더 많이 던진다는 데 착안, 소속종교를 검사요인으로 통제하였더니 신앙심(종교열)과 야당투표행위의 관계가 사라졌다. 이 때 소속종교라는 검사요인은 종교열에도 관련 있고 야당투표성향과도 관계 있는 외재적 변수로 작용함으로써 소속종교 '때문에' 종교열과 투표의 원초관계를 성립시켰던 것이지, 종교열과 투표행위가 본래 내재적 관계를 지녔던 것은 아니다.

〈보기 2〉

농촌거주자가 자녀양육에서 순종의 가치를 더 중시한다는 원초관계를 발견했다 하자. 여기에 전통주의 가치의식을 검사요인으로 개입시켜 이를 통

제하고 다시 분석해 본 결과, 역시 원초관계가 사라졌다. 이 때도 원초관계는 제 3 의 변수, 즉 검사요인 '때문에' 생긴 것으로 풀이할 수 있지만, 그 '때문에'의 내용은 앞서 〈보기 1〉과는 의미가 다르다.

여기에서는 농촌거주라는 독립변수는 전통주의라는 가치의식(매개변수)을 조장하고, 그로 말미암아 자녀양육에서 순종의 가치를 더 강조하게 된다는 인과적 계기가 밝혀지게 된다. 이러한 두 가지 보기에서는 통계적 절차는 비슷하지만, 이론적·논리적 사유의 내용이 다르다는 데 주목하기 바란다.

〈보기 3〉

학력에 따라 정치적 지식의 수준이 다르다는 통계가 나왔다. 여기서 교육정도가 정치적인 인지의 수준을 좌우해 준다는 인과관계를 가정하자. 이 때 학력을 좌우하는 요인은 무엇일까를 물어 보게 되는데, 이것이 선행변수를 도입하는 계기다. 이 보기에서는 부친의 계층적 지위가 그 선행변수임을 가정, 제 3 의 검사요인으로 분석에 개입시켜 본다. 그랬더니 학력과 정치의식수준의 원초관계가 그대로 살아 있다. 그러나 학력을 통제하면, 선행변수(부친의 계급)와 종속변수(정치의식수준)의 관계는 사라진다. 결국 독립변수가 매개변수로 바뀌고, 선행변수가 독립변수가 되는 셈이다. 그뿐 아니라 독립변수와 종속변수에 선행하지만, 그것을 통제하면 원초관계가 사라질 때는 의외의 외재적 변수가 된다는 차이가 있다.

그러면 여기서 매개변수와 선행변수의 성격과 요건을 간추려 비교해 본다. 먼저 매개변수의 요건은 3개의 비대칭관계가 성립해야 한다는 것이다. ① 독립변수(농촌거주)와 종속변수(복종강조)의 원초관계, ② 독립변수(농촌거주)와 검사요인(전통주의)의 관계 : 이 때 검사요인은 일종의 종속변수로 바뀐다. ③ 그리고 검사요인(전통주의)과 종속변수(복종강조)의 관계 : 이 때 검사요인은 일종의 독립변수로 작용한다. 이에 덧붙여 매개변수를 검사요인으로 도입, 이를 통제하면 통계적으로는 독립변수와 종속변수의 관계가 일단 사라지거나 약화해야 한다.

한편 선행변수의 요건은 이러하다. ① 세 가지 변수 — 선행 · 독립 · 종속변수 — 모두가 서로 관계가 있어야 한다. ② 선행변수(부친의 계급)를 검사요인으로 통제하더라도 독립변수(학력)와 종속변수(정치의식)의 관계는 사라지지 않는다. ③ 그러나 독립변수(학력)를 통제하면, 선행변수(부친의 계급)와 종속변수(정치의식)의 관계는 사라지거나 약화되어야 한다. 여기서 주의할 점은 ②의 관계다. 검사요인이 선행변수라고 해서 독립변수와 종속변수의 원초관계를 설명(account for)해 주는 것은 아니고, 다만 그와 같은 인과적 계기에 선행한다는 사실이 중요하다. 따라서 독립변수에 앞서 영향을 미치는 요인이 있다고 해서 반드시 종속변수에 대한 독립변수의 영향이 없어지지는 않는다.

이렇게 해서 매개변수와 선행변수는 그 자리가 바뀌고 원초관계에 대한 영향이라는 측면에서 차이가 나지만, 실은 인과적 계기를 명료화해 준다는 뜻에서 그 기능은 같다. 그런데 어떤 인과적 연속에 있어서 선행변수의 위치에 있던 요인은 그것에 앞서 거기에 영향을 미치는 또 다른 선행변수를 도입하게 되면, 그 자체가 이제는 하나의 매개변수의 자리로 옮기게 된다. 이렇게 인과성의 연속적 계기를 추적하다 보면, 어떠한 제 1 원리 같은 궁극적 원인으로까지 거슬러 올라가야 하지 않겠는지 하는 철학적인 문제도 제기할 만하다. 그러나 우리의 당장의 목적은 분석의 정교화를 위한 논리를 살펴보고자 하는 데 있음을 상기하고, 이로써 다음 검사요인들을 살펴본다.

4. 억제변수(suppressor variables)와 왜곡변수(distorter variables)

실재적인 관계가 아닌 데도 관계 있다는 오도된 해석을 피하려는 일도 중요하지만, 사실은 유의미한 관계가 있는 변수들인 데도 1차 분석에서 통계적으로 의미 있는 관계가 드러나지 않는다고 해서 무관계임을 속단하는 것도 막을 수 있으면 막아야 한다. 이러한 분석의 정교화를 위하여 우리는 제 3 의 변수가 끼어 들어서 워낙은 관계가 있는 두 변수들의 관계를 소멸시키든지, 감소시키든지, 혹은 감추든지 하는 검사요인이 있을 수 있다는 데 주목할 필요가 있다. 이런 변수를 일컬어 억제변수라 한다.

어떤 이론에 입각한 가설을 검증하고자 분석한 결과 이론적 가설에서 설정한 두 변수의 관계가 자료에 나타나지 않는다고 해서 가설 자체를 성급하게 부정해 버리는 수가 생긴다. 억제변수의 발견은 이런 오류를 막아 줄 수 있다. 그러므로 두 변수 간의 무관계를 보면, 언제나 제 3 의 억제변수가 있어서 원래의 관계를 억제하지나 않는지를 유심히 살펴볼 필요가 있다.

한 마디로 억제변수의 기능은 첫째 두 변수 간의 무관계가 실재임을 밝혀주거나, 둘째 무관계가 피상적인 의사현상임을 보여 주는 일이다. 제 3 의 검사요인들을 아무리 개입시켜 분석해 보아도 관계 없다는 것이 계속 드러나면, 그것은 원초관계의 무관함이 실재임을 입증하는 길이다. 한편 억제변수를 통제하니까 처음에 무관하던 두 변수의 긍정적 관계가 드러난다면, 본래의 무관계는 피상적인 것이었음을 밝혀 주는 셈이다.

한 가지 보기만 들자. 계층과 권위주의 태도를 교차시켜 보았더니 중간계급이나 근로계급이나 점수가 비슷하게 나왔다. 그러면 이 두 변수는 서로 무관하다고 결론내릴 것인가? 그러기 전에 학력을 통제하고, 동일학력범주 안에서 중간계급과 근로계급의 권위주의 점수를 비교한 결과, 중간계급의 점수가 상당히 높게 나왔다. 여기서 우리는 교육이 계층과 권위주의와의 관계를 억제하고 있었음을 알 수 있다. 따라서 두 변수의 무관계는 피상적 의사현상이라 할 것이다. 본디는 중간계급이 더 권위주의적인데, 그들의 높은 학력 때문에 덜 권위주의적인 것으로 나타났다는 논리가 성립한다.

때로는 억제변수를 이용하여 어떤 두 변수의 무관계를 입증함으로써 다른 변수들의 유관함을 더욱 보강시켜 주는 수가 있다. 가령 자살의 사회적 요인이 중요함을 보여 주기 위하여 Durkheim은 사회외적 요인들(정신병적 심리상태 · 알콜중독 · 인종 · 유전 · 지리적 조건 · 기후 등)이 자살과는 무관함을 열심히 입증하고자 애썼다. 어쨌든 억제변수의 이용으로 무상관관계(noncorrelations) 또는 낮은 상관관계에 대한 좀더 자신 있고 정확한 결론을 내릴 수 있다는 점에서 분석의 정교화를 도와 준다.

한편 기존의 연구보고에서는 자주 발견하지 못하지만, 논리적으로 중요하기 때문에 소개하는 또 하나의 검사요인은 달리 이름하기 어려워서 '왜곡' 변수라 일컫는 것이다. 이것은 자료에 원래 나타난 것이 시사하는 것과는 정반대로 해석을 해야 옳은 해석이 되게끔 도와 주는 검사요인이다.

여기에서도 Durkheim의 업적을 참고해 볼 수 있다. Durkheim보다 앞선 연구자들은 기혼자의 자살률이 높다는 자료를 제시하고, 그 이유로 혼인생활은 독신생활에 비해 여러 모로 삶의 긴장을 가져올 요소가 많기 때문이라고 논증하였다. 그가 검토한 자료에 의하면 삶의 긴장이 심한 전쟁중에 가난한 나라에서, 유태인들 사이에서, 장교보다 사병들 사이에서 자살률이 낮았다. 따라서 그는 사회통합의 이론으로 자살률을 설명하고자 기혼자와 독신자의 비교를 시도하였다. 결과는 역시 독신자보다 기혼자의 자살률이 높은 것으로 드러났다. 그러면 그의 이론에 하자가 있는가?

Durkheim은 여기에 일종의 왜곡변수를 찾아 내었다. 다른 분석가들이 혼인과 자살률의 분석에서 간과한 것이 연령이라는 제3의 변수라고 주장한 것이다. 기혼자는 독신자보다 나이가 더 많았고, 따라서 통계에서 기혼자의 자살률이 높게 나왔다는 것이다. 나이를 통제한 뒤에 비교해 본 결과 기혼자가 독신자보다 자살률이 확실히 낮았다는 것을 그는 보여 주었다. 그리하여 혼인이 사회통합에 기여함으로써 자살률을 낮춘다는 그의 이론적 가설을 자료로써 뒷받침할 수 있었다.

결국 처음에 혼인과 자살의 관계에 대한 결과가 오도된 것은 나이라는 '왜곡' 변수의 작용 때문이었음을 밝힌다. 나이의 영향을 배제하고 나니까 혼인 여부와 자살률의 참 관계가 드러나게 되어서 전혀 질적으로 다른 이론적인 해석을 자아내게 된 것이다.

Ⅲ. 정교화의 유형

지금까지는 분석의 정교화를 위하여 도입하는 검사요인의 종류를 중심으로 살펴보았다. 이번에는 그와 같은 통제변수들을 이용하여 정교화를 수행하는 방법의 유형을 주로 정리해 보기로 한다(Babbie, 1973 : 281-296; Rosenberg, 1968; 이만갑 외, 1982).

1. 반 복(replication)

두 변수의 원초관계가 검사요인을 통제한 뒤의 부분관계에서도 변함 없이 나타나면, 이를 반복이라 한다. 이 때 검사요인이 선행변수이든, 매개변수이든 상관없다. 예컨대 학력과 정치의식의 수준의 관계가 부친의 계급적 지위, 본인의 나이 · 종교 · 직업 등 각종 검사요인의 통제에도 불구하고 그대로 반복해 나타난다면, 원초관계가 참으로 의미 있고 일반성이 있는 것으로 결론지을 수 있을 것이다.

2. 설 명(explanation)

여기서 쓰는 설명이라는 말은 일반적인 의미의 과학적 설명이 아니고, 분석의 정교화과정에 국한시켜 좁은 뜻으로 사용하는 보기다. 이것은 앞서 예시한 외재적 변수를 도입했을 때처럼 독립변수와 종속변수보다도 앞선 제3의 변수를 검사요인으로 통제한 결과 원초관계가 사라져 버리면 그 원초관계를 "설명해 버린다"(explain away)는 뜻으로 쓰이는 말이다. 그러니까 피상적 의사관계를 제3의 변수를 이용해 밝혀 내는 과정을 말한다.

3. 해 석(interpretation)

이 때도 일반적인 과학적 해석을 말하는 게 아니고 정교화과정에서 매개변수를 도입함으로써 원초관계의 성립기제를 풀이해 준다는 뜻에서 해석이라 한다. 앞에서 든 보기에서 농촌거주와 자녀양육에서 순종의 중시는 전통주의라는 가치의식의 중재를 받아 성립하는 관계라는 해석을 내렸다. 마찬가지로 직장생활을 하는 어머니가 있는 집에서 비행소년이 더 많다는 관계는 집안에서 누가 감독을 하는가 하는 매개변수로써 더 잘 이해가 된다.

4. 특정화(specification)

특정화에 의한 분석의 정교화는 한 마디로 원초관계가 성립하는 특수한 조건을 명시하는 과정이다. 예를 들어서 여성들 가운데 사회경제적 지위가 낮은 사람일수록 교회에 더 열심이라는 자료가 있다고 하자. 이런 현상은 대체로 세속적인 사회에서 지위나 만족을 얻지 못하는 이들(여성 · 고령자)은 교회에서 열심히 일함으로써 지위도 획득하고 만족감을 얻는다는 논리로 설명함직하다. 그렇다면 계급적 지위가 낮은 사람들이 대체로 일반사회에서 별로 대접을 못 받기 때문에 교회일에 열성적일 것이라고 말한다.

이 점을 예시하고자 계급과 세속적 조직체의 간부직에서 여성이 점유하는 비율이 상관이 있음을 보여 줄 수 있다. 다시 말해서 계급적 지위가 낮으면 세속사회에서 출세의 기회가 제한될 것이고, 따라서 세속사회에서 지위상의 만족을 얻는 여성이면 교회에 열성이 아닐 것이다. 즉 이런 여성의 사례에서는 계급과 교회열성의 원초관계가 무관한 것이 되어야 한다.

결국 이처럼 세속사회 속의 간부직참여 여부라는 특정조건 아래에서 계급과 교회참여의 관계를 검토하게 된다. 그 결과 세속적 지위를 누리는 여성은 계급과 교회열성과는 기본적으로 관계가 없는 데 비해서, 세속사회에서 지위를 얻지 못한 여성들 사이에서는 계급적 지위가 낮을수록 교회에 더 열성적이라는 것을 밝힐 수 있다. 이와 같이 원초관계가 성립하는 조건을 명시하는 과정이 특정화다. 이 때의 검사요인은 선행변수라도 좋고, 매개변수라도 무관한 것이 우리의 관심은 특정조건의 명시기 때문이다.

이것은 한 가지 보기에 불과하지만, 어떤 두 변수의 원초관계가 제 3 의 변수의 개입 아래 변하거나 존속하는 조건들을 밝혀 내는 길은 여러 가지가 있을 수 있다. 여기에서는 그 종류들을 일일이 소개하지 않겠으나, 그러하 조건들을 가려 내는 일이 중요하다는 점만은 다시 강조해 두겠다.

5. 연합효과(conjoint influence)

소위 연합작용이라는 용어는 통계분석에서 상호작용효과(interaction effect)라는 말과 비슷한 말이다. 다시 말해서 둘 이상의 독립변수가 하나의 종속변수와 어떻게 상호연관이 있는지를 밝혀 내기 위한 분석개념이라 하겠다.

보기를 들어서 부친의 계급적 지위와 본인의 학력이 모두 정치의식의 수준과 관계가 있다고 하자. 이 때 부의 계급은 본인의 교육과 무관하게 독립적으로 정치의식과 상관관계가 있으며, 본인의 학력과 정치의식의 관계는 또 부의 계급과 관계 없이 상호연관이 있다고 가정한다. 이처럼 두 가지 독립변수는 둘 사이에 서로 무관한 채로 종속변수에 독립적인 효과 또는 영향(independent effects)을 미치는 것이라 한다.

이와 같이 개별적효과를 가진 독립변수 둘이 있다면, 우리의 관심사는 그 둘 중 어떤 것이 종속변수에 더 중요한 영향을 미치는지를 분석하려는 데 있을 수 있다. 이런 때 우리는 두 변수의 상대적 효과(relative effects)를 따지려 한다. 그리고 이런 것은 다변수분석을 하는 통계절차에서 흔히 계수(coefficient)의 형식으로 계산한다는 것을 우선 지적해 둔다.

물론 현실적으로는 부의 계급과 본인의 학력이 무관할 리가 없다. 그럴 때 이 두 가지 독립변수는 상호작용하면서 종속변수에 연합효과를 주고 있다고 볼 수 있다. 그러면 그 연합효과의 성격은 어떤 것인지를 생각해 볼 만하다. 그 중 하나는 누적효과(cumulative effect)라고 한다. 가령 중산층이 하층민보다 야당투표율이 더 높은데, 카톨릭교인이 개신교신자보다 야당토표성향이 크다고 하자. 그렇다면 중산층카톨릭이면 특별히 야당에게 투표하는 비율이 높을 것이고, 하층개신교신자들은 오히려 야당을 찍지 않을 개연성이 더 높을 것이다. 이런 누적효과를 밝힐 수 있으면, 어떤 현상(투표성향 등)을 예측하는 데 특히 도움이 된다.

그렇지만 두 가지 독립변수가 겹친 사람들이 일종의 형(type)을 형성하게 되면, 그와 같은 연합효과는 무의미해질 수가 있다. 위에서 든 보기에서 중산층인 카톨릭신자들 사이에 야당투표율이 높다고 했지만, 특별한 이유로 해서 특정지역에서만은 카톨릭이면서 중산층인 사람들이 전통적으로 여당을 지지했다든지, 또는 특정한 개신교종파는 하층민이면서 개신교신자라 해도 언제나 야당표를 던져 온 관습이 있다든지 하는 특수형이 생길 수 있다. 이런 형은 비단 두 변수의 연합효과로써만이 아니라 세 변수 이상의 상호작용으로 이루어질 수도 있으므로, 이런 분석의 정교화는 특수한 유형의 사람들이나 집단을 가려 내는 데 도움이 된다.

끝으로 언급할 것은 위에서 제시한 검사요인이나 정교화의 종류를 일일이 구체적 자료의 제시와 함께 해설하는 게 좋은 줄은 아나, 지면을 너무 차지하기 때문에 말로써 보기만을 둘 수밖에 없었다. 그리고 이러한 분석의 정교화도 결국은 통계적 분석의 뒷받침을 받아야 하는 논리적 측면이므로, 이제는 통계처리와 관련하여 분석의 쟁점들을 다루기로 한다.

제 3 절 통계적 분석의 기초

이 책에서는 통계적 분석의 구체적인 기법과 공식 풀이, 계산 같은 기술적인 내용보다 사회조사자료의 분석에서 통계적 방법이 수행하는 기능면에서 주요 쟁점들과 유의사항 등을 중심으로 다루려고 한다. 통계절차에 관해서는 그 동안 우리 나라에도 여러 권의 사회 및 교육심리 계통의 저서와 역서들이 나와 있으므로, 이들을 참조하면 좋을 것이다(정범모, 1955; 김재은, 1971; 임인재, 1976; 차배근, 1978; 이만갑 외, 1982; 배규한 · 이태림, 2000; 홍두승 · 이명진, 2001; 홍두승 · 설동훈, 2003).

Ⅰ. 사회연구와 통계적 분석의 기능

통계(statistics)라는 말은 본래 국가의 정책에 필요한 자료라는 뜻으로 쓰기 시작한 것이고, 일반적으로는 정부나 기업체 기타 공공기관에서 필요한 자료들을 양적으로 집성한 것을 일컫는다. 물론 우리가 여기서 다루는 통계란 통계학적인 논리와 기법을 사회조사연구자료의 분석과 해석에 응용한다는 뜻을 갖는다.

그러면 통계적 분석은 사회연구에서 어떤 기능을 하는가?

첫째, 사회현상의 잡다한 사실들을 양적으로 간추려 파악할 수 있는 수단이다. 그러한 요약기능은 보통 통계자료라고 하는 것에서부터 조사자료의 통계적 분석에 이르는 넓은 범위의 작업에서 이루어진다.

둘째, 통계적 분석에는 논리적 추리가 내재하므로, 수라는 언어(기호) 체계에 의하여 우리가 다루고자 하는 현상을 논리적으로 따져 보는 데 도움이 되는 하나의 수단이다. 앞에서 분석의 정교화에 관하여 살펴보았거니와 그런 과정도 통계적 분석의 기법들로써 진행하면 더욱 확실해진다.

셋째, 그 같은 논리적 분석을 좀더 정교화하고 고도화할 수 있으면, 마침내 우리는 어떤 이론적 모형을 양적으로 정립하든지, 수리사회학적 · 공리적 이론구성의 단계까지도 이를 수가 있게 된다.

넷째, 역시 이론적인 과업수행과정에서 가설검증도 통계적 기법에 힘입어 수행할 수 있다.

다섯째, 그 밖에 이미 수집해 놓은 통계자료를 활용할 때나, 또는 새로이 자료를 수집할 때라도 양적 자료의 타당성이나 신뢰도를 추정하기 위하여 통계적인 기법을 활용할 수 있다(Loether and McTavish, 1980; 이만갑 외, 1982).

이와 같은 기능을 수행하는 통계적 방법에는 두 가지가 있다. 하나는 기술통계(descriptive statistics)이고, 다른 하나는 추계통계(inferential 또는 inductive statistics)다(Blalock, 1972 : 4-7; Loether and McTavish, 1980; Lin, 1976). 이 두 종류의 통계적 접근을 이해하기 위해서는 우선 모수치(parameters)와 통계치(statistics)의 차이를 알아 두는 게 좋다.[1] 이미 제 6 장의 표본추출법에서 밝힌 대로 사회

1) 여기서 statistics라는 영어는 통계라고 흔히 말하는 각종 집성한 수치라는 뜻과 통계학이라는 뜻, 그리고 더 좁은 뜻으로는 모집단의 모수치에 대비하여 표본의 변수를 측정한 값(통계치)이라는

조사연구에서는 대개 표본조사에 의지할 때가 많다. 그러므로 주로 표본의 어떤 변수를 측정한 값을 자료로 삼는다. 바로 이 표본의 측정치를 통계치라 하며, 대개 부호로 표기할 때는 영어자모를 쓴다.

이에 비해서 표본을 추출해 낸 모집단의 변수를 측정한 값은 모수치라고 하며, 그리스자모로 표기하는 게 관례다. 실지로 우리는 모수치에 관해서는 알 길이 없고, 또 대체로 직접적인 관심을 갖지 않게 되는 수가 많다. 그리하여 직접 다루는 표본의 통계치가 주요 분석의 소재가 된다.

기술통계란 통계치든 모수치든 어느 값이든지, 주어진 표본이나 모집단의 일정한 속성을 양적으로 나타내는 변수의 값을 가지고, 그 대상의 특성을 양적으로 요약하고 묘사(기술)해 주는 기능을 한다. 이 때 변수의 수는 하나일 수도 있고, 둘 이상일 수도 있다. 한편 추계통계는 표본의 통계치를 가지고, 모집단의 모수치를 추리하는 기능을 한다. 다시 말해서 표본의 양적 기술을 가지고 모집단의 기술로 일반화하고자 할 때 생기는 오류의 위험률(risk)을 평가하는 논리와 절차를 제공해 준다. 그 근거는 확률이론이며, 주로 모집단의 변수의 값(모수치)을 추정(estimate)하고, 모집단의 변수들간의 관계를 검증(test)하는 기능을 하는 통계적 방법이다.

그런데 사회조사연구의 전과정에서 통계적 분석은 모든 자료를 입수한 뒤에 기계적으로 처리하는 단계에만 적용한다고 생각하면 곤란하다. 적어도 양적 접근을 채택하는 한 통계적 분석에 대한 고려는 연구의 설계단계부터 분석과 자료의 해석이 끝나는 시점까지 계속 반복해야 한다. 그것은 표본설계, 질문서와 같은 자료수집의 도구구성, 면접이나 관찰법과 같은 자료수집의 절차, 자료의 처리와 제표 등 모든 과정에서 반영해야 한다.

이러한 상호작용관계를 〈참고자료 19-1〉에 따로 제시한다.

Ⅱ. 측정의 수준과 통계적 기법

통계적 분석을 할 때는 원칙적으로 자료의 성격에 대한 두 가지 고려사항부터 검토하는 것이 바람직하다. 첫째는 변수를 수량화할 때 그 측정의 수준 또는 그 측정에 사용한 척도의 종류가 무엇인지를 분명히 하는 것이고, 둘째는 그

의미 등 다양한 용법으로 쓴다.

〈참고자료 19-1〉 조사연구과정의 단계별 상응하는 통계적 고려사항

조사연구 과정의 단계	통계적 고려사항
① 이론형성 ② 가설형성 ③ 관련개념의 정의	…… 통계적 가설의 형성
④ 모집단의 명시 ⑤ 표본추출설계	…… 통계적 절차로 적절한 표본 크기의 결정
⑥ 자료수집 전략수립 ⑦ 자료수집도구 작성	…… 최대허용가능한 표집오차결정, 측정의 수준 결정, 적절한 통계적 검증선정
⑧ 자료의 수집 ⑨ 자료의 분석 ⑩ 결과의 해석 ⑪ 이론과 가설의 재검토 ⑫ 전과정의 반복	…… 필요한 계산 수집한 정보량에 따라 통계적 분석결과 평가

자료 : Loether and McTavish(1986 : 618).

척도의 연속성 여부를 확인하는 일이다(Loether and McTavish, 1980; Blalock, 1972).

측정의 수준에 관해서는 제 9 장에서 자세히 살펴보았으므로 되풀이하지 않고, 그 종류만 다시 상기한다. 명목척도를 사용한 명명적 측정 · 서열적 측정 · 동간적 측정, 그리고 비율적 측정의 네 가지다. 다음은 측정한 값들이 척도상에서 무한대로 미분해도 가능하리만큼 연속성을 띤 것이면 연속적(continuous) 척도다. 이에 비하여 일정한 값 또는 점수만으로 구성된 것이면 불연속(discrete) 척도다. 가령 나이 같은 변수는 10-20세라고 할 때 그 중간에 원칙적으로 무수하게 쪼갠 나이가 있을 수 있다. 그러나 가족의 크기(성원의 수)라면 1-5명 하면, 1 · 2 · 3 · 4 · 5명이라는 5개 정수밖에 해당 없고, 숫자들 사이에 2.4명, 3.7명 같은 것이 실제적인 의미는 없다. 여기서 나이는 연속적 척도로 잴 수 있는 변수이고, 가족 크기는 불연속척도로만 잴 수 있다.

위의 두 가지 기준을 동시에 고려하게 되면, 〈표 19-1〉과 같다.

이러한 기준들을 제시하는 뜻은 통계적 분석은 다루는 자료의 성격 이상의 것도 이하의 것도 의미하지 않는다는 것을 강조하기 위함이다. 아울러 만일 측정의 수준과 척도의 성격에 걸맞지 않은 통계적 기법을 활용해서 아무리 정교한 분석을 하고 그럴싸한 결론을 내린다 해도 그 가치는 손상을 받게 마련

〈표 19-1〉 측정의 수준과 척도의 연속성

측정의 수준 (척도의 종류)	척도의 연속성	
	불연속	연 속
명 목	남녀성별	(논리적 불가능)
서 열	계급 · 계층소속	?
동간 · 비율	가족 크기	나이·소득

〈표 19-2〉 측정(척도)의 수준에 적합한 통계치

측정 수준 (척도 종류)	단일변수 분 석	2개 변수 분석시 제 2 변수의 척도				적절한 통계적 검증
		양분비교	명 목	서 열	동간 · 비율	
양분 비교 (명목 척도의 특수성)	비율 · 백분비(%) · 비	비율의 차이, 카이자승, Fisher의 직접검증방법 (exact test) $\phi \cdot Q \cdot \tau_b \cdot \lambda_b$				비모수적 (non-parametric) 검증
명목 척도	최빈치 · 빈도 · 비율백분비 · 비	카이자승, 유관계수(C) $V \cdot T \cdot \tau_b \cdot \lambda_b$	카이자승 $C \cdot V \cdot T \cdot \tau_b \cdot \lambda_b$			비모수적 검증
서열 척도	중위수 (중앙치) · 4분위수 · 10분위수 · 100분위수 · 4분편차	Mann-Whitney, Smirnov	서열 변량 분석	서열상관관계 Kendall's tau · gamma · *dyx* · Sperman's r_s		비모수적 검증 · 모수적 검증
동간 · 비율 척도	평균치 · 중위수 · 표준편차	평균치의 차이	변량분석 · E^2 · 급간 내 상관도		상관관계 계수 · 회귀분석	비모수적 검증 · 모수적 검증

자료 : Blalock(1972); Siegel(1956); Miller(1977 : 613).

이라는 점도 지적하고자 함이다. 다만, 측정의 수준과 척도의 연속성 중에서 후자는 자료의 급간을 정한다든지 그림을 그린다든지 할 때처럼 특수한 사례에 엄격히 적용하고, 오히려 통계적 절차의 선택과 관련, 특별히 주의할 것은 역시 측정의 수준에 따른 변수의 척도의 성격이라 할 수 있다.

그러므로 여기에는 주요 통계치들의 보기만을 가지고, 그들이 각기 어떤 종류의 척도 또는 어느 수준의 측정에 가장 적합한지를 표로써 요약하였다(〈표 19-2〉 참조).

제 4 절 기술통계

지금부터 여러 가지 통계치와 통계분석의 기법들을 간추려 소개한다. 그에 앞서 몇 가지 기본개념들을 한번 정리해 두는 게 좋을 것이다. 물론 이들은 이 책의 해당 부분(장)들에서 이미 언급했지만, 필요에 따라 되짚어 보는 데 불과하다.

먼저 우리는 주어진 연구대상인 사회현상의 어떠한 속성에 관심을 가진다. 그것을 개념으로 정의하고, 그것을 다시 조작적으로 규정하여 적어도 2개 이상의 범주로 나누어 특징지을 수 있도록, 그리하여 각기의 범주에 양적인 값 혹은 점수(score)를 줄 수 있도록 하면, 이것이 변수다. 통계적 기법은 이 변수들을 다룬다. 그와 같은 변수의 값을 띤 사례들을 관찰하여 통계분석에 적용하면 이 값이 곧 통계적 관찰(statistical observations)이다. 이러한 통계적 관찰은 일정한 분석단위(unit of analysis)에 대하여 얻는 값이며, 그 단위들(개인 또는 집합체)의 수가 사례수(number of cases)다(Loether and McTarish, 1980 : 3-4).

이를 도식적으로 요약하면 이러하다.

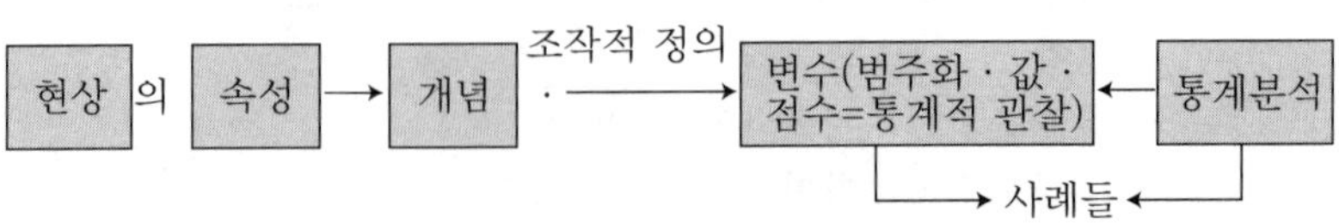

통계적 관찰은 모집단에 대한 것일 수도 있고, 표본에 대한 것일 수도 있다. 그리고 통계적 분석의 기능을 기술통계와 추계통계로 나눈다는 것은 위에

서 언급하였다.

Ⅰ. 단일변수의 기술

1. 단일변수비교

흔히 신문 같은 데에 발표하는 여론조사의 결과에서는 "××에 대하여 반대하는 응답자가 4할 가량이다"라고 대서특필하는 수가 있다. 여기서 당장 의심을 품게 되는 것은 그럼 찬성은 어느 정도이며, 4할 가량이란 좀더 정확하게 얼마인가 하는 점이다. 예컨대 이 조사결과 반대는 38.9%이고, 찬성이 38.1%, 나머지 23%는 "모른다," 무응답이라고 하자. '반대'를 강조하기 위하여 응답을 과장까지는 아니더라도 오도하기 쉬운 모습으로 발표하는 문제가 있다.

기술통계의 주요 기능이 자료의 요약 · 기술이라 하였는데, 한 집단이 특정변수의 값이나 범주별로 어떻게 분포되어 있는지를 보여 주는 일이 기본이다. 이를 위해서는 제18장의 제표부분에서도 언급한 대로 자료를 조직하는 게 첩경이다. 적당한 급간이나 범주로 나누어 그 빈도분포를 살피는 일이다. 그런 다음에야 범주별로 빈도의 상대적 크기를 비교할 수 있다. 그 작업을 단순히 도표로 할 수도 있고, 간단한 몇 가지 계산으로 하기도 한다. 자세한 해설을 생략하는 뜻으로 〈요약 19-1〉로 간추려 본다(Loether and McTavish, 1980 : 39-121; Frankfort-Nachmias and Nachmias, 2000 : 320-349; Neuman, 2003 : 335-340; Rubin and Babbie, 2008 : 486-493).

2. 단일변수분포의 성격요약치들

한 변수의 분포가 나왔을 때, 그것을 하나의 대표적인 통계치로 요약하여 그 성격을 파악할 수 있도록 해 주는 기술통계는 세 가지가 있다. 첫째는 비교적 단순한 분포의 모양(form)을 알려 주는 것이고, 둘째는 분포의 값을 한 대표치로 알려 주는 집중경향치(central tendency measures), 그리고 셋째는 분포의 분산집중의 정도를 말해 주는 분산도치(변산도치, measures of disperision, variation)다.

이들도 자세한 해설 대신 따로 요약만 한다. 다만, 주의할 것은 척도의 측정수준에 따라서 이들 통계치도 적절한 것을 선택해야 한다는 것이다. 그 보기를 〈요약 19-2〉에서 제시했으며, 구체적 계산방법은 생략한다.

〈요약 19-1〉 자료의 조직에 의한 단일변수비교법

1. 개별분석단위의 개별점수 · 값형식으로 된 원자료를 빈도분포로 조직하는 절차
 1-1. 자료를 묶기 위한 급간의 선정 : 주로 동간 · 비율척도로 관찰한 자료를 가지고 계속 통계적 계산을 할 요량이면, 원자료(개별점수)를 그대로 이용하든지, 급간으로 묶더라도 급간의 수를 많이 만들어서(10-15개 급간 이상) 자료의 연속성을 크게 손상시키지 않도록 한다. 단순히 자료의 요약을 제시하는 게 목적이면, 급간의 수를 줄여도 무방할 것이다
 (1) 급간의 수는 5-10개가 무난하지만, SPSS 프로그램에서 급간의 수를 정해주지 않고 컴퓨터에게 맡기면 20개 정도로 자동적으로 묶어 주기도 한다
 (2) 상례로 급간을 정하는 요령은
 ① 급간의 크기 $= \dfrac{\text{최고점수} - \text{최하점수}}{\text{급간의 수}}$
 ② 급간의 크기는 홀수가 계산상 편리하다
2. 분포의 성격을 속히 알아 내는 방법
 백분비의 분포가 가장 흔히 쓰는 방법이고 편리하다
 (1) 백분비분포에서 누적분포를 계산하면 이로부터 백분위수(percentiles)를 얻을 수 있다
 (2) 백분위수의 기능은 ① 주어진 점수가 전체백분위분포에서 차지하는 상대적 순위를 알 수 있게 하고, ② 일정한 백분위순위상의 점수를 알아 내게 한다
3. 범주간 비교를 위한 단일변수기술 : 주로 명목 또는 서열척도에서
 비(ratio) $= \dfrac{A}{B}$ $\left(\text{보기 : 성비} = \dfrac{\text{남자인구}}{\text{여자인구}} \times 100\right)$
 율(rate) : 시간차원의 비 $\dfrac{A(\text{일정기간에 일어난 사상의 수})}{B(\text{일정기간에 일어날 수 있는 총수})}$
 $\left(\text{보기 : 조출생률} = \dfrac{\text{연간 출생수}}{\text{연중간 총인구}}\right)$
 비율(proportion) : 총수에 대한 각 급간, 범주의 빈도 $= \dfrac{n_i}{N}$
 백분비(percentage) % $= \dfrac{n_i}{N} \times 100$(즉 비율 × 100)
 최빈치(mode) : 이는 집중경향치의 하나지만, 상대적 비교에서 빈도가 가장 큰 범주(값)다.
4. 그림표의 종류
 막대그림표(bar chart) : 비동간 척도의 범주간 비교
 기둥그림표(histogram) : 동간 · 연속척도의 상대비교
 절선그림표(polygon) : 동간 · 연속척도
 분포곡선(curve) : 동간 · 연속척도
 기타 도표 : 인구피라밋 · 파이(pie) 그림
 통계지도(statistical map)
 산포도(scattergram) · 소시오그램(sociogram)

〈요약 19-2〉 단일변수분포의 성격을 요약해 주는 통계치들

1. 분포의 형태
   (1) 대칭(symmetry) 여부 : 분포의 반쪽이 다른 반쪽과 꼭같이 겹치는 모양
   (2) 편도(偏度, skewness : SK) : 분포가 한쪽으로 기울어진 정도
   (3) 용도 혹은 첨도(聳度, 尖度, kurtosis : KU) : 분포가 한 지점(값)을 중심으로 밀집하여 뾰족한지, 분산되어 평퍼짐한지의 정도
   (4) 최빈치의 수 : 집중경향치의 하나이면서 실은 상대적 크기의 한 지표도 되는 최빈치가 하나이면 단일최빈치분포(unimodal distribution)이고, 둘이면 2개 최빈치(bimodal) 분포 등이 된다
2. 집중경향치
   (1) 최빈치(Mode : Mo) : 빈도가 가장 큰 값, 점수 또는 범주
   (2) 중위수(또는 중앙치, Median : Md, Mdn) : 한 분포의 점수를 상하 절반씩으로 나누는 값
   (3) 산술평균(arithmetic mean, $\overline{X}$, M) : 점수의 총화를 사례수로 나눈 값

      $$\overline{X} = \frac{\Sigma x_n}{N}$$

   (4) 기하평균(geometric mean) : 모든 점수의 곱의 N곱 근

      $$= \sqrt{(X_1)(X_2)(X_3)\cdots(X_N)}$$

   (5) 조화평균(harmonic mean) : 점수의 평균역수의 역수 $= \dfrac{N}{\Sigma(1/X_i)}$
3. 분　　산
   (1) 범위(range, R) : 최대치-최소치
   (2) 4분편차(interquartile range, Q) : 3/4위수-1/4위수
   (3) 백분위수간 범위(interpercentile range, R_p) : 백분위수 사이의 거리
   (4) 평균차(average absolute deviation, AD) : 모든 점수의 산술평균으로부터의 거리(차이)의 절대치의 평균
   (5) 표준편차(standard deviation, S, SD, S) : 편차의 자승의 평균의 제곱근, 이 때 편차의 제곱의 평균치는 분산치(또는 변량, variance, S^2)라 한다
   (6) 분산지수(index of dispersion, D) : 특히 명목척도에 적당하고, 서열척도에도 적용가능한 분산도치로서 다음 공식과 같이 규정한다

      $$D = \frac{K(N^2 - \Sigma f^2_i)}{N^2(K-1)}$$

      K : 범주의 수
      Σf^2_i : 빈도의 제곱의 총화
      N : 사례수
   (7) 표준점수(standard score, Z) : 편차를 이용하여 각 사례가 얻는 점수의 상대적 위치를 표준화한다. 표준편차단위당 평균과의 차이를 뜻한다

Ⅱ. 2개 이상 변수관계의 기술

1. 2개 변수간 관계의 통계적 기술

두 개의 변수 또는 셋 이상의 변수들이 서로 의미 있는 모습으로 연관을 띠게 되면, 이를 통계법에서는 상관관계(association)라 한다. 여기에서는 특별히 2개 변수의 상관관계를 중심으로 생각해 보려니와 그 특징을 네 가지 점에서 검토해 볼 수 있다(Loether and McTavish, 1980 : 189-196).

첫째, 상관관계의 유무 자체다. 예를 들어 우리가 제표나 분석에 대한 언급에서 보았지만, 한 독립변수의 두 개 범주(예 : 남녀)에 대하여 종속변수 학력(고저)의 백분비를 계산했을 때 남녀간에 학력상 백분비차이가 전혀 없을 수가 있다. 그렇다면 2×2 유관표 혹은 교차표(crosstabulation)에서 〈표 19-3〉과 같이 $a=c$, $b=d$의 결과가 나왔다고 하자. 이 때 우리는 무관계의 모형(a model of no association)이라 한다.

그런데 실제자료에서 $a \neq c$, $b \neq d$가 나왔다고 할 때, 그 차이가 얼마나 의미 있는지를 결정할 필요가 생긴다. 물론 통계적 방법으로 계산하겠지만, 기본적으로 알아 둘 논리적 절차가 하나 있다. 그것은 이른바 2×2 유관표에서 기대치(expected cell frequency)라는 것과 실제 관찰에서 얻은 실수(obtained cell frequency)라는 것이다. 기대치의 계산은 그 해당란(cell)이 속한 행의 합과 열의 합의 곱을 총계로 나눈 값으로 얻는다. 다음의 〈표 19-3〉에서 란 a의 기대치는 $(a+c)(a+b)/N$이 된다. 그 일반공식은 $f_{eij}=\frac{(n_i)(n_j)}{N}$ 이다.

이렇게 얻은 각 란의 기대치와 실수의 차이가 얼마나 통계적으로 유의한지에 따라 두 변수 간의 상관관계의 유무를 결정한다. 그 차이를 공식적으로는 $\Delta = f_o - f_e$라 표현한다. f_o란 실수이고, f_e는 기대치, Δ(delta)는 차이이다. 결국 통계

〈표 19-3〉 2×2 유관표의 보기

학 력	성 별		계
	남	녀	
고	a	b	$a+b$
저	c	d	$c+d$
계	$a+c$	$b+d$	N

적 분석이 하는 일의 주요 부분은 이 Δ가 의미 있는지의 여부를 판가름해 주는 기능인 것이다. 여기서 Δ의 값이 0이면 상관관계가 없고, 이런 것을 종속 · 독립변수간의 통계적 독립성(statistical independence)이라 한다.

둘째, 상관관계의 정도(degree of association)다. 상관관계가 있다면 그 강도가 어느 정도인지, 즉 독립변수에 따라 생기는 종속변수값의 차이가 얼마나 되는지를 알아 보게 된다.

셋째, 상관관계의 방향이다. 두 변수의 관계가 대개 같은 방향이면 정 혹은 양(+)의 관계, 반대이면 부 또는 음(−)의 관계로 보는 것을 말한다. 학력이 높은 사람이 소득도 많으면 +, 오히려 적으면 −의 관계라 한다.

넷째, 상관관계의 성격(nature)이다. 이는 가령 백분비의 크기가 일정한 유형을 띠는지를 알아보는 지침이다. 변수의 성격에 따라 백분비와 같은 값이 한쪽 방향으로 뚜렷이 커지거나, 늘어나거나, 줄어들거나 하는 유형을 찾으려 할 필요가 있다.

여기서 상관관계의 한 특별한 유형으로서 완벽한 관계(perfect association)의

〈그림 19-1〉 '완벽한' 상관관계의 모형들

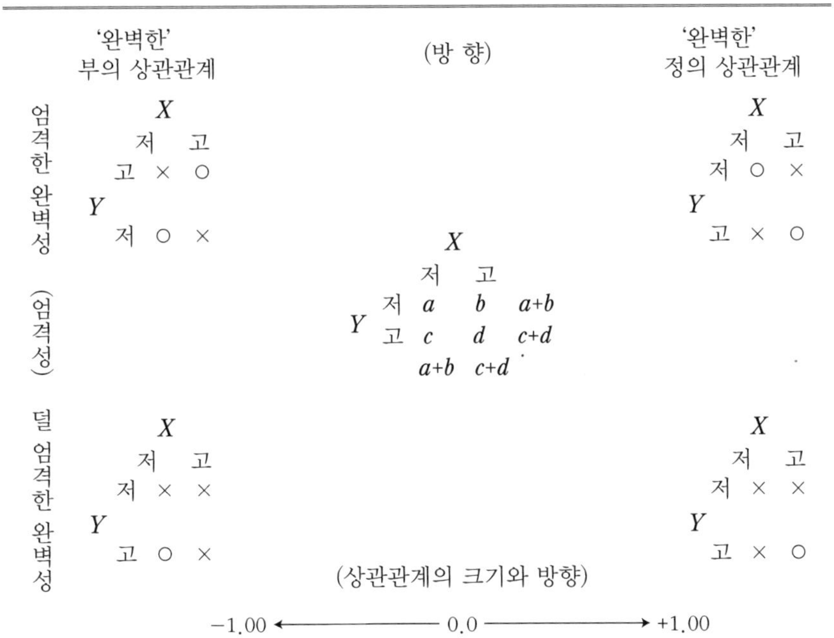

모형들을 소개하는 것이 도움이 되겠다. 2×2 유관표에서 빈도분포의 집중하는 모양에 따라 〈그림 19-1〉과 같은 모형들은 완벽한 상관관계의 보기들이다. 완벽한 관계의 값은 대개 +1이거나 −1이 되고, 무관계는 0일 것이며, 대부분의 값은 실제로 −1과 +1 사이에 있을 것이다. 그러니까 상관관계의 통계치는 대부분이 이러한 완벽한 관계의 값에서 얼마나 거리가 있는지를 알 수 있게 해준다. 상관관계의 주요 통계치들을 〈요약 19-3〉에 간추린다(Frankfort-Nachmias and Nachmias, 2000 : 353-382; Neuman, 2003 : 341-351; Rubin and Babbie, 2008 : 493-496).

2. 다변수상관관계의 통계분석

앞서 분석의 정교화를 논하면서 제 3 의 통제변수 또는 검사요인을 도입할 때의 여러 가지 논리적 가능성들을 살펴보았다. 그런 것들을 좀더 정확하게, 그리고 어느 정도의 자신을 가지고 추궁하는 데에는 통계적 분석이 뒷받침해 주는 것이 유용하다는 점도 언급하였다. 물론 정교화의 모든 유형에 대해서 제각기 다른 통계적 절차가 따른다는 말은 아니다.

이 단원에서는 두 변수 간의 상관관계를 한층 더 정밀하게 분석하기 위하여 검사요인을 도입하는 사례와 3개 이상의 변수들 사이의 관계를 분석하는 기법들을 요약하려고 한다(Frankfort-Nachmias and Nachmias, 2000 : 403-409; Neuman, 2003 : 351-356; Rubin and Babbie, 2008 : 496-497).

먼저 두 변수만의 상관관계를 전반적으로 보여 주는 통계치를 무차상관(혹은 단순상관, zero-order association 혹은 correlation)이라 하고, 제 3 의 검사요인을 도입하여 조건부관계(conditional association)를 나타내는 표를 조건부관계표라 한다. 조건부관계표들이 하는 일은 검사요인을 통제하여 그 효과(영향)를 제거하는 기능이다. 그렇게 통제하는 변수가 하나일 때의 조건부관계를 1차적(first-order) 상관관계라 하며, 2개의 검사요인을 통제한 뒤의 관계는 2차적(second-order) 상관관계 등으로 부른다.

검사요인의 도입에 따른 분석의 논리적 과정에 관해서는 앞서 정교화를 다룰 때 논의하였다. 여기서는 제표에 의한 통계적 분석의 보기를 들어 그 논리적 유형을 예시하겠다. 우선 〈표 19-5〉에 보면 변수 X와 Y의 원초관계표, 즉 무차관계표에서 비롯하여 검사요인 T를 통제했을 때의 조건부관계 혹은 1차 상관표와 끝으로 X와 T, Y와 T의 관계를 모두 담은 합계관계표(total table,

〈표 19-4〉 주요 상관관계통계치의 특성개관

통계치 이름	적절한 측정수준	표의 형식	통계치의 범위	공 식	해 석
e (epsilon)	명목척도	$r \times c$	0~$X \leq$100%	대각위치에 있는 %의 차이	백분비의 차이를 가지고 비대칭적 관계를 추정
Yule의 Q	명목 · 서열	2×2	명목(0~+1) 서열(-1~+1)	$Q=\frac{ad-bc}{ad+bc}$ $\begin{array}{c\|c\|c\|} & 저 & 고 \\ \hline 고 & b & a \\ \hline 저 & d & c \\ \hline \end{array}$	서열척도에서 동일(상이) 방향의 서열로 배치된 사례의 상대적 크기 측정
C(유관계수)	명목척도	$r \times c$	0~X≤100%	$C=\sqrt{\frac{\phi^2}{1+\phi^2}}$	단순한 상대적 크기
ϕ (phi)	명목 · 서열	2×2	명목(0~+1) 서열(-1~+1)	$\phi=\frac{ad-bc}{(a+b)(c+d)(a+c)(b+d)}$	대칭적 집중의 정도
λ_{yx}(lambda) Guttman의 예측 계수	명 목	$r \times c$	0~+1	$\lambda_{yx}=\frac{\Sigma_{my}-M_y}{N-M_y}$	독립변수에 대한 정보를 가지고 종속변수를 예측하는 확률을 높이고자 하는 통계치
t_y(tau y) Goodman and Kruskal의 타우	명 목	$r \times c$	0~+1	$t_y=\frac{E_1-E_2}{E_1}$	독립변수범주에 대한 종속변수의 분포에 측상 오류의 감소비율측정
G(gamma) (γ)	서 열	$r \times c$	~1~+1	G 또는 $\gamma=\frac{N_s-N_d}{N_s+N_d}$	두 변수상 서열의 동일(상이)한 짝의 상대적 빈도측정
t_a(tau-a) (τ_a)	서 열	$r \times c$	~1~+1	t_a 또는 $t_a=\frac{N_s-N_d}{T}$	등위상관계수(중복등위 제외)

t_b(tau-b) (τ_b)	서 열	$r \times c$	$-1 \sim +1$	t_a 또는 $\tau_a = \frac{N_s - N_d}{\sqrt{(N_s + N_d + T_y)(N_s + N_d + T_x)}}$	등위상관계수(중복등위 포함)
d_{yx} Somers의 d	서 열	$r \times c$	$-1 \sim +1$	$d_{yx} = \frac{N_s - N_d}{N_s + N_d + T_y}$	등위상관계수 · 종속변수상 중복등위 포함
E_{yx}(Eta)	종속변수만 동간척도 (기타 명목)	$r \times c$	$0 \sim +1$	$E^2_{yx} = 1 - \frac{\Sigma Y^2 - \Sigma_{nk} \overline{Y}_k{}^2}{\Sigma Y^2 - N\overline{Y}}$	비선형 상관계수
r_{yx} Pearson의 적률상관계수	두 변수 모두 동간척도	$r \times c$	$-1 \sim +1$	$r = \frac{N\Sigma XY - (\Sigma X)(\Sigma Y)}{\sqrt{[N\Sigma X^2 - (\Sigma X)^2][N\Sigma Y^2 - (\Sigma Y)^2]}}$	한 변수와의 선형 관계로 설명하는 다른 변수의 변량의 비율
r_s Spearman의 ρ(Rho)	서 열	N서열로 된 2 범주	$-1 \sim +1$	$r_\sigma = 1 - \frac{6\Sigma D^2}{N(N^2 - 1)}$	두 범주상의 서열의 차이(D)의 상대적 크기 측정

자료 : Loether and McTavish(1980 : 270-271).

또는 total association table)를 제시하고 있다. 이 합계관계는 검사요인과의 주변관계(marginal association)라고도 한다.

먼저 〈표 19-4〉(1)항의 원초관계표를 보면, 학력과 과외공부에 대한 태도가 $Q=+.74$로 상당히 높다. 그러나 (2)항의 조건부관계표에서, 검사요인인 성별로 갈라서 학력과 태도의 관계를 보니 Q가 0에 가까운 무관계임이 드러난다. 따라서 학력(X)과 태도(Y)의 원초관계는 피상적인 의사관계임을 의심하게 된다. 이를 더욱 명확히 하기 위하여 (3)항의 총괄관계를 보면, 성별(T)과 태도의 관계가 $Q=+.98$, 성별과 학력의 관계도 $Q=+.85$로 상당히 높음을 알 수 있다. 따라서 원래의 학력(X)과 태도(Y)의 관계는 성별(T)이라는 외재적 변수와 이 두 변수 $X \cdot Y$와의 관계 때문에 생겨났을 것으로 볼 수 있다. 도식적으로 나타내면 아래와 같다.

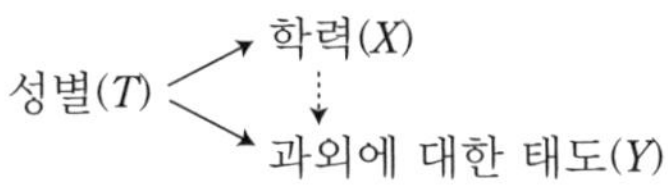

다음 이러한 피상적 의사관계의 원초적 해석을 공식으로 보여 주는 보기가 있으므로 간략히 소개한다. 이른바 Lazarsfeld의 설명공식(accounting formula)이라는 것이다(Loether and McTavish, 1980 : 293; 이만갑 외, 1982 : 292-293).[2)]

$$\Delta XY = \Delta XY : T_1 + \Delta XY : T_2 + \frac{N_1+N_2}{(N_1)(N_2)}(\Delta XT)(\Delta YT) \quad \cdots\cdots\cdots\cdots \quad (19.1)$$

ΔXY는 원초관계

$\Delta XY : T_1$, $\Delta XY : T_2$는 각각 검사요인 T를 양분범주변수로 간주하고, 범주 1과 범주 2를 통제했을 때의 XY의 부분관계

N_1, N_2는 T의 범주 1(T_1)과 범주 2(T_2)의 실수

ΔXT, ΔYT는 각각 검사요인과 원초변수 $X \cdot Y$와의 합계관계표에 나타나는 주변관계

이를 다음의 〈표 19-4〉의 자료에 적용하면 $15.2 = 0.0 + 0.0 + \frac{143}{(55)(88)}(27.7)(18.6)$이 된다. 이러한 계산에서도 보면 원초관계의 크기가 15.2였으나, T의 범주 $T_1 \cdot T_2$를 분리해 놓고 본 XY의 부분관계는 0으로 줄어들고, 오히려 T와의 주변관계가 각기 27.7, 18.6으로 늘어났다. 따라서 X와 T, Y와 T의 외재적 관계

2) 이 공식은 $[xy]=[xy:t_1]\oplus[xy:t_2]\oplus[xt][yt]$로도 표시한다. 여기서 Δ을 쓴 것은 앞서 이원유관표를 설명할 때 기대치와 실수의 차이 $\Delta=f_a-f_r$임을 상기하기 바란다.

〈표 19-5〉 검사요인도입에 따른 제표 및 상관도계산 보기(Ⅰ)

(1) 원초관계표(무차관계표)

과외에 대한 태도(Y)	학력(X)		계	상관관계치
	중 이하	고 이상		
반대	24	61	85	
찬성	42	16	58	
계	66	77	143	$Q=+.74$

(2) 조건적 관계표(1차 상관표)

태도(Y) 학력(X)	성 별(T)					
	여자(T_1)			남자(T_2)		
	중	고	계	중	고	계
반대	4	1	5	20	60	80
찬성	40	10	50	2	6	8
계	44	11	55	22	66	88
	상관관계치 $Q=.00$			$Q=.00$		

(3) 합계관계표

	성별(T)		계	상관관계치
	여자(T_1)	남자(T_2)		
태도(Y)				
반대	5	80	85	
찬성	50	8	58	
계	55	88	143	$Q=+.98$
학력(X)				
고 이상	11	66	77	
중 이하	44	22	66	
계	55	88	143	$Q=+.85$

자료 : Loether and McTavish(1980 : 304-306).

로 말미암아 원초관계가 있는 것처럼 보인 것으로 해석할 수 있다.

한 가지 보기만 더 생각해 보자. 〈표 19-6〉에 담은 자료에서 XY의 원초관계는 그리 크지 않다. 그런데다 검사요인 T를 도입하였더니 XY의 관계는 더 감소하거나, 아니면 정(+)에서 부(-)의 방향으로 전환되기까지 한다. 여기에 우리는 T의 작용이 있음을 짐작한다. 따라서 (3)항과 (4)항처럼 오히려 X와 Y를 통제하고, $XT \cdot YT$의 주변관계를 보니 상관도가 높아짐을 알 수가 있다.

〈표 19-6〉 검사요인도입에 따른 제표 및 상관도계산 보기(Ⅱ) : %

(1) 원초관계표

투표의도(Y)	학력(X)		계	상관관계치
	중 이하	고 이상		
없다	14	8	11	
있다	86	92	89	
계	100	100	100	
(실수)	(1199)	(1613)	(2812)	d_{yx}=.06

(2) 조건부관계표(1)

투표의도(Y) / 학력(X)	정치적 관심도(T)					
	하		중		상	
	중	고	중	고	중	고
없다	41	44	10	7	2	1
있다	59	56	90	93	98	99
계	100	100	100	100	100	100
(실수)	245	132	669	986	285	495
상관관계치	d_{yx}=.01		d_{yx}=.03		d_{yx}=-.03	

(3) 조건부관계표(2)

투표의도(Y) / 정치적 관심도(T)	학 력					
	중 이하			고 이상		
	하	중	상	하	중	상
없다	41	10	2	44	7	1
있다	59	90	98	56	93	99
계	100	100	100	100	100	100
상관관계치	d_{yx}=.22			d_{yx}=.15		

(4) 조건부 관계표(3)

정치적 관심도(T) / 학력(X)	학 력			
	없 다		있 다	
	중 이하	고 이상	중 이하	고 이상
하	58	44	14	5
중	39	52	59	62
상	3	4	27	33
계	100	100	100	100
(실수)	(173)	(132)	(1026)	(1481)
상관관계치	d_{yx}=.12		d_{yx}=.14	

자료 : Loether and McTavish(1980 : 323).

이런 때 우리는 학력(X)이 정치적 관심(T)을 고조시키고, 정치적 관심(T)이 높을수록 투표할 의도(Y)를 지니게 된다는 일종의 인과적 설명을 찾아 내는 게 된다. 여기서 학력(X)→정치적 관심(T)→투표의도(Y)라는 관계가 성립하고, T변수는 일종의 매개변수로서 XY의 원초관계를 더욱 자세히 밝혀 준다. 이른바 해석 또는 특정화의 작용을 하는 것이다. 주목할 것은 이러한 분석의 논리를 뒷받침하기 위하여 Q나 d_{yx} 등 통계치를 계산하여 활용한다는 사실이다.

그런가 하면 일정한 통제변수의 기복으로 인하여 XY의 원초관계에 변이가 생길 가능성을 배제함으로써 원초관계의 참뜻을 밝혀 내려는 과정도 있다. 이를 표준화(standardization)라 한다. 그 보기만을 〈요약 19-4〉에 제시하고 해설은 생략한다.

위의 보기들은 주로 명목척도의 자료에 대한 조건적 관계표의 활용이라는 원칙에 따라 검사요인의 기능을 분석에 고려하는 것들이다. 서열 내지 동간척도 이상의 자료를 위해서는 이른바 부분상관계수(partial correlation coefficients)를 계산하고, 제 3 의 검사요인의 부분적인 작용을 알아보게 된다. 여기에는 서열척도의 부분상관계수로 부분 gamma(partial gamma)와 1차 부분상관계수(first order partial correlation)만을 공식으로 소개하고 지나가겠다.

$$\text{부분 gamma } G_p = \frac{\Sigma N_s - \Sigma N_d}{\Sigma N_s + \Sigma N_d} \quad \cdots\cdots \quad (19.2)$$

$$\text{부분상관계수 } r_{yx\cdot t} = \frac{r_{yx} - (r_{yt})(r_{xt})}{\sqrt{(r - r^2{}_{xt})(r - r^2{}_{yt})}} \quad \cdots\cdots \quad (19.3)$$

다만, 위의 부분상관계수에서 두 개의 검사요인을 도입하는 2차 부분상관계수를 구하고자 하면 다음과 같다.

$$r_{12\cdot 34} = \frac{r_{12\cdot 3} - (r_{14\cdot 3})(r_{24\cdot 3})}{\sqrt{(1 - r^2{}_{14\cdot 3})(1 - r^2{}_{24\cdot 3})}} \quad \cdots\cdots \quad (19.4)$$

3. 중다회귀분석과 관련 있는 분석들

요즘은 사회조사연구에서도 2개 또는 3개 변수에만 분석을 국한시키지

〈요약 19-3〉 검사요인표준화의 보기

〈빈 도〉

	조건관계표 T_1 (X)			조건관계표 T_2 (X)			합 계 (X)		
	4	1	5	20	60	80	24	61	85
Y	40	10	50	2	6	8	42	16	58
	44	11	55	22	66	88	66	77	143

〈백분비〉 : %

T_1			T_2			합 계		
9	9	9	91	91	91	36	79	59
91	91	91	9	9	9	64	21	41
100	100	100	100	100	100	100	100	100

〈가중치결정〉

T_1 조건관계표에서 55/143=.385
T_2 조건관계표에서 88/143=.615 } 의 합은 1.000

〈표준화계산〉

T_1의 백분비표에다 .385 곱한 값

9	9	9	→ 각 란× .385 →	3.5	3.5	3.5
91	91	91		35.0	35.0	35.0
100	100	100		38.5	38.5	38.5

T_2도 마찬가지로

91	91	91	→ 각 란× .615 →	56.0	56.0	56.0
9	9	9		5.5	5.5	5.5
100	100	100		61.5	61.5	61.5

이 두 표의 각 란을 합해서 아래 합계표 작성

〈표준화백분비표〉

59.5	59.5	59.5
40.5	40.5	40.5
100.0	100.0	100.0
(66)	(77)	(143)

〈표준화빈도표〉X

	39	46	85
Y	27	31	58
	66	77	143

자료 : Loether and McTavish(1980 : 328).

않고 여러 개의 변수로써 어떤 현상을 설명하든지, 각 변수의 상대적 효과를 측정하든지, 또는 인과분석을 시도하고 있다. 이는 물론 전산처리가 용이해진 데 힘입은 바 크다. 여기에서는 주로 중다회귀방정식(mutiple regression equation)

을 이용하여 이와 같은 분석을 하는 통계기법의 원리만을 간추린다.

연구자가 여러 개의 독립변수의 예측력(predictive power)으로써 하나의 종속변수에 대한 예측을 하고자 하거나 또는 그 변수의 점수를 분석하고자 할 때 바로 이 중다회귀방정식을 이용한다. 그 방정식의 원형은 이러하다.

$$Y'=A+B_1X_1+B_2X_2+\ldots+B_kX_k \quad (19.5)$$

Y'는 종속변수 Y의 추정치
A는 Y축의 높이 · 상수
B_i는 회귀변수
X_i는 독립변수

기본적으로 잘 알다시피 회귀방정식의 전략은 $\Sigma(Y-Y')^2$, 즉 종속변수의 참값(Y)과 측정값 사이의 오차, 또는 잉여치(residuals)를 최소한으로 줄일 수 있도록 A와 B_i값을 찾아 내려는 것이다. 이른바 최소자승법(least squares)의 원리다.

그리고 이 방정식이 종속변수의 값을 얼마나 잘 예측해 주는지를 지시해 주는 통계치가 곧 중다상관계수(multiple correlation coefficient)다. 이것은 R로 나타내며, 이를 제곱한 R^2은 회귀방정식에 포함한 모든 독립변수로써 설명해 주는 종속변수의 변량을 나타내기 때문에 이것을 중다결정계수(the coefficient of multiple determination)라고도 한다. 공식의 원형은

$$R^2_{1\cdot23}=r^2_{12}+r^2_{13} \quad (19.6)$$

인데, 표준화한 회귀계수(β 또는 b로 표기하고 베타로 읽음)를 곱해 줌으로써 여러 개의 독립변수들이 중복영향을 미치는 효과를 배제할 수 있다. 그래서

$$R^2_{1\cdot23}=b_{12\cdot3}r_{12}+b_{13\cdot2}r_{13} \quad (19.7)$$

이 된다. 이 자리에서는 구체적 보기나 계산법보다도 중다회귀분석을 이용하려고 할 때 염두에 두어야 할 주요 가정들을 요약한다(〈요약 19-4〉 참조).

중다회귀분석의 원리들을 이용한 자료분석의 한 기법으로 경로분석(path analysis)이 있다. 이 방법은 표준화중다회귀방정식을 활용, 이론적인 인과모형의 경험적 타당성을 검토하는 데 쓴다. 특히 경로도식(path diagram)으로 하나의 폐쇄모형을 설정하고, 변수들간의 상호관계와 종속변수에 대한 각 변수의 상

〈요약 19-4〉 중다회귀방식 이용시 고려해야 할 가정들(충족할 조건들)

1. 기본가정들
   (1) 독립변수들 상호간의 관계나 독립 · 종속변수의 관계가 모두 선형(linear)이어야 한다
   (2) 독립변수들의 종속변수에 대한 영향 또는 효과(effects)는 누가적으로 종속변수를 예측할 수 있게 되어 있다
   (3) 독립변수들 상호간의 상관관계는 없거나 최소이어야 한다
   (4) 모든 변수들은 동간척도 이상의 수준이어야 한다
2. 무작위표집에서 모집단에 관한 가설검증을 하고자 할 때의 가정들
   (5) 독립변수의 각 범주들 안에서 종속변수는 정상분포되어 있어야 한다
   (6) 독립변수의 각 범주들 간에 종속변수의 변량이 같아야 한다
3. 변수들 사이의 인과관계모형을 검증하고자 할 때의 가정들
   (7) 독립변수와 종속변수의 이론적 순서를 미리 알아야 하고, 독립변수가 반드시 종속변수에 선행해야 한다
   (8) 하나의 폐쇄체계모형이어야 한다. 종속변수에 영향을 미치는 다른 종속변수나 독립변수들은 포괄적으로 취급한다는 가정이 필요하다
   (9) 모든 측정치는 높은 신뢰도와 타당도를 인정받아야 한다
   (10) 오차항(error term, disturbance term)은 독립변수와 직접 상관도가 없어야 한다

자료 : Loether and McTavish(1980 : 338).

대적 영향력(효과)을 경로계수(path coefficient)로써 비교 · 판단하는 방법이다.

그 일반모형을 그림으로 나타내면 〈그림 19-2〉와 같다.

여기서 X_i는 종속 · 독립 변수
P_{ij}는 각 변수쌍들 간의 경로계수
E_i는 X_i에 대한 다른 X_i의 영향 이외에 잔여변수의 영향으로 이 모형에서는 알 수 없는 오차항

그리고 경로분석의 회귀공식들은

$$X_3 = P_{34}X_4 + E_3$$
$$X_2 = P_{24}X_4 + P_{14}X_3 + E_2$$
$$X_1 = P_{14}X_4 + P_{13}X_3 + P_{12}X_2 + E_1$$

등이다.

〈그림 19-2〉 경로도식의 보기(4개 변수모형)

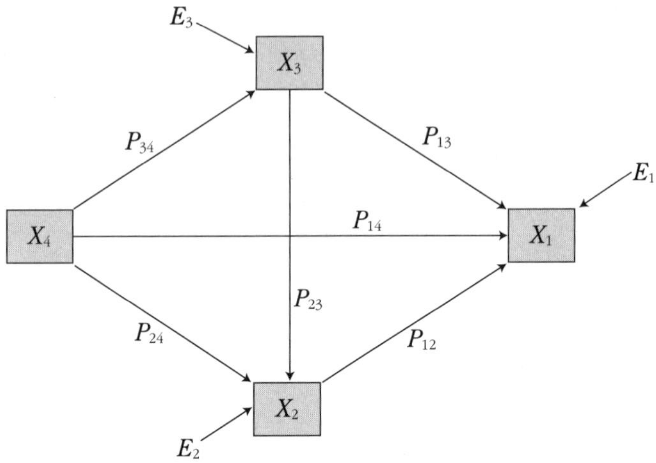

P_{ij} 대신에 표준화회귀계수인 β를 쓰기도 하지만, 두 변수 간 상관계수들로써 계산을 할 수 있다. 그 보기로 위의 모형에서는 다음과 같다.

$$P_{14}=\frac{r_{14}-r_{42}r_{21}}{1-r^2_{42}} \quad \cdots\cdots \quad (19\text{-}8)$$

논리적으로는 P_{14}란 X_4와 X_1의 직접 경로계수이지만, 간접적으로는 그것이 $P_{24}(R_{23})(P_{12})+X_{34}(P_{12})+P_{24}(P_{12})$ 등으로 구성되어 있음을 알 수 있다. 그래서 직접 경로계수와 나머지 간접 경로계수들의 조합을 다 합치면 그것이 곧 X_4와 X_1 간의 단순상관계수 r_{14}가 된다.

그런데 사회조사연구에서는 독립변수가 동간척도가 아니고 명목척도의 수준으로밖에 측정하지 못하는 수가 많다. 그런데다 중다회귀분석을 하고자 하면, 기본가정에 어긋난다. 이런 때를 위해서 이른바 모조변수(dummy variable)라는 것으로 전환시켜 활용하게 된다.

예컨대 혼인상태가 변수라고 할 때, 그 가능한 범주가 ① 현재 기혼상태, ② 미혼, ③ 배우자사망, ④ 별거중, ⑤ 이혼상태의 다섯 가지 일 것이다. 이것을 1-5까지의 동간척도로 간주한다면 말이 안 된다. 따라서 회귀분석을 위해서는 위의 다섯 가지 범주를 각기 하나의 독립된 변수로 간주하고, 기혼이면

1 아니면 0, 미혼이면 1 아니면 0 등으로 바꾸어 쓴다. 이렇게 1과 0의 범주만으로 구성된 변수를 모조변수라고 한다.

끝으로, 위의 모든 절차는 컴퓨터로 처리가능한데, 특히 단계적 회귀법(stepwise regression procedure)이라는 것은 컴퓨터의 도움 없이 어렵다. 이는 연구자가 이론적으로 가장 의미 있으리라 가정하는 변수를 하나씩 골라 회귀방정식에 단계적으로 추가시키면서 종속변수의 변량을 의미 있는 수준에서 설명해 주지 못할 때까지 변수를 계속 추가해 보는 절차다.

4. 요인분석

요인분석(factor analysis)도 여러 변수들을 동시에 다루는 분석법의 하나다. 그러나 이것은 인과적 설명모형을 위한 기법이 아니고, 자료의 요약과 척도구성을 주 목적으로 하는 방법이다.

우선 여러 변수들 간의 상관도를 측정하여 상관관계행렬표(correlation matrix)를 보면, 어떤 변수들끼리 상관도가 높고 낮은지를 알 수 있다. 요인분석은 여기에서 출발하여 상관도가 높은 변수들끼리 집락(cluster)하도록 통계적 처리를 함으로써 여러 개의 변수들을 소수의 요인들로 묶을 수 있는 근거를 제공한다. 결국 상관도가 높은 변수들이 하나의 요인으로 모인다는 말은 이 변수들이 동일차원을 형성하든지, 또는 같은 현상의 차원을 측정한다는 말이 된다.

요인분석의 구체적 절차는 컴퓨터로 쉽게 처리할 수 있는 것이므로 해설은 생략하고, 이 분석법의 주요 기능들을 간추려 본다(Rummel, 1967 : 448; 451; 차배근, 1978 : 282-284).

첫째, 요인분석은 여러 변수들 사이의 상호의존성과 독립된 유형의 형성 여부를 묘사하고자 할 때 쓴다.

둘째, 대량의 자료와 정보를 좀더 간편하게 간소화하거나 축소시키고자 할 때 이용한다. 가령 처음부터 100개의 문항으로 시작하여 20개 문항정도의 척도를 구성하고 싶다면 요인분석법이 유용하다.

셋째, 어떤 현상이나 대상영역이 드러내리라 기대할 수 있는 기본구조를 발견하는 데 쓰는 기법이 되기도 한다. 이는 마치 구조주의(structuralism)에서 잡다한 현상들에 관한 정보를 가지고 그 밑바탕을 이루는 기층구조를 찾아 내려 한다거나, 현상학에서 현상학적 환원의 방법으로 사물의 본질을 추적해 가는 과정과 적어도 논리적으로 흡사하다.

넷째, 어떤 경험적 유형들을 개발하고자 할 때, 현상들을 분류하는 기능을 해 준다.

다섯째, 척도구성의 한 기법으로 매우 유용하다. 여러 문항들이 서로 내적 일관성을 가진 몇 개의 요인들로 집락하면, 각 요인에 모이는 문항들로써 한 가지 차원을 재는 측정기구, 즉 척도로 삼을 수 있다.

여섯째, 요인분석법으로 가설의 검증도 가능하다. 가설검증법은 곧 해설하겠지만, 사회현상의 여러 가지 차원들에 대한 가설들을 경험적으로 검증하는 데 쓸 수 있다.

일곱째, 자료의 변형 혹은 전환(data transformation) 기능을 한다. 주어진 자료로써는 특수한 통계기법의 적용이 곤란할 때, 요인분석으로 그에 적합한 자료로 바꾸어 주기도 한다.

여덟째, 미지의 영역에 관한 자료를 입수했을 때는 우선 요인분석을 해 봄으로써 어떤 것이 떠오를지를 탐색할 수 있다.

아홉째, 요인분석은 여러 가지 개념들과 갖가지 변이의 원천을 체계적으로 그려 주는(mapping) 기능을 한다.

열째, 이론의 체계화와 이론구성에도 한 몫 할 수 있다.

제 5 절 추계통계

추계통계는 표본의 통계치를 가지고 모집단의 모수치를 추정하는 통계적 절차임은 이미 알고 있다. 이 책에서는 그 주요 근거와 원리를 요약하고, 사회조사연구에서 자주 쓰는 통계적 가설검증법들을 간추려 소개하는 데 그칠 것이다(Frankfort-Nachmias and Nachmias, 2000 : 437-455; Neuman, 2003 : 356-361; Rubin and Babbie, 2008 : 504-543).

Ⅰ. 표본분포와 추정

대부분의 사회조사연구에서는 모집단에 대한 전수조사가 어렵기 때문에 표본추출을 할 수밖에 없다. 그렇다면 표본을 가지고 모집단을 추정할 때, 그 추정(estimation)이 얼마나 정확한지를 판단하고자 하면 모집단값을 알아야지 아니면 그 근거가 막연하다. 그러나 추정의 이유는 바로 모집단값을 모르기 때문이다. 일종의 악순환이다. 이를 해소하기 위하여 통계학자들이 고안한 것이 확률의 원리에 입각하여 만든 확률분포(probability distribution)다. 이런 분포는 순전히 이론적으로 구성하는 것인지라 이론적(theoretical) 분포라고도 하며, 표집분포(sampling distribution)라 부르기도 한다(제 6 장 참조).

그 원리는 간단히 말해서 모집단으로부터 상당히 큰 표본들을 여러 개 수없이 뽑아서 그 표본들의 통계치(가령 집중경향의 대표치인 평균치)를 내어 보면, 그 통계치들의 분포가 나온다. 이런 분포가 말하자면 표집분포인 것이다. 그리고 그러한 표집분포의 전형적인 모습은 정상분포(normal distribution)일 것이라는 원리다(〈그림 6-1〉 참조).

이처럼 확률이론에 바탕한 표집분포를 가지고 표본의 통계치가 어느 정도 모집단의 모수치와 가까운 정확한 값인지를 판단하려는 것이다. 이것이 통계적 추정이다. 통계적 추정에는 크게 두 종류가 있다.

첫째, 한 값으로써 추정하는 점추정(point estimate)이다. 실업률이 5%라는 추정치가 나왔다면, 이는 통계치 하나로써 모수치를 추정하는 셈이다. 이에 반하여 두 번째 구간(interval) 추정은 일정한 범위의 값을 제시하고, 그 범위 안의 어느 값이 모수치일 것이라는 추정법이다. 이 때 제시하는 급간을 일컬어 신뢰구간(confidence interval)이라 하며, 그 구간의 마지막 점이 신뢰한계(confidence limit)다.

Ⅱ. 통계적 가설검증의 일반원리

사회조사연구가 이론적 연관성을 갖게 되는 주된 계기는 가설검증의 절차를 밟게 될 때다. 하나의 이론체계로부터 경험적인 검증이 가능한 가설(hypothesis)을 연역하여 이를 실제 자료에 비추어 점검해 보는 일은 매우 중요하다. 이 일을 통계적 가설검증법(statistical hypothesis testing)이 해 주는 것이다. 통계적 가설검증의 절차를 몇 단계로 나누어 보면 다음과 같다.

1. 제 1 단계 : 이론적 가설의 형성

추상이론체계에서 연역적으로 도출하는 가설을 이론적 가설 혹은 일반가설이라고 하는데, 사회조사연구의 통계적 분석단계에 오면 이런 가설들은 연구(research) 가설, 대안적(alternative) 가설 또는 작업(working) 가설이라는 여러 이름으로 부른다. H_i로 표기하는데, 가설 H_1에 대해서는 그것 말고도 논리적으로 가능한 대안적 가설 $H_2 \dots H_n$이 있을 수 있다는 뜻이다.

2. 제 2 단계 : 통계적 가설로 환원

보통 두 변수 간의 상관도를 검증하는 가설이라면, 작업가설은 "X가 커지면 Y도 늘어난다"는 형식을 띤다. 그러나 통계적 검증이 할 수 있는 일은 "X가 커져도 Y에는 아무런 변화가 없다"는 명제만을 다룰 수 있다. 이것은 모수치에 대한 명제를 제시하되 통계치로써 추정 · 검정해야 하는 가설이라는 뜻에서 통계적 가설(statistical hypothesis)이라 한다. 그 형식은 무관계의 주장 혹은 "A와 B집단은 X변수상 차이가 없다"는 식의 무차이진술을 띠기 때문에 이런 가설을 영가설(null hypothesis)이라 일컫는다. 우리가 통계적으로 검정할 수 있는 것은 바로 H_0라 표기하는 영가설뿐이다. 우리는 H_0가 잘못이므로 기각하거나, 아니면 H_0가 잘못이 아니므로 기각하지 못한다는 판단밖에 할 수 없기 때문이다. 거기서 논리적으로 추론하여 H_i가 참 또는 거짓일지도 모른다는 잠정적 결론을 얻는다.

3. 제 3 단계 : 표집분포의 결정

가설검증이란 일종의 추정이기 때문에 추정의 근거가 되어 줄 통계치의 표집분포로서 어느 것이 적절할지를 결정 · 선택해야 한다. 구체적 보기는 곧 제시할 것이나, 예를 들면 정상분포 · 카이자승(χ^2)분포, t-분포 등이 그것이다.

4. 제 4 단계 : 결정의 오류정도 명시

통계적 가설, 즉 영가설이 거짓이라는 결정(영가설의 기각)을 내릴 때 범할 각오가 되어 있는 오류의 정도를 명시한다. 영가설에서 밝히고 있는 표본의 특정통계치의 값이 우리가 필요하다고 인정하여 선정한 표집분포상에서 순전히 우연하게 나타날 확률이 아주 작다고 하면, 우리는 그 표집분포를 근거로 추정하는 영가설은 참이 아니고 거짓일 것이라 여기고 그 영가설을 기각하게 된다. 가령 어떤 두 집단의 평균치를 비교하는 가설에서 $H_0 : \bar{X}_1 - \bar{X}_2 = 0$이라고 되어 있다고 하자. 그런데 표집분포를 가지고 $\bar{X}_1 - \bar{X}_2 = 0$이 되는 확률을 따져 보니까 1%도 안 된다거나 또는 5%도 안 된다. 즉 100개의 표집분포를 가지고 보면 겨우 5개 내지 1개 정도에서야 $\bar{X}_1 - \bar{X}_2 = 0$이라는 값을 찾을 수 있다고 하자. 이런 정도라면 우리는 H_0가 참이 아니라고 판단해서 기각해도 무방할 것이다. 이 때 5% · 1% 등의 값을 구간추정에서 판단의 유의수준(level of significance, 유의도라고도 함)이라 한다. 그런데 이 유의도수준을 정할 때, 표집분포의 모양이 정상분포라고 하면, 그 분포의 양쪽 끝 어느 쪽에다가 기각역(critical region 혹은 the region(s) of rejection)을 둘 지를 확실히 정할 필요가 있다. 5%나 1%(또는 .05, .01)의 범위를 H_0를 기각해도 좋은 영역으로 잡는다 해도 오른쪽 5%냐, 왼쪽 5%냐, 아니면 좌우 합한 5%냐가 문제가 될 수 있다.

만일 H_0의 대안적 가설로는 단지 H_1 하나뿐이라는 것이 논리적으로 분명하면, 어느 한 끝의 5%만 잡아도 무방하다. 이것을 일방검증(one-tailed test)이라 한다. 그러나 H_1 외에도 H_2 ... H_n의 연구가설이 대안적으로 가능하다면, 아예 분포의 양 끝을 합해서 5%를 기각역으로 정하는 게 좋다. 양방(two-tailed) 검증이다.

여기서 유의도의 수준이라는 말에는 또 다른 뜻이 담겨 있음에 주목할 필요가 있다. 보통 기각역을 표시하기 위해서 유의수준을 확률 P로 표기하고 $P < .05$라고 하면, 5% 이내의 확률이면 기각해도 좋다는 뜻으로 풀이한다. 그런데 이 때 사실은 H_0가 진인 데도 5% 이내로 나타난다고 기각한다면, 적어도 5% 정도는 진(참)을 위(거짓)로 오해하는 오류를 범할 확률을 각오한다는 말도 된다. 이것을 두고 제 I 형 오류(Type I error)라 하며, α(알파)로 나타낸다.

반대로 사실은 H_0가 거짓인 데도 유의수준이 5%를 넘어서 10% 정도로 나타나기 때문에 H_0를 기각하지 못한다면, 그 때는 제 II 형(Type II) 오류, 즉 β(베타)를 범하게 되는 확률이 역시 5%를 넘는다는 말이다. 유의수준이란 이런 뜻에서 어느 정도의 오류를 범할 각오가 되어 있는지를 공개적으로 정해 놓겠다는 확률을 일컫는 뜻이 된다. 한 가지 언급할 것은 여기서 5% · 1%하는 것은 대개 관례로 그 정도면 충분히 낮은 확률임을 가리키는 것이지 철칙이 있는

〈그림 19-3〉 일방기각역

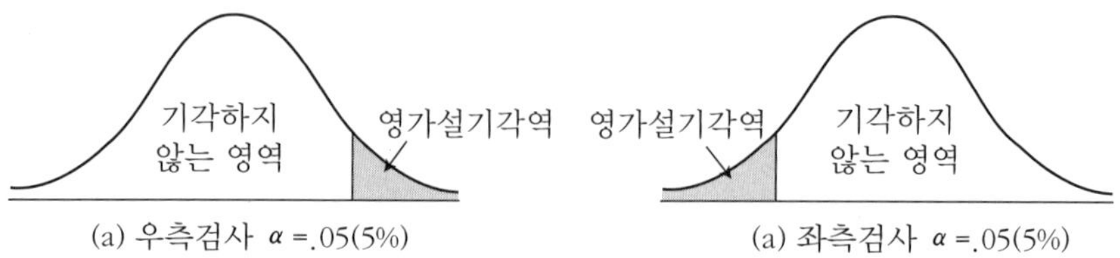

〈그림 19-4〉 양방기각역

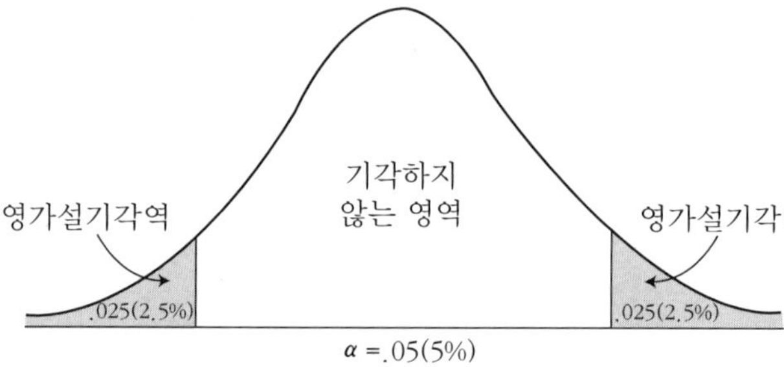

것은 아니라는 점이다. 관례는 5%가 최대허용치라 할 수 있다.

아마도 이것은 도식으로 표현하면 이해하기가 좀더 용이할지도 모르겠다. 〈그림 19-3〉은 우선 정상분포곡선에서 오른쪽 또는 왼쪽 5% 범위를 벗어나는 기각역을 표시했고, 〈그림 19-4〉는 곡선의 양쪽에 각각 2.5%씩을 책정한 모양이다.

5. 제 5 단계 : 표본의 통계치분석과 검증의 판결

이제 표본의 통계치를 분석해서 표집분포에 비추어 보아 특정유의수준에서 영가설을 기각할 지를 판정해야 한다. 영가설을 기각하지 못하면 대안적 연구가설이 성립하기 어려워지고, 다른 대안적 가설을 요청하게 될 것이다. 영가설을 기각할 수 있으면, 대안적 연구가설은 일단 성립할 실증적 근거를 하나 얻게 된다고 볼 수 있다.

Ⅲ. 집중경향치와 분산에 대한 가설검증법

이제부터 요약하는 형식으로 몇 가지 주요 가설검증의 원리만을 제시하겠다.

1. 단일표본평균치에 대한 가설검증

(1) 목 적 : 한 표본의 평균치가 이론적 모집단평균치의 추정치인가를 검증

(2) 적용조건 :

① 동간척도

② 상호독립적 관찰(표집확률이 사례들마다 동일하다는 말)

③ 정상분포의 모집단

④ 모집단의 단순무작위표집

(3) 가 설 :

H_1 : μ (모집단의 평균치) ≠ (일정한 값) 혹은 μ < (일정한 값)이거나 μ > (일정한 값)

H_0 : μ = (일정한 값)

(4) 표집분포 :

① σ(모집단표준편차)를 알고 표본이 크면(100 사례 이상 정도) 정상분포

② 표본의 크기가 작으면 Student의 t-분포, 자유도 N-1

$$t=\frac{\overline{X}-\mu}{S_{\overline{X}}} \quad \cdots\cdots (19.9)$$

2. 2개 표본평균치의 비교

(1) 목 적 : 서로 독립적인(무관한) 두 개의 표본의 평균치가 동일한 모수치의 추정치인가를 검증

(2) 적용조건 :

① 동간척도

② 상호독립적 관찰

③ 정상분포모집단

④ 두 개의 독립적 · 단순무작위 표집

⑤ 표본변량의 동질성

(3) 가　설 :

$H_1 : \mu_1 \neq \mu_2$ 또는 $\mu_1 < \mu_2$나 $\mu_1 > \mu_2$

$H_0 : \mu_1 = \mu_2$

(4) 표집분포 :

① σ^2를 알고 표본의 $N_1+N_2 \geq 100$이면, 정상분포

② σ를 모르고 $N_1+N_2<100$이면, 자유도 N_1+N_2-2의 t-분포

$$t=\frac{\overline{X}_1-\overline{X}_2}{S_{\overline{X}_1-\overline{X}_2}} \quad \cdots\cdots (19.10)$$

3. K개 표본평균치 비교

(1) 목　적 : $K(K>2)$개의 독립적인 표본들의 평균치들이 동일모수치의 추정치인가를 검증

(2) 적용조건 :

① 동간척도

② 상호독립적 관찰

③ 정상분포모집단

④ 독립적 단순무작위표집

⑤ 표본변량의 동질성

(3) 가　설 :

$H_1 : \mu_1 \neq \mu_2 \neq \mu_3 \cdots \neq \mu_k$

$H_0 : \mu_1 = \mu_2 = \mu_3 \cdots = \mu_k$

(4) 표집분포 : 자유도 $df_1=k-1$, $df_2=N-k$의 F-분포

(5) 계산법 : ANOVA(변량분석)

4. 2개 표본분산에 대한 가설검증

(1) 목　적 : 두 개 표본의 변량이 동일모집단의 추정치인지를 검증

(2) 적용조건 :

① 동간척도

② 상호독립적 관찰

③ 정상분포모집단

④ 단순무작위표집

(3) 표집분포 : 자유도 $df_1=N_1-1$, $df_2=N_2-1$의 F-분포

Ⅳ. 상관관계에 대한 가설검증법

1. 카이자승(χ^2) 검증

(1) 목　적 : 두 개의 명목적 변수 간에 상관관계가 있는지의 검증

(2) 적용조건 :

① 상호독립적 관찰

② 명목척도

③ 단순무작위표집

④ 각 란의 기대치(f_e)가 5 미만이 아닐 것

(3) 표집분포 : 자유도 $(r-1)(c-1)$의 χ^2-분포

$$\chi^2=\Sigma(f_0-f_e)^2/f_e \quad \cdots\cdots (19.11)$$

2. 감마(γ, Gamma)의 유의도검증

(1) 목　적 : 두 개의 서열적 변수 간의 상관관계가 모집단에서 0이 아닌지의 검증

(2) 적용조건 :

① 상호독립적 관찰

② 두 변수 모두 서열척도

③ 단순무작위표집

④ G의 표집분포의 근사치로서 정상분포적용을 정당화할 수 있을 만큼 N이 커야 함

(3) 표집분포 : G분포의 근사치로서 정상분포

(4) 판　정 : Z점수 이용, 정상분포곡선에서 기각역판정

$$Z=(G-\gamma)\sqrt{N_s+N_d/N(1-G^2)} \quad \cdots\cdots (19.12)$$

타우(τ, tau)에 대한 가설검증도 N이 10 이상이면 정상분포를 표집분포로 삼아 가설검증을 한다. Z점수계산법은 번거로우므로 다른 통계법참고서들을 참조하는 것이 좋을 것이다.

3. 적률상관계수와 회귀계수의 검증

(1) 목　적 : ① r로 측정한 두 개의 동간척도변수 간의 상관도가 의미 있

을 정도로 0보다 다른지의 검증, ② 같은 경우의 회귀계수가 0보다 의미 있게 다른지의 검증

(2) 적용조건 :

① 상호독립적 관찰

② 두 변수 모두 동간척도

③ 두 변수 모두 정상분포(이항정상분포)

④ 변수간의 선형관계

⑤ 단순무작위표집

(3) 표집분포 : r을 Z'로 전환시킨 값의 정상분포

Z'전환 : $Z'=1.151\log(1+r)/(1-r)$ ········· (19.13)

cl(신뢰한계)$=Z'\pm Z(\sigma_{z'})$ ········· (19.14)

여기서 $\sigma_{z'}=1/\sqrt{N-3}$ ········· (19.15)

4. 부분 및 중다상관계수 검증

(1) 목 적 : ① 제 3 의 변수의 영향을 배제한 뒤의 두 동간적 변수의 r이 0보다 의미 있게 다른지의 검증, ② R로 계산한 둘 이상의 동간적 독립변수와 하나의 동간적 종속변수의 상관도가 0보다 의미 있게 다른지의 검증

(2) 적용조건 :

① 상호독립적 관찰

② 모든 변수가 동간척도

③ 모든 변수가 정상분포

④ 모든 변수가 선형관계

⑤ N이 큰 표본

⑥ 단순무작위표집

(3) 표집분포 : 부분 r이나 R을 Z'로 전환시킨 값의 정상분포

$$Z'=1.151\log\frac{1+\text{부분 }r}{1-\text{부분 }r} \quad \text{·········} \quad (19.16)$$

또는

$$Z'=1.151\log\frac{1+\text{중다 }R}{1-\text{중다 }R} \quad \text{·········} \quad (19.17)$$

$cl=Z'\pm Z(\sigma_{x'})$ ········· (19.18)

여기서 $\sigma_{z'}=\dfrac{1}{\sqrt{N-m-1}}$ ········· (19.19)

N은 표본의 사례수
m은 변수의 수

사실 여기에 소개한 정도의 통계적 분석의 기법으로는 실질적인 통계처리를 하기 위한 지침이 될 수가 없다. 다만, 주요 통계치들과 그 원리들을 간추려 본 것에 불과하다. 통계적 방법 자체는 아무래도 통계전문서적을 참조해야 할 것이다.

제 6 절 컴퓨터전산처리를 이용한 분석

이제는 전산처리로써 웬만한 통계분석은 다 할 수 있다. 그뿐 아니라 특별히 사회과학의 양적 분석을 위한 컴퓨터 프로그램 혹은 소프트웨어가 여러 가지 있어서 그 중 한두 가지의 용법에만 익숙하면, 어지간한 통계처리에는 문제가 없다. 이제 그 중 대표적인 것 몇 가지만 소개하고 이 장을 끝마치려고 한다. 이들을 흔히 컴퓨터 패키지(computer package)라 하는데, 적어도 국내에서 활용하고 있는 것으로 알려진 것만을 소개하면 다음과 같다(안문석, 1983 : 252).

(1) SPSS(Statistical Package for the Social Sciences) : 사회과학연구에 가장 널리 이용하고 있는 프로그램 패키지다.

(2) SAS(Statistical Analysis System) : SPSS보다 좀더 융통성 있는 장점이 있으나, 그보다 약간 복잡하기도 하다.

(3) IMSL(International Mathematical and Statistical Library) : 한국과학기술원(KAIST)의 Cyber 컴퓨터에 수록되어 있다고 한다. KAIST의 Cyber 컴퓨터에는 Jenkins Time Series Analysis(Box)의 프로그램도 설치하고 있다.

(4) TSP(Time Series Processer)와 SHAZAM(TSP를 발전시킨 것) : 주로 경제학자들이 시계열분석을 위해 이용하는 프로그램이다.

그 밖에도 SPSS에서 매입한 BMPD(주로 의·생물학분야의 통계처리), STATISTICA(StratSoft and Strata) 등이 자주 쓰이고, 여러 민간기업에서 상업적인 목적으로 제작 · 판매하는 소프트웨어도 상당수 있다(Neuman, 2003 : 360).

주요 개념들

마지날표	자료철	제 표
대칭적 관계	기능적 상호의존	상호적 관계
순차적 비대칭	비대칭관계	시간적 서열
자극-반응	성향-행동 반응	속성-성향
필요선행조건	내재적 관계	목적-수단 관계
분석의 정교화	검사요인	통제변수
상 수	외재적 변수	피상적 의사관계
원초관계	성분변수	표준화
매개변수	선행변수	억제변수
왜곡변수	무상관관계	반 복
설 명	해 석	특정화
연합효과	상호작용효과	독립적 효과
상대적 효과	누적효과	통 계
기술통계	추계통계	모수치
통계치	측정의 수준	척 도
연속성	명목척도	서열척도
동간척도	비율척도	통계적 관찰
사례수	단일변수비교	단일변수분포
집중경향치	변산(분산)	변수간 관계
상관관계	교차표(유관표)	무관계모형
기대치	실 수	완벽한 관계
상관관계의 정도와 방향과	거리	무차관계(단순상관관계)
조건적 관계	1차적 상관관계	2차적 상관관계
주변관계(합계관계)	Lazarsfeld의 설명공식	부분관계
표준화	부분상관계수	중다회귀분석
중다회귀방정식	최소자승법	중다상관계수(중다결정계수)
경로분석	경로도식	경로계수
모조변수	단계적 회귀법	요인분석 추정
확률(이론 · 표집) 분포	정상분포	점추정

구간추정	통계적 가설검증	이론적(일반적) 가설
작업가설	연구(대안적) 가설	통계적 가설
영가설	유의수준	기각역
일방검증	양방검증	제Ⅰ형 오류
제Ⅱ형 오류	컴퓨터 패키지	

생각해 볼 문제들

1. 자료분석의 목적을 생각해 보고, 거기에 걸맞는 분석기법을 찾는 길을 모색해 보자.
2. 자료분석에 있어서 정교화과정의 유형과 검사요인의 성질, 기능 및 효과에 대하여 자세히 비교 · 검토해 보자.
3. 사회연구에서 통계적 분석이 차지하는 위치와 의미를 생각해 보자.
4. 자료의 성격, 즉 측정의 수준에 적합한 통계적 분석과 통계치를 서로 배합하여 비교해 보자.
5. 기술통계의 기능과 종류를 살펴보자.
6. 추계통계의 뜻과 기능을 살펴보자.
7. 전산처리를 이용한 통계분석의 보기들을 가지고 실습해 보자.

제20장 질적 자료의 처리와 분석

앞에서는 주로 양적인 자료에 대한 처리와 통계적 분석의 논리와 기법을 살펴보았다. 이제는 질적 자료의 처리와 분석의 전략과 절차를 검토할 차례다. 보통 질적 자료라고 하면 사회생활 속의 사람들, 행위들, 그리고 사건들을 서술하는 글로 된 원문(text) · 문장 · 단어 · 문구 기타 영상물 · 물리적 기물 등을 포함하는 각종의 상징과 기호의 형식을 띤다. 이런 자료는 물론 주로 참여관찰과 심층면접 등에 의존하는 현지조사법, 문서자료를 다루는 사례연구법이나 생활사 및 역사-비교연구, 그 밖에 민속방법론, 불개입-무반응법 및 다원적 방법론의 원리에 따라 수집하는 것들이다. 질적 연구법에서도 양적인 자료를 이용하는 것은 두말 할 나위도 없고, 일부 질적인 자료는 양적 분석에서도 다루기도 한다. 그러나 여기서 말하는 질적 자료와 질적인 분석은 그런 것과는 대조적인 것들을 총칭한다(Neuman, 2003 : 438).

질적인 자료분석의 주된 기능 내지 목적은 위에 나열한 여러 가지 형태의 관찰에서 얻은 질적인 자료에 대하여 비수량적인 검토와 해석을 함으로써 거기에서 일정한 의미와 관계의 유형을 발견하려는 것이라고 할 수 있다. 그러므로 질적 자료의 분석은 불가피하게 자료수집과 이론구성 사이의 끊임없는 상호작용을 요하는 과정이 된다. 이 점은 이미 질적 연구의 자료수집법에 대한 논의에서도 누누이 밝힌 것으로서, 질적 연구에서는 항상 자료와 이론 사이의 지속적 상관성이 중요한 특성임을 강조하려는 것이다(Rubin and Babbie, 2008 : 456).

본장에서는 우선 질적 자료분석과 양적 자료분석의 공통점과 차이점을 간략하게 비교하고 나서 자료처리법의 기본으로서 부호화의 여러 가지 기법을 검토하고, 이어 자료분석과정의 이론적 작업의 전략에 관하여 살펴보도록 한다.

제 1 절 질적 자료분석과 양적 자료분석의 비교

질적 자료분석과 양적 자료분석의 유사점과 차이점은 다음과 같이 요약할 수 있다(Neuman, 2003 : 439-440).

Ⅰ. 공 통 점

첫째, 질적 · 양적 접근을 막론하고 모든 사회조사연구에서는 사회생활에 대한 경험적 자료를 증거로 삼아 이에 대한 사유과정을 거쳐 일정한 결론에 도달하는 추론(inference)을 한다. 이 과정에는 자료의 복합적 내용을 단순화하는 추상화를 내포한다.

둘째, 모든 사회연구는 연구의 설계에서부터 자료수집 및 분석과정 전반에 대하여 체계적으로 기록하고 공개함으로써 누구나 검토하여 필요하면 재조사할 수 있도록 한다.

셋째, 어떤 자료분석이든 사회연구자는 수집한 증거에서 발견할 수 있는 특성을 자신의 자료내부에서, 또는 필요하면 다른 자료들과 비교한다.

넷째, 어떤 접근법이든 연구자는 오류, 잘못된 결론, 오도된 추론을 하지 않도록 주의해야 하며, 혹시 논리적 허위나 환상에 빠지지 않도록 조심하는 것이 중요하다. 증거에 입각하여 여러 가지 설명 · 토론 · 서술 등을 면밀히 검토하고, 반대되는 설명 등을 참작하여 좀더 타당하고 진정성 있고 가치 있는 것을 가려 내는 노력을 하게 된다.

Ⅱ. 차 이 점

첫째, 양적 접근에서는 응용수학의 통계기법을 적용하여 가설검증 등을 실시하는 등 특정하고 표준화한 분석기법을 공통적으로 활용하는 데 비하여, 질적 접근에서는 분석기법의 표준화정도가 비교적 낮은 편이고, 분석절차도 연구자와 연구목적에 따라 다양한 것이 특징이다. 또한 이론적 작업도 주로 귀납적 접근을 취한다.

둘째, 양적 접근에서 자료분석은 모든 자료를 수집 · 처리한 다음 연구과정의 마지막 단계에서 수행한다. 반면 질적 분석은 자료수집 초기단계서부터 이미 시작하여 연구의 전반적 과정에서 지속적으로 이루어지는 것이 특징이다. 자료와 이론의 상호작용이라는 특징을 상기하기 바란다.

셋째, 마찬가지로 이론구성에서도 차이가 난다. 양적 접근에서는 이미 정립한 이론을 가설로 재구성한 다음 경험적 자료의 양적 분석에 의하여 이를 검증함으로써 이론의 적합성을 확인한다. 이에 비해 질적 접근에서는 경험적 증거와 추상적 개념을 융합하여 새로운 개념을 정립해 나가며, 주어진 자료에서 그럴싸한 이론, 일반화 또는 해석을 시도하는 등 역동적 과정에서 이론구성이 일어난다.

넷째, 추상화의 수준과 전략에서 차이가 난다. 양적 분석에서는 사회현상도 양적으로 측정할 수 있고, 통계적 법칙에 따라 숫자를 조작하면 양적 자료가 사회현상의 특성을 제시한다는 가정 아래 통계 · 가설 · 변수 등의 수단으로 자료를 조작하여 일정한 범주로 정리한다. 반면 질적 연구자들은 수학이나 통계학에서 형식적 이론을 도출하는 절차에 의존하지 않는다. 주로 언어와 기타 상징적 기호형식의 자료를 분석하는데, 이런 자료는 성질상 수학적으로 정확하지도 않고 모호성이 크므로 주어진 사회문화적 맥락에 근거하여 분석 · 해석할 필요가 있기 때문이다.

제 2 절 질적 자료분석의 절차

질적 접근에서 수집하는 자료는 참여관찰 · 심층면접 · 개인의 생애전기자료 · 문헌내용분석 혹은 직접관찰 등에서 얻어 내는 것 등 주로 문서형식을 띠는 것인데, 대체로 이런 자료는 그 양이 상당하다는 특징이 있다. 결국 연구자는 이 다량의 자료를 어떤 방식으로든지 분류하고 범주화하는 작업이 필수적이다. 이 과정이 곧 부호화(coding)다. 양적 자료도 부호화를 하지만, 그것은 대개 이미 정해진 틀에 입각해서 수량화하는 것이 주안이다. 그런데 질적 연구에서 부호화는 단순한 자료의 정리에 그치지 않고, 그 과정에서 관찰한 현상의 일정한 유형을 발견하는 절차를 내포하고 있어서 곧 개념화(conceptualization)와도 직결되고, 이론구성의 한 방편이라는 특징도 지닌다.

기본적으로 부호화의 기능은 자료집약과 검색의 지침인 동시에 일정한 주제(themes)의 범주로 자료를 분류하는 것이라고 이해하는 것이 좋을 것이다. 이처럼 자료를 주제별로 부호화하기 위해서는 산더미같이 쌓인 원자료 속에서 특정주제를 '포착'하는 법을 배울 필요가 있다. 이런 능력은 다음과 같은 전제가 따른다(Neuman, 2003 : 441-442; Rubin and Babbie, 2008 : 460).

① 자료 속에서 일정한 유형을 인식하는 능력
② 체계나 개념이란 틀로써 사고하는 능력
③ 최소한의 배경지식의 소유
④ 주제와 관련 있는 내용정보에 대한 기본소양

다만, 부호화의 구체적 절차를 논의하기 전에 한 가지 지적해 둘 것이 있다. 보통 질적 연구의 자료가 산더미같이 다량이라는 점을 고려할 때, 부호화를 수작업으로 진행하는 것이 매우 번거롭고 힘든 일이 될 수 있다. 가령 자료의 파일(files)을 마련해서 정리하는 것이 통상적인 방법인데, 요즘은 컴퓨터에 입력하여 자료파일을 작성하여 분석에 임할 수 있는 프로그램을 개발한 것이 있으므로, 이를 이용하면 편리하게 부호화할 수 있을 것이다. 이 문제는 추후 재론하겠다.

Ⅰ. 부 호 화

지금부터는 부호화의 구체적인 논리와 절차를 개관한다(Neuman, 2003 : 441-445; Rubin and Babbie, 2008 : 461-463).

1. 부호화의 단위

질적 연구에서 부호는 자료수집과정에서 집성한 서술적 또는 추론적 정보에다 의미의 단위를 부여하는 일종의 딱지 또는 레테르(label)라고 할 수 있다. 이런 부호는 대개 단어 · 어구 · 문장 · 문단 전체 등 크기가 다양한 집합의 자료에다 부여하게 되는데, 이런 자료의 부호화에서 기본단위는 개념(concept)이라는 점을 우선 강조한다. 예를 들어 조직체의 성격을 다루는 문헌자료에서 '규모'(size)라는 단어를 부호화의 단위로 삼으면, 매 단위에 해당하는 단어수는 한정적일 것이다. 조직체의 크기를 지목하는 데 필요한 언어적 표현에는 그리 많은 단어를 요하지 않는다는 뜻이다. 반면에 조직체의 '사명'(mission)이라든지 '내부의견차'(internal dissent) 같은 현상을 표현하자면 상당히 긴 문장이 필요하고, 그런 것을 다루는 자료도 꽤 많다고 보아야 할 것이다. 결국 질적 연구의 부호화를 조직하는 원리는 개념이라는 것으로 집약할 수 있다.

2. 부호의 작성과 부호화절차

질적 자료의 부호화에는 크게 세 가지 방법이 있다. ① 개방적 부호화(open coding), ② 축의 확인(axial) 부호화, ③ 그리고 선별적(selective) 부호화다.

(1) 개방적 부호화

질적 자료의 처리과정에서 첫번째 단계가 개방적 부호화다. 다량의 자료를 일정한 범주로 분류하면서 관심 있는 주제를 확인하고, 부호 또는 이름을 붙이는 절차다. 이 때는 특히 자료에 대한 세밀한 검토가 필수다. 이 단계에서 특히 연구자는 자료 속에 묻힌 주제 · 유형 등을 포착하고, 그 의미를 읽기 위해서 사전의 기존 연구에 대한 검토, 자신의 이론적 가정, 연구문제, 주요 개념 등을 활용하면서 동시에 자료가 시사하는 새로운 개념 · 이론 등을 발견해 가는 역동적 과정이 일어난다. 추상적 개념 · 이론과 특정한 증거자료 사이를 자유로이 오가며 진행하므로 개방적이다. 또한 자료노트를 읽어 가는 동안에 부호화의 주제도 개발할 수 있다.

이 단계에서 연구자에 따라 얼마나 자세히, 그리고 완벽하게 부호화를 할 것인지도 다를 수 있다. 어떤 이들은 모든 열(line) 혹은 매 몇 마디 단어들을 전수부호화하는가 하면, 아예 문단 전체를 부호화하는 수도 있다. 이에 대한 결정은 연구문제, 자료의 풍부성정도 및 연구목적에 의해서 결정할 것이다. 이런 개방형 부호화는 다음에 논의할 메모(비망록) 작성단계에까지 연장할 수 있다.

비근한 예를 들자. 주점에서 상호작용하는 근로자계급의 연구에서 '혼인'

이 회화의 주요 주제로 떠오른다는 것을 자료에서 발견했다면, 이를 중심으로 부호화를 시도한다.

(2) 축의 확인부호화

부호화의 두 번째 단계라고 할 수 있는 것이 축의 확인부호화다. 첫번째 개방형 부호화단계에서는 자료에 초점이 맞추어지는 데 비해, 이 단계에서는 자료보다는 처음에 개발·사용한 부호들을 일단 재검토하는 일이 주 기능이다. 이 과정에서 새로운 부호를 개발하기도 하고 새로운 아이디어가 떠오르기도 하지만, 여기서 축의 확인이 이루어진다. 축의 확인이란 주제들간의 연관성과 주제가 표상하는 개념들 사이의 일정한 축을 확인하여 아이디어와 주제들을 조직하는 일을 가리킨다.

축의 확인부호화과정에서 연구자는 원인과 결과, 조건과 상호작용, 전략과 과정 등에 대한 질문을 하면서 서로 한데 집락하는 범주와 개념들을 찾아내려 한다. 예를 들면 이런 질문들을 할 수 있다. ① 기존의 개념을 더 작은 하위차원과 하위범주로 세분할 수 있는가? ② 여러 개 상호관련 있는 개념들을 한데 묶어 더 일반적인 개념으로 조합할 수 있는가? ③ 여러 범주들을 일정한 시간적 계기(A 다음 B 다음 C 등등)로, 혹은 공간적 맥락(어디서 일어났는가)으로 조직할 수 있는가?

축의 확인부호화를 하면서 개념과 주제들 사이의 연계성을 확인하도록 자극도 받지만 또 새로운 질문도 제기할 수 있고, 기존의 주제나 개념을 폐기할 수도 있으며, 어떤 것은 더 심층적으로 검토할 수도 있다. 또한 증거와 개념 사이의 연관성을 강화하는 데도 도움이 된다. 마치 측정의 신뢰도를 높이기 위한 장치로서 다중지표를 이용하듯이 경험적 증거의 다중적인 실례를 가지고 주제와 자료 사이의 연관성을 강화할 수 있는 것이다.

위에서 소개한 근로자계급의 주점회화연구에서 '혼인'이라는 주제가 부상했음을 밝혔다. 이제 축의 확인부호화단계에서는 혼인이라는 일반적 쟁점을 약혼·혼례 등의 하위차원으로 세분한다. 거기에다 성관계, 가사노동의 분업, 자녀에 대한 태도 등의 주제와 연관성을 파악하려 한다.

(3) 선별적 부호화

이 세 번째 단계에 올 즈음이면 연구자는 대체로 연구의 주요 주제를 확인하고 있을 것이다. 따라서 선별적 부호화는 자료와 기존의 부호들을 체계적인 눈으로 일별(scan)할 수 있다. 여기서 연구자는 주요 주제를 예시하는 사례들을 선별적으로 추려 내어 필요한 비교와 대조작업에 착수할 수 있게 된다.

근로자계급의 연구에서 이제는 남녀관계라는 문제를 주요 주제로 선정하고, 데이트 · 약혼 · 혼례 · 이혼 · 혼외 부정한 관계 · 부부관계 등의 쟁점들에 대해서 남자와 여자의 태도나 가치관이 어떻게 다른지를 비교하고자 할 것이다.

Ⅱ. 분석메모작성

질적 연구에 임하는 연구자는 끊임없이 노트와 메모를 작성한다. 자료를 노트에다 기록할 뿐만 아니라 연구방법과 기법, 연구전략, 지도나 그림, 최종보고서, 특정인물과 사건 등에 관한 기록을 파일형식으로 남긴다. 잊어버리지 않아야 할 일을 적어 놓는 비망록작성 내지 메모작성(memoing)을 하는데, 그 중에도 특별한 종류의 것이 있다. 특히 부호화와 분석에 관련한 기록이 담긴 것을 분석메모(analytic memo)라 한다. 여기에는 기본적으로 부호화과정, 부호화한 주제와 개념, 이론적 생각 등을 기록한다. 그리고 이 기록들은 나중에 최종보고서에도 내용을 옮길 만한 것이 될 수 있다. 특히 이 분석메모는 제14장 현지연구법에서 언급한 바 있는 '증거에 기초한 이론'(grounded theory)을 구성하는데 매우 유용하다.

분석메모에는 크게 세 가지 종류가 있다. ① 부호메모(code notes), ② 이론(theoretical) 메모, 및 ③ 절차(operational) 메모다.

1. 부호메모

부호메모에는 부호의 이름(labels)과 의미를 기록한다. 어떤 연구에서든 자신이 사용하는 용어와 그 의미를 분명히 규정하는 것은 기본적으로 중요하다.

2. 이론메모

이론메모는 물론 개념의 차원과 심층의미, 개념들간의 관계, 이론적 명제 등 연구의 이론적 틀과 관계 있는 모든 사항들을 자세히 기록해 두는 것이다. 이 중 어떤 것은 연구 자체 과정에서나 부호화하는 동안에 폐기할 것도 포함할 수 있다.

3. 절차메모

이는 주로 방법론적인 쟁점들을 다룬다. 자료수집의 상황이라든지, 후일 자료수집에 대한 지침이라든지 이런 것들을 여기에 담을 수 있다.

4. 분석메모작성지침

여기서는 이러한 분석메모작성에 도움이 될 만한 지침 몇 가지를 간략하게 소개한다.

1) 자료수집 직후 메모작성을 시작하여 최종보고서작성 직전까지 계속한다.

2) 매번 메모작성일시를 분명히 적어 두어서 자신의 사고의 전개과정을 확인할 수 있도록 한다. 특히 연구가 진행하면서 수정 · 추가 등을 할 때에 유용하다.

3) 메모할 사항이 머리에 떠오른 순간 독창적인 생각이 번득이는 것을 놓친 다음까지 기다리지 말고, 부호화나 자료기록을 중단하고라도 메모를 해야 한다.

4) 주기적으로 메모를 재검토해서 부호의 재조정이 필요한지를 점검한다.

5) 각각의 주요 주제나 개념에 대해서는 별도의 메모를 작성하고, 이들을 따로 한 세트로 간직하기 위해서 라벨을 붙임으로써 추후 재검시의 편의를 도모한다.

6) 분석메모와 자료철은 그 목적이 서로 다르므로 별도로 간직한다.

7) 메모작성시에는 기존의 개념들의 유사성 · 차이 · 인과관계 등을 염두에 두어서 추후 자료와 개념의 통합 · 종합 · 분석에 기여하도록 한다.

8) 두 가지 이상의 상이한 아이디어나 개념, 주제가 떠오르면 이들을 별도로 메모하여 간직한다.

9) 더 이상 새로운 아이디어가 나올 것이 없어서 추가할 게 없다고 판단할 때는 이 사실을 메모에다 기록으로 남긴다.

10) 메모에 담긴 부호 · 라벨 등 이름의 목록을 작성하여 언제나 메모를 재구성하고 재활용할 수 있게 한다.

Ⅲ. 기타 질적 자료처리법

이제는 질적 자료의 처리와 관련하여 한두 가지 특수한 기법을 간략하게 소개한다. 하나는 개념의 지도 그리기(concept mapping)고, 또 하나는 노출법(outcropping)이다.

1. 개념의 지도 그리기

질적 연구자는 종이 위에다 온갖 아이디어나 증거들을 적으면서 작업을 하게 되는데, 그 중에는 그림을 작성하는 방법도 있다. 이를 개념의 지도 그리기라고 한다. 여러 가지 개념과 주제들을 도식적으로 연결시키는 형식의 그리기를 이용하는 방법이다. 사실 이런 도식적 방법은 비단 질적 연구에만 국한해서 이용하는 것이 아니고, 양적 자료의 분석과 보고에서도 흔히 쓰는 방법이므로 자세한 설명은 생략한다.

2. 노 출 법

노출법을 가리키는 영어 'outcropping'은 지표상에 드러난 지층을 가리킨다. 왜 이 말이 여기에 등장하는가 하면, 사회과학적 연구에서는 때로 표면상 관찰할 수 있는 가시적인 현상 자체보다도 그 저변에 존재하는 구조적 특성이 실재일 수도 있다는 철학적 패러다임이 있다. 대개 실재론(realism) 또는 구조주의(structuralism) 등에서 이런 관점이 현저한데, 사회과학에서는 특히 질적 연구에서 이러한 이론적 작업을 하게 된다. 질적 자료분석에 의해서 관찰가능한 자료를 검토하고 조직하여, 연구자의 사회세계에 대한 아이디어와 이론이 단순히 표면적 현실만이 아니고, 그 저변의 비가시적인 심층구조와 거기서 작동하는 세력이나 요인들을 반영하도록 하려는 이론구성전략이라 할 수 있다.

제 3 절 질적 자료분석의 이론구성전략

되풀이하지만 일반적으로 말해서 자료분석이란 자료에서 어떤 반복적인 행동, 대상 또는 지식체계와 같은 유형을 탐색하는 과정이다. 일단 유형을 확인하면 이에 대해서 그런 사항이 발생한 상황적 맥락이나 또는 사회이론으로 해석을 하게 된다. 질적 접근을 하는 연구자는 어떤 역사적 사건이나 사회적 상황에 대한 단순한 서술로부터 그에 대한 한층 더 일반적인 해석으로 이행하는 과정을 밟는 게 보통이다. 이것이 말하자면 질적 연구의 이론구성을 가리킨다. 이러한 질적 자료분석에 의한 이론구성의 전략은 다양한데, 여기서 이들에 대하여 자세한 해설은 불가능하고 개략적인 소개만 하기로 한다(Neuman, 2003 : 447-466; Rubin and Babbie, 2008 : 458-460).

Ⅰ. 설 화 법

1. 설화법이란 무엇인가?

설화(narrative) 형식으로 자료를 구성 · 표현하는 방법에 대해서는 제14장 현지연구법에서도 이미 소개하였으므로, 여기서는 간략하게 특징을 정리한다. 설화법이란 일종의 자연사연구방법(natural history) 내지 사실주의적 이야기 접근법(realist tale approach)이라고도 할 수 있다. 한 마디로 주어진 사건이 일어난 특이한 모습을 있는 그대로 자연스러운 순서로 자세하게 제시하는 방법이다. 주로 설화문학에서 이런 형식의 자료를 발견하지만, 그 외에도 언론인의 보도기사, 정치사회적 역사기록, 자서전과 전기물, 의료기록, 법정기록 기타 예술적 표현물 등에서도 찾을 수 있다.

사람에 따라서는 이 설화법은 자료분석의 방법이라기보다 분석 없이 자료를 제시하는 방법에 불과하다고도 지적한다. 그러나 원칙적으로 질적 연구법의 철학적 패러다임, 특히 현상학적 접근에 의하면 사건을 있는 그대로 이야기체로 서술함으로써 그 이야기 자체 안에는 이미 거기에 참여하는 살아 있는 사람들이 구성하고 서로에게 주고받는 의미부여와 설명의 체계가 존재하므로, 연구자는 이것을 가려 내기만 하면 된다는 뜻에서 자료분석의 방법으로 간주한다. 이 때 연구자는 이야기 속의 사람들이 쓰는 말과 개념을 사용하여 분석에 임하지 자신의 선입관이 개입한 용어나 개념을 개입시키지 않는다. 이야기 자체를 어떻게 정리해서 제시하는지가 그의 분석작업에 해당한다. 이 과정에서 연구자는 특수한 용어들을 독창적으로 선별하고 상황을 묘사하며, 주인공들의 성격이 어떻게 발달하는지를 보여 주고, 극적이고 흥미진진한 음모와 끝까지 답을 모르는 사건(suspense) 등에 유의한다.

설화 속에는 그 나름의 시간적 계기와 인과적 관련성도 내포하며, 좀더 복잡한 설화는 다음과 같은 요소들을 담을 수 있다.

① 전체 이야기의 요약
② 특정한 시간 · 장소 · 등장인물 · 상황 등에 대한 오리엔테이션(간단한 소개)
③ 사건의 전말(plot)에 담긴 복잡한 행위와 얽히고 뒤틀린 뜻밖의 진전에 대한 해설
④ 설화의 의미나 중요성에 대한 가치평가 내지 정서적 느낌
⑤ 극적인 사건의 절정, 즉 클라이맥스와 같은 사건 이후의 결말
⑥ 종결부(coda) 혹은 이야기의 끝을 알리는 신호

2. 설화법의 장·단점

먼저 설화법의 강점은 다음과 같다.

1) 특정사건의 구체적인 세부내용을 명확한 시간적 순서에 따라 풍부하게 제공한다.

2) 특정사건의 복합성을 포착하는 정도가 매우 높다. 사건의 미세한 뉘앙스를 보여 줄 뿐 아니라 거기에 작용하는 요인들의 상호연관성에 대한 세밀한 이해를 돕는다.

3) 이처럼 구체적인 세부내용을 파악함으로써 사건의 특이성을 파악할 수 있게 하고, 한층 더 완벽한 설명에 이르게 하는 장점이 있다.

그러나 다른 한편에서는 설화법의 문제점을 비판적으로 지적한다.

1) 너무 복잡하고 특수적이며 특이성이 강해서 일반화에 어려움이 있다.

2) 세세한 내용을 과도한 분량으로 담고 있으므로, 거기에서 그것과는 상이한 사람들, 상황 또는 시간적 기간에도 적용할 수 있는 일반적인 설명을 얻기가 어렵다.

Ⅱ. 이 념 형

이념형에 관해서는 제 2 장 사회연구의 논리체계에서 소개하였다. 여기에

는 질적 연구의 자료분석이라는 차원에서 다시 한번 검토한다. 이념형 하면 Max Weber를 떠올리지만, 사회적 관계나 과정과 같은 사회현상의 추상적 모형 내지 정신적 구성물(mental construct)로서 실재하는 현상을 비교하는 데 이용하는 일종의 분석틀이다. 현실 속에 실재하는 다양한 현상이나 자료들이 보여주는 일정한 공통요소들을 관념적으로 재구성하여 하나의 이상적인 순수모형을 만들어 놓고, 구체적인 사례들을 이에 비추어 봄으로써 현실사례들을 비교하는 방법의 틀이다. 여기서 ideal이라는 용어는 가치기준에서 볼 때 가장 바람직하다는 의미로 이상적이라는 말이 아니라, 실재하는 현실사례들에서 추출한 일종의 순수모형이라는 것을 가리킨다. 질적 자료를 처리 · 분석하는 데 있어서 이념형은 어떤 설명의 검증이 주 목적이라기보다 다량의 자료를 체계적인 형식으로 개념적 재구성을 추구하는 수단이라 할 수 있다.

이념형적 접근에도 맥락의 대조법(contrast contexts)과 유추법(analogies) 두 가지 구체적인 형태가 있다.

1) 맥락의 대조법은 질적 접근에서 연구자들이 특정사례들의 역사사회적 맥락 · 문화적 의미 및 개인적 견지를 극적으로 부각시켜 대비함으로써 사회적 상황과 과정에 대한 해석적 의미를 파악하려는 접근이다.

2) 유추법은 질적 자료를 조직하는 전략의 하나로 어떤 사회현상의 사례들을 이미 알고 있는 다른 유사한 사례들과 비교함으로써 그 의미를 이해하는 데 도움을 주려는 방법이다. 대개 사람들이 숙지하고 있거나 친근한 사례 또는 표현들을 원용하여 새로이 관찰하는 질적 자료에 대한 해석을 시도하는 접근이다. 때로는 앞서 '노출'이라는 질적 자료분석의 전략을 간단히 소개했듯이 유추법에 의해서도 관찰한 현상의 저변에 있는 심층구조나 작동기제를 밝혀 내는 길이 있다.

Ⅲ. 연속적 근접법

연속적 근접법(successive approximation)은 마치 부호화의 세 단계(개방적, 축의 확인 및 선별적 부호화)를 거치는 것처럼 자료와 개념(이론)의 사이를 좁혀 가는 분석법이다. 처음에 막연한 아이디어와 자료 속의 구체적인 세부사항들에서 시작하는 연구자는 마지막 일반화에 이르는 종합적 분석으로 점진적으로 진행하는 접근이다. 우선 연구문제와 이론적 가정 및 개념틀로 출발하여 자료를 분석하여 개념과 증거 사이의 적합성을 점검하고, 자료의 추상화에 의하여 새로운 개념을 도출하기도 하며, 증거에 맞추어 개념을 조정하기도 한다. 혹 해결하지 못한 이슈가 존속하면 추가증거를 수집하는 등 처음부터 되풀이하여 자료와 이론이 서로를 형성하도록 진행한다. 마침내 개념과 이론적 모형이 자료 내지 증거와 거의 완벽하게 합치할 때까지 계속 반복하여 정확성을 높이는 과정을 밟는다. 매 단계에서 증거는 여전히 잠정적이고 불완전한 성격으로 남는다.

Ⅳ. 예시방법

예시방법(illustrative method)은 경험적 증거를 이용하여 이론을 예시하거나 정형화시키는 접근이다. 연구자는 구체적인 역사적 혹은 사회적 상황에다 이론을 적용해 보든지, 아니면 기존의 이론에 기초하여 자료를 조직하게 된다. 가령 기존의 이론은 일종의 빈 상자를 제공하면 연구자가 이 상자에다 경험적 자료를 채울 수 있는지를 확인하고자 한다. 이 때 상자 속 증거가 이론을 기각할 수도 있고 지지할 수도 있으므로, 이를 사회현상에 대한 해석에 이용한다. 여기서 이론은 일반모형, 유추 또는 단계적 계기 등의 형식을 띤다.

예시방법에는 두 가지 접근이 있다.

1) 하나는 이론적 모형이 특정사례 또는 단일상황을 명확히 하는 기능을 하는 접근이다.

2) 또 한 가지는 모형을 여러 개의 사례에다 동시에 적용하는 병행시연(parallel demonstration)이다.

Ⅴ. 경로의존성과 우발성 분석

경로의존성(path dependency)과 우발성(contingency) 분석이란 주로 시간적 차원에서 일어나는 사회현상의 설명을 개발하기 위하여 역사 · 비교연구에서 많이 쓰는 방법이다. 경로의존성이란 어떤 사건의 특이한 시작이 그 사건전개의 연속적 계기를 좌우하고, 일정한 경로로 전개하는 것을 결정하는 성향을 가리킨다. 따라서 질적 자료의 분석에서 이 점에 착안하여 현상을 설명하려는 접근을 취한다. 경로의존적 설명이 추구하는 것은 어떤 특정역사적 시기에 인간이 선택한 경로가 어떻게 해서 미개의 선택가능성을 제약하고, 추후의 선택을 좌우하며, 결국은 선택의 여지가 한정되는 미래의 위기를 향해 사건이 가속도로 진행하도록 하는지를 추적하는 일이다. 이 때는 인과적 계기도 추적의 대상이다. 이런 분석을 위해서 연구자는 먼저 역사적 사건의 결과에서 출발하여 시간을 거슬러 올라가면서 그러한 결과가 이전 시기의 사건에서 어떤 식으로 전개해 왔는지를 역추적하는 방법을 이용한다.

이러한 분석에서 얻는 설명은 어떤 사회현상이 일어나도록 만든 요인이나 과정은 추후의 다른 계기에서 작용하는 것들과는 차이가 있을 것이라는 가정에 서 있다. 한 시기에 작용한 인과적 과정은 다른 시기에서도 반복하지 않을 수 있다는 말이다. 그러므로 여기에 우발성의 요소가 개입한다.

이런 분석법에는 두 가지가 있다.

1) 자가강화적(self-reinforcing) 경로의존성은 일종의 관성을 가리킨다. 한 번 사건을 일으킨 요인이나 사회세력은 계속해서 한 방향으로 사건이 일어나도록 추동하는 성향을 말한다.

2) 반응적 연쇄성(reactive sequence)은 어떤 경로든 무조건 일방적 · 선형적 연쇄로 볼 수 없고, 굴곡과 반작용과 역행 같은 것도 있을 수 있다는 점에 착안한 생각이다. 따라서 연구자는 매번 어떤 사건이 그 전의 사건에 어떤 식으로 반응하였는지에 주목한다.

다음으로 우발성은 질적 연구의 설명에서 주요한 개념이다. 어떤 사건이 일어날 때는 여러 특수한 요인들의 특이한 조합으로 일어나는지, 아니면 다음에는 다시 되풀이하지 않을 특정한 상황의 작용으로 일어난다고 보는 것이다. 여기서 핵심적인 개념은 특이한 개별성(idiosyncrasy)이고, 기대할 수 없는 우발성이다. 그러나 예상하기는 어렵지만 일단 일어나면, 다음에 일어나는 연쇄작용에 큰 영향력을 발휘할 수 있다. 따라서 이런 분석에서 이론의 기능은 연구자가 중요한 우발적 사건들을 확인함으로써 설명을 추구하는 데 도움을 주는 것이다.

우발성분석법에서는 특히 결정적 전기(critical juncture)가 중요할 수 있다. 주어진 시기에 어떤 특정선택지를 골라서 사건이 발생했다면, 그 선택은 바로 그 사건이 지속하는 데 강력한 영향을 미칠 수 있게 된다. 이런 식으로 질적 자료의 분석에서는 우발성과 경로의존성을 조합하여 설명에 임하게 된다. 가령 어떤 특이하고 예기치 않은 일군의 조건들을 확인하면, 그 조건들이 다음에 일정한 경로를 따라 진행하는 모습을 추적하여 설명하려 하는 것이다.

Ⅵ. 영역분석법

영역분석법(domain analysis)은 주로 민속지연구에서 비롯한 것으로서 문화의 기본단위를 조직하는 개념을 영역이라 규정한다. 일종의 언어분석법이라 할 수 있다. 이처럼 언어로 포착하려는 문화적 영역들은 다시 분류체계와 더 광범위한 주제로 조합하여 문화적 장면이나 사회적 상황에 대한 전반적인 해석을 제공하도록 하는 접근이다.

이러한 문화적 영역에는 세 가지 부분이 있다.

(1) 표제어 또는 문구(cover term/phrase) : 영역의 이름이다.

(2) 구성부분 언어(included terms) : 한 영역의 부분유형 혹은 구성부분이다.

(3) 어의적 관계(semantic relationship) : 영역 내의 구성부분 언어들이 논리적으로 부합한지를 보여 준다.

예를 들어 법정의 증인에 관한 영역을 다룰 때, '증인'은 표제어이고, 부분언어로 두 종류의 증인, '변호인증인'과 '전문가증인'이 있다면, 이 둘의 어의적 관계는 '변호인증인'과 '전문가증인'은 "일종의 증인이다"라고 표현한다. 이런 방식을 이해하기 좋게 〈참고자료 20-1〉을 소개한다.

이러한 문화적 영역의 분석에서는 세 가지 형태의 영역을 구분한다.

(1) 민속적 영역(folk domains) : 어떤 사회적 상황에서 구성원들이 일상적으로 사용하는 용어와 은어들을 그대로 포함하는 영역

(2) 혼합 영역(mixed domains) : 민속적 영역에서 빠졌다고 생각하는 용어들을 연구자가 추가하여 혼용하는 영역

(3) 분석적 영역(analytic domains) : 연구자가 추가할 뿐 아니라 사회이론

〈참고자료 20-1〉 문화적 영역 내의 어의적 관계형식의 보기

어의적 관계	보 기
...의 일종이다	버스는 교통수단의 일종이다(또는 복수로 표현)
...의 일부분이다	타이어는 자동차의 일부분이다(또는 복수로 표현)
...의 한 수단이다	커닝은 학생이 좋은 성적을 얻기 위한 한 수단이다(또는 복수로 표현)
...에 이용하는 한 방편이다	기차는 물자를 나르는 데 이용하는 방편이다(또는 복수로 표현)
...의 한 이유다	높은 실업률은 사회적 불안사태의 한 이유다(또는 복수로 표현)
...의 한 결과다/한 원인이다	석탄발전소는 산성비의 한 원인이다(또는 복수로 표현)
...의 한 장소다	시청 앞 광장은 시위대가 모이는 장소다(또는 복수로 표현)
...의 한 특징이다	뾰죽하고 염색한 머리는 펑크족의 특징이다(또는 복수로 표현)

자료 : Neuman(2003 : 454).

의 틀에서도 원용하여 분석에 임하는 영역

영역분석법을 포함하여 질적 분석의 절차에 관해서는 다음과 같이 요약할 수 있다.

1) 문화적 영역을 이루는 단어들은 자료 속에 이미 배태하고 있으므로, 연구자는 세밀한 내용을 담은 자료를 자세히 읽는다.

2) 언어를 중심으로 이들 자세한 내용들을 조직하는 관념들로 재포장한다.

3) 주관적 의미에 관한 노트나 연구자의 자료조직을 위한 아이디어로부터 새로운 아이디어를 구성한다.

4) 이런 아이디어간의 관계를 추적하여 이들을 논리적 유사성의 기초 위에 집합으로 묶는다.

5) 아이디어군들을 비교 · 대조하여 다시 좀더 큰 집단으로 조직한다.

6) 이들 집단을 재조직하여 한층 더 광범위한 통합적 주제로 합친다.

요컨대 영역분석법에서도 이러한 질적 분석의 절차를 밟아 특정한 자료에서부터 전반적인 논리적 관계의 집합으로 이동하는 과정을 거쳐 이론구성에 임한다.

Ⅶ. 분석적 비교법

질적 분석에서 분석적 비교법(analytic comparison)은 기본적으로 제12장 실험적 방법에서 논의한 J. S. Mill의 일치법(methods of agreement)과 차이법(methods of difference)의 논리에 기초한다. 다만, 실험적 방법처럼 서열척도 이상의 측정치를 가지고 통계적으로 처리하는 것이 아니고, 질적 분석에서는 명목척도에 해당하는 자료를 취급하기 때문에 이를 명목적 비교법(nominal comparison)이라고도 한다. 또한 양적 연구처럼 다수의 사례를 취급하지 않고 소수의 사례만을 비교하는 것도 다르다. 이 접근의 주 목적은 기존의 이론에서 연역하든지, 자료에서 귀납적으로 추론하든지, 일단 자료에서 어떤 현상의 규칙성 내지 유형을 발견하는 것이다; 주어진 현상의 보편적 법칙이 아니라, 주어진 사회적 맥락 속에서 단지 규칙성을 찾으려 하는 것이다. 여기에도 일치법과 차이법이 있다.

우선 일치법은 사례들 사이의 공통점에 주목한다. 이 때 현상의 원인들을 확인하되 사례들에 공통적인 것만 남기고 다른 것은 제척하는 식으로 분석을 진행한다. 이렇게 공통한 것들만 가지고 이제는 인과적 설명을 시도하게 된다.

차이법은 일종의 이중비교법이다. 여기서는 일치법과 차이법을 동시에 적용하기 때문이다. 일단 사례들 사이에서 비슷한 요인들을 골라 내고, 나머지 차이나는 특징들을 가려 낸다. 다음 이들이 어떤 결과적 특징과 유사한 것과 상이한 것들을 따로 가려 낸다. 그러니까 부정적 접근(어떤 특정결과를 자아내지

〈참고자료 20-2〉 Skocpol의 혁명이론의 일치 및 차이 비교법 예시

사 례	원인적 요인		결 과
	국가의 붕괴	농민반란	혁 명
프랑스	예	예	예
러시아 1917	예	예	예
중 국	예	예	예
영 국	예	아니오	아니오
러시아 1905	아니오	예	아니오
독 일	아니오	아니오	아니오
프러시아	아니오	아니오	아니오
일 본	아니오	아니오	아니오

자료 : Neuman(2003 : 457).

못하는 사례들)에서 얻은 정보를 가지고 긍정적(일치) 사례(공통의 결과와 특징을 가진)를 더욱 강화하는 방향으로 분석을 진척시킬 수 있다.

여기에 긴 설명 대신 한 보기를 〈참고자료 20-2〉에 소개한다.

Ⅷ. 연결망분석

근자에는 사회학적 연구에서 연결망분석(network analysis)을 널리 활용하고 있다. 이 방면의 연구들은 주로 양적 분석을 하지만, 질적 연구에서도 이 기법을 이용할 수 있다. 대개 사람들, 조직체들, 사건들 또는 어떤 장소들 사이의 연계현상을 지도 그리기(mapping) 방식이나 제10장 측정과 척도(Ⅱ) 및 제11장 관찰법에서 이미 언급한 사회측정법(sociometry)에서 쓰는 소시오그램(sociogram) 형식으로 점검함으로써 일련의 관계구조를 발견 · 분석 · 제시하는 접근이다.

연결망분석에서는 사람들이나 조직체에서 다른 사람이나 조직체와 관련 있는 활동에 시간을 얼마나 투입하는지를 연구자가 검토한다. 시간은 중요한 자원이기 때문이다. 또한 어떤 사건의 전개나 의사결정과정 등을 보통 플로차트라고 하는 일관작업공정도(flow chart) 형식으로 정리하여 연결망분석을 진행하기도 한다.

Ⅸ. 다중분류절차법

질적 분석법에는 다중분류절차법(multiple sorting procedure)이라는 것도 있다. 이는 원리상 영역분석법과 유사한데, 인류학자나 심리학자들이 많이 이용하는 접근이다. 연구자는 연구대상자들에게 여러 개의 단어 · 사진 · 장소 그림 · 사람이름 등등을 보여 주고 자기들 생각에 중요하다고 보는 기준에 따라 이들을 분류하도록 요청한다. 분류가 끝나면 어떤 기준으로 분류했는지를 확인한다. 그런 다음 다시 그런 것들을 주고, 이번에는 다른 방식으로 또 한번 분류하도록 요구한다. 이런 식으로 몇 가지 방식의 분류군들을 수집해 놓고 연구자는 사람들이 어떤 대상에 대해서 과연 무슨 생각을 하며, 그것들을 어떻게 이해하는지를 점검하는 분석작업을 시도한다. 이로써 저들이 세상을 어떤 식으로 조직하고 이해하는지를 파악하려는 것이다.

X. 기호분석법

언어학분야에는 각종 기호 · 신호 · 상징의 과학, 즉 기호학(semiotics)이라 하는 분과가 있다. 그런데 사회연구자의 질적 접근에서도 이와 같은 기호나 상징을 읽어서 의미를 파악하는 접근을 취한다. 이런 기호의 의미는 사회적으로 구성하는 현상이므로, 사회과학적 연구의 근거가 있다고 보는 것이다. 기호분석법에서는 일정한 단어를 제시하고 의미를 읽도록 한다든지, 광고 같은 데서 쓰는 용어나 영상물 같은 것에 대한 해석을 하도록 요구하는 등의 방법으로 사람들이 일상 세계에서 만나는 각종의 상징과 기호의 의미를 어떻게 해석하는지를 분석한다. 한 가지 보기만 들어 본다. 아래 상자에는 일상적으로 쓰는 일종의 신호가 있고, 그 반대편에는 각 신호의 의미를 요약해 적어 놓고, 그 둘을 서로 줄로 연결하라는 실험이다. 여기서 사람들이 평소에 그와 같은 신호에 의해서 행동한다는 것을 전제하고 있으며, 그 의미를 제대로 해석하지 못하는 사람은 그 상황에서 적응에 어려움을 겪을 수 있다는 것을 암시한다. 서양에서 통용하는 용어들이라 생소한 것도 있지만 참고가 될 것이다.

신 호	의 미
① 포인세티아	① 행운의 징표
② 말 굽	② 일등상
③ 블루 리본	③ 크리스마스
④ '치즈'라고 하세요	④ 연 기
⑤ '다리 부러져라'	⑤ 사진찍기 위한 미소

자료 : Rubin and Babbie(2008 : 458).

XI. 회화분석법

회화분석법(conversation analysis)이란 말 그대로 일상의 회화에 대한 아주 세밀한 점검에 의해서 사회생활의 구조와 그 속에 담긴 암묵적 가정들을 밝혀내려는 질적 분석법이다. 여기서 회화가 갖는 세 가지 기본가정을 요약하면 다음과 같다.

1) 회화란 사회적으로 구조지어진 활동이다. 다른 구조와 마찬가지로 거기에는 확립한 행동의 규칙을 내포한다.

2) 회화는 맥락에 의해서 이해해야만 한다. 맥락의 차이에 따라 같은 말이라도 전혀 다른 뜻을 전할 수 있다.

3) 회화분석법에서는 치밀하고 정확한 회화녹취록을 가지고 회화의 구조와 의미를 파악하고 이해하려는 목적을 추구한다.

XII. 도식적 분석법

질적 분석을 하는 연구자들은 여러 종류의 그림(diagrams)으로 생각을 조직하고, 어떤 사회적 관계를 체계적으로 탐구하는 도식적 분석법의 접근을 취하기도 한다. 그림의 구체적인 예는 이미 언급한 지도 · 소시오그램 · 분류유형 · 시간적 플로차트 · 공간적 배치 · 그래프 · 수표(table) · 차트 등등 여러 가지가 있다.

XIII. 사건 – 구조 분석

질적 연구에서는 어떤 이야기를 전달하기 위해서 자료를 시간상 계기적으로 설화형식으로 표현하는 수가 허다하다. 사건-구조 분석(event-structure analysis)은 인과적 관계의 확인을 용이하게 도와 주는 접근이다. 이것이 단순한 설화법과 다른 점은 그냥 이야기만 되풀이하는 게 아니고 일어난 사건의 일군의 연계를 개관하는 것인데, 특히 인과관계의 추적이 주요 목적이다. 그러나 이 방법에서는 처음부터 이론이나 인과적 논리를 제공하는 게 아니고 자료에서 연구자가 그것을 찾아 내어야 한다.

가령 주어진 상황에서 사건 A · B · C · X 및 Y가 일어났다고 하자. 여기서 우리의 관심은 X와 Y 사이의 인과관계지만, 이러한 인과관계가 성립하는 조건으로 A · B · C 등이 어떤 작용을 하는지를 가려 내려는 것이다. 우선 연구자의 질문은 A가 X-Y의 인과적 관계에 필요한 선행조건인지를 묻는다. 다시 말해서 X가 Y를 초래하려면 A가 반드시 먼저 일어나야 하는가라는 질문이다. 만일 그렇다면 추후에도 X가 Y에 영향을 미치기 전에 A도 반드시 일어나야 할 것으로 추론할 수 있다. 이런 식의 논리적 추론에 의해서 연구자는 어떤 두 가지 사건 간의 인과관계는 한번 일어나고마는 일회성사건인지, 아니면 상당기간 혹은 무한정 반복적으로 일어나는 현상인지를 밝혀 내게 된다.

XIV. 비현시적 현상의 분석

이제 마지막 한 가지 질적 자료분석법을 고려하겠다. 지금까지는 수집한 자료를 가지고 그 속에서 발견할 수 있는 유형을 찾아 내고, 사건을 분석하며 발견한 현상들의 모형을 제시하는 등의 작업을 하는 분석법을 여러 가지 다루었다. 그런데 질적 분석에서 한 가지 양적 분석이 할 수 없는 작업이 가능하다는 점에 주목할 필요가 있다. 그것은 다름 아니라 자료에 현시적으로 나타나지 않는 그 어떤 현상(what is not seen)을 추적하는 일이다.

여기에도 두 가지 접근이 있다. ① 부재증거(negative evidence) 찾기와 ② 일탈적 사례비교법(negative case method)이다.

1. 부재증거 찾기

부재증거 찾기란 질적 접근에서 연구자가 수집한 자료 안에 어떤 특정현상 · 인구집단 · 특정조건 등이 빠져 있다는 점에 주목해서 이에 대한 탐구를 하는 것이다. 여기에도 여러 유형이 있다.

(1) 일어나지 않는 사건 : 과거의 경험에 비추어 일어나기를 기대할 만한 사건이나 현상이 일어나지 않을 수가 있다. 왜 일어나지 않았는지를 살필 필요도 있다.

(2) 구성원이 의식하지 않는 사건 : 어떤 사건이나 현상은 일어나지만 그 사회의 구성원들의 관심의 영역에 들어오지 않아서, 또는 연구자가 주목하지 않아서 의식 속에 나타나지 않을 수 있다. 구성원들이 의식하지 못한다고 해서 연구자가 무시해도 좋다는 법이 없다. 실지로는 매우 중요할 수 있기 때문이다.

(3) 구성원들이 숨기고 싶은 사건 : 사람들은 자기네 사회에서 분명히 일어난 일이지만, 특정계층이나 집단의 이해관계 때문에 숨기려 할 수도 있다. 연구자는 이런 현상을 찾아 내고, 왜 그런 행동이 있었는지를 설명할 필요도 있다.

(4) 평범한 사건의 누락 : 일상적으로 늘상 반복해서 일어나는 평범한 일

들은 으레히 그러려니 당연시해 버리는 수가 있다. 연구자는 자칫 부주의로 이런 사건들을 놓치는 일이 있어서는 곤란하다.

(5) 연구자의 선입관의 결과 : 주어진 사회적 상황에서 연구자 자신이 미리 머리 속에 그려 두고 있던 이론적 관점이나 선입관과는 상이한 혹은 그것에 반하는 사건이 일어나면, 아예 무시해 버리려는 성향이 있게 마련이다. 이런 선입관은 정작 유관성이 높은 데도 눈에 뜨이지 않거나, 아예 놓쳐 버리는 사건을 포착할 기회를 차단하기 쉽다.

(6) 무의식적 보고누락 : 어떤 사건은 연구자가 보기에 별로 중요한 것 같지 않아서 보고할 가치가 없는 것으로 치부하기가 쉽다. 그러나 정작 자료를 비판적인 안목으로 정밀하게 분석해 보면, 그런 것들도 눈에 뜨일 수가 있다.

(7) 의도적 보고누락 : 때로는 연구자가 조사대상자나 그 집단의 이해관심을 보호하려는 의도로 의식적으로 특정사건이나 상황조건 등을 보고에서 누락시키려 할 수 있다. 또는 연구자 자신의 가정이나 이론적 틀과 맞지 않기 때문에 빠뜨리는 수도 있다. 연구자는 반드시 자신의 가정에 대한 긍정적 증거는 물론 부정적 자료도 동시에 제시하는 것이 의무고, 이로써 다양한 견해를 추가할 수 있는 문호를 열어 주어 학문발전에 기여할 수가 있는 것이다.

2. 일탈적 사례비교법

질적 연구자들은 기본적으로 다음과 같은 자문을 하면서 분석에 임해야 한다. ① 분석에서 고려하지 않은 관점은 어떤 것들이 있는가? ② 사회의 모든 집단 · 계층 등 다양한 사람들의 관점에서 볼 때, 어떤 사건은 어떻게 해석하고 무슨 의미가 있는가? 다시 말해서 질적 자료의 분석에서는 모든 이론적 관점과 모든 사회적 구성부분범주들을 처음부터 배제하지 않는다는 원칙에 충실할 필요가 있다는 말이다.

이런 태도를 일종의 일탈적 사례비교법이라 하는데, 여기에는 일반적으로 나타나는 현상과는 차이가 있는 일탈적인 사례들을 집중적으로 분석하는 접근과 분석적 사례비교법을 조합 · 적용한다. 가령 질적 연구에서 광범위한 경험적 유형이나 고도의 이론적 예측에 잘 들어맞지 않는 사례(들)에 주목하여 왜 그런 현상이 일어나며, 그것이 왜 일반적 유형에 들어맞지 않는지를 점검함으로써 이론적 지평을 넓힐 기회를 가질 수 있는 것이다. 이런 접근법은 앞에서 지적한 차이법을 적용하여 일반적 유형과 일탈적 유형을 비교함으로써 그렇지 않았더라면 놓칠 뻔한 결정적 기여조건들을 확인할 수 있게 되는 이점도 있다.

XV. 질적 자료분석에 유용하는 컴퓨터 프로그램 예시

이상에서 좀 장황하게 여러 가지 질적 분석법을 소개했지만, 좀더 구체적인 절차와 방법은 분야별 연구들을 검색하여 각자 실제 적용해 보는 것이 가장 빨리 습득하는 길이다. 다만, 참고삼아 이런 분석을 용이하게 하는 몇 가지 컴퓨터 소프트웨어를 알고 있으면 도움이 될 것이다.

(1) 원전(text) 검색용 : 문서로 된 원전텍스트 검색을 한층 더 빠른 속도로 처리할 수 있게 하는 것으로 키워드 내지 구문을 중심으로 여러 형태의 자료를 찾아 내는 데 유익하다. 예로는 Metamorph라든지, ZyIndex 같은 프로그램이 있다.

(2) 원전관리자(textbase managers) : 이것도 원전에서 자료를 검색하지만, 단순검색을 넘어 검색결과에서 얻은 정보를 조직하고 분류하는 기능까지도 포함한다. 또한 하이퍼텍스트(hypertext) 역량도 갖추어서 한 가지 키워드를 클릭하면, 관련정보를 담은 새로운 스크린을 제시하여 여러 가지 관계적 분석이 가능하게 한다. 그뿐 아니라 일부 소프트웨어는 텍스트문서의 정보를 교차표 · 교차분류 등으로 정리하는 기능도 수행한다. 이런 프로그램의 보기에는 askSam이나 Folio VIEWS 같은 것이 있다.

(3) 부호화-검색 프로그램(code-retrieve program) : 이 프로그램은 원문의 행 · 문장 · 문단 · 구획 등에다 일정한 부호를 부여하고, 이들을 조직할 수 있게 하는 기능을 수행한다. 여기도 Kwalitan이라든지, Ethnograph와 같은 예가 있다.

(4) 부호화에 기초한 이론구성(code-based theory builders) : 부호화에 기초한 이론구성은 우선 자료에다 부호를 부여하는 것이 필수조건이고, 그런 다음에는 이 프로그램이 부호간의 대조와 비교를 가능케 함으로써 부호들간의 관계를 확인하고 유형들을 발견하여 일반이론을 생성시키든지 검증할 수가 있다. 프로그램의 보기는 ETHNO · QCA(Qualitative Comparative Analysis) · NUD*IST 등이 있다.

(5) 개념의 연결망구성(conceptual network builders) : 이 프로그램은 도형 또는 연결망의 제시로 이론구성이나 검증을 시도하게 한다. 자료에서 이론적으로 의미 있는 연결마디(nodes), 즉 키워드를 이용하여 자료나 개념이나 자료에 대한 관념을 조직하는 기능을 한다. 보기는 MetaDesign이나 SemNet다.

지금까지 이 장에서는 질적 자료분석의 논리·절차 및 전략을 주마간산식으로 개관하였다. 무엇보다도 그러한 분석은 종류가 다양할 뿐 아니라, 질적 자료 자체도 분량이 엄청나게 다량인 것이 특징이다. 이 말은 그만큼 질적 연구는 자료수집과정도 시간과 노력을 많이 소요하지만, 수집한 자료의 분석에도 시간과 정력을 무척 많이 쏟아야 한다. 다만, 핵심적인 것은 자료와 이론 사이의 역동적 상호작용 속에서 사회연구의 작업이 이루어진다는 점이다.

주요 개념들

질적 자료의 부호화	질적 자료의 개념화	주 제
개방적 부호화	축의 확인부호화	선별적 부호화
메모작성	부호메모	이론메모
절차메모	개념의 지도 그리기	노출법
설화법	이념형	연속적 근접법
예시방법	경로의존성과 우발성	영역분석법
분석적 비교법	다중분류절차법	기호분석법
회화분석법	도식적 분석법	사건-구조 분석
비현시적 현상의 분석	부재증거 찾기	일탈적 사례비교법

생각해 볼 문제들

1. 양적 자료분석과 질적 자료분석의 공통점과 차이점을 비교해 보자.
2. 양적 접근과 질적 접근에서 개념화의 의미는 어떻게 다른가?
3. 질적 자료의 부호화의 원리와 세 가지 기본유형은 무엇인가?
4. 질적 자료분석에서 부호화의 과정과 절차를 정리해 보자.
5. 질적 자료분석에서 분석적 메모작성의 의미와 방법에 관해 정리해 보자.
6. 질적 자료분석의 이론구성전략에는 여러 가지 접근법이 있다. 이들을 재점검하고 비교해 보자.
7. 비현시적 현상의 분석이 왜 중요한지를 생각해 보자.

제21장 연구결과의 보고와 활용

사회연구의 결과를 순전히 개인의 호기심충족을 위한 사유물로 보존한다고 하면, 누구도 현실성 있는 생각이라 여기지 않을 것이다. 결국 어떤 형태로든 그것을 사람들에게 알리는 의사소통의 절차를 밟게 마련이다. 상식적으로 사회연구자는 연구한 내용을 공유하는 것이 옳은 처사라 믿기 때문에 자신의 연구결과를 문서의 형태로 보고하는 것을 일종의 의무로 생각하는 것이다.

실질적인 안목에서도 개인의 비용과 시간으로 연구를 한 것이든, 어떤 공공기관의 도움으로 연구한 것이든 간에 결과를 공표함으로써 학문적으로나 실제적으로 사회를 이해하고 개선하는 데 기여할 수 있다는 데 관심이 있다. 요컨대 연구활동의 목적은 자신의 이해를 증진시키려는 데 있지만, 사회의 다른 구성원들의 이해를 돕기 위하여 자신의 이해를 공유하는 데도 뜻이 있다.

그러므로 연구결과의 보고 또는 발표(reporting or presentation of research findings)라는 행위는 동시에 결과의 전파 · 유포 · 보급(dissemination) 및 활용(use, utilization) 또는 응용(application)까지도 내포한다. 이 마지막 장에서는 사회연구의 전과정을 완성하는 단계라고 할 수 있는 보고서의 작성과 관련 있는 고려사항들을 간추려 보기로 한다(이만갑 외, 1982 : 337-346; Bogdan and Taylor, 1975 : 141-148; Eckhardt and Ermann, 1977 : 359-368; Kidder, 1981 : 342-417 : Lin, 1976 : 357-393; McGaw and Watson, 1976 : 420-424; Sjoberg and Nett, 1968 : 314-343; Warwick and Lininger, 1975 : 321-327); Frankfort-Nachmias and Nachmias, 2000 : 485-497; Neuman, 2003 : 468-483; Rubin and Babbie, 2008 : 559-576).

제 1 절 기초적 고려사항

연구보고서를 작성한다는 전제를 할 때 몇 가지 기초적인 고려사항들을 먼저 살펴보는 것이 유익하다. 그것은 ① 목적, ② 독자 내지 청중의 성격, ③ 발표매체, ④ 문체와 물리적 · 외형적 조건, ⑤ 그리고 논리적 흐름의 성격 같은 요소들이다.

1. 보고서의 목적

두말 할 나위도 없이 연구보고서의 목적은 연구한 결과를 세상에 알리는 일이다. 그러나 좀더 구체적으로 무엇을 알리고자 하는지를 생각하게 된다.

첫째, 학술적인 의도에서 시작한 연구라 해도 ① 새로운 사실의 발견을 보고하는 목적, ② 기존의 이론(또는 개념)의 검증 · 반증 · 반복 · 확대해석 같은 일을 하려는 의도, ③ 완전히 새로운 이론의 제시 같은 목적이 있다.

둘째, 실질적인 목적을 추구하는 수가 있다. 처음부터 실제적 · 정책적 문제를 집중적으로 다루는 연구는 물론이려니와 비록 학술적인 연구라 해도 그 내용으로 보아 정책이나 실천을 위해 유용한 정보를 얼마든지 제공할 수가 있다. 조사연구와 정책과정의 관계에 관해서는 곧 따로 생각해 보겠다.

2. 발표대상

보고서를 작성할 때 연구의 목적과 밀접한 관련을 가지고 고려해야 할 요소는 그 보고서를 "누가 읽을 것인가?" 하는 점이다.

독자 · 청중 · 발표대상 또는 준거집단이라고 하겠다. 여기에서도 어느 정도 학술적인 목적의 보고서인지 아닌지의 기준을 적용함으로써 다음과 같은 분류를 해 봄직하다. ① 기초연구에 종사하는 학자들, ② 응용을 주로하는 연구에 종사하는 학자들, ③ 의사 · 교사 · 사회사업가들처럼 사회봉사나 고객을 대상으로 하는 실천가들, ④ 정책입안 · 정책결정자들, ⑤ 연구를 지원해 주는 당사자와 기관들, ⑥ 대학에서 학업에 종사하는 학생이나 연구생들, ⑦ 그리고 일반국민이다.

그런데 사회연구자들이 이와 같은 대상자들을 염두에 두고 보고서를 작성할 때에는 단순히 그 대상의 종류에 따라 발표매체와 문체 등 형식과 내용에 차이를 두어야 한다는 배려만을 하는 게 아니다. 거기에는 좀더 근본적인 쟁점을 제기할 만한 측면이 깃들어 있다.

첫째 쟁점은 사회연구자가 과연 얼마나 순수학문적 기초연구에 몰두해야 하는가, 또는 어느 정도 실용적 · 정책적 연구를 해도 좋은가 하는 점을 둘러싼 것이다. 여기에 대해서는 제 1 장에서 이미 논한 바 있거니와 학자나 연구자는 지나치게 편협한 결벽증을 가지고 이 쟁점을 흑백논리로 생각하지 않는 게 바람직할 것이다.

둘째, 이와 관계가 있는 또 하나의 쟁점은 연구자의 자율성문제다. 특히 정부나 기업체 등의 재정지원을 받았을 때 보고서작성에 현시적 또는 잠재적 압력과 제약이 가해질 소지가 있다. 그러한 직접적 지원이 전혀 없는 사례일지라도 그 사회의 상황에 따라서는 제약과 한계가 있을 수 있다.

셋째, 학자나 연구자가 일반시민 또는 대중을 지나치게 의식하여 인기주의나 상업주의에 편승한다는 비난을 받을 수가 있다. 이것도 연구의 목적과 내용에 따라 다르겠으나, 역시 지나친 상업주의 · 인기전술도 곤란하겠지만 쓸데없는 결벽성도 재고의 여지가 있다.

어떤 청중을 대상으로 하든지 연구보고서의 작성에서 가장 중요한 준거집단은 아무래도 같은 학문공동체에 속하는 동료들이다. 어떠한 연구목적을 추구하더라도 학자나 연구자가 제일 중시하고 준거로 삼아야 할 기준은 학문공동체의 규준들이기 때문이다.

3. 발표매체

물론 연구결과의 발표매체는 보고서의 목적과 대상의 성격에 따라 다르다. 우선 발표를 단순히 구두로 하느냐, 인쇄 또는 출판의 형식으로 하느냐의 구분이 있다. 구두로 발표할 때도 청중이 여러 종류 있고, 출판하는 표적도 다양하다. 다음 학술적인 목적이면 각종 학술회의 · 전문가들의 모임 · 세미나 · 심포지움 · 학회정기발표회 · 국제회의 같은 모임들과 학회의 정기간행물, 학교나 연구기관의 기관지, 전문분야의 전문지, 연구보고서, 단행본연구서적 등의 매체가 있다.

순수학술적 성격 이외의 것일 때는 정책 또는 지원기관의 연구보고서, 정책기관이나 일반사회공공기관의 기관지 혹은 정기간행물, 일반종합교양지, 전문교양지, 신문, 일반서적 같은 형식의 매체를 이용할 것이다. 또 TV · 라디오를 비롯하여 강연 · 문화강좌나 강의 · 간담회 등의 구두발표기회도 있다.

연구결과의 발표매체와 관련하여 세 가지 고려사항을 생각해 본다.

첫째, 전문가의 공동체에 의한 연구성과물의 질에 대한 평가에 관련 있는 문제다. 대개 자체적으로 연구보고서나 기관지 같은 데 발표할 때는 별로 까다로운 평가과정을 밟지 않으므로 빠른 시일 안에 필요한 분야의 사람들에게 보급가능하다는 이점이 있다. 반면에 전문가들의 평가절차를 밟게 되면, 보급에는 시간이 걸리지만 질을 보장받을 수 있는 장점이 있다.

둘째, 발표매체의 성격에 따라 누구나 관심 있는 사람들이면 볼 수 있는 형태가 있는 데 반해, 특정한 사람들에게만 근접가능한 비공개적인 것일 수도 있다. 특히 연구비를 지원받았을 때, 그 지원기관이 비밀을 요구하면 아무나 볼 수 없다.

셋째, 발표매체와 형식에 따라서 보고서의 길이(양)가 또한 다르다. 단행본이나 연구보고서는 연구자가 담고 싶은 모든 정보를 포함할 수 있어서 분량이 많아지는 게 보통이다. 물론 개중에는 짧은 보고서 · 책이 있을 수도 있지만, 다른 매체에 비겨서는 길다고 하겠다. 잡지나 학술지에 실을 수 있는 양이란 워낙 한정되어 있음은 잘 아는 사실이지만, 그로 말미암아 보고서양식과 문체 등 물리적 조건에 제약이 가해진다는 점에 주목할 필요가 있다.

4. 문체와 보고서의 모양

위에서 언급한 사항들은 자연히 보고서의 문체와 모양을 결정하는 데 영향을 미칠 것이다. 학자들이나 실무분야의 전문가들을 위한 보고서와 일반을 상대로 쓰는 글은 그 문체와 문장, 그리고 수표나 도표의 제시방법 같은 면에서 서로 다를 것이 분명하다. 그럼에도 불구하고 몇 가지 기본적인 원칙들을 따르는 게 바람직할 것이다.

첫째, 어떤 과학적 연구보고서든지 그 문체에 관한 한 무엇보다도 가장 중요한 기준은 '정확성(accuracy)과 명료성(clarity)'이다. 멋있는 수사와 스타일로 글을 재미있게 잘 쓰는 것은 좋겠지만, 그것을 위해서 정확성과 명료성을 희생시켜야 한다면 차라리 재미가 덜하고 좀 딱딱한 편이 낫다.

둘째, 그러자면 되도록 간결하게, 짧은 문장으로, 직설적인 표현을 써서 글을 쓰는 게 좋다. 글을 쓸 때, 주어를 1인칭으로 하느냐 3인칭으로 하느냐, 능동태로 하느냐 수동태로 하느냐라는 쟁점이 있고, 이에 대한 해답에는 합의가 이루어진 것은 없다. 하지만 1인칭 · 능동태가 문장을 간결하게 해 주는 것은 사실이다. 그리고 아무리 학술보고서라 하더라도 어렵고 딱딱한 전문분야의 은어들(jargon)은 되도록 피하는 것이 바람직하다. 쉬운 우리말로 써도 뜻을 정확하고 명료하게 전달할 수 있어야 할 것이다.

셋째, 문장의 시제(tense)는 과거와 현재를 혼용하되 다음의 구분이 필요할 것이다. 이미 행한 연구의 결과들을 인용 · 보고하는 때와 자신이 연구를 수행한 방법 · 절차에 관한 보고를 할 때는 과거시제를 쓴다. 그러나 자신의 연구결과를 가지고 언급할 때에는 현재형으로 쓴다.

넷째, 연구보고서인 만큼 자료를 제시하는 일이 핵심이라 할 수 있다. 자료에는 물론 양적 자료와 질적 자료가 있을 터이므로 수표나 도표를 제시하든지, 적절한 보기들을 들어야 할 것이다. 다시 말해서 연구보고서에는 자료가 충분히 담겨야 한다는 뜻이다. "확고한 보기를 염두에 두지 않은 채 세 페이지를 초과하는 문장을 쓰지 말라"는 C. Wright Mills(1959 : 224)의 충고를 되새겨 보기 바란다.

다만, 수표 · 도표 혹은 보기를 제시할 때에는 본문의 문장의 흐름을 끊어 버리는 일이 없도록 하는 것이 긴요하다. 이와 관련하여 자료를 제시할 때, 자료 해설 또는 해석을 어느 정도 하는 게 마땅한지를 문제삼을 수 있다. 여기에 대해서는 정답이 있는 것은 아니고, 연구자의 의도와 발표매체의 성격에 따라 다를 것이다. 하지만 최소한의 요약 또는 해석이나 자료에 대한 의견(코멘트)을 담아 주어야지, 모든 독자가 수표나 도표를 자세히 읽고 자기 나름의 해석을 하리라고 기대하지는 못한다.

다섯째, 언제나 보고서를 작성하기 전에 개요(outline)를 미리 만들어서 어떤 내용을 어떤 형식으로 조직하고 발표할지를 머리 속에 그리고 나서 시작하도록 한다. 대개 연구결과, 즉 자료를 제시하는 부분에 대한 윤곽부터 짜보는 절차가 매우 유용하다. 그것이 몸체가 될 터이고, 거기에다 머리와 꼬리만 달면 되기 때문이다.

여섯째, 반드시 한 부 이상의 원고를 만들어 놓고, 자신이 퇴고를 할 각오를 하는 동시에 친구나 동료에게 보여서 도움을 받도록 한다. 한번 써놓은 원고를 한 동안은 밀어 두었다가 다시 보면 쓸데없는 단어, 지저분한 문장, 잘못된 표현 같은 것이 눈에 뜨일 터이므로, 이를 고치도록 하는 것이 바람직스럽다.

일곱째, 출판을 목표로 하고 일정한 기관지나 정기간행물에 원고를 제출하려면, 미리 그 잡지에서 요구하는 문체 · 분량 · 각주 또는 참고문헌형식 · 제출부수 · 평가방법 같은 것들에 대한 정보를 얻어서 이에 준하도록 논문작성을 해야 한다. 우리 나라에서는 표준문장작법 같은 것이 흔하지 않지만, 각 전문 분야의 지침서를 참조하는 것이 유익하다.

5. 보고서내용의 흐름

구체적으로 보고서의 내용과 형식에 관한 언급을 하기에 앞서 한 가지만 덧붙일 것이 있다. 대부분의 연구보고서가 연구과정의 일반적 모형(제2장 〈그림 2-1〉, 〈그림 2-2〉 참조)에 비추어 어떤 논리적 흐름을 취하는지에 대한 시사라 하겠다. 이것을 보고서의 '모래시계'형(the 'Hourglass' shape of the report) 흐름이라 이름하기도 한다(Kidder, 1981 : 346-347).

처음 서두에는 좀 거대하다 싶은 '아이디어'로부터 출발한다. 문제의식 또는 이론적 쟁점이다. 그것을 단계적으로 연역하면서 마침내 실제경험연구에서 쉽사리 다룰 수 있는 명제(가설)에까지 좁혀 간다. 관찰을 한 결과가 나오면 이

〈그림 21-1〉 보고서의 모래시계형 흐름

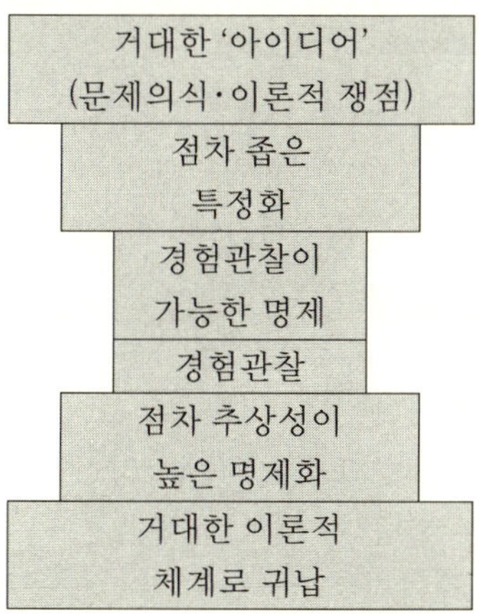

에 바탕하여 다시 좀더 추상성의 정도가 높은 명제와 이론으로 귀납시켜서 처음에 제시한 이론적 쟁점이나 문제의식으로 되돌아가 그에 대한 평가를 내린다. 이것을 그림으로 나타내어 보면 모래시계의 모양이 된다(〈그림 21-1〉 참조).

제 2 절 보고서의 형식과 내용

사실상 연구보고서에 '무엇을'(내용), '어떻게'(형식) 담을 것인가는 각자가 결정할 일이지, 철칙 같은 게 있는 것은 아니다. 다만, 연구활동을 하는 학문공동체에서 관례로 따르는 몇 가지 요소들이 있으므로, 이를 간략히나마 정리해 본다. 무엇보다도 보고서의 기본골격은 이러하다.

Ⅰ. 서두부분
1. 제목(주제, 논문이나 책 이름)
2. 저자 · 필자의 이름과 소속 · 지위
3. 서문(Preface, 논문에서는 생략)
4. 목차(내용목차, 논문에서는 생략할 수도 있고, 넣어도 무방함)
5. 표나 그림 목차(논문에서는 대개 생략)
6. 적요(Abstract)는 논문에서 요구하는 데가 있고, 그냥 본문만 싣는 데도 있다.

Ⅱ. 본문부분(the text)
1. 서 론(Introduction)
① 연구문제, 목적, 이론적 · 정책적 의의
② 연구의 배경, 해당 분야에서 주제와 관계 있는 기존 연구, 이론의 개관 · 검토 · 평가(Review of the Literature)
③ 연구의 개요
2. 연구방법 또는 접근법(Methods, the Approach)
① 연구설계
② 표본추출법 또는 연구대상자선정법
③ 자료수집법
④ 분석의 기법
⑤ 연구기간

3. 연구결과(Presentation of the Findings)
   ① 이론적 · 개념적 틀
   ② 분석의 틀
   ③ 자료의 분석과 해석
4. 토론(Discussion and Implications) 또는 요약과 결론(Summary and Conclusions)
   ① 이론적 함의
   ② 정책적 · 실천적 함의
   ③ 기타 방법론적 쟁점

Ⅲ. 기타 부수적 부분
1. 참고문헌목록(Bibliography, References) 및 각주(footnotes), 미주(endnotes) 등
2. 부 록(Appendix, Appendices)

이제부터 위의 여러 부분 중에서 상식으로 취급할 수 있는 것과 앞에서 자주 언급한 것들을 되풀이하지 않기로 하고, 특기사항들에 관해서만 살펴보겠다.

1. 서론의 특징

먼저 서론에서 담아야 할 내용 중에 연구문제의 설정, 연구목적과 취지 · 의의 같은 것에 관해서는 여러 번 다루었으므로 생략한다. 문헌의 검토는 가능하면 해당 분야의 광범위한 섭렵을 바탕으로 하되, 보고서에 소개할 때는 주제와 직접 관련 있는 것들을 정선하여 자신의 문제설정 · 가설형성 · 개념규정에 직결되는 내용만 요약제시하면 족하다.

그리고 연구의 배경설명에는 이론적인 것뿐 아니라 실질적이고 정책적인 취지와 관련해서 그 동안 문제시되어 온 쟁점들을 다루는 문헌들도 지목하는 것이 유익하다. 물론 순수한 학문적 연구에서는 예외다.

서론부분에서 연구의 개요라고 하는 것은 이론적 문제의식에서부터 출발한 서론을 끝내면서 본론으로 이행하는 과정을 좀더 부드럽게 하려는 절차다. 위에서 제기한 문제를 연구하기 위해서는 어떤 가설을 세울 수 있다든지, 그런 가설을 검증하는 방법으로는 대충 어떤 접근을 하겠노라는 선언적 언명정도

가 적당하다.

2. 연구방법 또는 접근법에 대한 진술

이 책이 바로 연구방법 또는 접근법에 관한 책이므로, 보고서의 이 부분에서는 본서에 소개한 여러 해당 사항을 되도록 자세히 밝히면 될 것이다. 그런데 대부분의 보고서작성지침은 표본조사나 실험연구법을 중심으로 하는 양적 접근에 관한 것이어서 질적 연구의 보고서의 방법 혹은 접근법에 대한 지침은 비교적 흔치 않은 게 사실이다. 따라서 여기에는 그러한 질적 연구의 보고서에 담을 내용을 특별히 지적한 보기를 소개하겠다(Bogdan and Taylor, 1975 : 142-143).

1) 연구자의 정신적 틀(frame of mind)에 관한 보고가 필요하다. 바꾸어 말하면 문제의식, 연구의 목적, 작업가설, 편의나 선입관, 연구진행 도중에 처음의 생각이 바뀌었으면 그 변천과정 같은 것을 밝힌다.

2) 연구방법의 해설을 한다. 참여관찰 · 심층면접 · 생활사연구 등의 접근법과 자료수집기법을 보고한다.

3) 연구에 소요된 시간에 대한 보고를 한다. 실지 조사연구를 실시한 시기 · 시간 · 시간표 · 시간표집의 틀 같은 것을 자세히 밝힌다.

4) 연구상황과 연구대상자의 성격 및 수에 관한 보고를 반드시 한다.

5) 상황과 대상자의 선정방법을 자세히 밝힌다. 탐색조사실시 여부 · 사전정보입수경위 · 접촉경위 등을 소상히 알린다.

6) 연구자와 피연구자의 관계에 관한 보고가 있어야 한다. 특히 질적 접근에서는 친근 · 신뢰의 관계, 관찰자의 참여유형, 연구자의 역할의 변화, 조사대상자의 반응의 성격과 그 변화 등을 자세히 보여 주어야 한다.

7) 자료분석법의 소개가 필요하다. 보통 양적 자료의 분석을 위해서는 통계적 절차의 이름만 대고, 컴퓨터 프로그램의 종류만 밝히면 독자가 알아 들을 것으로 전제한다. 그러나 질적 연구에서는 분석도 주로 질적인 절차를 밟아서 행하게 되므로, 각자가 제나름의 분석틀과 기법을 개발할 수 있다. 더구나 이 방면에는 아직 이렇다 할 표준절차의 개발이 뒤져 있는 터이라 분석절차의 상세한 해설은 매우 긴요하다.

요컨대 읽는 사람이 연구자의 결과보고를 평가하는 데 충분하리만큼은 자세하게 자신의 연구방법을 소개하는 것이 마땅하고 바람직하다.

3. 결과분석과 보고의 지침

연구결과 또는 자료를 제시하는 데 있어서 기본되는 원칙 하나는 최대한으로 자세한 보고를 하되, 너무 어수선하게 늘어 놓아 혼란스럽게는 하지 말라는 것이다. 그리고 결과제시의 순서와 자료의 조직에 대한 몇 가지 지침을 소개하면, 다음과 같이 요약할 수 있다(Babbie, 1975 : 458-459; Kidder, 1981 : 355-356).

1) '숲에서 시작하여 나무에로'라는 원칙을 따를 것. 가장 핵심되는 결과부터 제시하고 나서 좀더 주변적인 것을 보고한다. 또 각 소주제 안에서도 기본적인 결과를 먼저 말한 다음, 필요에 따라 더욱 정교화하든지 조건부진술을 한다.

2) 이론적 · 개념적 연구문제를 한번 더 상기시켜 줄 것

3) 실제로 실시한 방법적 절차 · 조작 · 측정 등을 자세히 알려 줄 것

4) 연구문제에 대한 대답을 결과에 기초하여 한 마디로 간명하게 밝힌 다음에 수표나 그림, 측정치의 통계적 유의도 같은 것으로 해명한다.

5) 양적 자료는 독자가 필요하다고 생각할 때면 언제나 재계산해 볼 수 있도록 제시해야 할 것이다. 가령 백분비를 자기 생각대로 여러 가지 방법으로 다시 계산해 볼 수 있는 충분한 자료를 수표에 다 담아야 한다.

6) 마찬가지로 분석의 순서와 절차도 여러 측면에서 자세히 밝힘으로써 원칙적으로 독자가 역시 재분석해 볼 수 있어야 한다.

7) 나아가서 독자가 연구 전체를 처음부터 끝까지 반복해 보고자 한다면, 그것이 가능하도록 보고서를 작성해야 한다.

8) 어떤 경험적 연구든지 자료와 분석과 해석을 보고서 안에 제대로 통합시킬 수 있어야 한다. 자료는 따로 제시하고, 분석은 엉뚱하게 해 나가고, 거기에다 해석은 동떨어진 것으로 끌고 나간다면 문제가 있다. 소위 격리의 오류(the error of segregation)는 피해야 한다.

9) 결론을 내릴 때는 조건부결론과 더욱 정교화할 필요가 있는 부분들을 자세히 첨가해서 누구나 그 결론을 공정하게 평가할 수 있도록 할 것이다. 연구의 약점과 잠정적 성격은 연구자 자신이 제일 잘 안다고 할 수 있기 때문이다.

10) 무엇보다도 연구자는 '공정하고 균형 있고 정직한' 자료의 개요를 제시한다는 자세가 중요하다. 자신의 견해와는 관계 없이 연구문제에 유관한 증

거라면 깡그리 사심 없이 제시할 의무가 있다.

4. 토론의 기능

결과를 제시한 다음에는 그에 대한 토론 · 논의를 하게 된다. 두말 할 나위도 없이 이 부분에서는 이론적 · 정책적 함의를 논의하고, 방법론에 대한 성찰도 할 것이다. 이런 작업을 할 때 고려할 만한 사항들을 질문형식으로 요약해 보자.

1) 이 연구는 다루는 주제와 관련, 그 분야의 기존 지식체계에다 어떤 새로운 정보를 추가해 주는가?

2) 해당 분야의 인습적인 지혜나 기존의 해석에 도전하는 새로운 해석을 내리는가?

3) 이 연구에서는 이론정립 또는 정책적 · 실천적 목적을 위해 새로운 방향을 제시해 주는가?

4) 새로운 연구영역이나 문제를 시사해 주는 것이 있는가?

그리고 보고서를 끝내기에 앞서 필자는 반드시 자신의 연구가 지니는 약점 · 한계 · 개선해야 할 점, 그리고 앞으로 더 연구해야 할 사항 등에 대하여 솔직한 언급을 하는 것이 마땅하다. 그렇게 함으로써 장래의 연구자들에게 얼마나 큰 시사가 될지를 생각하는 것이 잠시 체면에 손상을 입는다는 생각보다는 훨씬 숭고한 자세일 것이다.

5. 참고문헌 · 각주 및 부록

어떤 형태의 것이든 학술저작이나 연구보고서에는 반드시 참고문헌 또는 각주를 포함시키는 것이 원칙이다. 다만, 그 형식이 완전히 통일된 것이 없어서 실지로는 약간의 혼란을 겪고 있는 실정이다. 대개 전문학회의 기관지나 정기간행물에는 기고자가 따라야 할 지침과 더불어 참고문헌과 각주의 형식까지 예시하고 있지만, 그것들도 다 같은 양식이 아니다.

따라서 본문에서는 다루지 않고 부록 Ⅴ(A) · (B)에 한국사회학회지와 미국사회학회지의 원고작성요령을 따로 제시하였다.

끝으로, 부록에는 보고서의 본론에 담기 어려운 수표, 연구에서 사용한 질문서 또는 면접조사표, 표집방침, 면접원지침, 관찰지침, 그 밖에 연구에 직접 관련 있는 각종 자료들을 따로 싣는 것이 유용하다.

제 3 절 윤리적 쟁점

실제 자료수집과정에서 일어날 수 있는 윤리적인 문제점들에 관해서는 제3장에서 연구설계를 다룰 때 이미 개괄적으로 살펴보았고 또 부분적인 언급을 지금까지 해 왔지만, 이제는 결과의 보고와 관련하여 사회연구에서 고려해야 하는 윤리적 쟁점들을 일괄하여 살펴보기로 한다. 사회조사연구에서 윤리적인 문제가 생기는 까닭은 주로 연구대상이 사람들이라는 점에서 연유한다. 그리고 사람들을 대상으로 삼는 조사연구활동이기에 그러한 과정에서 생길 수 있는 '문제'될 만한 관행이 자아내는 피해와 연구의 결과로 기대할 수 있는 혜택을 비겨 볼 때, 상대적으로 얼마나 불리한지, 유리한지를 판가름하는 쟁점이 개입한다.

우리가 사회연구에 종사하는 것은 그로 말미암아 사회에 어떤 긍정적인 기여를 한다고 믿기 때문이다. 이를테면 과학적 이론을 발전시킴으로써 사회와 인간에 대한 이해를 증진시킬 수 있다. 또한 연구에서 얻은 정보와 지식으로 실제 정책이나 기업활동 기타 사회의 가치를 진작하는 데 도움이 된다. 그뿐 아니라 연구에 어떤 모습으로든 참여한 사람들 스스로에게도 이득이 있다. 자신에 대한 이해를 높일 기회가 되었다든지, 과학적 연구와 현실문제해결을 위한 연구에 참여함으로써 자기도 사회에 기여하게 되었다는 긍지를 갖게 되었다든지, 또는 그 밖에 특전을 누릴 수 있게 되었다든지 하는 등의 유익한 경험을 들 수 있다. 또 연구활동으로 과학적 방법과 사회과학에 대한 이해를 키우게 되는 것도 이득의 하나다.

하지만 사회조사연구를 시행하는 과정에는 다음과 같은 윤리적인 쟁점들이 생길 수 있는 상황과 조건들이 허다하다.

1. 연구대상자를 속이는 문제

첫째, 숨은 관찰, 완전참여관찰 등에서는 대상자가 자신은 전혀 알지도 못하는 사이에 연구 · 관찰의 대상이 되는 수가 있다.

둘째, 대상자에게 연구의 목적을 알려 주지 않거나, 연구의 참 목적을 감추는 수도 있다.

셋째, 대상자가 자유로운 선택에 의해서라기보다는 조직체나 제도의 맥락에서 또는 유인의 제시로써 강제(coercion)로 연구에 응할 때도 있다.

넷째, 연구의 참 목적을 속이는 일, 대상자의 행동이 하는 기능에 대한 정직한 해명을 회피하는 일, 또는 연구에 참여함으로써 대상자가 겪을 경험이 어떤 것인지를 제대로 일러 주지 않는 일 등 의도적인 '속임수'(deception)를 쓰는 수가 있다.

이런 상황들은 주로 연구에 대한 참여 자체에 관한 인지나 연구의 목적에 대한 사전지식으로 말미암아 생길 수 있는 응답자 · 피관찰자의 반작용과 편의를 제거하려는 의도에서 발생한다. 하지만 상대방의 자유선택의 권리제약, 목적에 대한 이해에 입각한 동의를 구할 의무, 속임수라는 비윤리적 행위의 문제 같은 점에서 쟁점의 소지가 된다. 따라서 부득이한 상황이 아니면 본인이 조사대상임을 알리되, 그로 인한 편의작용이 일어나지 않을 범위에서 연구의 일반적 목적과 혜택만을 해명해야 한다. 반드시 모르게 해야만 연구가 된다고 할 처지라면, 연구결과를 보고하는 단계에서 본인에게 알리고 양해를 구해야 할 것이다.

2. 연구대상자를 정당하게 대우하는 문제

첫째, 실험적인 사회심리연구에서는 인간행동의 특수한 차원을 다루기 위하여 조사대상자들로 하여금 자아존중심을 해치는 비윤리적인 행위를 하도록 하는 수가 있다. 남을 속이기, 거짓말하기, 남의 것을 훔치기, 남을 해롭게 하기, 자신의 신념과 의사에 반하여 사회적 압력에 굴복하기, 도움이 필요한 사람에게 도움을 주지 않기 등의 행동을 하게 만드는 보기들이다. 이에 관해서도 이견들이 있지만, 본인의 동의만 있다면 무방하다고 볼 수 있다.

둘째, 때로는 대상자의 행동과 성격을 바꾸는 실험이나 절차를 밟는 연구가 있다. 이런 때에도 가장 중요한 것은 본인이 그와 같은 실험에라도 참여하겠다는 자결권(self-determination) 내지 자유재량권을 침해하지 말아야 한다는 배려다.

셋째, 대상자가 연구나 실험과정에서 정신적 또는 신체적 긴장을 일으키는 경험을 하게 하는 수도 있다. 연구의 목적상 공포, 실패의 경험, 감정적 충격 혹은 남녀성별 정체를 뒤바꾸는 경험 같은 것들이다. 이것도 미리 본인에게 그런 것을 알릴 의무가 있고, 또 그러한 실험이나 경험의 결과로 말미암아 영구히 정신적 · 신체적 결함이 생기는 일은 없도록 해야 한다.

넷째, 사생활을 침해하는 일을 해야 할 때가 생긴다. 참여관찰, 숨기고 하는 관찰, 면접이나 질문서법에서 개인사생활의 은밀한 내용까지 물어 보는 사례, 숨김, 간접적 투사법, 제3자에게서 정보를 제공받는 일 같은 것들에 이런 문제가 개재한다. 이에 관해서는 자주 언급한 대로 본인의 양해가 없이는 하지 말아야 한다.

다섯째, 대상자를 인격적으로 존중하고 공정하게 다루지 못하는 실수는 절대 금물이다.

3. 익명성과 비밀보장의 문제

특히 연구의 결과를 보고하는 단계에 이르면 대상자들의 응답 · 행동에 대한 기록을 잘 보안조처하고, 보고서에도 익명이나 가명으로 그들의 정체를 보호해 주는 일이 긴요해진다. 익명성이란 처음부터 누구의 대답인지 누구에 대한 관찰인지를 문서에다 전혀 언급하지 않고, 자료분석도 통계적으로 집계함으로써 개인의 정체가 아예 드러나지 않는 상태를 말한다. 그러나 비밀보장은 정체나 신분을 알 수 있는 자료를 가졌지만 그것을 아무에게나 보이지 않는다든지, 보고서에서 정체를 폭로하지 않는다는 약속을 했을 때 문제가 된다.

대개 보고서 자체에는 익명과 비밀보장을 하겠지만, 때로는 정부기관이나 관심 있는 제3자, 연구단체 같은 데서 자료를 요구해 올 수 있다. 그리고 심하면 법정의 증거로 채택하는 수가 있다. 이런 여러 맥락을 감안, 익명성과 비밀보장은 최대한 지키도록 해야 한다.

그러나 학문공동체에서는 익명성을 보장하고 비밀을 지키지 않아도 좋을 성질의 내용에 관한 한 모든 연구결과는 정직하고 완벽하게 발표할 것을 요구한다. 연구자는 이 요구에 응할 의무가 있다.

4. 연구결과의 이용의 문제

첫째, 연구결과를 사람들에게 해를 끼칠 일에다 약용하지 않도록 조심해야 한다.

둘째, 사회문제를 설명함에 있어서 특정조직체나 제도에 유리하게 또는 불리하게 왜곡하는 방향으로 연구결과를 악용하는 일이 없도록 한다.

셋째, 집단간의 비교를 함으로써 특정한 집단에게 불이익을 주지 않는지를 살펴보아야 한다.

넷째, 연구결과를 발표함으로써 특정조직체나 기관이 다른 사람들을 불행하게 만드는(예 : 착취적인) 정책을 시행하는 데 기여한다면 재고해 보는 게 마땅하다.

다섯째, 정치적인 성격이 개입함으로써 생기는 오해가 없도록 해야 한다.

여섯째, 때로는 연구지원기관이나 정부기관에서 연구결과를 있는 그대로 정직하게 발표하지 못하게끔 연구자에게 압력을 가할 수가 있다. 이것은 상황에 따라 현명하게 대처해야 할 문제이지만, 원칙적으로 연구결과는 사회 전체의 이익에 부합하는 범위 안에서 공표 여부를 자율적으로 결정할 수 있어야 한다.

일곱째, 연구자 자신이 신념에 따라 정치적 목적으로 연구결과를 이용하고자 할 때는 되도록 과학자적 신중함과 현재의 과학적 지식의 한계를 충분히 인정하는 겸허한 태도로 이를 실행할 것이다. 과장과 선동의 목적에 이용하는 일은 피하는 것이 바람직하다.

5. 전문가공동체의 윤리강령

연구자는 자기가 속한 전문가공동체의 일원으로서 자신의 연구의 근거와 배경, 과정과 결과를 자세하고 정직하게 보고할 의무가 있다. 그리고 연구에 관련 있는 모든 사항 · 참여자들 · 협력자들에 대한 공적인 인정과 사의를 분명히 할 필요가 있다. 인용한 문헌 등은 참고문헌과 각주에서 명시하고, 그 밖에 도움을 입은 기관 · 사람들을 모두 밝히고 감사의 뜻을 전해야 한다.

끝으로, 각 전문가집단들은 위에서 살펴본 윤리적인 문제들을 협의하여 대처할 자세와 방안들을 일종의 윤리강령 같은 것으로 집약시켜 두는 것이 좋다. 외국에서는 이런 관례가 허다한데, 우리도 앞으로는 이와 같은 활동이 이루어져야 할 것이다.

제 4 절 연구결과의 활용

연구결과는 목적에 따라 활용하게 되겠지만, 마지막으로 우리는 사회연구의 이론적 · 실제적 용도와 정책적 연구의 순환적 과정에 관하여 잠시 개관하기로 한다. 다만, 긴 설명을 피하기 위하여 〈그림 21-2〉에는 사회연구의 이론적 · 정책적 기여의 과정을, 〈그림 21-3〉에는 정책적인 연구의 순환과정을 간추려 담았다.

요컨대 사회연구에 있어서는 어떤 연구든지 이론적 목적이 주가 되더라도 어느 정도는 실천적 · 정책적 함의를 도출해 낼 요소가 있다는 점에 유의할 만하다. 반대로 처음부터 정책적인 실질적 목적으로 연구를 하더라도 그 속에 사회를 이해하는 이론의 발견과 정립에 도움을 줄 소지는 있다고 봐야 한다.

〈그림 21-2〉 사회연구의 이론적 · 정책적 기여

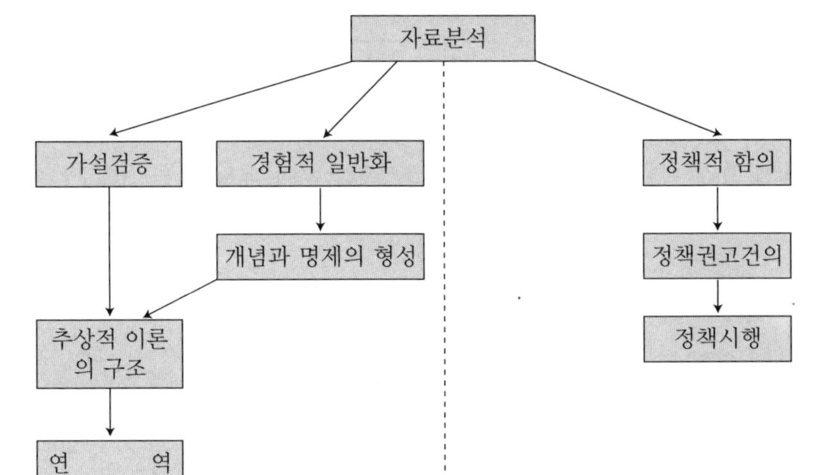

자료 : Lin(1976 : 370).

〈그림 21-3〉 정책연구의 순환과정

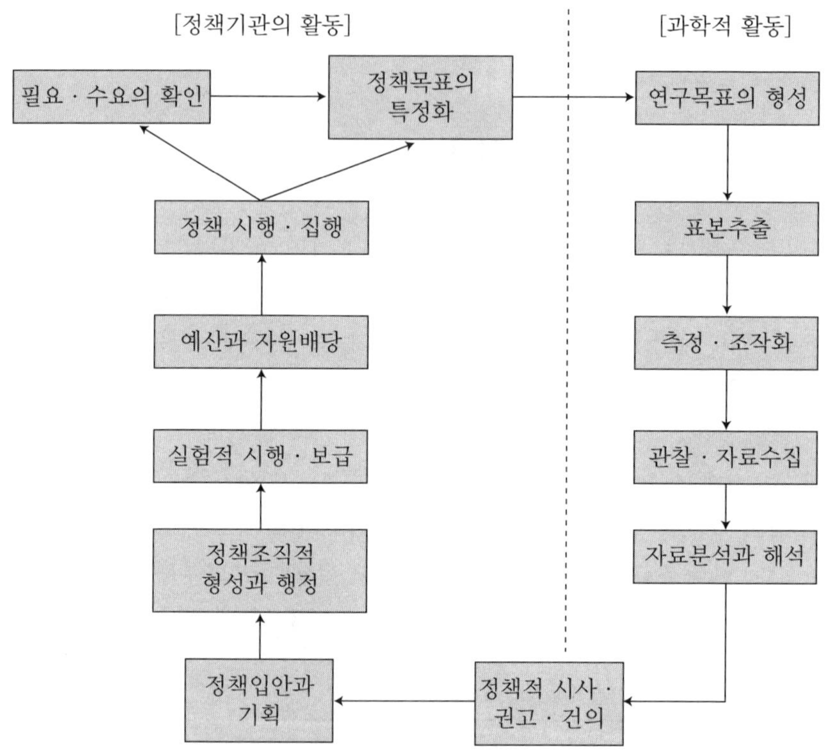

자료 : Lin(1976 : 373).

따라서 사회연구는 개방적인 마음으로 실시한다는 자세가 중요하다. 그리고 필요에 따라 다원적 접근을 한다는 융통성을 지니도록 하는 것이 바람직할 것이다.

주요 개념들

연구결과 보고 · 보급	발표대상 · 매체	준거집단
엘리트지향	민중지향	전문가공동체
문 체	정확성	명료성
'모래시계'형	연구자의 정신적 틀	속임수

자아존중심	자결권	사생활 침해
익명성	비밀보장	윤리강령
정책연구		

생각해 볼 문제들

1. 연구결과의 보고와 발표에서 고려해야 할 쟁점들을 살펴보자.
2. 보고서의 형식과 내용에 관하여 토론해 보자.
3. 사회연구와 그 보고에 있어서 제기되는 윤리적 쟁점들은 어떤 것인가?
4. 연구결과의 활용에 관하여 논의해 보자.

부 록

부록 I 다단계 층화집락표집의 보기

가. 표집을 위한 도식

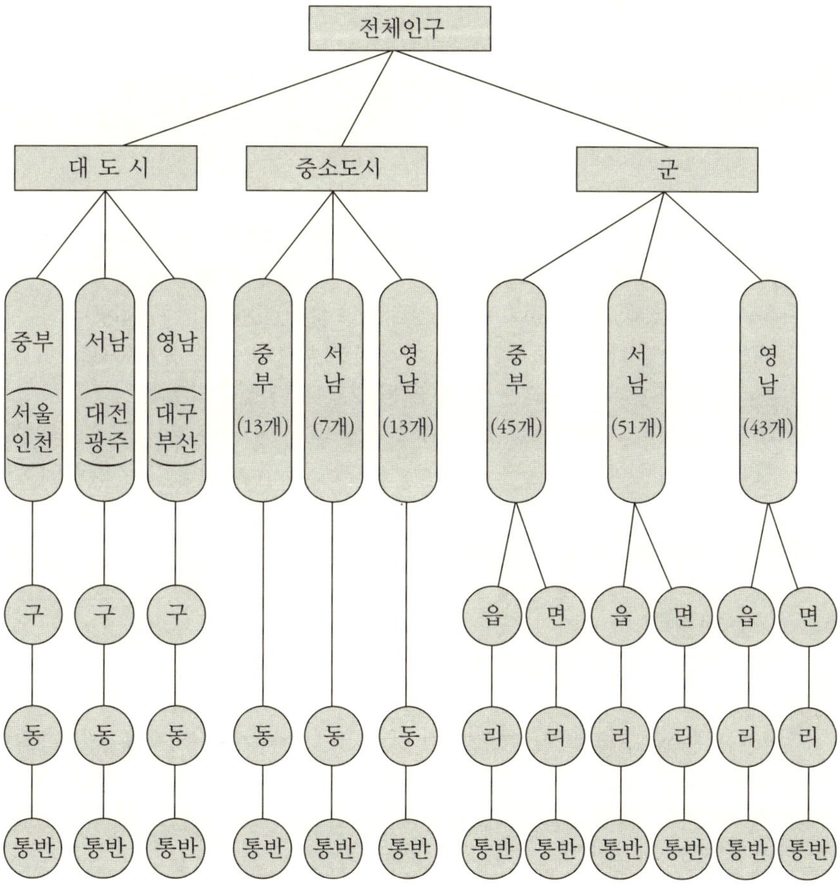

· 대도시 : 인구 50만명 이상의 도시를 말함
· 중부지방 : 경기도 · 강원도 · 충청북도
· 서남지방 : 충청남도 · 전라북도 · 전라남도
· 영남지방 : 경상북도 · 경상남도

자료 : 서울대학교 사회과학연구소, 사회발전과 국민의식에 관한 조사연구, 1989.

나. 표본추출의 개요

Ⅰ. 대도시 · 중소도시 · 군

도서지역을 제외한 전국을 모집단으로 하여 먼저 대도시·중소도시·군의 3개 지역으로 구분하여 인구비례에 따라 조사대상수 1,200명을 대도시(500명)·중소도시(200명)·군(500명)으로 배분하였다.

1. 대도시(6개 시)

대도시는 다시 3개의 지역, 즉 중부(서울·인천)·서남(대전·광주)·영남(대구·부산)으로 구분하여 각 지역에서 1개 도시씩 임의로 선정한 결과 서울·광주·부산 3개 도시를 추출하였다. 조사대상의 수는 각 지역의 인구비례에 따라 중부(300명)·서남(60명)·영남(140명)으로 배분하였다.

(가) 서 울　17개의 구를 지역을 기준으로 하여 중부(종로구·중구·용산구)·북동(성동구·동대문구·성북구·도봉구)·북서(은평구·서대문구·마포구)·남서(강서구·구로구·영등포구)·남동(동작구·관악구·강동구)의 5개 지역으로 구분하여 인구비례에 의해 중부(40명)·북동(100명)·북서(40명)·남서(60명)·남동(60명)으로 배분하고, 각 지역에서 1개 구씩 무작위로 추출한 결과 중부(종로구)·북동(동대문구)·북서(도봉구)·남서(관악구)·남동(강남구)이 선정되었다.

(나) 부 산　10개 구를 3개 지역 남동(중·서·동·영도구)·서부(부산진·북·사하출장소구)·북동(동래·남·해운대구)으로 구분하여 인구비례에 의해 남동(40명)·서부(40명)·북동(60명)으로 배분하고, 각 지역에서 1개 구씩 무작위추출한 결과 중구·북구·동래구가 선정되었다.

(다) 광 주　3개의 구에 인구비례에 따라 동구(20명)·서구(20명)·북구(20명)로 배분하였다.

2. 중소도시(33개 시)

33개의 시를 중부(13개 시)·서남(7개 시)·영남(13개 시) 지역으로 크게 분류하여 인구비례에 따라 각 지역에 각각 중부(80명)·서남(40명)·영남(80명)으로 배분하였고, 각 지역에서 1개 시씩 무작위추출 결과 중부(춘천)·서남(여수)·영남(진해)이 각각 선정되었다.

3. 군(139개 군)

139개의 군은 중부(45개)·서남(51개)·영남(43개)으로 분류하여 인구비례에 따라 각 지역에 조사대상자수는 각각 중부(160명)·서호남(200명)·영남(140명)으로 배분하였고, 각 지역은 농가의 비율에 따라 저비율농가(50%)와 고비율농가(50%)로 구분하여 각 지역에서 1개 군씩 총 12개 군이 무작위로 선정되었다. 그리하여 저비율농가지역에서 뽑힌 군에서는 읍이, 고비율농가지역에서 뽑힌 군에서는 면이 무작위로 선정되었다.

Ⅱ. 동 · 리 · 통반

동과 리는 조사대상자 20명을 단위로 해서 각 구 · 시 · 읍면에 배정된 조사대상자수에 따라 동과 리의 수를 정하였고, 통반은 각 동과 리에서 2개 통반씩 random number를 부여하였다(각 통반의 조사대상자수는 10명씩 됨).

(1) 동과 리는 이미 무작위로 추출하였다(〈표-1 · 2 · 3〉 참조).

(2) 통 · 반의 선정은 다음과 같은 절차로 시행한다. 예로서 〈표-1〉에서 서울의 종로구 가회동을 보자. 2개의 반을 필요로 하므로 우선 난수표에서 76-52와 01-35를 뽑았다. 이 경우 76은 통, 52는 반, 01은 두 번째 통, 35는 두 번째 반이 된다. 실지로는 통이 76개가 아닐 터이므로, 실제 통수를 알아보았더니 7개 통이라고 하자. 그러면 76÷7=10과 6이 된다. 여기서 첫번째 통은 6통이 되고, 두 번째 통은 01이므로 1통이 된다. 반도 같은 요령으로 6통의 52반인데, 실지로는 6통에 15개 반밖에 없다. 52÷15=3과 7이므로 7반이 된다. 두 번째로 1통에는 12개 반이 있으면 35÷12=2와 9가 되어 1통 9반이 뽑힌다. 결과는 종로구 가회동 6통의 7반과 1통의 9반을 선정하게 된다.

다. 표본추출지역 그림표(조사팀별 조직)

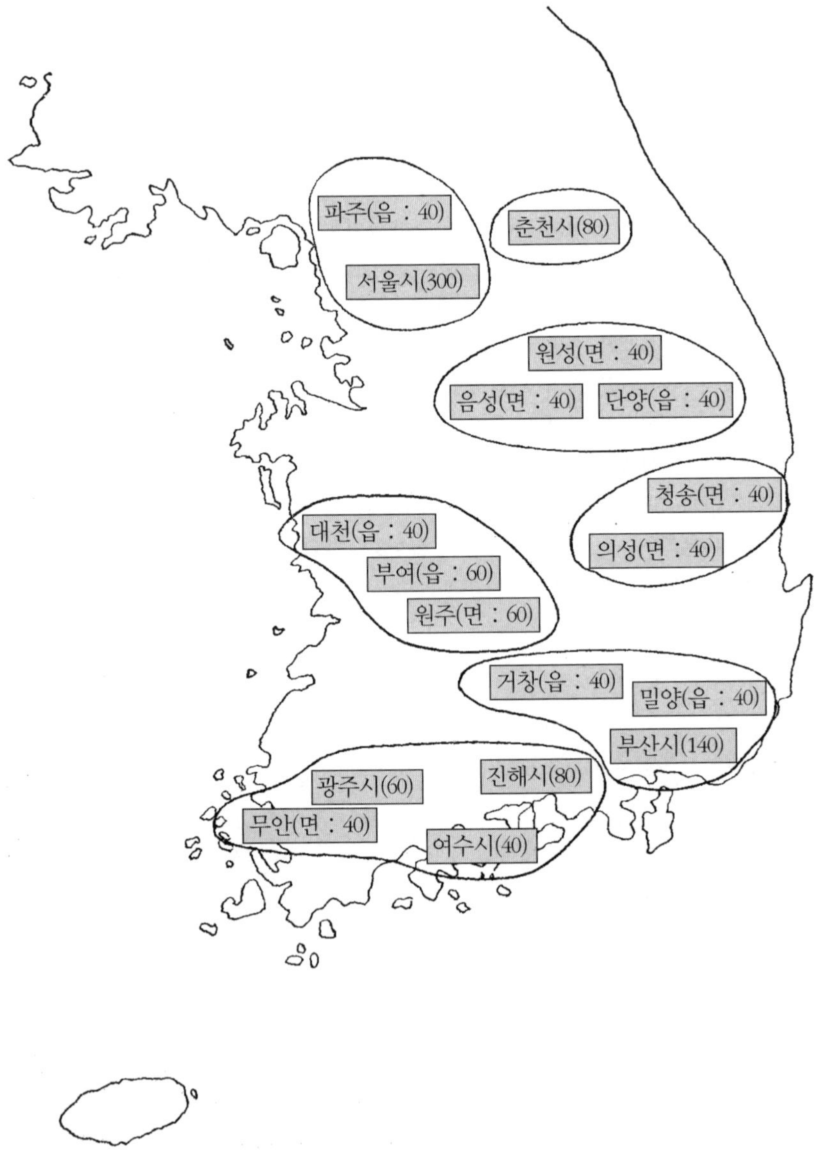

〈표-1〉 대도시표본추출 지역

도 시	구	동	통	반	조 사 대상수	
서울 (5개 구)	종로구 (2개 동)	가 회 동	76-52	01-35	각 동 20명씩 (300)	통반마다 10명씩
		종로5 · 6가동	64-89	47-42		
	동대문구 (5개 동)	용 두 제 1 동	19-64	50-93		
		용 두 제 2 동	09-37	67-07		
		전 농 제 3 동	80-15	73-61		
		답십리제1동	34-70	27-68		
		신 내 동	45-57	18-24		
	서대문구 (2개 동)	연 희 1 동	02-05	16-56		
		홍 제 1 동	05-32	54-70		
	구로구 (3개 동)	독 산 제 2 동	03-52	96-47		
		고 척 제 1 동	14-90	56-86		
		개 봉 제 2 동	39-80	82-77		
	동작구 (3개 동)	동 작 동	06-28	89-80		
		흑 석 제 1 동	86-50	75-84		
		사 당 제 3 동	87-51	76-49		
부산 (3개 구)	중 구 (2개 동)	보 수 제 2 동	17-46	85-09	각 동 20명씩 (140)	통반마다 10명씩
		남 포 동	17-72	70-80		
	북 구 (2개 동)	금 곡 동	77-40	27-72		
		주 례 제 1 동	66-25	22-91		
	동래구 (3개 동)	연 산 제 3 동	14-22	56-85		
		동 상 제 4 동	68-47	92-76		
		청 용 동	26-94	03-68		
광주 (3개 구)	동 구	대 금 동	85-15	76-79	각 동 20명씩 (60)	통반마다 10명씩
	서 구	월 산 제 4 동	11-10	53-44		
	북 구	문 화 동	16-50	74-77		
계	11개 구	25개 동			(500)	

〈표-2〉 중소도시표본추출 지역

구 분	도 시	동	통	반	조 사 대상수	
중부	춘천(강원) (4개 동)	중 앙 동	95-27	07-99	각 동 20명씩 (80)	통반마다 10명씩
		죽 림 동	67-89	75-43		
		효 자 2 동	97-34	40-87		
		석 사 동	73-20	88-98		
서호남	여수(전남) (2개 동)	봉 산 동	75-24	63-38	각 동 20명씩 (40)	통반마다 10명씩
		둔 덕 동	64-05	18-81		
영남	진해(경남) (4개 동)	경 화 1 가 동	26-89	80-93	각 동 20명씩 (80)	통반마다 10명씩
		이 동	45-42	72-68		
		풍 호 동	01-39	09-22		
		행 암 동	87-37	95-52		
	3개 시	10개 동			(200)	

〈표-3〉 군표본추출 지역

구분	도	군	읍 면	리(동)	통	반	조 사 대상수	
중부	경 기	파주군	금촌읍	금촌리	34-67	35-48	(160)	각 리마다 20명씩 통반마다 10명씩
				치동리	24-80	52-40		
	충 북	음성군	원남면	보천리	23-20	90-25		
				상로리	38-31	13-11		
	강 원	원성군	판부면	금대리	64-03	23-66		
				서곡리	36-69	73-61		
	충 북	단양군	단양읍	심곡리	35-30	34-26		
				두항리	68-66	57-48		
서호남	충 남	부여군	부여읍	석목리	90-55	35-75		
				구아리	35-80	83-42		
				염창리	22-10	94-05		
		보령군	대천읍	대천리	50-72	56-82		
				궁촌리	13-74	67-78		

<table>
<tr><td rowspan="5">서
호
남</td><td rowspan="3">전 북</td><td rowspan="3">완주군</td><td rowspan="3">소양면</td><td>황운리</td><td>36-76</td><td>66-79</td><td rowspan="5">(200)</td><td rowspan="3">각 리마다
20명씩</td></tr>
<tr><td>신교리</td><td>91-82</td><td>60-89</td></tr>
<tr><td>죽절리</td><td>58-04</td><td>77-69</td></tr>
<tr><td rowspan="2">전 남</td><td rowspan="2">무안군</td><td rowspan="2">현경면</td><td>송정리</td><td>45-31</td><td>82-23</td><td rowspan="2">통반마다
10명씩</td></tr>
<tr><td>가입리</td><td>43-23</td><td>60-02</td></tr>
<tr><td rowspan="7">영
남</td><td rowspan="3">경 북</td><td rowspan="2">청송군</td><td rowspan="2">부동면</td><td>상의리</td><td>36-93</td><td>68-72</td><td rowspan="7">(140)</td><td rowspan="5">각 리마다
20명씩</td></tr>
<tr><td>항 리</td><td>46-42</td><td>75-67</td></tr>
<tr><td>의성군</td><td>춘산면</td><td>옥정리</td><td>46-16</td><td>28-35</td></tr>
<tr><td rowspan="4">경 남</td><td rowspan="2">거창군</td><td rowspan="2">거창읍</td><td>서변리</td><td>70-29</td><td>73-41</td></tr>
<tr><td>가지리</td><td>32-97</td><td>92-65</td></tr>
<tr><td rowspan="2">밀양군</td><td rowspan="2">밀양읍</td><td>내이리</td><td>12-86</td><td>07-46</td><td rowspan="2">통반마다
10명씩</td></tr>
<tr><td>가곡리</td><td>40-21</td><td>95-25</td></tr>
<tr><td></td><td>계</td><td>12개 군</td><td>4개 읍
4개 면</td><td>25개 리</td><td></td><td></td><td>(500)</td><td></td></tr>
</table>

부록 Ⅱ 조사원 훈련교재 및 면접원지침서 보기

Ⅰ. 서울대학교 사회과학연구소 소개

서울대학교 사회과학연구소는 1976년에 설립된 학술연구기관으로서 사회과학 분야의 기초연구를 수행하여 학문의 발전을 도모하고, 경제성장과 사회발전을 위한 정책을 탐색 · 연구하여 한국과 세계인류의 번영에 기여할 것을 목적으로 하고 있다. 본 연구소는 서울대학교에 재직하고 있는 유능한 사회과학자들뿐만 아니라 국내외의 우수한 학자들의 참여와 협조로 학문간 협동연구와 연구자훈련, 학술회의 개최 등 다양한 활동을 전개하고 있다. 본 연구소가 전개하고 있는 학술활동의 다섯 가지 주요 용역은 ① 지역연구(현재 유럽과 공산권연구에 집중), ② 사회복지에 관한 연구, ③ 자원 및 환경에 관한 연구, ④ 세계발전모형의 대안에 관한 연구, ⑤ 사회과학 및 정책과학의 방법론에 관한 연구 등이다. 현재 본 연구소의 소장은 ○○○ 박사이고, 부소장은 ○○○ 박사이며, 그 외 여러 연구직원과 사무직원들이 일하고 있다.

본연구소의 주소와 전화번호는 다음과 같다.
서울대학교 사회과학연구소
서울특별시 관악구 신림동 산 56-1
우편번호 : 151
전화번호 : 직통 877-1467
교　　환 : 877-0101/9, 2130/9(소장실 2441, 행정실 2442)

Ⅱ. 본 조사연구의 목적

해방 후 30여 년 간 한국교육은 급격한 변화를 겪어 왔다. 그간 한국의 학교교육은 외형적으로 크게 확대하였으며, 질적으로도 큰 발전을 이룩하였다. 그러나 최근에 이르러 여러 심각한 교육문제가 야기되어 많은 사람들이 한국의 장래와 국민교육에 대해서 위기의식마저 가지게 되었다.

이에 본 연구소는 한국교육이 당면하고 있는 근본문제를 진단하고, 새로이 출현하는 산업사회에 알맞게 교육체제를 재정비하기 위한 정책적 처방을 탐색하기 위하여 이 연구에 착수하였다. 이 연구는 본 연구소가 수행해 온 여느 연구와 마찬가지로 사회과학의 여러 분야 학자들이 함께 수행하는 종합적 협동연구라는 것이

* 자료 : 서울대학교 사회과학연구소, 한국교육의 당면문제에 관한 조사연구, 1980. 7.

특징이라고 할 수 있다. 본 연구의 목적을 구체적으로 열거하면 다음과 같다.

첫째, 한국교육체제의 현황과 변화추세 및 그와 관련된 경제적 · 정치적 · 사회문화적 요인을 종합적으로 심층분석한다.

둘째, 한국교육이 당면한 제 문제의 현상과 원인 및 그 문제로 인한 교육적 · 정치적 · 사회문화적 결과에 대해서 체계적으로 분석한다.

셋째, 한국교육의 당면문제해결을 위한 대책과 교육의 발전을 위한 장기적 정책방향을 탐색하여 제시한다.

Ⅲ. 표본조사란?

본 연구는 표본조사 · 문헌분석 · 심층면접조사 · 사례연구 · 집단토의 등 다양한 연구방법을 이용하여 자료를 수집하도록 계획되었다. 이번에 조사자 여러분들이 참가하는 연구활동은 '표본조사'를 통한 자료수집이다. 대부분의 연구는 경비 · 시간 등 여러 가지 이유로 연구대상자 전부를 조사할 수 없다. 따라서 흔히 표본조사방법을 택하는바, 표본조사란 전조사대상의 특성을 몇 가지로 구분하여 이 구분을 대표할 수 있는 표본대상자를 선정하여 조사하는 것이다. 따라서 표본조사에서는 사전에 구체적으로 누구를 조사해야 된다는 것이 지정되며, 조사자는 이 조사대상자에게 꼭 조사해야 한다.

Ⅳ. 본 조사의 내용 및 도구

본 연구의 조사내용 및 조사도구를 대별하면 다음과 같다.

〈일반성인용 질문지의 내용만 설명한다〉

문 항	조사영역	조사내용
(1)-(5)	응답자의 개인적 배경	응답자의 성별 · 연령 · 거주지 · 성장지 · 학교재학 자녀수 등에 관해서 알아본다
(6)-(16)	자녀의 장래 교육과 직업에 관한 의견	자녀의 교육에 대한 포부와 자녀의 장래직업에 대한 소망 등에 관해서 알아본다
(17)-(44)	한국의 교육문제에 대한 의견	한국교육의 여러 현실적 문제, 즉 대학생정원 · 과외수업 · 교육재정 · 학력별 임금격차 · 평준화정책 · 학교교육의 성과와 문제점 등에 대한 의견을 물어 본다
(45)-(58)	인생과 교육에 대한 일반적 의견	응답자들에게 성공의 요인, 바람직한 인간상과 교사상, 학교교육의 목적, 남녀평등, 교육과 정치의 관계 등에 관해서 물어 본다

(59)-(78)	삶의 질에 대한 평가, 기대 및 의견	응답자들에게 삶의 만족도, 인생의 목표, 걱정거리, 한국에서의 생활, 국가목표 등에 관해서 알아본다
(79)-(92)	응답자의 가족과 가정생활	마지막으로 응답자가족의 생활스타일, 수입 및 교육비, 교육정도, 직업 등에 관해서 물어 본다

V. 본 표본조사의 대상

본 표본조사는 일반성인 · 교원 · 학생의 3집단에게 실시한다. 조사범위는 제주도 및 기타 도서지역을 제외한 대한민국 전역을 포함하며, 위의 3집단의 조사대상을 유층무선표집방법에 의하여 전국적으로 대표성이 있도록 선정했다.

〈표 - 1〉 표본조사대상지수(개요)

대 상	일반성인	교직원	학생(대학생 제외)
대 도 시	560	300	800
중소도시	250	180	600
읍 · 면	690	520	600
계	1,500	1,000	2,000

1. 교직원표집

본 표집조사는 각 지역에서 초 · 중 · 고교 직원을 대상으로 실시한다. 각 지역에서 조사해야 할 학교명과 각 학교의 조사대상 교직원수는 지정된 학교에 근무하는 교원을 대상으로 삼는 것을 원 칙으로 하되, 만일 폐교, 휴교 또는 조사거부 등과 같은 예기치 않은 사태가 발생하였을 때는 가장 인근에 소재하는 유사한 학교를 현지에서 선정하여 조사를 실시해야 한다. 지정된 학교에서 대상교직원을 선정하는 방법은 다음과 같다.

첫째, 교장 또는 교감을 면담하여 그 학교의 일부 교직원만을 우선적으로 선정하여 조사해야 할 필요성을 설명하고, 교직원명부를 보여 줄 것을 요청한다(여기서 교직원이라는 것은 사무직원 · 용원 등을 제외한 교장 · 교감 · 교과지도교사 · 양호교사 등을 의미한다).

둘째, 교직원명부를 보고 전체교직원수를 파악한 후 그 교직원수를 표집대상자수로 나누어서(가령 교직원수가 38명이고, 표집대상자수가 5이면 38÷5=7.6) 소수점 이하는 내리고, 정수만 취한다(7). 그리고 그 숫자보다 적은 수를 임의로 택하여 그 수부터 정수의(7) 간격으로 명부에 적힌 순서에 따라 선정한다.

예로서 임의로 택한 수가 2라고 하면, 교직원명부에서 2 · 9 · 16 · 23 · 30의 순에 해당하는 교직원을 선정하면 된다.

셋째, 교직원명부에서 선정된 교직원의(교장이나 교감 자신이 포함될 수도 있다) 이름을 적어 교장이나 교감에게 제시하고, 그들을 집합시켜 간단한 설명을 하고, 다음 날까지 질문지에 기입해 줄 것을 요청한다. 만일 수업 등 기타 사유로 인하여 집합이 불가능한 경우에는 교장이나 교감이 대신 그들에게 응답을 요청해 줄 것을 부탁한다.

넷째, 다음 날 약속한 시간에 그 학교를 재방문하여 교직원들이 응답한 질문지를 회수한다. 만일 부득이한 사정으로 지명된 교직원 중 응답을 하지 못한 사람이 있는 경우에는 재차 요청을 하거나 다른 교직원을 다시 우선적으로 선정하여 응답해 줄 것을 부탁한다. 그리고 회수한 질문지는 현장에서 검토하여 혹시 응답이 빠진 문항이 있을 때에는 그에게 보충응답을 요청해야 한다.

2. 학생표집

본 표집조사에서는 고등학교 학생만을 대상으로 한다. 각 지역에서 조사해야 할 고등학교명과 조사대상학생수는 따로 정한다.

(가) **학년선정** 각 고등학교에서 조사해야 할 대상학생의 학년은 지정한 바와 같다. 만일 부득이한 사정으로 지정된 학년에서 조사가 불가능할 경우에는 한 학년 아래 학년에서 실시한다(단, 1학년이 불가능하면 3학년).

(나) **학급선정** 조사대상학년의 전체학급 가운데 학급을 선정한다. 해당 학년에서 능력별 반편성의 실시 여부를 물어서 편파된 표집이 안 되도록 유의한다. 그 학교의 학급규모가 조사대상 학생수와 10명 내외의 차이만 있을 때는 각 학급의 전체학생을 조사대상으로 하고, 만일 그 이상의 차이가 있을 때는 학생을 체계적 표집방법으로 선정하여 실시한다.

(다) **조사실시** 학생들에 대한 조사는 자기기입방법으로 하며, 학교교사에게 의뢰하여 실시할 수도 있고, 조사원이 실시할 수도 있다. 학교교사에게 실시를 의뢰하는 경우에는 학생들이 성실하게 응답하도록 교사가 감독해 줄 것을 부탁한다.

3. 성인표집

본 표본조사가 대상으로 삼는 성인은 '출가하지 않은 자녀를 가진 부부'를 말한다. 각 지역에서 조사해야 할 동리, 통반 및 성인수는 따로 정한 바와 같다.

(가) **통반의 선정** 통반의 선정방법을 예를 들어 설명하겠다. 가령 종로구 종로3가동에서 조사를 실시한다고 하자. 종로3가동에는 random number 2개, 즉 10-48, 22-36이 표시되었다. '-' 앞의 숫자는 통의 표시이고, 뒤의 숫자는 반의 표시이다. 만약 종로3가동에는 실제로

(보 기)

```
     1
 7 ) 10
     7
     3  -나머지
```

(보 기) 3
15) 48
45
3 -나머지

7개 통이 있다고 가정할 때 보기와 같이 통의 random number(10)를 전체통수(7)로 나눈 다음 나머지 숫자(3)가 그 동의 조사대상통수가 된다. 반도 비슷한 방법으로 결정된다. 3통에 반이 15개가 있다면, 보기와 같은 계산을 통해서 3반이 선정된다. 그리하여 종로3가동에서 조사해야 할 한 반으로서 3통 3반이 결정되었다. 22-36의 숫자로서 위와 같은 절차에 따라 또 한 반을 선정할 수 있을 것이다.

(나) **가구선정** 주민등록부에서 3통 3반을 찾아서 체계적 표집방법에 의하여 10가구를 선정해야 한다. 가령 3통 3반에 82가구가 살고 있다고 하자. 그러면 82÷10=8.2에서 소수점 이하를 버리고 정수 8을 취한다. 이 8보다 적은 수를 우선적으로 뽑는데, 이것이 2라고 하면 2부터 시작해서 8간격으로 숫자를 정한다. 그러면 2 · 10 · 18 · 26 · 34 · 42 · 50 · 58 · 66 · 74 · 81 · 8 · 16 · 24 등의 숫자를 얻을 수 있다. 표본가구수는 10가구이기 때문에 2부터 74까지만 선정하면 되지만, 조사불가능한 가구가 있을 경우를 생각해서 여분을 뽑아 놓아야 한다. 위의 숫자순서대로 주민등록부에서 가구를 선정하되 만일 출가하지 않은 자녀가 없는 경우에는 그 숫자의 가구는 제외한다. 만일 10 · 42 · 50번째의 가구에 자녀가 없다면, 2 · 18 · 26 · 34 · 58 · 66 · 74 · 82 · 8 · 16 · 24 등으로 결정한다.

(다) **남편 또는 부인의 선정** 본 조사는 남편과 부인의 수를 똑같이 포함해야 하기 때문에 다음에 선정된 가구 중 어느 가구에서 남편 또는 부인을 조사할 것인가를 결정해야 한다. 선정된 가구에서 남 · 여의 차례로 조사대상을 추출할 수 있다. 예로서 2(남) · 18(여) · 26(남) · 34(여) · 58(남) 등으로 결정할 수 있을 것이다. 지정된 가구에 남편 또는 부인이 없는 경우에는 그 가구를 포기하고 다음 가구에서 표집할 수 있다.

(라) **조사실시** 교직원과 학생인 경우는 모두가 자신들 스스로 질문지를 읽고 응답할 수 있지만, 일반성인인 경우는 그렇게 할 수 없는 사람이 더러 있을 것이다. 그래서 혼자서 응답할 수 없는 사람에게는 조사자가 질문지를 읽고 그의 반응을 들어서 기입해 주어야 하며(면접방법), 혼자서 응답할 수 있다고 하는 경우에도 그가 기입하는 동안 질문이 있으면 설명을 해 주며, 다음 날 회수해 갈 것을 요구하면 그렇게 해도 무방하다. 그러나 질문지를 회수할 때는 반드시 빠뜨린 것이 없는지 확인해야 하며, 빠뜨린 것이 있는 경우에는 보충응답을 요구한다.

Ⅵ. 본 조사의 수행절차

1. 조사현지도착
   ① 숙소결정
   ② 경찰서신고
   ③ 동장 또는 이장 인사

2. 일반성인표집
   ① 통수확인 및 통결정
   ② 반수확인 및 반결정
   ③ 가구표집 및 남녀대상결정(명단작성일)

3. 일반성인조사실시
   ① 대상자거주확인 및 인사
   ② 목적설명 · 협조유도
   ③ 부재중이거나 시간 없으면 재방문 약속
   ④ 실시 · 기록 · 인사
   ⑤ 자도교수의 검열

4. 교직원 및 학생조사실시
   ① 학교방문 · 교장인사
   ② 교사 · 학생 표집
   ③ 학생조사실시
   ④ 질문지회수 · 확인
   ⑤ 지도교수검열

5. 조사완료
   ① 작별인사
   ② 귀 경

Ⅶ. 면접기술 및 규칙사항

일반성인 중 스스로 질문지에 응답기입하지 못하는 사람이 있으면, 질문지를 읽으며 면접조사를 실시해야 한다. 면접조사의 성공 여부는 전적으로 면접원에게 달려 있다. 면접원은 짧은 시간 내에 응답자와 친밀한 우호관계를 맺어 응답자가 진실하고 성실한 대답을 해 주도록 유도해야 하며, 이것이 유지 안 될 때 그 면접에 실패하게 된다. 면접원은 면접시 다음과 같은 사항을 준수하여 면접에 완벽을 기해야 한다.

규칙 1. 복장을 단정히 할 것

응답자는 면접원이 자기와 같은 계층의 사람일 때, 더 호감을 가진다. 따라서 복장이 화려하거나 특수한 것은 안 되며, 사치한 장신구의 착용을 금해야 한다. 특히 농촌면접원의 경우, 이 점을 준수해야 한다.

규칙 2. 반드시 존대말을 쓰며, 겸손한 태도를 가질 것

응답자의 교육 · 생활수준이 낮다고 해서 은연중에 무시하거나 딱딱한 태도를 취해서는 안 되며, 존대말을 써야 한다.

규칙 3. 응답자의 호감을 사도록 할 것

면접원의 면접기술은 응답자와 친밀한 유대관계를 형성하는 것이다. 면접을 시작하기 전이나 면접중에 응답자가 좋아할 이야기, 예를 들면 어린애를 칭찬한다든가 응답자가 관심을 가질 이야기(노사문제 · 살림 이야기) 등을 잠깐 꺼내는 것도 좋다. 그리고 항상 미소를 띠어야 한다.

규칙 4. 응답자의 반응을 존중하고 경청할 것

우리는 흔히 자기말에 경청해 주면 비밀이야기도 털어 놓게 된다. 응답자가 대답하는 것에 관심을 보여 경청하는 태도를 가져야 한다.

규칙 5. 응답자가 질문을 완전히 이해할 수 있도록 최대의 친절을 베풀 것

흔히 교육수준이 낮은 응답자는 질문내용을 이해하지 못할 때가 많다. 친절하게 재삼 질문내용을 천천히 읽어 주고, 그래도 이해못할 시에는 질문내용에서 벗어나지 않는 한도 내에서 설명을 해 준다. 면접원은 절대로 귀찮아 하는 태도를 가져서는 안 된다.

규칙 6. 응답자의 "모른다"라는 대답을 최대한으로 줄일 것

흔히 열등감이 많거나 자기를 방어하는 경향이 있는 응답자는 여러 질문에 대해 "모른다"라는 대답으로 일관할 때가 있다. 이것은 흔히 바람직한 면접분위기가 형성되지 못한 증거일 수 있다. "모른다"는 대답이 정말인지 아닌지를 판단하여 후자인 경우 면접원은 응답자가 방어하려는 원인이 어디 있는지를 규명하여 새로운 면접분위기를 형성해야 한다.

규칙 7. 엉뚱한 대답을 할 경우 확인할 것

응답내용이 애매하거나 엉뚱한 대답을 하는 경우, 응답자의 기분이 상하지 않도록 주의하며 확인질문할 것. 특히 앞뒤가 맞지 않는 대답, 즉 비슷한 내용의 질문에 대해 앞에서는 A로 대답하고, 뒤에서는 B로 답할 경우는 공손하게 그것을 말해 주고 확실한 대답을 얻을 것

규칙 8. 면접원은 엄격히 중립적인 태도를 지킬 것

면접원은 응답자의 이야기에 깊은 관심을 가지되 자기의 주관적인 이야기를 하거나, 응답내용에 찬성이나 반대의사를 암시하거나 제시하지 말 것. 흔히 응답자는 판단하기 어려운 문제에 대해 면접원의 의사 및 태도를 간파하려는 때가 있는바, 여기에 말려들어가서는 안 된다.

Ⅷ. 조사실시상의 유의점

1. 조사실시의 유의사항

첫째, 농촌의 경우 반드시 두 조사원이 한 조가 되어 동일지역을 방문한다.

둘째, 조사원은 반드시 지정받은 조사대상가구의 남편 또는 부인을 조사한다.

셋째, 조사시간은 할 수 있는 한 바쁜 시간을 피하며, 바쁜 경우 스스로 기입할 수 있으면 조사지를 두고 오고, 그렇지 않으면 적절한 시간에 약속 · 재방문한다.

넷째, 조사대상자가 장기출타중이거나 특수한 사정으로 조사가 불가능할 시는 그 지역 지도교수와 의논한다.

다섯째, 조사원은 질문지내용을 사전에 충분히 익혀서 조사도중에 착오를 범하거나 당황해서는 안 된다.

2. 면접시의 유의사항

인사말은 조사표에 있는 내용을 암기하여 응답자에게 똑같이 말해 주어야 한다.

(1) 면접시에는 응답자 주위에 면접에 지장을 주는 사람, 예컨대 어린애기 · 시어머니 · 배우자 등이 없도록 배려해야 한다. 어린이가 있을 경우, 사탕을 주고 타일러 밖에 나가 놀게 한다.

(2) 응답자는 면접 전이나 면접중에 조사원이 가지고 있는 질문지의 분량을 보고 불안해 하거나 면접을 거부할 때가 있다. 조사원은 응답자에게 면접소요시간(약 1시간 정도)을 미리 이야기해 두는 것이 좋다.

3. 응답자의 질문에 대한 조사원의 태도

응답자가 조사 자체에 대해서 묻거나 또는 응답을 거부하는 경우가 있는바, 조사원은 다음과 같은 태도를 취해야 한다.

(1) 응답자가 조사 자체에 대해 질문할 때

1) 당신은 왜 이런 조사를 하느냐?

서울대학교 사회과학연구소에서는 한국의 여러 지방에 살고 있는 사람이 자녀교육에 대해서 어떻게 생각하고 있는가를 알기 원합니다.

저는 이 연구를 도와 주기 위해서 나왔습니다.

2) 왜 하필 나를 조사대상자로 택하였나요? (누가 내 주소를 가르쳐 주었나요?)

우리는 우리 나라 전국지역에 살고 있는 사람들과 이야기를 함으로써 그들이 교육에 대해서 어떻게 생각하고 있느냐를 알고자 하는데, 그렇다고 한국에 살고 있는 모든 사람들과 이야기를 나눌 수가 없으므로 제비뽑듯이 면(또는 동) 사무소에서 가구를 뽑은 결과 댁이 뽑힌 것이지요. 그래서 댁이 도와 주시지 않으면 제비뽑기를 다시 해야 하니 꼭 도와 주시기 바랍니다.

3) 난 무식해서 이런 질문에 대답할 줄 모르는데요. 다른 곳에 가보십시오.

우리는 면(또는 동) 사무소에서 주소를 제비뽑듯이 뽑아서 그 주소에 살고 있는 사람과 이야기를 나누는 것이 중요한 겁니다. 만약 이해되지 못하는 질문들이 있다면 제가 설명해 드리겠으니 괜찮습니다. 누구나가 다 할 수 있는 것이예요.

4) 우린 얼마 전에 이사를 왔어요. 지금 말씀하신 분들은 이사를 가고 여기 없어요.

우리는 면(또는 동) 사무소에서 주소를 제비뽑듯이 뽑아서 그 주소에 살고 있는 사람과 이야기를 나누는 것이므로 댁이 언제 이사왔고, 이 곳에 얼마큼 오래 살았는지 하는 것은 문제가 되지 않습니다.

(2) 응답자가 질문지의 문항 자체에 대해 질문할 때

질문지의 문항을 천천히 읽어주거나 필요시에는 문항내용의 범위 내에서 쉽게 풀어 설명해 주어도 괜찮다. 가령 "당신은 왜 우리집의 수입(직업 · 교육수준 등)을 알려고 하는지 모르겠습니다"라고 되묻는다면, "우리는 전국 각지에 살고 있는 여러 종류의 직업 · 직위를 가진 분들과 이야기를 나누어서 그 사람들의 대답을 다함께 모아서 통계를 내는 것입니다. 따라서 당신께서 말씀하신 것은 아무에게도 알려지지 않으며, 또 한 사람의 것을 문제삼지 않습니다. 그러나 한 문항이라도 빠진 것이 있다면 연구에 지장이 많답니다"라고 응해야 한다.

(3) 응답자가 면접시 불필요한 화제에 관심을 가지고 질문할 때

이런 경우 조사원이 응답자의 이야기에 말려들면 시간이 지체되어 곤란하므로 되도록 본 조사가 다 끝난 후로 돌리는 게 좋다. 흔히 이러한 대화는 응답자와의 관계를 바람직하게 하기 위해서는 필요한 것이지만, 3분 이상을 소모하는 것은 현명치 못하므로 응답자가 기분나쁘지 않게 화제를 끊고 말미를 돌려 본 질문으로 유도하여야 한다.

(4) 응답자가 "그렇다," "아니다"를 애매하게 응답할 때

"있다," "없다" 중 어느 하나를 선택하는 문항에서는 조사원은 어느 쪽에 ∨표를 해야 할지 당황하게 된다. 이럴 경우 조사원은 "그렇다, 아니다 중 어느 쪽이라고 말씀하셨던가요"라고 다시 물어 확인해야 하며, "그렇더라고 하셨던가요"라는 식의 조사원의 의견이 포함된 확인은 절대 금물이다.

4. 조사 후에 주의할 사항

(1) 조사가 다 끝난 경우에는 질문지를 다시 훑어 보아 빠뜨린 문항이 없나 확인해야 한다. 문항 하나라도 빠뜨린 것이 있으면 보충해야 한다(혹시 두 장을 연거푸 넘기지 않았나 주의할 것).

(2) 면접이 끝난 후에는 오랜 시간 동안 도와 주셔서 고맙다는 인사를 하고 작별한다.

(3) 하루 면접이 다 끝난 다음에는 반드시 지역담당 지도교수에게 면접자료를 검토받고, 기타 문제점을 상의해야 한다.

Ⅸ. 본조사의 조직 및 담당자

조사지역	지도교수	조사원	조사 시간	연락처
조 사 본 부	○ ○ ○			서울대(교) 2441, 2442 877-1467 (댁) 878-0528
서 울	○○○, ○○○	15	10일	○○○(교) 2701, 602-2169 ○○○(교) 3369, 57-2040
대 구	○ ○ ○	4	8일	(교) 2456, 599-3554
경기(수원 용인)	○○○, ○○○	5	9일	○○○(교) 2386, 965-2070 ○○○(교) 2442, 878-0528

부록 Ⅲ 난 수 표

00000	10097	32533	76520	13586	34673	54876	80959	09117	39292	74945
00001	37542	04805	64894	74296	24805	24037	20636	10402	00822	91665
00002	08422	68953	19645	09303	23209	02560	15953	34764	35080	33606
00003	99019	02529	09376	70715	38311	31165	88676	74397	04436	27659
00004	12807	99970	80157	36147	64032	36653	98951	16877	12171	76833
00005	66065	74717	34072	76850	36697	36170	65813	39885	11199	29170
00006	31060	10805	45571	82406	35303	42614	86799	07439	23403	09732
00007	85269	77602	02051	65692	68665	74818	73053	85247	18623	88579
00008	63573	32135	05325	47048	90553	57548	28468	28709	83491	25624
00009	73796	45753	03529	64778	35808	34282	60935	20344	35273	88435
00010	98520	17767	14905	68607	22109	40558	60970	93433	50500	73998
00011	11805	05431	39808	27732	50725	68248	29405	24201	52775	67851
00012	83452	99634	06288	98083	13746	70078	18475	40610	68711	77817
00013	88685	40200	86507	58401	36766	67951	90364	76493	29609	11062
00014	99594	67348	87517	64969	91826	08928	93785	61368	23478	34113
00015	65481	17674	17468	50950	58047	76974	73039	57186	40218	16544
00016	80124	35635	17727	08015	45318	22374	21115	78253	14385	53763
00017	74350	99817	77402	77214	43236	00210	45521	64237	96286	02655
00018	69916	26803	66252	29148	36936	87203	76621	13990	94400	56418
00019	09893	20505	14225	68514	46427	56788	96297	78822	54382	14598
00020	91499	14523	68479	27686	46162	83554	94750	89923	37089	20049
00021	80336	94598	26940	36858	70297	34135	53140	33340	42050	82341
00022	44104	81949	85157	47954	32979	26575	57600	40881	22222	06413
00023	12550	73742	11100	02040	12860	74697	96644	89439	28707	25815
00024	63606	49329	16505	34484	40219	52563	43651	77082	07207	31790
00025	61196	90446	26457	47774	51924	33729	65394	59593	42582	60527
00026	15474	45266	95270	79953	59367	83848	82396	10118	33211	59466
00027	94557	28573	67897	54387	54622	44431	91190	42592	92927	45973
00028	42481	16213	97344	08721	16868	48767	03071	12059	25701	46670
00029	23523	78317	73208	89837	68935	91416	26252	29663	05522	82562
00030	04493	52494	75246	33824	45862	51025	61962	79335	65337	12472
00031	00549	97654	64051	88159	96119	63896	54692	82391	23287	29529
00032	35963	15307	26898	09354	33351	35462	77974	50024	90103	39333
00033	59808	08391	45427	26842	83609	49700	13021	24892	78565	20106
00034	46058	85236	01390	92286	77281	44077	93910	83647	70617	42941

00035	32179	00597	87379	25241	05567	07007	86743	17157	85394	11838
00036	69234	61406	20117	45204	15956	60000	18743	92423	97118	96338
00037	19565	41430	01758	75379	40419	21585	66674	36806	84962	85207
00038	45155	14938	19476	07246	43667	94543	59047	90033	20826	69541
00039	94864	31994	36168	10851	34888	81553	01540	35456	05014	51176
00040	98086	24826	45240	28404	44999	08896	39094	73407	35441	31880
00041	33185	16232	41941	50949	89435	48581	88695	41994	37548	73043
00042	80951	00406	96382	70774	20151	23387	25016	25298	94624	61171
00043	79752	49140	71961	28296	69861	02591	74852	20539	00387	59579
00044	18633	32537	98145	06571	31010	24674	05455	61427	77938	91936
00045	74029	43902	77557	32270	97790	17119	52527	58021	80814	51748
00046	54178	45611	80993	37143	05335	12969	56127	19255	36040	90324
00047	11664	49883	52079	84827	59381	71539	09973	33440	88461	23356
00048	48324	77928	31249	64710	02295	36870	32307	57546	15020	09994
00049	69074	94138	87637	91976	35584	04401	10518	21615	01848	76938
00050	09188	20097	32825	39527	04220	86304	83389	87374	64278	58044
00051	90045	85497	51981	50654	94938	81997	91870	76150	68476	64659
00052	73189	50207	47677	26269	62290	64464	27124	67018	41361	82760
00053	75768	76490	20971	87749	90429	12272	95375	05871	93823	43178
00054	54016	44056	66281	31003	00682	27398	20714	53295	07706	17813
00055	08358	69910	78542	42785	13661	58873	04618	97553	31223	08420
00056	28306	03264	81333	10591	40510	07893	32604	60475	94119	01840
00057	53840	86233	81594	13628	51215	90290	28466	68795	77762	20791
00058	91757	53741	61613	62269	50263	90212	55781	76514	83483	47055
00059	89415	92694	00397	58391	12607	17646	48949	72306	94541	37408
00060	77513	03820	86864	29901	68414	82774	51908	13980	72893	55507
00061	19502	37174	69979	20288	55210	29773	74287	75251	65344	67415
00062	21818	59313	93278	81757	05686	73156	07082	85046	31853	38452
00063	51474	66499	68107	23621	94049	91345	42836	09191	08007	45449
00064	99559	68331	62535	24170	69777	12830	74819	78142	43860	72834
00065	33713	48007	93584	72869	51926	64721	58303	29822	93174	93972
00066	85274	86893	11303	22970	28834	34137	73515	90400	71148	43643
00067	84133	89640	44035	52616	73852	70091	61222	60561	62327	18423
00068	56732	16234	17395	96131	10123	91622	85496	57560	81604	18880
00069	65138	56806	87648	85261	34313	65861	45875	21069	85644	47277
00070	38001	02176	81719	11711	71602	92937	74219	64049	65584	49698
00071	37402	96397	01304	77586	56271	10086	47324	62605	40030	37438
00072	97125	40348	87083	31417	21815	39250	75237	62047	15501	29578
00073	21826	41134	47143	34072	64638	85902	49139	06441	03856	54552
00074	73135	42742	95719	09035	85794	74296	08789	88156	64691	19202

00075	07638	77929	03061	18072	96207	44156	23821	99538	04713	66994
00076	60528	83441	07954	19814	50175	20695	05533	52139	61212	06455
00077	83596	35655	06958	92983	05128	09719	77433	53783	92301	50498
00078	10850	62746	99599	10507	13499	06319	53075	71839	06410	19362
00079	39820	98952	43622	63147	64421	80814	43800	09351	31024	73167
00080	59580	06478	75569	78800	88835	54486	23768	06156	04111	08408
00081	38508	07341	23793	48763	90822	97022	17719	04207	95954	49953
00082	30692	70668	94688	16127	56196	80091	82067	63400	05462	69200
00083	65443	95659	18288	27437	49632	24041	08337	65676	96299	90836
00084	27267	50264	13192	72294	07477	44606	17985	48911	97341	30358
00085	91307	06991	19072	24210	36699	53728	28825	35793	28976	66252
00086	68434	94688	84473	13622	63126	98408	12843	82590	09815	93146
00087	48908	15877	54745	24591	35700	04754	83824	52692	54130	55160
00088	06913	45197	42672	78901	11883	09528	63011	98901	14974	40344
00089	10455	16019	14210	33712	91342	37821	88325	80851	43667	70883
00090	12883	97343	65027	61184	04285	01392	17974	15077	90712	26769
00091	21778	30976	38807	36961	31649	42096	63281	02023	08816	47449
00092	19523	59515	65122	59659	86283	68258	69572	13798	16435	91529
00093	67245	52670	35583	16563	79246	86686	76463	34222	26655	90802
00094	60584	47377	07500	37992	45134	26529	26760	83637	41326	44344
00095	53853	41377	36066	94850	58838	73859	49364	73331	96240	43642
00096	24637	38736	74384	89342	52623	07992	12369	18601	03742	83873
00097	83080	12451	38992	22815	07759	51777	97377	27585	51972	37867
00098	16444	24334	36151	99073	27493	70939	85130	32552	54846	54759
00099	60790	18157	57178	65762	11161	78576	45819	52979	65130	04860
00100	03991	10461	93716	16894	66083	24653	84609	58232	88618	19161
00101	38555	95554	32886	59780	08355	60860	29735	47762	71299	23853
00102	17546	73704	92052	46215	55121	29281	59076	07936	27954	58909
00103	32643	52861	95819	06831	00911	98936	76355	93779	80863	00514
00104	69572	68777	39510	35905	14060	40619	29549	69616	33564	60780
00105	24122	66591	27699	06494	14845	46672	61958	77100	90899	75754
00106	61196	30231	92962	61773	41839	55382	17267	70943	78038	70267
00107	30532	21704	10274	12202	39685	23309	10061	68829	55986	66485
00108	03788	97599	75867	20717	74416	53166	35208	33374	87539	08823
00109	48228	63379	85783	47619	53152	67433	35663	52972	16818	60311
00110	60365	94653	35075	33949	42614	29297	01918	28316	98953	73231
00111	83799	42402	56623	34442	34994	41374	70071	14736	09958	18065
00112	32960	07405	36409	83232	99385	41600	11133	07586	15917	06253
00113	19322	53845	57620	52606	66497	68646	78138	66559	19640	99413
00114	11220	94747	07399	37408	48509	23929	27482	45476	83244	35159

00115	31751	57260	68980	05339	15470	48355	88651	22596	03152	19121
00116	88492	99382	14454	04504	20094	98977	74843	93413	22109	78508
00117	30934	47744	07481	83828	73788	06533	28597	20405	94205	20380
00118	22888	48893	27499	98748	60530	45128	74022	84617	82037	10268
00119	78212	16993	35902	91386	44372	15486	65741	14014	87481	37220
00120	41849	84547	46850	52326	34677	58300	74910	64345	19325	81549
00121	46352	33049	69248	93460	45305	07521	61318	31855	14413	70951
00122	11087	96294	14013	31792	59747	67277	76503	34513	39663	77544
00123	52701	08337	56303	87315	16520	69676	11654	99893	02181	68161
00124	57275	36898	81304	48585	68652	27376	92852	55866	88448	03584
00125	20857	73156	70284	24326	79375	95220	01159	63267	10622	48391
00126	15633	84924	90415	93614	33521	26665	55823	47641	86225	31704
00127	92694	48297	39904	02115	59589	49067	66821	41575	49767	04037
00128	77613	19019	88152	00080	20554	91409	96277	48257	50816	97616
00129	38688	32486	45134	63545	59404	72059	43947	51680	43852	59693
00130	25163	01889	77014	15021	41290	67312	71857	15957	68971	11403
00131	65251	07629	37239	33295	05870	01119	92784	26340	18477	65622
00132	36815	43625	18637	37509	82444	99005	04921	73701	14707	93997
00133	64397	11692	05327	82162	20247	81759	45197	25332	83745	22567
00134	04515	25624	95096	67946	48460	85558	15191	18782	16930	33361
00135	83761	60873	43253	84145	60833	25983	01291	41349	20368	07126
00136	14387	06345	80854	09279	43529	06318	38384	74761	41196	37480
00137	51321	92246	80088	77074	88722	56736	66164	49431	66919	31678
00138	72472	00008	80890	18002	94813	31900	54155	83436	35352	54131
00139	05466	55306	93128	18464	74457	90561	72848	11834	79982	68416
00140	39528	72484	82474	25593	48545	35247	18619	13674	18611	19241
00141	81616	18711	53342	44276	75122	11724	74627	73707	58319	15997
00142	07586	16120	82641	22820	92904	13141	32392	19763	61199	67940
00143	90767	04235	13574	17200	69902	63742	78464	22501	18627	90872
00144	40188	28193	29593	88627	94972	11598	62095	36787	00441	58997
00145	34414	82157	86887	55087	19152	00023	12302	80783	32624	68691
00146	63439	75363	44989	16822	36024	00867	76378	41605	65961	73488
00147	67049	09070	93399	45547	94458	74284	05041	49807	20288	34060
00148	79495	04146	52162	90286	54158	34243	46978	35482	59362	95938
00149	91704	30552	04737	21031	75051	93029	47665	64382	99782	93478

* 자료 : The RAND Corporation, *A Million Random Digits*, New York : The Free Press, 1955, pp. 1-3.

부록 Ⅳ SPSS 이용법 보기

Ⅰ. 파일열기

SPSS를 시작하면 〈그림 Ⅰ-1〉과 같이 상자가 열린다. 기존 자료가 있으면 선택하여 확인을 누르거나, 기존 자료가 없으면 기타 파일을 선택하여 확인을 눌러

〈그림 Ⅰ-1〉

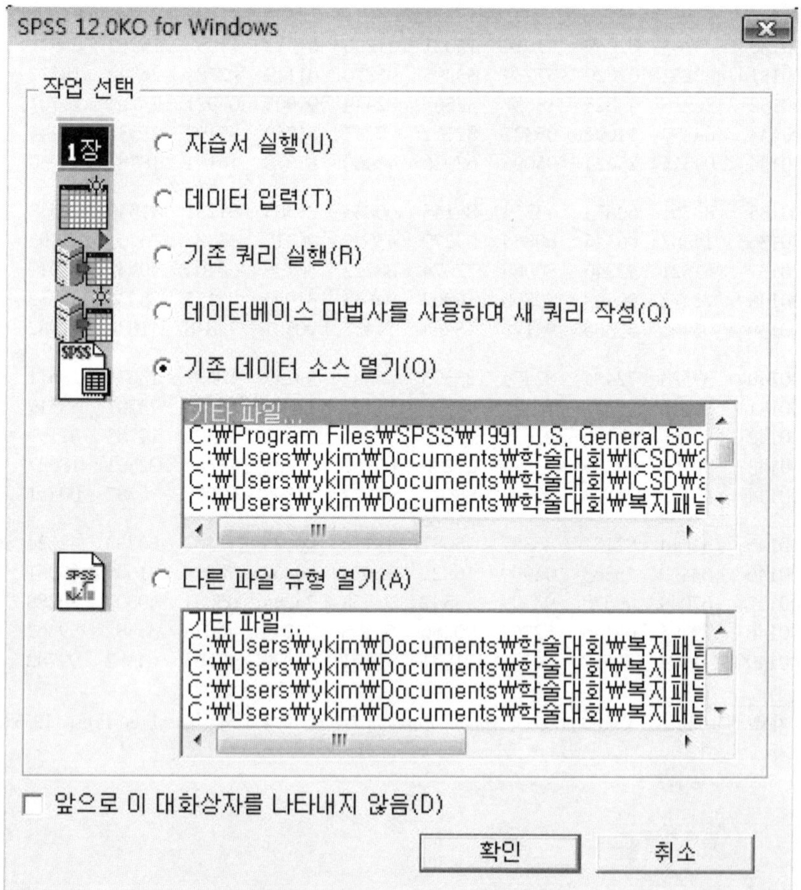

〈그림 Ⅰ-2〉

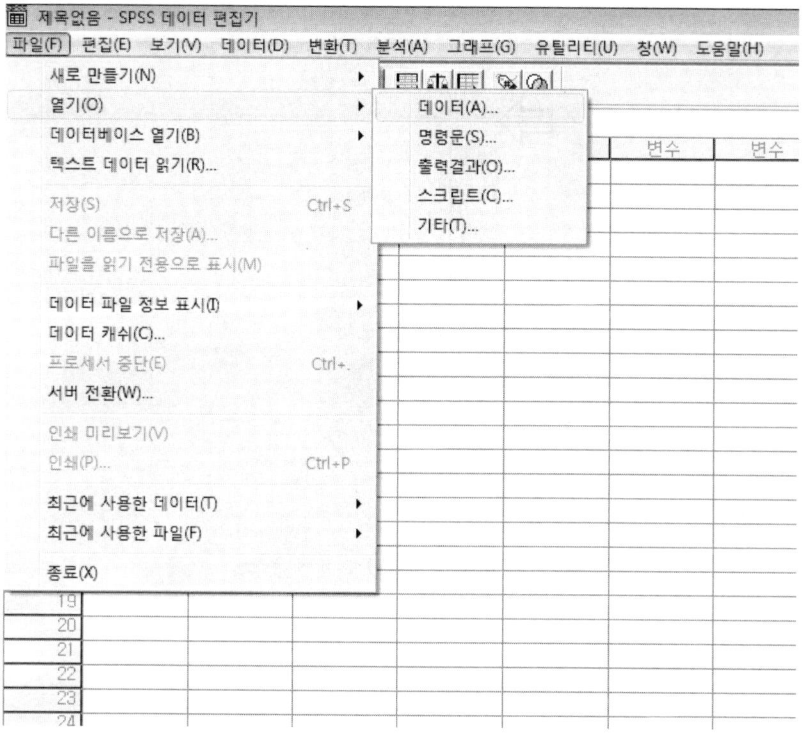

필요한 자료파일을 찾아서 연다.

또 다른 방법으로는 〈그림 Ⅰ-1〉의 상자 취소에 를 누르고 파일(F) — 열기(O) — 데이터(A) 순으로 가서 원하는 자료파일을 여는 수도 있다(〈그림 Ⅰ-2〉 참고).

Ⅱ. 자료만들기

1. 자료입력하기

SPSS를 실행시키고 〈그림 Ⅰ-1〉의 상자가 열리면 취소를 누르면 빈 자료파일이 보인다. 자료에는 두 가지 스프레드 쉬트가 있는데, 자료를 입력하는 곳은 데이터 보기 쉬트(〈그림 Ⅱ-1〉)이며, 그 옆의 변수 보기 쉬트(〈그림 Ⅱ-2〉)는 변수의 정보를 입력하는 곳이다.

〈그림 Ⅱ-1〉에서 보듯이 자료의 변수는 각각 열로 구분되며, 사례는 각각의 행으로 구분이 된다. 〈그림 Ⅱ-2〉에서는 변수의 정보를 입력하는 것이므로 행으로 각각의 변수가 구분이 된다.

〈그림 Ⅱ-1〉

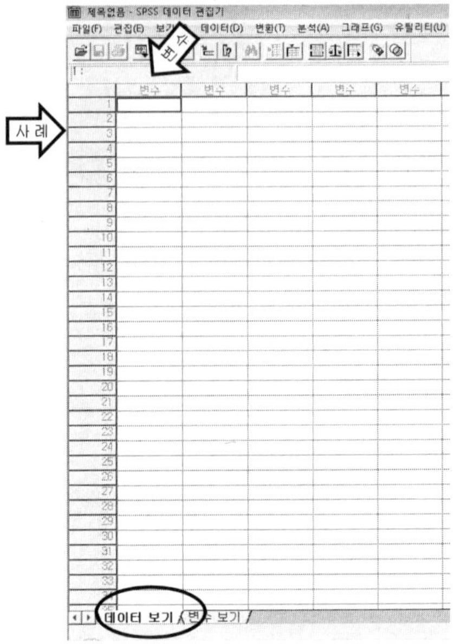

〈그림 Ⅱ-2〉

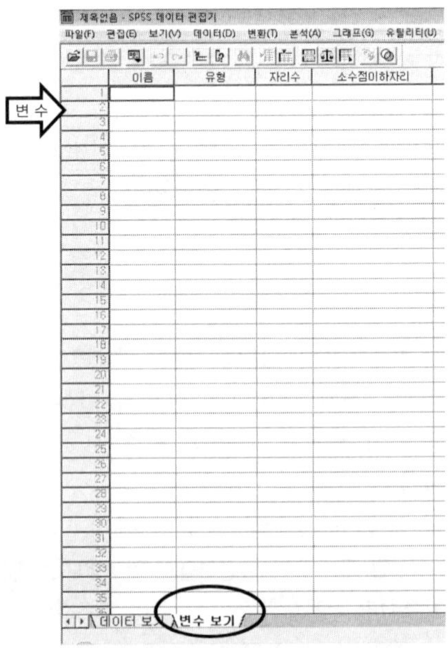

다음과 같은 자료가 있다고 하자.

〈표 Ⅱ-1〉

id	성 별	전 공	점 수
1	여	사회복지	80
2	남	영 문	70
3	남	경 영	56
4	여	경 영	90
5	남	사회복지	77
6	남	사 회	82
7	여	사회복지	91
8	여	국 문	88
9	여	사 회	75
10	남	수 학	95

우선 변수 보기 쉬트로 가서 변수를 지정해 준다. 〈그림 Ⅱ-3〉에서와 같이 '이름'에 변수이름 id를 입력한다. 그리고 변수의 유형을 지정해 줘야 하는데, 변수유형 박스를 열어서 숫자일 때는 숫자를 선택하고, 문자이면 문자열을 선택한다. 그

〈그림 Ⅱ-3〉

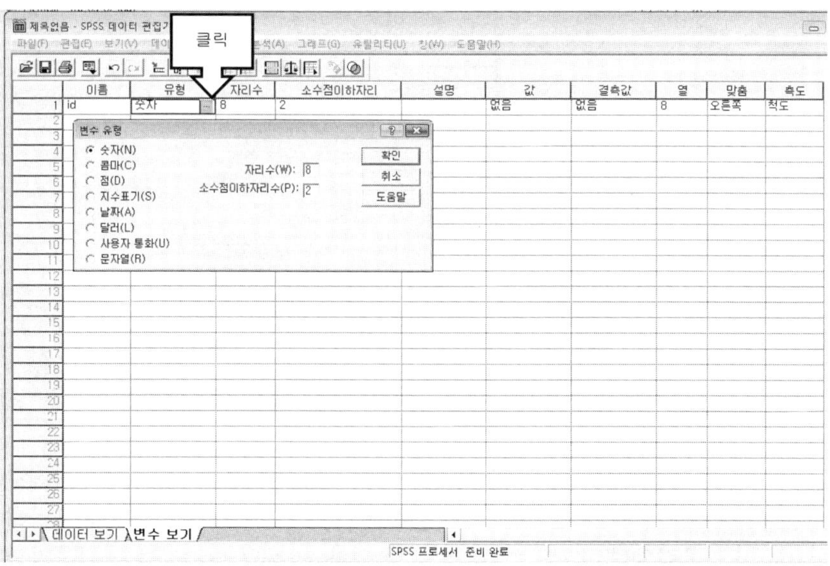

변수유형의 박스로 이동하기 위해서는 '유형'란을 클릭하고, 화살표에서 가리키는 회색부분을 클릭해 주면 된다. 그리고 변수에 대한 설명이 필요하면, '설명'란에 기술하도록 한다.

변수를 정의해 주고 나면, 〈그림 Ⅱ-4〉에서와 같이 데이터 보기 쉬트로 가서 변수 id행에 차례대로 사례의 값을 입력하도록 한다. 〈그림 Ⅱ-4〉의 자료에는 총 10개의 사례가 있음을 알 수 있다.

〈그림 Ⅱ-4〉

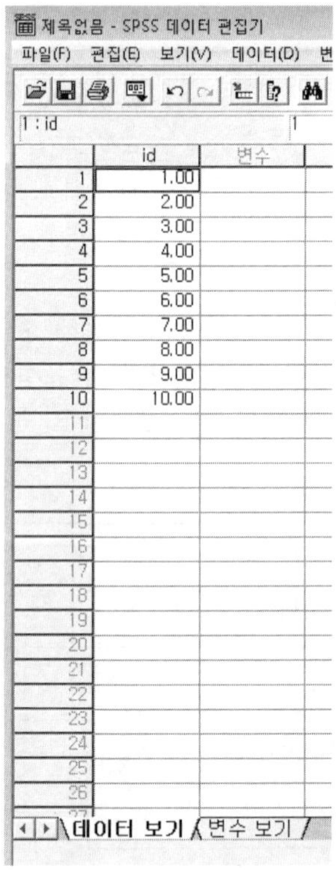

만약 변수가 변수값이 있을 경우에는 '값'에서 지정을 해 준다. '값'을 클릭하고 변수유형을 지정하듯 회색부분을 클릭하면 〈그림 Ⅱ-5〉와 같은 변수값 설명 박스가 열린다. 예를 들어 성별의 변수값을 지정해 보도록 하자. 남자는 1, 여자는 2로 지정했을 때, 다음과 같이 한다. 우선 변수값 설명 박스에서 변수값란에 1을 입력한 후 변수값 설명란에 남자라고 입력한다. 그리고 반드시 추가를 클릭해야 한다. 추가를 클릭하면, 〈그림 Ⅱ-6〉과 같이 된다. 여자의 변수값을 입력하기 위해서는 같은 과정으로 변수값란에 2를 입력하고, 변수값 설명란에 여자라고 입력한 후

확인을 클릭한다. 만약 수정을 해야 하면 〈그림 Ⅱ-7〉과 같이 수정할 부분을 선택하고, 정보를 수정한 후 변경을 클릭한다.

〈그림 Ⅱ-5〉

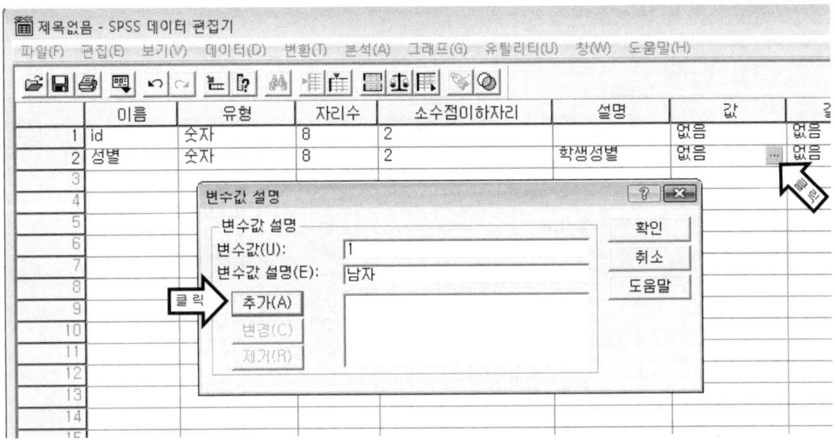

〈그림 Ⅱ-6〉

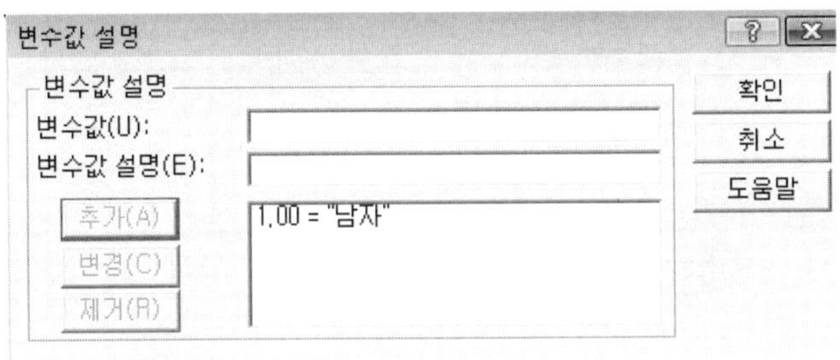

〈그림 Ⅱ-7〉

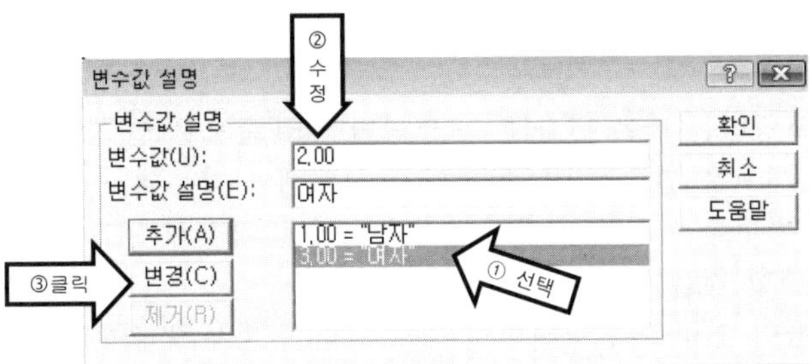

2. 자료저장하기

자료를 입력하고 난 후 자료를 저장하는 것이 중요하다. 자료를 모두 입력할 때까지 기다릴 필요 없이 미리 저장을 하는 습관을 들이는 것이 안전할 것이다. 저장은 파일(F) — 저장(S) 순으로 선택하여 원하는 저장 폴더에 이름을 지정하여 저장한다(〈그림 Ⅱ-8〉 참고).

〈그림 Ⅱ-8〉

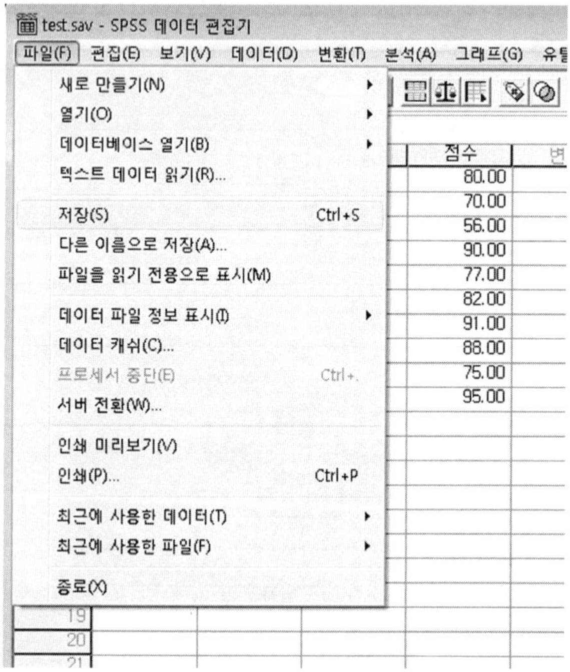

3. 변수변환

변수를 변환시키는 데 많이 사용하는 법은 크게 두 가지가 있다. 하나는 변수값을 새로 코딩(부호화)하는 방법이고, 또 하나는 계산을 직접 하여 변환시키는 방법이다.

새로 코딩하는 법은 변환(T) — 코딩변경(R) 순으로 실행한다. 이 때 같은 변수로(S) 또는 새로운 변수로(D) 중 하나를 선택해야 하는데, 이는 필요에 의해 선택하면 된다. 변수를 어떻게 변경했는가의 과정을 저장해 두고 싶으면, 새로운 변수로(D)를 선택할 것을 권한다.

예를 들어 연령을 연령대별로 새로 그룹을 나누고 싶다면, 새로 코딩하는 방법을 쓰면 된다. 변환(T) — 코딩변경(R) — 새로운 변수로(D) 순으로 실행하면 <u>새로</u>

〈그림 Ⅱ-9〉

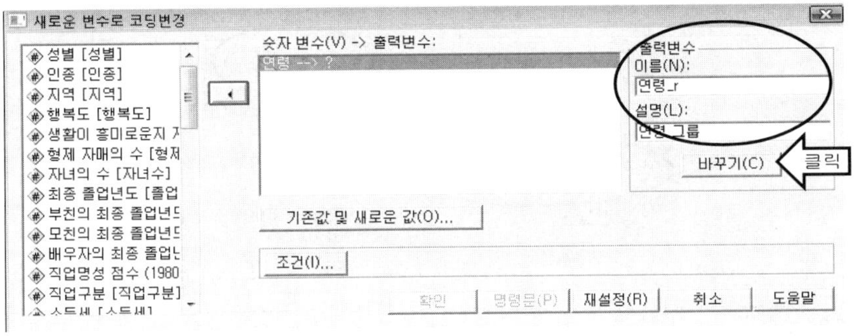

운 변수로 코딩변경 상자가 열린다. 변환을 원하는 변수를 화살표를 이용하여 숫자 변수(V) → 출력변수 : 란으로 옮기면 〈그림 Ⅱ-9〉와 같이 물음표(?)가 나타난다. 이는 새로 변환할 변수의 이름과 설명을 지정해 주지 않았기 때문이다. 새로 변환할 변수를 지정하기 위해서는 출력변수의 이름을 이름(N) 란에 적어 주고(예 : 연령_r), 설명(L)란에 간단하게 설명해 준다(예 : 연령그룹). 그리고 반드시 바꾸기(C) 단추를 클릭해야 한다.

출력변수를 지정하고 나서는 기존 변수를 어떻게 변환할 것인가를 구체적으로 지정해 주어야 한다. 이를 위해 기존값 및 새로운 값(O)을 클릭한다(〈그림 Ⅱ-10〉). 새로운 변수로 코딩변경 : 기존값 및 새로운 값 상자가 열리면, 변수값의 변환방법을 지정한다.

〈그림 Ⅱ-10〉

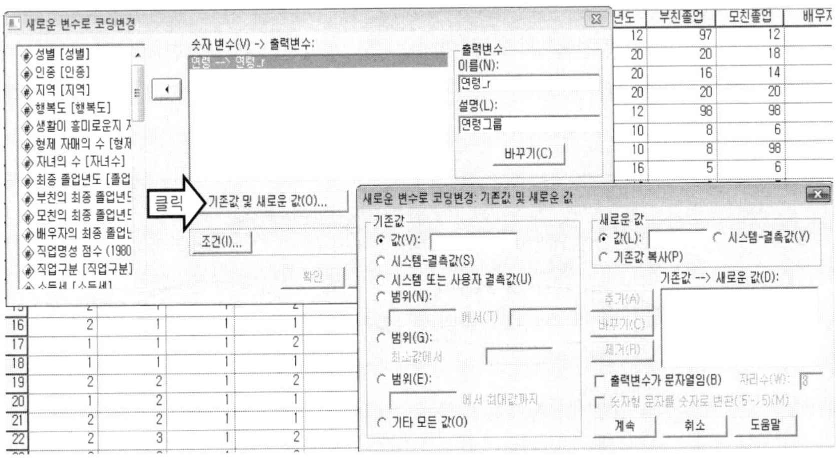

〈그림 Ⅱ-11〉

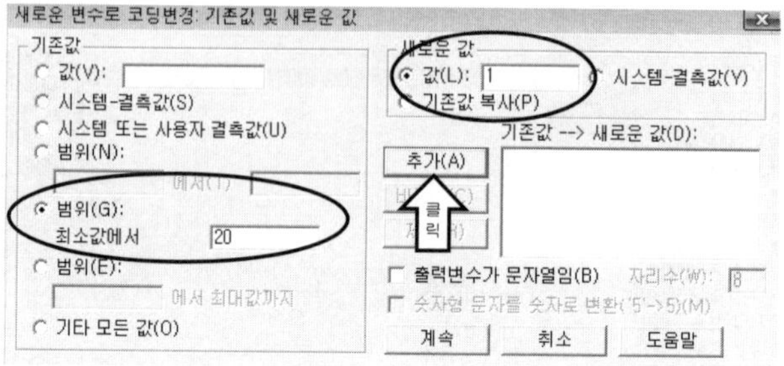

예를 들어 연령의 연속변수를 연령대별로 그룹을 나눈 변수로 변환시킨다고 하자. 10대부터 그룹을 만들어 변수값을 부여한다면, 〈그림 Ⅱ-11〉과 같이 최소값에서 20까지는 1이라는 값을 지정해 주고 추가를 클릭한다.

추가를 클릭하면 〈그림 Ⅱ-12〉와 같이 기존값→새로운 값(D) : 란에 "Lowestest thru 20 ---▸ 1"로, 즉 최소값으로부터 20까지는 변수값을 1로 지정했다는 것을 알 수 있다. 그 다음으로 범위란에서 21에서 30으로 지정해 준 다음 앞과 같이 값을 2로 지정하고 추가를 클릭하면, 20대는 변수값 2를 가진 그룹으로 지정된다. 이와 같은 과정을 통해 다른 그룹도 정의를 내려 주면서 변환시킨다. 단, 시스템-결측값의 경우는 다르게 변형할 것이 아니면, 새로운 값에서도 시스템-결측값(Y)으로 지정해 준다. 이러한 과정을 통해 새로운 변수를 만들면 다시 자료로 돌아가서 변수보기 스프레드 쉬트에서 변수값을 정의내리는 것을 잊지 않도록 한다. 그리고 변수가 제대로 변환되었는지 확인하기 위해서는 변환하기 전의 변수와 변환한 후의 변수의 빈도분석을 돌려 확인한다.

두 번째 변환방법은 계산하는 것으로 변환(T) — 변수계산(C)의 순으로 실행한다. 예를 들어 문제 1, 문제 2, 문제 3, 문제 4의 변수들을 합계한 조합변수를 만든다고 하자. 변환(T) — 변수계산(C)의 순으로 실행하여 변수계산 상자가 열리면,

〈그림 Ⅱ-12〉

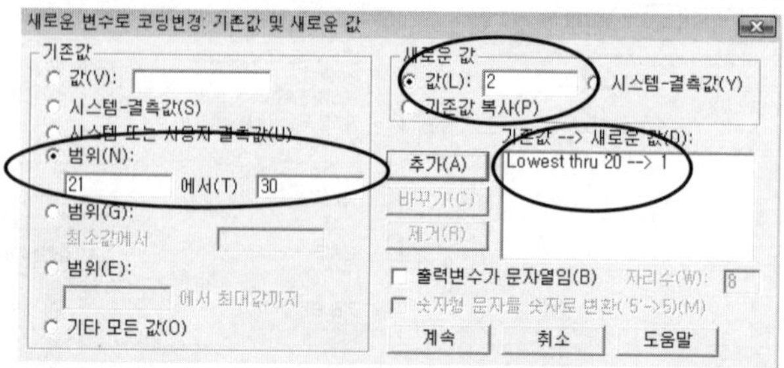

〈그림 Ⅱ-13〉

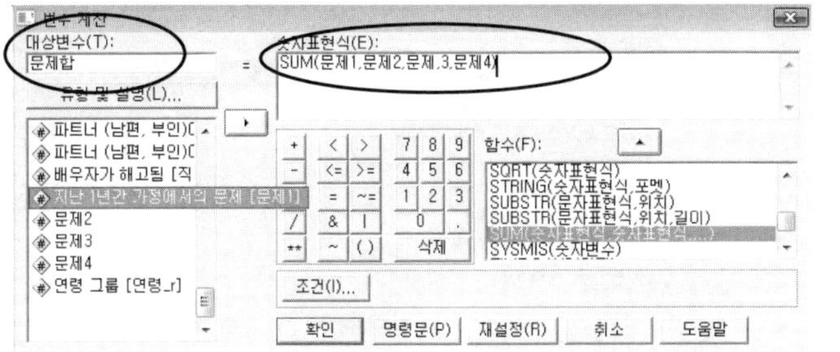

대상변수(T) : 란에 새로운 변수의 이름을 입력하고(예 : 문제합), 숫자표현식(E) : 란에 변수의 계산법을 지정한다. 문제들의 합이면 SUM이라는 함수(F)를 사용해서 계산하도록 지정하였다(〈그림 Ⅱ-13〉 참고). 이 외에도 더하기 · 빼기 등의 연산을 사용한 계산으로 새로운 변수를 만들 수 있다.

Ⅲ. 자료의 분석

1. 빈도분석

자료분석에서 가장 첫단계는 빈도분석이다. 빈도분석을 하기 위해서는 분석(A) — 기술통계량(E) — 빈도분석(F) 순으로 선택한다. 그러면 〈그림 Ⅲ-1〉처럼 빈도분석 상자가 열린다.

예를 들어 '가장 많은 국민의 종교'의 빈도분석을 하고 싶으면, 〈그림 Ⅲ-1〉처럼 해당 변수를 선택한 후 가운데의 화살표를 클릭한다.

화살표를 클릭하면 〈그림 Ⅲ-2〉처럼 변수가 옮겨진다. 변수를 옮긴 후에는 확인을 클릭한다. 그러면 〈그림 Ⅲ-3〉과 같은 결과를 출력한다.

빈도분석 중에 그래프를 보고 싶으면, 빈도분석 상자에서 도표(C)를 클릭한

〈그림 Ⅲ-1〉

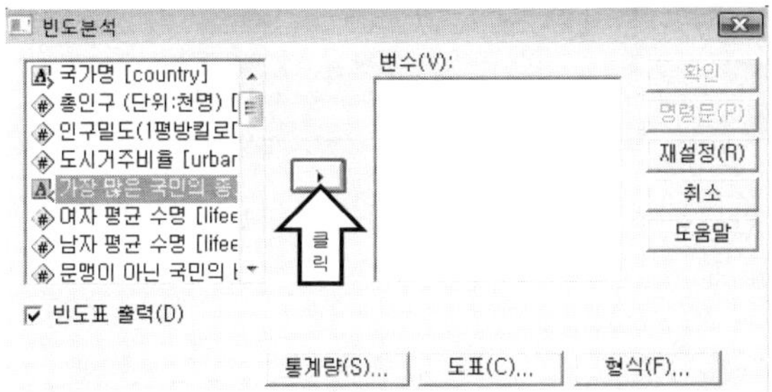

〈그림 Ⅲ-2〉

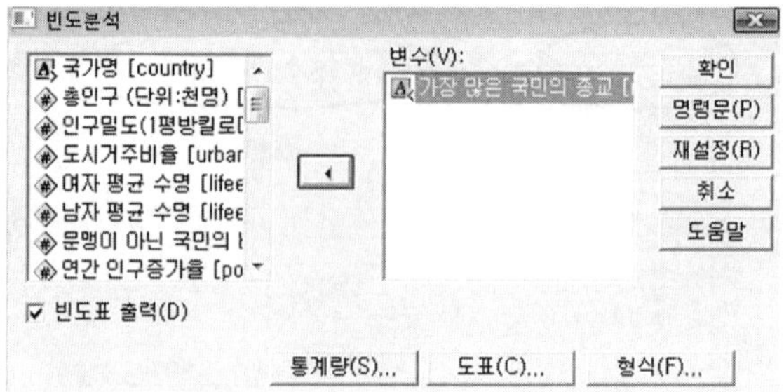

〈그림 Ⅲ-3〉

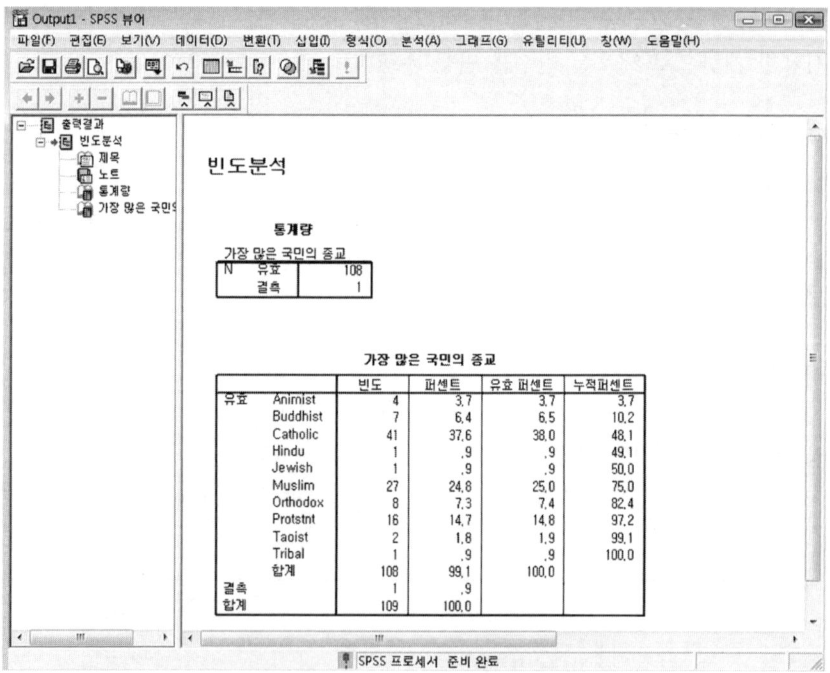

통계량

가장 많은 국민의 종교

N	유효	108
	결측	1

가장 많은 국민의 종교

		빈도	퍼센트	유효 퍼센트	누적퍼센트
유효	Animist	4	3.7	3.7	3.7
	Buddhist	7	6.4	6.5	10.2
	Catholic	41	37.6	38.0	48.1
	Hindu	1	.9	.9	49.1
	Jewish	1	.9	.9	50.0
	Muslim	27	24.8	25.0	75.0
	Orthodox	8	7.3	7.4	82.4
	Protstnt	16	14.7	14.8	97.2
	Taoist	2	1.8	1.9	99.1
	Tribal	1	.9	.9	100.0
	합계	108	99.1	100.0	
결측		1	.9		
합계		109	100.0		

다. 클릭하면 빈도분석 : 도표 상자가 열리고, 그 안에서 원하는 도표유형과 값을 설정한다(〈그림 Ⅲ-4〉 참고).

〈그림 Ⅲ-4〉

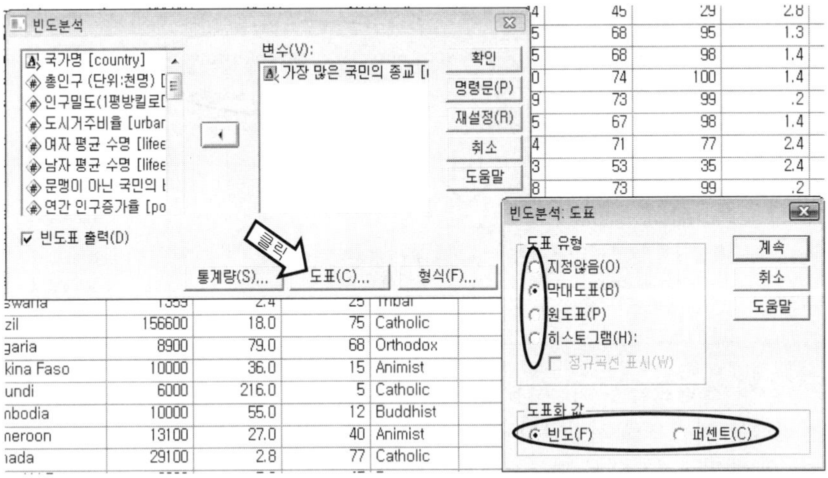

별도로 막대그래프를 그리고자 하면, 그래프(G) — 막대도표(B)를 선택한다. 그 외에도 선도표 · 히스토그램 등 원하는 도표를 선택할 수 있다. 막대도표를 선택하면 〈그림 Ⅲ-5〉와 같이 막대도표 박스가 열린다. 원하는 도표의 종류와 데이터의 유형을 선택하고 정의를 클릭한다. 정의를 클릭하면 〈그림 Ⅲ-6〉과 같이 단순막대도표 정의 : 케이스집단들의 요약값 상자가 열린다. 원하는 변수(예에서는 '가장 많은 국민의 종교')를 선택하여 범주축(X)으로 화살표를 클릭함으로써 옮긴다. 또한 막대표시에서 케이스 수 · 퍼센트 · 누적빈도 등 중에서 어떤 정보를 원하는지 선택한다.

빈도분석의 결과에서 통계량은 유효한 자료와 결측치를 보여 준다. 그리고 빈

〈그림 Ⅲ-5〉

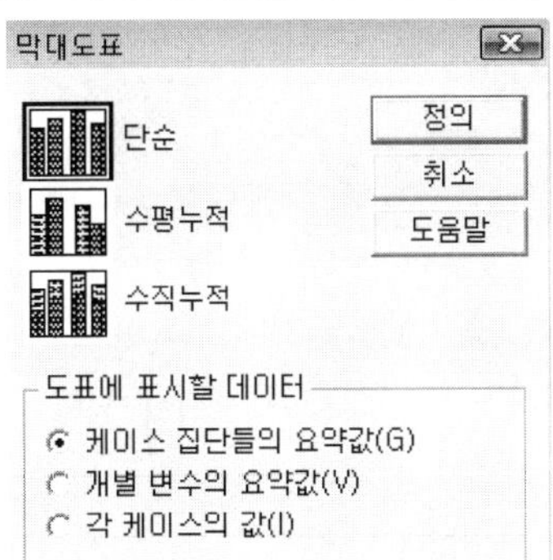

〈그림 Ⅲ-6〉

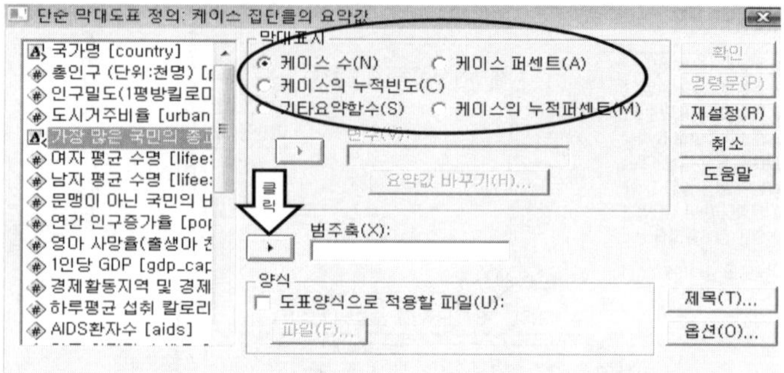

도분석의 결과표를 보여 준다. 결과를 저장하고 싶으면, 파일(F) — 저장(S)으로 가서 원하는 이름으로 저장한다.

만약 빈도분석에서 평균 · 중위수 등의 통계결과를 알고 싶으면 분석할 때 미리 선택한다. 그것을 지정하기 위해서는 통계량(S)을 클릭하고, 그러면 빈도분석 : 통계량의 박스가 열린다. 〈그림 Ⅲ-7〉과 같이 평균 · 중위수 · 최빈값 · 표준편차 등 원하는 정보를 선택하고, 계속을 클릭하면 빈도분석 박스로 돌아오고 다시 확인을 클릭한다.

〈그림 Ⅲ-8〉의 분석결과에서 통계량의 표에 지정한 통계분석 결과를 볼 수 있다.

〈그림 Ⅲ-7〉

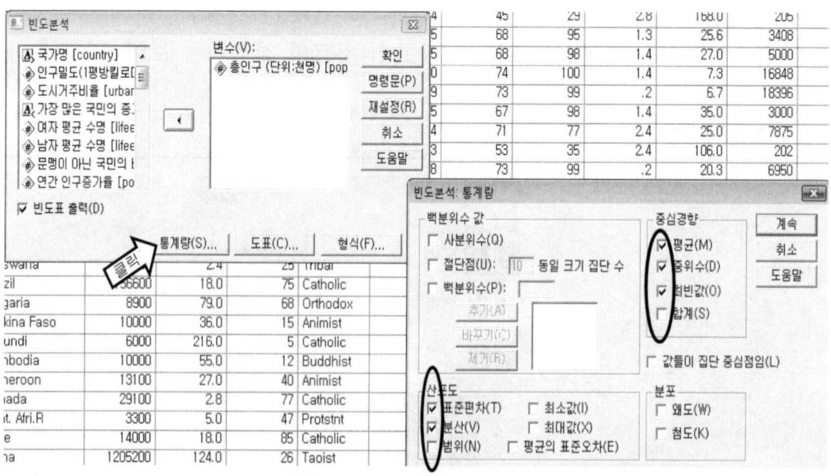

〈그림 Ⅲ-8〉

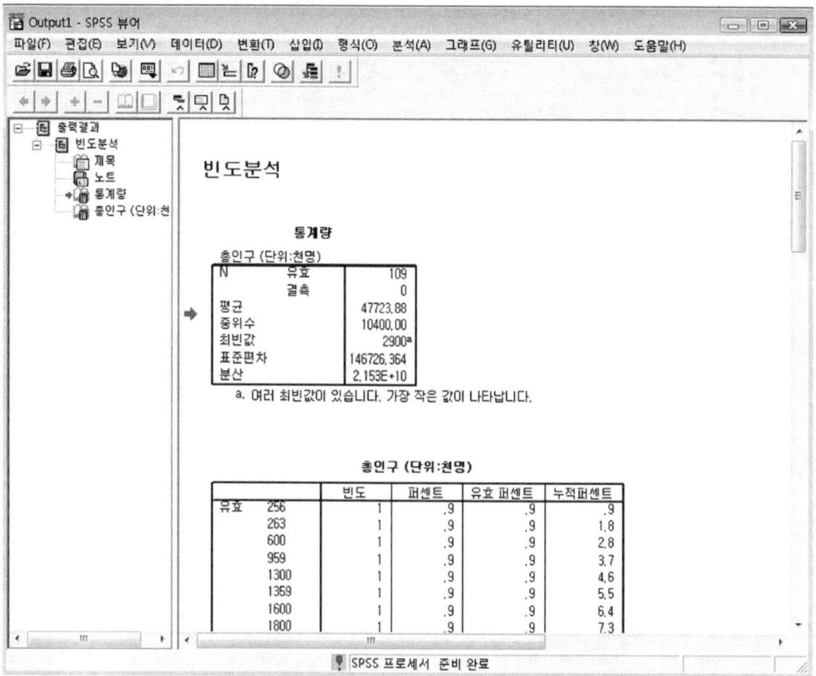

2. 교차분석

명목변수간의 관계를 보는 교차분석은 분석(A) — 기술통계량(E) — 교차분석(C) 순으로 실행한다. 〈그림 Ⅲ-9〉와 같이 교차분석 박스가 열리면, 행(O)과 열(C)에 해당 변수를 선택하고 화살표를 클릭하여 이동한다. 보통 행(O)에 종속변수를 입력하고, 열(C)에 독립변수를 입력한다. 예를 들어 지역에 따라 인종의 분포가 다른지 교차분석을 해 본다고 하자. 우선 그림에서 보듯 변수 '인종'을 선택, 화살표로 행(O)란으로 옮기고, 변수 '지역'을 선택, 화살표로 열(C)란으로 옮긴다. 이대로 그냥 실행하면 교차분석의 결과를 보여 주되 빈도수만 보여 준다. 만약 퍼센트값을 보고 싶다면, 셀(E)을 클릭한다. 클릭하면 교차분석 : 셀출력 상자가 열린다. 빈도는 이미 관측빈도가 설정되어 있고, 퍼센트에서 행/열/전체 중 필요한 것을 선택하면 된다. 이 예에서는 열을 선택하였다. 선택하고 실행하면 〈그림 Ⅲ-10〉과 같은 결과를 출력한다.

〈그림 Ⅲ-9〉

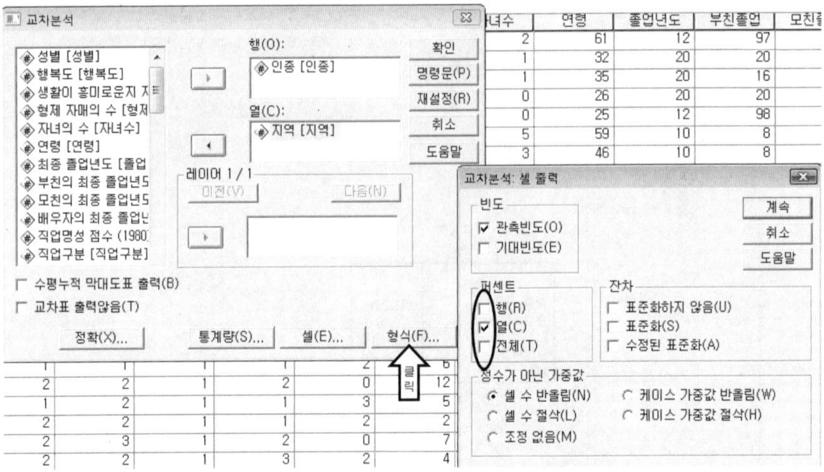

〈그림 Ⅲ-10〉

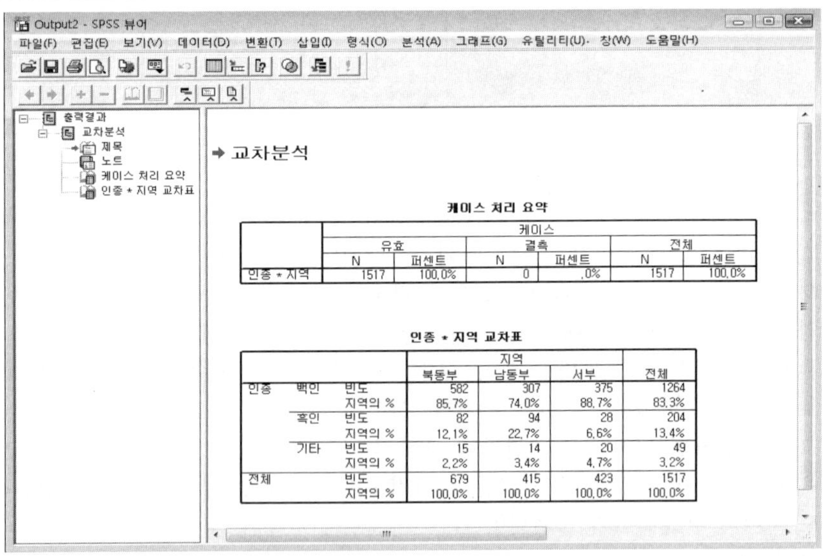

결과를 보면 전체적으로 백인이 83.3%를 차지하고 있으며, 지역에 따라 그 분포가 상이하게 나타나지 않는다. 그러나 이를 통계적으로 유의한지를 보고 싶으면 교차분석에서 통계량(S)을 선택하여 교차분석 : 통계량 상자가 열리고, 여기에서 통계방법을 지정해 주면 된다(〈그림 Ⅲ-11〉 참고).

〈그림 Ⅲ－11〉

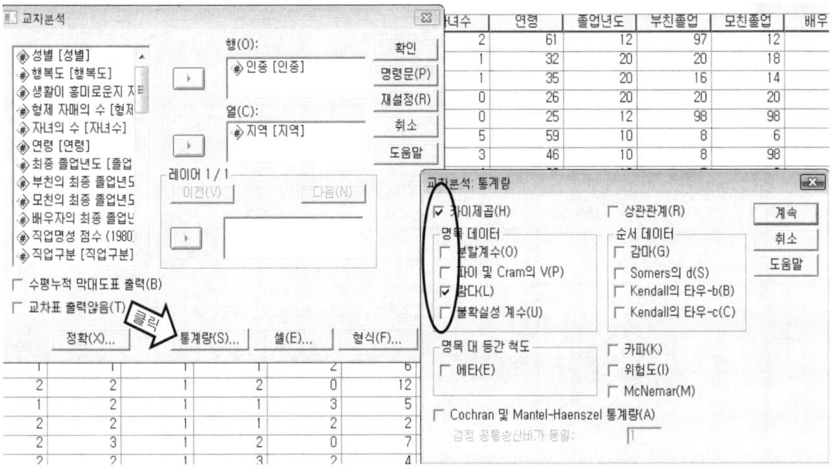

3. 상관관계분석

비례변수간의 관계를 보기 위한 상관관계분석은 분석(A) — 상관분석(C) — 이변량상관계수(B) 순으로 실행한다. 이변량상관계수 상자가 실행되면, 상관관계를 보고 싶은 변수들을 선택하여 화살표를 이용하여 변수란으로 옮긴다. 이 때 어떤 상관계수를 보여 줄 것인지도 지정해야 한다. 〈그림 Ⅲ- 12〉에서는 '도시거주비율', '문맹이 아닌 국민의 비율', 그리고 '평균자녀수'의 상관관계를 보고자 했다. 그리고 상관계수는 Pearson's r을 선택하였다.

〈그림 Ⅲ－12〉

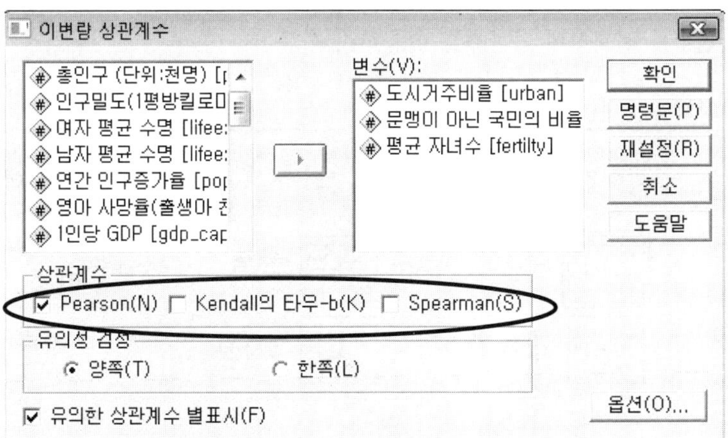

〈그림 Ⅲ-13〉

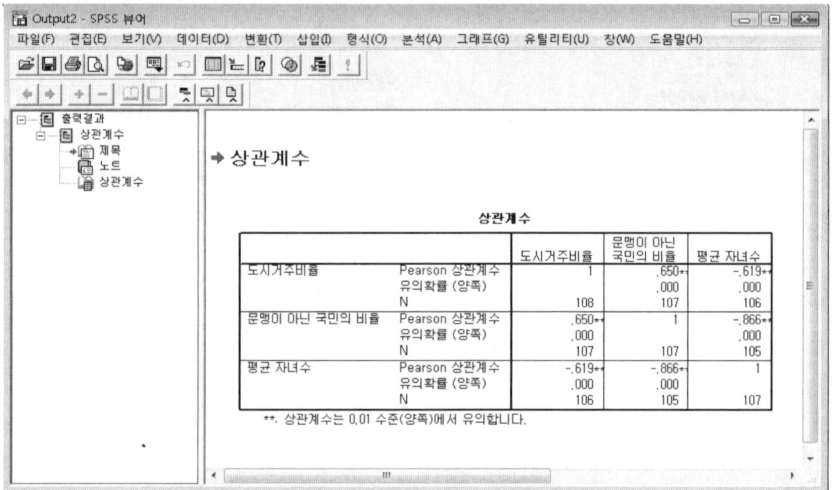

상관계수

		도시거주비율	문맹이 아닌 국민의 비율	평균 자녀수
도시거주비율	Pearson 상관계수	1	.650**	-.619**
	유의확률 (양쪽)		.000	.000
	N	108	107	106
문맹이 아닌 국민의 비율	Pearson 상관계수	.650**	1	-.866**
	유의확률 (양쪽)	.000		.000
	N	107	107	105
평균 자녀수	Pearson 상관계수	-.619**	-.866**	1
	유의확률 (양쪽)	.000	.000	
	N	106	105	107

**. 상관계수는 0.01 수준(양쪽)에서 유의합니다.

분석결과는 〈그림 Ⅲ-13〉과 같다. 도시거주비율과 문맹이 아닌 국민의 비율의 상관계수는 .650로 p=.01수준에서 유의하게 나왔다. 즉 도시거주비율이 높을수록 문맹이 아닌 국민의 비율도 높아진다. 평균자녀수는 문맹이 아닌 국민의 비율과 도시거주비율 각각과 −.619와 −.866으로 강한 부적관계가 있는 것으로 나타났다. 해석시 유의할 것은 인과관계가 아닌 두 변수 간의 상관관계라는 것이다.

상관관계를 그래프로 표현할 수 있는데, 이 때에는 산점도를 그리면 된다. 산점도의 그래프를 그리려면, 그래프(G) — 산점도(S) 순으로 실행한다. 〈그림 Ⅲ-14〉와 같이 산점도 박스에서 단순을 선택하고 정의를 클릭한다.

그리고 〈그림 Ⅲ-15〉와 같이 단순산점도 박스에서 Y축에 넣을 변수와 X축에 넣을 변수를 선택하여 화살표를 이용하여 이동한다.

〈그림 Ⅲ-14〉

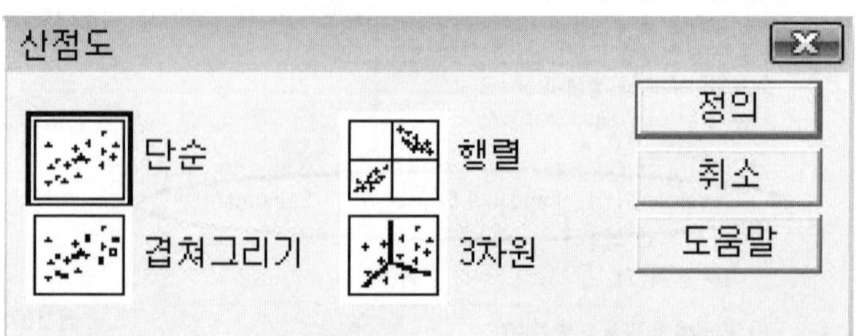

〈그림 Ⅲ－15〉

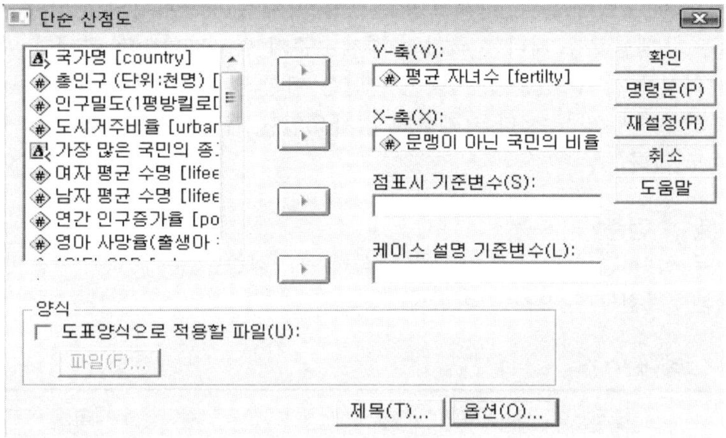

그 결과 〈그림 Ⅲ- 16〉과 같은 그래프를 보여 준다. 두 변수의 상관관계지수가 －.866으로 부적인 관계(〈그림 Ⅲ- 13〉의 표 참고)이고, 그래프에서도 그와 같은 관

〈그림 Ⅲ－16〉

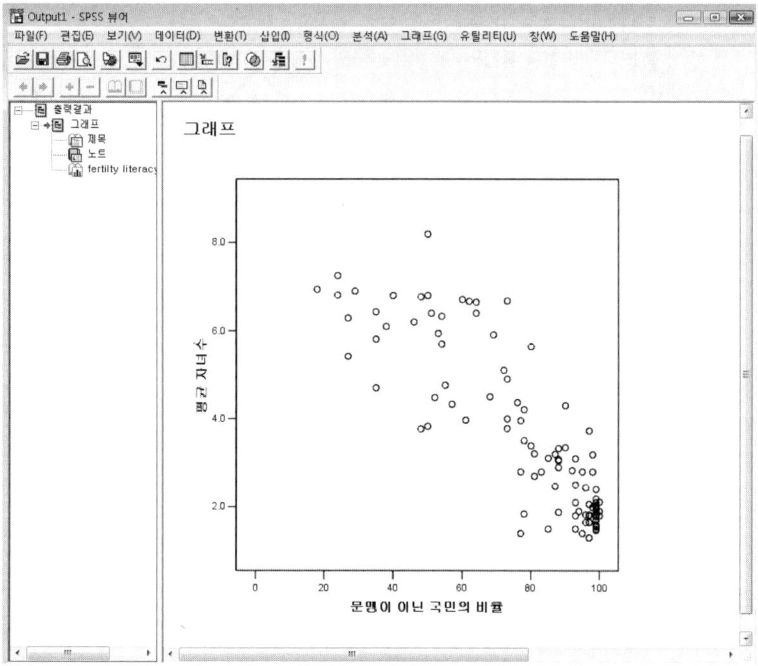

계를 확인할 수 있다. 문맹이 아닌 국민의 비율이 높을수록 평균자녀의 수는 적어지는 관계를 보여 준다. 어찌보면 문맹률 자체가 평균자녀의 수와 관계가 있다기보다는 문맹률로 드러나는 국가의 경제수준이 평균자녀수와 관계가 있는 것이 아닐까 의심해 볼 수 있는데, 이러한 판단은 이론 및 선행연구를 근거로 판단하든지, 혹은 연구에서 다루는 다른 제 3 의 검사요인을 개입시켜 분석의 정교화로써 결정할 수도 있다.

4. t−검증

두 집단 간의 평균의 차이를 분석하는 t-검증은 분석(A) — 평균비교(M) — 독립표본 T검정(T) 순으로 실행한다.

〈그림 Ⅲ−17〉

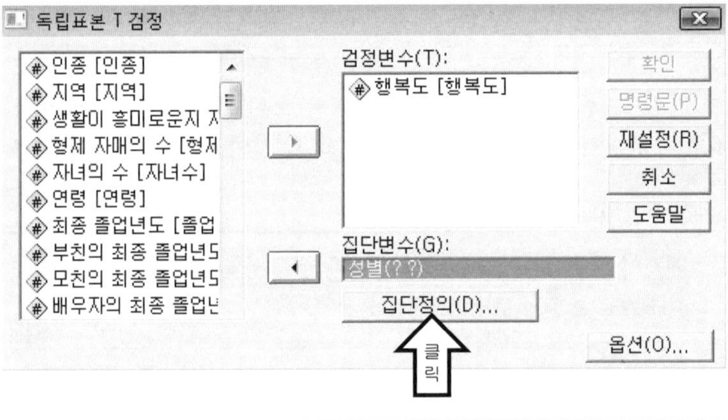

〈그림 Ⅲ−18〉

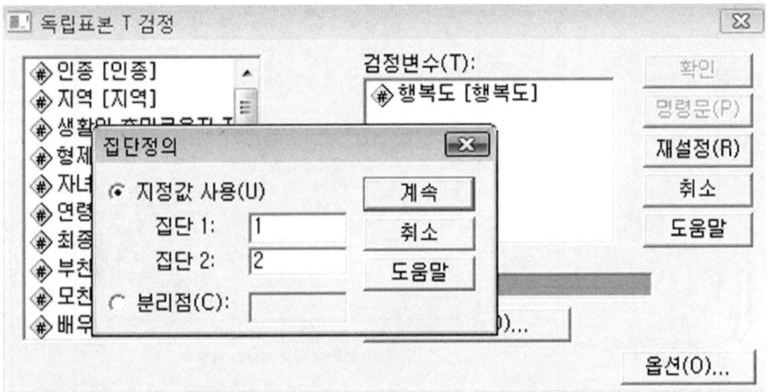

〈그림 Ⅲ-19〉

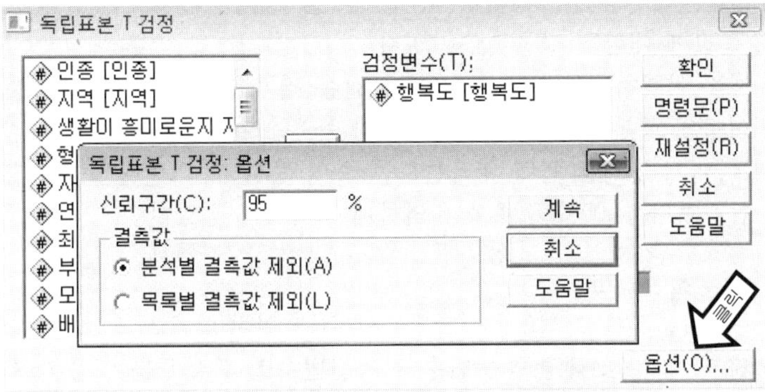

독립표본 T검정 상자가 열리면 우선 종속변수를 화살표를 이용하여 검정변수(T)란으로 옮기고, 비교를 원하는 집단의 변수를 집단변수(G)란으로 이동한다. 그 변수를 옮기면 〈그림 Ⅲ-17〉과 같이 변수이름 옆에 (??)와 같은 표시가 나타난다. 그것은 비교집단을 구체적으로 지정해 주어야 한다는 것을 의미한다. 집단의 지정을 위해서는 [집단정의(D)]를 클릭한다.

집단정의 상자가 열리면 집단 1과 집단 2에 각각의 해당 변수값을 입력한다. 예를 들어 성별의 변수에서 변수값 1이 남자이고 변수값 2가 여자이면, 각각 1과 2

〈그림 Ⅲ-20〉

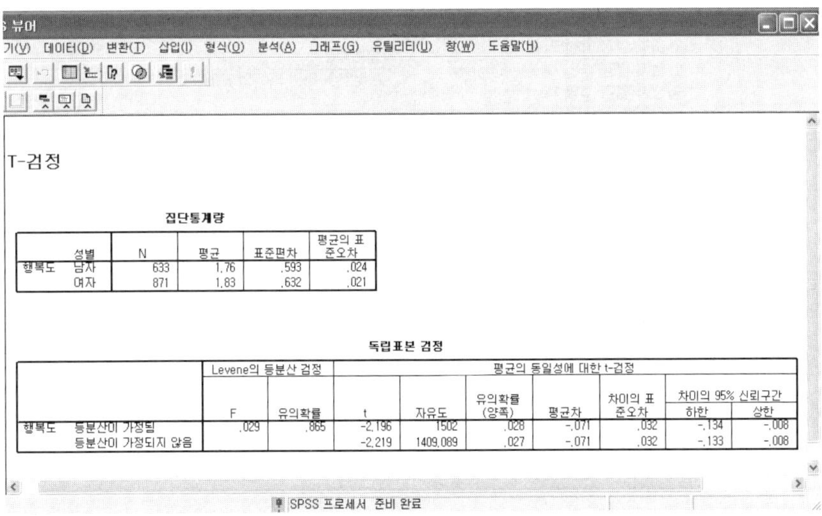

집단통계량

	성별	N	평균	표준편차	평균의 표준오차
행복도	남자	633	1.76	.593	.024
	여자	871	1.83	.632	.021

독립표본 검정

		Levene의 등분산 검정		평균의 동일성에 대한 t-검정						
		F	유의확률	t	자유도	유의확률 (양쪽)	평균차	차이의 표준오차	차이의 95% 신뢰구간 하한	차이의 95% 신뢰구간 상한
행복도	등분산이 가정됨	.029	.865	-2.196	1502	.028	-.071	.032	-.134	-.008
	등분산이 가정되지 않음			-2.219	1409.089	.027	-.071	.032	-.133	-.008

를 입력한다(〈그림 Ⅲ-18〉 참고).

독립표본 T검정 상자에서 옵션(O)을 클릭하면, 〈그림 Ⅲ-19〉와 같이 신뢰구간 및 결측값에 대한 지정을 할 수 있다.

분석을 실행하면 〈그림 Ⅲ-20〉과 같은 결과를 출력한다. 집단통계량표에서 남자와 여자의 행복도의 평균과 평균편차 등을 보여 주고, 독립표본 검정표에서는 그 둘의 차이가 통계적으로 유의한가를 보여 준다. 유의확률열에서 볼 수 있듯이 여자가 남자보다 $p<.05$ 수준에서 유의하게 행복도가 높았다.

5. 단순회귀분석

단순회귀분석은 분석(A) — 회귀분석(R) — 선형(L) 순으로 실행한다. 선형회귀분석 상자가 열리면, 해당 종속변수와 독립변수를 화살표를 이용하여 옮긴다(〈그림 Ⅲ-21〉 참고).

분석결과는 〈그림 Ⅲ-22〉와 같다. 문맹이 아닌 국민의 비율이 평균자녀수에 영향을 미치는가를 회귀분석한 결과 계수표에 나왔듯이 계수 -.866으로 유의하게 나왔다. 즉 문맹률이 낮을수록 평균자녀수가 적다는 결과이다. 모형요약표를 보면 *R*제곱이 .750으로 나와 이 모형에서 문맹률이 평균자녀수의 분산의 75%를 설명한다는 것을 알 수 있다.

〈그림 Ⅲ-21〉

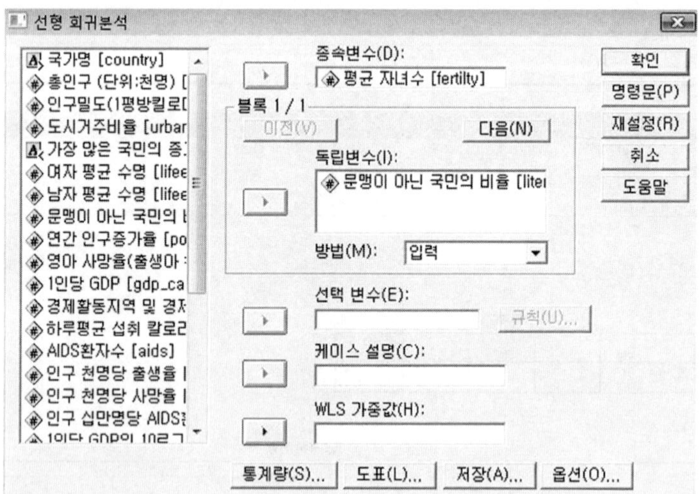

〈그림 Ⅲ-22〉

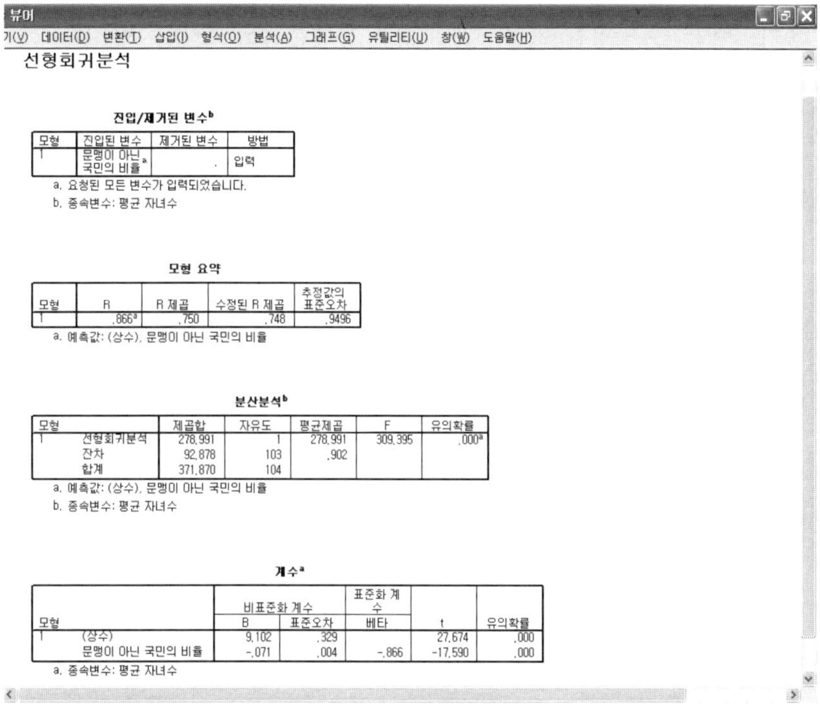
뷰어

기(V) 데이터(D) 변환(T) 삽입(I) 형식(O) 분석(A) 그래프(G) 유틸리티(U) 창(W) 도움말(H)

선형회귀분석

진입/제거된 변수[b]

모형	진입된 변수	제거된 변수	방법
1	문맹이 아닌 국민의 비율[a]	.	입력

a. 요청된 모든 변수가 입력되었습니다.
b. 종속변수: 평균 자녀수

모형 요약

모형	R	R 제곱	수정된 R 제곱	추정값의 표준오차
1	,866[a]	,750	,748	,9496

a. 예측값: (상수), 문맹이 아닌 국민의 비율

분산분석[b]

모형		제곱합	자유도	평균제곱	F	유의확률
1	선형회귀분석	278,991	1	278,991	309,395	,000[a]
	잔차	92,878	103	,902		
	합계	371,870	104			

a. 예측값: (상수), 문맹이 아닌 국민의 비율
b. 종속변수: 평균 자녀수

계수[a]

모형		비표준화 계수		표준화 계수	t	유의확률
		B	표준오차	베타		
1	(상수)	9,102	,329		27,674	,000
	문맹이 아닌 국민의 비율	-,071	,004	-,866	-17,590	,000

a. 종속변수: 평균 자녀수

Ⅳ. 끝 내 기

모든 작업이 끝나면 파일(F) — 종료(X)의 순으로 실행하여 프로그램을 닫는다. 단, 항상 유의해야 할 점은 끝내기 전에 모든 작업을 저장하는 것이다. 이는 자료화일 · 출력화일 모두를 포함한다. 이미 작업도중에 저장을 하는 버릇을 들이는 것이 좋고, 프로그램을 닫기 전에도 작업한 것이 저장되어 있는지 확인하는 것이 좋다. 저장을 하지 않았으면 내용을 저장하겠느냐고 물어 볼 것이고, 저장을 원하면 [예(Y)]를 클릭하고, 아니면 [아니오(N)]를 클릭한다.

자　료

손충기 · 백영균 · 박정환. 2006.『내가 하는 통계분석 SPSS-Dos에서 Windows 번전 14.0까지』. (서울 : 학지사).

Frankfort-Nachmias, Chava, and David Nachmias. 1976. *Applied Statistics*. (Boston : Allyn and Bacon). Pp. 457-484.

Rubin, Allen, and Earl R. Babbie. 2008. *Research Methods for Social Work*. 6th ed. (Belmont, C. A. : Thompson). Pp. 289-632.

부록 V(A) 한국사회학회지 원고작성요강

1. 원고분량은 각주 · 참고문헌 · 도표 · 부록을 포함하여 A 4 용지 25매(한글 97기준)를 초과하지 않도록 한다. 단, 연구단편(research note)은 200자 원고지 80매 이내로 제한한다.
2. 원고작성의 기본적인 형식요건은 다음과 같다.
   · 글자 크기 : 본문 10p, 각주 9p, 인용문단 9p
   · 줄간격 : 170%
   · 여백주기 : 좌 · 우 각 3cm, 위 2cm, 아래 1.5cm, 머리말 · 꼬리말 각 1.5cm
3. 원고는 한글 사용을 원칙으로 하고, 한자표기가 꼭 필요한 경우에는 괄호 속에 넣어서 쓸 수 있다. 기타 외국어는 첫번에 한하여 한글 표기 뒤의 괄호 속에 넣어 쓴다.
4. 원고는 표지 · 국문요약 · 주제어(3-5개) · 본문 및 각주 · 참고문헌 · 표 · 그림 · 부록 · 영문요약 · 영문주제어(key words) 순서로 구성한다.
5. 표지에는 논문제목 · 목차 · 필자의 이름 · 소속 · 연락처(이메일 · 전화 · 팩스) · 간단한 필자소개를 명기해야 한다. 필자가 복수일 경우에는 횡렬로 기재한다. 감사의 말이나 연구비 수령사실은 각주로 기재한다.
6. 국문요약은 200자 원고지 5매 또는 A 4 용지 1/2장 이내 분량으로 작성한다. 연구단편의 경우도 그와 같다.
7. 본문은 논문제목을 첫머리에 기재하는 것으로 시작하며, 필자를 알아볼 수 있게끔 하는 표시나 서술은 삼가야 한다.
8. 본문서술의 세부적인 사항은 다음과 같다.
   (1) 장 · 절 · 항 · 목의 번호는 "I." · "1." · "1)" · "(1)"의 순차로 매긴다.
   (2) 강조어는 ' ', 인용구는 " "로 둘러싼다.
   (3) 전거는 저자명과 간행연도를 반드시 표기하고, 필요시 인용페이지를 덧붙여 기재한다. 같은 저술을 되풀이 인용할 때에도 그 방식은 같다.

   구체적인 전거표기의 예는 아래와 같다.

   1) 저자명은 서술의 흐름에 따라 본문에 노출시킬 수도 있고, 괄호 속에 넣어야 할 경우도 있다.

      [예 1] : "…이상백(1949 : 23)…"

[예 2] : "…라 했다(이상백, 1949 : 23)"

2) 외국인저자명은 한글로 먼저 표기한 후 괄호 속에 원어로 표기한다.

[예] : "…밀즈(Mills, 1956)"

3) 2인 공동저술일 경우, 두 저자명을 가운데점으로 구분하고 항상 병기한다.

[예] : "…(이상백 · 김채윤, 1966)"

4) 3인 이상의 공동저술일 경우, 첫번째 전거표기에서는 모든 저자의 이름을 제시하고, 그 다음부터는 '외'(et al.)를 사용한다.

[예] : "…(문승규 · 윤근섭 · 한상복, 1967)"; "…(문승규 외, 1967)"

5) 출간예정인 저술은 "출간예정"(forthcoming)을, 미간행물은 "미간행"(unpublished)을 명기한다.

[예] : "…(현영석, 2003 출간예정)"; "…(Lee, forthcoming)"

9. 각주는 꼭 필요한 것만 달도록 하여 가급적 10개 내외로 최소화시킨다.

10. 참고문헌의 나열은 본문에 인용 또는 언급된 것만으로 제한한다. 먼저 한국어 문헌을 저자명의 가나다 순으로 제시하고, 이어서 동양어 문헌을, 마지막으로 서양어 문헌을 알파벳순으로 제시한다. 단, 중국어 및 일본어 저자명은 괄호 속에 영문 또는 한글 표기를 한다.

(1) 국문저서나 간행문명은 『 』, 신문제호는 「 」, 논문제목은 " "로 둘러싼다.

(2) 동일저자의 저술을 두 편 이상 제시할 때는 출판연도 순으로 나열한다.

(3) 동일저자의 저술로서 같은 연도에 출간된 것이 두 편 이상일 때는 제목의 가나다 또는 알파벳 순으로 나열하되, 연도표기 뒤에 a · b · c …를 부기하여 구별하도록 한다.

(4) 저자가 2인 이상일 때는 모든 저자의 이름을 기재해야 한다.

(5) 학술회의 발표문은 발표 장소와 날짜를 명기한다.

(6) 참고문헌기재의 구체적인 예는 아래와 같다.

1) 서 적

이상백 · 김채윤. 1966. 『한국사회계층연구』. 민조사.

차종천. 1990a. "동아시아와 서구의 사회이동 비교." 송호근 편. 『노동과 불평등』. 나남출판. pp. 125-149.

______. 1990b. "세대간 사회이동의 지역격차." 한국사회학회 편. 『한국의 지역주의와 지역갈등』. 성원사. pp. 193-122.

菅谷章(스가랴 아키라). 1988. 『日本社會政策史論』. 東京 : 日本評論社.

Berger, P. L. and H. M. Hsiao(eds.). 1988. *In Search of an East Asian Development Model.* New Brunswick : Transaction.

Cannel, C. F., P. Miller and L. Oksenkerg. 1981. "Research on Interviewing Techniques." pp. 389-437 in S. Leinhardt(ed.). *Sociological Methodology*. San Francisco : Jossy-Bass.

Amsden, A. H. 1989. *Asian's Next Giant : South Korea and Late Industrialization*(인근달 역. 1990. 『아시아의 다음 거인 : 한국의 후발공업화』. 시사영어사).

2) 학술지 · 학위논문 · 보고서 · 인터넷문서

최재석. 1964. "한 · 일 · 중 동양삼국의 동족비교." 『한국사회학』 1(2) : 88-99.

Heckman, James. 1979. "Sample Selection Bias as a Specification Error." *Econometrica* 47(1) : 153-162.

Shin, Ho Hyun. 1990. "Shooling and Employment of Married Women in Korea." Unpublished Ph. D. Dissertation, University of Hawaii.

Krafcik, J. F. and J. D. Macduffie. 1989. "Explaining High Performance Manufacturing." Working Paper of IMVP, MIT.

Kollock, P. and M. Smith. 1994. "Managing the Virtual Commons : Cooperation and Conflict in Computer Communities." http://www.sscnet.ucla.edu/soc/csoc/vcommons.htm.

3) 번 역 서

베버(M. Weber). 1990. 『유교와 도교』. 이상률 역. 문예출판사.

클레그 · 히긴스 · 스파이비(S. R. Clegg, W. Higgins and T. Spybey). 1994. "경제문화 : 포스트 유교주의와 사회민주주의." 공유식 · 김혁래 · 박길성 · 유홍준 편. 『신경제사회학의 이해』. 역사비평사. pp. 195-210.

Weber, Max. 1951(1920). *The Religion of China*, translated by Hans H. Gerth. New York : Free Press.

11. 표와 그림은 다음과 같이 작성한다.

(1) 제목은 "〈표 1〉…"과 같은 형식으로 표나 그림의 위에 적는다.

(2) 설명주는 "주 :"로 시작하고, 출처는 "자료 :"로 시작하여 표나 그림의 아래에 적어 놓는다. 범례도 그림의 하단에 표시한다.

(3) 표와 그림의 길이는 가로 113mm를 초과할 수 없다.

(4) 표의 작성은 텍스트방식이 아닌 워드프로세서의 표만들기 기능을 사용하여 작성한다.

(5) 표 속의 칸과 행에는 적절한 범주명을 반드시 넣어 주어야 한다.

(6) 표의 선은 맨 위와 맨 아래 선 및 첫번째 열의 밑선까지만 긋도록 한다.

(7) 그림은 색을 넣어 그려도 좋으나, 인쇄시에는 흑백으로만 표현됨에 유의

한다.

(8) 그림에서는 x축과 y축과 곡선 · 면적 등으로 표현된 각 부분의 명칭을 반드시 붙여 주어야 한다.

(9) 통계적 유의도는 “*p〈.05,” “**p〈.01,” “***p〈.001”과 같이 표기한다.

(10) 표작성의 예를 보이면 다음과 같다.

〈표－1〉 결혼에 대한 태도의 변화(1975~2000)*　(단위 : %)

변 수		1975	1980	1985	1990	1995	2000
성	남	90.1	88.2	88.6	87.3	85	83.2
	여	92.3	90.5	87.6	85.8	82.1	80.3

* 이 표에 제시된 비율은 “결혼은 누구나 해야 한다”라는 질문에 ‘절대찬성’과 ‘찬성’을 합한 비율임.

자료 : 『한국의 사회지표』. 1975, 1980, 1985, 1990, 1995, 2000. 통계청.

(11) 그림작성의 예를 보이면 다음과 같다.

〈그림－1〉 결혼에 대한 태도의 변화(1975－2000)*

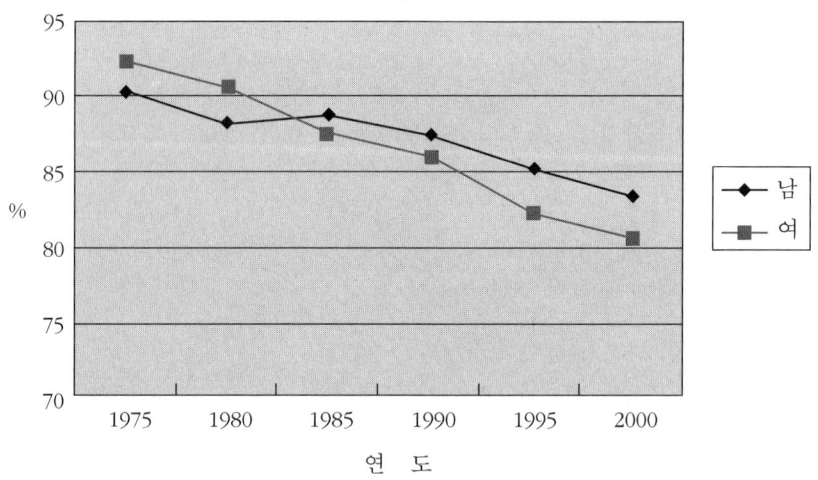

* 이 그림에 제시된 비율은 “결혼은 누구나 해야 한다”라는 질문에 ‘절대찬성’과 ‘찬성’을 합한 비율임.

자료 : 『한국의 사회지표』. 1975, 1980, 1985, 1990, 1995, 2000. 통계청.

12. 이 요강에 명시되어 있지 않은 사항은 『한국사회학』의 관례에 따른다[한국사회학(2008 : 42, 6) : 183-186].

부록 V(B) 미국사회학회지(*American Sociological Review*) 원고작성요강

NOTICE TO CONTRIBUTORS

Revised February 2007

Manuscript Subrission

Package your manuscript securely and include the following :

- **Cover Letter.** Please provide complete contact information for the corresponding author(name, address, phone/fax, e-mail), the complete manuscript title, total word count(include all text, footnotes, and references; do not include word counts for tables or figures), and any other important and relevant information.
- **Biography Page.** Please provide a short biography(fewer than 100 words) for each author. See previous issues for examples.
- **One(1) original manuscript.** Manuscript must be complete and typed double-spaced with 1 inch margins(see below).
- **Three(3) blinded copies.** Blinded copies start with the Abstract page headed by the full article title; but they *do not include* the title page(or any self identifying information-see below). Copies may be printed or photocopied.
- **Disk.** All manuscript materials should be included as electronic files on a disk. Standard word processing files are preferred(MS Word, etc.) for text and tables.
- **$25.00 manuscript processing fee.** Please make checks payable to the American Sociological Association. All new manuscripts require a fee. No fee is required for *Comments* and *Replies* or for submissions by ASA student members.

Send your manuscript to the *ASR* editorial office at the following address :

American Sociological Review, The Ohio State University, Department of Sociology, 300 Bricker Hall, 190 North Oval Mall, Columbus, OH 43210-1321; phone 614-292-9972; fax 614-247-4580(e-mail : ASR@osu.edu). The *ASR* editorial office will acknowledge the receipt of your manuscript via e-mail.

***NOTE*:** Additional details on preparing and submitting manuscripts to *ASR* are published in the *ASA Style Guide*(2d ed., 1997) available from the American Sociological Association. Also see the *ASR* Web site(www2.asanet.org/journals/asr).

Manuscript Preparation

All pages must be typed, double-spaced(including notes and references), on 8-1/2 by 11 inch white paper. Margins must be at least 1 inch(i.e., line length must not exceed 6-1/2 inches). Please use 12-point Times New Roman font.

***ASR* Articles** may be any length, from short reports(e. g., 10 to 20 pages) to full-length articles(e.g., 30 to 40 pages) as well as qualitative and historical papers, which may need more space(e.g., 50 to 60 pages). *ASR Comments/Replies* should not exceed 10 pages. Send *Comments* and *Replies* directly to the *ASR* office – *ASR* does not require that *Comments* first be sent to article authors.

Sections X a manuscript may include the following: (1) Title page, (2) Abstract, (3) Text, (4) Notes, (5) References, (6) Tables, (7) Figures, and (8) Appendixes.

1. **Title page.** Please include the following:
   · Full article title
   · Acknowledgments and credits
   · Each author's complete name and institutional affiliation(s)
   · Grant numbers and/or funding information
   · Total word count
   · Corresponding author(name, address, phone/fax, e-mail)
   · Running head(short title, fewer than 55 characters w/spaces)
2. **Abstract.** Print the abstract(150 to 200 words) on a separate page headed by the full article title. *Omit authors' names*.
3. **Text.** Begin article text on a new page headed by the full article title. *Omit authors' names. ASR* uses anonymous peer review for manuscript evaluation. Delete or rewrite any text that identifies you as the author: when citing your own work, please write "Smith(1992) concluded …," but do not write "I concluded(Smith 1992) …."
   a. *Headings and subheadings.* Generally, three heading levels are sufficient to organize text. See recent issues for examples.
   b. *Citations* in the text should provide the last name of the author(s) and year of publication. Include page numbers for direct quotes or specific passages. Cite only those works needed to provide evidence for your assertions and to

refer to important sources on the topic. In the following examples of text citations, ellipses (…) indicate manuscript text :

· When author's name is in the text, follow it with the year in parentheses — … Duncan(1959).

· When author's name is not in the text, enclose the last name and year in parentheses — … (Gouldner 1963).

· Pages cited follow the year of publication after a colon — … (Ramirez and Weiss 1979 : 239-240).

· Provide last names for joint authors — … (Martin and Bailey 1988).

· For three authors, list all three last names in the first citation in the text — … (Carr, Smith, and Jones 1962). For all subsequent citations use "et al." — … (Carr et al. 1962). For works with four or more authors, use "et al." throughout.

· For institutional authorship, supply minimal identification from the complete citation — … (U.S. Bureau of the Census 1963 : 117).

· List a series of citations in alphabetical order or date order separated by semicolons — … (Burgess 1968; Marwell et al. 1971).

· Use "forthcoming" to cite sources scheduled for publication. For dissertations and unpublished papers, cite the date. If no date, use "n.d." in place of the date — … Smith(forthcoming) and Oropesa(n.d.).

· For machine-readable data files, cite authorship and date — … (Institute for Survey Research 1976).

c. *Notes* should be numbered in the text consecutively using superscript Arabic numerals. When referring to a note later in the text, use a parenthetical note — … (see note 3).

d. *Equations* in the text should be typed or printed. Use consecutive Arabic numerals in parentheses at the right margin to identify important equations. Align all expressions and clearly mark compound subscripts and superscripts. Clarify all unusual characters or symbols with notes circled in the margin.

4. **Notes** should be typed or printed, double-spaced, in a separate "ENDNOTES" section. Begin each note with the superscript numeral to which it is keyed in the text(e.g., "[1]After 1981, there were …"). Notes can (a) explain or amplify text, (b) cite materials of limited availability, or (c) append information presented in a table or figure. *Avoid long notes :* consider (a) stating in the text that information is available from the author, (b) depositing the information in a

national retrieval center and inserting a short footnote or a citation in the text, or (c) adding an appendix. Each note should not exceed 100 words.

5. **References** are presented in a separate section headed "REFERENCES." All references cited in the text must be listed in the reference section, and vice versa. Publication information for each must be complete and correct. List the references in alphabetical order by authors' last names; include first names and middle initials for all authors when available. List two or more entries by the same author(s) in order of the year of publication. When the cited material is not yet published but has been accepted for publication, use "Forthcoming" in place of the date and give the journal name or publishing house. For dissertations and unpublished papers, cite the date and place the paper was presented and/or where it is available. If no date is available, use "N.d." in place of the date. If two or more cited works are by the same author(s) within the same year, list them in alphabetical order by title and distinguish them by adding the letters a, b, c, etc., to the year(or to "Forthcoming"). For works with more than one author, only the name of the first author is inverted(e.g., "Jones, Arthur B., Colin D. Smith, and James Petersen"). List all authors; using "et al." in the reference list is not acceptable. Refer to the *ASA Style Guide*(2d ed., 1997) for additional examples :

· *Books :*

Bernard, Claude. [1865] 1957. *An Introduction to the Study of Experimental Medicine*. Translated by H. C. Greene. New York : Dover.

Mason, Karen O. 1974. *Women's Labor Force Participation and Fertility*. Research Triangle Park, NC : National Institutes of Health.

U.S. Bureau of the Census. 1960. *Characteristics of Population*. Vol. 1. Washington, DC: U.S. Government Printing Office.

· *Periodicals :*

Goodman, Leo A. 1947a. "The Analysis of Systems of Qualitative Variables When Same of the Variables Are Unobservable. Part I–A Modified Latent Structure Approach." *American Journal of Sociology* 79 : 1179-1259.

____. 1947b. "Exploratory Latent Structure Analysis Using Both Identifiable and Unidentifiable Models." *Biometrika 61 : 215–31*.

Szelényi, Szonja and Jacqueline Olvera. Forthcoming. "The

Declining Significance of Class : Does Gender Complicate the Story?" *Theory and Society*.

· *Collections :* Clausen, John A. 1972. "The Life Course of Individuals." Pp. 457-514 in *Aging and Society*, vol. 3, *A Sociology of Age Stratification*, edited by M. W. Riley, M. Johnson, and A. Foner. New York : Russell Sage.

Sampson, Robert J. 1992. "Family Management and Child Development : Insights from Social Disorganization Theory." Pp. 63-93 in *Advances in Criminology Theory*, vol. 3, *Facts, Frameworks, and Forecasts*, edited by J. McCord. New Brunswick, NJ : Transaction.

· *Dissertations :* Charles, Maria. 1990. "Occupational Sex Segregation : A Log-Linear Analysis of Patterns in 25 Industrial Countries." Ph.D. dissertation, Department of Sociology, Stanford University, Stanford, CA.

· *Web sites :* American Sociological Association. 1997. "Call for Help : Social Science Knowledge on Race, Racism, and Race Relations"(ASA Action Alert, October 15). Washington, DC : American Sociological Association. Retrieved October 15, 1997(http://www.asanet.org/racecall.htm).

Boorstein, Michells. 2003. "Homeless Needs Outrun Success in Finding Shelter Site." *Washington Post*, October 19, p. C5. Retrieved October 20, 2003(http://www.washingtonpost.com/wp-dyn/articles/A46989-2003Oct18.html).

Kao, Grace and Jennifer Thompson. 2003. "Racial and Ethnic Stratification in Educational Achievement and Attainment." *Annual Review of Sociology* 29 : 417-42. Retrieved October 20, 2003(http://arjournals.annualreviews.org/doi/abs/10.1146/annurev.soc.29.010202.1000019).

6. **Tables** should be numbered consecutively in the order in which they appear in the text and must include table titles. Tables will appear in the published article in the order in which they are numbered initially. Each table must include a descriptive title and headings for all columns and rows. Gather general notes to tables as "*Note :*"; use a, b, c, etc., for table footnotes. Use asterisks *, **, and/or *** to indicate significance at the $p<.05$, $p<.01$, and $p<.001$ levels, respectively, and always specify one-tailed or two-tailed tests.

Generally, results at $p>.05$(such as $p<.10$) should not be indicated as significant.

7. **Figures** should be numbered consecutively in the order in which they appear in the text and must include figure captions. Figures will appear in the published article in the order in which they are numbered initially. All artwork must be submitted on disk or as camera-ready art. Figures must be executed by computer or by a graphic artist in black ink on white paper; lettering must be done in pen and ink or be typeset; photographs must be black-and-white on glossy paper. Contact the *ASR* office to discuss preferred file formats for computer-generated figures. For additional details, see submission information on the *ASR* Web site.

IMPORTANT*:** All figures(including all type) must be legible when resized to fit one or two column widths, 2-9/16 and 5-5/16 inches wide, respectively. **PERMISSION** *: The author(s) are responsible for securing permission to reproduce all copyrighted figures or materials* ***before *they are published by ASR. A copy of the written permission must be included with the manuscript submission.*

8. **Appendixes** should be lettered to distinguish them from numbered tables and figures. Include a descriptive title for each appendix(e.g., "Appendix A. Variable Names and Definitions").

---

* 자료 : *American Sociological Review* 72(4, August 2007).

참고문헌

〈국내문헌〉

강신택. 1981. 『사회과학연구의 논리』. 서울 : 박영사.

경제기획원. 1980. 『한국의 사회지표』. 서울 : 경제기획원.

고영복 편저. 1975. 『사회조사의 방법』. 서울 : 영문사.

김경동. 1969. "종업원의 직장만족도 측정을 위한 2개의 척도." 『행동과학 5』: 44-61.

______. 1978. 『인간주의사회학』. 서울 : 민음사.

______. 1979. 『발전의 사회학』. 서울 : 문학과 지성사.

______. 1985. 『현대의 사회학(전정판)』. 서울 : 박영사.

______. 1989. 『사회학의 이론과 방법론』. 서울 : 박영사.

김경동 · 안청시 외. 1985. 『한국의 지방자치와 지역사회발전』. 서울 : 서울대 출판부.

김경동 · 이해영 외. 1970. 『실업교육과 직업 — 실업고등학교 교육에 관한 사회학적 연구』. 서울대 인구 및 발전문제연구소 총서 제 4 호.

김광웅. 1976. 『사회과학연구방법론』. 서울 : 박영사.

김영종. 2007. 『사회복지조사론 : 이해와 활용(*Research methods in social welfare*)』. 서울 : 학지사.

김일철. 1965. "농촌개발." 한국농촌사회연구회편. 『농촌사회학』. 서울 : 민조사. 281-319.

김재은. 1971. 『통계적 방법』. 서울 : 익문사.

김태길 외. 1981. 『현대과학과 철학』. 서울 : 문학과 지성사.

문승규 · 윤근섭 · 한상복. 1967. "농가변수의 측정을 위한 6종의 척도와 지수." 『한국사회학 3』: 18-29.

배규한 · 이태림. 2000. 『조사방법론과 사회통계』. 서울 : 고려정보산업.

성태제. 2005. 『교육연구방법의 이해』. 서울 : 학지사.

안문석. 1983. "자료조직과 분석기술." 김광웅 외, 『사회과학방법론』. 서울 : 박영사. 235-253.

유성희. 2004. 『경영학연구조사연구방법론 : Exel 2000과 SPSS 10 한글활용(*Business Research Methods*)』. 형설.

이관우. 1974. 『신조사방법론』. 대구 : 형설출판사.

이만갑. 1982. 『한국농촌사회의 구조와 변동』. 서울 : 서울대 출판부.

이만갑 · 한완상 · 김경동. 1982. 『사회조사방법론』. 서울 : 한국학습교재사.

이상철. 1985. "면접표본조사의 실제과정 — '대외관계' 조사의 예." 『사회과학과 정책연구 7(2)』 : 213-233.

임인재. 1976. 『교육심리 사회연구를 위한 통계방법』. 서울 : 박영사.

임종원 · 박형진 · 강명수. 2001. 『마케팅조사방법론』. 서울 : 법문사.

주학중 · 김경동. 1984. "국민문화지표 설정을 위한 사회지표적 모색." 『정신문화연구, 봄』 : 102-122.

정범모. 1955. 『교육심리 통계적 방법』. 서울 : 범문사.

차배근. 1978. 『사회통계방법』. 서울 : 세영사.

차인석. 1980. "사회과학의 과학론." 한국사회과학연구소편 『사회과학의 철학』. 서울 : 민음사. 11-46.

최성재. 2005. 『사회복지조사방법론(*Research methods for Social Welfare*)』. 파주 : 나남출판.

최　협. 1983. "계량적 접근과 질적 접근." 김동일 외. 『사회과학방법론 비판』. 서울 : 청람. 69-85.

추광영 · 김경동 · 정원식 · 이장호. 1985. "방송매체에 나타난 국민정신교육실태 분석평가." 『사회과학과 정책연구 7(2)』 : 3-121.

통계청. 2008. 『한국의 사회지표』. 통계청.

한배호. 1979. 『정치학 방법론』. 서울 : 법문사.

홍두승 · 설동훈. 2003. 『(*Statistica*를 이용한) 사회과학자료분석』. 서울 : 다산.

홍두승 · 이명진. 2001. 『사회조사분석의 실재』. 서울 : 다산.

황성동. 2006. 『알기쉬운 사회복지조사방법론(*Research methods in social welfare*)』. 서울 : 학지사.

〈외국문헌〉

國民生活審議會生活の質委員會編. 1979. 『社會指標』. 東京 : 大藏省印刷局.

Abelson, R. P. 1968. "Simulation of Social behavior." Pp. 274-356. in G. Lindzey and E. Aronson(eds.). *Handbook of Social Psychology* Ⅱ. Reading. Mass. : Addison-Wesley.

Ackoff, Russell L. 1953. *The Design of Social Research*. Chicago : University of Chicago Press.

Babbie, Earl R. 1973. *Survey Research Methods*. Belmont. Cal. : Wadsworth.

______. 1975. *The Practice of Social Research*. Belmonts, Cal. : Wadsworth.

Backstrom, Charles H. and Gerald D. Hursh. 1963. *Survey Research*. Evanston, Ill. : Northwestern University Press.

Bailey, Kenneth D. 1978. *Methods of Social Research*. New York : Free Press.

Bales, R. F. 1950. *Interaction Process Analysis*. Cambridge. Mass. : Addison-Wesley.

Barton, Allen H. 1955. "The Concept of Property-space in Social Research." Pp. 40-53 in P. F. Lazarsfeld and M. Rosenberg(eds.). *The Language of Social Research*. Glencoe, Ill. : The Free Press.

Bensman, J. and A. J. Vidich. 1960. "Social Theory in Field Research." *American Journal of Sociology* 65(6) : 577-584.

Benton, Ted. 1977. *Philosophical Foundations of the Three Sociologies*. London : Routledge and Kegan Paul.

Berelson, Bernard. 1952. *Content Analysis in Communication Research*. Glencoe, Ill. : Free Press.

______. 1954. "Content analysis." Pp. 488-522. in G. Lindzey(ed.). *Handbook of Social Psychology* Ⅰ. Cambridge, Mass. : Addison-Wesley.

Bernard, Harvey Russell. 2000. *Social Research Methods : Qualitative and Quantitative Approaches*. Thousand Oaks, C. A. : Sage Publications.

Bernstein, Richard J. 1976. *The Restructuring of Social and Political Theory*. New York : Harcourt, Brace, and Jovanovich.

Blalock, Hubert M. Jr. 1968. "Theory Building and Causal Inference." Pp. 155-98. in H. M. Blalock and A. B. Blalock(eds.), *Methodology in Social Research*. New York : McGraw-Hill.

______. 1969. *Theory Construction*. Englewood Cliffs, N. J. : Prentice-Hall.

______. 1972. *Social Statistics*. 2nd ed. New York : McGraw-Hill.

Bogdan, Robert and S. J. Taylor. 1975. *Introduction to Qualitative Research Methods : A Phenomenological Approach to the Social Sciences*. New York : John Wiley.

Borgatta, Edgar F. 1962. "A Systematic Study of Interaction Process Scores, Peer and Self, Personality and Other Variables." *Genetic Psychological Monographs* 65 : 269-290.

Borgatta, E. F. and B. Crowther. 1965. *A Workbook for the Study of Social Interaction Process.* Chicago : Rand McNally.

Brayfield, Arthur H. and H. F. Rothe. 1951. "An Index of Job Satisfaction." *Journal of Applied Psychology* 35 : 307-311.

Brown, Steven R. and Ki Jong Kim. 1981. "The Indigenization of Methodology." 사회과학과 정책연구 3(3) : 109-139.

Burgrss, Robert G.(ed.). 1982. *Field Research : A Sourcebook and Field Manual*. London : George Allen and Unwin.

Campbell, Donald T. and D. W. Fiske. 1959. "Convergent and Discriminant Validation by the Multitrait-multimethod Martrix." *Psychological Bulletin* 56 : 81-105.

Campbell, D. T. and J. C. Stanley. 1963. *Experimental and Quasiexperimental Designs for Research*. Chicago : Rand McNally.

Cannell, C. F. and R. L. Kahn. 1968. "Interviewing." Pp. 526-595 in G. Lindzey and E. Aronson(eds.). *Handbook of Social Psychology* Ⅱ. Reading, Mass. : Addison-Wesley.

Cartwright, D. P. 1953. "Analysis of Qualitative Material." in L. Festinger and D. Katz(eds.). *Research Methods in the Behavioral Sciences*. New York : Holt, Rinehart, and Winston.

Cicourel, Aaron V. 1974. *Cognitive Sociology : Language and Meaning in Social Interaction*. New York : Free Press.

Cohen, Bernard P. 1980. *Developing Sociological Knowledge*. Englewood Cliffs, N. J. : Prentice-Hall.

Collins, Randall. 1986. "Is 1980s Sociology in the Doldrums?" *American Journal of Sociology* 91 : 1336-1355.

Cook, T. D., and D. T. Campbell 1979. *Quasi-experimentation : Design and Analysis Issues for Field Settings*. Chicago : Rand McNally.

Denzin, Norman K. 1970. *The Research Act : A Theoretical Introduction to Sociological Methods*. Chicago : Aldine.

Dubin, Robert. 1978. *Theory Building*. New York : Free Press.

Eckhardt. Kenneth W., and M. D. Ermann. 1977. *Social Research Methods : Perspectives, Theory, and Analysis*. New York : Random House.

EPA. 1973. *The Quality of Life Concept*. Washington, D. C. : Environmental Protection Agency.

Evans-Pritchard, E. E. 1973. "Some Reminiscences and Reflections on Fieldwork." *Journal of Anthropological Society of Oxford* 4(1) : 1-12.

Filstead, William J.(ed.). 1972. *Qualitative Methodology : Firsthand Involvement with the Social World*. Chicago : Markham.

Forcese, Dennis P., and Stephen Richer. 1973. *Social Research Methods*. Englewood Cliffs, N. J. : Prentice-Hall.

Frankfort-Nachmias, Chava, and David Nachmias. 2000. *Research Methods in the Social Sciences*, 6th ed. New York : Worth Publishers.

Friedrichs, Robert. 1970. *A Sociology of Sociology*. New York : The Free Press.

Galtung, Johan. 1967. *Theory and Methods of Social Research*. New York : Columbia University Press.

Gans, Herbert. 1976. *The Urban Villagers*. New York : Free Press.

Garfinkel, Harold. 1967. *Studies in Ethnomethodology*. Englewood Cliffs, N. J. : Prentice-Hall.

Gibbs, Jack. 1972. *Sociological Theory Construction*. Hinsdale, Ill. : Dryden Press.

Glaser, Barney G., and Anselm Strauss. 1967. *The Discovery of Grounded Theory : Strategies for Qualitative Research*. Chicago : Aldine.

______. 1967. *The Discovery of Grounded Theory*. Chicago : Aldine.

Gold, Raymond L. 1958. "Roles in Sociological Field Observation." *Social Forces* 36(3) : 217-223.

Goldhammer, Herbert, and Andrew W. Marshall. 1949. *Psychosis and Civilization*. Glencoe, Ill. : The Free Press.

Goode, William J., and P. K. Hatt. 1952. *Methods in Social Research*. New York : McGraw-Hill.

Gorden, Raymond L. 1975. *Interviewing : Strategy, Techniques, and Tactics*, rev. ed. Homewood, Ill. : Dorsey Press.

Guilford, J. P. 1954. *Psychometric Methods*. New York : McGraw-Hill.

Hage, Jerald. 1972. *Techniques and Problems of Theory Construction in Sociology*. New York : John Wiley and Sons.

Hall, Edward T. 1959. *The Silent Language*. New York : Doubleday.

Harris, B. 1968. "Quantitative Models of Urban Development : Their Role in Metropolitan Policy-making." Pp. 363-412. in H. S. Perloff and L. Wingo, Jr.(eds.), *Issues in Urban Economics*. Baltimore, M. D. : Johns Hopkins University Press.

Heise, David R. 1970. "The Semantic Differential and Attitude Research." Pp. 235-253. in G. F. Summers(ed.). *Attitude Measurement*. Chicago : Rand McNally.

Hempel, Carl G. 1952. "Fundamentals of Concept Formation in Empirical Science." *International Encyclopedia of Unified Science* Ⅱ(2). Chicago : University of Chicago Press.

Hollingshead, August B. and F. C. Redlich. 1958. *Social Class and Mental Illness*. New York : John Wiley.

Holsti, Ole. 1968. "Content Analysis." in G. Lindzey and E. Aronson(eds.). *The Handbook of Social Psychology*. Reading, Mass. : Addison-Wesley.

______. 1969. *Content Analysis for the Social Sciences and Humanities*. Reading, Mass. : Addison-Wesley.

Hyman, Herbert. 1955. *Survey Design and Analysis*. Glencoe, Ill. : The Free Press.

Kasl, Stanislav V. and Sidney Cobb. 1967. "Effects of Parental Status Incongruence and Discrepancy on Physical and Mental Health of Adult Offspring." *Journal of Personality and Social Psychology* 7(2) : 1-15.

Kerlinger, Fred N. 1973. *Foundations of Behavioral Research*. New York : Holt, Rinehart and Winston.

Kidder, Louis H. 1981. *Selltiz Wrightsman and Cook's Research Methods in Social Relations*. New York : Holt, Rinehart and Winston.

Kim, Kyong-Dong. 1975. "The Role of Voluntary Organization in Population Control : A Conceptual Framework." *Journal of Voluntary Action Research* 14(3 · 4) : 147-158.

———. 1979. *Man and Society in Korea's Economic Growth : Sociological Studies*. Seoul : Seoul National University Press.

Kish, Leslie. 1965. *Survey Sampling*. New York : Wiley.

Kuhn, Thomas S. 1962. *The Structure of Scientific Revolutions*. Chicago : University of Chicago Press.

LaFrance, M. 1979. "Nonverbal Synchrony and Rapport : Analysis by the Cross-lag Panel Technique." *Social Psychology Quarterly* 42 : 66-70.

Lasswell, Harold D. 1965. "Detection : Propaganda Detection and the Courts." in H. D. Lasswell *et al.* (eds.), *The Language of Politics : Studies in Quantitative Semantics*. Cambridge, Mass. : MIT Press.

Lazarsfeld, Paul F., and M. Rosenberg. 1955. *The Language of Social Research*. Glencoe, Ill. : The Free Press.

Lee, Hongkoo, Kyong-Dong Kim, and Doh C. Shin. 1982. "Perceptions of Quality of Life in an Industrializing Country : The Case of the Republic of Korea." *Social Indicators Research* 10 : 297-317.

Lee, On-Jook. 1980. *Urban to Rural Return Migration in Korea*. Seoul : Seoul National University Press.

Likert, Rensis. 1932."A Techinque for the Measurement of Attitudes." *Archives of Psychology* 21.

Lin, Nan. 1976. *Foundations of Social Research*. New York : McGraw-Hill.

Loether, Herman J., and Donald G. McTavish. 1980. *Descriptive and Inferential Statistics : An Introduction*, 2nd ed. Boston : Allyn and Bacon.

Lofland, John. 1971. *Analyzing Social Settings*. Belmont, C. A. : Wadsworth.

Mandelbaum, David G. 1982. "The Study of Life History." Pp. 146-151. in R. G. Burgess (ed.), *Field Research : A Sourcebook and Field Manual*. London : George Allen and Unwin.

Markoff, John, G. Shapiro, and S. R. Weitman. 1974. "Toward the Integration of Content Analysis and General Methodology." Pp.1-58. in David R. Heise(ed.). *Sociological Methodology* 1975. San Francisco : Jossey-Bass.

Mayntz, R., K. Holm, and P. Hoebner. 1976. *Introduction to Empirical Sociology*, Transl. A. Hammond *et al.* Middlesex, England : Penguin.

McCall, George, and J. L. Simmons(eds.). 1969. *Issues in Participant Observation : A*

Text and Reader. Reading, M. A. : Addison-Wesley.

McClelland, David C. 1961. *The Achieving Society*. New York : Free Press.

McGaw, Dickinson, and George Watson. 1976. *Political and Social Inquiry*. New York : John Wiley.

Michels, Robert. 1959. *Political Parties*, Transl. Eden and Cedar Paul. New York : Dover Press.

Mill, John Stuart. 1950. *Philosophy of Scientific Method*. New York : Harper.

Miller, Delbert C. 1977. *Handbook of Research Design and Social Measurement*. New York : McKay.

Mills, C. Wright. 1959. *The Sociological Imagination*. New York : Oxford University Press.

Muehl, Doris(ed.). 1961. *A Manual for Coders*. Ann Arbor, Mich. : University of Michigan Survey Research Center.

MulKay, Michael. 1979. *Science and the Sociology of Knowledge*. London : George Allen and Unwin.

Nachmias, David, and Chava Nachmias. 1976. *Research Methods in the Social Sciences*. New York : St. Martin's Press.

Neter, John, W. Wasserman, and G. A. Whitmore. 1978. *Applied Statistics*. Boston : Allyn and Bacon.

Neuman, William Lawrence. 2003. *Social Research Methods : Qualitative and Quantitative Approaches*, 5th ed. Boston : Allyn and Bacon.

Nie, Norman H. *et. al*. 1975. *Statistical Package for the Social Sciences(SPSS)*, 2nd ed. New York : McGraw-Hill.

Orenstein, Alan, and W. R. F. Phillips. 1978. *Understanding Social Research : An Introduction*. Boston : Allyn and Bacon.

Osgood, C. E., G. J. Suci, and P. H. Tannenbaum. 1957. *The Measurement of Meaning*. Urban Ill. : University of Illinois Press.

Pearlin, Leonard I., and Melvin L. Kohn. August 1966. "Social Class, Occupation, and Parental Values : A Cross-national Study." *American Sociological Review* 31 : 466-479.

Phillips, Bernard S. 1976. *Social Research : Strategy and Tactics*, 3rd ed. New York : Macmillan.

Phillips, Derek. 1971. "Knowledge from What?" *Theories and Methods in Social Research*. Chicago : Rand McNally.

Raser, J. R. 1969. *Simulation and Society : An Exploration of Scientific Gaming*. Boston : Allyn and Bacon.

Reiss, Albert J., O. D. Duncan, P. K. Hatt. and C. C. North. 1961. *Occupations and*

Social Status. Glencoe Ill. : Free Press.

Reynolds, Paul Davidson. 1979. *A Primer in Theory Construction*. Indianapolis, Ind. : Bobbs-Merrill.

Rice, June Stuart A. 1967. "Social Accounting and Statistics for the Great Society." *Public Administration Review* 27.

Richardson, S. A., B. S. Dohrenwend, and D. Klein. 1965. *Interviewing : Its Forms and Functions*. New York : Basic Books.

Roberto, E. L., and S. L. Gehrz. February. 1975. "Evaluating Family Planning Program Effectiveness and Efficiency." *Studies in Family Planning* 6 : 37-44.

Rosenberg, Morris. 1968. *The Logic of Survey Analysis*. New York : Basic Books.

Rubin, Allen, and Earl R. Babbie. 2008. *Research Methods for Social Work*. 6th ed. Belmont, C. A. : Thomson.

Schatzman, L., and A. L. Strauss. 1973. *Field Research : Strategies for a Natural Sociology*. Englewood Cliffs, N. J. : Prentice-Hall.

Schutz, Alfred. 1971. "Concept and Theory Formation in the Social Sciences." Pp. 488-500. in K. Thompson, and J. Tunstall(eds.), *Sociological Perspectives*. Middlesex, England : Penguin Books.

Schwartz, Howard, and Jerry Jacobs. 1979. *Qualitative Sociology : A Method to the Madness*. New York : The Free Press.

Seashore, Stanley E. 1954. *Group Cohesiveness in the Industrial Work Group*. Ann Arbor, Mich. : Survey Research Center, Institute for Social Research, University of Michigan.

Sechrest, Lee. 1968. "Testing, Measuring, and Assessing People." Pp. 529-628. in E. F. Borgatta and W. W. Lambert(eds.). *Handbook of Personality Theory and Research*. Chicago : Rand McNally.

Seeman, Melvin. 1959. "On the Meaning of Alienation." *American Sociological Review* 24 : 783-791.

Selltiz, Claire, Lawrence S. Wrightsman, and Stuart W. Cook. 1976. *Research Methods in Social Relations*, 3rd ed. New York : Holt, Rinehart and Winston.

Shin, Doh C. 1981. "Value Preferences and Quality of Life in Korea : An Exploration into UnKnown Territory." *Social Science Journal* 8 : 7-47.

Sjoberg, Gideon, and Roger Nett. 1968. *A Methodology for Social Research*. New York : Harper and Row.

Smith, H. W. 1975. *Strategies of Social Research : The Methodological Imagination*. Englewood Cliffs. N. J. : Prentice-Hall.

Sommer, Robert. 1959. "Studies in Personal Space." *Sociometry* 22 : 247-260.

Spradley, J. P. 1979. *Ethnographic Interview*. New York : Holt, Rinehart and Winston.

______. 1980. *Participant Observation*. New York : Holt, Rinehart and Winston.

SPSS. 1983. *SPSS–X User's Guide*. Chicago : SPSS, Inc.

Stinchcombe, Arthur L. 1968. *Constructing Social Theories*. New York : Harcourt, Brace and World.

Stone, P. J., D. C. Dunphy, M. S. Smith, and D. M. Ogilive. 1966. *The General Inquirer : A Computer Approach to Content Analysis in the Behavioral Sciences*. Cambridge, Mass. : MIT Press.

Strauss, Anselm, and Juliet Corbin. 1990. *Basics of Qualitative Research : Grounded Theory Procedures and Technique*. Newbury Park, C. A. : sage.

Szalai, Alexander, and F. M. Andrews. 1980. *The Quality of Life : Comparative Perspectives.* Beverly Hills, Cal. : Sage Publications.

Thomas, W. I. and Florian Znaniecki. 1927. *The Polish Peasant in Europe and America I and II*. New York : Alfred A. Knopf.

Thurstone, L., and E. Chave. 1929. *The Measurement of Attitude*. Chicago : University of Chicago Press.

Tremblay, Marc-Adèlard. 1982. "The Key Informant Technique : A Non-ethnographic Application." Pp. 98-104. in R. G. Burgess(ed.), *Field Research : A Sourcebook and Field Manual*. London : George Allen and Uniwin.

U.S. Bureau of Census. 1967. *Socioeconomic Status*, Final Report. PC (2)-5c. Washington, D. C. : U. S. Government Printing Office.

Wallace, Walter L. 1971. *The Logic of Science in Sociology*. Chicago : Aldine Atherton.

Wallerstein, Immanuel. 1974. *The Modern World System*. New York : Academic Press.

Warshay, Leon H. 1975. *The Current State of Sociological Theory*. New York : David McKay.

Warwick, Donald P., and Charles A. Lininger. 1975. *The Sample Survey : Theory and Practice*. New York, N. Y. : McGraw-Hill.

Webb, Eugene J., D. T. Campbell, R. D. Schwartz and L. Sechrest. 1966. *Unobtrusive Measures : Nonreactive Research in the Social Sciences*. Chicago : Rand McNally.

Webb, Eugene J., D. T. Campbell, R. D. Schwartz, L. Sechrest, and J. B. Grove. 1981. *Non–reactive Measurces in the Social Sciences*, 2nd ed. Boston : Houghton Mifflin.

Weber, Max. 1949. *The Methodology of Social Sciences,* Transl, and Eds. E. A. Shils and H. A. Finch. New York : Free Press.

Westie, F. R. 1957. "Towards Closer Relations Between Theory and Research : A Procedure and an Example." *American Sociological Review* 22 : 149-154.

Whyte, William Foote. 1982. "Interviewing in Field Research." in R. G. Burgess(ed.).

Field Research : A Sourcebook and Field Manual. London : George Allen and Unwin.
Zeisel, Hans. 1957. *Say It With Figures*, rev. 4th ed. New York : Harper and Row.
Zelditch, Morris, Jr. 1962. "Some Methodological Problems of Field Studies." *American Journal of Sociology* 67 : 566-576.
Zito, George V. 1975. *Methodology and Meanings*. New York : Praeger.

인명색인

영문색인

‖ D ‖

▌E▐

F

‖ M ‖

Q

R

S

▌T▐

사항색인

ㅂ

‖ ㅋ ‖

‖ ㅌ ‖

ㅎ

共著者略歷

金 璟 東

서울대학교 문리과대학 사회학과 졸업
미국 University of Michigan 사회학과 M. A.
미국 Cornell University 사회학과 Ph. D.
현재 : 서울대학교 명예교수
KDI 국제정책대학원 초빙교수
대한민국학술원 회원

저 서

현대의 사회학(박영사, 1978)
인간주의사회학(민음사, 1978)
발전의 사회학(문학과 지성사, 1979)
현대사회학의 쟁점(법문사, 1983)
한국사회변동론(나남, 1993)
한국사회발전론(집문당, 2002)
급변하는 시대의 시민사회와 자원봉사(아도케, 2007)
Man and Society in Korea's Economic Growth : Sociological Studies(서울대 출판부, 1979)
Rethinking Development : Theories and Experiences(서울대 출판부, 1985)
East Meets West(Brill, 2007)
외 다수

李 溫 竹

미국 Cornell University M. A.
미국 Duke University 사회학과 Ph. D.
현재 : 서울대학교 사범대학 교수

저 서

The Two Koreas(Jimoondang International, 2003)
여성 · 가족 · 사회(세영사, 1999)
북한사회의 체제와 생활(법문사, 1993)
북한사회연구(서울대 출판부, 1988)
Urban-to-Rural Return Migration in Korea(서울대 출판부, 1980)
Marriage and Women's Labor Force Participation in Korea(공저)(이화여대 한국문화원, 1982)
외 저서 · 논문 다수

金 呂 珍

서울대학교 사범대학 졸업
미국 University of South Carolina M. S. W.(사회복지 석사)
미국 University of Chicago Ph. D.(사회복지학)
서울대학교 · 연세대학교 · 성균관대학교(사회복지조사방법)에서 강의
현재 : 연세대학교 사회복지대학원 BK21 박사 후 연구원
연세대 · 성균관대(사회복지조사방법) · 중앙대 강사

改訂版
社會調査硏究方法 — 社會硏究의 論理와 技法 —

1986年 4月 30日 初版發行
2009年 3月 10日 改訂版印刷
2009年 3月 20日 改訂版發行

共著者 金璟東 · 李溫竹 · 金呂珍
發行人 安 鍾 萬
發行處 博 英 社
서울特別市 鍾路區 平洞 13-31番地
電話 (733) 6771 FAX (736) 4818
登錄 1952. 11. 18. 제1-171호(倫)

www.pakyoungsa.co.kr e-mail: pys@pakyoungsa.co.kr

定 價 40,000원 ISBN 978-89-10-10051-5